Paris
1886

Wundt, Wilhelm

Eléments de psychologie physiologique

Volume 2

ÉLÉMENTS

DE

PSYCHOLOGIE PHYSIOLOGIQUE

TOME SECOND

3239. — ABBEVILLE, TYP. ET STÉR. A. RETAUX. — 1885

ÉLÉMENTS

DE

PSYCHOLOGIE PHYSIOLOGIQUE

PAR

W. WUNDT

PROFESSEUR A L'UNIVERSITÉ DE LEIPZIG

TRADUITS DE L'ALLEMAND SUR LA DEUXIÈME ÉDITION AVEC L'AUTORISATION DE L'AUTEUR

Par le Dr ÉLIE ROUVIER, de Pignan

PRÉCÉDÉS D'UNE NOUVELLE PRÉFACE DE L'AUTEUR

Et d'une Introduction par M. D. NOLEN, recteur de l'Académie de Douai

AVEC 180 FIGURES DANS LE TEXTE

TOME SECOND

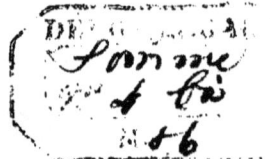

PARIS

ANCIENNE LIBRAIRIE GERMER BAILLIÈRE ET Cⁱᵉ

FÉLIX ALCAN, EDITEUR

108, BOULEVARD SAINT-GERMAIN, 108

1886

PSYCHOLOGIE PHYSIOLOGIQUE

TROISIÈME SECTION
DE LA FORMATION DES REPRÉSENTATIONS SENSORIELLES

CHAPITRE XI

REVUE GÉNÉRALE DES REPRÉSENTATIONS SENSORIELLES.
REPRÉSENTATIONS TACTILES ET DE MOUVEMENT.

1. — Concept et formes principales de représentations.

Nous entendons par *représentation* (Vorstellung) l'*image*, qu'*un objet* engendre dans notre conscience. Le monde — en tant que nous le connaissons — se compose uniquement de nos représentations. D'après la conscience naturelle, ces représentations sont identiques aux objets, auxquels nous les rapportons ; ce n'est que la réflexion scientifique qui se demande, quels rapports ont entre eux l'image produite dans la représentation et l'objet de cette image.

L'objet d'une représentation peut être réel ou purement imaginaire. Les représentations, se rapportant à un objet réel, — que celui-ci existe en dehors de nous ou appartienne à notre propre corps — sont des *perceptions* (Wahrnehmungen) ou des *intuitions* (Anschauungen). Par le terme de *perception*, nous désignons l'acte de saisir l'objet dans sa composition réelle ; par celui d'*intuition*, nous désignons spécialement l'activité, que notre conscience déploie à cette occasion. Dans le premier cas, nous attribuons une importance capitale à la face objective de l'acte de la représentation ; dans le second, à sa face subjective. Quand l'objet de la représentation n'est pas réel, mais purement fictif, nous disons, qu'il s'agit d'une *représentation de l'imagination* (Phantasievorstellung).

Les représentations d'intuition ou les perceptions ont, constamment pour base, l'excitation de nos organes sensoriels, qui est occasionnée par les irritants périphériques. La plupart de ces derniers proviennent d'objets situés en dehors de nous. Ils donnent naissance aux perceptions sensorielles *objectives*, dont se compose notre intuition du monde des sens. D'autre part, les sensations organiques, qui participent à la formation de la sensibilité générale, engendrent les représentations de notre manière d'être, *subjective*. Cependant, ces dernières ne parviennent, ordinairement, qu'à un degré de développement imparfait, où elles se distinguent peu des sensations, qui leur servent de fondement. Enfin, les représentations de l'imagination sont basées sur les processus d'irritation, qui se déroulent dans les couches *centrales* des organes sensoriels. Nous citerons à ce sujet les hallucinations, les fantômes du rêve et les images ordinaires du souvenir. Elles diffèrent des perceptions sensorielles externes par des caractères, qu'il n'appartient qu'à la conscience de soi-même développée de reconnaître. L'enfant et l'homme sauvage mêlent, confondent très-souvent leurs rêves avec les souvenirs de l'état de veille.

En comparaison de la sensation, la représentation est un tout complexe. Elle contient les sensations, comme ses éléments constituants. C'est pourquoi, les sensations ont été appelées des *représentations simples* (1). Pour donner lieu aux représentations sensorielles, les sensations s'unissent généralement de deux manières : 1° sous forme d'une succession *dans le temps*, et 2° d'un ordre *dans l'espace*. Toutes nos représentations occupent une place dans le temps ; mais, pour *une* certaine classe d'entre elles, pour les *représentations auditives*, la forme de temps a une importance capitale. Par conséquent, l'ouïe a spécialement le rôle d'un *sens qui éveille le temps* (zeiterweckenden Sinnes). A cause de cette direction vers l'intuition de temps, le rapport de la représentation avec son objet, rapport qui suppose constamment un ordre des sensations dans l'espace, est ici plus relégué au se-

---

1. Nous nommerons principalement Wolff (*Psychologia empir.* sect. II, ch. 1), qui adopte la notion, introduite par Leibniz, de l'essence représentante de l'âme ; et, dans ces derniers temps, Herbart avec son école.

cond plan, quoiqu'il ne fasse nullement défaut ; car, généralement nous rapportons l'impression de son à l'endroit, d'où elle émane. Mais, comme nous n'attachons pas toujours de l'importance à cette relation, celle-ci peut être, pendant plus ou moins longtemps, perdue pour notre conscience. Ceci se produit surtout, quand les représentations de son servent à transmettre des impressions esthétiques, car elles ne décrivent alors que le cours de nos états internes dans le temps.

Jusqu'à un certain degré, nous mettons également toutes nos représentations dans un ordre *extensif* (raümliche). De même que pour l'ouïe, cet ordre reste peu développé pour l'odorat, le goût et la sensibilité générale. Dans ces sens, l'unique relation avec l'espace consiste en une localisation imparfaite des sensations, qui s'opère partout, en s'appuyant sur les sens extensifs, plus développés. Ce sont ici les *représentations visuelles*, qui jouent le rôle éminent dans la perception de l'espace.

Tandis que l'œil et l'oreille se partagent ainsi les deux formes, sous lesquelles notre conscience considère le monde et son cours, nous trouvons dans les *représentations tactiles et de mouvement* les deux espèces d'intuition, complètement réunies. A cause de leur base uniforme de sensation, ces représentations sont peu diversifiées. Elles ne se séparent pas l'une de l'autre. Car, les parties douées du sens tactile sont, grâce à leur mobilité, capables de percevoir les impressions ; et le mouvement des membres contribue, par suite de l'intervention de la sensibilité cutanée, à opérer la perception de mouvement. L'intuition de temps et celle d'espace sont liées dans les représentations tactiles et de mouvement. Chaque mouvement est perçu comme une succession dans le temps ; et, de cette manière, prend simultanément naissance l'image extensive de l'espace parcouru. Ainsi, les représentations tactiles et de mouvement sont la base fondamentale de toutes les autres représentations sensorielles. Ce qui, chez elles, reste encore indivis, se sépare et se développe dans les deux sens supérieurs, suivant des directions différentes. Nous voilà donc amenés à admettre la théorie confirmée par l'étude génétique du règne animal, à savoir que ces sens supérieurs, qui, à la faveur du développement de leurs représentations vers une seule direction, s'appellent *sens spéciaux*, tirent leur origine du sens tactile *général* (1). Les formes d'intuition de temps

1. Consı lt. tome I, p. 314.

et d'espace sont réunies dans la représentation de mouvement. D'après nos remarques antérieures, les sensations de mouvement ont, en partie, une origine centrale, car elles accompagnent directement l'innervation motrice (1). Par conséquent, la première base fondamentale des intuitions de temps et d'espace est donnée dans l'action immédiate de la volonté sur les organes de mouvement. Pour être complétée, elle a besoin cependant d'une surface sensorielle, qui soit accessible aux irritants périphériques ; et, à cet effet, elle a à sa disposition l'organe tactile, qui est répandu sur la surface entière du corps.

Comme les sensations, les représentations sensorielles ont une relation avec la conscience, dont elles sont les éléments constituants. Les *sentiments*, qui naissent de cette manière, résultent principalement des rapports des représentations dans le temps et l'espace. Puisque la conscience sent d'une façon agréable des rapports déterminés, et d'autres rapports, d'une façon désagréable, nous rencontrons chez elle des états opposés, qui d'après leur nature appartiennent au domaine du sentiment ; mais, comme ces états ont pour origine les propriétés des représentations, ils dépassent le sentiment purement sensoriel qui se lie aux sensations. Il semble donc convenable de nommer ces états *sentiments esthétiques simples* ou *sentiments esthétiques élémentaires*. A la vérité, ils constituent l'élément le plus simple des effets artistiques, que l'on attribue à l'action esthétique. Le mot lui-même ne désigne-t-il pas expressément l'effet *de ce qui est perçu*, par conséquent l'effet des représentations.

Pour étudier la formation des représentations, nous commencerons par les représentations sensorielles les plus générales, qui sont en même temps, au point de vue génétique, la base fondamentale de toutes les autres : les représentations tactiles et de mouvement. Dans les chapitres suivants, nous analyserons les deux sortes de représentations, développées dans des directions opposées, les représentations auditives et visuelles, comme les sentiments esthétiques élémentaires, résultant des liaisons des représentations dans le temps et l'espace. Les représentations olfactives et gustatives seront ici passées sous silence ; car, elles sont presque uniquement considérées comme des sensations, qui se lient à d'autres représentations plus développées, aux représentations tactiles et visuelles, et les liaisons réciproques des sensations olfactives et gustatives simples ont été, déjà, examinées

1. Tome I, p. 424.

dans la section précédente. Enfin, les produits psychiques plus complexes, provenant des liaisons multiples des représentations, les complications et les associations des représentations, les enchaînements logiques de la pensée seront étudiés dans la section suivante, où nous nous appuierons sur l'analyse de la conscience et du cours des représentations.

2. — Localisation des sensations tactiles.

Nous rapportons les sensations de pression et de température de notre tégument cutané au lieu, qui est touché par l'irritant ; il en est de même des sensations des parties internes, qui ont de l'affinité avec le sens tactile. La précision de cette localisation varie extraordinairement. Elle est des plus imparfaites pour les impressions de la sensibilité générale ; et, ici, ce n'est probablement que grâce à la liaison accidentelle avec les sensations tactiles, que la localisation est un peu plus accusée. Cependant, sous ce rapport, les diverses parties de la surface cutanée sont seules accessibles à une mensuration comparée. Voici la méthode la plus naturelle, pour constater la précision de la perception locale : après avoir touché un point de la peau, on détermine d'après la simple sensation tactile (par conséquent les yeux étant fermés) le lieu du contact (1). Dans ces conditions, on commet généralement une erreur ; et, si l'on multiplie les observations, on voit cette erreur se rapprocher, pour chaque point de la peau, d'une valeur constante, mais varier extraordinairement d'une région à l'autre. La finesse de la localisation est inversement proportionnelle à la grandeur de cette erreur. Ce procédé correspond à la méthode des fautes moyennes, employée pour les mensurations d'intensité (2). Dans le cas présent, ceci nous conduit directement à un procédé plus court, qui est analogue à la méthode des modifications minima. Veut-on déterminer sur soi-même le point de la peau, où un contact est perçu, on ne peut y arriver, qu'en exerçant le toucher sur son propre corps. Il se produit alors une deuxième sensation tactile ; et involontairement, on déplacera sur la peau le doigt, pratiquant le contact, jusqu'à ce que la deuxième sensation soit devenue égale à la première. On n'a plus qu'à se ba-

---

1. E. H. Weber, *Sitzungsber. d. kgl. sächs. Ges. d. Wiss.* 1852, p. 87. — D'après ce procédé, Kottenkamp et Ullrich ont exécuté, sous la direction de Vierordt, un grand nombre d'expériences. (*Zeitschr. f. Biologie*, IV, p. 45.)
2. Voir tome I, p. 369.

ser directement sur cette comparaison, pour déterminer l'exactitude
de la localisation ; il faut donc laisser deux impressions agir simultanément ou rapidement l'une après l'autre sur deux points voisins,
et rechercher ensuite la distance limite, où les impressions sont encore
perçues, comme séparées dans l'espace. Ce dernier procédé a été appliqué, pour la première fois, par E. H. Weber, dans l'étude de la localisation des sensations tactiles (1). Si les expressions, employées
dans la mensuration de la sensation, sont transférées aux sensations
qui s'ordonnent en représentations, sous forme de temps et d'espace,
généralement cette valeur limite, mesurant la plus petite distance de
temps ou d'espace, où les sensations peuvent être encore séparées l'une
de l'autre, sera appelée *seuil extensif*, par opposition au seuil *intensif*,
qui détermine l'intensité justement discernable de la sensation. Nous
distinguerons de nouveau le seuil extensif en *seuil d'espace*, dont il
s'agit ici, et en *seuil de temps*, qui sera ultérieurement l'objet d'un
examen approfondi, lors du cours des représentations dans le
temps (2).

Pour étudier le *seuil d'espace du sens tactile*, on utilise, à l'exemple
de Weber, un compas à pointes émoussées ; mais, si l'on expérimente
sur soi-même, le meilleur moyen est d'avoir un compas, muni d'une
tige placée au point de jonction de ses branches (3). Tant que l'écartement des pointes du compas reste au-dessous du seuil d'espace, une
seule impression est perçue ; si l'écartement dépasse cette valeur limite, deux impressions sont perçues séparées. Après plusieurs expériences d'essai, le seuil d'espace est donc établi, comme étant la limite
qui sépare dans l'espace les points imperceptibles et les points aper-
ceptibles des impressions. Selon les mesurations de Weber, la grandeur
de cette valeur limite varie, pour les divers points de la peau, entre
1 millimètre et 68 millimètres. Le discernement est des plus fins à la
pointe de la langue et à la surface palmaire des phalanges les plus antérieures des doigts ; beaucoup plus grossier dans les autres parties

1. *Annotationes anatomicæ et physiologicæ.* Prol. VI-XI, 1829-31. Article *Tastsinn und Gemeingefühl* in *Handwört. d. Physiol.* de Wagner, III, 2e fasc. p. 524.
2. L'expression de *seuil extensif* est de Fechner. Celui-ci l'a limitée au concept de seuil d'espace ; et il regarde la perception sous forme extensive, comme une propriété appartenant directement à la sensation. (*Elem. d. Psychophysik,* I, p. 52, 267.
3. Si, comme dans la méthode, plus loin mentionnée, des cas justes et des cas faux, on emploie des distances constantes, il est préférable, à l'exemple de Vierordt, de remplacer le compas par deux épingles : celles-ci sont piquées sur une planchette, et leurs têtes servent à toucher la peau. (*Zeitschr. f. Biologie,* VI, p. 38.)

de la main, du visage, des orteils, etc.; extrêmement imparfait à la poitrine, au ventre, au dos, au bras et à la cuisse. Si on va tout auprès de la limite, où les deux pointes du compas, posées simultanément, cessent d'être distinguées, deux impressions ne sont pas perçues; mais, on remarque avec plus ou moins de netteté, dans quelle direction, longitudinale ou transversale par exemple, les deux pointes ont été placées. Dans ce cas, on a évidemment une idée précise de l'extension de l'impression, mais on ne distingue pas encore, s'il reste un intervalle libre entre les points touchés.

Au fait, que nous venons de mentionner, se rattache toutefois le suivant : le seuil d'espace est, en réalité, notablement plus petit, quand les deux pointes de compas sont posées non simultanément, mais *successivement* (1). Pour séparer deux impressions simultanées, il faut s'apercevoir, qu'entre les points touchés il y a un intervalle libre. Deux impressions successives seront perçues, comme localement différentes, si l'espace, existant entre elles, est assez grand, pour que les impressions ne semblent pas coïncider en un point unique. La véritable valeur du seuil d'espace correspond plutôt à cette dernière limite, qu'à la séparation des impressions simultanées dans l'espace; mais, comme les deux valeurs limites montrent absolument les mêmes différences sur les divers points de la peau, il est assez indifférent, que l'on prenne l'une ou l'autre pour mesure. Dans les deux cas, l'examen présente nécessairement la même incertitude, qu'entraîne avec elle la méthode des modifications minima, appliquée à la mensuration des grandeurs intensives de sensation : incertitude résultant de la difficulté de fixer exactement le point justement perceptible, qui doit servir de valeur limite entre l'imperceptible et le perceptible (2).

Voici un extrait du tableau dressé par Weber, à la suite de ses expériences. Les chiffres désignent en millimètres les distances des deux pointes de compas, qui peuvent encore être distinguées (3).

Pointe de la langue...............................	1
Face palmaire de la dernière phalange des doigts......	2
Bord rouge des lèvres......	5
Face palmaire de la phalangine ; face dorsale de la phalangette.......................................	7
Bord cutané des lèvres ; métacarpe du pouce..........	9

1. E. H. Weber, *Prolectio* VIII, p. 8. — Czermak, *Wiener Sitzungsb.* t. XVII, 1855, p. 582.
2. Comp. chap. VIII, tome I, p. 369.
3. E. H. Weber, *Annotationes anatomicæ* VII, p. 4 ; et article *Tastsinn*, p. 539. Les résultats de Weber sont notés en *lignes* de Paris ; nous les avons ci-dessus calculés en millim. et donnés en chiffres ronds, à l'exemple de Weber.

Un procédé, correspondant à la méthode des cas justes et des cas faux, permet d'obtenir, ici, des résultats plus constants, qu'au moyen de la méthode des modifications minima. Si l'on donne à deux impressions une distance invariable, qui se rapproche du seuil d'espace, dans des observations souvent répétées, tantôt les deux impressions sont exactement perçues, tantôt elles se fusionnent en *une seule* ; et, lors de la comparaison de divers points de la peau, cette distance, où l'on trouve le même rapport $\frac{r}{n}$, est inversement proportionnelle à la finesse de la localisation. D'ailleurs, dans son application aux perceptions extensives, cette méthode nécessite des modifications particulières. D'abord, la connaissance de ce fait, que deux impressions agissent, pourrait influencer le jugement ; aussi, à part les expériences principales, on devra, sans prévenir d'avance le sujet, faire d'autres expériences, où *une seule* impression se produira. Ensuite, pour calculer la finesse du sens du lieu, d'après les valeurs moyennes obtenues pour le quotient $\frac{r}{n}$ (si l'on considère, qu'il s'agit de la comparaison de diverses surfaces sensorielles), il faudra prendre une autre voie, que lors de la mensuration de l'intensité de la sensation. Tandis que, dans le dernier cas, on doit admettre, que cette différence de l'irritant qui, pour les diverses énergies de l'irritant, donne un même rapport $\frac{r}{n}$, correspond directement aux valeurs du seuil différentiel pour les énergies en question de l'irritant, une telle supposition n'est plus valable dans le premier cas ; mais, comme G. E. Müller l'a démontré, par suite de la différence des surfaces sensorielles, la valeur de $\frac{r}{n}$ dépendra de la grandeur du seuil de l'espace, et même de la variabilité accidentelle de la sensibilité locale au point de la peau, dont il s'agit (1). Si D_1 désigne la distance nécessaire en un point

---

1. G. E. Müller, *Archiv* de Pflüger, vol. XIX, p. 191.

cutané A, pour atteindre un $\frac{r}{n}$ déterminé, D_2 la distance nécessaire en un point

cutané B, pour arriver au même $\frac{r}{n}$; si, en outre, h_1 est la mesure de précision

des observations pour A, et h_2 pour B, on a

$$(D_1 - S_1)\, h_1 = (D_2 - S_2)\, h_2,$$

où S_1 et S_2 marquent les seuils d'espace pour les points A et B. Évidemment, les valeurs D_1, D_2 ne sont proportionnelles aux valeurs S_1, S_2, que si h_1 doit être posé $= h_2$. Il résulte clairement des expériences, instituées jusqu'à présent d'après cette méthode, que la mesure de précision varie selon les diverses parties de l'organe tactile. Seulement, dans un seul cas, on obtient pour D_1, D_2..... des valeurs, qui sont indépendantes de la variabilité locale de la sensi-

bilité de lieu : c'est lorsque $\frac{r}{n}$ est exactement $= \frac{1}{2}$; car, dans ce cas, d'après

ce que nous avons déjà dit (tome I, p. 373), D_1 peut être posé $= S_1$ et $D_2 = S_2$.

Dans leurs nombreuses expériences, faites d'après la méthode des cas justes et des cas faux, Vierordt et ses élèves n'ont pas suffisamment tenu compte des points de vue théoriques, que nous venons de mentionner. Et même, Vierordt n'a pas calculé, d'après les distances directement trouvées, les grandeurs cor-

respondantes au véritable seuil d'espace, pour lesquelles $\frac{r}{n}$ est $= \frac{1}{2}$, mais ces

valeurs, pour lesquelles $\frac{r}{n}$ devient $= 1$. Comme ces valeurs doivent être presque

inversement proportionnelles à la finesse du discernement sensoriel, il les appelle *valeurs émoussées* (Stumpfheitswerthe) du sens d'espace. Les chiffres, ainsi obtenus, donnent toujours une image nette des modifications légitimes, normales du sens d'espace. Les déterminations ont été absolument faites, suivant la direction *transversale* des impressions, c'est-à-dire perpendiculairement à l'axe longitudinal des parties du corps (1).

		Valeurs du seuil d'espace. (Valeurs émoussées, d'après Vierordt.)	Modification, pour 1 millim. dans la direction longitudinale.
Bras	{ en haut	53,75	} $\frac{1}{1393}$
	{ en bas	44,58	
Avant-bras	{ — haut	41,21	} $\frac{1}{313}$
	{ — bas	22,54	
Main	{ — haut	20,41	} $\frac{1}{57}$
	{ — bas	7,78	

1. Consulter Kottenkamp et Ullrich, *Zeitschr. f. Biologie*, vol. VI, p. 37 ; Paulus, *ibid.* vol. VII, p. 237; Riecker, *ibid.* vol. IX, p. 95; Hartmann, *ibid.* vol. XI, p 79. — Dans son *Grundriss der Physiologie*, 5e édit. p. 342 et suiv., Vierordt donne, avec beaucoup de détails, les résultats de toutes les expériences.

Médius	{ — haut..................7,50....................	} 1/47
	{ — bas...................2,47....................	
Cuisse	{ — haut ....72,52.........	} 1/618
	{ — bas..................43,88....................	
Jambe	{ — haut................35,60.............'.	} 1/1375
	{ — bas..................27,50....................	
Dos du pied	{ — haut...............32,00....................	} 1/193
	{ — bas..................19,44....................	
Gros orteil	{ — haut.............17,25................	} 1/94
	{ — bas.............10,33.............	

Par conséquent, aux extrémités supérieures du corps, la faculté de discernement augmente de haut en bas, et avec une vitesse accélérée ; aux extrémités inférieures, à la cuisse, et, à un certain degré, au dos du pied, à l'orteil, on constate un pareil accroissement ; mais, à la jambe, la sensibilité n'accuse que de faibles différences. D'après les chiffres suivants, la peau du dos et celle de la tête se comportent d'une manière analogue ; seulement, quelques régions, les paupières, le nez, les lèvres révèlent un discernement très-délicat.

Cou...................... 29,6—29,2	Tempes....................... 25,6
Extrémité supérieure du sternum 37,04	Angle du maxillaire inférieur.... 30,3
— inférieure — 52,04	Peau des joues. .... 14—18
Ligne latérale, à hauteur égale.. 64,35	Paupière supérieure............ 9,03
Ombilic...................... 39,24	— inférieure............. 11,19
Pudendum.................... 42,2	Lèvre supérieure............... 5,19
Région pariétale............... 26,9	— inférieure................ 4,58
Front...................... .. 19,4	Pointe du nez 8,4
Occiput...................... 19,8	Menton...................... 10,7

D'après une expression introduite par E. H. Weber, on nomme *cercle de sensation* toute surface cutanée, à l'intérieur de laquelle il n'est plus possible de séparer, sous le rapport spatial, diverses impressions. Par conséquent, la surface tout entière de la peau se composerait d'une foule de cercles de sensation, dont la grandeur varierait, avec le seuil extensif de l'irritation sensorielle, et selon les diverses régions, entre 1 millimètre et 68 millimètres. Il ne faut pas croire cependant, que ces cercles de sensation soient simplement juxtaposés. Car, dans ce cas, deux impressions, agissant à la limite de deux cercles, se distingueraient encore, bien que très-voisines ; et deux impressions, qui tomberaient sur les extrémités les plus éloignées d'un même cercle, se fusionneraient, malgré la distance beaucoup plus considérable qui les séparerait. Ces sortes de changements, qui s'opéreraient par saccade (sprungweise), n'ont pas été observées dans la faculté de discerner l'espace ; mais celle-ci reste généralement constante à l'intérieur d'une surface cutanée quelconque. Il faut donc admettre, que les divers cercles de sensation s'enchevêtrent tellement, qu'infiniment près de la limite d'un premier cercle se trouve, déjà, la ligne limite d'un second cercle, etc., (fig. 124). Deux impressions sont perçues simples, tant que la distance *a b*, qui les sépare, est situé à l'intérieur d'*un* cercle de sensation. Elles sont, au contraire, distinguées, si elles sont séparées l'une de l'autre par un intervalle *a c*, qui ne trouve plus de place au-dedans d'un seul cercle. Sur tous les points de la peau, on ne doit pas attribuer aux cercles de sensation une configu-

Fig. 124

ration réellement circulaire. Très-souvent, la faculté de discernement diffère dans les directions longitudinale et transversale ; elle est même plus délicate dans cette dernière, que dans la première (1). Les segments de la surface cutanée auraient donc une forme ovalo-longitudinale. Quelle que soit leur configuration, toutes ces divisions s'enchevêtrent les unes les autres dans toutes les directions, comme le montre la figure 124, qui les représente dans le sens horizontal ; aussi, la distance de chaque point limite d'un cercle au point limite d'un cercle voisin est infiniment petite, par rapport à la grandeur de ces mêmes cercles.

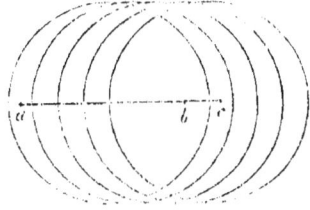

Le concept de cercle de sensation, tel qu'il a été exposé ici, est simplement une autre expression du fait du seuil d'espace et de ses différences de grandeur ; mais, il ne nous apprend rien sur les dispositions ou arrangements, que présente à ce sujet le tégument cutané. Pour avoir ces renseignements, il faut étudier les influences diverses, qui tiennent sous leur dépendance l'extension des cercles de sensation. Quant à ces influences, les unes ressortissent aux conditions invariables de structure, données dans l'organisation ; les autres, à la coopération de facteurs psychologiques, plus variables.

Les rapports de répartition des nerfs occupent le premier rang, parmi les conditions de structure. Plus un cercle cutané est abondamment pourvu de nerfs sensibles, distribués à son intérieur, plus délicat est le discernement, qu'il exerce. En outre, les parties les plus riches en nerfs sont spécialement munies de corpuscules

1. Weber, *Annotationes anat. Prol. VII.*

tactiles et de renflements terminaux, sorte d'appareils matelassés, qui semblent rendre les nerfs plus facilement accessibles aux irritants de pression (1). Cependant, on ne découvre pas une relation marquée entre ces tissus terminaux et la finesse de localisation. Car, non seulement les parties cutanées, qui sont totalement dépourvues de ces tissus, sont néanmoins capables d'opérer le discernement dans l'espace, mais l'enchevêtrement des cercles de sensation, tel qu'il doit être nécessairement admis, paraît inconciliable avec l'hypothèse d'organes tactiles, qui seraient simplement disposés les uns à côté des autres, dans certains espaces intermédiaires. Les rapports de l'ordre des sensations tactiles dans l'espace suggèrent donc l'idée, qu'ici les filets nerveux eux-mêmes sentent les irritants de pression et de chaleur, qui agissent sur eux (2). Les autres rapports de structure de la peau, qui déterminent essentiellement sa sensibilité, tels que surtout l'épaisseur de l'épiderme, n'exercent aucune influence directe sur la finesse de la localisation. Certaines régions cutanées, le dos et les joues, qui, à cause de la délicatesse de leur épiderme, sont très-sensibles aux irritants faibles, possèdent des cercles de sensation d'une grandeur considérable. Toutefois, l'influence de l'accroissement du corps sur le sens localisateur doit être considérée, comme la conséquence immédiate de la dépendance, où est ce sens vis-à-vis de la répartition des nerfs. Selon les découvertes de Czermak, les cercles de sensation sont plus petits chez l'enfant, que chez l'adulte. Puisque le nombre total des filets nerveux, pendant la croissance, ne se modifie pas notablement, plus la surface du corps augmente durant la croissance, et plus le cercle cutané, correspondant à un nombre donné de filets, devra s'accroître. C'est presque le même effet, que nous présentent la distension de la peau, par exemple dans la grossesse, la pression des tumeurs ou l'extension d'une partie mobile du corps, telle que le cou : même, dans ces derniers cas, la finesse de la distinction locale est diminuée (3). L'agrandissement des cercles de sensation, durant la croissance, serait donc une simple conséquence de la tension de la surface cutanée, qui s'est développée à cette occasion. Cette observation, signalée précédem-

1. Tome I, p. 328.
2. Tome I, p. 331.
3. Czermak, *Wiener Sitzungsber.* t. XV, 1855, p. 466, 487 et *Untersuchungen* de Moleschott, t. I, p. 202. — G. Hartmann, *Zeitschr. f. Biologie*, XI, p. 99. D'ailleurs, il est probable que, dans tous ces cas, la tension plus énergique de la peau nuit, en même temps, à la finesse de la localisation. D'après G. Hartmann, la modification serait insignifiante, lors de l'extension du cou : elle mesurerait 8 % de la valeur normale.

ment, que sur la plupart des régions du corps les impressions se distinguent avec plus de netteté dans la direction transversale, que dans la direction longitudinale, pourrait bien être attribuée à la même cause. Presque sur toutes les parties du corps humain, principalement du dos et des extrémités, l'accroissement en longueur est supérieur à l'augmentation dans les autres diamètres (1). Si donc, les cercles de sensation sont primitivement de véritables cercles, ils doivent, par suite de la croissance, revêtir une configuration ovalo-longitudinale.

A l'opposé de ces conditions d'organisation généralement uniformes, se révèlent, d'une manière plus variable, d'autres influences, qui témoignent de la coopération de facteurs psychologiques. Il convient ici d'examiner, d'abord, une influence, qui empiète encore, partiellement, sur le domaine des conditions préliminaires physiologiques, l'influence des *mouvements*. Plus multiplié et délicat est le mouvement d'une partie du corps, avec plus de précision s'opère la localisation. Celle-ci est donc des plus imparfaites sur ces grandes surfaces du dos, qui ne permettent aucun mouvement des parties les unes contre les autres, et sur ces segments les plus longs des extrémités, tels que la cuisse et le bras ; elle est des plus délicates aux articulations des doigts et des orteils, douées d'une extrême mobilité, et principalement à leur face palmaire, qui est spécialement utilisée, pour opérer, lors de leurs mouvements, le toucher des objets. Ce point, mentionné en dernier lieu, indique déjà des influences associées qui nous interdisent d'admettre, qu'une sorte de relation fixe doive exister entre la mobilité des parties et la finesse de la distinction locale, abstraction faite de cette dépendance générale (2). En revanche, c'est bien la même cause qu'il faut

1. Consulter les planches de Harless, *Lehrbuch der plastischen Anatomie,* 3° fascicule, p. 192.

2 Vierordt a cru pouvoir démontrer une relation de ce genre, qui, selon lui, revêtirait la formule de la loi suivante : la finesse de la distinction locale est proportionnelle à la distance séparant un cercle cutané de l'axe de rotation, autour duquel se meut la partie du corps en question (*Archiv* de Pflüger, II, p. 297 et *Grundriss der Physiologie,* 5° édit. p. 342). A l'extrémité supérieure, les résultats semblent s'adapter assez bien à cette règle (voir le tableau de la page 9). Ici, dans chaque axe d'articulation, au coude, aux articulations palmaire et digitale, la finesse de discernement éprouve une augmentation soudaine ; et, dans chacune de ces parties, elle croît avec une vitesse différente. Néanmoins, dans le sens de la flexion des membres, probablement à cause des influences associées et multiples qui se produisent lors du toucher, les relations entre la grandeur de mouvement des parties et la précision de leur localisation sont moins nettes. A l'extrémité inférieure, comme à la peau du dos et de la tête, généralement la sensibilité est parallèle à la mobilité des parties ; mais les rapports du mouvement sont, ici, toujours trop complexes, pour qu'on puisse songer à la fixation d'une relation quantitative.

invoquer, quand, après avoir touché deux parties du corps mobiles l'une contre l'autre, par exemple les deux lèvres ou la peau située aux deux limites d'une articulation, une très-petite distance peut encore être reconnue (1).

L'influence de l'exercice se rattache si étroitement au mouvement, que tous deux se séparent difficilement l'un de l'autre. L'exercice est spécialement favorisé par des mouvements tactiles continuels, et les parties immobiles sont presque absolument inaccessibles à l'exercice. Ainsi, chez les aveugles, dont le discernement, pratiqué à l'aide de la peau, est souvent extrêmement délicat, les membres les plus mobiles, opérant le toucher, participent à ce perfectionnement; et, même chez eux, les mouvements tactiles d'essai favorisent constamment le sens de la sensibilité générale (2). Les cas rares d'*aveugles-nés* ou d'individus, ayant perdu la vue dès les premières années de la vie, attestent d'une manière frappante la faculté de développement du sens tactile. Ici, où l'intuition d'espace se résout complètement en représentations tactiles et de mouvement, où parfois, comme dans le cas de Laure Bridgman et d'autres sourds-muets aveugles, se constate encore l'absence simultanée d'autres sens, de façon que la perception sensorielle est presque entièrement dévolue à la sensibilité générale, une vie relativement riche en représentations est cependant susceptible de se développer et de se créer des moyens nouveaux et particuliers d'expression. L'homme, qui est en pleine possession de ses sens, se fait difficilement une idée de la forme, sous laquelle le monde apparait à cette catégorie de malheureux (3).

Par suite de l'influence de l'exercice, la grandeur des cercles de sensation n'est nullement invariable, malgré la constance absolue des con-

---

1. Weber, *Annot. anat. Prolectio* X, p. 7.
2. Czermak, *Wiener Sitzungsb.* t. XV, p. 482. — Goltz, *De spatii sensu cutis.* Thèse. Kœnigsberg, 1858.
3. Laure Bridgman, née sourde-muette, devint aveugle à la fin de sa deuxième année ; bientôt après, par suite d'une suppuration, elle perdit presque entièrement l'odorat et le goût. Admise dans un asile d'aveugles, elle développa, d'après les rapports de ses maîtres et des visiteurs, son intelligence d'une façon remarquable et acquit rapidement les connaissances les plus variées, parce qu'elle était supérieurement douée et avait un vif désir de s'instruire. Quoique, élevée à l'asile des aveugles, à Massachussetts, elle ait appris le langage des mots, elle pense et rêve cependant dans le langage des doigts. Elle perçoit par le sens tactile des pieds les vibrations énergiques des sons. Selon les observations de Stanley Hall, la finesse de localisation de son sens tactile est deux ou trois fois supérieure à celle du sens tactile ordinaire. Consulter, au sujet de ce fait et d'autres semblables, Burdach, *Blicke in's Leben*, III, p. 12 et la bibliographie citée par lui p. 301 ; et plus spécialement sur Laure Bridgman, G. Stanley Hall in *Mind*, avril 1879.

ditions de croissance et des autres conditions d'organisation. L'organe tactile de presque tous les hommes se trouve dans un état, où la précision de la localisation peut devenir plus délicate par l'exercice. Mais cette aptitude à un développement plus marqué est différente, selon les régions de la peau. Plus grande est la perfection déjà acquise, moins il est possible d'en augmenter le degré. Selon les expériences de Volkmann, sur la peau naturellement peu exercée du bras et de l'avant-bras, le résultat de l'exercice, pratiqué intentionnellement, est beaucoup plus sensible, qu'à la face palmaire des phalanges digitales. Même chez divers individus, l'influence de l'exercice et la vitesse, avec laquelle elle se manifeste, sont variables. Cependant, après des expériences de quelques heures, on atteint souvent un point limite, qui n'est plus dépassé, parce que les avantages de l'exercice s'évanouissent, aussi vite qu'ils ont pris naissance (1). Si les observations sont long-temps continuées, la fatigue, qui ordinairement est, en partie, un émoussement physiologique de l'organe tactile et, surtout, une diminution de l'attention, ruinent les influences de l'exercice (2). D'ailleurs, d'après les expériences de Volkmann, l'exercice agit non-seulement sur le point cutané, atteint directement par les irritants tactiles, mais simultanément sur la partie symétrique de l'autre moitié du corps, qui prend absolument et également part au résultat, tandis que cette influence s'étend seulement, dans une très-faible mesure, aux parties asymétriques des deux côtés ou aux parties hétérogènes d'un côté; une influence de ce genre se fait surtout remarquer dans les régions voisines. Ainsi, l'exercice d'un doigt, par exemple, favorise les autres doigts du même côté.

Enfin, aux effets de l'exercice se rattachent étroitement les influences, provenant de l'excitabilité modifiée des nerfs sensibles, soit que celle-ci se produise dans le domaine des nerfs périphériques ou à l'intérieur des voies conductrices centrales. Une diminution de sensibilité de la peau, comme celle que l'on observe, lors d'une compression des nerfs cutanés, par exemple dans l'engourdissement des membres, ou après l'application locale des anesthésiques, de l'éther, du chloroforme, etc., est constamment liée à un émoussement de la faculté du discernement localisateur. On constate le même résultat dans les affections du cerveau et de la moëlle épinière, qui entraînent en partie l'anesthésie de

1. Vulkmann, *Sitzungsber. d. kgl. sächs. Ges. d. Wiss.* 1858, p. 38.
2. Wundt, *Beiträge zur Theorie der Sinneswahrnehmung*, p. 37 et suiv.

la peau (1). Quand la diminution de la sensibilité est modérée, les cercles de sensation sont plus grands, qu'à l'état normal ; si l'anesthésie est très-accusée, souvent des illusions, plus ou moins considérables sur le point du contact, se manifestent simultanément. On remarque surtout, que les impressions, qui atteignent une région cutanée devenue pathologiquement insensible, sont transférées par l'individu à un endroit qui, à l'état sain, est doué d'une faible sensibilité. Par exemple, un sujet, affecté d'anesthésie des extrémités inférieures, peut rapporter à la cuisse les impressions produites à la jambe ou au pied (2).

3. — Perceptions tactiles dans l'espace.

Sur la localisation des sensations tactiles est directement basée la faculté, qu'a l'organe tactile de préparer les représentations spatiales, qui ont la configuration des objets agissant sur le toucher. Les diverses régions de la surface cutanée diffèrent entièrement sous ce dernier rapport, comme relativement à la finesse de leur sens localisateur. Si on découpe, par exemple dans du carton, un grand nombre de disques circulaires et carrés de diverse dimension, on trouve, que ces disques sont d'autant plus distingués par la petitesse de leur diamètre, que la sensibilité locale des parties de la peau qui est en contact avec eux est plus délicate. Cependant, toutes ces perceptions dans l'espace restent relativement très-imparfaites, tant que les impressions touchent l'organe tactile au repos ; leur précision et leur certitude augmentent considérablement, si nous remuons les parties. Dans ce cas, le mouvement a simultanément l'avantage de mettre successivement en contact avec les diverses parties d'un objet étendu les régions de la peau, douées de la plus délicate faculté de localisation, la pointe des doigts par exemple. Spécialement dans le but de percevoir les formes, les mouvements tactiles utilisés sont ceux, dont l'aveugle se sert pour rempla-

---

1. Dans plusieurs cas d'hyperesthésie, surtout dans les lésions en foyer des pédoncules cérébraux et du pont de Varole, Brown-Séquard a noté, que les patients étaient enclins à multiplier les impressions, par exemple à sentir *trois* contacts, au lieu de *deux* (*Archives de physiol.* 1, p. 461). J'ai observé le même phénomène dans l'hyperesthésie consécutive aux lésions de la moelle épinière, et chez un sujet qui avait absorbé de petites doses de strychnine. Ce phénomène tient à ce que, ces sortes de malades confondent aisément leurs sensations subjectives avec l'impression extérieure. D'ailleurs, Kottenkamp et Ullrich rapportent, que les individus, jouissant d'une santé normale et n'étant pas avertis de ce qu'on va leur faire, croient parfois sentir *deux* impressions, au lieu d'*une*.
2. Wundt, *Beiträge z. Th. d. Sinneswahrn.* p. 47.

cer en quelque sorte la perte du sens plus parfait de l'espace. Quelle
est ici la grandeur de l'influence dûe à l'exercice ? Elle se manifeste
surtout par la rapidité, avec laquelle beaucoup d'aveugles sont en état
de déchiffrer les mots imprimés en relief ; dans ce cas, sans doute,
comme à propos d'une lecture faite par un individu jouissant d'une
vue normale, la reproduction des représentations vient également
compléter les lacunes de l'image tactile.

Lors de la perception, effectuée à l'aide des organes tactiles en mouvement, nous fusionnons les impressions successives en une représentation simultanée de la forme de l'objet, et nous obtenons en même
temps la représentation de notre propre mouvement. Au contraire, la
représentation du mouvement de l'objet extérieur a lieu, quand ce
dernier se meut sur l'organe tactile au repos. Dans ce dernier cas, la
représentation de la grandeur du mouvement dépend en même temps
de la vitesse de celui-ci ; et, à la vérité, nous sommes généralement
enclins dans notre appréciation à exagérer la vitesse, comme à diminuer la lenteur des mouvements (1). Si, durant le mouvement, l'objet
est promené sur des parties du corps, douées d'une finesse très-inégale
de localisation, l'idée d'un changement dans la forme de l'objet peut
se produire. Par exemple, selon la remarque de E.-H. Weber, les
pointes d'un compas ouvert semblent s'éloigner l'une de l'autre, si, à
partir de l'oreille, elles vont toucher les lèvres, dont la sensibilité est
plus délicate, et paraissent au contraire se rapprocher, si l'on exécute
le mouvement opposé (2). D'autres illusions, se rattachant également
à la combinaison des représentations tactiles et de mouvement, sont
dûes à ce que nous pouvons assigner une position variable aux organes
tactiles, par rapport aux objets qui les touchent. Si, à l'exemple de
Fechner qui a, le premier, fait cette observation, on croise deux doigts
sur une petite boule, la représentation de *deux* boules se manifeste
avec netteté. Les doigts occupant leur position ordinaire, nous fusionnons justement dans la représentation d'une boule unique les impressions des deux segments de boule, qui sont touchés ; au contraire, les
doigts étant croisés, nous combinons ces impressions, ainsi qu'elles se
combineraient dans la position ordinaire, non croisée, des doigts (3).

Dès que les objets tactiles sont, comme c'est habituellement le cas,
en contact direct avec notre peau, dans la représentation nous les pro-

1. Vierordt, *Grundriss der Physiol.* 5° éd. p. 351.
2. Weber, article *Tastsinn*, p. 525.
3. Weber, *ibid.* p. 542.

Jetons immédiatement à la surface qui opère le toucher. Si, au contraire, nous établissons le contact à l'aide d'instruments tactiles insensibles, qu'ils soient artificiels ou naturels, quoique évidemment, dans les cas de ce genre, la sensation ait lieu à la surface de la peau, nous projetons l'objet au point de contact extérieur avec l'instrument tactile. Ainsi, lorsque nous marchons avec un bâton, nous croyons sentir à la pointe du bâton la résistance du sol. Quand le contact est opéré par des annexes cutanées insensibles (ongles, cheveux, dents), constamment nous sentons, outre l'impression produite sur la peau, une impression semblable au point de contact insensible (1). Donc, quoique développant seulement par le contact les représentations des objets, l'organe tactile n'est pas absolument dépourvu de ce pouvoir, qui consiste à projeter les objets à l'extérieur et joue un rôle si considérable dans le sens visuel.

4. — La représentation de notre propre mouvement.

Cette représentation se rapporte au mouvement d'une partie isolée du corps ou au mouvement de la totalité du corps. Dans les deux cas, la force, l'étendue, la direction et la vitesse sont distinguées comme les éléments essentiels de la représentation du mouvement.

En l'absence du déploiement d'une énergie quelconque, dans les mouvements purement passifs, nous pouvons réaliser la perception, qu'*une partie de notre corps* se meut ; et toujours, des représentations, concernant l'étendue, la direction et la vitesse, se produisent simultanément. Dès que ces dernières s'unissent à un sentiment d'innervation, nous acquérons la certitude de l'effort proprement dit, soit que celui-ci engendre l'effet d'un mouvement réel ou se perde comme une énergie infructueuse, si la grandeur des résistances extérieures est trop considérable. Selon nos remarques antérieures (tome I, p. 425), l'intensité des sensations d'innervation nous donne la mesure de l'effort déployé par la force. Cependant, considérées en elles-mêmes, ces sensations d'innervation ne contiennent nullement la représentation de la force motrice ; car, celle-ci suppose nécessairement la représentation de *mouvement* et implique évidemment les autres représentations partielles de l'étendue, de la direction, de la vitesse et du membre mis en mouvement, représentations qui se ra-

1. Weber, *loc. cit.* p. 483.

mènent aux sensations tactiles, comme étant leurs éléments nécessaires.

Ainsi, les sensations tactiles, qui accompagnent tout mouvement actif ou passif et ont leur cause dans les plis de la peau, les rotations des articulations et les pressions des parties molles, nous permettent de distinguer la *partie du corps mise en mouvement*. L'hypothèse, que les sensations de mouvement produisent seules la perception des parties en mouvement, est réfutée par cette expérience, que, même lors des mouvements *passifs*, le membre en mouvement est nettement distingué. D'autre part, si la peau est anesthésiée, la perception de notre propre mouvement présente des perturbations évidentes, lors même que l'innervation motrice et la sensation de mouvement, qui s'y rattache, seraient conservées (1). Puisque la représentation de la partie en mouvement nous vient des sensations tactiles, ceci implique, que cette représentation n'est à son tour nullement primordiale ; car, la localisation de ces sensations doit lui être antérieure. Avec la représentation du membre en mouvement sont toujours données simultanément celles de l'étendue et de la direction du mouvement. Le fondement de toutes ces représentations est la perception de la *position*, qui doit être effectuée par les sensations tactiles. Nous arrivons ainsi au résultat suivant : tous les éléments constituants de la représentation de mouvement se déterminent réciproquement ; par conséquent, celle-ci se développera simultanément dans toutes ses parties. Si nous faisons ici abstraction des perceptions appartenant au sens visuel, des sensations tactiles localisées et des sensations d'innervation coopèrent à chaque représentation de mouvement. Or, la distinction locale des sensations tactiles est également liée au mouvement propre des parties. Les représentations tactiles et celles du mouvement ne peuvent donc se développer que simultanément.

Outre l'ordre des sensations tactiles dans l'espace, la liaison des sensations de mouvement *dans le temps* contribue, comme élément essentiel, à la représentation de tous les mouvements particuliers. La condition nécessaire de cette liaison est donnée, toutes les fois que des sensations différentes d'intensité ou de qualité se répètent avec une suite régulière. A l'aide de l'intuition de temps se développent immédiatement ces modalités de la représentation de mouvement, qui se rattachent à la représentation de la partie en mouvement : l'étendue, la direction et la vitesse. Nous acquérons les représentations de l'éten-

1. Voir tome I, p. 422.

due et de la direction, puisque nous percevons successivement les diverses positions affectées par le membre en mouvement. La grandeur de la différence de position la plus extrême nous renseigne sur l'*étendue ;* la relation du changement de position avec le reste de notre corps indique la *direction* du mouvement; et plus grande est, dans un temps donné, l'étendue du mouvement, plus sa *vitesse* paraît considérable. La représentation de la *force motrice* s'unit d'une manière inséparable avec ces éléments constituants. Elle se compose de la représentation de l'effort voulu, qui a directement sa mesure dans la sensation d'innervation, et de la représentation de la résistance, qui provient principalement des sensations tactiles. La façon variable, dont les deux sensations sont liées, détermine les variétés de la représentation de force. En outre de la sensation d'une résistance arrêtant le mouvement, le sentiment de l'énergie fournit les représentations de la *force de tension* et de la *masse ;* l'énergie et la résistance vaincue engendrent ensemble la représentation de la force *vive* ou *active.* Cette dernière est mesurée par le rapport du sentiment de l'énergie avec la sensation tactile, qui répond à la résistance vaincue. Nous apprécions la force de tension, d'après la sensation d'innervation associée à la sensation de tension des muscles ; et la masse, d'après la sensation de pression, que l'action d'un poids produit sur l'organe tactile au repos.

La représentation d'un *mouvement de la totalité du corps* peut également être le résultat d'un changement de lieu, occasionné exclusivement par les forces extérieures, ou être engendré par l'effort actif des diverses parties du corps, comme dans la marche, la course, le saut, la natation, etc. Nous étudierons ultérieurement le rôle important, qui incombe au sens visuel dans les deux modes de représentation (1). Nous examinerons ici, comment les éléments de la représentation tactile et de mouvement sont capables, par eux-mêmes, de nous donner la conscience du mouvement de la totalité du corps. Ceci suffira, si nous considérons l'origine de la représentation du mouvement *passif ;* car, la représentation du mouvement actif se compose uniquement de la représentation du mouvement actif d'une partie isolée du corps et de la représentation du mouvement passif de la totalité du corps.

Si nous fermons les yeux, nous ne pouvons pas remarquer le mouvement passif de notre corps, toutes les fois que le transfert s'opère

1. Comparer chap. XIII.

avec une vitesse uniforme. Quand celle-ci est modérée, une rotation
continue autour de l'axe du corps, ou un mouvement progressif (nos
yeux étant fermés, ou bien notre corps se trouvant dans un espace
clos, dont nous partageons le mouvement), nous échappent absolument. Au contraire, nous avons nettement conscience d'une *accélération* quelconque, que ce soit celle d'un mouvement angulaire, comme
lors de la rotation, ou d'un mouvement progressif, comme lors du
mouvement rectiligne (1). La représentation de mouvement, engendrée
par une accélération momentanée, ne cesse pas subitement, quand le
mouvement réel est devenu uniforme ou s'est arrêté ; il faut toujours
un certain temps, avant que la représentation, une fois éveillée, dis-
paraisse de nouveau, et cet effet consécutif de l'impression apparaît
toujours ici, comme un mouvement décroissant. Par suite de ces rapports, des illusions particulières de mouvement peuvent se produire :
tantôt l'apparence d'un mouvement, alors que véritablement c'est le
repos qui existe ; tantôt une représentation de mouvement, opposée au
mouvement réel. Toujours, ces sortes d'illusions sont simultanément
liées à un sentiment de vertige plus ou moins vif.

Les conditions intimes de ces perturbations prouvent, que la *tête*
est la partie du corps, qui est douée de la plus délicate sensibilité
pour les mouvements passifs de la totalité du corps. Nous sentons,
particulièrement à la tête, les changements de position de notre corps,
et souvent, d'une manière secondaire, dans d'autres parties du corps,
par suite d'effets spéciaux d'impulsion ou de pression. Quand on a
tourné plusieurs fois autour de l'axe longitudinal du corps, après la
cessation de cette rotation active le corps tout entier, comme tout objet palpable, que l'on saisit, semble, personne ne l'ignore, avoir tourné
dans le sens opposé ; même dans ce cas, la rotation est le plus fortement sentie à la tête, et les autres parties du corps paraissent seulement suivre le mouvement rotatoire, exécuté autour de l'axe longitudinal de la tête. Enfin, si, pendant le vertige rotatoire, la tête prend
une autre position, l'axe de rotation reste invariable dans la tête ; par
conséquent, la rotation du corps et des objets extérieurs palpables se
modifie, quoique la situation des autres parties du corps n'ait nullement changé (2).

Actuellement, nous connaissons imparfaitement les mécanismes, qui

---

1. E. Mach. *Grundlinien der Lehre von den Bewegungsempfindungen.* Leipzig 1875
p. 25 et suiv.
2. Mach, *loc. cit.* p. 40.

engendrent ces sensations d'équilibre et de mouvement de la tête. Probablement, divers facteurs sont ici en jeu. Selon les présomptions de Purkinje, qui a, le premier, étudié les conditions physiologiques des phénomènes de vertige, le cerveau exercerait son action (1). Il est naturel de songer spécialement ici au *cervelet*, qui nous a déjà révélé sa puissante influence sur les représentations de mouvement (2). Jusqu'à un certain degré, nous devons, même, prendre encore en considération les sensations cutanées et musculaires. Mais il est difficile de comprendre, comment l'action directe sur l'organe central suffirait à produire des perceptions des accélérations passives, aussi exactement graduées, que celles qui se produisent réellement ; de plus, les sensations cutanées et musculaires de la tête ne dépassent pas notablement, en finesse, celles des autres parties du corps ; c'est pourquoi, on a invoqué l'existence de mécanismes particuliers, analogues aux organes sensoriels. A la vérité, les phénomènes, consécutifs à la section transversale ou à la destruction des *canaux semi-circulaires du labyrinthe auditif*, et observés pour la première fois par Flourens, ressemblent à un haut degré aux perturbations de mouvement, qui se montrent, lors du vertige rotatoire. Quand ces tissus ont été détruits sur une large étendue, les mouvements sont hésitants et incertains ; au lieu d'aller droit en avant, les animaux tournent du côté opposé à la lésion. Des phénomènes plus limités suivent la section d'un seul canal semi-circulaire : non-seulement le mouvement se produit, comme auparavant, dans la direction opposée au côté de la lésion, mais de préférence dans le plan du canal sectionné. Si le canal semi-circulaire horizontal est coupé, la tête pend dans le plan horizontal ; l'un des canaux verticaux est-il lésé, la tête et la nuque se balancent dans le plan vertical (3), et en même temps les yeux exécutent des mouvements oscillatoires (4). Ces phénomènes ajoutent une certaine vraisemblance à l'opinion suivante, exprimée en premier lieu par Goltz (5) : les canaux semi-circulaires sont des appareils sensoriels percevant les positions et les mouvements de la tête : cependant, la plupart des symptômes décrits,

1. Purkinje, *Med. Jahrbücher des österr. Staates*, 1820, t. VI, p. 79.
2. Comp. t. I, p. 219.
3. Flourens, *Recherches expér. sur les fonctions du système nerveux*, 2ᵉ édit. p. 446. — Breuer, *Wiener med. Jahrbücher*, 1874, p. 72, 1875, p. 87. — Berthold, *Archiv. f. Ohrenheilkunde*, t. IX, p. 77. — Bornhardt, *Archiv* de Pflüger, t. XII, p. 471 ; C. Spamer, *ibid.* t. XXI, p. 479.
4. Cyon, *Recherches sur les fonctions des canaux semi-circulaires*. Thèse. Paris 1878.
5. *Archiv* de Pflüger, t. III, p. 172.

surtout les rotations, qui se produisent souvent et simultanément
autour de l'axe longitudinal du corps, pourraient bien provenir de
lésions cérébelleuses concomitantes. Mais, la relation déterminée des
diverses perturbations de mouvement aux lésions des divers canaux
semi-circulaires est la principale raison, qui empêche de ramener
entièrement ces phénomènes aux lésions cérébelleuses, ainsi que cela
a été affirmé bien des fois (1). La position de ces canaux, dont les
plans sont presque parallèles aux trois plans principaux passant par la
tête, acquiert évidemment, grâce à cette relation, une certaine importance.

Si l'hypothèse précédente est juste, la pression, que le liquide du labyrinthe
opère sur les extrémités nerveuses, contenues dans les canaux membraneux,
jouerait le rôle d'irritant et manifesterait son effet, lors des mouvements de la
tête. Puisque, selon la direction d'une rotation de la tête, cette pression se répartit d'une manière différente aux trois canaux semi-circulaires, d'autres
complexus de sensations correspondront à chaque attitude de la tête. De même,
lors de chaque accélération angulaire autour d'un axe perpendiculaire au plan
des canaux, le contenu liquide exercera un moment de rotation, ayant un sens
opposé et capable, de nouveau, de faire l'office d'irritant vis-à-vis des nerfs
des canaux semi-circulaires. Évidemment, pour percevoir les accélérations
angulaires dans toutes les directions de l'espace, une composition de trois moments principaux de rotation, perpendiculaires l'un à l'autre, serait spécialement favorable, tandis qu'un seul espace creux suffirait à donner la perception
de l'accélération progressive. Cependant, cette présomption, que le vestibule
de l'oreille est un organe produisant ces dernières perceptions (2), n'est pas,
actuellement, étayée par les résultats directs des expériences. Lors même que
les parties en question du labyrinthe seraient des organes opérant la perception des positions et des mouvements de la tête, cette hypothèse n'expliquerait pas la fonction des organes; et, il faudrait encore se demander, de quel
genre sont les sensations effectuées par ces organes, et comment ces sensations
se combinent en perceptions déterminées ? Comme le nerf auditif envoie des
rameaux au vestibule, et que d'ailleurs le développement de l'organe de l'audition révèle d'une manière à peu près positive une certaine participation du
vestibule et des canaux semi-circulaires à la fonction de l'ouïe, on a d'abord
rapporté aux symptômes subjectifs de l'ouïe les phénomènes consécutifs à la
lésion des canaux semi-circulaires (3). Néanmoins, outre que cette voie ne

1. Consulter Böttcher, *Archiv f. Ohrenheilk.* t. IX, p. 1 et suiv.
2. Mach, *loc. cit.* p. 102 et suiv.
3. Nous citerons Flourens et, tout récemment, Vulpian (*Leçons s. l. physiol. d.
syst. nerv.* Paris 1866, p. 600. — Anna Tomascewicz (*Beiträge zur Physiologie des
Ohrlabyrinths.* Thèse, Zürich 1877) essaie de dériver les phénomènes, soit de lésions

nous mène pas à découvrir la cause originelle de ces perturbations, une supposition de ce genre est infirmée par cette démonstration expérimentale de
Flourens : une lésion quelconque du limaçon, de cette partie du labyrinthe la
plus accessible aux impressions sonores, n'entraîne aucune perturbation de
mouvement. Sous l'impression de ce fait expérimental, s'est généralisée l'hypothèse, que le nerf auditif est mélangé de filets nerveux spécifiques, destinés
à cet organe du sens du mouvement (1) ; bien plus, on admet, en s'appuyant
logiquement sur la théorie de l'énergie spécifique, que ces filets auraient de
nouveau une énergie différente, selon qu'ils produiraient des accélérations progressives ou angulaires de directions différentes (2). Ceci a évidemment servi
de base à l'opinion, que l'excitation d'un filet nerveux déterminé est capable
d'éveiller non-seulement une certaine qualité de sensation, mais même instantanément une image déterminée d'espace et de mouvement. Par conséquent,
en se plaçant à un point de vue analogue, on déclara, que les canaux semi-circulaires étaient précisément l'organe d'un *sens d'espace*, organe qui engendrerait une intuition idéale ou pure d'espace, dont la réplétion par un contenu
concret serait alors l'œuvre des autres sens (3). Cette hypothèse suppose ce
qu'elle doit expliquer ; et dès qu'elle veut admettre, en les limitant, de nombreuses énergies spécifiques (contre l'adoption desquelles proteste cependant le
système des coordonnées, ébauché dans les directions des canaux semi-circulaires), il est avec elle absolument incompréhensible, que des sensations
diverses de position et de rotation, de direction différente, engendrent une
résultante de direction moyenne. Ceci devient intelligible, à condition de supposer, que les sensations peuvent, grâce aux liaisons qu'elles forment, effectuer
la représentation de la direction dans l'espace. Or, les liaisons devront être
imaginées extrêmement multiples et variées ; car, à des impulsions déterminées
de mouvement du liquide labyrinthique s'unissent ordinairement des sensations déterminées de la peau, des muscles et de l'innervation, qui permettent
une relation des sensations internes avec la surface du corps et avec la situation des objets palpables extérieurs. Si l'on adopte ce point de vue, l'appareil
des canaux semi-circulaires serait considéré comme un organe tactile *interne*,
modifié d'une façon particulière et adjoint à l'organe tactile *externe*, sur la
partie du corps qui dirige particulièrement les représentations de position et

cérébelleuses passées inaperçues, soit de la présence de bruits subjectifs de direction déterminée. Par ce dernier moyen, elle voudrait expliquer principalement les
symptômes spéciaux, consécutifs à la lésion des divers canaux semi-circulaires.
Or, on n'a jamais observé, que des bruits objectifs ou subjectifs engendrent des
mouvements pendulaires continuels de la tête, dans la direction correspondante.

1. Goltz, *loc. cit.* p. 192.
2. Mach, *loc. cit.* p. 103.
3. Cyon, *Compt. rend.* t. 85, p. 1284. Cette hypothèse exigerait encore, qu'après
la destruction complète ou par suite de l'absence congénitale des canaux semi-circulaires l'intuition d'espace fît défaut ; conclusion qui est absolument contredite
par l'expérience.

de mouvement. L'expansion du nerf auditif dans les ampoules serait une surface sensorielle, restée à l'état d'organe auditif non développé, puisque ses excitations engendrent des sensations de bruits, indistinctes, qui possèdent
simultanément le caractère des sensations de la sensibilité générale. De cette
manière, on expliquerait très-simplement ce phénomène, qu'un sentiment
énergique de vertige est constamment lié à des sensations de bruits, subjectives. En même temps, on assignerait aux canaux semi-circulaires le rôle d'un
organe auxiliaire à la vérité important, mais pas du tout uniquement prépondérant dans le système de ces mécanismes, qui servent aux représentations de
mouvement. On comprendrait ainsi, que, selon les découvertes concordantes
de Cyon et de Tomascewicz, les phénomènes de vertige rotatoire puissent être
encore provoqués, après la section transversale du nerf auditif des animaux.
Il résulte d'ailleurs de cette discussion, que la question tout entière, surtout
en ce qui concerne la contribution du cervelet à la manifestation des symptômes, appelle de nouvelles recherches.

5. — Théorie de la localisation et des représentations tactiles dans l'espace.

Pour expliquer les représentations tactiles, on se trouve, comme
pour la théorie générale de la perception sensorielle, en présence d'un
double point de vue. On attache une importance capitale aux mécanismes primitifs, tels qu'ils se manifestent sous l'influence de la richesse des nerfs et des rapports d'accroissement de la peau. Ou bien,
on prend spécialement en considération le mouvement des parties,
l'exercice et l'émoussement de la sensibilité, influences qui laissent
apparaître la distinction d'espace, comme une fonction variable, dépendant de motifs psychologiques. Le premier point de vue entraîne
à admettre, que l'ordre des sensations tactiles est basé sur les mécanismes constants, permanents de l'organisation ; ce qui amène facilement à croire, que cet ordre est primitivement donné avec cette organisation, et par conséquent inné. Aussi, cette théorie a-t-elle été
nommée *nativiste* (1). Le deuxième point de vue conduit à adopter
un développement psychologique ; nous appellerons généralement
cette opinion la théorie *génétique*. Celle-ci fait ressortir spécialement
l'influence de l'exercice ; aussi, porte-t-elle aisément à considérer la
représentation, comme un produit de l'expérience. De cette manière,
on arrive à la forme ordinaire de la théorie génétique ou *empiriste*.

1. Helmholtz, *Physiol. Optik*, p. 435.

Selon les nativistes, les cercles de sensation ont, pour base invariable, les mécanismes anatomiques de l'organe tactile. Ainsi, on admet généralement, que tout filet nerveux, qui, en cette qualité, représente dans le sensorium un élément unique de l'espace, correspond à chaque cercle de sensation. Selon les empiristes, les cercles de sensation n'ont aucune relation directe avec l'organisation physiologique ; ils expriment seulement la finesse acquise de la distinction d'espace, qui est déterminée par l'expérience.

Aucune de ces deux opinions n'est suffisante. Le nativisme a raison de croire indispensables certaines dispositions mécaniques primitives ; nous serions obligés de les supposer, alors même que les influences, dûes aux conditions de structure, qui les révèlent, ne seraient pas démontrées. De même, il est avéré, que toutes les oscillations du sens perceptif, provenant des influences de l'expérience, se meuvent dans des limites assez restreintes, et que la finesse de localisation, acquise par tant d'expérience et d'exercice, ne peut dépasser un certain degré ; car, ce degré, qui varie avec les diverses régions de l'organe tactile, doit avoir nécessairement pour cause les conditions d'organisation physique. Or, puisque ces conditions sont innées, le nativisme s'empresse trop vite de conclure, que la représentation tactile dans l'espace est aussi primordiale. On ne peut contredire l'empirisme, quand il attribue à l'expérience une influence prépondérante. Mais ceci ne prouve pas, que la représentation tactile naisse de l'expérience. L'expérience et l'exercice ne peuvent faire sentir leur effet, que si une représentation d'espace est déjà donnée. Enfin, si, pour concilier les deux opinions, on regarde comme primordiale une localisation quelconque, et si l'on accorde ensuite à l'expérience une influence variable, cette faute du nativisme, d'avoir posé avec la condition son phénomène consécutif, n'est pas évitée ; en outre, une nouvelle erreur est commise, car on admet une représentation d'espace fixement donnée et l'on soutient cependant, que cette représentation est susceptible d'être déterminée par l'expérience. Mais, si l'on invoque une localisation absolument indéterminée, qui doit recevoir de l'expérience sa relation avec l'espace réel, c'est contredire le concept de localisation, qui exprime le rapport avec un lieu *déterminé* dans l'espace. Nous voilà donc amenés au point décisif, que le nativisme et l'empirisme évitent tous deux d'aborder. La théorie des représentations tactiles doit expliquer, comment des conditions données d'organisation engendrent, d'après des lois physiologiques et psychologiques, l'ordre des représentations tactiles dans l'espace. Grâce à cette forme de la théorie génétique, d'une part les influences, dûes à la structure, ont conservé leurs droits; et, d'autre part, la base fondamentale, sur laquelle l'expérience et l'exercice peuvent continuer leur développement, nous est donnée.

Toutes les observations nous démontrent, que le *mouvement* est, indépendamment des sensations de sensibilité générale de la peau, le facteur le plus essentiel de la perception tactile. Déjà, le langage comprend en même temps, par l'expression de « toucher », le mouvement des parties sentantes. D'après la mobilité de ces dernières, se règle généralement la finesse de la localisation. Les mouvements du toucher corrigent les fautes de cette localisation ; les distances, que ne connaît pas l'organe tactile au repos, sont nettement perçues par l'organe tactile en mouvement ; enfin, l'exercice confère aux mouvements un rôle important. En outre, un témoignage précieux en faveur du développement spontané de l'organe tactile au moyen de ses mouvements, c'est que la perception, opérée par la vue, des régions cutanées pratiquant ou subissant le toucher, n'exerce aucune influence sensible sur la finesse du discernement ; car, dans ces régions cutanées accessibles à la vue, les cercles de sensation ne sont pas généralement plus petits, que dans celles qui sont cachées à l'œil (1).

Grâce aux sensations, qui y sont liées, les mouvements sont capables de manifester leur influence sur les représentations tactiles. Or, les sensations de mouvement peuvent se combiner de trois manières avec les sensations tactiles proprement dites : 1° Lorsque, en promenant notre organe tactile sur les objets, nous touchons ainsi successivement des points diversement éloignés, des sensations de mouvement de différent degré se combinent avec une seule et même sensation tactile. 2° Nous pouvons toucher notre propre organe tactile ; alors, la sensation de mouvement et celle de tact affectent généralement des parties différentes. 3° Quand nous mouvons simplement nos membres, les tensions et pressions, que ces organes exercent les uns sur les autres, engendrent les deux sensations, qui s'associent. Probablement, cette troisième liaison, qui sert directement de base à la représentation de notre propre mouvement, jouera un rôle spécial dans le premier développement des représentations tactiles extérieures. Or, de cette liaison résulte également la conception d'espace la plus primitive, *le discernement des parties de notre corps, par rapport à leur situation*

1. E. H. Weber, *Annotat. anat. Prol.* X, p. 5.

dans l'espace. Plus grande est la mobilité réciproque des parties, plus nettement elles peuvent être distinguées les unes des autres ; et, en même temps, ceci constitue la première condition en faveur de la dépendance générale, qu'affecte la finesse de la distinction d'espace vis-à-vis de la mobilité des organes.

Les différences de la sensation tactile, auxquelles peuvent être reconnues les diverses parties du corps opérant le toucher, sont certainement d'espèce *qualitative*. Quand nous mouvons notre bras, la sensation est, malgré l'effort égal de mouvement, qualitativement tout autre, que si nous remuons le pied ou la tête. Sans doute, nous ne sommes pas capables d'expliquer parfaitement les différences, qui se produisent alors ; car, étant mêlées d'une manière inextricable à d'autres sensations, qui participent à la localisation, elles ne nous sont jamais données à l'état d'isolement. Si la sensation tactile des diverses parties n'offrait pas certaines différences, on ne voit pas, comment nous arriverions à faire cette distinction. L'expérience témoigne en faveur de cette influence, puisque, si la sensibilité de la peau a été supprimée, la représentation de la position de nos membres dans l'espace se trouve notablement altérée (1). Nous sommes donc amenés à admettre une *coloration locale* des sensations tactiles, coloration qui se modifie continuellement sur toute la surface cutanée, et qui, par sa variété, motive nécessairement le premier discernement des membres opérant le toucher. La coloration locale appartenant à chaque région cutanée s'appelle le *signe local* de celle-ci, si nous utilisons une expression employée par Lotze (2) dans un sens plus général. Selon nos suppositions, chaque région cutanée a son signe local déterminé ; celui-ci consiste en une qualité de sensation, qui dépend du lieu de l'impression et s'ajoute à la qualité et à l'intensité, que présente la sensation résultant de la nature variable de l'impression extérieure. La qualité du signe local se modifie continuellement d'un point à un autre point de la surface cutanée, de manière que nous pouvons percevoir la différence ou variété, si les distances sont assez considérables. La netteté du signe local croît, jusqu'à une certaine limite, avec l'énergie de l'impression extérieure, puisque nous localisons plus imparfaitement de très-faibles impressions, que celles douées d'une forte énergie (3). En se rapprochant de la limite de la douleur, sa netteté

1. Voir p. 19.
2. *Medicinische Psychologie*, p. 331.
3. Wundt, *Beiträge zur Theorie der Sinneswahrnehmung*, p. 41.

semble décroître ; car, à son tour, nous rapportons plus imparfaitement la douleur à un endroit ou lieu déterminé, que les irritants
d'une intensité modérée. Les signes locaux seront d'abord liés aux
sensations tactiles de la surface de la peau ; cependant, les parties
molles, sous-cutanées, pourvues de nerfs sensibles, surtout les muscles
et les articulations, peuvent y contribuer. Toutefois, la vitesse, avec
laquelle ces signes changent selon les diverses régions du corps, est
très-variable. La grandeur des cercles de sensation constituerait, à ce
sujet, un certain élément de mensuration. Généralement, à cause de
la forme très-souvent ovalo-longitudinale de ces régions, les signes
locaux se modifieront plus lentement dans la direction longitudinale,
que dans la direction transversale. La vitesse de leur graduation va-
riera énormément, mais, probablement, pas à un degré aussi élevé,
que le laisseraient supposer les différences ordinaires, présentées par
les diamètres des cercles de sensation ; car, ces différences sont partiellement compensées par l'exercice. Enfin, il faudra admettre, que
dans les régions symétriques des deux parties du corps les signes
locaux sont très-analogues, mais non identiques. Abstraction faite,
que les rapports concordants de structure de l'organe tactile doivent
entraîner une composition concordante de la sensation, ce qui témoigne
en faveur de leur analogie, ce sont surtout les observations concernant
l'*exercice associé* involontaire des parties correspondantes d'un côté,
quand l'autre côté a été perfectionné par l'exercice. Également, des
parties situées sur un même côté et pourvues d'organes d'une structure analogue, deux doigts par exemple, où toutefois l'exercice associé
s'opère jusqu'à un certain degré, auront des signes locaux analogues.
Néanmoins, d'après la distinction réelle, soit d'après les différences
de structure qui se présentent, malgré une analogie si grande, nous
concluons, que les signes locaux ont une certaine différence dans les
parties symétriques et analogues. A cet égard, il faut surtout prendre
en considération, que le développement et l'exercice inégaux des
muscles des deux moitiés du corps engendreront, dans les signes
locaux des parties profondes, des différences considérables. En outre,
le contact des objets extérieurs doit essentiellement perfectionner la
distinction d'espace, qui résulte du mouvement proprement dit. Ici,
les signes locaux et les sensations, engendrées lors du mouvement,
contribuent à fixer les rapports des objets dans l'espace.

Selon une loi psychologique générale, diverses sensations, qui ont
été fréquemment associées, se fusionnent tellement ensemble, que dans

ces sortes de cas, où quelques-unes d'entre elles sont directement suscitées par des irritants externes ou internes, la reproduction opère la
liaison des autres; mais le plus souvent, ces éléments reproduits possèdent une faible énergie (1). Cette règle s'applique aussi à nos organes
tactiles. Ici, les sensations de tact, des muscles et de l'innervation se
mélangent et constituent des éléments inséparables. Quand nous
voulons mouvoir notre bras, l'image effacée du souvenir des sensations
tactiles, qui accompagneront le mouvement, s'associe à la sensation
d'innervation, avant l'exécution réelle du mouvement. C'est ainsi que
la représentation de la partie du corps en mouvement et, même, une
représentation indistincte de mouvement, que cette partie exécutera,
s'unissent directement avec l'innervation motrice. En effet, nous ne
connaissons à leur état parfait d'isolement ni les sensations tactiles, ni
celles d'innervation. Toutes les fois que les unes ou les autres existent
per se, toujours la reproduction les complète, les convertit en un
complexus de sensation, qui implique déjà l'intuition d'espace. Par
conséquent, on ne peut jamais songer à observer, dans leur nature
primordiale, les éléments de cette intuition.

Les signes locaux du sens tactile forment un continuum de deux
dimensions ; ce qui permet à la représentation d'une *surface* de se
développer. Mais, en lui-même, le continuum des signes locaux ne
contient encore rien de la représentation d'espace. Nous admettons
donc, que celle-ci est produite par le rapport rétrospectif au continuum simple des sensations d'innervation. Ces dernières, grâce
à leur graduation purement intensive, constituent une mesure uniforme pour les deux dimensions des signes locaux, et, par ce moyen,
engendrent l'intuition d'une multiplicité continue, dont les dimensions
sont toutes homogènes. La forme de la surface, où les signes locaux
sont rangés, est d'abord absolument indéterminée; elle varie avec la
forme de la superficie touchée. Or, les lois des mouvements des
membres favorisent ces sortes de changements de position, où l'organe
tactile se meut en *ligne droite* vers les objets ou s'éloigne d'eux. La
ligne droite devenant ainsi l'élément déterminant de l'espace tactile,
celui-ci reçoit la forme d'un espace *plan*, dans lequel les surfaces variables de courbure, que nous percevons par notre toucher, doivent
être rapportées à trois dimensions rectilignes.

Nous nommerons *synthèse psychique* la liaison particulière des

1. Voir section IV.

sensations sensorielles périphériques et des sensations d'innervation centrale, qui engendre ici l'ordre des premières dans l'espace. Or, les significations traditionnelles du concept de synthèse contiennent très-souvent la relation avec de nouvelles propriétés d'un produit, qui n'existaient pas encore dans ses éléments constituants. Dans le jugement synthétique, un nouveau prédicat est attribué au sujet ; dans la synthèse chimique, certains éléments engendrent une combinaison douée de propriétés nouvelles ; de même, la synthèse psychique donne, comme un nouveau produit, l'ordre, qu'affectent dans l'espace les sensations, faisant partie de cette synthèse. Par conséquent, une analyse psychologique nous démontrera ces éléments constituants des sensations, d'où résulte cet ordre. Comme ces éléments de la représentation d'espace ne se montrent, selon nos remarques antérieures, jamais à l'état d'isolement, l'analyse psychologique ne peut les voir, qu'en procédant à postériori et d'après les changements, que subissent, dans des conditions diverses, les complexus de sensation, dont ils forment les principes constituants.

En découvrant les éléments désignés, l'analyse psychologique se trouve de cette manière en présence de certaines conditions *physiologiques*, qui précèdent le processus synthétique. 1° Les sensations de mouvement doivent avoir la propriété de pouvoir servir de mensuration, lors de la transformation du continuum hétérogène en un continuum homogène. 2° L'organe tactile doit donc posséder les éléments de structure, indispensables à la formation et à la graduation des signes locaux. 3° Enfin, il faudra rechercher les conditions préliminaires physiologiques, qui contribuent à produire l'acte de synthèse. En ce qui concerne le premier de ces points, il existe en effet *une seule* classe de sensations, à savoir les sensations d'innervation, qui sont capables de servir de mesure homogène. Elles ne dépendent pas des conditions variables des irritants périphériques ou des irritants centraux, qui se dérobent à notre détermination exacte ; mais elles sont uniquement liées à l'innervation motrice centrale. C'est pourquoi, ces sensations jouissent du privilège exclusif d'avoir une homogénéité qualitative, quand la graduation est délicatement intensive ; tandis que les différences qualitatives des sensations de mouvement se déduisent suffisamment des sensations tactiles et musculaires concomitantes. On sait moins bien quelles sont les particularités de l'organe tactile, qui expliquent les signes locaux. Ainsi, les différences de structure des éléments de la peau, dépourvus de nerfs, et des tissus sous-cutanés contribuent, peut-être, à occasionner une coloration locale des sensations. Cependant, les rapports de la répartition ou distribution des nerfs semblent avoir plus d'importance. Nous avons déjà fait remarquer, que les parties, douées d'une localisation très-délicate, sont les plus riches en nerfs. Or, il n'est pas vraisemblable, qu'un signe local soit lié à chaque filet nerveux, en soi et pour soi, car ce serait revenir à l'idée d'une variété spécifique. Au contraire, très-probablement, une région cutanée, où se ramifient de nombreuses fibrilles, engendre, par cela même, une sensation qualitativement tout autre, qu'une région cutanée, où se distribuent très-peu de ces fibrilles. Si on suit cette idée, la finesse de la localisation dépendra, sans doute, du nombre absolu des filets nerveux, mais surtout de la vitesse, avec laquelle le nombre des fibrilles se modifie d'un point à un autre point. Cette modification s'opère extrêmement vite, dans les parties les plus riches en nerfs. Or, nous nommerons cercle de sensation ce district cutané, où l'expansion des nerfs est si uniforme, que des différences locales de sensations de grandeur notable ne se produisent pas. En effet, ceci est confirmé par l'expérience, puisque dans toutes les régions cutanées, où la localisation est exquise, par exemple à la pointe des doigts, les différences de finesse des points, placés les uns à côté des autres, sont les plus considérables. En outre, nous invoquerons ici le fait suivant : quand deux impressions agissent à la limite de deux régions cutanées, douées d'une acuité de discernement très-différente, par exemple l'une d'elles sur la surface externe de la lèvre, et l'autre, sur la surface interne, l'écart est perçu plus nettement, que si deux impressions agissent, à distance égale, sur une même place, celle-ci serait-elle même plus sensible (1). Cette interférence des cercles de sensation, que reproduit la fig. 124 p. 11, s'explique facilement de cette manière. En outre, dans chaque point de la peau doit commencer un nouveau cercle de sensation ; car, chacun présente, à un certain degré, une variation dans la répartition des nerfs, et la modification du signe local y est imperceptible. En même temps il est évident, que la limite de la distinction locale ne peut être fixement déterminée. Or, la graduation des signes locaux, par rapport à la distribution des nerfs qui leur sert de base, est continue, de manière que l'exercice prolongé permet de reconnaître ces sortes de différences, qui primitivement échappent à l'observation. Les faits relatifs à l'influence de la croissance (p. 12) rentrent facilement dans le cadre de cette hypothèse, puisque dans ce cas le nombre des fibrilles nerveuses, se rendant en un point déterminé de la peau, reste approximativement invariable ; par conséquent, la graduation concernant la répartition des nerfs doit diminuer de vitesse. Mais les conditions physiologiques, sur lesquelles repose la synthèse des deux systèmes de sensations, qui coopèrent à la représentation tactile dans l'espace, doivent être uniquement de nature centrale. La base fondamentale de cette synthèse est la liaison des impressions sensorielles et des impulsions de mouvement, telle qu'elle s'opère seulement dans certains foyers centraux du système nerveux. Très-probablement, les organes remplissant spécialement cette fonction à l'égard de l'organe tactile et des mouvements musculaires, qui lui sont subordonnés, sont,

1. E. H. Weber, *Annot. anat. Prol.* VIII, p. 7.

comme nous l'avons déjà appris précédemment, les *couches optiques*, ces centres réflexes compliqués, d'où émanent les réactions complexes de mouvements, qui succèdent à des impressions tactiles déterminées (1). Par conséquent, nous chercherons la base physiologique de la synthèse des sensations de mouvement et de tact dans ce mécanisme central, qui adapte à des sensations certains mouvements, et est probablement localisé dans l'écorce du cerveau. Enfin, l'analyse des mouvements corporels coordonnés démontre une liaison intime, d'un côté, des parties symétriques des deux moitiés du corps et, de l'autre côté, des régions, qui sont subordonnées l'une à l'autre au point de vue fonctionnel, des divers doigts par exemple. C'est là que l'on découvrirait, peut-être, une condition physiologique de cette influence, qu'une partie, directement dressée aux mouvements, opère, sous forme d'exercice associé, sur d'autres parties symétriques ou liées fonctionnellement.

Quant aux deux *hypothèses, émises sur l'origine de la perception sensorielle* et déjà distinguées par les noms de *nativiste* et de *génétique*, évidemment la première est la plus ancienne, car toute explication génétique suppose une analyse psychologique du développement des représentations (2). La direction empiriste, imprimée par Locke (3) à la philosophie, a encouragé puissamment les tentatives, qui avaient pour but de considérer les représentations, comme le produit d'un développement. La forme empiriste, ainsi réalisée, de la théorie génétique, qui a pour fondateurs principaux Berkeley (4), malgré le caractère idéaliste de ses intuitions, et Condillac (5), fut repoussée, surtout en Allemagne, par les systèmes idéalistes. Particulièrement la doctrine kantienne des formes d'intuition favorisa une direction nativiste, dans la théorie sensorielle. En considérant l'espace comme la forme innée de l'intuition sensorielle externe, on croyait pouvoir dériver des mécanismes ou dispositions, données des organes sensoriels et du système nerveux, les diverses représentations dans l'espace. Ainsi, selon la proposition de J. Müller, chaque point, où se termine un filet nerveux, serait représenté, dans le sensorium, comme une particule d'espace. D'après ce physiologiste, nous avons une représentation primordiale de notre corps, uniquement parce qu'il est pénétré, traversé de nerfs; également, une représentation des espaces, parcourus lors du mouvement, est liée directement aux sensations des muscles ou, peut-être aussi, à l'innervation de certains filets nerveux moteurs (6). Les mêmes idées ont servi de base à la théorie de E. H. Weber, sur les cercles de sensation.

1. Chap. V, tome I, p. 206.
2. Helmholtz a directement opposé à l'opinion nativiste l'opinion empiriste (*Physiol. Optik* p. 435). J'emploie la désignation plus générale, parce que l'empirisme est seulement *une* des formes, que la théorie de l'évolution peut adopter. Voir à ce sujet la conclusion du chap. XIII.
3. *Essay concerning human understanding*, 1709.
4. *Theory of vision*, § 54 et suiv.
5. *Traité des sensations*, part. II.
6. *Zur vergleichenden Physiologie des Gesichtssinns*, p. 508.

Dans la conception primitive de cette théorie, le cercle de sensation est ce district cutané, qui reçoit *un* filet nerveux et est, par conséquent, senti, comme une unité dans l'espace. Plus tard, Weber modifia un peu sa théorie, afin de la fortifier contre diverses objections, et, par ce moyen, il fraya la voie, qui conduit à l'opinion empiriste. D'après lui, les cercles de sensation sont de très-petites surfaces cutanées ; de manière qu'entre deux impressions, qui devraient être distinguées, plusieurs cercles de sensation seraient toujours situés ; il incline justement à ramener à cette idée la représentation de l'*espace libre,* existant entre les impressions. En outre, selon sa croyance actuelle, la détermination du *lieu,* où une impression se manifeste, est opérée par l'expérience, et l'exercice dresse admirablement l'organe tactile à distinguer l'espace, puisque le nombre des cercles de sensation, qui existent entre les impressions, afin de percevoir l'espace intermédiaire, peut diminuer. Czermak améliora la partie de cette théorie, qui était relative aux cercles de sensation ; car, il substitua des cercles interférents de sensation aux cercles juxtaposés ; par conséquent ce concept, tel que nous l'avons déjà exposé, reprend de nouveau son importance primitive : c'est alors cette grandeur de surface, où se rencontrent ensemble les impressions séparées dans l'espace (1).

Si, comme nous le voyons dans ces dernières transformations de la théorie des cercles de sensation, on accorde à l'expérience une influence essentielle sur la fixation des relations dans l'espace, la question concernant les motifs psychologiques d'une influence de ce genre se pose d'elle-même. Ici, se trouve naturellement indiqué le passage de l'opinion intermédiaire — que Weber et ses imitateurs avaient préparée — aux *théories génétiques,* qui essayent de dériver d'un développement psychologique non seulement le perfectionnement ultérieur des représentations tactiles dans l'espace, mais principalement leur origine. Parmi ces opinions, nous en distinguerons *quatre:* deux *purement psychologiques* qui, pour établir l'origine de l'intuition d'espace, renoncent à tous les moyens et auxiliaires physiologiques, puisqu'elles s'efforcent de faire provenir cette intuition uniquement de l'essence de l'âme ou du cours, de ses représentations. Nous appellerons *psychophysiques* les deux autres, parce qu'elles croient indispensables certains processus psychologiques, mais aussi certaines conditions préliminaires physiologiques, existant dans les organes sensoriels.

Première opinion. La représentation d'espace repose sur l'essence simple indivisible de l'âme, qui empêche plusieurs sensations, simultanément données,

---

1. En outre, Czermak a développé davantage l'idée d'une irradiation de l'irritation, et s'en est principalement servi, pour essayer d'expliquer la faculté de discernement plus net, que présentent les impressions tactiles successives par opposition aux impressions tactiles simultanées. G. Meissner a proposé de faire d'autres modifications à l'hypothèse de Weber ; c'était surtout dans le but de trouver une concordance avec les faits anatomiques. (*Zeitschr. f. rat. Med.* nouvelle série, tome IV, p. 260.) Consulter à ce sujet mes *Beiträge zur Theorie d. Sinneswahr.* p. 14.

de fusionner en *un* acte intensif de représentation, et est cause, par conséquent, qu'elles sont ordonnées *les unes à côté des autres*. D'après cette théorie formulée par Th. Waitz (1), l'ordre spécial des impressions dans l'espace, la détermination de la position, de la direction, de la grandeur, de la configuration, etc., dériverait naturellement de processus psychologiques secondaires ; il serait le produit de l'expérience, à laquelle coopèrent surtout les sens tactile et visuel. De cette manière, cette représentation primordiale de l'espace, qui doit précéder cependant l'intervention de l'expérience comme base fondamentale, est transformée en un concept indéterminé, qui ne contient plus rien de ce qui est réellement l'espace. Enfin, l'exemple du sens auditif, comme des impressions agissant en même temps sur des sens disparates, montre, que nous ne mettons pas absolument, sous forme extensive, toutes les sensations simultanées d'un *quale* différent. La liaison de ces dernières à des organes sensoriels déterminés prouve justement, que des conditions physiologiques préliminaires et spéciales sont pour cela indispensables.

Deuxième opinion. La représentation d'espace résulte d'une succession de sensations, qui sont ordonnées sous forme d'espace, quand leur série est susceptible de se renverser. Cette théorie est due à Herbart (2). A la vérité, elle fait du mouvement un facteur essentiel de la formation de l'intuition d'espace; mais le mouvement de notre doigt, par exemple, opérant le toucher, n'intervient, ici, qu'autant qu'il engendre une succession de représentations ; il peut donc être remplacé par un mouvement de va-et-vient de l'objet extérieur. Par conséquent, le véhicule vraiment efficace de la représentation d'espace n'est pas le mouvement, mais uniquement la succession des sensations, qui, dès qu'elle est susceptible de se renverser, se convertit en représentation d'espace (3). La théorie d'Herbart transforme directement une description de l'espace objectif en processus subjectif de l'intuition d'espace. Si, par la pensée, nous imaginons, que dans l'espace extérieur, et suivant une direction quelconque, soient tirées des lignes, qui, à partir du point, où on a commencé leur tracé, rencontrent toujours le même ordre d'éléments d'espace, placés les uns à côté des autres : de même, notre intuition doit construire l'espace, puisqu'elle fait passer, à travers cet espace, des lignes allant dans un

1. *Lehrbuch der Psychologie als Naturwissenschaft*, § 18.
2. *Psychologie als Wissenschaft*, œuvres complètes, tome VI, p. 119. Selon Herbart, dans une succession progressive et régressive de sensations, il se produit une fusion graduée des représentations isolées. « Durant la marche en avant, les premières perceptions s'abaissent graduellement; et se nuançant pendant l'abaissement, elles se fusionnent toujours de moins en moins avec les suivantes. Au moindre retour en arrière, toutes ces perceptions antérieures s'élèvent, car elles sont favorisées par de nombreuses perceptions, qui s'y joignent alors et qui leur ressemblent. » Il arrive ainsi « que *chaque* représentation assigne sa place à *toutes les autres*, puisqu'elle doit se poser *à côté d'elles* et *entre elles.* » (*Loc. cit.* p. 120.)
3. Parlant de la théorie d'Herbart, Cornélius (*Die Theorie des Sehens und räumlichen Vorstellens.* Halle 1861, p. 561) dit, que les sensations musculaires y sont regardées comme des auxiliaires de localisation. Rien de pareil ne se trouve dans les œuvres de ce philosophe.

sens et revenant sur elles-mêmes. Mais cela ne démontre nullement, que ces sortes de séries, progressives et régressives, conduisent nécessairement à la représentation d'espace. Au contraire, si les représentations, se déroulant dans *une* direction, sont la série de temps, on ne comprend pas, pourquoi les représentations à cours rétrograde devraient être tout autre chose, qu'une série de temps. Selon l'excellente remarque de Lotze, nous pouvons établir facilement avec des tons la forme de série exigée par l'intuition d'espace, puisque nous chantons par exemple, en montant d'abord et ensuite en descendant l'échelle des tons, sans que cependant une représentation d'espace en soit la conséquence (1). Par ce moyen, nous avons indiqué ici les conditions physiologiques préliminaires et spéciales.

Troisième opinion. Toutes les sensations ont, pour origine, des excitations purement intensives. Toutes les fois qu'il s'effectue un ordre des sensations dans l'espace, c'est grâce à leur liaison opérée avec un processus nerveux, qui confère à la sensation un signe, au moyen duquel elle peut être rapportée à un lieu déterminé dans l'espace. Ce *signe local*, comme l'appelle Lotze, possède, selon les divers organes sensoriels, une composition différente. Il est seulement nécessaire, que tous les signes locaux soient membres d'une série ordonnée. Spécialement, à propos du sens tactile, Lotze présume, que les signes locaux consistent en un système de *sensations associées*, occasionnées par la propagation de l'irritation aux parties environnantes. Si cette théorie est certainement dans la véritable voie, quand elle cherche dans les organes sensoriels les conditions physiologiques préliminaires de la localisation, cependant les signes locaux adoptés ne contiennent en sa faveur aucun motif suffisant. Or, quoique les signes locaux, par leur liaison ou adhérence au lieu de l'impression, se dépouillent, peut-être, de ces qualités de la sensation, qui ont leur cause dans l'irritant extérieur, puisqu'ils ne changent pas avec la composition variable de ce dernier, néanmoins ceci n'explique nullement encore, pourquoi ils doivent être mis dans un ordre extensif. Ils ne pourraient servir d'auxiliaire à la localisation, que si la représentation d'espace était dès l'abord donnée, et les signes locaux seraient uniquement utilisés, pour l'aider à fixer le lieu de l'impression. En effet, Lotze nous en avertit : sa théorie ne doit pas expliquer l'intuition d'espace, qui est une possession appartenant *à priori* à notre âme ; elle veut exposer seulement les moyens ou auxiliaires, à l'aide desquels nous assignons à l'impression isolée sa place déterminée dans l'espace. Ceci, ainsi entendu, signifie, que toujours l'ordre primordial des sensations sensorielles déterminées dans la forme extensive s'explique de cette manière ; ou bien, on pourrait penser, qu'une image extensive de la surface opérant le toucher nous est déjà donnée, et qu'à l'aide du signe local qualitatif nous connaissons seulement le point isolé, atteint par l'impression extérieure. Mais, dans le premier cas, nous rencontrons la difficulté précédente. Nous ne com-

---

1. In *Handwörterb. d. Physiol.* de Wagner, t. III, p. 177.

prenons pas, comment des signes qualitatifs, bien qu'ils fussent encore si régulièrement gradués, peuvent engendrer un ordre dans l'espace, que cet ordre soit
appelé une production primordiale ou une pure reconstruction de l'espace. Nous
concluons d'après la faculté de localisation, que ces facultés adhèrent à un endroit
déterminé de notre organe sensoriel ; par conséquent, cette propriété ne peut se
convertir en moyen primordial de localisation. Ces difficultés disparaissent sans
doute dans le second cas. Si le signe local doit être un simple signal, auquel
nous reconnaissons de nouveau un point de l'espace établi par une autre voie,
rien ne s'oppose à son utilisation. Mais alors, on se pose la question suivante:
comment se forme dans l'espace ce premier ordre des sensations, qui est toujours supposé, lors d'une telle application isolée des signes locaux ?

Quatrième opinion. L'intuition d'espace résulte de notre propre mouvement ;
la représentation la plus primordiale de l'espace est donc la représentation du
mouvement. Cette dernière nous est procurée par les sensations de mouvement intensivement graduées. Jusqu'à présent, cette opinion se rattache directement à la théorie de Berkeley, dont elle n'est que le développement. Mais cette
connaissance, que des sensations intensivement graduées ne contiennent rien
en elles-mêmes nécessitant l'ordre extensif, a déterminé Bain, l'auteur spécial
de l'hypothèse du mouvement, à faire provenir cette représentation d'une
liaison de sensations de mouvement avec la représentation de temps (1). Puisque
notre mouvement peut, selon sa vitesse, parcourir dans une durée de temps
différente les mêmes graduations d'intensité, d'après Bain la représentation de
l'étendue d'espace du mouvement doit se séparer de la représentation de sa
durée dans le temps. D'une manière analogue se constitue l'ordre des sensations
tactiles dans l'espace. Puisque nous touchons successivement avec une vitesse
différente une série d'objets, l'ordre des impressions doit être conçu comme
indépendant de leur succession dans le temps ; aussi, doivent-elles être représentées ordonnées *les unes à côté des autres.* Mais, de nouveau, la sensation de
mouvement, sur laquelle est basée par conséquent toute localisation, sert de
mesure de distance. Dans cette hypothèse réside la véritable connaissance, à
savoir que des éléments hétérogènes doivent constamment coopérer à l'exécution ou accomplissement des représentations dans l'espace ; car un seul
système gradué de sensations n'autorise jamais à poser, en outre de la série qualitative et intensive de ces sensations, un autre ordre, l'ordre dans l'espace. Cependant, la faute consiste, en ce qu'on fait de l'intuition de temps le véhicule proprement dit de la représentation d'espace. D'après cette hypothèse, une certaine
suite de sensations deviendrait étendue de l'espace, dès que leur succession
s'opérerait avec une vitesse variable. Or, ceci est la voie, d'où provient justement la représentation de la vitesse et non la représentation de l'espace,

1. A. Bain, *The senses and the intellect.* 2ᵉ édit. Londres 1864, p. 197. (*Les sens
et l'intelligence,* traduit par M. Cazelles, chez Germer-Baillière et Cⁱᵉ). — Un ancien
ouvrage allemand de Steinbuch (*Beitrag zur Physiologie der Sinne.* Nurem-
berg 1811) concorde, quant aux points les plus essentiels, avec la théorie de Bain.

ainsi que le montre nettement l'exemple d'autres sensations (des sensations auditives). Une série d'intensités de ton ou de hauteurs de ton, répétée
avec une vitesse variable, ne conduit jamais à l'ordre dans l'espace. Cependant,
disons en terminant, que les sensations de mouvement jouissent constamment
de la propriété spécifique suivante : elles mettent leurs intensités dans une
série d'espace, ce qui concorde avec la conception primitive de Berkeley. En
outre, l'hypothèse se heurte à une objection : elle n'explique pas, pourquoi
l'organe tactile au repos est capable de localiser et d'ordonner dans l'espace
ses impressions. Pour écarter cette objection, elle doit se combiner avec l'opinion précédente : elle doit admettre des signes locaux, qui permettent la recon-
naissance d'une impression par rapport au lieu de son contact. Par ce moyen,
cette théorie, que nous avons développée plus haut, a son terrain tout préparé (1).

1. Les traits fondamentaux de cette théorie ont été exposés par moi, pour la
première fois, dans la première livraison de mes *Beiträge zur Theorie der Sinneswahrnehmung* (p. 48-65).

CHAPITRE XII

1. — Formes générales des représentations de son.

Les représentations du sens auditif se distinguent de toutes les autres par la propriété suivante : elles ont pour origine une base fondamentale sensorielle, extrêmement riche, mais homogène. Les sensations de ton et de bruit sont les seuls matériaux servant à leur construction ; d'autres impressions sensorielles ne participent pas ou participent, uniquement d'une façon secondaire, à leur formation. La relation avec l'espace n'est pas ici spontanément développée ; elle est empruntée aux autres sens, qui perçoivent l'espace, à la vue et au toucher. On doit donc présumer, que justement l'homogénéité de leur base sensorielle contribue, en partie, à ce que les représentations auditives ne puissent jamais être ordonnées dans l'espace. A cet égard, elles se comportent d'une manière analogue à l'odorat et au goût, ces deux autres sens, dont les sensations restent également limitées à la forme de qualités intensives. Mais voici ce qui les distingue encore : la richesse de leur multiplicité qualitative, l'exacte adaptation de la sensation à l'impression extérieure, relativement à la succession de l'impression dans le temps, et enfin la possibilité d'analyser, dans la sensation, les impressions plus régulières des sons et des sons résultants, et d'ordonner, par ce moyen, dans la série continue des tons, chaque élément d'une sensation complexe. Sur la seconde de ces conditions est basée la propriété suivante des représentations auditives : elles constituent l'auxiliaire le plus essentiel de l'intuition de temps ; celle-ci, à la vérité, est déjà ébauchée dans la représentation de mouvement, mais son développement supérieur est absolument lié au sens de l'ouïe.

Quant aux deux espèces principales de sensations sonores, les sons et les bruits, ce sont spécialement les premiers, qui sont pris en considération dans la formation des représentations auditives complexes. Les bruits se maintiennent généralement au degré de sensations concomitantes, qui peuvent conférer à certains sons ou à d'autres représentations, surtout aux représentations visuelles, un caractère spécial, sans que cependant les bruits acquièrent, en cette qualité, une valeur propre. Ainsi, certains bruits, qui accompagnent des sons musicaux, aident à reconnaître la source sonore ; et d'autres bruits, liés à certains phénomènes extérieurs, tels que le tonnerre de l'orage, le mugissement du vent, le pétillement du feu, s'associent ordinairement de la façon la plus intime aux représentations visuelles. En revanche, des sons d'une composition plus ou moins complexe peuvent exister, comme représentations indépendantes. Dans ce cas, les propriétés psychologiques immédiates des sensations de ton nous permettent d'ordonner, d'après leur parenté, ces sortes de sons, qui nous sont donnés simultanément ou successivement ; car, nous mettons dans une relation réciproque les sons, qui ont de commun entre eux quelques sensations de ton, simples. Nous appelons cette relation l'*affinité* ou la *parenté des sons*.

Cette parenté est de deux sortes: 1° Certains tons partiels reviennent toujours dans une classe déterminée de sons, quoique la hauteur du ton fondamental et des harmoniques, dépendants de ce dernier, puisse varier ; par conséquent ici, certains tons partiels apparaissent, comme les compagnons constants des sons comparés entre eux. Ou bien, 2° les tons partiels concordants sont susceptibles de varier avec le rapport de vibrations des tons fondamentaux, de manière que la hauteur de ces dernières détermine la parenté. Nous nommerons le premier cas la parenté *constante* des sons, et le second, leur parenté *variable*.

La *parenté constante des sons* est le moyen le plus général, qui sert à découvrir l'origine de ces sortes de sons, qu'une expérience antérieure a déjà fait connaître à l'individu. C'est elle, qui est la base du timbre des instruments de musique et d'autres sources de sons. Cependant, dans cette circonstance, le concept de parenté des sons doit dépasser les limites de la notion d'identité des tons partiels *isolés*. Des sons peuvent être parents, quand certains nombres d'ordre des tons partiels sont absents ou, au contraire, fortement représentés. Ici donc en vérité, les tons partiels sont variables ; mais, comme ils conservent un rapport constant, caractéristique, ce cas doit être rangé dans le domaine de la parenté constante des sons. L'analogie de son des instruments musicaux repose, en majeure partie, sur les conditions ici énumérées, comme sur l'absence des tons partiels pairs·et impairs, l'émission accentuée ou la suppression d'harmoniques d'ordre déterminé (1). A ce sujet, interviennent encore généralement des harmoniques constants, qui sont doués, pour la plupart, d'une hauteur de son très-importante et engendrés par les conditions uniformes de la production des sons ; et à côté d'eux prennent place, en les interprétant au sens large, certains bruits concomitants, qui, dans quelques cas, par exemple dans les instruments à frottement, ne contribuent pas peu à caractériser le son. Tandis que, dans les sons musicaux, ces sortes de tons partiels, réellement constants, jouent uniquement un rôle secondaire, ce sont eux qui servent essentiellement de base à une autre classe très-importante de sons et de bruits, aux *sons articulés du langage*. D'après les remarques faites en premier lieu par Wheatstone, les sons des voyelles ont pour fondement l'émission de certains tons partiels, qui caractérisent chaque voyelle (2). Donders a montré, que la cavité buccale renforce, en qualité d'espace résonnateur, ces tons partiels caractéristiques des voyelles (3) ; enfin, Helmholtz, en composant artificiellement des voyelles à l'aide des sons simples du diapason, a fourni les preuves acoustiques, qui manquaient à cette théorie (4). Les consonnes ne sont plus des sons proprement dits, mais des bruits, qui, justement pour cela, sont plus difficiles à analyser ; c'est pourquoi, très-souvent les tons partiels caractéristiques ne peuvent y être directement démontrés. Fréquemment, un grand nombre de ces tons partiels, qui se composent d'un mouvement irrégulier de l'air et forment par conséquent des bruits, contribuent probablement à leur donner naissance. Cependant, divers tons partiels caractéristiques paraissent, d'après l'expérimentation, exister réellement dans les consonnes suivantes, P, K, R, etc, qui, indépendamment des voyelles émises simultanément dans la prononciation de ces consonnes, présentent d'elles-mêmes un certain caractère de son (5). Puisque l'organe du langage humain engendre de cette manière des formes de sons et de bruits d'une compo-

1. Consulter tome I, p. 535.
2. Wheatstone, *Westminster Review*, oct. 1837.
3. Donders, *Archiv f. die holländ. Beiträge für Natur-und Heilkunde*, I, p. 157.
4. Helmholtz, *Lehre von den Tonempfindungen*, 3° édit. p. 162. — F. Auerbach, in *Annal.* de Wiedemann, IV, p. 508.
5. Wolf, *Sprache und Ohr*. Brunswick 1871, p. 23.

sition constante, il est justement propre, grâce à des processus internes
déterminés, à reproduire toujours les mêmes signes de sons articulés
et à fixer, de cette façon, ces processus dans le flux des représentations.
Dans les impressions sonores, qui se manifestent en dehors de nous,
la parenté constante des sons apprend à distinguer tout au plus certaines sources de sons ; dans les sons du langage articulé, chaque coloration constante de son et de bruit est devenue un élément des signes
multiples de représentation et de sentiment. Elle nous renseigne non
seulement sur l'origine propre du son, mais sur tout ce que l'homme,
doué du langage et d'où provient le son articulé, veut exprimer par ce
moyen (1).

Nous entendons par *parenté variable des sons* ce fait, que divers
sons peuvent, selon le rapport de leur hauteur de ton, concorder entre
eux à un degré variable, tandis que leur caractère général reste invariable. Naturellement, la parenté variable et la parenté constante des
sons ne sont pas absolument indépendantes l'une de l'autre. Ainsi,
quand un son est redevable de sa coloration caractéristique à la résonnance énergique associée des tons partiels, ou à leur absence, ou aux
tons partiels pairs ou impairs, ces circonstances doivent influencer la
parenté variable des sons. Nous dépasserions les limites de notre cadre,
si nous voulions étudier les modifications multiples, que la parenté, dépendant de la hauteur des sons, est susceptible d'éprouver, par suite
de ces rapports du caractère constant des sons. Il nous suffira donc de
citer le cas le plus général, qui a été spécialement déterminant pour
fixer la parenté variable des sons, telle qu'elle s'est affirmée dans les
lois de l'harmonie musicale. C'est cette relation de parenté, que présentent les sons, quand leur ton fondamental est accompagné d'harmoniques supérieurs, dont les nombres de vibrations mesurent le
double, le triple, le quadruple, etc, du nombre de vibrations du ton
fondamental, et dont l'intensité décroît rapidement, de façon qu'ils se
laissent généralement considérer, tout au plus jusqu'au dixième ton
partiel. Un son, ayant la composition ici supposée, est, d'après les discussions précédentes, conforme à la loi la plus générale des vibrations
des corps sonores ; car, ordinairement, lorsque ces derniers vibrent en
totalité, ils exécutent simultanément, dans leurs diverses parties, des
vibrations, qui se comportent comme la série des nombres simples en-

1. Pour la production des divers sons articulés et leurs éléments acoustiques
constituants, voir mon *Lehrbuch der Physiologie*, 4ᵉ édit. p. 748.

tiers (1). En vertu de conditions particulières de la production des sons, divers membres de cette série peuvent faire défaut; néanmoins, dans les grands sons résultants, ces sortes de lacunes sont régulièrement comblées, ainsi que le témoigne surtout l'exemple de notre musique harmonique moderne. Aussi appellerons-nous son *complet* un son accompagné, de la manière indiquée, d'harmoniques pairs et impairs, avec une intensité rapidement décroissante. En effet, un son de ce genre, puisque son caractère propre reste invariable, est éminemment préparé à mettre en relief la parenté des sons, qui dépend de la hauteur des tons. Comme les lois de la liaison musicale des sons reposent sur cette parenté, celle-ci sera appelée la parenté *musicale* des sons. Nous distinguerons d'ailleurs *deux* cas de cette parenté : 1° divers sons sont *directement* parents entre eux ; 2° ils ont seulement de commun avec un même troisième son certains éléments constituants: nous nommerons ce dernier cas la parenté *indirecte*. Ces deux formes ont été spécialement établies à l'aide des sons complets, pris au sens que nous avons donné ci-dessus. Dans les sons simples privés d'harmoniques, il ne peut plus être question, à rigoureusement parler, de parenté directe. Si néanmoins, ici, certains intervalles sont perçus comme harmoniques, d'autres comme disharmoniques, cela provient, en partie, probablement des associations ; car, grâce au souvenir invoqué des sons complets, les sons incomplets sont définitivement constitués, ou bien les harmoniques, qui ne manquent presque jamais absolument, sont renforcés dans la représentation ; mais, cela tient surtout, à ce que la parenté *indirecte* n'est pas absente de ces sortes de sons simples, puisque les tons de combinaison, engendrés lors de la résonnance simultanée, fournissent, de la manière indiquée plus loin, des sons fondamentaux communs. Par suite de ces rapports, le sentiment de l'harmonie est, selon la remarque d'Helmholtz (2), plus incomplet dans les sons simples. Cependant, ceci, d'après la cause mentionnée précédemment, s'applique bien plus à la succession mélodique, qu'au son résultant harmonique.

1. Voir tome I, p. 440.
2. *Lehre von den Tonempfindungen*, 3ᵉ édit. p. 321.

2. — Parenté directe des sons.

Le degré de la *parenté directe des sons* est déterminé par leurs tons partiels. Deux sons seront d'autant plus intimement parents, que le nombre et l'énergie des tons partiels, qu'ils ont de commun entre eux, sont plus considérables. Mais, l'énergie des tons partiels dépend de leur numéro d'ordre, puisqu'elle diminue généralement, en raison de l'élévation de leur nombre d'ordre. Il résulte immédiatement de cette règle, que les sons susceptibles d'être sensiblement parents, sont seulement ceux, *où les rapports des vibrations des tons fondamentaux sont exprimés par de petits nombres entiers*. C'est uniquement en vertu de cette condition, que les tons partiels de numéro d'ordre inférieur concordent (1).

Parfois, on a cru trouver directement, dans cette simplicité des rapports de vibrations, le motif de la place privilégiée de certains intervalles de tons. Pour notre sensation, les nombres de vibrations n'existent pas, mais seulement les relations des tons partiels, qui dépendent de ces nombres. Néanmoins, puisque les éléments concordants de deux sons augmentent, quand le rapport des nombres de vibrations devient plus simple, ce dernier peut sans doute constituer une certaine règle de la parenté des sons. En effet, les nombres, qui mesurent les intervalles des tons fondamentaux, donnent toujours en même temps ceux qui, parmi les tons partiels de deux sons, sont identiques. En nous bornant à ces rapports des sons, où les nombres d'ordre des tons partiels coïncidents sont suffisamment bas, pour que les limites de la parenté sensible des sons ne soient pas notablement franchies, nous obtenons la série suivante (2) :

1. Si, par exemple, les tons fondamentaux sont dans le rapport de la quinte 2 : 3, le premier ton a les tons partiels 2, 4, 6, 8, 10, 12...; le second ton, les tons partiels 3, 6, 9, 12..... Ici, le 3ᵉ ton partiel du premier son coïncide avec le 2ᵉ du second son ; de même, le 6ᵉ avec le 4ᵉ, le 9ᵉ avec le 6ᵉ, le 12ᵉ avec le 8ᵉ, etc. Par conséquent, plusieurs tons partiels de nombre d'ordre inférieur, dont l'énergie est suffisante, pour les laisser apparaître aussitôt comme sons parents, sont communs à deux sons. Par exemple, il en est autrement avec le rapport de la seconde 8 : 9. Alors, le 8ᵉ ton partiel du premier son concorde avec le 9ᵉ du second son ; de nouveau, le 16ᵉ avec le 18ᵉ, etc. Les tons partiels les plus rapprochés, qui sont identiques, et, bien plus, les tons partiels reculés, possèdent donc un nombre d'ordre si élevé, qu'ils ont dépassé la limite des éléments de sons perceptibles.

2. A cause de l'accord de nos instruments de musique d'après le tempérament égal, sur ces instruments les intervalles correspondent complètement, seulement pour les octaves, au rapport de vibrations, qui a été fourni. Les déviations de son,

Intervalles (Ton fondamental Ut_0)	Rapport des nombres de vibrations.	Nombres d'ordre des tons partiels coïncidents	
		du ton grave.	du ton aigu.
Octave ut'	1 : 2	2,4,6,‖8 etc.	1,2,3,‖4 etc.
Double octave ut —₁	1 : 4	4,‖8,‖12,16	1,‖2,‖3,4
Duodécime sol'	1 · 3	3,6,‖9,‖12	1,2,‖3,‖4
Quinte Sol_0	2 : 3	3,6,‖9,‖12	2,4,‖6,‖8
Quarte Fa_0	3 : 4	4,‖8,‖12,16	3,‖6,‖9,12
Sixte majeure La_0	3 : 5	5,‖10,‖15,20	3,‖6,‖9,12
Tierce majeure Mi_0	4 : 5	5,‖10,‖15.20	4,‖8,‖12,16
Tierce mineure Mi_0	5 : 6	6,‖12,18,24	5,‖10,15,20
Septième diminuée $Si♭$ —...	4 : 7	7,‖14,21,28	4,‖8,12,16
Quinte diminuée $Sol♭$ —....	5 : 7	7,‖14,21,28	5,‖10,15,20
Tierce diminuée $Mi♭$ —......	6 : 7	7,‖14,21,28	6,‖12,18,24
Sixte mineure $La♭$	5 : 8	8,‖16,24,32	5,‖10,15,20
Septième mineure $Si♭$	5 : 9	9,‖18,27,36	5,‖10,15,20
Seconde exagérée $Ré_0$ + ...	7 : 8	8,‖16,24,32	7,‖14,21,28
Tierce exagérée Mi_0 + ...	7 : 9	9,‖18,27,36	7,‖14,21,28
Seconde $Ré_0$	8 : 9	9,‖18,27,36	8,‖16,24,32
Septième majeure Si_0	8 : 15	15,‖30,45,60	8,‖16,24,32

Dans cette série, les tons partiels coïncidents sont partout notés jusqu'au quatrième. Afin de montrer avec plus de clarté l'ordre, dans lequel les sons se succèdent d'après leur parenté, ces éléments concordants de sons, qui se trouvent avant le onzième ton partiel du son grave, sont isolés par un simple trait vertical; et les éléments, placés avant le septième ton partiel, par un double trait vertical. Il est généralement admis, que l'on perçoit, d'une façon relativement plus facile, les tons partiels jusqu'au sixième. Toutes les fois qu'avant ce dernier se présentent des éléments concordants des sons, on doit donc supposer une parenté plus ou moins nette. Mais les tons partiels du sixième au dixième sont tellement faibles, que considérés en eux-mêmes ils ne motivent aucune parenté; et tout au plus, quand celle-ci existe, ils sont capables d'exercer sur elle une certaine influence. Les intervalles cités se séparent, pour donner lieu aux groupes suivants :

qui se manifestent de cette manière, sont si peu marquées, qu'elles ne gênent pas beaucoup la perception de la parenté des sons ; selon les circonstances, les battements des harmoniques, qui ont pris naissance par suite de l'écart existant avec l'accord pur, peuvent, si toutefois les sons sont simultanément donnés, exercer une action perturbatrice. Voir à ce sujet, tome I, p. 460. Pour éviter ces battements, le meilleur moyen est d'employer des tuyaux à anche purement accordés, dont le timbre, grâce aux harmoniques nettement exprimés, est spécialement propre à déterminer la parenté des sons.

1°. *Octave, double octave, duodécime*. Elles se distinguent de tous les autres intervalles, parce que les tons partiels du second son coïncident totalement avec les tons partiels du premier. Le son aigu est donc ici une simple répétition de certains éléments constituants du son grave. Il en est de même de tous les autres intervalles, où le numérateur du rapport des vibrations est égal à l'unité, comme 1:5, 1:6, etc. Puisqu'ici, toujours le son aigu reproduit, à partir d'un certain point, uniquement la série des harmoniques du ton grave, nous avons alors un *accord incomplet*, et non, à vrai dire, un cas de parenté des sons. Plus élevé est, dans l'accord incomplet, le second son par rapport au premier son, plus petite d'ailleurs est la série des tons partiels nettement perceptibles qui coïncident; par conséquent, l'accord apparait d'autant plus incomplet. Celui-ci est, dans la double octave, déjà beaucoup plus faible, que dans la duodécime; il diminue davantage dans les autres intervalles, où finalement nul ton partiel ne coïncide plus réellement, puisque les tons partiels du ton aigu commencent là, où ceux du ton grave ont déjà cessé.

2°. La *duodécime* et la *quinte* seraient des intervalles d'un degré égal de parenté, si le dernier se laissait simplement déterminer d'après les tons partiels coïncidents et leur nombre d'ordre. Chez l'une et l'autre, deux tons partiels identiques existent jusqu'au sixième degré du son grave; et trois, jusqu'au dixième. Or, ces intervalles sont en même temps des exemples remarquables, qui témoignent de la différence existant entre l'accord incomplet et la parenté des sons. La duodécime est une répétition plus élevée de la quinte, où tous les tons partiels, *non* concordants du second son, sont supprimés. Parmi ces rapports de sons, qui peuvent être appelés parents au sens proprement dit, la quinte occupe donc la première place. Elle est l'unique intervalle, qui a un ton partiel concordant pour deux tons partiels différents du premier son et pour un ton partiel différent du second son (1).

3°. La *quarte*, la *sixte majeure* et la *tierce majeure* forment ensemble un groupe, qui a un degré de parenté approximativement égal. Pour chacun de ces intervalles, *un* ton partiel coïncident est contenu dans les cinq premières gradations de la série des harmoniques du ton fondamental; et un deuxième ton partiel, dans les cinq grada-

1. Dans la quinte, la série des tons partiels des deux sons est représentée par les nombres :

| I (Ut_0) | 2 | 4 | 6 | 8 | 10 | 12 | 14 | 16 |
| II (Sol_0) | | 3 | | 6 | 9 | 12 | | 15 etc. |

tions suivantes de la série des harmoniques du ton fondamental. Le rapport des tons partiels concordants avec les tons partiels différents motive la série donnée des trois intervalles. Dans la quarte, il y a *un* ton partiel identique pour 3 tons partiels différents du premier et pour 2 du second son ; dans la sixte majeure, un ton partiel identique, pour 4 et pour 2 ; dans la tierce majeure, un ton partiel identique, pour 4 et pour 3. La *tierce mineure* se distingue de ces trois intervalles, non-seulement par le nombre d'ordre plus élevé des tons partiels coïncidents, mais par le grand nombre des éléments constituants des sons disparates ; car, elle contient un ton partiel concordant pour 5 tons partiels différents du premier et pour 4 du second son (1).

Quant aux autres intervalles, non signalés dans le tableau précédent, la parenté des sons peut être considérée comme extrêmement faible, puisque les premiers tons partiels coïncidents sont situés entre le sixième et le dixième ; dans la septième majeure, ils dépassent même cette limite. Évidemment, ces intervalles, que nous avons étudiés au point de vue de leur parenté, ont de la valeur en musique, comme intervalles plus ou moins *harmoniques ;* et, c'est d'après le sentiment concordant de l'harmonie, qu'ils ont été mis exactement dans la même série, où ils s'ordonnent d'après leur parenté. Parmi les intervalles, qui sont parents par les tons partiels situés au-dessus du sixième, la sixte mineure est estimée avoir une valeur égale à celle de la tierce mineure ; en effet, chez elle, la situation plus élevée du ton partiel coïncident du premier son est un peu compensée par la situation plus basse du second son. D'elle-même, la septième diminuée se rapproche encore davantage d'une nette parenté ; mais, étant moins propre aux accords multiples, elle n'a trouvé aucune utilisation dans la musique harmonique.

La quinte change de caractère, quand, étant élevée d'une octave, elle se convertit en duodécime ; il en est de même pour tous les autres intervalles. Or, dans ce dernier cas, aucun d'eux ne se transforme plus, comme la quinte, en un accord incomplet ; mais tous les autres restent dans les limites de la véritable parenté : c'est pourquoi, le degré de

(1) Pour les *quatre intervalles,* la série des tons partiels est la suivante :

Quarte 3 : 4								*Sixte majeure* 3 : 5							
I (Ut_0)	3	6	9	12	15	18	21	24	I (Ut_0)	3	6	9	12	15	18	21	24
II (Fa_0)	4	8	12	16	20	24			II (Si_0)	5	10	15	20	25

Tierce majeure 4 : 5							*Tierce mineure* 5 : 6							
I (Ut_0)	4	8	12	16	20	24	28	I (Ut_0)	5	10	15	20	25	30	35	40
II (Mi_0)	5	10	15	20	25	30		II (Mi_0)	6	12	18	24	30	36

celle-ci est augmenté ou diminué. *La parenté diminue, si le nombre de vibrations du son grave est impair ; elle augmente, si ce nombre est pair.* Cette règle découle immédiatement de la relation des tons partiels coïncidents avec les nombres de vibrations. Si le nombre plus petit de vibrations est pair, on obtient, en prenant la moitié de ce nombre, le rapport de vibrations de l'octave. Or, nous l'avons déjà vu, le nombre de vibrations du premier son est en même temps le nombre d'ordre du ton partiel identique du second son ; le nombre de vibrations du second son est le nombre d'ordre du ton partiel identique du premier son. Par conséquent, dans ce cas, le nombre d'ordre des tons partiels identiques du second son est abaissé de moitié, tandis que celui du premier son reste invariable. Le nombre plus petit de vibrations est-il au contraire impair, le rapport des vibrations de l'octave n'est obtenu, qu'en doublant le nombre plus grand de vibrations. Donc, le nombre d'ordre des tons partiels du second son reste invariable, tandis que celui du premier est doublé. Quant à tous les intervalles qui présentent une nette parenté, c'est seulement chez la quinte et la tierce majeure, que la parenté est renforcée par le passage à l'octave. En devenant duodécime, la quinte s'éloigne même du domaine de là parenté véritable des sons, car elle se convertit en une répétition de son analogue à l'octave. La tierce majeure se change en dixième majeure avec le rapport de vibrations 2 : 5, où déjà le deuxième ton partiel du second son coïncide avec le cinquième du premier. Pour tous les autres intervalles harmoniques, la parenté des sons diminue: ainsi, lors du passage de la quarte à la onzième (3 : 8) ; de la sixte majeure à la treizième (3 : 10) ; de la tierce mineure à la dixième mineure (5 : 12) (1).

1. Comme exemples de la conduite différente de ces deux sortes d'intervalles, nous citerons, ici, seulement les tons partiels de la tierce majeure et de la quarte avec leur transposition à l'octave.

Tierce majeure
I (Ut₀)   4   8   12   16   20
II (Mi₀)   5   10   15   20

Dixième majeure
I (Ut₀)   2   4   6   8   10
II (mi')   5   10

Quarte
I (Ut₀)   3   6   9   12   15
II (Fa₀)   4   8   12   16

Onzième
I (Ut₀)   3   6   9   12   15   18   21   24
II (fa')   8   16   24

3. — Parenté indirecte des sons.

De la parenté directe des divers sons, qui a été étudiée jusqu'ici, se distingue la *parenté indirecte :* celle-ci est basée sur la relation avec un *son fondamental commun.* Les sons indirectement parents sont ceux, qui contiennent des éléments constituants appartenant à un même troisième son (p. 43). Or, la pensée conçoit une parenté indirecte, aussi bien sans parenté directe, qu'avec parenté directe existant simultanément (1). En effet, ce dernier cas est la règle sans exception, et, à la vérité, de façon que ces éléments, à l'aide desquels les sons sont directement parents, motivent toujours leur parenté indirecte. *D'après les lois générales de la production des sons et de la sensation de son, les éléments concordants des sons parents constituent en même temps les éléments d'un troisième son, qui peut donc être considéré comme leur son fondamental commun.* Cette proposition devient évidente, si l'on fait la réflexion suivante: la parenté directe existe seulement, quand le rapport de vibrations des sons est susceptible d'être exprimé par de petits nombres entiers, et les nombres de vibrations des tons partiels contenus dans un son constituent la série des nombres entiers, puisque l'unité désigne le nombre de vibrations du ton fondamental. Par conséquent, dans la quinte $2:3$, les tons fondamentaux de chaque son sont les harmoniques les plus intimes d'un son grave, ayant le nombre de vibration 1. En outre, les tons partiels aigus 4, 6, 8 .... et 3, 6, 9 .... sont les harmoniques du même son fondamental. Également, pour tous les autres intervalles, dès qu'on les exprime par les nombres entiers les plus simples, le son fondamental, qui contient, comme harmoniques aigus, tous les tons partiels de deux sons, a le nombre de vibration 1.

On remarque aussi, que le degré de la parenté indirecte est dans une relation, extrêmement simple, avec le degré de la parenté directe. La parenté indirecte sera d'autant plus grande, que le son fondamental est plus rapproché de deux sons, qui peuvent être considérés comme ses éléments constituants. Or, l'énergie des tons partiels diminuant généralement avec l'augmentation du nombre d'ordre, les sons sont perçus d'autant plus complètement comme éléments d'un son fondamental

---

1. Par exemple, deux sons absolument différents, $A = a, b, c$.... et $B = m, n, o, p$.... peuvent être indirectement parents, s'il existe un troisième son $C = a, m, b, o$.... Mais les sons directement parents $A = a, \alpha, b, \beta$.... et $B = m, \alpha, n, \beta$ seront en outre indirectement parents, s'il existe un son $C = x, \alpha, \beta$.

commun de ce genre, qu'ils sont les tons partiels plus intimes de celui-ci. La parenté indirecte est donc des plus accusées pour l'octave, la
duodécime, la double octave, etc, puisque dans tous les intervalles, où
le nombre de vibrations du son grave est égal à l'unité, l'éloignement
du son fondamental est égal à zéro. Ce dernier coïncide ici directement
avec le son grave. C'est pourquoi, dans ce cas, il ne peut être, à vrai
dire, question de parenté indirecte. Le son aigu est un élément constituant du son grave; tous deux ne sont pas contenus dans un même
troisième son. Les intervalles parents, au sens restreint, se rangent alors
dans la même série, comme d'après leur parenté directe; c'est ce qu'indique le petit tableau suivant, qui présente, pour chacun des intervalles, le son fondamental et son éloignement.

Intervalle.	Son fondamental;	son éloignement, en bas, du son grave.	du son aigu.
Quinte (Ut_0 : Sol_0).........	Ut —$_1$	Octave	Duodécime
Quarte (Ut_0 : Fa_0)	Fa —$_2$	Duodécime	Double octave
Sixte majeure (Ut_0 : Si_0)	Fa —$_2$	Duodécime	Double octave et tierce
Tierce majeure (Ut_0 : Mi_0) ..	Ut —$_2$	Double octave	Double octave et tierce
Tierce mineure (Ut_0 : Mi ?) ..	La ?$_3$	Double octave et tierce	Double octave et quinte.

Tant que divers sons nous sont uniquement donnés dans leur succession, la relation occasionnée par la parenté directe est naturellement plus intime, que celle qui provient de la parenté indirecte. Il en
est autrement, dès que ces mêmes sons forment un *son résultant*. Ici
apparaissent, comme nous l'avons déjà vu (1), des tons de combinaison, parmi lesquels le premier ton différentiel, celui, dont le nombre
de vibrations correspond à la différence de deux sons, est le plus
énergique. Or, dans tous les intervalles, dont les nombres de vibrations diffèrent d'une unité, ce ton de combinaison coïncide avec le ton
fondamental du son fondamental: le dernier est donc entendu dans le
son résultant, de manière que les éléments constituants de deux sons
peuvent être directement perçus, comme étant les tons partiels aigus
de ce son. Plus le ton de combinaison se trouve rapproché des sons directement émis, et plus, par son association avec le son résultant, il
ressemble à un son complet, dont les tons partiels résonnent avec une
forte énergie. S'il s'éloigne davantage, alors entre lui et l'intervalle
accordé il existe un grand espace intermédiaire, non rempli, correspondant justement à ces sortes de tons partiels, qui se font entendre

1. Voir tome I, p. 453.

très-nettement dans un son complet ; ici donc, le ton de combinaison
forme avec les sons directement émis une unité de son plus imparfaite.
Si la quinte 2 : 3 a le ton de combinaison 1, elle engendre, grâce à
son association avec lui, les trois tons partiels les plus graves d'un son
complet. En revanche, dans la quarte, qui, par son ton de combinaison, produit le triple son 1 : 3 : 4, le 2me ton partiel se supprime ; dans
la tierce majeure (1 : 4 : 5), il en est de même pour le 2me et le 3me ;
et dans la tierce mineure (1 : 5 : 6), pour le 2me, le 3me et le 4me. Par
conséquent, dans la quinte la parenté indirecte des sons est la plus
considérable : dans le son résultant, elle est l'imitation fidèle d'un son
complet ; elle diffère seulement de celui-ci, en ce que le ton fondamental est affaibli et que les deux premiers tons partiels sont renforcés. Mais, dans la quarte, les tierces majeure et mineure, la parenté
est toujours plus imparfaite. En musique, la tierce majeure joue donc
un rôle spécial : elle complète la quinte, puisque, comme nous le verrons plus loin, par son association avec cette dernière, elle donne lieu
à une imitation plus parfaite du son complet. La quarte et la tierce
mineure sont, au contraire, de simples renversements de la quinte et
de la tierce majeure. Si, à la place du ton grave de la quarte, on prend
son octave aiguë, le nouvel intervalle qui apparaît, Fa_0 : Ut_0, forme une
quinte : on peut donc considérer la quarte comme une quinte, dont
le ton aigu est abaissé d'une octave. Ainsi que nous l'avons dit plus
haut, la tierce majeure est-elle considérée comme un complément de
la quinte, alors au triple son, qui naît de cette façon, correspondent
les rapports de vibration 4 : 5 : 6, puisque 4 : 6 forme la quinte, et
4 : 5, la tierce majeure ; l'intervalle restant 5 : 6 est une tierce mineure. La dernière complète donc la tierce majeure en quinte, de la
même manière que celle-ci est complétée en octave, par la quarte.

De tous ces intervalles, qui lors de la résonnance simultanée engendrent directement leur ton fondamental commun, se distinguent
essentiellement ceux, dont les nombres de vibrations les plus simples
diffèrent *beaucoup plus que d'une unité*. Ici, leur ton de combinaison
ne correspond pas au son fondamental commun, mais à un harmonique quelconque de ce dernier. Citons la duodécime (1 : 3), qui a l'octave 2 du son grave pour ton de combinaison. Par son association avec
ce dernier, elle contient donc, à l'égal de la quinte, les trois tons partiels les plus graves d'un son complet ; elle se distingue de la quinte,
parce que non pas le plus grave, mais le moyen de ces tons partiels s'y
fait aussi entendre plus faiblement. Signalons encore la sixte majeure

(3 : 5), la sixte mineure (5 : 8), la septième mineure (5 : 9) etc. Dans la sixte majeure, le ton de combinaison est la quinte grave ; dans la septième mineure, c'est la tierce majeure ; dans la sixte mineure, c'est la sixte majeure grave du premier son. Dans tous ces cas, la parenté des sons résonnant ensemble est un peu moins parfaite, puisqu'ici un ton différentiel d'ordre supérieur est toujours son fondamental commun (1).

Non-seulement la parenté directe et la parenté indirecte des sons ne coïncident pas toujours, mais même deux sons sont constamment, aussi bien directement qu'indirectement, parents *à un degré égal*. Évidemment, nous pourrons utiliser, comme mesure de la parenté *directe*, l'éloignement du premier harmonique commun ; comme mesure de la parenté *indirecte*, l'éloignement du ton fondamental commun, qui dans le son résultant se fait entendre, en qualité de ton différentiel de premier ordre ou d'ordre supérieur. Or, d'après le tableau dressé p. 45, par exemple dans la quinte l'harmonique coïncident le plus intime est le 3me ton partiel, par conséquent la duodécime du premier son ; et le 2me ton partiel est par conséquent l'octave du second son. Selon le petit tableau de la p. 50, le son fondamental de la quinte est une octave au-dessous du ton grave, une duodécime au-dessous du ton aigu. Le même rapport existe pour tous les autres intervalles. *Le ton fondamental commun est, pour tous les intervalles, aussi éloigné du ton grave, que l'harmonique commun est éloigné du ton aigu de deux sons.* Tandis que le dernier est toujours entendu, que les sons soient émis simultanément ou successivement, le premier peut, seulement dans le son résultant, devenir un élément constituant réel de la sensation.

Moins simple est la relation des deux sortes de parenté des sons, si, au lieu de deux sons, *trois ou plusieurs sons* s'unissent ensemble : union qui peut se faire sous forme de succession ou de son résultant. Le degré de la parenté directe est ici déterminé par ces tons partiels, qui sont communs aux sons liés ensemble. Le nombre de ces tons partiels, identiques pour tous les sons, décroît naturellement avec le nombre des sons associés ; mais, en revanche, ils sont plus énergiquement relevés par leur entassement multiple. Le ton fondamental com-

1. Ainsi, pour la sixte majeure et la septième mineure, c'est le ton différentiel de second ordre, parce qu'ici les tons de combinaison de premier ordre sont la quinte et la tierce majeure ; pour la sixte mineure, le ton différentiel est la sixte majeure, mais un ton différentiel de troisième ordre concorde avec le son fondamental commun.

mun se comporte d'une manière analogue. Dans les sons multiples, il
s'impose avec beaucoup plus d'intensité à notre perception ; c'est
pourquoi, il apparaît plus nettement comme ton fondamental de la
masse tout entière des sons. Cependant, une condition est ici indispensable : il faut, que le ton fondamental soit suffisamment rapproché des
sons agissant ensemble, afin de pouvoir former avec eux une unité de
son. Cette importance du ton fondamental se manifeste tout spécialement, si, lors de la production du son résultant, il est en même temps
ton de combinaison commun ; car, c'est seulement dans ce dernier cas,
qu'il est immédiatement entendu dans le son résultant.

Les liaisons multiples de sons se distinguent essentiellement du son
formé de deux sons, parce que, chez elles, le ton fondamental commun
et l'harmonique ne sont plus à égale distance des sons directement
émis. Dans quelques liaisons, le premier est le plus rapproché ; dans
les autres, c'est le second. Ceci est la différence essentielle qui existe,
en musique, entre *l'accord majeur et l'accord mineur*. En même
temps, dans les accords majeurs, le ton fondamental commun s'y fait
entendre, comme ton de combinaison : par son association avec les
tons principaux de l'accord, il forme une nette unité de son. Dans les
accords mineurs, il apparaît seulement comme un ton différentiel
d'ordre supérieur, qui, par suite de sa très-faible intensité, n'est pas
perçu directement. Choisissons par exemple l'accord majeur Ut_0 et
l'accord mineur Ut_0, et analysons leurs éléments constituants. Les tons
principaux du premier sont ut' : mi' : sol' avec les nombres de vibrations 4 : 5 : 6. Le ton fondamental commun 1 est $Ut-_1$: celui-ci est
placé 2 octaves au-dessous de ut', et, en qualité de ton différentiel simultané de ut' : mi' et mi' : sol', il accompagne nettement l'accord ; incidemment, le ton différentiel Ut_0, qui correspond à la quinte (4 : 6), est
plus faiblement entendu. Puisque les harmoniques de chacun de ces tons
sont exprimés par le multiple de son nombre de vibrations, le premier
harmonique commun doit, en (outre, correspondre à un multiple du
nombre de vibrations de chacun des trois tons ; en d'autres termes,
ce nombre sera divisible par 4, 5 et 6. D'après cela, l'harmonique
concordant a le nombre de vibrations 60. C'est le 10me ton partiel de
sol', le si_4 qui en est éloigné de 3 octaves et d'une tierce. Pour l'accord mineur ut' : $mi \flat$: sol', 10 : 12 : 15 est le rapport le plus simple
des nombres de vibrations. Son ton fondamental commun est de nouveau 1 : en d'autres termes, ce ton grave, dont ut' est le 10me ton partiel. C'est le $La \flat_3$, situé 3 octaves et une tierce au-dessous de ut' ; il

n'est ton de combinaison de premier ordre avec aucun des intervalles :
par conséquent, lors de la production de l'accord, il n'est pas sensiblement perçu. Les tons de combinaison, qui se font entendre, ont les
nombres 2, 3 et 5 ; ce sont $La\,\flat_2$, $Ré-_1$ et Ut_0 ; mais ces tons de combinaison ne coïncident pas ; aucun n'est donc caractérisé comme élément constituant commun de l'association entière des sons, et seulement le troisième se répète dans l'accord, en qualité d'octave plus
élevée. Le premier harmonique concordant de l'accord mineur a de
nouveau le nombre de vibrations 60 ; il est le 4me ton partiel ou la
2me octave du ton sol', le sol_3. En effet, dans l'accord mineur Ut_0, ce
sol_3 résonne nettement, tandis que le ton partiel identique de l'accord
majeur Ut_0 n'est plus susceptible d'être perçu, à cause de son nombre
d'ordre élevé. Donc, deux sons résultants se distinguent, parce que les
tons de l'accord majeur apparaissent comme les éléments constituants d'un son fondamental unique ; au contraire, ceux de l'accord
mineur ont de commun un ton partiel aigu. En outre, deux sons
résultants se complètent, parce que le ton fondamental commun de
l'accord majeur est, par sa position au-dessous du ton principal le
plus grave, aussi éloigné, que l'est l'harmonique commun de l'accord
mineur, placé au-dessus du ton principal le plus aigu du son résultant. Cette égalité de distance du ton fondamental et de l'harmonique,
qui caractérise le son isolé formé de deux sons, se répartit donc à
deux sortes de sons triples. En même temps ceci démontre clairement,
que les différences, existant entre le majeur et le mineur, n'ont pas été
découvertes arbitrairement, mais qu'elles sont légitimement basées
sur la nature de notre perception des sons.

Des accords-mère du genre des tons majeur et mineur résultent des sons
triples déduits, si, après que l'on a modifié la série des trois sons, on ramène
de nouveau au même ton fondamental les deux intervalles, qui ont ainsi pris
naissance. Grâce à ce renversement, les trois sons ut' : mi' : sol' et ut' : $mi\,\flat$:
sol' nous fournissent les quatre autres accords suivants :

$$\text{(3)}\quad mi'' : sol' : ut_2 = ut' : mi\,\flat : la\,\flat \;\overset{\displaystyle\text{Sixte mineure}}{(\underbrace{5 : 6 : 8})}$$

Tierce mineure. Quarte

$$\text{(4)}\quad mi\,\flat : sol' : ut_2 = ut' : mi'' : si'' \;\overset{\displaystyle\text{Sixte majeure}}{(\underbrace{12 : 15 : 20})}$$

Tierce majeure. Quarte

Sixte majeure

(5) sol' : ut_2 : mi_2 $=$ mi' : fa' : si' $\overbrace{(6 : 8 : 10)}$

Quarte. Tierce majeure

Sixte mineure

(6) sol' : ut_2 : mi_2 $=$ ut' : fa' : $la \flat$ $\overbrace{(15 : 20 : 24)}$

Quarte. Tierce mineure

Chacun de ces accords ne contient, qu'*une* tierce majeure ou mineure ; l'autre tierce est remplacée par une quarte ; la quinte, par une sixte majeure ou mineure. Cet état entraîne une modification dans les degrés de la parenté directe et indirecte des sons. Seulement, l'accord 5 a un ton fondamental ($= 2$), qui est simultanément ton de combinaison commun de premier ordre pour les deux intervalles sol' : ut_2 et ut_2 : mi_2 : il est la duodécime grave du premier ton ; par conséquent, dans la position sol' ut_2 mi_2, c'est le ton $Si_0 \flat$, qui, comme dans l'accord-mère, est situé 2 octaves au-dessous de ut_2 directement émis ; en outre, ut' ($= 4$) s'y fait entendre, en qualité d'autre ton de combinaison. L'accord 3 a les divers tons différentiels $Ut_{-1} = 1$, $Ut_0 = 2$ et $Sol_0 = 3$, qui tous sont, de nouveau, les éléments constituants primitifs de l'accord ; néanmoins, deux d'entre eux ne coïncident plus, comme dans le cas précédent. A l'accord 4 appartiennent $Mi \flat_1 = 3$, $Ut_0 = 5$ et $Si_0 \flat = 8$, en qualité de tons de combinaison ; mais les deux premiers seulement sont, simultanément, éléments constituants des sons. Enfin, à l'accord 6 appartiennent $Ut_0 = 5$, $La \flat_1 = 4$ et $Do_0 - = 9$; Ut_0 seul est contenu dans le son primitif, mais $La \flat_1$ et $Do_0 -$ sont des éléments constituants hétérogènes. Donc, les accords majeurs 3 et 5 produisent des tons de combinaison plus accentués, où les parties de l'accord se répètent dans la position basse ; mais, parmi eux, le triple son sol' : ut_2 : mi_2 est le plus voisin de l'accord-mère, parce qu'il a, pour tons différentiels, des Ut_0 simplement graves, par conséquent un Ut_0, qui est ton différentiel coïncident et simultanément ton fondamental de la masse totale des sons. Dans les accords mineurs, seulement une partie des tons de combinaison de premier ordre concorde avec les éléments primitifs de l'accord. Les tons partiels aigus des divers sons se comportent autrement. Ici, les harmoniques concordants, dans les triples sons 4 et 6 issus de l'accord-mère du genre du ton mineur, se trouvent de nouveau beaucoup plus rapprochés des tons fondamentaux de l'accord, que dans les accords majeurs 3 et 5, où il est absolument impossible de les entendre avec netteté. Dans les accords 3 et 5, un harmonique du nombre de vibrations 120 coïncide ; en d'autres termes, dans l'accord 3, c'est le 15me, et dans l'accord 5, le 12me ton partiel du son le plus aigu. Au contraire, l'accord 4 a un harmonique concordant du nombre de vibrations 60, qui est le 3me ton partiel ; l'accord 6 en a un pareil du nombre de vibrations 120, qui est le 5me ton partiel du plus aigu des trois sons. Même cet harmonique commun est, seulement chez les accords mineurs, la répétition d'un élément constituant

primitif de son dans la position élevée : avec l'accord *mi* ♭ : *sol'* : *ul*$_2$, c'est le
ton *sol*$_3$, comme dans l'accord-mère ; avec l'accord *sol'* : *ul*$_2$: *mi* ♭$_1$, c'est *sol*,
son octave plus haute. Par conséquent, l'accord 4 est le plus voisin de l'accord-
mère mineur, de même que 5 est le plus rapproché de l'accord-mère majeur. —
Il est inutile d'étudier ici en détail les *quatre sons* harmoniques, car ce sont
seulement trois sons, dont un élément constituant est répété à l'octave.

4. — Liaison des représentations de sons dans le temps.

La *succession des impressions* est une condition essentielle, pour
ordonner en représentations nos sensations de son. A la vérité, le son
résultant offre, grâce aux tons de combinaison qui prennent naissance,
une occasion remarquable de laisser apparaître avec plus de netteté la
parenté indirecte des sons ; néanmoins, l'origine de toute comparaison des sons est basée sur leur succession, car nous n'aurions nul
autre motif de séparer les uns des autres des sons hétérogènes. Une
sensation sonore, persistant invariablement, ne permettrait jamais de
distinguer, si sa composition est simple ou complexe. L'ordre et l'a-
nalyse des sons ont donc pour fondement la succession *qualitative* des
sons. Lorsque diverses liaisons de sons se désunissent, certains éléments des sons perçus successivement ressortissent, comme sons
communs, et d'autres, comme sons hétérogènes. Cependant, la succession *intensive* des sons est d'une grande importance, pour développer et perfectionner la perception de temps. Un même son est susceptible d'être énergiquement ou faiblement émis. Si ces sortes d'élévation
et d'abaissement se succèdent avec une certaine régularité, les sons
acquièrent alors une organisation *rythmique*. Quand, de cette manière,
une certaine régularité s'allie à la succession qualitative des sons, la
mélodie prend naissance. Les règles particulières, qui président à la
construction du rythme et de la mélodie, sont dictées par le sentiment esthétique ; nous n'avons donc pas à les étudier présentement.
Mais, elles ont pour base ultime les lois psychologiques, d'après lesquelles les sensations successives s'unissent en séries de représentations. Les principes déterminants, applicables au rythme et à la
mélodie, font donc mieux ressortir la liaison des représentations
sonores dans le temps et leur relation avec l'intuition de temps.
Un son, persistant invariablement, n'offre à notre conscience aucune espèce de motif, qui lui permette de diviser ce son en périodes
de temps. Le moyen le plus simple, qui autorise à opérer cette sorte

de division, est le suivant : il faut, que le son diminue et augmente d'intensité, tandis qu'il reste qualitativement invariable. Quand les moments d'*élévation* (arsis) et d'*abaissement* (thésis) se succèdent, ils se séparent l'un de l'autre dans notre conscience. Chaque élévation est perçue comme une répétition de la précédente. Simultanément, dès que la succession ou alternance s'accomplit régulièrement, à chaque moment de l'abaissement on attend une élévation, et réciproquement. Ainsi, cette forme la plus simple de l'agencement rythmique contient déjà la pleine intuition de temps, ainsi que sa relation rétrospective des impressions présentes avec les impressions passées et futures. Mais la succession intensive des sons a dans les sensations de mouvement son type parfait. Or, dans la structure des organes moteurs, surtout des organes de locomotion, réside la disposition à une succession régulière et rythmique des mouvements. Ainsi, dans la danse, la marche et les battements de la mesure, une suite rythmique et correspondante de nos mouvements s'associe à la succession des impressions de son, avec une contrainte presque irrésistible.

Par elle-même, l'intensité de son est capable de parcourir tous les degrés possibles, entre zéro et la hauteur de sensation. Mais l'agencement rythmique des sons est peu influencé par ces graduations importantes d'intensité. D'abord, l'intensité zéro en fait partie, en qualité de *pause* rythmique ; en outre, l'intensité plus énergique, et plus faible se séparent comme élévation et abaissement, et, dans ce cas, chacun de ces deux éléments rythmiques est déterminé, en comparaison de l'autre qui le précède ou le suit. Or, ce simple agencement subit encore *une* augmentation ; car, selon les circonstances, l'élévation se sépare en une élévation forte et faible, ou même en une élévation forte, une moyenne et une faible, par conséquent en trois degrés. Dans les rythmes poétiques ou musicaux, on ne constate pas plus de *trois* élévations d'énergie graduée. La cause de cette restriction proviendrait seulement de notre conception limitée de temps, car les agencements rythmiques peuvent être imaginés et construits avec un nombre quelconque d'élévations, diversement énergiques. On nomme *mesure* (1) l'agencement rythmique le plus simple, qui se compose d'un certain nombre d'élévations et d'abaissements de son, susceptibles d'être bien embrassés par notre esprit. La forme de la mesure la plus simple pos-

_____

1. Dans le mètre poétique, c'est le *pied*, d'après la coutume des anciens, qui se servaient du pied, pour marquer la mesure.

sible est la mesure ²/₈, où l'élévation et l'abaissement alternent régulièrement entre eux, sans autre graduation de l'élévation :

²/₈

Au contraire, les mesures ³/₄ et ⁴/₄, où les trois degrés de l'élévation
sont complètement représentés,

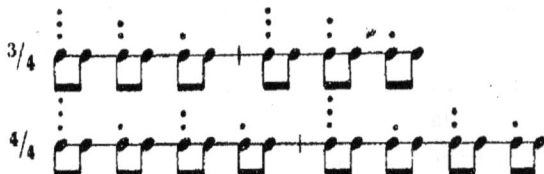

³/₄

⁴/₄

constituent la limite supérieure des formes de mesures les plus usitées.
Une position moyenne est occupée par la mesure ²/₄, où deux degrés
d'élévation se laissent distinguer :

²/₄

Plusieurs autres formes de mesures, qui sont encore adoptées, se ramènent absolument aux quatre mesures ici énumérées ; ainsi, les mesures ²/₁ et ²/₁₆ se ramènent à la mesure ²/₈ ; la mesure ³/₂ à la mesure
³/₄ ; les mesures ²/₂ et ⁴/₈ à la mesure ²/₄ ; d'autres formes, où le nombre
des abaissements, consécutifs à une élévation, est augmenté d'un
abaissement ou de plusieurs, sont des expansions ou des dilatations
des premières formes signalées. De cette manière, la mesure ³/₈ provient de la mesure ²/₈ ; ⁹/₈ de ³/₄ ; ⁶/₄ et ¹²/₈ de ⁴/₄ ; ⁵/₈ de ²/₄ (1). Enfin,

1. Ces mesures peuvent être symbolisées de la manière suivante :

³/₈

⁵/₈   ou

⁹/₈

¹²/₈

⁶/₄

deux formes plus simples de mesures, alternant régulièrement, donneront lieu à une forme plus complexe : ainsi, la mesure ⁵/₄ est uniquement une combinaison des mesures ³/₄ et ²/₄ (1).

Toutes les formes de mesures, ici mentionnées, peuvent être décomposées en mesures à *deux* et à *trois membres*, comme en mesures à membres *mixtes*, qui sont simultanément construites avec des éléments à deux et à trois membres (2). Quant aux premières, la simple alternance de l'élévation et de l'abaissement, telle qu'elle existe dans la mesure ²/₈, constitue le type fondamental. Les mesures à trois membres proviennent évidemment, de ce qu'un son émis dans l'élévation est perçu par nous, non seulement grâce à l'alternance régulière avec un abaissement, mais parce qu'il est toujours inclus *entre deux abaissements*. La forme fondamentale de toutes les mesures impaires est donc la mesure ³/₈, ci-dessous figurée :

Que l'on fasse débuter toutes les mesures par leur partie lourde, et à la vérité, dans les formes complexes, toujours par l'élévation la plus énergique, pour, quand le tout commence en réalité par un abaisse-

La dernière forme de mesure atteint déjà la limite, que l'esprit n'est plus susceptible de percevoir ; c'est pourquoi, elle est très-rare. Parfois, on a employé une mesure ⁹/₄; mais, pour que celle-ci ne fut pas une pure répétition de la mesure ⁷/₈, il faudrait lui donner l'accentuation suivante :

en d'autres termes, *quatre* degrés d'arsis devraient être distingués. Comme cette forme de mesure n'est plus facilement perçue par notre esprit, elle se résout d'elle-même en ses éléments constituants rythmiques.

1. A savoir :

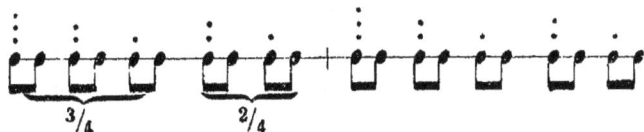

2. La distinction habituelle des formes de mesures paires et impaires est purement superficielle et n'explique nullement la structure réelle du rythme. Hauptmann adopte un mètre à *deux temps, trois temps* et *quatre temps*; par conséquent, le dernier se divise toujours en deux membres (Hauptmann, *Die Natur der Harmonik und Metrik*. Leipzig 1853, p. 226).

ment, exécuter en premier lieu celui-ci, qui reçoit alors le nom de
levé : c'est seulement une affaire de convention. A la rigueur, chaque
mesure peut aussi bien commencer avec l'arsis, qu'avec la thésis ; et
en effet, les deux formes

sont susceptibles d'avoir une valeur égale, pour constituer les mesures
à deux membres. Il en est autrement dans les mesures à trois membres.
Dans ce cas, la pratique de la rythmique antique ou moderne montre,
que la partie lourde de la mesure est toujours incluse entre deux parties légères, qui ont une accentuation égale ou peuvent avoir une pesanteur différente ; jamais la partie légère de la mesure n'est embrassée
par deux parties également lourdes. Ici donc, les formes fondamentales

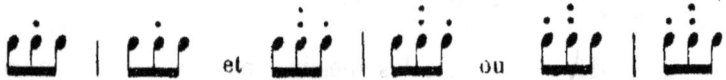

sont seules possibles, mais non

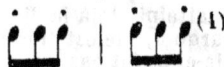

Il résulte de là, que si l'on veut représenter, conformément à leur
construction, les mesures à trois membres, celles-ci devront absolument débuter par l'abaissement (2).

1. Il semblerait, que la rythmique antique est en contradiction avec cette loi ;
car, les anciens, dans les mesures impaires à trois parties, distinguaient souvent
deux élévations pour un abaissement. Selon la remarque de Westphal, cela tient
uniquement à ce que, quand une partie de mesure d'une lourdeur moyenne se
présentait, les anciens avaient l'habitude de l'appeler aussi élévation (Westphal.
System der antiken Rythmik. Breslau 1865, p. 39).
2. Par conséquent, le mode ordinaire de transcription, employé p. 58, revêtirait
alors la configuration suivante :

Un certain nombre de mesures se réunissent en *série rythmique* (1) ; la *période rythmique* est constituée à l'aide d'un certain nombre de séries. Ces éléments complexes du rythme sont compris entre une limite inférieure et une limite supérieure. La limite inférieure correspond au plus petit nombre d'agencements rythmiques simples, qui peuvent être réunis ensemble ; la supérieure provient ici de l'étendue de notre perception de temps. Ainsi, la plus petite série rythmique se compose de *deux* mesures ; et, d'après les données concordantes des métriques musicale et poétique, la plus grande série est faite de *six* mesures. En musique, la moyenne entre ces deux extrêmes, la série paire de quatre mesures, est la forme ordinaire. Il est presque impossible à notre esprit de bien saisir les séries rythmiques, qui dépassent les six mesures (l'hexapodie). Quant à la *période* (ou strophe), *deux* est, de nouveau, la plus petite des séries, dont elle se compose, et c'est en même temps l'ordinaire : la première série forme le premier membre de la phrase ; la deuxième, le second membre. D'une façon relativement plus rare, et presque uniquement dans la rythmique poétique, qui, à cet égard, par suite de son uniformité, comporte une étendue plus considérable, trois, quatre et même cinq séries peuvent être associées ensemble (2). Donc, le nombre des agencements rythmiques simples, susceptibles de se convertir en organisations plus complexes, diminue toujours davantage, si la complication augmente. Tandis que la mesure peut très-bien contenir 12 alternances d'intensité de son (comme dans la mesure $^{12}/_8$), la série atteint, tout au plus, 6 mesures, la période 4, et par exception 5 séries. En musique, fréquemment l'ensemble organisé en mesures, séries et périodes, est à plusieurs reprises agencé en grands segments ou phrases. L'esprit ne perçoit pas la rythmique de ces phrases. Celles-ci trouvent leur connexion, non dans les motifs rythmiques, mais dans la mélodie : ici donc, la liaison

---

La mesure $^5/_8$ se décompose en une mesure à trois et à deux membres :

$$^5/_8 \quad \text{♪♪♪ ♪♪} \quad \text{ou} \quad \text{♪♪♪ ♪♪}$$

1. Dans la métrique musicale, la série rythmique porte ordinairement le nom de *pause*, et de *ligne du vers*, dans la métrique poétique.
2. Comme exemple d'une période à cinq membres, étudier le chant cophte de Gœthe : « *Geh', gehorche meinen Winken* » tome I, p. 144 de ses œuvres complètes ; voir aussi Westphal, *Theorie der neuhochdeutschen Metrik*. Iéna 1870, p. 77. D'après cet exemple, une période à cinq membres confine déjà à la limite, où s'épuise la faculté de perception.

est beaucoup plus éloignée ; c'est pourquoi, seulement le souvenir, de
ce que l'oreille a auparavant entendu, est généralement supposé, sans
que les limites précises de l'étendue, où ceci peut encore avoir lieu,
soient cependant démontrées.

La division d'un ensemble de représentations successives de sons,
division rythmique et systématique, progressant des mesures aux
séries, de celles-ci aux périodes, permet à l'esprit de saisir le temps et
de résumer cet ensemble. La série est soutenue par les mesures, la
période par les séries : d'elle-même, chacune de ces grandes organisations rythmiques se décomposerait ; et, comme chacune atteint seulement une grandeur limitée, où elle est uniquement dominée par notre
conception de temps, la structure rythmique totale trouve, de nouveau, sa limite dans la période. Mais l'élément rythmique, auquel se
ramènent toutes les formations complexes, est la mesure. Puisque la
mesure implique un nombre constant d'élévations et d'abaissements,
elle nécessite une *certaine durée de temps*. Donc, la représentation de
la durée de temps et de sa division trouve non-seulement son expression dans le rythme, mais elle se perfectionne essentiellement à l'aide
de celui-ci. Nous n'avons une idée, en quelque sorte exacte, des rapports de temps d'un événement, que si ce dernier se déroule sous
forme rythmique. Or, primitivement, en dehors de notre mouvement,
le mode rythmique n'est propre, qu'aux représentations de son. Le sens
visuel intervient à son tour, car il apprend à percevoir objectivement
le mouvement. Puisque, dans notre mouvement, nous découvrons tout
d'abord ce qui est rythmique, nous donnerons alors le nom de rythme à
un mouvement, qui progresse d'après un mode exactement déterminé.
Mais, grâce à la finesse, avec laquelle elle perçoit les phases du mouvement rythmique, notre oreille dépasse largement les sensations primitives de mouvement. Elle distingue nettement, comme fractions d'une
mesure, les divisions de temps qui, n'étant pas éloignées dans le mouvement proprement dit, sont plus perceptibles ; et, d'autre part, elle
est capable de se plonger dans les rythmes, dont la progression lente
ne peut plus être imitée dans le mouvement de notre corps.

Quand avec le changement d'intensité s'allie simultanément une
alternance dans la qualité des sons, la base fondamentale de la mélodie
nous est ainsi donnée. Le mouvement mélodique, qui doit toujours
s'opérer dans le mouvement rythmique, appartient au domaine de la
parenté *constante* ou à celui de la parenté *variable* des sons. Seule-

ment cette dernière comprend la mélodie, prise au sens musical; la première est la base de la forme de l'art poétique. D'après la métrique des poètes modernes, la syllabe accentuée doit coïncider avec une élévation, et la syllabe non accentuée, avec un abaissement; tandis que la série et la période se séparent uniquement et absolument, par suite de l'enchaînement logique de la phrase. Ceci occasionne dans l'agencement rythmique une certaine pauvreté, que la métrique moderne corrige généralement, en mettant des sons de parenté constante à la fin ou au commencement des séries rythmiques, qui s'enchainent et forment une période ou une partie de celle-ci. Ainsi prennent naissance la rime et l'assonance: la première se présente comme l'auxiliaire le plus naturel de l'agencement, puisque diverses séries se séparent, de la façon la plus certaine, par les sons de leurs finales. La rythmique antique, qui distingue des syllabes brèves et longues, dont l'une des dernières équivaut à deux des premières, acquiert par ce moyen une cadence plus rigoureuse; et simultanément, à cause du remplacement alternatif des brèves et des longues d'après leur valeur de temps, elle acquiert un mouvement plus libre dans l'exécution des diverses mesures. C'est pourquoi, la métrique des anciens se rapproche davantage de la cadence de la mélodie proprement dite. Chez cette dernière, grâce au mouvement plus libre des sons musicaux, leur représentation d'après leur valeur de temps obtient l'étendue la plus considérable, qui trouve sa limite propre, uniquement aux confins de notre perception. Selon les données des musiciens, la plus courte durée de temps d'un son isolé est, ici, environ 1/10 de seconde (1); valeur de temps qui concorde, approximativement, avec le temps nécessaire, pour distinguer diverses sensations (2). La plus longue durée de temps, qu'un son isolé est capable d'atteindre, est beaucoup plus indéterminée; elle dépend de la cadence de la mélodie, avec laquelle varie notre faculté d'assigner à un son permanent sa véritable valeur de temps. Quand les sons se meuvent ainsi librement dans le temps, la structure de la mélodie est alors absolument déterminée par la parenté variable des sons. Son influence se révèle spécialement dans les *deux* conditions suivantes: 1° parce que, ordinairement, l'ensemble mélodique commence et se termine de nouveau par un même son, par la *tonique;* et 2° elle se manifeste dans la relation des périodes rythmiques

1. G. Schilling, *Lehrbuch der allgemeinen Musikwissenschaft.* Carlsruhe 1840, p. 268.
2. Voir chap. XVI, n° 3.

entre elles, puisque chacune d'elles est, sous le rapport mélodique, un
type ou une libre répétition de la période suivante ou précédente, qui
lui appartient. Le point de départ d'un ton accidentel, de la tonique
et le retour à ce dernier constituent une certaine parenté avec la rime,
qui également termine le rythme par la répétition d'un son précédent.
Mais la rime n'a aucune relation intime avec l'ensemble rythmique :
elle peut donc varier continuellement et elle sépare seulement l'une de
l'autre les diverses séries rythmiques; tandis que la tonique domine le
mouvement tout entier des sons de la mélodie, de façon que dans
celle-ci chaque série rythmique et chaque période doivent commencer
ou finir avec la tonique ou avec un son parent de celle-ci. Par conséquent, immédiatement après la tonique, un rôle dominateur appartient,
dans le cours d'exécution de la mélodie, aux sons qui, selon les lois de
la parenté variable des sons, sont les plus voisins de la tonique, c'est-
à-dire à la quinte située au-dessus et au-dessous d'elle, et qui a été
appelée *supra-dominante* et *infra-dominante* (1). Toutes ces répétitions rythmiques de sons renforcent essentiellement l'intuition de
temps, qui est ordinairement capable d'embrasser les éléments complexes du rythme, la série et la période, uniquement parce que ceux-ci
se remplissent d'un contenu mélodique; tandis que la pure élévation
et l'abaissement de l'intensité de son suffisent, pour que l'esprit voie
d'un coup-d'œil, quelle est l'espèce de mesure. Une restriction analogue est inhérente à la représentation de mouvement, où tout au plus
de petites séries rythmiques peuvent encore se réunir, pour donner
lieu à un ensemble, que l'esprit perçoit en totalité. Un agencement
plus étendu est possible sur le terrain de la parenté des sons. Dès que
le domaine de celle-ci arrive à dépasser en extension les graduations
d'intensité de la sensation, qui sont faciles à distinguer, il a plus d'aptitude à mettre en connexion de plus grandes séries de représentations
successives. Et, à cet égard, l'oreille confirme son rôle éminent de sens
qui éveille le temps.

Naturellement, les lois de l'harmonie et du mouvement rythmique des sons,
qui dans les pages précédentes ont été séparées les unes des autres, se sont si-

---

1. L'analogie de la répétition des sons en poésie et en musique est plus complète, si dans l'œuvre d'art poétique une même rime se répète, soit directement,
soit dans les assonnances, du commencement jusqu'à la fin. En effet, dans le
« Ghasel » et d'autres formes de la poésie orientale, basées sur la répétition
continuelle des sons, on sent directement l'analogie avec la mélodie musicale.

multanément développées à l'intérieur de la conscience humaine, ainsi que ceci est évidemment démontré pour la mélodie, qui est basée sur ces deux sortes de lois. Mais, dans ce cas, le sentiment de l'individu pour le mouvement rythmique a atteint, le premier, son évolution. Toutes les règles fondamentales, concernant l'alternance de l'élévation et de l'abaissement, ainsi que les limites de notre conception mensuratrice de temps, sont empruntées à la rythmique des anciens. Même, sous ce dernier rapport, le sentiment rythmique des Grecs semble avoir été plus développé, que le nôtre; car, l'étude de quelques-unes de leurs formes rythmiques complexes présente des difficultés, que les spécialistes modernes n'ont pu parvenir à dissiper entièrement. Cela tient probablement à ce que les rythmes poétiques des anciens étaient affranchis des artifices de la construction des séries et des périodes, appartenant au domaine de la parenté des sons et employés par les modernes, et que les anciens tenaient compte, au contraire, plus rigoureusement de la cadence. D'ailleurs, le fait historique suivant caractérise ce développement de la rythmique, qui est antérieur à celui de l'harmonie : le sentiment de la parenté des sons n'a pas pour origine le son résultant, auquel l'oreille moderne emprunte spécialement la mesure de l'harmonie et de la disharmonie, mais bien la succession mélodique. Non enchaînée par les rapports de la consonnance et de la dissonance, qui sont pris en considération dans le son résultant harmonique, et moins assurée dans la parenté indirecte, qui devient sensible grâce aux tons de combinaison, la mélodie des anciens était plus libre dans ses mouvements et revêtait des formes plus multiples (1).

Comme le sentiment de l'harmonie a eu une évolution plus lente, que le sentiment du rythme, une foule d'opinions contradictoires se sont élevées au sujet de son origine. Nous citerons principalement *trois* théories, qui ont été émises sur cette question. Selon la *première* théorie, conçue par Euler et restée souveraine jusqu'à ces derniers temps, les sons, dont les nombres de vibrations se trouvent dans le rapport des nombres simples entiers, sont harmoniques, parce que, comme en architecture, la simplicité du rapport nous plaît immédiatement (2). Or, comme nous n'avons nullement conscience des nombres de vibration des tons, cette théorie ne résout pas cette question : quel est le fondement du sentiment de l'harmonie. Selon la *deuxième* théorie, celle de Rameau (3), complétée par d'Alembert (4), nous appelons sons harmoniques, ceux qui ont de commun entre eux des tons partiels ou qui paraissent être les éléments constituants d'un même son fondamental. Cette théorie se base déjà sur cette connaissance, que chaque son fondamental laisse encore entendre une série d'har-

1. Fortlage, *Das musikalische System der Griechen in seiner Urgestalt.* Leipzig 1847.
2. Euler, *Nova theoria musicæ*, chap. II, p. 20.
3. *Nouveau système de musique.* Paris 1726.
4. *Eléments de musique théorique et pratique, suivant les principes de M. Rameau*, nouv. édit. Lyon 1766.

moniques, dont les rapports de vibration correspondent à la série des nombres
entiers (1). Dernièrement, A. d'Oettingen s'est rallié à cette théorie, qu'il a surtout
appliquée aux accords mineurs, mais en la complétant davantage, que ne l'avait
fait d'Alembert à ce sujet. Pour lui, les tons de l'accord majeur appartiennent
donc à un ton fondamental unique, au *ton fondamental tonique*, (basse fondamentale de Rameau) ; et, au contraire, les tons de l'accord mineur concordent
dans un harmonique unique, qu'il nomme *harmonique phonique*. Ainsi, d'Oettingen pose un double principe, celui de la *tonalité* et celui de la *phonalité*, qui
serviraient de base à la structure des sons résultants harmoniques (2). Le premier principe répond essentiellement à ce que nous avons appelé, en nous
plaçant au point de vue de l'analyse physiologique des sons, la parenté *indirecte*; et le second, à la parenté *directe* des sons. D'après la *troisième* théorie,
représentée actuellement par Helmholtz, l'harmonie repose sur l'absence de la
dissonance, en d'autres termes sur le manque de battements ou de rudesses
du son. Quand ces sortes de battements apparaissent entre les tons fondamentaux, comme entre les harmoniques et les tons de combinaison, de dissonances
très-multiples sont susceptibles de se produire. Selon Helmholtz, le degré de
l'harmonie est déterminé par la grandeur de la dissonance, qui peut se manifester, lorsque un faible désaccord de l'un des tons fondamentaux existe entre
les harmoniques et les tons de combinaison (3). Cette théorie commet cependant une faute : elle n'explique, que d'une manière négative, le sentiment de
l'harmonie. Le manque de dissonances favorise certainement la perception satisfaisante des sons résultants, mais il ne peut valoir, comme cause positive de
l'harmonie. Nous avons un témoignage contraire dans ce fait précédemment
signalé, qu'à une époque, où l'on ne se servait pas encore du son résultant
harmonique, le sentiment, concernant les sons qui se correspondent harmoni-
quement, était déjà développé. Également, la théorie d'Helmholtz est incapable
de démontrer l'opposition du système de l'accord majeur et de l'accord mineur.
Au lieu de l'accord mineur, une autre combinaison quelconque d'intervalles,
moins parfaitement consonnants, pourrait aussi bien servir de base à un nouveau système, si cette équation de l'harmonie et de l'absence de dissonance
était exacte. Nous avons cru, au contraire, devoir chercher pour le sentiment
positif de l'harmonie un fondement positif, et nous le trouvons uniquement
dans le principe de la *parenté des sons;* ce qui de nouveau revient essentiellement à la théorie de Rameau. Quant à la série des intervalles harmoniques,
les résultats, précédemment déduits de ce principe, concordent avec ceux,
qu'Helmholtz (4) a tirés du principe de la perturbation occasionnée par les
battements des tons partiels. Ultérieurement, quand nous étudierons les senti-

1. Rameau, *loc. cit.* p. 17.
2. A. v. Oettingen, *Harmoniesystem in dualer Entwicklung.* Dorpat et Leipzig
1866.
3. Helmholtz, *Lehre von den Tonempfindungen*, 3ᵉ édit. p. 297.
4. *Loc. cit.* p. 296.

ments esthétiques simples, nous démontrerons les causes du plaisir, que nous ressentons, lors de l'audition successive ou simultanée des sons harmoniques (1).

5. — Localisation des représentations auditives.

L'existence d'une image tactile ou visuelle, appartenant au monde extérieur et dans laquelle nos représentations sonores sont inscrites, confère à ces dernières leur relation avec l'espace. Nous avons, ici, à supposer cette image comme donnée et seulement à rendre compte des moyens ou auxiliaires, qui, basés sur l'intuition d'espace existante des autres sens, produisent la localisation des représentations auditives. Ces auxiliaires, encore très-imparfaitement connus, résident, très-probablement, dans les propriétés de la représentation de son elle-même, soit dans les sensations tactiles et musculaires, concomitantes. Les seules représentations dans l'espace, qui peuvent naître de cette manière, se rapportent à la distance de la source sonore et à la direction du son. Au contraire, la liaison associative d'une représentation sonore, de direction donnée, avec une représentation tactile ou visuelle engendre, toujours, la relation avec un lieu déterminé dans l'espace.

Lors de la représentation, concernant la *distance* ou l'*éloignement de la source du son*, l'intensité de la sensation de son exerce une influence essentielle. Ainsi, quand nous avons déjà une idée déterminée de l'énergie absolue de certaines impressions sonores, selon l'intensité forte ou faible de ces sons, nous transférons, par la pensée, la source sonore à des distances variables; mais, assurément, dans ce cas, des illusions considérables sont susceptibles de se produire. Si, par exemple, l'obstruction des conduits auditifs gêne la transmission du son, la source sonore semble située beaucoup plus loin, à condition que la représentation visuelle ne corrige pas l'illusion.

Lors de la représentation de la *direction du son*, l'intensité de la sensation jouit encore d'une certaine influence. L'oreille externe faisant l'office d'une coupe, qui collecte les ondes sonores venant de devant, nous sommes généralement enclins à rapporter en avant les impressions d'une énergie connue, quand elles sont fortement perçues. Si donc, après avoir fixé solidement à la tête l'oreille externe, on pose en sens inverse, contre cette dernière, un pavillon artificiel, le sujet peut, d'après les démonstrations expérimentales de Ed. Weber, rapporter faus-

1. Voir chap. XIV.

sement en avant le son, qui vient effectivement de derrière (1). Cependant, les sensations tactiles joueraient un rôle dans cette expérience. Comme les parties du pavillon artificiel possèdent une sensibilité de pression assez délicate, qui ordinairement est encore augmentée par les vibrations des poils, très-délicats, situés en avant, probablement, quand les impressions sonores sont énergiques, les sensations tactiles du pavillon artificiel nous apprennent immédiatement, si le son vient de devant ou de derrière, de droite ou de gauche. Mais, cette condition ne suffit pas à expliquer complètement le sens précis de la direction. Or, d'après les faits de l'observation, la droite et la gauche peuvent être distinguées, quand l'intensité sonore est beaucoup moindre, qu'en avant et en arrière; de même, si les rayons sonores viennent de devant, très-souvent des distinctions de direction plus spéciales sont possibles; car, nous sommes en quelque sorte capables de déclarer, de quel angle la direction du son s'écarte du plan médian (2). L'occlusion d'une oreille trouble cette localisation de la direction; c'est pourquoi, cette dernière doit être considérée, comme une fonction de l'*audition binauriculaire*. Dans ce cas, l'intensité relative de la sensation de son dans les deux oreilles (3) peut avoir quelque influence, surtout quand certains tons partiels du son sont renforcés, dans le conduit auditif, par la résonnance. C'est à ce dernier facteur, qu'il faut peut-être attribuer le phénomène suivant: des bruits, qui contiennent généralement des harmoniques aigus produisant la résonnance, sont plus exactement localisés, que des sons simples (4). Probablement ici, les sensations tactiles et musculaires contribuent à opérer le discernement. Selon les présomptions de Ed. Weber, la membrane du tympan sentirait ses propres vibrations (4). Il vaudrait mieux instituer d'autres expériences, où l'on prendrait en considération l'activité du muscle tenseur du tympan, qui, par son accommodation involontaire à l'énergie du son, accompagne de sensations de mouvement, d'énergie variable, les impressions auditives, d'intensité différente.

1. Ed. Weber, *Berichte der kgl. sächs. Ges. der Wiss. zu Leipzig. Math. — phys. Cl.* 1851, p. 29.

2. Lord Rayleigh, *Phil. mag.* (5) III, p. 456.

3. Steinhauser, *Phyl. mag.* (5) III, p. 181.

4. Lord Rayleigh, *loc. cit.*

5. Ed. Weber (*loc. cit.* p. 30) fut amené à exposer cette opinion, parce que la localisation devenait inexacte, quand il avait rempli d'eau les canaux de l'oreille. D'après les expériences de Schmidekam (*Exper. Stud. zur Physiol. des Gehörorgans.* Thèse de Kiel 1868, p. 15), on obtient le même résultat, si la membrane du tympan reste entourée d'une atmosphère aérienne, qui ne gêne pas ses vibrations; c'est pourquoi, probablement ici, l'imperfection de la localisation provient uniquement de la diminution d'énergie de son, qui est occasionnée par l'eau injectée.

CHAPITRE XIII

REPRÉSENTATIONS VISUELLES.

L'appareil optique de l'œil se compose de milieux transparents, situés l'un derrière l'autre : de la cornée, de l'humeur aqueuse, du cristallin et du corps vitré. La réfraction, qu'il opère, des rayons lumineux envoyés par les objets extérieurs, est telle, qu'une image renversée et plus petite est projetée sur la rétine (1). Cette image présente certaines irrégularités, que nous négligerons ici, parce que généralement leur influence ne trouble pas essentiellement la formation de la perception (2). Elle tombe exactement sur la rétine, quand les objets sont dans un éloignement déterminé, qui correspond à l'état respectif d'accommodation des milieux optiques. L'*accommodation* augmente la convexité du cristallin, surtout de la face antérieure de cette lentille ; elle permet à l'œil de changer dans de certaines limites son état de réfraction, afin de s'adapter successivement et de cette manière à des objets, situés à une distance variable (3).

La condition fondamentale, pour que l'organe visuel perçoive le monde sous forme d'espace, est l'existence de l'image rétinienne. Chaque point de la rétine sent, conformément aux lois de l'intensité et de la qualité de la lumière précédemment étudiées, la force et la longueur d'onde des oscillations lumineuses, qui l'atteignent. Toutes ces sensations élémentaires sont *ordonnées dans l'espace*, par l'individu qui fait fonctionner son organe visuel. Les diverses formes d'excitation

1. Quant aux propriétés optiques de l'œil et à la réfraction de la lumière à l'intérieur de cet organe, voir mon *Lehrbuch der Physiologie*, 4ᵉ édit. § 112 et suiv.
2. *Lehrb. d. Physiol.* § 116-118.
3. *Lehrb. d. Phys.* § 115.

rétinienne, même celles qui ne proviennent pas du rayonnement lumineux des objets extérieurs, comme les images dûes à la *pression* (phosphènes) et les figures électriques lumineuses, engendrées par l'irritation mécanique et électrique de l'œil, les phénomènes entoptiques qui nous font percevoir les ombres des éléments opaques situés dans cet organe, produisent ce même résultat (1). Nous reportons également au dehors les images consécutives, comme si leur cause résidait directement dans les objets extérieurs (2). Avant d'examiner, quelle est l'origine de cette relation régulière des images rétiniennes avec un espace extérieur et les objets étendus dans ce dernier, nous supposerons connue l'existence d'un monde extérieur, ordonné d'après trois dimensions planes. Notre but est de démontrer de quelle manière nous reconstruisons, à l'aide des images rétiniennes, ce monde extérieur. C'est pourquoi, tout d'abord, nous n'examinerons pas comment l'existence du monde extérieur emprunte aux représentations visuelles une part importante de la croyance justifiée, que nous avons en lui. Afin de séparer le plus possible les divers éléments, qui contribuent à la formation de ces représentations, nous considérerons : 1° l'image rétinienne de l'œil *au repos* et les motifs, inhérents à ce dernier, pour engendrer la représentation ; 2° l'œil *en mouvement* et l'influence des mouvements oculaires ; 3° nous analyserons enfin les conditions de la vision, qu'entraîne l'existence des *deux* organes visuels fonctionnant en commun. Il est à peine besoin de le faire observer, cette séparation est artificielle et n'est faite, que pour faciliter et mieux embrasser l'examen de ces questions. Dès la naissance, l'œil est un organe en mouvement ; il fonctionne normalement et constamment par l'association de l'autre œil, c'est-à-dire comme *œil double*.

1. — Image rétinienne de l'œil au repos.

Uniquement, par suite de la mobilité et du déplacement des objets extérieurs, l'image rétinienne de l'œil au repos subit naturellement des modifications. Ces déplacements se produisent de deux manières : 1° le même objet peut se mouvoir et changer ainsi de place dans l'image rétinienne ; 2° devant le premier objet peut en surgir un autre, qui le cache totalement ou partiellement.

1. *Ibid.* § 118, 120.
2. Tome I, chap. IX, p. 491.

La *situation* de l'image rétinienne, et même sa grandeur, sont déterminées par des lignes imaginaires, qui, émanant de toutes les parties de l'objet, traversent un point cardinal optique et fixe de l'œil, pour chaque état d'accommodation, le *point nodal* et vont à la rétine (1). Ces lignes sont les *rayons de direction*. Le point, où un rayon de direction atteint la rétine, est le *point de l'image*, correspondant à celui de l'objet en question. Si, par exemple, un point lumineux d'un objet se meut dans l'espace extérieur, le point de l'image, qui lui correspond, doit se mouvoir sur la rétine, mais dans le sens opposé. Dans ce cas, la sensation ne peut rester absolument invariable; car, toute impression lumineuse, qui du milieu rétinien passe aux parties latérales, diminue d'intensité, de sorte que la sensation se transforme finalement en noir (2). A ce changement, opéré dans la sensibilité, est parallèle une autre modification semblable, concernant l'acuité de la perception d'espace. Ici même, le milieu de la rétine humaine, appelé *tache jaune* (macula lutea), à cause de sa couleur jaune, ou *fossette centrale* (fovea centralis), à cause de sa légère dépression, présente un grand avantage sur les parties latérales, dont l'acuité de perception décroît en raison de leur éloignement de la fovea. Pour ce motif, les objets, qui font leur image sur la tache jaune, sont vus *directement ;* et toutes les images, occupant les parties latérales, sont vues *indirectement.* Ce point vu directement, dont l'image est précisément au milieu de la fovea centralis, se nomme le *point de fixation* ou *de regard ;* et le rayon de direction, correspondant au point de fixation, la *ligne visuelle.* Nous jouissons du pouvoir absolu de voir directement les objets; pour cela, il suffit de les fixer du regard ; et la libre spontanéité de nos mouvements oculaires consiste, en ce que nous déterminons dans l'espace le point de fixation de l'œil. L'habitude de fixer simultanément les objets, qui attirent notre attention et de ne pas considérer tout ce que nous ne voyons pas directement, nous rend plus difficile l'observation des objets, qui forment leur image sur les parties latérales de la

---

1. Rigoureusement parlant, il existe *deux* points nodaux : le premier, quand l'œil est dirigé vers une distance infinie, est situé, en moyenne, à 0^{mm}7580, et le second à 0^{mm}3602, avant la surface postérieure du cristallin. Les deux points nodaux, étant donc très-rapprochés, on peut, pour la plupart des expériences, obtenir une précision suffisante, si l'on remplace ces deux points par un seul ; ce dernier, qui se nomme alors le *point de croisement des rayons de direction*, est, d'après Listing, 0^{mm}4764 avant la surface postérieure du cristallin. Si on prend pour base deux points nodaux, il faudra substituer à chaque rayon de direction *deux* lignes : la première ligne unit l'objet avec le premier point nodal ; et la seconde, parallèle à la première, va du deuxième point nodal à la rétine.

2. Tome I, p. 486.

rétine. Dans la vision indirecte, on doit s'efforcer de dissoudre cette combinaison naturelle de l'attention et de la fixation des objets : alors, on fixe un objet, tandis qu'on tourne simultanément son attention vers un second, qui se trouve dans le domaine de la vision indirecte. Si vous comparez de cette manière deux objets d'égale composition, par exemple deux points blancs sur fond noir ou deux points noirs sur fond blanc, le point vu indirectement se distingue de celui qui est vu directement, de la même manière que l'image dans l'œil non accommodé et dans l'œil accommodé. Le point vu indirectement semble s'effacer ; la différence existant entre sa clarté et la clarté du fond est diminuée. Par conséquent, des objets présentant une forme, un volume et des contours plus grands sont perçus très-indistinctement dans la vision indirecte ; généralement, on les voit beaucoup plus confusément, qu'en l'absence de l'accommodation, où alors les lignes de contour paraissent s'effacer, tandis qu'ici l'ensemble est vu trouble, comme à travers un voile. Le procédé suivant permet de comparer avec plus de précision la vision indirecte avec la vision directe : après avoir posé sur un fond clair deux fils noirs ou deux points noirs, on diminue graduellement la distance de ces derniers, jusqu'à ce qu'on atteigne la limite, où ils semblent se confondre en *un* fil ou en *un* point. Au lieu d'opérer ainsi, on peut ne pas changer les rapports des objets, mais on se place graduellement à une distance si éloignée, que par suite de la diminution de grandeur de l'image sur la rétine les objets se fusionnent. Dans ce cas, on devra toujours choisir des objets très-volumineux, afin que si on laisse tomber leur image sur les parties les plus latérales de la rétine, ces mêmes objets soient encore perceptibles. C'est ainsi, que pour un œil exercé, deux lignes distantes de 1^{mm}, à la vision *directe*, se confondent à un éloignement de 2^m,5 — 3^m,5 (1). Ceci correspond à un angle des rayons de direction d'environ 90 — 60 secondes ou à une grandeur d'image de 0^{mm},006 — 0^{mm},004. Néanmoins, un exercice prolongé est susceptible de diminuer cette distance limite.

---

1. Pour mes yeux, des lignes larges de 3^{mm}5, et distantes de 1^{mm}083 se fusionnent à un éloignement de 2870 m.m. ; ce qui correspond à un angle visuel de 77,7″. En prenant des fils plus fins, l'angle visuel, sous lequel ils peuvent encore être séparés, augmente. C'est pourquoi, Volkmann est arrivé à distinguer des fils de toile d'araignée, très-ténus, lorsque leur angle visuel mesurait 80,4 — 147,5″. Aubert (*Physiologie der Netzhaut*, p. 228) a trouvé la même règle confirmée, quand les objets avaient une autre forme, étaient par exemple des carrés. Probablement, la raison de ce phénomène est, que des objets plus fins se détachent moins nettement de leur fond.

Pour que deux objets soient séparés l'un de l'autre dans la vision *indirecte*, il faut qu'il existe, entre leurs images rétiniennes, des intervalles bien plus considérables. Ainsi, d'après Aubert, deux carrés, observés à 1 mètre de distance et ayant chacun un côté de 2^{mm}, seront nettement séparés, si leurs distances respectives dans l'image rétinienne sont les suivantes:

Distance des images d'avec le milieu de la rétine.	Éloignement réciproque des images.
2° 40′	3′ 27″
2° 30′	6′ 53″
5°	17′ 11″
7°	34′ 22″
8° 30′	1° 9′

La faculté de discernement s'abaisse encore plus rapidement, quand les objets se déplacent davantage sur les parties les plus latérales de la rétine. Pour une distance de 15°, elle s'est abaissée ici, à 1/10; pour une distance de 30 — 40°, à 1/100 de l'acuité visuelle, dans la vision directe (1). Selon les divers méridiens imaginaires, qui passent par le milieu de la rétine, cette diminution s'opère avec une vitesse un peu différente; et, sous ce dernier rapport, les deux yeux d'un même observateur ne se comportent pas également: en général, le méridien rétinien horizontal est doué d'une netteté de discernement bien supérieure au méridien rétinien vertical (2). En outre, on observe dans la vision indirecte, à un degré encore plus marqué que dans la vision directe, que l'acuité de discernement se perfectionne par l'exercice ou l'habitude.

Il est naturel de rapprocher des différences de structure les différences importantes, que présentent ainsi les divers points de la rétine, qui perçoivent les images projetées sur cette membrane. Aux environs de la tache jaune, les seuls éléments percepteurs, que l'on découvre, sont les cônes. Ils sont tellement pressés les uns contre les autres, que l'intervalle, existant entre deux cônes, est très-petit, comparativement au diamètre transversal d'un seul de ces organes. Vers les parties latérales, leur

1. Dans la vision indirecte, à un degré encore plus élevé que dans la vision directe, la faculté de discernement semble dépendre en même temps de la grandeur et de la netteté des objets. Ainsi, Aubert et Foerster ont distingué facilement de grands carrés à une distance, où de plus petits carrés se fusionnaient déjà en *une* impression. Consulter Aubert, *loc. cit.* p. 248; Snellen et Landolt, in *Handbuch* de Græfe et Sœmisch, t. III, p. 62; Kœnigshofer, *Das Distinctionsvermögen der peripheren Theile der Netzhaut*. Thèse d'Erlangen, 1876; Schadow, in *Archiv* de Pflüger, XIX, p.439.

2. Aubert, *loc. cit.* p. 246.

nombre décroit; ils sont alors remplacés par des bâtonnets, que sépare plus largement le tissu protecteur, qui est dépourvu de nerfs. La finesse de discernement peut donc se ramener à deux sortes de conditions de structure, qui toutes deux jouissent effectivement d'une certaine influence. Ces conditions sont dûes : 1° au tassement beaucoup plus considérable, qu'offrent les éléments percepteurs dans la région du centre de la rétine, 2° à l'organisation différente de ces mêmes éléments. De chaque cône émergent plusieurs fibres nerveuses, tandis que le bâtonnet n'en fournit qu'une seule (1); aussi, faut-il admettre, qu'une distinction extensive doit probablement s'opérer dans le domaine d'un seul cône. En effet, c'est ce que semblent démontrer les expériences de Volkmann. Selon cet observateur, nous percevons, dans des circonstances appropriées, même des différences de grandeur, qui correspondent à une image rétinienne de $0^{mm},0007$. Comme d'après les données de H. Müller et M. Schultze, le diamètre transversal d'un cône sectionné mesure toujours au moins $0^{mm},0015 — 0^{mm},0025$, les différences, qui s'élèvent seulement à 1/2 — 1/3 du diamètre transversal d'un cône, seraient même perçues (2). D'autre part, il est certain, que pour des yeux non exercés et des objets difficiles à reconnaître, dont les plus petites différences atteignent dans l'image rétinienne un angle de 150″, constamment plusieurs cônes doivent être situés entre les points des images distinguées. Il n'est donc pas admissible, que la perception des différences extensives soit invariablement déterminée dans la vision directe par le diamètre des cônes. Néanmoins, d'après le témoignage des observateurs les plus divers, en général ce diamètre désigne approximativement la limite de la faculté perceptrice (3). L'abaissement de cette faculté, dans les parties latérales de la rétine, s'explique surtout par l'envahissement du tissu interstitiel, qui sépare les éléments percepteurs. Les innombrables petites lacunes, qui de cette façon interrompent la mosaïque des éléments *sentants*, ne sont pas perçues comme des lacunes dans le champ visuel; mais, sur chaque lacune s'étend la sensation des éléments, entre lesquels elle est située;

1. Consulter tome I, p. 344.
2. Volkmann, *Physiologische Untersuchungen im Gebiete der Optik*, I, p. 65.
3. La fossette rétinienne possède une certaine étendue; aussi, constate-t-on chez elle des différences dans la faculté de discernement. C'est ce que semblerait indiquer le phénomène suivant, observé par Bergmann (*Zeitschr. f. rat. Med.* 3ᵉ série, II, p. 88) et Helmholtz (*Physiol. Optik* p. 217) : un treillis, composé de bâtons noirs, apparaît parfois comme un dessin ressemblant à un échiquier, si on s'approche de la distance, où il cesse presque d'être visible, attendu que diverses parties des bâtons se fusionnent, tandis que d'autres restent encore séparées.

par conséquent, l'acuité de la perception diminue, en raison de la grandeur de ces lacunes.

Sous ce rapport, la *tache aveugle*, cette grande lacune du champ visuel de la rétine, qui correspond au point d'entrée du nerf optique, ressemble aux lacunes, dont nous venons de parler. Ce point, où manquent complètement les bâtonnets et les cônes, comme les autres éléments nerveux, excepté les fibres optiques, a approximativement un diamètre de 6° ou 1^{mm}, 5 ; son milieu est situé environ à 15° ou 4 ^{mm}, juste en dedans du centre de la tache jaune (1). A cause de la position renversée de l'image rétinienne, les objets, qui dans l'éloignement correspondant se trouvent en dehors du point de fixation, ne sont donc pas perçus, dès qu'ils tombent dans le domaine de la tache aveugle. Par exemple, fermez l'œil droit, fixez ensuite de l'œil gauche la petite croix de la fig. 125, et éloignez le livre d'environ 35 cent. : le

FIG. 125.

cercle disparaît complètement. Ce dernier reparaît de nouveau, si on rapproche ou si on éloigne l'œil. La plupart du temps, on ne voit pas seulement les parties du cercle, qui débordent de la tache aveugle, mais on croit percevoir aussitôt le cercle tout entier. D'après les remarques de E. H. Weber, si on observe, à la vision indirecte, une figure régulière, un cercle présentant quelque part une lacune, l'on croit voir le cercle complet, dès que la lacune tombe dans la tache aveugle (2). Également, en considérant un imprimé, on croit voir la tache aveugle remplie par cet imprimé, alors même qu'on l'a intentionnellement recouvert d'un papier blanc. Sans doute, dans ces expériences, la perception est encore plus incertaine, que dans la vision

1. Si l'on veut avoir des mensurations plus précises, consulter Helmholtz, *Physiol. Optik* p. 212, et Aubert, *Physiol. der Netzhaut*, p. 258.
2. E. H. Weber, *Sitzungsber. der kgl. sächs. Ges. der Wiss. zu Leipzig*, 1853, p. 149 ; Volkmann, *ibid*, p. 27 ; de Wittich, *Archiv f. Ophthalmologie*, IX, p. 9.

indirecte. Naturellement, on n'est donc jamais en état de reconnaître les lettres ou caractères distincts, qui semblent se trouver dans le domaine de la tache aveugle ; même, lors de la perception de figures régulières, qui tombent en partie dans son domaine, il se produit une incertitude particulière qui, si l'attention est concentrée, ne diminue pas comme dans la vision indirecte, mais devient plus considérable. C'est donc un fait incontestable, que la lacune, qui dans notre champ visuel est dûe à la tache aveugle, est généralement comblée par nos sensations des points rétiniens, irrités dans l'entourage de celle-ci (1). A cet égard, la tache aveugle offre une analogie complète avec ces plus petites lacunes du champ visuel, qui proviennent d'un arrangement plus économique des éléments sentants.

D'après l'étude des phénomènes de la vision indirecte, et des observations, faites sur la tache aveugle, l'image rétinienne *sentie* présente de plus grandes imperfections, que l'image, qui est projetée à la surface rétinienne et susceptible d'être perçue par l'observateur objectif. Cette image rétinienne subjective, qui nous sert uniquement à concevoir le monde extérieur, est assez précise à l'endroit de la fossette rétinienne ; sur les parties latérales de celle-ci, elle est toujours plus effacée ; et en *un* point, qui est celui de la tache aveugle, elle est totalement interrompue dans une étendue considérable. Si ces irrégularités

---

1. Aubert (*Physiologie der Netzhaut*, p. 257), dont Helmholtz (*Physiol. Optik*, p. 575) partage l'avis, s'exprime ainsi au sujet de cette réplétion de la tache aveugle : il est impossible, malgré l'observation la plus attentive, de dire quoi que ce soit, relativement aux parties des objets, qui tombent sur la tache aveugle. Helmholtz rapporte, qu'en se conformant exactement au procédé recommandé par Weber, il a cru voir au commencement le complément des objets ; mais, il s'est convaincu par un exercice soutenu, qu'il ne voyait effectivement rien à la place de la tache aveugle ; c'est pourquoi, ce physiologiste assimile complètement cette lacune à la lacune du champ visuel, qui se trouve derrière notre dos (*loc. cit.* p. 577). Selon moi, il ne faut pas invoquer ici contre les phénomènes, que perçoit l'œil naturel, très-bien dressé à la fixation, les résultats que l'on obtient, quand l'attention s'exerce constamment sur la tache aveugle. En continuant les expériences de ce genre, il se produit, puisqu'on établit une comparaison avec les autres perceptions opérées dans la vision indirecte, une incertitude croissante, qui se manifeste surtout dans ces sortes de cas, où l'expérience implique une double interprétation, comme par exemple quand une ligne rouge et une ligne jaune se croisent dans la tache aveugle ; car, à cette occasion, il est absolument impossible d'affirmer nettement, si le rouge est placé sur le jaune ou le jaune sur le rouge. Même, quand une ligne simple traverse la tache aveugle, on peut finalement être dans l'incertitude ; mais, jamais cette incertitude n'est définitive et ne s'impose, si le champ visuel tout entier ou une grande partie de ce champ sont uniformément remplis. D'une manière analogue se comportent des imprimés ou des dessins uniformes ; ici, on aperçoit, seulement très-indistinctement, les lettres ou les parties du dessin, qui tombent dans le domaine de la tache aveugle, sans que l'on puisse cependant s'affranchir de l'idée, que le champ visuel est uniformément rempli.

troublent peu notre perception, c'est principalement grâce aux mouvements de l'œil, décrits tout à l'heure, qui nous permettent de fixer successivement ces objets, vers lesquels se tourne notre attention, de façon que l'image de ces derniers se dessine en ce point, où la vision est la plus nette. En outre, la réplétion déjà mentionnée des parties non irritables, réplétion effectuée par les sensations émanant des éléments irritables, qui séparent ces parties les unes des autres, joue un rôle essentiel. Malgré la disposition en mosaïque des éléments sentants dans notre rétine et leur interruption irrégulière par des parties non sentantes, notre champ visuel nous apparaît cependant, comme un tout continu. Il résulte nécessairement de cette expérience, *que notre sensation lumineuse ne peut posséder directement la forme extensive.* Si le contraire était vrai, les parties non irritables de la rétine devraient être perçues dans le champ visuel comme des lacunes, ou seraient absolument négligées, lors de la perception des objets visuels dans l'espace. L'expérience directe enseigne, avons-nous dit, que la première supposition est impossible. Mais, par contre, la seconde hypothèse a été parfois soutenue. On appliquait alors à l'œil la théorie des cercles de sensation, dans le sens où elle a été adoptée précédemment (p. 33) pour l'organe du toucher, puisqu'on considérait chaque cercle de sensation comme équivalent à un point de l'espace extérieur. Or, de même que dans le domaine du sens tactile, de même aussi pour l'œil, l'expérience est en contradiction absolue avec cette hypothèse. Nous sommes bien loin de croire égales les longueurs de deux lignes, que la vision directe et la vision indirecte peuvent encore justement distinguer ; nous reconnaissons très-nettement la plus grande longueur par la vision indirecte et nous lui attribuons approximativement la même grandeur, que dans la vision directe. De même, deux cercles d'égale étendue nous paraissent à peu près également grands, dans la vision directe et indirecte ; néanmoins, celui qui est vu indirectement devrait sembler beaucoup plus petit, si réellement chaque élément sentant était équivalent à un point de l'espace, et si toutes les parties non sentantes étaient ignorées dans l'intuition.

Indépendamment de son mouvement sur la surface rétinienne, l'image, dans l'œil au repos, est susceptible de subir des modifications, si, *au devant* de l'objet aperçu, en surgit un second, qui cache le premier (p. 70). Si, par exemple, les deux objets ont la forme d'un point, alors, quand l'œil s'accommode au deuxième point, le cercle de dispersion du premier point, pour lequel l'œil n'est plus accommodé, environnera de tous côtés le second. Le cône de lumière, qui tombe dans l'œil, est limité par l'iris faisant fonction d'écran : le cercle de dispersion a donc la forme de la pupille; et le milieu de ce cercle qui fournit, l'œil étant accommodé, le point de l'image, correspond simultanément au centre de la pupille. Or, si un point éloigné est ainsi caché par un autre point plus rapproché, de manière que le premier soit encore vu dans le cercle de dispersion, évidemment les deux points doivent se trouver sur une ligne droite, qui coupe le centre de la pupille et le point de l'image sur la rétine. Mais nous reportons les points au dehors, dans la même direction. Pour ce motif, cette ligne s'appelle la *ligne de visée*. Tous les points, situés sur une ligne de visée, sont couverts, dans l'image rétinienne, par les centres de leurs cercles de dispersion. Nous donnons à cette ligne de visée, qui émane du centre rétinien, le nom de *ligne de visée principale;* elle coïncide presque avec la ligne visuelle ou rayon principal de direction, de sorte que la différence peut, dans la plupart des cas, être négligée. Le centre de la pupille, où se coupent toutes les lignes de visée, est le *point de croisement des lignes de visée.* Il diffère, évidemment, du point de croisement des rayons de direction. Tandis que les rayons de direction déterminent la position et la grandeur de l'image sur notre rétine, les lignes de visée déterminent la direction, dans laquelle nous reportons cette image à l'extérieur. Les points–limite d'un objet $a\ b$ (fig. 126), qui projette une image $\alpha\ \beta$ sur la rétine, sont donc perçus non en a et b, mais en a' et b', conformément à la direction des lignes de visée.

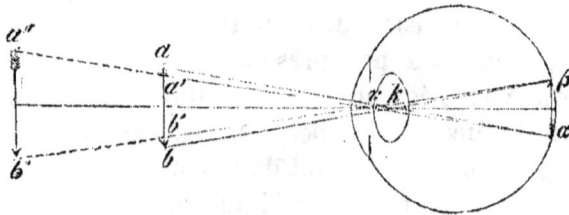

Fig. 126.

D'ailleurs, pour les objets éloignés, les rayons de direction et les lignes de visée coïncident à peu près; aussi, la différence peut-elle être négligée. L'angle $a'\ v\ b'$, formé par les lignes de visée partant des points-limite de l'image rétinienne, s'appelle *l'angle visuel.* Il nous permet généralement de *mesurer la grandeur* d'un objet. Or, des images rétiniennes d'égale grandeur correspondent aux objets, qui nous apparaissent sous un angle visuel égal. Néanmoins, d'après les données de l'expérience, nous ne regardons nullement, comme d'égale grandeur, tous les objets ayant un angle visuel égal. Parmi divers objets d'un angle visuel égal, le plus grand nous semble celui que nous reportons à une distance plus considérable. Si, par exemple, la même image rétinienne $\alpha \beta$ (fig. 126) est reportée d'abord en $a' b'$, ensuite en $a'' b''$: dans le premier cas, elle semble plus petite, et, dans le second, plus grande, que l'objet réel $a b$. Donc, outre l'angle visuel, la représentation de grandeur suppose la représentation auxiliaire de *distance* de l'objet. Pour obtenir cette dernière, l'œil de l'observateur dispose d'un moyen très-incertain, de l'*accommodation*. Quand nous accommodons successivement l'œil à des objets diversement éloignés, nous pouvons distinguer en quelque sorte l'objet rapproché d'avec l'objet éloigné. Premièrement, nous ne disposons de cette ressource, que dans les limites de l'accommodation ; et deuxièmement, cet expédient est très-défectueux, puisque l'œil, qui en est réduit à faire usage de l'accommodation, perçoit plus imparfaitement les différences de distances, que l'organe visuel qui fonctionne sans ce moyen restrictif (1).

La surface, où l'œil au repos rapporte, dans la direction des lignes de visée, tous les points simultanément visibles, sera le *champ visuel de l'œil au repos*. Dans ce champ, la distance, qui sépare les points les uns des autres, est mesurée par l'angle visuel. L'éloignement, où s'étend la ligne de visée isolée, restant indéterminé, ce champ visuel est en soi une surface de forme indistincte, dont les côtés seulement sont nettement limités, à cause de la sensibilité décroissante de la

1. Pour découvrir l'influence de l'accommodation sur la représentation de l'éloignement, j'ai mis, à des distances différentes, sur un fond uniformément blanc, un fil noir, que regardait mon œil appliqué contre un tube noirci à l'intérieur. (*Beiträge zur Theorie der Sinneswahrnehmung*, p. 105.) Voici les chiffres obtenus dans une série de ces expériences :

Éloignement	Limite du discernement	
	pour le rapprochement,	pour l'éloignement.
250 c. m.	12	12
220 —	10	12
200 —	8	12
180 —	8	12
100 —	8	11
80 —	5	7
50 —	4,5	6,5
40 —	4,5	4,5

L'œil, servant à l'examen, avait un pouvoir d'accommodation limité : son point éloigné était situé à 250 c. m. ; son point rapproché, à 40 c. m.

rétine. D'après les mensurations de Foerster et Landolt, ces limites, calculées à partir de la ligne de visée principale, qui unit la tache jaune au centre de la pupille, sont :

en dehors   70—85°)   en haut 45—55°)
                      130—135°   110—120°
en dedans   60—50°)   en bas   65°)

Le lieu, où s'effectue la vision la plus nette, n'est donc pas absolument au milieu du champ visuel, mais en dedans et en haut de ce milieu ; la tache aveugle, au contraire, en occupe presque le centre. Si, grâce aux rotations de la tête, on supprime les obstacles ou empêchements occasionnés par les os de la face, l'étendue du champ visuel devient beaucoup plus considérable. Dans ce cas, Landolt a trouvé :

en dehors   85°)   en haut 73°)
                    160°   151° (1).
en dedans   75°)   en bas   78°)

Bien que toutes les qualités, déjà mentionnées, de l'œil au repos, soient positivement des conditions essentielles de la représentation visuelle, néanmoins, prises en elles-mêmes, elles ne peuvent suffire à la produire. Ni la position de l'image optique sur la rétine, ni la direction des lignes de visée, que nous obtenons dans le champ visuel, d'après la liaison des points qui se recouvrent, ne sont des facteurs capables de la faire naître. Or, l'image rétinienne *sentie* (si nous donnons ce nom à la mosaïque des sensations lumineuses, qui provient de l'excitation des divers éléments rétiniens irritables) est absolument différente de cette image de l'objet, que notre représentation dessine dans l'espace extérieur. Cette dernière représentation remplit les lacunes de l'image sentie et néglige, en grande partie, les imperfections de cette image dans les parties périphériques. L'angle visuel est seulement *un* élément de la représentation de grandeur extensive, qui, pris en soi, reste sans effet. Tout cela démontre, que notre représentation a besoin d'autres moyens ou auxiliaires, qui nous sont principalement donnés par le *mouvement* de l'œil.

2. — Mouvements de l'œil.

Les mouvements de l'œil sont généralement des rotations autour d'un point fixe, situé dans l'orbite. Des déplacements de l'œil, que rendent difficiles la couche graisseuse de la cavité orbitaire, le tissu

1. Snellen et Landolt, *loc. cit.* p. 58.

conjonctif et d'autres tissus de compression difficile, peuvent exceptionnellement se produire ; aussi, les passerons-nous sous silence dans cette étude des mouvements normaux. D'après les mensurations de Donders, le *point de rotation de l'œil* est à 13ᵐᵐ 54 derrière le sommet de la cornée, par conséquent environ à 1ᵐᵐ 29 derrière le milieu de l'axe optique de l'œil, qui du sommet de la cornée passe par le point nodal (1). Les rotations, exécutées autour de ce point, sont l'œuvre de *six* muscles, dont deux, agissant comme antagonistes, forment une *paire musculaire*. Ces trois paires de muscles, que l'on distingue de cette manière, sont : les *droits externe et interne*, les *droits supérieur et inférieur*, et les *obliques supérieur et inférieur*. Constituée par les muscles droits externe et interne (*r e, r i t* fig. 127), la première paire musculaire se trouve presque dans le plan horizontal, qui traverse le point de rotation de l'œil (2). Ces deux muscles

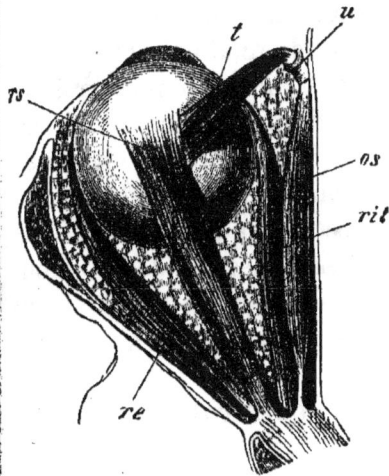

FIG 127. Les muscles de l'œil gauche de l'homme, vus d'en haut. *r s* Droit supérieur. *r e* Droit externe. *r i t* Droit interne. *o s* Oblique supérieur ; *t* tendon de ce muscle. *u* Poulie cartilagineuse, située contre la paroi interne de la cavité orbitaire, et où s'enroule le tendon de l'oblique supérieur.

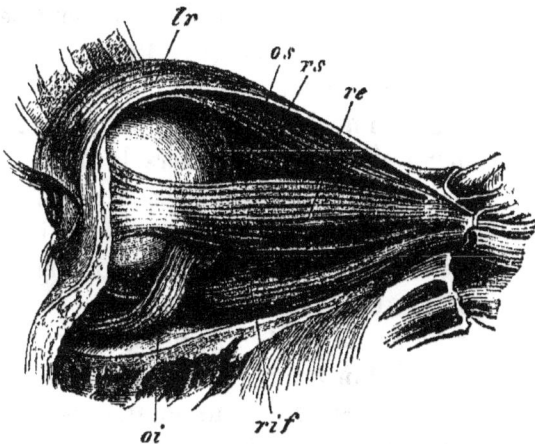

FIG. 128. Les muscles de l'œil gauche de l'homme, vus du dehors. *l r* Élévateur de la paupière supérieure ; il recouvre le droit supérieur. *rs, re, os*, comme dans la fig. précédente. *rif* Droit inférieur. *oi* Oblique inférieur.

1. Donders, *Anomalieen der Refraction und Accommodation.* Vienne 1866, p. 156. — Weiss, *Archiv f. Ophthalm.* XXI, p. 132

2. Dans la position parfaitement horizontale de la tête, les points d'origine des deux muscles sont, d'ailleurs, un peu plus élevés, que les points d'insertion : par exemple de 0ᵐᵐ,6, d'après les mensurations de Volkmann. Il suit de là, que le plan musculaire est, avec son extrémité antérieure, un peu incliné *au-dessous* du plan horizontal.

présentent une symétrie exacte de position et, par conséquent, d'action. L'axe, autour duquel ces mêmes muscles opéreraient, seuls, la rotation de l'œil, est perpendiculaire, dans le point de rotation, au plan musculaire approximativement horizontal. Autour de cet axe, le droit externe tourne le globe oculaire en dehors, l'interne en dedans ; dans ce cas, le méridien horizontal, qui traverse la rétine et que, par abréviation, nous appellerons *horizon rétinien*, parce qu'il est encore très-souvent utilisé pour fixer l'orientation de l'œil, maintient sa direction horizontale. Les muscles droits supérieur et inférieur (*r s*, *r i f* fig. 128), qui constituent la deuxième paire musculaire, sont également situés, à peu de chose près, dans *un* plan ; par conséquent, ils sont de nouveau approximativement symétriques ; mais ce plan a une position oblique, car l'insertion des muscles sur le globe oculaire est placée beaucoup plus en dehors, que leur origine au bord du trou du nerf optique (*r s* fig. 127). Aussi, leur axe de rotation ne coïncide-t-il pas avec la ligne horizontale traversant le point de rotation, mais il s'en écarte d'environ 30° (fig. 129). C'est pourquoi, quand le muscle droit supérieur tourne l'œil en haut, et le muscle droit inférieur cet organe en bas, l'horizon rétinien *ne* conserve *pas* sa position : celui-ci se tourne simultanément vers le plan horizontal, de façon que, dans le premier cas, il s'élève, avec sa moitié dirigée vers la tempe, au-dessus de l'horizon, et dans le second cas, il s'abaisse au-dessous de l'horizon. Une rotation de ce genre, où la ligne visuelle (*g g'* fig. 129) apparaît comme un axe fixe, permanent, s'appelle le *roulement* ou la *rotation radiaire* de l'œil; l'angle, que forme alors l'horizon rétinien avec sa position horizontale primitive, est l'*angle de roulement* ou *de rotation radiaire*. Si donc nous supposons les muscles droits supérieur et inférieur seuls en activité, l'élévation et l'abaissement du globe oculaire, qu'ils effectuent, seraient toujours simultanément associés à un roulement de ce même organe. Enfin, la position des deux muscles obliques (*o s*, *o i*) est des plus différentes. Leur axe de rotation fait presque un angle de 52° avec la ligne horizontale passant par le point de rotation. Il s'écarte davantage de cette ligne, que de la ligne visuelle dirigée justement en avant, avec laquelle il forme un angle d'environ 38° (fig. 129). Voici ce qui distingue encore ces deux muscles : ce point d'origine du muscle oblique supérieur, dont l'action est seule ici étudiée, à savoir l'endroit, où il glisse dans sa poulie (*u* fig. 127), est situé en avant du point d'insertion de son tendon sur le globe oculaire ; de même, le muscle oblique inférieur prend naissance en un point antérieur du plancher de la cavité orbitaire (o i fig 128). Par conséquent, le rapport des points d'origine et d'insertion des deux muscles obliques est exactement l'inverse de celui des muscles droits. C'est pourquoi, les obliques se comportent, quant à l'élévation et à l'abaissement du globe oculaire, d'une façon opposée aux muscles droits, qui sont conformément situés : l'oblique supérieur *abaisse* l'œil et l'oblique inférieur l'élève. Et, simultanément, l'oblique supérieur tourne l'horizon rétinien dans le même sens, que le fait le droit supérieur, et l'oblique inférieur, de la même manière que le droit inférieur. Esquissons donc brièvement le rapport des muscles obliques avec les droits supérieur et inférieur. L'oblique supérieur aide le droit inférieur à abaisser la ligne visuelle, mais il a une action contraire à celle de ce dernie muscle, relativement au roulement de l'œil autour de la ligne visuelle ; l'oblique inférieur aide le droit supérieur à élever l'œil, mais il exerce une action opposée à celle de ce dernier muscle, quant au roulement. Ces rapports se dévoilent très-simplement, si, sur une section horizontale du globe oculaire et passant par le point de rotation *m* (fig. 129), on dessine les axes de rotation des deux paires musculaires, qui opèrent l'élévation et l'abaissement. L'axe de rotation des droits externe et interne doit être une ligne

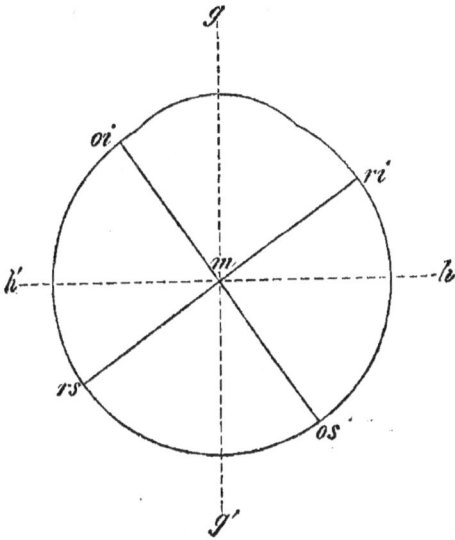

FIG. 129.

imaginaire qui, au point de rotation, est perpendiculaire au plan du papier. On supposera, que les deux autres axes de rotation sont complètement dans le plan horizontal, car ils ne s'en écartent réellement, que de quelques degrés d'angle (1). Si cette moitié de chaque axe de rotation, relativement à laquelle, lors de la contraction d'un muscle

1. Dressé d'après les mensurations de Volkmann, le tableau suivant, où les points d'origine et d'insertion des muscles sont déterminés par un système de coordonnées rectangulaires, qui se croisent au point de rotation, indique avec plus de précision les rapports de position des six muscles oculaires. (*Sitzungsber.*

déterminé, la rotation a lieu dans le sens d'une aiguille de montre, est appelée le *demi-axe* du muscle correspondant, *m r s* est le *demi-axe* du droit supérieur, *m r i* du droit inférieur, *m o s* de l'oblique supérieur, *m o i* de l'oblique inférieur. Le demi-axe du droit interne se trouve au-dessus du plan du papier ; celui du droit externe, au-dessous. La fig. 130 représente le changement de position, que prend isolément chaque muscle par la rotation autour de son demi-axe. Si, par supposition, l'œil gauche est posé en face du plan du papier, de manière à fixer le point central de la figure, et si la distance du point de rotation à ce centre a une longueur égale à celle de la ligne *d d*, les lignes, qui se croisent dans ce point central, décriront les voies, dans lesquelles chaque muscle doit mouvoir la ligne visuelle, quand il effectue une rotation de 10° à 50° autour de son demi-axe. Le trait plus accusé, placé à l'extrémité de chaque voie, indique en même temps la position, que prend l'horizon rétinien par suite de la rotation. Il résulte naturellement de cette description, que l'action d'un seul muscle, du droit externe ou du droit interne, suffit pour mouvoir, à partir d'une position primaire, l'œil en dehors ou en dedans (1). Il n'en est plus de même pour les mouve-

der sächs. Ges. der Wiss. 1869, p. 52.) L'axe *x* est horizontal, l'axe *z* vertical et l'axe *y* coïncide avec la ligne visuelle : la direction des *x* positifs va en dehors ; celle des *y* positifs, en arrière ; celle des *z* positifs, en haut; les chiffres marquent les millimètres.

Muscles	Origines			Insertions		
	x	*y*	*z*	*x*	*y*	*z*
Droit supérieur . .	—16	31,76	3,6	0,0	—7,63	10,48
Droit inférieur . .	—16	31,76	—2,4	0,0	—8,02	—10,24
Droit externe . .	—13	34,0	0,6	10,08	—6,50	0,0
Droit interne. . .	—17	30,0	0,6	—9,65	—8,84	0,0
Oblique supérieur .	—15,27	—8,24	12,25	2,90	4,41	11,05
Oblique inférieur .	—11,10	—11,34	—15,46	8,71	7,18	0,0

Nous donnerons aussi, toujours d'après Volkmann, les valeurs concernant la longueur et la section transversale des divers muscles oculaires; car, pour apprécier le travail de ces muscles, ces valeurs ont de l'importance. Les longueurs, directement mesurées, sont exprimées en millim.; les sections transversales, calculées en divisant le volume par la longueur, sont en millim. carrés (*loc. cit.* p. 57).

	Droit sup.	Droit inf.	Droit ext.	Droit int.	Oblique sup.	Oblique inf.
Longueur	41,8	40,0	40,6	40,8	32,2	34,5
Section transversale	11,34	15,85	16,73	17,39	8,36	7,89

1. Par suite du changement de position, ainsi produit, du globe oculaire, les points d'insertion des autres muscles éprouvent des déplacements, ces muscles doivent relativement se raccourcir ou s'allonger ; c'est pourquoi, lors de l'exécution des mouvements déjà désignés, toujours d'autres muscles se contracteront encore, à part le muscle principal. Quant aux phénomènes de l'orientation réti-

ments en haut et en bas. Un muscle seul ne peut, évidemment, élever le globe oculaire en droite ligne ou l'abaisser en droite ligne. Mais, l'action combinée de deux muscles, opérant d'une façon correspondante, est capable de réaliser ces mouvements. Le droit supérieur et l'oblique inférieur (puisque les arcs, où ils font mouvoir la ligne visuelle, cheminent dans une direction opposée), pourront, si les forces

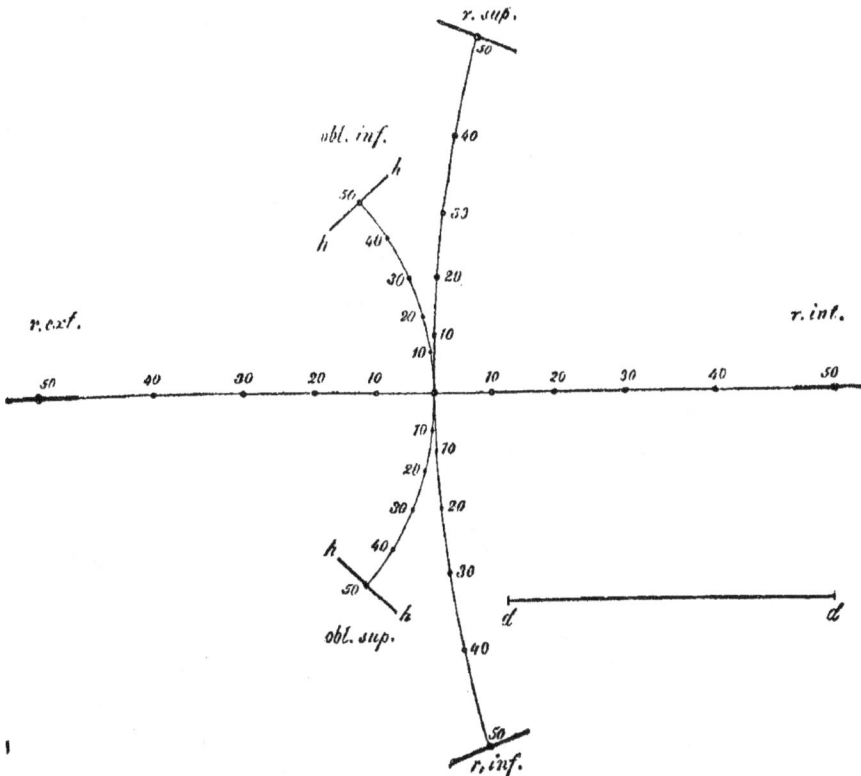

Fig. 130.

musculaires sont convenablement compensées, engendrer une voie rectiligne ; pour l'abaissement de l'œil, le droit inférieur et l'oblique supérieur agiront de même. Simultanément, les rotations de l'horizon rétinien se compenseront entièrement ou partiellement, de façon que l'œil puisse, d'une manière analogue comme pour les mouvements en

nienne, qui se manifestent à cette occasion, consulter Schneller, *Archiv f. Ophth.* XXI, 3ᵉ fasc. p. 133. Ici, on est autorisé à faire abstraction de ces déviations, car elles n'ont qu'une influence très-minime sur les perceptions visuelles. .

dehors et en dedans, conserver son orientation primitive. Si la ligne
visuelle se meut dans une direction oblique, par exemple en quittant
la position du début, pour se porter en dedans et en haut, on suppose,
qu'une rotation de ce genre se compose, à chaque moment, d'un mouvement en dedans et d'un mouvement en haut. Par conséquent, ici,
deux muscles n'entrent pas en action, mais bien *trois*, à savoir le droit
interne, qui tourne le globe oculaire en dedans, le droit supérieur et
l'oblique inférieur, qui l'élèvent. Pour les rotations en dehors et en
haut, le droit externe se comporte d'une manière analogue avec les
deux muscles déjà mentionnés ; et, pour les mouvements tendant à la
direction oblique en dehors, le droit inférieur et l'oblique supérieur
agissent de concert avec les droits externe et interne.

Comment les forces des divers muscles oculaires coopèrent-elles à
tous ces mouvements de l'œil ? Cette question se résout très-simplement, en recherchant la position respective de l'horizon rétinien. Si
par exemple on trouve que, lors de la rotation en haut et en bas,
l'horizon rétinien ne subit aucune rotation, il faudra conclure de là,
que les muscles droits et obliques se compensent réellement. Voici la
méthode la plus directe, pour étudier les changements de direction
possibles de l'horizon rétinien. On fixe longtemps une ligne horizontale colorée, afin d'engendrer une image consécutive complémentaire,
qui est projetée sur un mur plan ; et les changements de direction de
cette image, qui se produisent lors du mouvement de l'œil, nous
révèlent immédiatement les changements de direction de l'horizon
rétinien. En pratiquant cette expérience, on s'aperçoit, qu'il y a une
première position, à partir de laquelle l'image consécutive, primitivement horizontale, reste horizontale non-seulement quand le mouvement a lieu en dedans et en dehors, mais même en haut et en bas. La
position, qui se distingue de cette manière et est appelée *position primaire*, correspond, pour la plupart des yeux, à une situation de la
ligne visuelle, où celle-ci s'incline un peu *au-dessous* du plan horizontal. Cela tient, probablement, à ce que le plan des muscles droits externe et interne n'est pas exactement horizontal (1). Il semble donc,
que l'horizon rétinien et, par conséquent, l'œil tout entier, conservent,
lors de la rotation en dedans et en dehors, leur orientation, c'est-à-
dire ne subissent aucun roulement, quand la ligne visuelle se meut
approximativement dans le plan musculaire des droits externe et

1. Page 81, note 2.

interne. En effet, ces rotations se font très-simplement, attendu qu'elles peuvent être uniquement produites par l'action de ces deux muscles déjà mentionnés, sans participation notable d'autres muscles. Puisque, lors du mouvement en haut et en bas, l'œil reste également orienté, dans ce cas les effets des muscles droits supérieur et inférieur, comme des obliques, doivent être dans un rapport tel, que les rotations opposées de l'horizon rétinien, qui sont occasionnées par deux muscles coopérateurs, se compensent exactement. Si le mouvement est d'égale grandeur, d'après la fig. 130 les muscles obliques engendreront une plus forte rotation radiaire, que les deux muscles droits, qui leur sont associés. Pour que cette compensation ait lieu, le muscle droit, en présence d'une élévation et d'un abaissement donnés, doit donc agir avec plus de force, que le muscle oblique, son associé. Ceci concorde avec ce fait, que les obliques sont des muscles beaucoup plus faibles, que les muscles droits, de façon que si on ajoute un degré égal d'innervation à un muscle droit et à un muscle oblique, leurs effets se compenseront justement d'eux-mêmes. D'après ces observations, probablement, dans les élévations et abaissements de l'œil, comme dans les mouvements de latéralité de cet organe, le même principe trouve son application. Voici la formule de ce principe : *chaque mouvement suppose l'innervation la plus simple possible.* Mais on pourrait se demander, pourquoi, si ce principe est suivi pour la distribution ou arrangement des muscles oculaires, l'élévation et l'abaissement ne s'effectuent pas simplement, à l'égal du mouvement de latéralité, par deux muscles droits placés dans une position exactement symétrique. Évidemment, la grande complication, qu'engendre l'adjonction des obliques, comme muscles auxiliaires, se rattache étroitement à certaines exigences de la vision. Tandis que les points d'insertion des muscles sur le globe oculaire se meuvent avec ce dernier, leurs points d'origine restent fixes dans la cavité orbitaire ; par conséquent, dans toutes les rotations de l'œil, les axes de l'effet musculaire n'éprouvent toujours, que des modifications relativement faibles. D'après cela, lors de la rotation en dedans, l'axe horizontal $h\,h'$ (fig. 129) s'approche de l'axe des obliques ; mais la ligne de regard $g\,g'$, l'axe de rotation radiaire, s'en éloigne; et, au contraire, avec la rotation en dehors, $h\,h'$ s'éloigne de l'axe des obliques, mais $g\,g'$ s'en approche. L'effet des muscles droits a une conduite inverse : l'axe $h\,h'$ s'approche de $rs\,ri$, $g\,g'$ s'en éloigne avec la rotation en dehors, puisque, avec la rotation en dedans, $h\,h'$ s'éloigne et $g\,g'$ se rapproche. Ce rapport a de nouveau l'importance d'un mécanisme de compensation : dès que le moment de rotation des muscles droits augmente, le moment correspondant des obliques diminue, et réciproquement. Alors, par suite de la position des axes *rs ri* et *os oi*, les mouvements d'adduction sont favorisés. Comme le moment de roulement des muscles droits autour de l'axe *g g'* n'est jamais assez important, pour qu'il ne soit pas toujours encore facilement compensé par l'effet opposé des muscles obliques, constamment, dans les positions de la ligne de regard en dedans, une partie relativement considérable de tous les moments de rotation des deux paires musculaires est employée à la rotation utile autour de l'axe *h h'*, et une partie relativement plus petite est consacrée à la compensation antagoniste des roulements nuisibles autour de la ligne visuelle ; en d'autres termes, les mouvements de convergence se produiront avec l'effort musculaire, relativement le plus faible. Et, à la rigueur, les demi-axes des deux muscles obliques ne tombent pas absolument sur *une* droite ; mais le demi-axe de l'oblique supérieur s'écarte davantage de la ligne de regard (5 — 6° en plus), que ne le fait celui de l'oblique inférieur ; en revanche, l'axe de ce dernier est un peu incliné au-dessous du plan horizontal. Donc, quand la ligne de regard est tournée en dedans, l'oblique supérieur développe un moment de rotation, relativement énergique, autour de l'axe *h h'* ; tandis que toujours l'oblique inférieur exerce simultanément un faible moment de rotation en dehors, autour de l'axe vertical qui, au point *m*, est perpendiculaire au plan horizontal. D'après cela, si le plan de regard a une position inclinée, les rotations en dedans seront favorisées ; mais ce seront, au contraire, les rotations en dehors, si le plan de regard est relevé (1). Nous verrons ultérieurement, que ces conditions mécaniques, résultant de l'arrangement des muscles oculaires, jouent un grand rôle dans l'exercice de la vision binoculaire.

Si, à partir de la position primaire, l'œil n'est pas simplement élevé ou abaissé, mais mû dans une direction *oblique*, on peut, pour étudier l'orientation de l'œil survenant dans la deuxième position, utiliser une image consécutive, qui est orientée, avec la direction de mouvement prise par la ligne visuelle, de la même manière que l'image consécutive horizontale ou verticale, dans les expériences précédentes. Cette image consécutive a la même direction, que la voie suivie par la ligne visuelle, ou bien elle est perpendiculaire à cette voie. L'expé-

---

1. Voir mon *Lehrbuch der Physiologie*, 4° édit. p. 682.

rience donne ici les mêmes résultats, qu'auparavant : et, quand le mouvement est oblique, l'image consécutive, qui sert de signe caractéristique, conserve sa direction ; donc, si l'œil se tourne, à partir de la position primaire, il ne modifie pas son orientation primitive, n'importe la direction, qu'ait suivie la rotation pour s'effectuer. De ce principe découle cette conséquence mécanique : tous les mouvements, à partir de la position primaire, s'exécutent autour d'axes fixes ; au point de rotation, chacun de ces axes est perpendiculaire au plan, que décrit la ligne visuelle, lors de la rotation ; et ces axes se trouvent totalement dans un plan unique qui, au point de rotation, est perpendiculaire à la position primaire de la ligne visuelle. Ce principe des rotations a été appelé, à cause du nom de son auteur, *loi de Listing* (1).

Pour opérer la vérification générale de cette loi, le meilleur moyen est de procéder de la façon suivante. Un grand carton, divisé en carrés égaux par des lignes verticales et horizontales, est fixé à un mur éloigné, et il peut tourner autour de son centre, avec un frottement suffisant, de manière à conserver chaque fois la position, que la rotation lui a imprimée. Le centre du carton est occupé par une croix rectangulaire de papier coloré. En face et à une très-grande distance du carton, l'observateur se tient la tête droite, afin que les lignes visuelles, dirigées en avant et (conformément à la position primaire) un peu inclinées en bas, fixent le centre de la croix colorée. Après un certain temps, nécessaire pour laisser apparaître une image consécutive complémentaire colorée, l'observateur remue l'œil en dedans et en dehors, et ensuite, à partir de nouveau du point de fixation, en haut et en bas.

1. Listing lui-même (Ruete, *Lehrb. d. Ophthalmologie*, 2ᵉ édit. p. 37) ne donne son principe, que comme une présomption. La position primaire a été découverte par Meissner (*Beiträge zur Physiologie des Sehorganes*. Leipzig 1854. *Archiv f. Ophth.* II, p. 1) ; et la démonstration générale du principe appartient à Helmholtz (*Archiv f. Ophth.* IX, p. 153. *Physiol. Optik* p. 487). Sous le rapport mécanique, ce principe n'a qu'une valeur approximative, car il accuse des divergences très-considérables, surtout dans les positions extrêmes de l'œil. Et d'ailleurs, comme je l'ai moi-même observé, la plupart du temps le mouvement réel de l'œil ne semble pas s'exécuter autour d'axes, parfaitement fixes. Ainsi, après avoir considéré un moment, dans l'obscurité, un point lumineux, engendrez une image consécutive positive : vous remarquerez, que généralement et seulement, lors de l'élévation et de l'abaissement de l'œil et du mouvement de latéralité de cet organe, cette image parcourt, dans le champ visuel obscur, des lignes approximativement droites et décrit des voies courbes, lors de la production de tous les mouvements obliques, ceux-ci auraient-ils lieu à partir de la position primaire. Néanmoins, puisque les positions extrêmes du globe oculaire, soit ses mouvements rapides, sont peu pris en considération à propos des perceptions visuelles, nous pouvons, ici, regarder la loi de Listing, comme complètement satisfaisante.

Dans les deux cas, les branches de l'image consécutive sont couvertes
par les lignes verticales et horizontales du carton. Pour vérifier la loi,
relativement aux mouvements obliques de la ligne visuelle, on tourne
d'abord le carton, jusqu'à ce que les lignes verticales ou horizontales
arrivent dans cette direction, où l'on veut mouvoir la ligne visuelle.
La croix a été alors convenablement tournée dans son milieu: son
image consécutive, si on fait mouvoir la ligne visuelle le long des
lignes tracées, conserve de nouveau sa direction.

Si, dans cette expérience, on laisse le carton immobile et si on

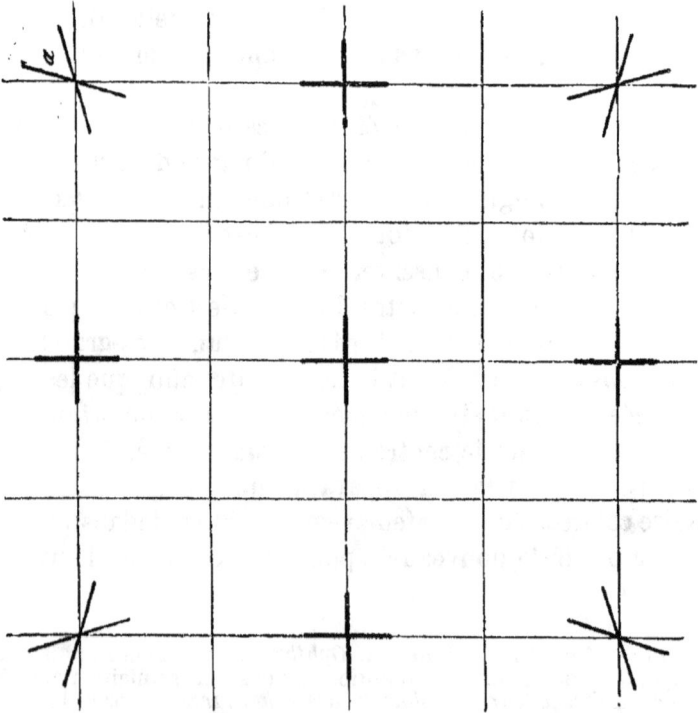

Fig. 131.

permet à la ligne visuelle de suivre la marche de l'image consécutive,
qui se maintient droite, les deux branches de l'image offrent, dans les
positions obliques, une situation oblique. Par exemple, lors du mouvement à droite en haut, l'image consécutive a affecté la position a:
pour les autres directions de mouvement, elle présente les déplacements décrits fig. 131. Ces déplacements ne proviennent pas d'un roulement de l'œil, mais de la projection perspective de l'image rétinienne sur le mur plan ; de même que déjà cette circonstance autorise

à présumer, que la branche verticale et la branche horizontale de la croix apparaissent tournées dans le sens opposé. Évidemment, quand l'œil passe d'une première à une deuxième position, alors seulement une image rétinienne de forme invariable sera transférée de nouveau de la même manière au dehors, si le plan, sur lequel elle est projetée, garde sa position par rapport à l'œil. Si donc, la ligne visuelle, quittant la position droite *a b* (fig. 132), où le plan du mur AB lui est à peu près perpendiculaire, prend une position oblique *ac*, l'image consécutive devra, de nouveau, être projetée sur un plan A′B′ perpendiculaire à la ligne visuelle, pour que la branche verticale αβ de la

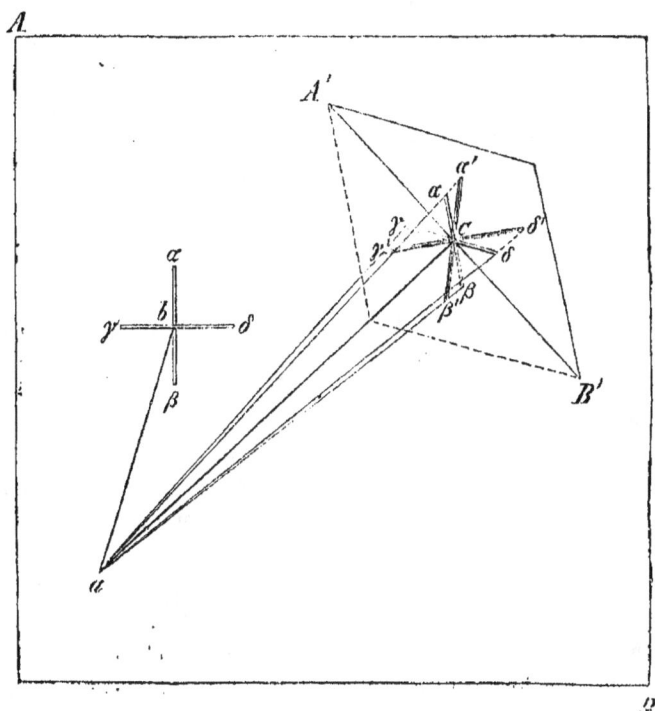

Fig. 132.

croix apparaisse verticale et la branche horizontale γδ, horizontale. Or, nous transférons l'image rétinienne non sur le plan A′B′, mais sur le plan AB, qui est resté invariable. Pour trouver la forme, qui, rapportée à ce plan, est affectée par l'image rétinienne, transférée au dehors, nous tirerons de chacun des points isolés de cette image une ligne de visée : le point, où cette ligne rencontre le mur AB, correspond au point de l'image rapportée au plan AB. De cette manière, à partir de a (fig. 132), où la pensée place le centre de la pupille de l'observateur, les quatre lignes de visée ax' $a\beta'$, $a\gamma'$, et $a\delta'$, correspondant aux points limitatifs de la croix, sont tirées. La figure, circonscrite par ces lignes, est la croix à branches obliques $\alpha'\beta'\gamma'\delta'$, qui correspond absolument à la croix a de la fig. 131. Une construction analogue donne les autres rotations de l'image consécutive, effectuées dans la fig. 131. Ajoutons incidemment que, d'après l'examen de ces observations, l'image rétinienne n'engendre pas toujours des représentations visuelles, qui concordent avec sa forme propre. Dans les expériences décrites, l'image consécutive existant sur notre rétine est véritablement une croix rectangulaire; néanmoins, nous ne la voyons pas toujours rectangulaire ; sa forme dépend absolument de la représentation que nous possédons, touchant la situation occupée dans l'espace extérieur par le plan, sur lequel l'image est projetée (1). Ultérieurement, nous étudierons de nouveau l'aspect, que nous présente ce phénomène.

Quand l'œil se meut, non à partir de la position primaire, mais de toute autre position, nommée *secondaire*, généralement il ne conserve pas son orientation constante : une image consécutive, horizontale ou verticale, offre une véritable inclinaison vers sa direction primitive, inclinaison qui tient à ce que, quand la ligne visuelle est passée d'une première à une deuxième position, l'œil tout entier a éprouvé simultanément un roulement autour de la ligne visuelle. Il est facile de se convaincre de ce fait, si dans l'expérience précédente on fléchit, pour engendrer l'image consécutive, la tête en avant ou en arrière, de façon que la ligne visuelle ne se trouve pas dans la position primaire, mais que le mur soit, comme auparavant, à peu près perpendiculaire à la ligne visuelle. Si on suit du regard les lignes tracées sur le carton, l'image consécutive présente des rotations vers ces lignes, rotations qui, pour la branche verticale et horizontale de la croix, sont de grandeur et de direction égales et non inégales, comme lorsque les déplacements proviennent de la projection. Les rotations radiaires, produites de cette manière, sont d'ailleurs très-petites, tant que l'œil ne prend pas des positions extrêmes, qui ne se manifestent

1. Il ne s'agit pas, ici, de la position *réelle* d'un plan de ce genre, mais de celle que nous lui assignons dans notre représentation ; aussi, c'est simplement et uniquement grâce à notre représentation, que nous savons quelque chose de sa position réelle. L'expérimentation peut fournir la preuve de la vérité de cette assertion, si on met sur le plan de projection un dessin perspectif, qui éveille une fausse représentation de sa position. On fait alors la projection, conformément à cette fausse représentation. Voir, dans les *Physiologische Untersuchungen im Gebiete der Optik*, de Volkmann, Leipzig 1863, t. I, p. 156, une expérience, qui a trait à cette question.

guère normalement, lorsque toutes les rotations d'une grande étendue sont
favorisées par la tête. D'après leur grandeur, elles confirment la supposition
suivante : même les rotations, à partir des positions secondaires, ont
lieu autour d'axes, qui sont situés dans le plan de l'axe auparavant désigné, en d'autres termes, dans ce plan qui, au point de rotation, est
perpendiculaire à la position primaire de la ligne visuelle (1). Il est absolument évident, que si tous les axes de rotation se trouvent dans ce plan, lors
des mouvements effectués dès les positions secondaires, des roulements devront
s'exécuter autour de la ligne visuelle, parce que, justement dans cette circonstance, l'axe de rotation ne peut être perpendiculaire au plan, dans lequel se
meut la ligne visuelle; il n'y a d'exception, que pour un seul cas, à savoir
quand le plan de rotation appartient aux cercles méridiens passant par la position primaire, ou, en d'autres termes, quand la ligne visuelle opère un mouvement de ce genre, qui, par la pensée, émanerait, si l'axe de rotation est
invariable, de la position primaire ou s'y continuerait. Les troubles visuels,
auxquels il faut s'attendre par suite des véritables rotations radiaires, sont di-
minués, puisque les mouvements de la tête épargnent à l'œil des rotations plus
étendues. Cette participation de la tête au mouvement du regard varie, d'ailleurs, selon les diverses directions : elle est extrêmement faible, quand les
mouvements en bas sont spécialement exercés par l'œil (2). Les déviations très-
considérables, en désaccord avec la loi de Listing et observées, si les mouvements de l'œil sont étendus, jouent, probablement, un rôle compensateur analogue. Parmi ces déviations, nous signalerons surtout celles qui ont lieu avec
les mouvements de convergence énergique. Elles consistent en ce que, avec
l'accroissement de l'angle de convergence le méridien vertical est tourné
davantage en dehors, relativement moins en dedans, qu'il ne conviendrait
d'après la loi de Listing. Cette déviation augmente avec l'abaissement du plan
de regard. Ceci, comme nous le constaterons plus loin, concorde directement
avec les conditions de la perception, qui se manifestent pour la vision rapprochée (3).

La loi de rotation autour d'axes constants, situés dans *un* plan,
implique immédiatement cet autre principe : l'orientation de l'œil,
pour chaque position de la ligne visuelle, est une orientation constante, qui reparaît, quel que soit le chemin pris par la ligne visuelle,
pour arriver à cette position. Afin de se convaincre de la justesse de ce
principe, nommé *loi de l'orientation constante* (4), on peut employer

1. Helmholtz, *Physiol. Optik*, p. 467 ; *Archiv f. Ophth.* IX, 2e fasc. p. 206.
2. Ritzmann, *Archiv f. Ophth.* XXI, p. 131.
3. Donders, in *Archiv* de Pflüger, t. XIII, p. 392.
4. Sans connaître la loi de Listing, déjà Donders avait trouvé le même résultat.
(*Holländische Beiträge zu den anat. u. physiol. Wissensch.* 1847, t. I, p. 104, 384.)

la même méthode, qui sert à vérifier la loi de Listing (p. 89). L'image
consécutive de la croix, que l'on a engendrée dans la position primaire
ou dans toute autre position du début, montre, lors d'un changement
déterminé de position de la ligne visuelle, toujours le même rapport
de situation avec les lignes d'orientation du mur, n'importe la manière, dont l'œil est passé de la première à la deuxième position. Ce
principe présente cependant de petites exceptions ; car, selon la démonstration expérimentale d'Hering, l'orientation de chaque œil dépend
non seulement de la position de sa propre ligne visuelle, mais encore,
à un certain degré, de celle de l'autre œil. Si la ligne visuelle d'un œil
reste fixe, tandis que celle de l'autre se tourne en dedans ou en dehors,
de manière que le point commun de fixation s'avance ou s'éloigne davantage, alors l'œil au repos éprouve de petits roulements, qui s'opèrent
dans le même sens, que ceux de l'œil en mouvement (1).

D'après les présomptions, suggérées par l'analyse de ses effets musculaires, les mouvements de l'œil sont principalement déterminés par
la répartition des forces musculaires (p. 81 et suiv.). Un mouvement
donné s'exécute avec la moindre dépense possible de force, selon que,
dans ce cas, les effets secondaires superflus sont d'autant plus
évités (2). Or, ces derniers se réaliseraient, si l'œil éprouvait des roulements plus énergiques autour de la ligne visuelle. La loi de Listing,
qui les exclut, doit, probablement, à cela son importance mécanique.
Cette cause des mouvements de l'œil se manifeste, d'une façon encore
plus accusée, dans le principe de l'orientation constante. Si l'œil
pouvait également, sans obstacles, passer, de diverses manières,
d'une première position à une seconde, on ne voit pas, pourquoi le mouvement ne devrait pas réellement s'opérer de différente
façon. Quand *une* forme de mouvement est exclusivement choisie,
celle-ci doit être favorisée par les conditions mécaniques. A
cet égard, notre œil ne se comporte pas autrement, que tous les
organes de mouvement. L'exercice et l'habitude joueront certainement ici leur rôle. Nous ne voulons pas contester pour cela, que
les besoins de la vision n'aient trouvé leur expression dans les lois
du mouvement de l'œil ; mais leur influence se manifeste précisément, en ce qu'elle exerce une action déterminante sur les conditions

1. Hering, *Lehre vom binocularen Sehen*, p. 87, 94.
2. Au sujet de ce principe, consulter Ficke, *Zeitschr. f. rat. Med.* Nouvelle série
IV, p. 101 et in *Untersuchungen* de Moleschott, V, p. 193 ; Wundt, *Archiv
f. Ophth.* VIII, p. 1.

mécaniques du mouvement. Les conditions préliminaires mécaniques
ont-elles été les premières en jeu ? ou bien, la priorité revient-elle
aux conditions préliminaires physiologiques ? cette question ne peut
être résolue sur-le-champ, dans un sens ou dans l'autre. Toutefois,
lors du développement de l'individu, les rapports mécaniques sont
les premiers à agir. L'œil du nouveau-né, bien avant que l'organe
visuel commence à fonctionner, est convenablement construit pour
engendrer des images optiques : il possède un mécanisme de mouvement parfaitement développé. Cependant, nous pouvons dire avec plus
de vraisemblance, que la vision s'est formée sous l'influence des lois
mécaniques du mouvement, que si nous affirmions le contraire. Ceci
n'exclut pas sans doute, que dans une évolution générale, qui remonte
très-loin dans les âges, les besoins de la vision ont agi sur l'organisation, comme sur celle de l'œil en général et même de ses organes de
mouvement. Nous reprendrons ultérieurement cette question, quand
nous discuterons les phénomènes, où se révèle l'influence des lois du
mouvement sur les représentations visuelles.

3. — Influence des mouvements oculaires sur la mensuration du champ visuel.

Nous avons déjà remarqué (p. 80), que l'œil au repos n'a aucun
motif, qui lui permette de percevoir son champ visuel, comme étant
une surface de forme déterminée. Néanmoins, ce champ a ordinairement une configuration délimitée : il nous apparaît (s'il n'existe pas de
raisons plus spéciales, qui indiquent une autre ordonnance de ses
points), comme la surface interne d'une coupe sphérique. Les étoiles
nous semblent donc réparties sur une coupe de ce genre, et le ciel lui-
même est, encore aujourd'hui pour notre œil, une voûte sphéroïdale,
ainsi que le croyaient les peuples aux premiers temps de l'humanité.
Cette forme de sphère cesse dans la moitié du champ visuel située au-
dessous de l'horizon, parce qu'ici, grâce au plan du sol et aux objets,
qui s'y trouvent répandus, d'autres conditions, en somme plus variables, nous sont données. Or, la raison toute naturelle de cette intuition est le mouvement de l'œil. Lors de ce mouvement, le point de
fixation décrit continuellement les plus grands cercles, qui appartiennent à la surface d'une sphère creuse. Le point de rotation de l'œil
doit donc être considéré, comme le centre du champ visuel sphé-

roïdal, que nous regardons en l'absence d'autres motifs. L'œil au repos
voyant son champ visuel sous forme de sphère, ceci oblige à admettre,
que les représentations d'espace les plus primitives sont nées sous l'influence du mouvement. L'objection suivante est pourtant permise :
la rétine, en vertu de son énergie immanente, a la faculté de rapporter ses images à un champ visuel, de forme sphéroïdale. Peut-être,
pourrait-on dire, il en est ainsi, parce que la rétine elle-même a une
courbure sphéroïdale ; quoique, assurément, il n'existe pas de raisons,
qui militent en faveur d'une connexion de ce genre. Or, ici une série
d'observations vient trancher la difficulté. D'après ces observations,
généralement l'œil transfère non seulement ses images rétiniennes sur
une surface, située dans l'espace extérieur et correspondant à la forme
de son mouvement, mais encore l'arrangement particulier des points
sur cette surface est absolument déterminé par les lois du mouvement
de l'œil.

Si la surface, sur laquelle le point de fixation ou le point de regard
se promènent en divers sens, lors de leurs mouvements, est appelée le
champ de regard, l'expérience générale, auparavant discutée, pourra
être résumée dans la proposition suivante : *le champ visuel de l'œil en
mouvement, soit celui de l'œil au repos, ont ordinairement la même
forme, que le champ de regard.* Pour découvrir ensuite l'influence
du mouvement sur l'arrangement des points à l'intérieur du champ
visuel, imaginons que les modifications, qui s'accomplissent au-dedans
de l'œil, soient complètement et absolument transférées dans le champ
de regard. La ligne, qui unit le point de regard au point de rotation
de l'œil, se nomme la *ligne de regard* ; elle est très-rapprochée de la
ligne visuelle, du rayon de direction du point de regard, comme de
la ligne de visée principale (p. 71) ; aussi, est-on autorisé à la considérer, comme coïncidant avec ces deux lignes. Chaque mouvement de
la ligne de regard correspondra généralement à une courbe décrite par
le point de regard. Nous nommons *point de regard principal* ce point
de regard, qui appartient à la position primaire de la ligne visuelle. A
partir de la position primaire, toutes les relations se produisent, de
façon que le point de regard décrit les plus grands cercles, qui se
coupent au point de regard principal. Si, par la pensée, le champ de
regard est une sphère complète, ces cercles, que l'on peut appeler les
cercles méridiens du champ de regard, se coupent encore en un second
point de la surface sphérique, au *point occipital*, placé à l'opposé du
point de regard principal. Par conséquent, le point de regard principal

et le point occipital sont les points extrêmes, opposés, d'un diamètre.
La fig. 133 nous montre, par une coupe perspective, cette division du
champ de regard. *A* est l'œil; *H* le point de regard principal; *O* le
point occipital; la ligne *HO* se trouve, conformément à la position primaire, un peu au-dessous du plan horizontal; par *H* et *O* passent les
cercles méridiens (1). Si, ces derniers, à partir du point de rotation,
ce centre du champ de regard sphéroïdal, sont projetés sur un plan, qui
est perpendiculaire à la position primaire de la ligne visuelle, ils représentent ici des lignes droites, qui se coupent au point de fixation; l'horizontale de ces lignes correspond à l'horizon rétinien. Nous nommerons cette projection le *champ plan du regard*; et les lignes droites,
qui s'y déroulent, comme des projections de cercles méridiens émanant
du point de regard principal, seront les *lignes de direction*.

Quand l'œil se tourne à partir de la position primaire, la ligne visuelle doit se mouvoir dans les cercles méridiens ou sur le champ plan
du regard, dans les lignes de direction. Alors, selon la loi de Listing,
le rapport réciproque de
position des cercles méridiens, dans le champ de
regard sphéroïdal, reste invariable. Quand le point de
regard passe d'abord de *H*
à *a*, et ensuite à *b* (fig. 133),
lors du second acte de ce
mouvement l'arc *ab* se trouve
exactement au même en-
droit de la rétine, qu'auparavant l'arc *Ha*. Si, par
supposition, le champ de
regard, exposé fig. 133 et
correspondant à la position
primaire, est fixé et le

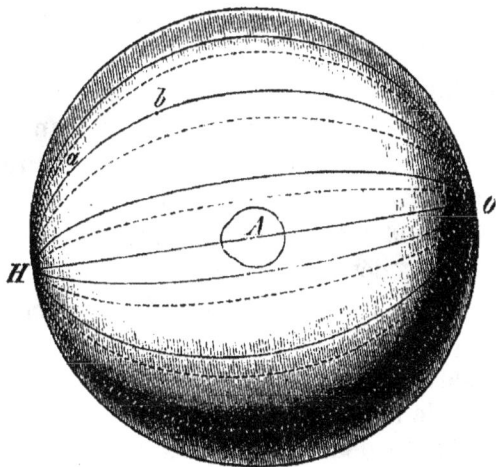

Fig. 133.

1. Pour découvrir avec précision la *position* d'un point quelconque dans le
champ de regard ou dans le champ visuel, il faut non-seulement diviser l'un de
ces champs en cercles méridiens, mais aussi en *cercles de latitude*; ces derniers se coupent tous en deux points, qui, dans le méridien traversant l'horizon
rétinien, sont distants, à droite et à gauche, de 90° du point de regard et du point
occipital. Or, la détermination de position se fait exactement d'une façon analogue à la détermination géographique d'un lieu quelconque. Mais, pour le mouvement de l'œil, seuls les cercles méridiens ont autant d'importance, que les voies,
où, d'après la loi de Listing, s'engage le point de regard, à partir de la position
primaire.

champ visuel de l'œil au repos, divisé en cercles méridiens absolument
de la même manière, afin que dans la position primaire le champ de
regard et le champ visuel coïncident, nous pourrons nous représenter que, lors des mouvements, le champ visuel se déplace par
rapport au champ de regard, comme une coupe sphéroïdale
par rapport à une coupe, qui lui est concentrique et a un
rayon à peu près égal. Quand toutes les rotations sont exécutées
à partir de la position primaire, ce cercle méridien du champ visuel,
où se trouve la ligne de regard, se déplace alors exactement
dans ce cercle méridien du champ de regard, avec lequel il coïncidait
dans la position primaire : les deux cercles méridiens se recouvrent,
durant tout ce mouvement. Si la loi de Listing n'était pas remplie, si
l'œil, à chaque rotation, subissait en même temps un roulement autour
de la ligne visuelle, cette espèce de recouvrement continuel des cercles
méridiens, qui se correspondent, n'aurait pas lieu ; mais simultanément, par suite du roulement de l'œil, le cercle méridien du champ
visuel se tournerait vers le cercle méridien, qui lui correspond, du
champ de regard, et il coïnciderait ainsi de suite avec les autres cercles
méridiens du champ de regard. Lors de ces mouvements de l'œil, qui
n'émanent pas de la position primaire, ceci se produira effectivement
à cause des roulements, qui se manifestent dans ce cas. Les mouvements, à partir de la position primaire sont donc privilégiés, en tant
que, dans ces mouvements, la perception des directions dans le champ
sphéroïdal du regard est favorisée par l'orientation uniforme de l'œil.
Or, une détermination certaine des directions n'est possible, que si les
perceptions, opérées lors du mouvement du regard, coïncident avec
la perception de l'œil au repos. Une ligne, que poursuit le regard se
mouvant dans un cercle méridien, doit apparaître à l'œil au repos
dans le même cercle méridien, s'il ne se manifeste aucune contradiction
entre les deux perceptions. Cela n'est possible, que si entre le champ
de regard au repos et le champ visuel en mouvement s'opère cette
concordance, qui résulte de la loi de Listing. Quant aux mouvements,
qui n'émanent pas de la position primaire, sans doute la conception
des directions sera plus défectueuse. En effet, l'expérience enseigne
que, toutes les fois qu'il s'agit d'une mensuration exacte de la direction des lignes, nous donnons involontairement à l'œil une position, un peu inclinée à l'horizon et correspondant à la situation primaire.

Cette concordance des directions suivies par le regard dans les champs visuel et de regard existe seulement, quand, par la pensée, nous rapportons l'image rétinienne à une surface sphéroïdale des champs visuel et de regard ; elle cesse, dès que nous substituons à cette surface une autre forme, un plan par exemple. Supposons, en qualité de champ de regard invariable, le plan perpendiculaire, dans la position primaire, à la ligne visuelle, et adoptons, en qualité de champ visuel variable, un autre plan qui, dans la position primaire, coïncide de nouveau avec le champ de regard, mais suit la migration de la ligne visuelle, de manière que dans toutes les positions de l'œil il reste perpendiculaire à cette ligne visuelle. Les lignes de direction de ces deux plans, qui se recouvrent dans la position du début, se déplaceront actuellement, lors du mouvement et suivront *deux* directions à l'intérieur des cercles méridiens égaux, si la rotation, à partir de la position primaire, est dirigée justement en haut et en bas, ou justement en dehors et en dedans. Lors de ces deux mouvements, les lignes de direction, verticales et horizontales, des deux plans, offriront à l'œil un recouvrement complet. Si, au contraire, l'œil prend une autre position, il verra les lignes de direction des champs visuel et de regard inclinées l'une vers l'autre ; si, par la pensée, un plan traverse le point de rotation et la ligne de direction, en question, du champ visuel, ce plan n'atteint plus le champ de regard dans cette ligne de direction, qui coïncidait avec lui dans la position du début. Dans les expériences, antérieurement décrites sur les images consécutives, où nous projetions directement au dehors les images rétiniennes, nous nous sommes déjà réellement convaincus de ce fait (p. 91, fig. 132). Au champ plan du regard correspond le mur AB perpendiculaire, dans la position primaire, à la ligne visuelle. Si, lors des rotations de l'œil, ce mur se meut avec la ligne visuelle, et toujours perpendiculairement à celle-ci, le plan migrateur $A'B'$ est le champ visuel plan. Une image consécutive, qui, dans la position primaire, coïncide avec l'une des lignes de direction, recouvre, dans une position secondaire quelconque, de nouveau la même ligne de direction du champ visuel plan ; mais, projetée sur le champ de regard invariable, elle fait un certain angle avec la ligne de direction, qui coïncidait primitivement avec elle. La fig. 131 montre l'inclinaison de cet angle dans les quatre positions obliques, que prend une image consécutive primitivement verticale et horizontale ; elle décrit donc en même temps la situation, qu'affectent les lignes de direction du champ visuel par rapport à celles du champ de regard, si ce dernier est, par la pensée, un plan perpendiculaire à la

position primaire et si, également, le champ visuel est projeté sur ce
champ de regard.

Quand l'œil est capable de voir dans son champ de regard une croix
à angles obliques, qui sur sa rétine ou dans son champ visuel a des
angles droits, inversement une croix à angles obliques dans son champ
visuel pourra lui apparaître à angles droits, si elle est rapportée au
champ de regard. La justesse de cette proposition se constate facilement de la manière suivante. Prenez une grande feuille de papier
blanc et mettez au milieu un point noir, qui serve de point de fixation.
Tenue, dans la position primaire, perpendiculairement à la ligne de
regard, cette feuille de papier représente le champ de regard, c'est-à-
dire cette surface, que le point de regard doit successivement parcourir. A côté du point de fixation, posez sur la même feuille deux carrés
de papier noir, qui soient exactement sur une ligne verticale. On
remarquera, que ces carrés ne semblent situés sur une ligne verticale,
que si leur direction coïncide avec la verticale, passant par le point de
regard ou est perpendiculaire à l'horizontale, traversant le point de
regard. Dans les autres parties du champ de regard, on doit, au contraire, donner réellement aux objets une position oblique, pour qu'ils
apparaissent verticaux à la vision indirecte ; et, à la vérité, dans toutes
les positions obliques, l'objet qui, dans la direction verticale, est
éloigné du point de regard, doit être beaucoup plus écarté de ce dernier, vers la direction horizontale. La position, à donner aux deux
carrés de papier dans les divers méridiens du champ de regard, pour
que ces carrés apparaissent situés sur une ligne verticale, correspond
donc absolument à cette direction prise, selon la fig. 131 (p. 90), par
une image consécutive verticale, quand le regard se promène en divers
sens sur le plan de regard primitif, perpendiculaire à la position primaire. En déterminant d'une manière analogue la situation des points,
apparaissant horizontaux à la vision indirecte, on trouve, que dans les
méridiens obliquement inclinés, ces points s'écartent de nouveau,
mais cette fois vers la direction opposée, ainsi que cela correspond
absolument, selon la fig. 131, à l'inclinaison, affectée par une image
consécutive horizontale dans la position primaire, lors de la migration
du regard. Si la feuille de papier a été placée dans une autre situation,
nullement correspondante à la position primaire, les directions, à donner
aux points vus indirectement, pour qu'ils se montrent verticaux ou
horizontaux, différeront totalement des précédentes ; mais toujours
elles coïncident avec ces directions, que prend, lors de la migration du

regard, une image consécutive verticale et horizontale, dans sa projection sur le plan du papier (1).

D'après ces phénomènes, les impressions, que nous percevons, l'œil étant en mouvement, se rapportent aux mensurations, qui ont lieu dans le champ visuel de l'œil au repos. Quand l'œil, à partir de la position primaire, se meut dans une position a (fig. 131), il se forme, sur le méridien vertical et horizontal de la rétine, non plus une ligne verticale et horizontale dans le champ du regard, mais bien deux lignes inclinées, les mêmes, dans la direction desquelles l'œil projette une image consécutive, primitivement verticale et horizontale. Par conséquent, pour l'œil au repos et adapté à son point de regard principal, ces lignes inclinées sont perpendiculaires ; et celles, qui en réalité sont perpendiculaires l'une à l'autre, lui apparaissent inclinées. Si l'œil fixe le point a, l'illusion disparait, puisque les objets, situés dans le point de regard et l'entourage de celui-ci, sont toujours transférés dans le champ visuel respectif, par rapport à la position, que notre représentation assigne à ce dernier. Nous pouvons donc résumer de la manière suivante les expériences qui précèdent : Seuls, les objets vus directement nous apparaissent généralement dans leur position véritable ; mais, tous les objets vus indirectement nous apparaissent dans la position, qu'ils prendraient, si leur image rétinienne était transférée dans le point de regard et son entourage immédiat.

Puisque la forme générale du champ visuel et même la situation respective de chaque objet dans ce champ ne sont établies, qu'à l'aide des mouvements oculaires, sans ces derniers une représentation visuelle dans l'espace ne saurait exister. Or, une vision *indéterminée* dans l'espace (ainsi qu'on l'a parfois affirmé), et où seulement la forme générale de la juxtaposition (des Nebeneinander) serait donnée, sans aucune détermination, dans l'espace, des divers objets entre eux, est une fiction, qui n'a pas plus de réalité, qu'une série de temps sans

---

1. Recklinghausen (*Archiv f. Ophth.* t. V. 2° fasc. p. 127) a, le premier, signalé les phénomènes, que nous venons de décrire; Helmholtz (*Physiol. Optik*, p. 548) a démontré leur connexion avec les lois du mouvement. Moi-même, j'ai choisi plus haut une autre forme d'expérience, puisque j'ai combiné avec les expériences, concernant les images consécutives, l'observation faite sur la déviation des directions dans la vision indirecte ; par ce moyen, la connexion avec les lois du mouvement se dévoile, comme je crois, d'une façon extrêmement remarquable. On peut très-bien, d'après une méthode employée par F. Küster, choisir comme lignes droites objectives, dont la direction apparente et la courbure sont déterminées, les lignes lumineuses, qu'engendrent des étincelles électriques émises coup sur coup; car, ces étincelles ont l'avantage de présenter une grande netteté dans la vision indirecte (*Archiv f. Ophth.* XXII, 1er fasc. p. 149).

contenu. Une confirmation éclatante de cette influence du mouvement
nous est fournie par les altérations, qui se produisent dans la relation
d'espace des objets visuels, consécutivement à la *paralysie des divers
muscles oculaires* (1). Quand, par exemple, le muscle droit externe de
l'œil a subi une lésion, qui le prive soudain de son activité, il conserve
néanmoins la tendance à tourner, parfois, l'œil en dehors; mais l'effort
d'innervation, déployé à ce sujet, est sans résultat. On remarque alors,
que l'œil est capable de se tourner exactement, dans le champ de regard, vers toutes les autres directions et de percevoir justement la
position des choses. Mais son effort, pour se tourner en dehors, est
immédiatement suivi d'un mouvement apparent des objets : ceux-ci
semblent se mouvoir du même côté, vers lequel l'œil fait de vains
efforts d'innervation. Cela tient, évidemment, à ce que le patient croit
son œil en mouvement, alors que cet organe est immobile. Pour qu'un
œil normal, mû par exemple à droite, voie toujours les mêmes objets, ceux-ci doivent également se mouvoir vers la droite ; l'œil para-
lysé objective donc sa tendance au mouvement, et, comme il est immobile, les objets lui paraissent tourner. Quand la paralysie du droit
externe est incomplète, l'œil peut fixer un objet situé en dehors, mais
à condition de déployer un plus grand effort d'innervation. Par conséquent, l'objet est plus rapporté en dehors, qu'il ne l'est en réalité. Le
patient veut-il le toucher, sa main dépasse l'objet. Ces phénomènes
prouvent, que notre perception de la position d'un objet dans l'espace
est essentiellement déterminée par la *sensation d'innervation*, qui accompagne toute tendance au mouvement (2).

Ce même principe explique de nombreux phénomènes du domaine
de la vision normale, qui peuvent être attribués aux *illusions sensorielles normales ;* la plupart de ces phénomènes ont été spécialement
appelés des illusions *optico-géométriques*. Toutes les expériences, qui
s'y rapportent, se rangent en deux classes. La *première* classe comprend les déviations, qui s'opèrent lors de la mensuration de distances
rectilignes et qui dépendent de la direction de ces dernières ; la *deuxième*,

1. Consulter A. v. Grœfe, *Archiv f. Ophthalmologie*, t. I, 1er fasc., p. 18 ; Alfr.
Grœfe, *ibid.* XI, 2e fasc., p. 6 et *Handbuch der Augenheilkunde* de Grœfe et Sæ-
misch, t. VI, p. 13 ; Nagel, *Das Sehen mit zwei Augen*. Leipzig et Heidelberg 1861,
p. 124 ; A v. Grœfe, *Symptomenlehre der Augenmuskellähmungen*, Berlin 1867,
p. 10, 95.
2. Consulter à ce sujet le chap. IX, t. I, p. 428.

les illusions de l'estimation oculaire, qui proviennent du mode de réplétion du champ visuel.

Dans le champ visuel, nous ne mesurons les distances avec quelque
précision, que si elles ont une direction semblable. Quand, par exemple,
nous voulons tirer une ligne droite, qui soit égale à une autre droite
proposée, nous devons donner à la première la même direction. Il se
produit encore à cette occasion de petites imperfections, qui diminuent
d'autant plus, que l'œil en mouvement mesure les distances, en les
comparant. Au contraire, si, sans recourir au mouvement, nous éclai-
rons momentanément l'objet avec l'étincelle électrique, l'estimation
de grandeur est beaucoup plus incertaine. D'ailleurs, dans les observations exécutées au moyen du mouvement, plusieurs conditions expérimentales jouent un rôle essentiel. Ainsi, quand nous comparons deux
longueurs, qui se trouvent à un éloignement *inégal* par rapport à l'œil,
nous commettons certaines fautes, qui sont occasionnées par la grandeur différente des deux images rétiniennes. Pendant cette comparaison, on tient généralement compte de la distance, qui sépare les objets
de l'œil: deux longueurs égales sont donc aperçues approximativement
égales, même quand l'une est beaucoup plus éloignée de nous, que
l'autre. Pourtant, la faute, commise dans cette appréciation, est plus
considérable, que si les deux distances sont également éloignées ; à la
vérité, elle varie selon les individus, car les uns sont enclins à juger
plus grandes les distances rapprochées ; et les autres, au contraire, les
distances éloignées (1). En outre, selon moi, la distance séparant deux
points, par exemple les deux extrémités d'un compas, est évaluée
plus inexactement, que la grandeur d'une ligne. Cela tient à un phénomène, qui nous occupera ultérieurement, à savoir que des distances
vides, non remplies dans le champ visuel, apparaissent plus petites,
que celles qui offrent continuellement à l'œil des points de fixation ;
dans ce dernier cas, l'estimation oculaire gagne simultanément en
certitude. Si l'on veut donc, en se plaçant dans des conditions uniformes, comparer des distances de direction égale : 1° ces distances
doivent se trouver à un éloignement égal de l'œil ; et 2° ces distances
devront être des lignes droites ou des distances ponctuées ; or, le premier cas est encore celui, qui présente à l'œil les conditions les plus
favorables, pour opérer la mensuration.

Si l'on se renferme dans les conditions précédentes, la précision de

1. Fechner, *Elemente der Psychophysik*, t. II, p. 312.

l'estimation oculaire se détermine d'après les méthodes suivantes :
1° On cherche cette différence de deux lignes ou de deux distances
ponctuées, où une différence de grandeur des objets est *à peine perceptible*. 2° On essaie de créer une distance, qui soit égale à la première, et on calcule ensuite, d'après un grand nombre d'expériences,
la *faute moyenne*. 3° On choisit les distances, de façon que leur différence ne soit plus nettement perceptible, et on calcule de nouveau,
dans une série d'observations, le chiffre des *cas justes et des cas faux*.
Par conséquent, les méthodes générales de mensuration psychophysique
s'offrent ici à l'expérimentateur (1). Cependant, très-souvent, dans le
cas présent, ces méthodes n'ont pas été appliquées dans toute leur pureté ; on leur a fait subir des modifications particulières. Ainsi,
Volkmann a étudié la déviation moyenne existant entre les différences
infra-perceptibles (untermerklichen) et leur valeur moyenne, procédé
qui peut être considéré, comme une espèce de combinaison des modifications minima et des fautes moyennes (2). D'après ces expériences,
l'estimation oculaire, qui compare des distances rectilignes de direction moyenne, correspond, dans certaines limites, à la loi de Weber ;
donc, la différence à peine perceptible ou la valeur de la déviation
moyenne, valeur qui a une marche parallèle à la différence à peine perceptible, constitue une fraction constante de la distance normale, avec
laquelle une autre distance est comparée. Selon Volkmann, quand
l'amplitude visuelle est de 340^{mm}. pour les distances, qui varient de
4^{mm},21 — 101^{mm},04, la déviation moyenne des différences infra-perceptibles se rapproche beaucoup d'une fraction constante : elle est
presque $^1/_{100}$ de la distance observée ; les résultats des diverses séries
d'expériences ont oscillé entre $^1/_{99}$ et $^1/_{110}$ (3). Avec la méthode des différences à peine perceptibles, le nombre proportionnel, dans les expériences de Fechner ou de Volkmann et de ses élèves, variait, selon les
individus, entre $^1/_{40}$ et $^1/_{90}$; il restait assez constant pour chaque observateur (4). Cependant, la loi de Weber n'est plus valable, dès que
les distances comparées sont très-petites ou très-grandes. Ainsi, pour
une amplitude visuelle de 340^{mm}, Volkmann a noté dans deux séries
d'expériences, que les déviations moyennes, concernant la valeur

1. Consulter chap VIII, t. I, p. 366.
2. G. E. Müller, *Zur Grundlegung der Psychophysik*, p. 81 et 207.
3 Volkmann, *Physiol. Untersuchungen im Gebiete der Optik*, I, p. 123, 133.
4. Fechner (*Psychophysik*, I, p. 234) a trouvé $^1/_{40}$; Krause (cité par Volkmann,
p. 130) $^1/_{90}$, pour un amplitude visuelle de 200^{mm}· et une distance de 0,5 — 1,3^{mm}.

moyenne de la différence infra-perceptible, sont les suivantes, quand
les distances étaient calculées, en descendant à partir de 5^{mm} (1).

I.	5	4	3	2	1 mm
	$1/_{107}$	$1/_{101}$	$1/_{97}$	$1/_{87}$	$1/_{86}$

II.	1,4	1,2	1,0	0,8	0,6	0,4	0,2mm
	$1/_{73}$	$1/_{68}$	$1/_{68}$	$1/_{63}$	$1/_{55}$	$1/_{42}$	$1/_{19}$

En faisant varier les distances verticales de 2,5 à 160^{mm}., Chodin
a obtenu, dans deux séries d'expériences, les valeurs relatives suivantes
des différences à peine perceptibles :

2,5	5	10	20	40	80	160mm.
$1/_{17}-1/_{26}$	$1/_{29}-1/_{32}$	$1/_{37}-1/_{45}$	$1/_{53}-1/_{57}$	$1/_{44}-1/_{36}$	$1/_{39}-1/_{32}$	$1/_{43}-1/_{30}$

Il a remarqué (et en cela il est d'accord avec Volkmann), que la sensibilité différentielle était plus considérable, pour les distances horizontales (2).

D'après ces observations, le seuil différentiel de l'estimation oculaire
a une valeur approximativement constante, uniquement pour les distances moyennes, que nous sommes particulièrement exercés à apprécier ; et ce seuil s'accroît notablement, en bas et en haut. Pour expliquer ces déviations, on pourrait invoquer les propriétés de l'image
rétinienne ou bien les propriétés des sensations de mouvement. Il est
une circonstance, qui milite en faveur de l'influence essentielle de ces
dernières, c'est que nous pouvons, seulement avec l'œil en mouvement, faire une estimation aussi délicate des distances, que celle qui
s'opère dans ces expériences. Les divergences de la loi de Weber se
subordonnent alors simplement à ces divergences, qui se manifestent
généralement dans le domaine de la mensuration d'intensité de la sensation. De plus, cette opinion est confirmée par les observations, qui
ont trait à la finesse de discernement de nos mouvements oculaires. Ap-
pliquez les deux yeux contre une fente horizontale, pratiquée dans une
planche posée debout et regardez au loin une muraille blanche. Entre
cette dernière et les yeux suspendez un fil noir vertical, tendu par un poids
et exécutant un mouvement de va-et-vient. Ce fil se trouve dans le
plan médian, de manière que les deux yeux, convergeant symétrique-

1. *Loc. cit.* p. 133, 135.
2. Chodin, *Archiv f. Ophth.* XXIII, p 99. Suivant un procédé, analogue à celui
de Volkmann, des déviations moyennes, Chodin s'est livré à des expériences, qui,
relativement à la limite inférieure et supérieure de la loi de Weber, ont conduit
au même résultat.

ment, s'adaptent à cet objet. De faibles déplacements du fil permettent
de déterminer, pour les distances les plus diverses de celui-ci à l'œil,
cette modification de la convergence, où l'on remarque justement le rapprochement ou l'éloignement (1). Le petit tableau suivant présente les
résultats de ces sortes d'expériences : au-dessous de S on inscrit en centimètres la distance absolue du fil à l'observateur : au-dessous de A, le
déplacement à peine perceptible du fil ; s donne les valeurs de l'angle
appartenant à S, angle que chaque ligne visuelle forme avec la ligne
horizontale, qui unit les deux points de rotation ; a les petites modifications de cet angle, calculées à partir de A ; la dernière série v contient le rapport du rapprochement à peine perceptible à l'éloignement
absolu.

S	s	A	a	r
180	89° 2,5′	3,5	68″	$1/_{30}$
170	88°59′	3	66″	$1/_{35}$
160	88°55,5′	3	73″	$1/_{34}$
150	88°51′	3	85″	$1/_{48}$
130	88°40,5′	2	74″	$1/_{64}$
110	88°26′	2	104″	$1/_{34}$
80	87°51′	2	199″	$1/_{39}$
70	87°32,5′	1,5	193″	$1/_{45}$
60	86°34′	1	252″	$1/_{50}$

Donc, si la convergence s'accroit, le déplacement angulaire absolu
de la ligne visuelle, qui peut encore être remarqué, augmente considérablement ; au contraire, la modification relative, inscrite au-dessous
de la lettre v, accuse de si faibles oscillations, qu'on est autorisé, en ce
qui concerne les imperfections de la méthode, à regarder les observations, comme s'accordant suffisamment avec la loi de Weber. En outre,
de cette série découlent deux conséquences, qui méritent d'être signalées : 1° La grandeur absolue du déplacement angulaire a, à peine per-

1. Wundt, *Beiträge zur Theorie des Sinneswahrnehmung*, p. 195, 415. Afin d'é-
carter l'influence, qu'exerce le déplacement de l'image rétinienne, j'ai ordonné
ces expériences de la manière suivante : lors du mouvement du fil, je laissai mes
yeux fermés durant un temps très-court, ensuite je les adaptai au mur éloigné et
finalement au fil, qui avait été plus rapproché. Ce fait, que l'on compare dans cette
circonstance une impression présente avec une impression persistant dans la mémoire, ne motive aucune différence avec les expériences de l'estimation oculaire ;
car, dans ces dernières expériences, les deux distances sont également comparées
par la mensuration successive. En outre, dans d'autres expériences, le fil était
l'objet d'une fixation continuelle, tandis que son rapprochement avait lieu ; et
cependant, les résultats n'ont pas sensiblement différé.

ceptible, de l'œil, qui se produit dans les conditions les plus favorables
et lors de la convergence la plus faible possible, concorde très-exac-
tement avec les plus petites différences de l'image rétinienne, qui se
révèlent dans les conditions ordinaires de l'expérience (p. 72 et suiv.)
2° Le seuil différentiel v, concernant la rotation de l'œil, s'accorde
étroitement avec les différences à peine perceptibles de l'estimation
oculaire pour les distances. Le premier de ces résultats témoigne, que
le mouvement de l'œil a déjà une influence déterminante, quand il
s'agit de percevoir les plus petites différences connaissables de l'image
rétinienne ; le second permet d'admettre, que notre estimation oculaire de la différence des distances repose sur notre aptitude à discerner les degrés du mouvement de l'œil (1). De cette manière, la
validité de la loi de Weber pour l'estimation oculaire se ramène à la
validité de cette loi pour les sensations de mouvement.

Notre estimation oculaire est beaucoup plus imparfaite, que pour
les distances de direction égale, si nous comparons des distances de
direction différente. Ici, la faute, commise dans l'appréciation des
grandeurs d'espace, est augmentée ; car, la perception des distances
présente des différences constantes, qui sont extrêmement considérables, si on compare des directions verticales et horizontales. En règle
générale, nous jugeons, que les distances verticales sont plus grandes,
que des distances horizontales également grandes. Si donc, l'on veut
dessiner, à vue d'œil, une figure régulière, par exemple un carré, une
croix à branches égales, toujours on fait trop petite la dimension verticale, et un carré véritable apparaît comme un rectangle, dont la hauteur est plus grande, que sa base (2). L'illusion est extrême, quand on

1. On pourrait peut-être douter, que dans ces expériences le rapprochement du
fil n'ait pas été observé, lors du déplacement de l'image rétinienne. Or, voici un
fait qui dissipe entièrement ce doute. La fixation étant continue (consulter la note
précédente),la limite v de la distinction s'accroît de la même manière,bien que néanmoins sa grandeur absolue doive alors rester constante, presque égale à la plus
petite différence connaissable de l'image rétinienne ; mais elle dépasse 4 et même
5 fois la grandeur de cette différence, comme nous l'apprend le tableau précédent,
si le fil est à une distance, qui ne suppose aucun effort de convergence notable
(70-50 c. m.). C'est pourquoi, l'hypothèse, proposée à ce sujet par Helmholtz (Physiol. Optik p. 651), à savoir que dans ces expériences probablement l'œil resterait
immobile et qu'au contraire l'image rétinienne se déplacerait, est insoutenable.
Par suite des images doubles qui apparaissent, ces déplacements si importants des
images rétiniennes ont dû immédiatement frapper l'observateur. Et même, on a
très-nettement conscience de l'effort de convergence, déployé, comme ne l'ignore
nullement tout observateur, qui s'est livré, pour la première fois, à des expériences
de convergence.

2. Oppel (Jahresber. des Frankfurter Vereins, de 1854 à 1855, p. 37) a été, je
crois, le premier à appeler l'attention sur cette illusion. Sans connaître le mé-

compare des distances ponctuées ; dans ce cas, j'ai remarqué, que l'illusion s'élevait à $1/_5$, puisqu'une distance horizontale de 25ᵐᵐ. était estimée égale à une distance verticale de 20ᵐᵐ. Elle est bien moindre, si on compare des grandeurs linéaires ; et, même ici, elle varie selon la composition des figures : par exemple, au sujet d'une croix à branches égales ou d'un triangle à côtés et base égaux, elle est, selon moi, plus considérable, que pour un carré ; elle disparaît absolument, s'il est question d'un cercle. Chodin a trouvé, que la valeur relative de la différence dépendait en outre de la grandeur absolue des distances, avec laquelle elle s'accroît rapidement, pour rester ensuite approximativement constante. Ainsi, l'évaluation de distances linéaires fournit les chiffres suivants (1) :

à 2,5	5	10	20	40	80	160ᵐᵐ
$1/_{64}$	$1/_{36}$	$1/_{20}$	$1/_{15}$	$1/_{12}$	$1/_{9,5}$	$1/_{12}$

La cause des déviations plus faibles, qui se produisent avec les figures géométriques régulières, provient de ce que nous avons appris, à cette occasion, à corriger en quelque sorte les inexactitudes de l'évaluation. Une influence de ce genre se supprime surtout, quand on estime des distances ponctuées ; car, probablement alors, nous nous rapprochons le plus possible des différences primitives de l'évaluation oculaire. Mais on peut, comme je crois, ramener ces différences à la grandeur différente des efforts musculaires, que l'œil déploie, pour se mouvoir dans le champ visuel, selon diverses directions. Nous avons vu, que grâce aux conditions mécaniques les plus simples le mouvement de latéralité de l'œil a lieu dans la position primaire, puisque seuls les muscles droits externe et interne contribuent d'une manière notable à ce mouvement. Au contraire, deux paires de muscles, les droits supérieur et inférieur et les obliques, agissent ensemble, pour élever et abaisser l'œil ; et, d'après la position de ces muscles, une partie du moment de rotation de chaque muscle doit, dans ce cas, être supprimée par le moment de rotation du muscle, qui lui est adjoint ; or, le muscle

moire de cet auteur, j'ai remarqué le même phénomène et l'ai aussitôt attribué à l'asymétrie de l'arrangement des muscles (*Beiträge zur Theor. d. Sinnesw.* p. 158). On a eu tort de rapporter à cette dernière cause les expériences de Fick, où ce physiologiste a vu un petit carré noir sur fond clair présenter alternativement un agrandissement des diamètres de hauteur et de largeur : évidemment, il faut attribuer ce phénomène à l'asymétrie régulière des méridiens de l'œil et c'est ce que Fick lui-même avait fait. (Fick, *Zeitschr. f. rat. Med.* 2ᵉ série, II, p. 83.—Helmholtz, *Physiol. Optik*, p. 596.)
    1. Chodin, *loc. cit.* p. 106.

droit et le muscle oblique, qui agit de concert avec lui, s'entr'aident
seulement, pour élever et abaisser l'œil, mais ils ont un effet opposé,
pour produire le roulement de l'œil autour de la ligne visuelle. Par
conséquent, l'élévation et l'abaissement nécessitent un effort musculaire plus considérable, que l'abduction et l'adduction. Puisque la sensation de mouvement donne une mesure de l'effort musculaire et
simultanément de la voie parcourue, durant le mouvement, ces différences de l'évaluation, qui varient avec la direction, s'expliquent de
la façon la plus simple. D'ailleurs, ceci ne veut pas dire, que pour voir
apparaître l'illusion, nous devions exécuter un véritable mouvement
de l'œil. Cette illusion se produit également avec netteté et est plus accusée, si on fixe avec persistance des figures ou si on les éclaire momentanément à l'aide d'étincelles électriques. Cela tient, comme
nous le constaterons ultérieurement, à la faculté, absolument susceptible
d'être démontrée, qu'a notre sens visuel d'apprécier, d'après l'image
rétinienne immobile, les grandeurs d'espace, pour la mensuration desquelles primitivement le mouvement de l'œil déployait évidemment
son effet. Cette circonstance ne constitue donc nullement une objection
contre notre déduction, par laquelle il est surtout question de prouver, comment se manifeste l'influence des mouvements dans les mensurations du champ visuel au repos : point de vue qui doit être fermement maintenu, à propos de tous les phénomènes, qu'il nous reste à
discuter. Si un phénomène est perçu, *seulement* quand l'œil est en
mouvement, sans doute ceci démontre rigoureusement l'influence du
mouvement sur ce phénomène ; mais, on ne peut pas, comme on l'a fait
parfois, conclure inversement, que le mouvement est sans influence sur
un phénomène, qui persiste au repos.

Nous sommes sujets à des illusions analogues, néanmoins bien plus
faibles, quand nous comparons ces sortes de distances, dont l'une est
située dans la moitié supérieure et l'autre, dans la moitié inférieure
du champ visuel: nous sommes alors toujours enclins à estimer exagérée la distance supérieure (placée en haut). Si on essaie, à vue d'œil,
de couper en deux une ligne droite verticale, généralement on fait trop
petite la moitié supérieure ; dans les expériences de Delbœuf, la différence moyenne s'élevait à $\frac{1}{16}$ (1). La même exagération, concernant
l'évaluation des parties supérieures du champ visuel, se révèle à pro-

---

1. Delbœuf, *Note sur certaines illusions d'optique* (Bulletins de l'acad. roy. de
Belgique. 2ᵉ série, XIX, 2), p. 9.

pos de l'observation suivante : un S ou un 8 en caractères ordinaires d'imprimerie, nous semblent composés d'une moitié supérieure et d'une moitié inférieure, de grandeur presque égale ; renversez ainsi ces deux caractères : S, 8 : au premier coup d'œil, vous constaterez la différence (1). De plus petites différences sont encore perçues dans la mensuration de la moitié externe et interne du champ visuel ; d'ailleurs, elles ne sont bien constatées, que par la vision monoculaire. En regardant avec les deux yeux, on coupe, d'après l'estimation oculaire, une ligne horizontale, presque exactement en son milieu ; les petites fautes, qui sont commises, se produisent, en moyenne, aussi souvent dans une direction, que dans l'autre. Au contraire, en fermant un œil, on est enclin à faire la moitié externe trop petite ; par conséquent, pour l'œil droit, la moitié droite ; pour l'œil gauche, la moitié gauche. Cependant, d'après les expériences de Kundt, cette faute s'élèverait tout au plus à $\frac{1}{40}$ (2). La distribution ou répartition des forces musculaires sur le globe oculaire explique ces phénomènes. A longueur égale, le muscle droit inférieur dépasse notablement, par sa section transversale, le droit supérieur ; de même, le droit interne dépasse l'externe (3). D'après cela, il faut admettre que, pour occasionner une excursion également grande du globe oculaire, le muscle droit supérieur a besoin d'avoir une plus puissante énergie d'innervation, que le droit inférieur ; et l'externe, que l'interne. Tous ces phénomènes ont donc spécialement pour base le privilège, déjà signalé, dont jouissent les directions inclinées du regard et les mouvements de convergence (4).

Enfin, nous mentionnerons encore les illusions particulières, qui se manifestent, quand on évalue, avec un seul œil, la *direction* d'une distance verticale. Élevez sur une ligne horizontale une droite parfaitement verticale : celle-ci, vue monoculairement, ne semble pas être exactement verticale, mais s'incliner légèrement en haut et en dedans ; par conséquent, pour l'œil droit, elle penche à gauche avec son extrémité supérieure, et à droite, pour l'œil gauche. L'angle externe, que la verticale fait avec l'horizontale, se montre donc un peu plus grand, et l'interne, plus petit, que 90°. Dans les expériences de Volkmann, la différence mesurait en moyenne 1,307°, pour l'œil gauche, et 0,82°, pour

1. Delbœuf, *loc. cit.* p. 6.
2. Kundt, in *Annalen* de Poggendorff, t. CXX, p. 118.
3. Voir plus haut, p. 87.
4. Page 83, note.

l'œil droit (1). Selon Donders, l'inclinaison est variable, et souvent, dans un temps très-court, elle peut osciller, pour des yeux normaux, entre 1 et 3 degrés d'angle (2). Ces changements sont influencés par la direction des lignes de regard et même par la direction des contours dans le champ visuel ; car, continuellement, on s'efforce de compenser une légère incongruence des deux images rétiniennes, par de faibles mouvements de roulement de l'œil, autour des lignes de regard (3). Une conséquence immédiate de l'illusion citée, c'est qu'en tirant, à vue d'œil, une perpendiculaire sur une horizontale donnée, cette verticale se trouve avoir une position inclinée, avec son extrémité supérieure en dehors. Ainsi, dans la fig. 134, *a b* est la verticale apparente

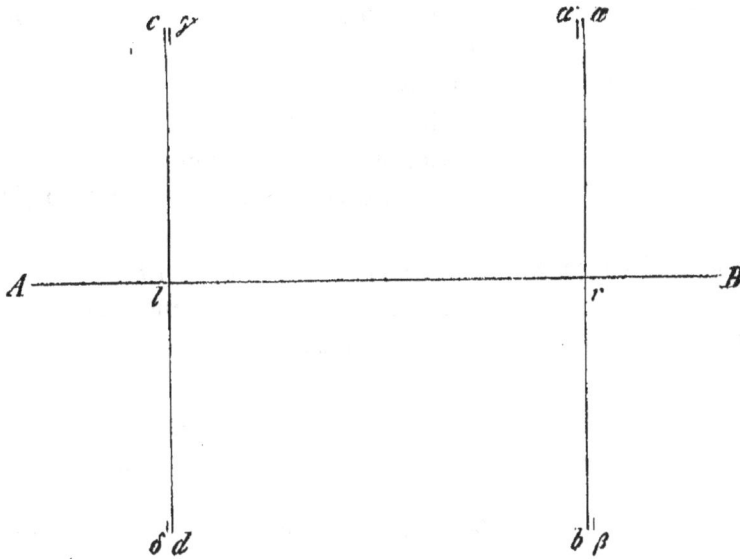

Fig. 134

pour mon œil droit, *c d* pour mon œil gauche ; les petits traits $x\beta$ et $\gamma\delta$ indiquent les directions des véritables droites, qui, en *r* et *l*, sont perpendiculaires à la ligne horizontale. En considérant la figure avec les deux yeux, l'illusion disparaît ; elle est analogue à celle qui se manifeste, quand on coupe en deux une distance horizontale, ou bien il se produit, tout au plus, de faibles écarts. Les lois du mouvement de

1. Volkmann, *Physiol. Untersuchungen im Gebiete der Optika*, t. II, p. 224.
2. Donders, *Archiv f. Ophth.* XXI, 3ᵉ fasc. p. 100 et suiv.
3. Voir plus bas nᵒ 5.

l'œil rendent compte de ce phénomène. Nous avons remarqué que, grâce à la répartition des forces musculaires, spécialement disposées pour la vision, quand les lignes visuelles sont inclinées et convergentes, l'abaissement du regard se combine involontairement avec le mouvement d'adduction; et l'élévation, avec le mouvement d'abduction. Donc, lorsque nous voulons mouvoir le regard dans la direction verticale de haut en bas, involontairement il se dévie un peu en dedans. D'après cela, ce mouvement est perçu, comme un mouvement de ce genre, qui correspond à la direction verticale dans le champ visuel : et une ligne réellement verticale doit paraître inclinée du côté opposé. Il existe un cas déterminé, où l'œil, qui veut parcourir par la fixation une ligne verticale dans le champ de regard, est effectivement obligé d'exécuter cette faible rotation en dedans : c'est lorsque le champ plan du regard est perpendiculaire à une direction, inclinée en bas, de la ligne visuelle, en d'autres termes quand la droite avec son extrémité supérieure s'éloigne, en s'inclinant, de l'observateur. Ainsi, ce phénomène est de nouveau en relation avec la situation, qu'affecte la position primaire, et le rôle principal, qu'elle joue dans la vision (1).

Une *deuxième classe d'illusions, provenant de l'estimation oculaire,* repose, selon nos remarques antérieures (p. 103), sur le mode de réplétion du champ visuel. Elles se ramènent au fait suivant : les distances,

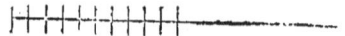

FIG. 135.   FIG. 136.

que l'œil en mouvement est capable de mesurer, en les fixant, nous apparaissent plus grandes, que des distances vides. Tirez une ligne et, sur son prolongement direct, placez une distance ponctuée de grandeur égale, comme dans la fig. 135 : la dernière paraît plus petite. Dessinez encore, comme dans la fig. 136, une ligne, dont une moitié est divisée et l'autre ne l'est pas, de nouveau la dernière moitié semble plus petite, que la première. D'après cette expérience, quand on mesure des distances, il ne s'agit pas simplement, que des points de fixation soient offerts au regard, afin qu'il puisse les parcourir, mais que l'arrangement de ces points ait une influence essentielle. Une série de points distincts, séparés par des intervalles — que ces derniers soient

1. Consulter p. 86.

reliés ou non par une ligne droite, — éveille l'idée d'un plus grand
éloignement, qu'une simple ligne droite de fixation. Si donc l'on rem-

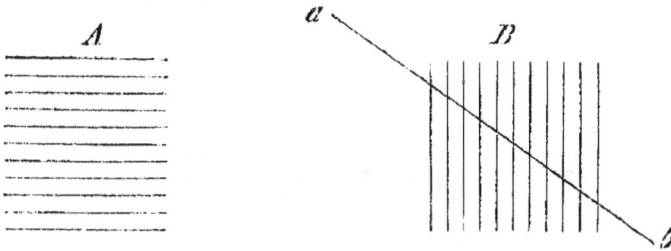

FIG. 137.

plit l'espace plan d'un carré, dans un cas, avec des lignes horizontales
parallèles, et, dans l'autre, avec des lignes verticales : là, la dimension verticale apparaît plus considérable ; ici, c'est la dimension horizontale (A et B fig. 137) ; dans le dernier cas, la dimension de hauteur,
qui est ordinairement privilégiée, n'a plus la prédominance d'après
l'estimation oculaire. Une ligne oblique, par exemple $a\,b$, que l'on mène
à travers une figure de ce genre, apparaît par suite de cela un peu
inclinée, à son point d'entrée et de sortie du carré. Si, en outre, on
dessine deux angles d'égale grandeur, l'un non divisé et l'autre divisé
par des lignes en une multitude d'angles plus petits, le dernier
semblera plus grand, que le premier. Ainsi, des deux angles droits
de la fig. 138, l'angle divisé paraît plus grand, que l'autre non di-

FIG. 138.

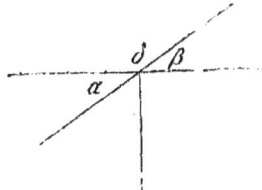

FIG. 139.

visé ; même la ligne horizontale se montre légèrement infléchie en
son milieu, comme si les deux angles ensemble dépassaient 180°. Pour le
même motif, si deux angles inégaux font ensemble 180° (fig. 139),
l'angle obtus paraît relativement trop petit et l'angle aigu, trop grand.
La raison de cela, c'est que nous mesurons, par une perpendiculaire
purement imaginaire, l'angle, qui complète β pour en faire un angle
droit et détermine ainsi la différence d'avec l'angle obtus δ ; nous

évaluons donc trop petit cet angle complémentaire. On peut se convaincre de ce fait, si du côté opposé on mène réellement la perpendiculaire : alors, l'angle β paraît plus grand, que l'angle α, opposé
par le sommet, qui lui est égal. Le même principe explique l'illusion
remarquable, occasionnée par le dessin de Zoellner (fig. 140) (1). Ici,
les bandes verticales, pa-
rallèles en réalité, ne
semblent pas parallèles;
elles paraissent toujours
diverger vers cette direction, que suit l'inclinaison des stries transver-
sales. L'illusion est peu
accusée, si les bandes
longitudinales sont pla-
cées verticalement ou
horizontalement; elle est
très-forte, si on leur
donne une inclinaison
de 45° avec l'horizon, en
supposant une direction
horizontale du regard.
Elle diminue et disparaît
parfois entièrement, si
on fixe longtemps un point du dessin. Néanmoins, pour la faire naître,
il n'est pas absolument nécessaire, que le regard erre continuellement
sur le dessin ; il suffit, que le regard s'adapte successivement à divers
points du dessin. L'illusion est presque aussi vive, si l'objet est éclairé
par une série d'étincelles électriques, qui se succèdent rapidement.
Au sujet de l'explication de ce phénomène, nous devons nous rappeler
que, selon la juste remarque de Zoellner, notre perception du parallélisme de deux lignes est une chose beaucoup plus compliquée, que
l'évaluation de l'inclinaison de deux lignes. Pour reconnaître, que
les lignes sont parallèles, en d'autres termes que leur plus court
écartement est partout également grand, il nous faut mesurer successivement cet écartement en des endroits différents ; nous évaluons au

Fig. 140.

1. Zoellner, in *Annalen* de Poggendorff, t. CIX, p. 500. Ce mémoire de Zoellner
a été réimprimé dans son grand ouvrage intitulé : *Ueber die Natur der Kometen.*
Leipzig 1872, p. 380 et suiv.

contraire d'un seul coup d'œil l'inclinaison de deux lignes. Or, le dessin de Zoellner se compose de deux éléments constituants, de bandes longitudinales parallèles et de stries transversales obliques. L'inclinaison de ces stries détermine la forme du dessin, car la perception du parallélisme suppose une mensuration plus complexe. Si, selon notre estimation, les angles aigus des stries obliques paraissent plus grands, qu'ils ne le sont réellement, les bandes longitudi-- dinales sembleront diverger du côté, où sont situés les angles aigus. La grandeur de cette illusion est encore influencée, si notre intuition trouve en elle-même des points d'appui plus ou moins nombreux, qui lui permettent de connaître le parallélisme des bandes longitudinales. C'est pourquoi, quand ces dernières sont disposées verticalement et horizontalement, l'illusion est évidemment des plus faibles ; car, dans ces directions, nous sommes particulièrement habitués à mesurer le rapport de direction des lignes (1). Pour la même raison, l'illusion est encore susceptible de disparaître, lors de la fixation persistante ou de la production de l'image consécutive. Dans cette circonstance, l'image tombe invariablement sur les mêmes endroits de la rétine, qui, dans les perceptions antérieures, étaient constamment rapportés à des objets placés parallèlement. Nous voilà donc en présence d'un cas, où le mouvement de l'œil, au lieu d'augmenter, comme d'ordinaire, la précision de la représentation, favorise plutôt la naissance de l'illusion.

La dépendance, existant entre l'estimation oculaire et la réplétion des distances par des points de fixation et des lignes, se ramène de la façon la plus simple aux sensations de mouvement de l'œil. On pourrait penser, qu'au fond il est indifférent, que le regard suive, en les fixant, une ligne où une série de points de repère, ou se promène sur une distance vide ; car, pour un écartement donné, le même effort musculaire est toujours nécessaire. Mais il faut remarquer, que si les distances sont plus considérables, on sent très-bien une différence, en comparant ces divers cas. Il me semble, que je déploie un plus grand effort pour suivre, en la fixant, une ligne droite, que pour parcourir librement du regard la même distance. Cela tient à ce que, lors du

---

1. Grâce à des expériences directes, Mach a découvert, que la faute variable moyenne, commise dans l'estimation du parallélisme de deux lignes, placées verticalement et horizontalement, mesurait seulement 0,2 — 0,3° ; tandis qu'avec une inclinaison de 45 — 60°, la même faute s'élevait à 1,3 — 1,4°. (Mach, *Sitzungsb. d. Wiener Akad.* t. XLIII, janv. 1861.)

mouvement libre de l'œil, cet organe suit toujours ces voies qui, selon des raisons mécaniques, sont pour lui les plus commodes ; tandis que la poursuite de lignes de fixation déterminées suppose, constamment, une certaine contrainte (1). En outre, si, au lieu d'une ligne de fixation, on a une série de points de fixation, discrets, le mouvement tout entier se sépare, pour ainsi dire, en une foule de petites secousses de mouvement. Évidemment, un mouvement saccadé de ce genre exige de nouveau plus d'effort, que le mouvement du regard conservant une fixation continuelle. D'ailleurs, au sujet de ces illusions, il faut établir cette règle : quoique le mouvement les produise, les fasse naître, elles ne disparaissent pas nécessairement, l'œil étant au repos ; néanmoins, la plupart d'entre elles diminuent, si la fixation du regard persiste. Ceci ne présente aucune difficulté, si on admet, que le mouvement est généralement un facteur essentiel, intervenant dans la formation de la représentation visuelle ; c'est, au contraire, une conséquence nécessaire de la proposition, que ces mensurations, qui se sont constituées à l'aide du mouvement, sont valables pour le champ visuel de l'œil au repos (2). Mais, comment est-il possible, que la détermination de la position des points, qui a pris naissance à l'occasion du mouvement, se fixe ? Cette question réclame un examen spécial, et nous la reprendrons à la fin de ce chapitre.

Les illusions de l'estimation oculaire, décrites précédemment, varient de la façon la plus multiple ; nous en citerons encore quelques exemples. La fig. 141 ajoute une autre preuve à ce fait, que nous évaluons trop petits les angles obtus, et trop grands, les angles aigus. Dans ce dessin, on voit trop grands les angles, que les côtés du carré inscrit font avec les arcs de cercle ; aussi, chacun des quatre arcs de cercle apparaît plus fortement courbé, comme s'il appartenait à un cercle d'un plus petit rayon, et les côtés du carré semblent un peu infléchis en dedans. Dans la fig. 142, par suite de l'aspect agrandi des deux angles aigus *ace* et *bef*, la droite *ab* apparaît courbée en *c*, de manière

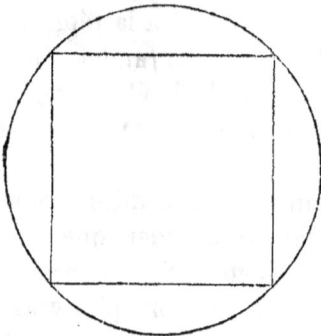

FIG. 141.

---

1. Ceci s'applique bien au cas, où l'œil doit, à partir de la position primaire, poursuivre des lignes droites dans le champ plan du regard ; car, ici même, les expériences citées plus haut (note de la p. 89) sur les images consécutives nous apprennent, que l'œil, se mouvant librement, ne se conforme pas parfaitement à la loi de Listing.
2. Consulter plus haut p. 109.

que *ac* et *bc* paraissent former ensemble, en bas, un angle très-obtus, n'atteignant pas complètement 180°. L'illusion inverse se produit à cause du grossis-

Fig. 142.

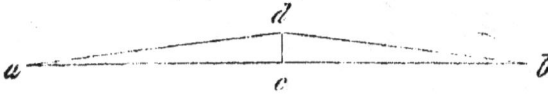

Fig. 143.

sement apparent des angles *a* et *b* de la fig. 143, où les segments *ac* et *cb* des droites semblent légèrement infléchis en haut vers *c*. L'illusion est plus forte, si, sur la ligne de base égale on tire, à droite et à gauche, des lignes parallèles à *ce*, *cf* (fig. 142) ou *ad*, *bd* (fig. 143), comme dans le dessin d'Hering (fig. 144), où, en outre, grâce aux parties inférieures disposées symétriquement de la figure, les lignes parallèles *ab* et *cd* ne paraissent plus parallèles, à l'imitation du dessin de Zœllner, mais diverger des deux côtés, vers le milieu, dans la figure supérieure (144) et converger vers le milieu, dans la figure inférieure (144). L'illusion est d'autant plus considérable, que l'on rend les angles plus

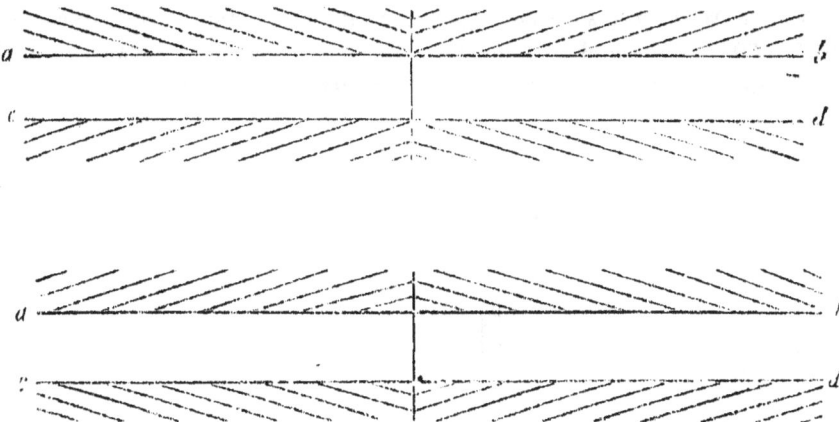

Fig. 144.

aigus; elle disparaît, si la fixation est persistante ou si l'image consécutive se produit. Le même cas se représente pour la fig. 145, construite également par Hering. Ici, les lignes *ab* et *cd*, qui en réalité sont parallèles, semblent converger vers leurs deux extrémités. Indépendamment de l'évaluation exagérée, donnée aux angles aigus, que les rayons, menés à partir du centre, forment

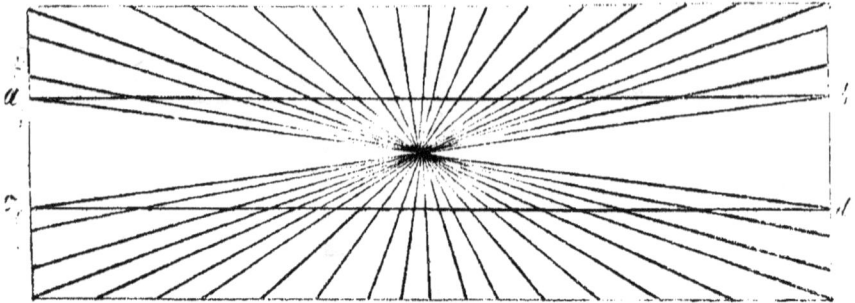

avec les lignes parallèles, il faut encore tenir compte, que les angles vides en
ac et *bd* sont évalués relativement trop petits ; par conséquent, l'illusion diminue, si on complète l'étoile, en remplissant ces angles. D'une autre manière, les illusions, occasionnées par la fig. 146 *A* et *B*, exigent une explication mixte. Dans la fig. *A*, *c*, et non *b*, apparaît comme le prolongement de *a*,
quoique *b* soit le véritable prolongement et que *c* soit parallèlement déplacé
en haut. D'une manière analogue, dans la fig. *B*, les trois segments des droites
ab semblent des fragments de diverses lignes, parallèles les unes aux autres.
Le principe de la réplétion du champ visuel explique en partie ce phénomène.
Comme dans la direction verticale, les lignes de fixation sont offertes à notre
regard, tandis que ces sortes de lignes sont absentes dans la direction horizontale, nous évaluons trop grande la dimension verticale: illusion, qui est
encore renforcée par l'estimation régulière, exagérée, des distances de hauteur.

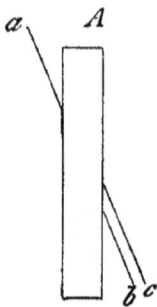 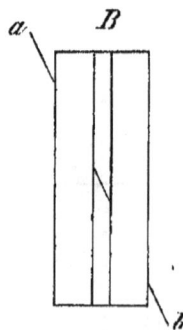 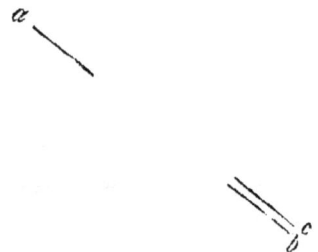

Elle diminue donc notablement, si nous tournons la figure de 90°. Elle ne
disparaît pas même alors entièrement. L'influence persistante, exercée par les
lignes de fixation sur l'estimation oculaire, soit la tendance, déjà démontrée,

à juger trop grands les angles aigus, expliquent la partie de cette illusion, qui
survit actuellement. Si l'angle, que la ligne *a* fait avec le côté vertical du rectangle *A*, apparaît trop grand, le prolongement de cette ligne, de l'autre côté
du rectangle, devra être rapporté trop haut. De plus, les expériences suivantes nous apprennent, que l'estimation ordinaire, exagérée, de la dimension
verticale, joue aussi un certain rôle. Dessinez, d'après la fig. 147, simplement
deux fragments d'une ligne droite, *a* et *b* : ces fragments semblent déplacés
dans le même sens, seulement d'une manière plus insignifiante, l'un vers
l'autre, comme dans le cas précédent ; et une droite *c*, située un peu plus

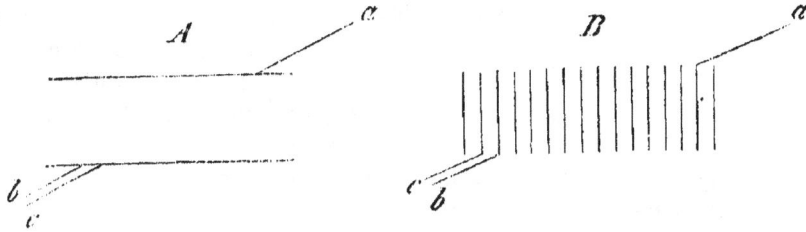

Fig. 148.

haut, est le prolongement apparent de *a*. En outre, les superficies *A* et *B* de la
fig. 148 sont parfaitement égales entre elles ; seulement, en *A*, l'espace est
limité pas deux lignes horizontales ; en *B*, il est rempli d'une foule de lignes
verticales parallèles. En *A*, on voit la forme ordinaire de l'illusion, puisque
le prolongement *b* de la ligne *a* semble déplacé vers *c* ; mais, en *B*, le prolongement apparent *c* se trouve du côté opposé de *b* : ici donc, grâce à l'élargissement de la figure, que produisent les lignes verticales parallèles, conformément
à l'exemple de la fig. 137, p. 113, le prolongement apparent s'est éloigné du
prolongement réel, au lieu de s'en rapprocher.

Les différentes illusions, précédemment décrites, de l'estimation oculaire ont
donné lieu à des théories très-diverses. Pour expliquer ces phénomènes, qui
sont dûs à la réplétion grande ou petite du champ visuel par des points de
fixation, Hering (1) et Kundt (2) ont émis l'opinion suivante : l'œil mesure la
distance de deux points, d'après la distance rectiligne de leurs images rétiniennes, par conséquent d'après la corde, qui peut être tirée entre elles sur la
rétine présentant approximativement la forme d'une surface sphérique creuse.
Comparée à l'arc, que remplit l'image rétinienne réelle, cette corde est d'autant
plus petite, que la distance des deux points est plus considérable. Il suit donc
de là, que la moitié divisée d'une ligne nous paraît avoir une grandeur supérieure à la moitié non divisée, car le total des petites cordes, qui correspondent

1. *Beiträge*, p. 66 et suiv.
2. *Annalen* de Poggendorff, t. CXX, p. 125. — Messer, *ibid.* t. CLVII, p. 152.

à la moitié divisée, dans la fig. 136 (p. 112), est plus considérable, qu'*une*
grande corde, jetée en pont sur l'image rétinienne de la moitié non divisée ;
en outre, nous devons voir relativement trop grand un angle aigu, et trop
petit un angle obtus, puisque avec la grandeur de l'angle la corde, correspondant à son image rétinienne, est toujours relativement plus petite. Kundt a
exécuté des mensurations, afin de vérifier cette hypothèse ; mais elles ne s'a-
daptent approximativement avec elle, que pour les grandes distances. En
revanche, pour les distances faibles, les écarts, existant entre les valeurs observées et les valeurs calculées, sont si importants, que déjà l'hypothèse
devient douteuse. De plus, celle-ci n'explique nullement, comment nous parvenons à évaluer les distances dans le champ visuel, justement d'après la corde
de leur image rétinienne. Si on suppose une connaissance innée des mensurations de l'image rétinienne, évidemment il faut admettre, que la distance de
deux points est évaluée, d'après le nombre des points rétiniens intermédiaires :
mais, la grandeur de l'arc est proportionnelle à ce nombre, et non à la corde.
Nous n'arriverions à connaître cette dernière, que si, en général, la juxtaposition
des points rétiniens, et spécialement la configuration de la rétine, surtout la
grandeur de son rayon de courbure nous étaient données. Helmholtz a proposé
une autre hypothèse pour les mêmes phénomènes. A la vérité, il a mis en
évidence l'influence du mouvement oculaire sur certaines illusions visuelles,
mais il l'applique seulement aux cas, où l'illusion disparaît ou s'affaiblit, lors
de la fixation persistante. Les fautes, commises dans l'estimation de la grandeur des angles et autres formes de cette nature, sont attribuées, selon lui,
à une espèce de *contraste*, que présentent la direction des lignes et les distances,
contraste analogue à celui des énergies lumineuses et des couleurs, et qui doit
nous faire apparaître grossies les faibles différences des distances (1). Si réellement un pareil sentiment de contraste se produisait, pour la mensuration
des distances extensives, il faudrait s'attendre, à ce que un sentiment de ce
genre se manifestât pour la différence de grandeur des lignes et d'autres figures extensives ; par exemple, à propos de deux distances, toujours la plus
faible devrait apparaître relativement trop petite. Une pareille influence ne se
révèle pas dans les expériences, précédemment mentionnées (p. 104), de Wolk-
mann sur l'estimation de fragments, qui appartiennent à une distance donnée.
Quand la plus grande des lignes comparées s'étend sur une partie considérable
du champ visuel tout entier, je trouve, au contraire, que nous sommes enclins
à estimer exagérée la ligne plus petite. Si, par exemple, une droite étant
tracée, on mène dans une direction égale une autre droite, à laquelle on
prétend donner, à vue d'œil, la même grandeur, on la fera plus souvent
trop petite, que trop grande. Veut-on encore, en présence d'un cercle ou
d'un carré, construire une autre figure analogue, mais occupant une sur-

---

1. Helmholtz, *Physiol. Optik*, p. 571.

face moindre de moitié, on la fera généralement trop petite (1). Évidemment, nous sommes donc enclins à estimer avec exagération de petites surfaces, en comparaison des grandes ; ce qui contredit justement l'hypothèse d'un contraste, puisque l'agrandissement apparent des angles aigus se soumet à la même règle. Cet exemple nous présente le cas le plus simple, si bien décrit fig. 138, p. 113, de l'évaluation exagérée d'un angle, dès que celui-ci a été rempli de points de fixation. Un angle aigu est un objet visuel plus plein, qu'un angle obtus ; parce que, dans ce dernier, le regard doit parcourir à vide une plus grande étendue d'espace. L'évaluation exagérée de petites distances rectilignes devient donc plus nette, en comparaison de celle des grandes distances, si, au lieu de lignes, on choisit des distances ponctuées ; et, pour le même motif, elle est plus importante avec les superficies, qu'avec les lignes droites. Helmholtz a invoqué un principe tout différent, pour expliquer les illusions provenant de la comparaison des distances verticales et horizontales, soit de la section médiane des lignes horizontales, soit de la direction des perpendiculaires, considérées monoculairement. Selon lui, ces illusions dérivent totalement des habitudes de la vision. D'après ses présomptions, nous voyons trop grande la distance verticale, parce que nous regardons la plupart des objets, en inclinant les lignes de regard ; mais, dans ce cas, les lignes verticales apparaissent raccourcies en perspective (2). Si, d'après les expériences citées p. 90 et suiv., on se rappelle, combien nous tenons exactement compte de la position et de la forme du champ du regard, lors de la détermination de la situation des objets, il est impossible d'être satisfait de cette explication. Dessinez à vue d'œil un carré ; celui-ci apparaît toujours comme un carré, quoiqu'on modifie un peu la position du champ plan du regard. Comme, dans ce cas, selon l'inclinaison de ce champ, le raccourcissement perspectif de l'image rétinienne a des degrés très-différents, il faudrait, pour que ce raccourcissement influe sur le phénomène, qu'une modification quelconque fut perceptible. Pour Helmholtz, voici la cause de la section inégale, opérée monoculairement, sur une distance horizontale : nous sommes habitués, par l'exercice de la vision binoculaire, à tenir une ligne au milieu du visage, de façon que nous voyons plus grande la moitié droite avec l'œil droit, et plus grande la moitié gauche, avec l'œil gauche (3). Mais cette hypothèse est passible des mêmes objections. Sans doute, la connexion, présumée par Helmholtz et qu'affecterait l'inclinaison des lignes apparemment verticales avec les besoins de la vision binoculaire, a une plus grande vraisemblance. La ligne, en apparence verticale, correspond fréquemment à l'image rétinienne de cette droite, qui, dans le plan du sol, est menée verticalement vers l'observateur (4). Nous verrons ultérieu-

1. Le mémoire d'Oppel, in *Jahresb. d. Frankf. physik. Vereins* 1856 57, p. 49. contient des observations analogues.
2. Helmholtz, *Phys. Optik*, p. 559
3. *Ibid.* p. 572.
4. Helmholtz, *Physiol. Optik*, p. 745.

rement, que ceci pourrait concorder avec la perception nette du plan du sol,
quand notre tête se maintient droite. Or, il est ici probable, que les besoins
de la vision ont trouvé leur expression dans le mécanisme des mouvements
oculaires, qui, du moins lors du développement de l'individu, doit être considéré, comme la cause intime des mensurations du champ visuel. Quant aux
illusions provoquées par la fig. 146, Helmholtz, qui a dessiné en noir le rectangle traversé par la ligne oblique, présume, que l'irradiation joue aussi son
rôle (1). Mais, comme l'illusion reste presque aussi grande, si on dessine purement le rectangle, tel qu'il est décrit fig. 146, l'irradiation ne peut ici intre-
venir d'une façon, qui mérite d'être signalée. Nous avons, auparavant, prouvé
par des expériences directes, qu'ici, indépendamment de l'estimation de grandeur des angles aigus, la réplétion, provenant des lignes de fixation, et l'agrandissement général des dimensions verticales exercent un effet d'ensemble : et
d'ailleurs, ces facteurs se ramènent totalement à un même principe primitif, à
savoir à la mensuration opérée, d'après les sensations de mouvement. Ainsi,
selon moi, la théorie, que j'ai exposée ci-dessus, a l'avantage d'expliquer tous
les phénomènes par un même principe. Il me semble absolument invraisemblable, que la mensuration du champ visuel doive dépendre des influences si
extraordinairement hétérogènes et nullement connexes, qui ont été supposées
par les divers observateurs.

4. — Perception des objets en mouvement.

Jusqu'ici, nous avons appris à connaître les influences, qu'exerce le
mouvement de l'œil sur la détermination de position et la mensuration des objets, quand ces derniers sont immobiles. La formation
des représentations accuse d'autres complications, si les objets sont en
mouvement. En général, lors du déplacement de ses objets visuels,
l'œil ne reste pas au repos: il se meut dans un sens égal, puisqu'il suit
involontairement les objets, en les fixant du regard. Quand l'œil et
l'objet aperçu se meuvent simultanément, une perception exacte du
mouvement extérieur n'est possible, que si nous avons continuellement conscience de la vitesse de notre mouvement oculaire. Dans le
cas opposé, les illusions apparaissent nécessairement. Le plus souvent,
elles se montrent, lors des mouvements passifs du corps. Ici, l'œil est
mû avec le corps tout entier ; mais, comme nul effort musculaire ne
nous renseigne au sujet de ce mouvement, nous pouvons facilement
rapporter à un mouvement des objets extérieurs le déplacement des
images rétiniennes. D'ailleurs ici, l'illusion ne se manifeste générale-

1. *Ibid*. p. 564.

ment, que si la vitesse du mouvement passif dépasse, notablement, celle de notre propre mouvement de locomotion. Comme nous sommes habitués à justement interpréter ces déplacements des images réti- niennes, qui prennent naissance, quand nous nous livrons à l'exercice de la marche et de la course, des illusions se produisent régulièrement, lors des mouvements passifs du corps, si ceux-ci s'opèrent plus rapi- dement, que les mouvements ordinaires de locomotion. C'est pourquoi, quand nous sommes rapidement emportés par une voiture ou un train de chemin de fer, le mouvement apparent des objets, situés dans le voisinage, se manifeste d'une façon extrêmement énergique, tandis que les objets, plus éloignés, nous semblent au repos. Dans ce cas, nous n'avons pas conscience d'un mouvement de l'œil, puisque ce mouvement est passif ; également, nous pouvons méconnaître ou ne pas apprécier à sa véritable valeur un mouvement oculaire actif, toutes les fois que le même résultat se produit. Ce fait, que nous ignorons le mouvement réel de l'œil, doit être interprété comme un mouvement des objets dans le sens opposé. Même, quand nous fixons les objets au repos, des illusions de ce genre se manifestent. Plus longtemps nous fixons avec effort un objet, moins nous parvenons à maintenir l'œil dans sa position ; et les mouvements oscillatoires de cet organe sont rapportés à l'objet (1). Si, après avoir considéré des objets qui, pen- dant longtemps, se meuvent avec une certaine vitesse, dans une di- rection toujours égale, on tourne le regard vers des objets au repos, ceux-ci semblent, durant un temps très-court, se mouvoir dans le sens opposé. Étant assis, par exemple, dans un wagon d'un train en marche, examinez les objets, voisins de la voie, qui sont emportés par un mou- vement apparent rapide, et regardez ensuite le plancher du wagon : ce dernier semble se dérober à l'œil et suivre la direction du convoi. Prenez deux disques pareils à ceux de la toupie chromatique, présen- tant alternativement des secteurs noirs et blancs, et imprimez long- temps à l'un d'eux une vitesse telle, que les divers secteurs puissent encore être distingués par l'œil ; si alors, votre regard se porte subi- tement du disque en mouvement sur le disque immobile, celui-ci semble tourner dans le sens opposé (2). Citons enfin les phénomènes

1. J. Hoppe, *Die Scheinbewegung*, Wurzbourg 1879, p. 1.
2. Plateau in *Annalen* de Poggendorff, t. LXXX, p. 289, décrit une modification intéressante de cette expérience. Le lecteur trouvera d'autres observations et ex- périences, relatives aux illusions de mouvement, dans les mémoires d'Oppel pu- bliés in *Annalen* de Poggendorff, t. IXC, p. 540 et *Jahresb. d. Frankf. phys. Ve- reins* 1859-60, p. 54 ; et dans celui de Zœllner (*Annalen* de Poggendorff, t. C, p. 500).

de vertige, déjà étudiés (t. I, p. 222) et où existe constamment un
mouvement apparent des objets, mouvement qui, par exemple,
lors du vertige rotatoire s'effectue dans la direction de la rotation, par
conséquent d'une manière également opposée au mouvement précédent des objets. Il résulte de l'influence de la fixation, que dans ces
sortes d'illusions le mouvement oculaire est essentiellement déterminant. Le mouvement apparent a lieu, quand on a suivi du regard,
volontairement ou involontairement, les objets en mouvement ; il
cesse, si, voyageant en chemin de fer, on fixe avec persistance un point
quelconque, qui reste immobile par rapport à l'œil, le croisillon de la
fenêtre du wagon par exemple. La cause proprement dite du mouvement apparent doit donc se produire de la manière suivante Après
avoir suivi longtemps du regard des objets visuels en mouvement,
notre mouvement des yeux s'accomplit, de plus en plus, sans une
nette conscience de notre part ; et simultanément, nous perdons,
durant un temps très-court, la faculté de fixer avec persistance des
objets au repos. Si nous tournons le regard vers l'un de ces objets,
involontairement et inconsciemment le mouvement précédent de l'œil
persiste, et l'objet semble donc se mouvoir en sens opposé. En effet,
un observateur objectif peut percevoir ces sortes de mouvements oculaires. En outre, quand on suit longtemps, en le fixant, un objet présentant un mouvement uniforme, la représentation de mouvement
diminue de plus en plus : évidemment, nous perdons graduellement la
conscience de la rotation oculaire, qui s'effectue. Parmi ces phénomènes occasionnels, le mouvement involontaire du regard, qui suit
l'objet en mouvement, soit la rotation de l'œil, persistante comme
effet consécutif, n'offrent aucune difficulté, car ils s'accordent avec
beaucoup d'autres observations. Personne ne l'ignore, un exercice particulier est nécessaire, avant que l'on soit en état de choisir le point
de fixation, en avant ou en arrière de l'objet aperçu : en cela se manifeste nettement la contrainte, qui commande d'opérer la fixation des
objets. Quand nous nous livrons à une occupation, qui oblige à considérer des objets rapprochés, à la lecture, par exemple, il faut souvent
un certain temps, avant que l'œil soit capable de percevoir nettement
les objets éloignés, parce que des positions convergentes, encore involontaires, se manifestent facilement, comme effets consécutifs des
mouvements oculaires antérieurs. Ces faits, qui se rattachent évidemment aux phénomènes de l'exercice et de l'habitude, sont expliqués
par les principes, plusieurs fois signalés, de la mécanique physiolo-

gique des nerfs (1). Nous savons moins bien, pourquoi nous perdons graduellement la conscience d'une rotation oculaire, se produisant constamment et avec persistance dans *une* direction. On a eu l'idée d'invoquer ici une explication psychologique. Selon l'opinion d'Helmholtz (2), nous sommes habitués à fixer les objets qui sont au repos ; en suivant du regard des objets en mouvement, nous serions habitués à considérer les impulsions volontaires nécessaires à ce sujet, comme étant des impulsions appropriées à la fixation. Or, cette hypothèse n'explique nullement, pourquoi le mouvement oculaire, qui se produit, nous échappe ; et, on ne peut pas dire, que les impulsions volontaires occasionnent la fixation, puisque nous suivons plutôt involontairement du regard l'objet en mouvement. Un facteur essentiel, absolument passé ici sous silence et auquel se rattache surtout le vertige, qui accompagne tous ces phénomènes, consiste néanmoins dans l'impossibilité de réaliser une fixation véritable. Quand nous essayons de suivre du regard un objet, celui-ci nous échappe et nous tâchons d'en fixer un nouveau ; ici, se répète le même phénomène, etc. Donc, tandis que l'œil se dirige du côté, où se meuvent les objets, des efforts persistants d'innervation ont lieu dans la direction opposée. Ces efforts sont vains, parce que le nouvel objet, auquel l'œil cherche à s'adapter, disparaît toujours, de nouveau, dans la direction primitive et se dérobe au regard. Or, nous avons appris, précédemment, à connaître l'influence puissante de ces efforts d'innervation sur la localisation des objets visuels. Comme ils déterminent principalement la position et la direction des objets, par suite de cette innervation opposée à la direction du mouvement, la vitesse du mouvement est *estimée au-dessous* de sa valeur. Quand on tourne le regard vers un objet au repos, la rotation précédente de l'œil persiste encore longtemps, mais l'influence de celle-ci sur la localisation des objets est, de nouveau, compensée par l'innervation opposée, également persistante, de façon qu'actuellement, l'œil étant fixé en apparence, les objets visuels exécutent un mouvement apparent opposé. C'est pourquoi, bien qu'on n'ait pas nettement conscience d'une rotation de cet organe, on sent cependant dans l'œil un effort.

Même dans d'autres cas, où des troubles de l'innervation normale de l'œil ne se produisent pas, comme lors du mouvement continué

1. Consulter t. I, p. 252, 303.
2. Helmholtz, *Physiol. Optik*, p. 608.

des objets dans *une* direction, nous pouvons néanmoins avoir des illusions sur le repos et le mouvement. Le mouvement est une représentation relative. L'objet au repos est celui qui conserve invariablement sa position, par rapport à nous. Si deux objets changent dans l'espace leur position réciproque, l'objet, qui nous apparaît en mouvement, est celui, dont l'image rétinienne se déplace, ou bien celui, qui pour être fixé par notre regard, nécessite, que nous le suivions avec l'œil en mouvement. La décision est donc aisément et souvent très-certaine, si seulement l'un des deux objets considérés change de position, par rapport à nous, et si l'autre reste immobile. Ici même, les illusions sont toujours possibles, à condition que le mouvement s'opère avec une lenteur relative, et alors le mouvement du regard, qui suit l'objet, peut nous échapper. Si, par exemple, le soir, des nuages passent devant la lune, nous pouvons attribuer ce mouvement à cet astre, qui nous semble s'enfuir dans la direction opposée, tandis que les nuages sont immobiles. Ce qui contribue à cette illusion, c'est que nous sommes plus enclins à croire, en mouvement, les petits objets visuels, que les grands : penchant, qu'expliquent seulement la plupart des expériences, qui militent en faveur de ce cas. Des illusions semblables se produisent encore avec plus de facilité, si *deux* objets, en mouvement l'un vers l'autre, changent à notre égard leur position relative. Ainsi, le phénomène précédent est plus accusé, lorsque notre corps est lui-même en mouvement. Mais ici, notre jugement sur le mouvement des objets est des plus incertains, si nous exécutons un mouvement passif. Voici une illusion très-commune : Etant assis dans un train en marche, nous rapportons notre propre mouvement au mouvement d'un autre train voisin, qui est au repos ; nous pouvons, au contraire, croire notre convoi en marche, tandis qu'en réalité nous sommes tranquillement assis et immobiles, et que le convoi voisin chemine dans la direction opposée (1). Ici, l'illusion est des plus complètes, parce que les déplacements, qui se produisent, des images rétiniennes sont réellement susceptibles d'être interprétés aussi bien d'une manière, que de l'autre. De plus, deux représentations correspondent aux événements, qui en soi sont également possibles, tandis qu'en voyageant en chemin de fer nous avons parfaitement conscience des rapports véritables, lors du mouvement apparent ordinaire des arbres, des maisons, etc.

---

1. Hoppe (*Die Scheinbewegung*, p. 173) décrit un grand nombre d'exemples de ce genre.

5. — Mouvements binoculaires.

Sous le rapport physiologique, nos deux yeux sont des organes synergiques. D'une manière analogue à ce qui a lieu pour les organes de locomotion, la communauté de leur fonction est basée sur la liaison fonctionnelle de leurs *appareils de mouvement*. La position respective des deux yeux est déterminée d'une façon univoque, si l'on connait : 1° les directions des deux lignes visuelles, et 2° l'orientation de chaque œil, par rapport à sa ligne visuelle. Cette dernière se mesure, selon nos remarques antérieures (p. 82), à l'angle de roulement ou de rotation radiaire. Pour continuer directement l'étude des mouvements oculaires, nous considérerons d'abord les directions des lignes visuelles, qui sont sous l'influence immédiate de la volonté. Les roulements, qui, par suite des conditions mécaniques du mouvement, se produisent à notre insu, en dehors de notre volonté et sont très-petits dans toutes les circonstances, peuvent être démontrés par l'investigation physiologique ; nous en ferons donc préalablement abstraction, nous réservant de les examiner ultérieurement et d'étudier le rôle, qu'ils jouent dans la vision binoculaire. Les mouvements des lignes visuelles nous révèlent instantanément la synergie des deux yeux associés dans l'acte de la vision ; car, généralement, les deux lignes visuelles se meuvent toujours simultanément, et certaines directions de mouvement sont si étroitement unies entre elles, que leur liaison ne peut être rompue, que dans des circonstances extraordinaires ou par suite d'un exercice spécial. A cet égard, la contrainte au mouvement harmonique est, pour la vision binoculaire, bien plus forte, que pour les organes de locomotion ; et elle se rapproche de la contrainte déterminant l'action bilatérale, telle qu'elle se manifeste dans les groupes musculaires, agissant d'une façon parfaitement symétrique, par exemple dans les organes servant à la respiration et à la déglutition.

Les deux yeux s'élèvent ou s'abaissent uniformément, dans toutes les circonstances ; ils n'affectent jamais des positions de hauteur, qui soient inégales. Ils peuvent, en revanche, exécuter des mouvements de latéralité, mesurant des angles égaux, soit des angles inégaux ;

mais, dans ce cas, les lignes visuelles doivent être parallèles ou converger vers un point quelconque; les positions divergentes sont impossibles. Parmi ces divers mouvements, ceux qui sont opérés avec des lignes visuelles, se maintenant parallèles, et que nous nommerons *mouvements parallèles*, semblent être primitivement les plus naturels. Ce sont spécialement ces mouvements, qu'exécutent les enfants, dès les premiers jours de la naissance. Sans doute, parfois, des positions convergentes se produisent; elles n'ont lieu, que si le regard est abaissé, mouvement qui est relativement rare, chez le nouveau-né. Ce phénomène tient à ce que, dès le passage des lignes de regard à une position inclinée, une impulsion involontaire à la convergence de ces lignes se manifeste immédiatement (1). Le mouvement parallèle est convenable, conforme au but, quand notre attention se tourne vers des objets infiniment éloignés : car, à une distance infinie, nos lignes visuelles parallèles coïncident en un point de regard unique. Au contraire, quand le regard est abaissé, seuls les objets rapprochés s'offrent à notre examen. Chaque changement de position correspond donc aux exigences, imposées par l'arrangement ordinaire des objets visuels. En même temps, il est basé sur les lois mécaniques des mouvements oculaires. Ceci est justement prouvé, puisque ce changement se réalise involontairement, quand absolument aucun objet rapproché ne se présente à nos regards, afin de le fixer. D'ailleurs, il engendre (comme nous l'avons déjà remarqué, p. 110) des illusions constantes sur la direction des lignes verticales, illusions auxquelles nous expose la vision monoculaire.

Dans les *mouvements de convergence*, les lignes visuelles passent d'un point de regard éloigné à un point de regard rapproché; et dans les *mouvements de divergence*, d'un point de regard rapproché à un point plus éloigné. Toutes les positions convergentes se divisent encore en *symétriques* et *asymétriques*. Les premières sont celles, où les deux lignes visuelles, à partir de la position parallèle, dirigée exactement en avant, sont tournées d'une quantité égale en dedans; pour elles, le point de regard est constamment situé dans le plan médian. Avec les positions convergentes asymétriques, le point de regard ne se trouve pas dans le plan médian; alors, à partir de la position parallèle, dirigée exactement en avant, les deux yeux sont tournés, suivant des angles inégaux, en dedans, ou bien un seul œil est dévié en

1. Voir p. 88.

dedans, et l'autre en dehors, suivant un angle plus petit. Les mouvements de convergence sont possibles, avec n'importe quelle hauteur de position des lignes visuelles. Mais, comme, lors de l'abaissement du regard, la position parallèle devient involontairement convergente, la convergence fait effort, lors de l'élévation du regard, pour se convertir en position parallèle, de façon qu'elle diminue à notre insu et sans participation de notre volonté. Or, ceci est basé sur les lois, déjà étudiées, du mouvement de l'œil, d'après lesquelles la convergence est mécaniquement facilitée, quand la ligne de regard s'incline.

Dans les mouvements parallèles latéraux, les deux lignes visuelles se tournent, suivant des angles égaux, à droite ou à gauche ; dans les mouvements de convergence symétrique, elles se tournent, suivant des angles égaux, en dedans ou en dehors. Au premier de ces mouvements correspond un déplacement latéral ; au second, un déplacement, dans la profondeur, du point de regard commun. Or, celui-ci peut simultanément se déplacer de côté et vers la profondeur ; la position convergente asymétrique lui correspond. Cette dernière se composerait donc, par la pensée, d'un mouvement parallèle latéral et d'une convergence symétrique. En effet, à partir d'une position primaire avec les lignes visuelles (ρr, λl fig. 149) justement dirigées en avant, l'œil pourrait passer à toute convergence asymétrique de hauteur égale, de façon qu'il exécuterait d'abord (dans la position $\rho r''$, $\lambda l''$) un mouvement parallèle latéral, qui amènerait le point de fixation a au milieu, entre les deux lignes visuelles ; et ensuite, à cette position latérale succéderait une convergence symétrique ($\rho r'''$, $\lambda l'''$). En réalité, nous n'exécutons pas ce double mouvement, mais nous passons directement d'un point z au point a ; néanmoins, l'innervation est, très-probablement, composée de cette manière. On remarque d'abord, qu'avec la convergence asymétrique le sentiment de pression, qui accompagne ordinairement les grands mouvements oculaires, est des plus considérables, justement dans cet œil, qui serait le moins dévié de sa position primitive de repos. Ainsi, quand les deux yeux ρ et λ sont adaptés au point a situé à droite, le sentiment de pression est prépondérant dans l'œil droit, quoique celui-ci soit dévié de sa position de repos, seulement de l'angle $r \rho r''$; et le gauche, de l'angle $l \lambda l'''$, beaucoup plus grand. De même, le sentiment de pression, dans l'œil ρ adapté au point a, est plus considérable, que si cet organe était, lors de la convergence symétrique, dirigé vers z, bien que la grandeur de l'angle $r \rho r''$ soit inférieure à celle de l'angle $r' \rho r$ (1). De plus, si l'on transfère le point de fixation a, dans la direction de la ligne $\rho r''$, à une distance toujours plus éloignée, on remarque nette- ment dans l'œil ρ une diminution du sentiment de pression, bien que cependant la position de cet organe n'ait nullement changé, et que seulement l'œil λ se soit graduellement rapproché de la position pa-

rallèle. Ceci s'accorde avec ce fait découvert par Hering, que l'ampli- tude d'excursion de chaque œil au dehors, pour la vision de près, est plus petite, que pour la vision au loin (2). Quand on fixe un point rap- proché et situé à côté, l'innervation propre à la rotation de l'œil au-de- hors est, toujours, partiellement com- pensée par l'innervation de la con- vergence. De cette manière s'explique le sentiment si accusé de pression. Lorsque les yeux ρ et λ sont adaptés au point a, en λ seulement le droit interne est innervé, et sa force d'in- nervation tout entière est destinée à opérer la rotation en dedans. En ρ, au contraire, le droit externe reçoit une impulsion, qui d'elle-même diri- gerait l'œil vers $\rho r''$; néanmoins, une partie de cette rotation est com- pensée par l'innervation du droit interne, qui met cet organe dans sa véritable direction $\rho r'''$. Ici donc, une grandeur d'innervation, qui cor- respond à l'angle $r''' \rho r''$, n'a pas été employée au mouvement réel, mais à compenser les forces des muscles : elle doit, par conséquent, avoir la valeur d'une pression exercée sur le

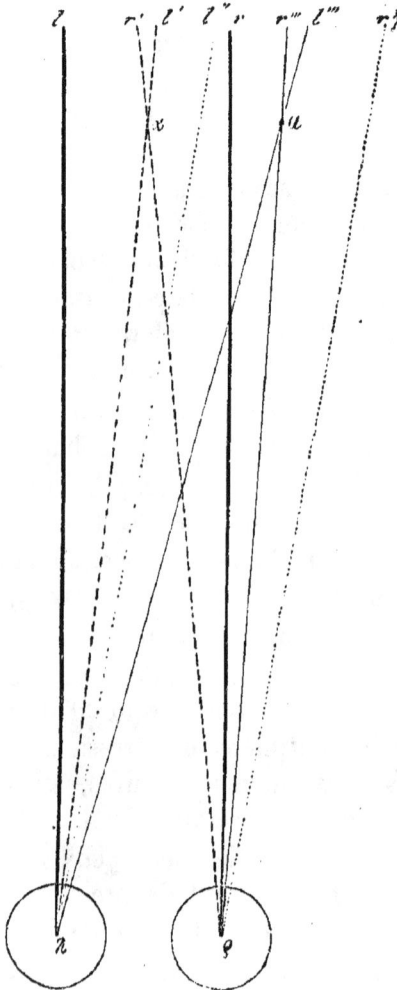

Fig. 149.

1. Hering, *Die Lehre vom binoculuren Sehen*. Leipzig 1868, p. 10.
2. *Ibid.* p. 11.

globe oculaire. L'expérience suivante me paraît instructive. Quand l'œil λ fixe un point situé dans le plan médian, couvrez l'autre œil ρ d'une feuille de papier. Si cette feuille de papier est subitement enlevée, on constate, que les deux yeux sont exactement adaptés au point; et même un observateur objectif peut remarquer, que la ligne visuelle de l'œil ρ prend, durant le recouvrement de ce dernier, la position ρ r', qui est symétrique à λ l'. Si, au contraire, je fixe, de l'œil λ, un point a situé à côté, je vois au premier moment, après que la feuille de papier ne cache plus l'œil ρ, toujours des images doubles, parce que la ligne visuelle n'occupait plus, pendant le recouvrement de l'œil, la position ρ r''', mais s'était déviée un peu en dehors, vers ρ r''. Par conséquent, l'œil recouvert accompagne, avec une convergence symétrique, les adaptations de l'autre œil à un point situé dans le plan médian. De même, il suit les élévations et les abaissements de la ligne de regard ou les rotations latérales, dans la position parallèle du regard. En revanche, il *ne* s'adapte *pas* généralement au point de fixation, parce que cet acte nécessiterait une convergence asymétrique; mais il se dévie, à cette occasion, dans le sens de la position parallèle correspondante. Le mouvement associé de l'œil recouvert prouve évidemment, que les deux yeux suivent une innervation commune, que n'engendrent pas les points de regard communs, vers lesquels ils se tournent. Or, la déviation de l'adaptation au point de regard commun, déviation que l'on observe avec la convergence asymétrique, témoigne, qu'ici un rapport plus complexe de l'innervation se produit. En effet, par exemple une déviation à gauche de l'œil gauche peut exiger, pour l'œil droit, ou bien une déviation à gauche, également grande : ceci est le cas de l'innervation simple pour la position parallèle; ou bien, elle peut s'unir à une forte déviation en dedans de cet organe : lors de la convergence asymétrique. Si un œil est caché, il lui reste, pour ainsi dire, le choix entre les deux cas; et l'observation apprend, que cet organe suit alors l'innervation simple ou que, du moins, il est dévié dans le sens de celle-ci. Conformément à cette expérience, toutes les fois que les deux yeux se meuvent, sans points de fixation déterminés, comme par exemple chez le nouveau-né, la position parallèle est puissamment et de préférence favorisée, parce que seulement un nombre limité de positions convergentes, surtout les positions symétriques, obéissent à une innervation, pareillement simple.

Il existe donc pour l'œil *trois* associations de mouvements, indissolubles dans les circonstances ordinaires et qui sont basées sur l'innervation centrale, simultanée des deux organes visuels : l'élévation et l'abaissement, les déviations à droite et à gauche, la déviation en dedans. Relativement à l'intimité de ces liaisons, les deux yeux, dans la vision binoculaire, ressemblent complètement aux groupes musculaires, qui agissent symétriquement dans les mouvements de la respiration, de la déglutition. La liberté, en apparence plus grande, de leurs mouvements tient seulement à ce que, parmi les trois innervations, qui commandent aux mouvements associés des deux yeux, deux d'entre elles, l'innervation pour la déviation à droite et à gauche et celle pour la déviation en dedans, sont susceptibles de jouer, en partie, un rôle opposé. La première innervation indique une association centrale du droit interne d'un côté avec le droit interne de l'autre côté ; la dernière, pareille association des deux muscles internes entre eux. En effet, les expériences, où l'on essaie de porter des irritants sur les tubercules quadrijumeaux, nous révèlent ces mêmes associations (1).

L'innervation des deux yeux fonctionnant ensemble est, évidemment, commandée par la loi suivante : les deux lignes visuelles doivent pouvoir s'adapter à un point de regard unique. Il n'en serait plus ainsi, si ces lignes s'abaissaient ou s'élevaient à un degré inégal, ou si elles divergeaient. Ces sortes de positions ne se présentent donc pas naturellement. Mais, cette liaison intime des mouvements oculaires à la possibilité d'un point de regard commun ne prouve nullement, que l'adaptation simultanée à certains points du champ visuel soit le motif déterminant de ce mécanisme de l'innervation. A la vérité, ceci est difficilement acceptable, si on se borne à considérer le développement individuel. Le nouveau-né meut ses yeux, sans points de regard déterminés, et généralement dans des positions parallèles (2). Donders a observé de pareils mouvements, chez un nouveau-né aveugle (3). Toutefois, les lois des mouvements se sont clairement manifestées, avant que des indices nets, précis, d'une perception visuelle aient été obtenus. Assurément, certains animaux semblent, aussitôt après la

1. Consulter chap. IV, t. I, p. 143.
2. J. Müller, *Zur vergleichenden Physiologie des Gesichtssinns*, p. 293.
3. Donders (*Archiv* de Pflüger, t. XIII, p. 383). Néanmoins, dans d'autres cas, les mouvements des deux yeux de nouveau-nés aveugles étaient irréguliers et, en apparence, absolument indépendants les uns des autres. (De Hippel, *Archiv f. Ophth.* XXI, p. 104, 122.) Ordinairement, après l'opération, les mouvements oculaires s'associent normalement au développement des perceptions visuelles binoculaires. Voir la conclusion de ce chapitre.

naissance, avoir des représentations visuelles. Or, le mécanisme central de l'innervation est déjà ébauché dans l'embryon. Si donc, entre ce mécanisme et la formation des perceptions il existe (ce qui ne peut être méconnu) un rapport causal, lors du développement individuel les lois de l'innervation doivent être l'agent conditionnant, et les représentations, le conditionné. Mais, il est sans doute probable, que dans l'évolution de *l'espèce* les mécanismes centraux, destinés à l'innervation binoculaire, se sont au contraire développés sous la conduite des perceptions visuelles. Selon la remarque déjà faite par J. Müller (1), les deux yeux de la plupart des animaux sont, sous le rapport fonctionnel, plus indépendants l'un de l'autre, que ceux de l'homme, parce qu'ils n'ont pas un champ visuel commun, ou parce que ce dernier a une étendue plus restreinte. Aussi, les animaux, dont les yeux sont exactement situés sur les parties latérales de la tête, voient non pas simultanément avec les deux yeux, mais alternativement avec l'un ou l'autre œil. C'est pourquoi ici, les yeux sont, en ce qui concerne leur innervation motrice, plus indépendants l'un de l'autre (2). Lors de l'évolution de l'espèce, les mécanismes centraux de l'innervation commune ont donc fait leur apparition, en même temps que la formation d'un champ visuel commun. D'après les renseignements, que nous fournit l'influence exercée par les impressions lumineuses sur les mouvements de l'œil, ces mécanismes ont une analogie intime avec les appareils, qui commandent au mouvement réflexe ordinaire; mais leur fonctionnement est mieux réglé, que le mécanisme habituel des réflexes de la moëlle épinière. L'observation montre, que de chaque impression lumineuse émane une certaine *impulsion* au mouvement de l'œil. Il faut, personne ne l'ignore, un effort et un exercice particuliers, pour choisir un point de regard *imaginaire*, en d'autres termes un point de regard, auquel ne corresponde aucun point d'un objet réel. Entre les impressions rétiniennes et le mouvement de regard il doit donc exister une relation, qui est analogue au réflexe. En effet, il s'agit véritablement, ici, de l'un de ces processus réflexes compliqués, dont les centres sont, d'après nos démonstrations antérieures, les ganglions cérébraux, surtout les couches optiques et les tubercules quadrijumeaux. Cette direction, qu'impriment les impressions lumi-

---

1. *Loc. cit.* p. 99 et suiv.
2. C'est ce que l'on observe très-nettement, par exemple chez le caméléon, à cause de ses yeux éminemment saillants : tandis que l'un de ses yeux se tourne en haut ou en avant, l'autre peut être dirigé en bas ou en arrière, etc.

neuses aux mouvements oculaires, a l'analogie la plus intime avec la relation, qu'affectent les mouvements de locomotion à l'égard des sensations tactiles. Seulement pour l'œil, la liaison semble encore plus solide et, par là, se rapprocher davantage du réflexe simple, de la même manière que la symétrie bilatérale des mouvements est plus rigoureusement maintenue, que pour les organes de locomotion. On donne d'abord aux deux yeux un point de regard imaginaire ; on laisse donc les deux lignes visuelles se croiser en un point, où ne se trouve aucun objet vu directement. Ceci réussit très-facilement, si on fixe une surface éloignée et si, ensuite, quelque part au-devant de celle-ci, on fait converger les lignes visuelles. La surface éloignée est-elle un tapis, la réduction apparente du dessin du tapis permet de mesurer approximativement la distance du point de convergence, situé avant cette surface. Si, à une faible distance, en avant ou en arrière du point de regard imaginaire, on met un objet réel, un doigt par exemple, instantanément on a une tendance, presque invincible, à transférer à cet objet le point de regard. Cette contrainte, qui peut être interrompue seulement par un effort de la volonté, est d'autant plus grande, que l'objet a été plus rapproché du point de regard. Elle se manifeste encore avec plus de netteté, si, après avoir mis dans un espace obscur un point de fixation, une aiguille à coudre, par exemple, que les deux yeux considéreront, on produit un éclairage instantané à l'aide d'étincelles électriques. Dans ce cas, la contrainte, que l'on éprouve à transférer à l'objet aperçu le point de regard, est si énergique, que l'effort de la volonté parvient difficilement à la supprimer.

Il résulte de ces observations, que chaque impression lumineuse, agissant sur la rétine, met en jeu dans le centre d'innervation de l'œil une impulsion réflexe, qui, de là, est destinée à transmettre l'impression au centre rétinien. Ceci explique complètement cette loi fondamentale de l'innervation de la vision binoculaire : seuls, ces sortes de mouvements des deux lignes de regard, chez lesquels un point de regard commun est possible, sont susceptibles de se produire. Or, ces impulsions au mouvement sont capables d'engendrer un mouvement réel, quand la vision binoculaire choisit, pour point de fixation, l'impression lumineuse excitatrice ; ou bien, soit grâce à la volonté ou à d'autres impressions lumineuses exerçant un effet opposé, elles peuvent être interrompues, de manière qu'elles persistent, comme une pure aspiration au mouvement. Naturellement, l'influence déprimante de la volonté est essentiellement favorisée par l'influence des autres impressions lumineuses. La migration volontaire et ordinaire du regard est donc possible, uniquement parce que toujours de nombreuses impressions lumineuses compensent réciproquement leurs effets, de façon que la plus légère impulsion de la volonté suffit à occasionner un mouvement déterminé. Ainsi s'explique la mobilité extraordinaire du regard, mobilité qui est gouvernée par des impulsions volontaires, tellement faibles, que nous avons difficilement conscience de ces dernières. Dans ce cas, le regard parcourt de préférence, en les mesurant dans le champ visuel, les contours et les lignes, conformément à la loi suivante : les impressions, qui sont le plus voisines du point de regard respectif, engendrent l'impulsion la plus énergique.

A l'influence irrésistible, exercée par les objets visuels sur l'orientation de l'œil, il faut rattacher ce fait, que dans toutes les circonstances les deux yeux peuvent subir des roulements anormaux, autour de leurs lignes visuelles ou affecter des positions de hauteur, divergentes. Si, par exemple, à l'aide de la vision binoculaire, on oblige deux dessins identiques à se recouvrir et si, ensuite, on tourne un peu l'un d'eux, autour de son point de fixation, les roulements, auxquels participent toujours les deux yeux, compensent cette rotation. De cette manière, chaque œil peut être dévié de 5 — 7° de sa position normale (1). Sur ces sortes de rotations compensatrices sont basées les oscillations, déjà mentionnées (p. 110), concernant la position des méridiens rétiniens, en apparence verticaux, et observées par Donders. Des prismes, doués d'une faible déviation, engendrent des positions de hauteur, divergentes. Si nous plaçons devant un œil l'un de ces prismes, dont la base est tournée en haut ou en bas, le point fixé se montre sous forme d'images doubles, superposées les unes aux autres, que l'on peut, grâce à un certain effort, obliger à se fusionner ; de même, si les deux yeux regardent à travers des prismes, dont la base est tournée en dedans, les images doubles ne se fusionnent, qu'à la faveur d'une position divergente (2).

Les changements de l'état d'accommodation se lient régulièrement aux mouvements de convergence et de divergence des lignes visuelles, puisque les deux yeux s'accommodent à cette distance, à laquelle le point de regard commun est adapté (3). Cependant, cette connexion

1. Nagel, *Das Sehen mit zwei Augen*, p. 51, et *Archiv f. Ophthalm.* XIV, fasc. 2, p. 235.
2. Helmholtz, *Physiol. Optik*, p 475.
3 J. Müller, *Zur vergleich. Physiol. des Gesichtssinns*, p. 207.

n'est pas indissoluble; les modifications de l'état de réfraction ou l'exercice intentionnel peuvent faire éprouver des déplacements, assez importants, au rapport de l'accommodation et de la convergence. Quand, par exemple, avec des prismes faibles, à angles réfringents, posés verticalement, on engendre des images doubles des objets aperçus, qui nécessitent pour se fusionner une convergence renforcée, néanmoins l'accommodation peut être adaptée à la distance des objets (1). Pareil résultat se manifeste régulièrement, sans effort particulier de la volonté, par une contrainte, que les contours, vus indistinctement, semblent exercer sur l'appareil d'accommodation (2). Nous devons donc admettre, qu'il existe une association réflexe entre les impressions rétiniennes et le centre d'innervation de l'accommodation. C'est pourquoi, lors de la vision monoculaire, l'état respectif de réfraction de l'œil est adapté à la distance des objets aperçus. Mais, généralement, la vision binoculaire exige un état d'accommodation, égal pour les deux yeux. A ce besoin correspond une association des centres d'innervation des deux côtés, pour l'accommodation. Si cette dernière était uniquement constituée par les impulsions réflexes, qui se produisent indépendamment dans chaque œil, on ne comprendrait pas, pourquoi ceci est extrêmement difficile; et c'est grâce à un exercice prolongé, que l'on réussit à modifier les états de réfraction des deux yeux et à les rendre indépendants les uns des autres. En outre, il est nécessaire de supposer, qu'une association un peu plus relâchée du centre de l'accommodation existe avec le centre de convergence. Or, il est bien plus difficile de changer les états de réfraction, pour les rendre indépendants les uns des autres, que de dissoudre l'association de l'accommodation et de la convergence. D'ailleurs, toutes ces associations sont en quelque sorte modifiables; ce qui concorde absolument avec les faits connus de la mécanique physiologique (3).

6. — Perceptions visuelles binoculaires.

Quand les deux lignes visuelles sont dirigées parallèlement l'une à l'autre, vers une distance infinie, elles ont un point de regard commun. De plus, les images rétiniennes sont identiques dans les deux yeux, et

1. Donders, *Hollandische Beiträge*, I, p. 379. — Helmholtz, *Phys. Optik*, p 474.
2. Wundt, *Beiträge zur Theorie der Sinneswahrnehmung*, p. 119.
3. Consulter t. I, p. 115, 303.

leur position est correspondante. Un point appartenant à une image et qui, dans l'œil droit se trouve, d'après un certain angle, à droite ou à gauche, en haut ou en bas du milieu de la rétine, est situé, dans l'œil gauche, du même côté et aussi loin du centre de la tache jaune. On a appelé points *identiques* ou *correspondants* deux points des deux rétines, sur lesquels se présentent ainsi, lors de la position parallèle des yeux, des points d'image (Bildpunkte), qui correspondent à un même point d'un objet infiniment éloigné. L'expression de *points de recouvrement* a été proposée; mais, avec ce terme, on fait complètement abstraction de la position, et on prend seulement en considération la forme la plus fréquente de la fusion des impressions; par conséquent, les points de recouvrement, adoptés par Helmholtz, ne correspondent pas parfaitement aux points d'image, concordants d'un objet infiniment éloigné (1). Ceci indique, que dans ces désignations deux concepts, qui ont besoin d'être nettement séparés, reviennent au même : un concept anatomique, qui se rapporte exclusivement à la position des points, et un concept physiologique, qui se rapporte à la forme la plus ordinaire de la fusion des impressions. Il nous semble indispensable d'opérer la séparation de ces deux concepts, de leur donner des désignations différentes et d'en distinguer encore un troisième. Nous nommerons donc : 1° *identiques*, ces points rétiniens qui, lors de la position parallèle des yeux, ont une situation concordante, par rapport au centre rétinien et correspondent, en même temps, à des points d'image concordants d'un objet infiniment éloigné. 2° Les points *correspondants* sont ceux, dont les impressions se fusionnent, *le plus fréquemment*, en une sensation non divisée dans l'espace et qui, grâce à cette liaison habituelle, sont favorisés, par rapport à la perception simple. Enfin, 3° les *points de recouvrement* sont ceux, dont les impressions se rapportent, dans un cas donné, à *un* point extérieur. Par conséquent, très-souvent, les points correspondants sont, en même temps, des points de recouvrement; mais, ils ne le sont pas toujours, et voilà pourquoi il est nécessaire de les désigner d'un nom particulier. Les points identiques ont invariablement, pour tous les yeux normaux, la même position. Les points correspondants sont sujets à de faibles oscillations individuelles : ils coïncident presque, tantôt plus, tantôt moins, avec les points identiques; mais, ils sont généralement constants, pour un même individu. Au contraire, la position des points de recou-

1. Helmholtz, *Physiol. Optik*, p. 698.

vrement varie d'un acte visuel à un autre acte de ce genre ; et seules, les conditions ordinaires de la vision imposent certaines limites au déplacement réciproque des points de recouvrement. Les points rétiniens d'une position non correspondante se nomment *disparates* ; ceux, dont les images ne se recouvrent pas, nous les appellerons *points doubles*. Disparate est donc opposé à identique ; et point double, à point de recouvrement. Un grand nombre de points doubles forment une *image double*. Celle-ci consiste en deux *demi-images*, dont chacune appartient à un œil. Une *image de recouvrement* ou *image totale* se compose d'un grand nombre de points de recouvrement. Comme nous rapportons toutes les images rétiniennes aux objets extérieurs, il est ici convenable de transférer à l'espace extérieur ces désignations de la rétine. Nous nommons donc points identiques, correspondants et points de recouvrement de l'espace ces sortes de points, où se coupent les lignes de visée, tirées des points identiques, correspondants et des points de recouvrement des deux rétines. Si deux lignes de visée correspondantes sont parallèles l'une à l'autre, ce point d'intersection se trouve situé à une distance infinie. Par conséquent, lors des positions parallèles, toutes les lignes de visée des points identiques se coupent à une distance infinie. Il y a dans le champ visuel un seul point, qui dans l'œil normal est toujours simultanément point identique, correspondant et point de recouvrement : c'est le *point de regard*. Il est le point constant d'intersection des deux lignes visuelles ou des lignes de regard, que ces lignes se rencontrent à une distance infinie, lors des positions parallèles du regard ou à des distances finies, lors des positions convergentes. Le plan, dans lequel les deux lignes visuelles sont situées, se nomme le *plan de visée*. Quant aux autres points du champ visuel, c'est la position des yeux ou la forme du champ visuel, qui nous apprennent, si les points identiques, correspondants et les points de recouvrement coïncident ou non. Or, nous le savons déjà, la forme du champ visuel est d'elle-même indéterminée, et c'est grâce aux mouvements du regard, par conséquent aux déplacements successifs, produits dans le champ de regard, que le champ visuel prend une configuration déterminée. Voilà pourquoi, toutes les fois que d'autres causes occasionnelles font défaut, le champ visuel concorde avec le champ de regard, sphéroïdal. Celui-ci est, pour la vision binoculaire, également une surface sphérique creuse, celle que le point de regard commun, dans la position parallèle ou dans une autre position quelconque des yeux, peut parcourir avec un degré de

convergence constant et permanent. Le centre de cette surface sphérique est le point de partage de la ligne droite, qui unit les points de
rotation des deux yeux. Donc, généralement à partir de ce point, la
vision binoculaire détermine la direction des objets (*m* fig. 150).
Aussi, un point *a*, fixé binoculairement, nous apparait-il dans la
direction *m a*, comme s'il était vu par un seul œil placé au point
m (1). Cette détermination des directions, telle qu'elle s'est constituée
par suite de la vision binoculaire, est ordinairement encore décisive,
quand nous fermons un œil. Après avoir fermé l'œil droit, fixez avec
l'œil gauche *l* (fig. 150) un point *a'* éloigné, et ensuite le point *a* plus
rapproché : quoique la direction de la ligne
de regard *l a* soit restée invariable, le point
a semble dévier à gauche ; ce qui correspond
au mouvement de la direction moyenne du
regard, de la position *m a'* vers *m a*. Simultanément, dans ce cas, la rotation radiaire de
l'œil se modifie dans le même sens, qu'elle
prendrait, si, lors de la vision binoculaire,
on passait d'une faible convergence à une
convergence plus énergique (2).

Quand dans le champ visuel se trouvent des
objets de forme quelconque, qui doivent être
successivement fixés avec une convergence
variable, la vision binoculaire se construit
son champ visuel, soit à l'aide des déplacements réels du regard, soit à l'aide des sensa-
tions d'innervation,résultant de l'impulsion au mouvement,qu'engendre
d'elle-même chaque impression lumineuse (p. 133). C'est pourquoi,

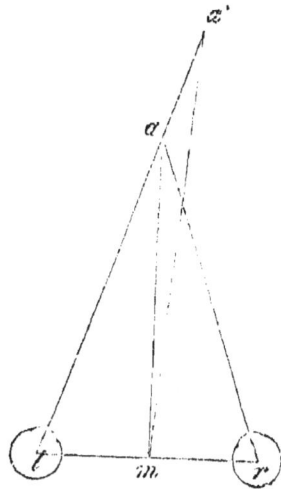

Fig. 150.

1. Hering, *Beiträge zur Physiologie,* p. 35, et *Archiv* de Reichert et du Bois-
Reymond, 1864, p. 27. — Donders, *Archiv f. Ophthalm.* XVII, 2ᵉ fasc. p. 52.
2. D'ailleurs, cette localisation dans une direction visuelle moyenne ne se
réalise rigoureusement, que pour le point de regard ; tandis que, si les points
occupent des parties latérales de la rétine, des déviations du point *m* semblent
s'effectuer du côté de cet œil, sur la moitié rétinienne et nasale duquel se trouve
l'image. (Schoen, *Archiv f. Ophth.* XXII, 1ᵉʳ fasc. p. 31 et *ibid.* XXIV, 1ᵉʳ fasc.
p. 27.) En outre, voici ce que J. de Kries a observé sur lui-même : avec le strabisme divergent involontaire, quand la fixation binoculaire est maintenue, une
lutte des directions visuelles peut se produire, et alors, tantôt un œil, tantôt l'autre
a la prépondérance. Ainsi, dans la vision rapprochée, l'œil gauche de de Kries
est prédominant ; et son œil droit, dans la vision lointaine. Par conséquent, dans
le premier cas, le centre des directions visuelles s'est déplacé à gauche, et à droite,
dans le second cas. (*Archiv f. Ophth.* XXIV, 4ᵉ fasc. p. 117.)

généralement, nous donnons au champ visuel binoculaire approximativement cette forme, que les objets aperçus possèdent réellement,
par rapport à notre organe visuel. Si nous imaginons, que des lignes
de visée soient tirées vers le champ visuel, deux lignes, qui se coupent
sur la surface du champ visuel, proviendraient-elles de points rétiniens
identiques ou disparates, rencontrent là un *point de recouvrement.*
Or, pour chaque œil, la ligne de visée donne la direction, où un point
d'image est transféré au dehors ; et le champ visuel est cette surface,
sur laquelle nous nous représentons les impressions lumineuses, or-

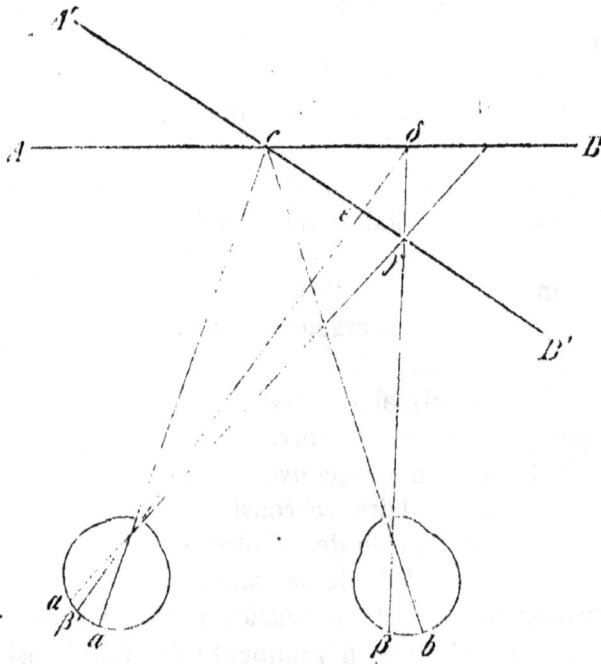

Fig. 151.

données dans l'espace extérieur (p. 79). Si donc, ces directions se
rencontrent dans le champ visuel, les points d'image doivent se recouvrir. Or, il n'est pas naturellement nécessaire, que les lignes de visée,
qui se coupent, appartiennent à des points identiques. Supposons par
exemple (fig. 151), que le champ visuel est un plan *A B* perpendiculaire au plan de visée, et que les lignes visuelles *a c*, *b c* sont adaptées
au point de regard *c*. Alors, le point γ est un point identique de l'espace extérieur ; car, en ce point se terminent les lignes de visée des
points rétiniens identiques α, β. Au contraire, le point δ est, dans le

hamp visuel, un point de recouvrement ; et en ce point se coupent les deux lignes de visée, qui émanent des points disparates β, β'. Si nous donnons maintenant au champ visuel la position $A' B'$, le point γ devient point identique et, simultanément, point de recouvrement. Les changements de position ou de forme du champ visuel sont susceptibles de modifier le rapport des points de recouvrement avec les points identiques ; de même, le changement de position des yeux fera naturellement varier ce rapport.

Comme les lignes de visée, surtout quand les objets sont éloignés, ne diffèrent pas notablement des rayons de direction, les points de recouvrement dans le champ visuel sont, en même temps, des points d'objets, si le champ visuel a *la même* forme, que présente la surface des objets qui est tournée vers l'individu exerçant la vision. C'est ce qui se produit généralement, ainsi que nous l'avons précédemment remarqué ; et voilà pourquoi, les deux yeux voient ordinairement non pas double, mais simple. Or, ceci n'exclut pas de nombreuses imperfections particulières ; bien plus, selon les circonstances, quand les auxiliaires ou moyens habituels nous font défaut, nous pouvons nous illusionner complètement sur le rapport de position des objets. Si notre champ visuel, engendré subjectivement, ne coïncide pas avec la surface des objets donnée objectivement, généralement seules, ces sortes de lignes de visée, qui appartiennent à des points d'objets différents, se coupent naturellement en un point quelconque de ce même champ visuel. Si, par exemple, le plan $A' B'$ (fig. 151) est notre champ visuel, et le plan $A B$ la surface des objets, au point d'objet δ correspondront deux point γ et ϵ dans le champ visuel. Dans les cas de ce genre, un point réellement simple est effectivement vu double. Si nous appelons champ visuel *subjectif* le champ visuel, pris dans la signification qui lui a été maintenue jusqu'ici, par conséquent sa forme, que nous nous représentons par suite des mouvements de regard et des sensations d'innervation ; et si, pour l'en distinguer, nous nommons champ visuel *objectif*, la forme réelle de la surface des objets, qui est tournée vers nous, nous poserons la règle suivante : *Nous voyons simple, dès que le champ visuel objectif concorde avec le champ visuel subjectif ; et ces points du champ visuel objectif, qui ne sont pas situés dans le champ visuel subjectif, nous apparaissent doubles.*

Le moyen, le plus ordinaire, de faire concorder le champ visuel subjectif avec le champ visuel objectif, quand les sensations directes de mouvement sont insuffisantes, consiste à fixer binoculairement et successivement divers points ; alors, nous remplissons avec une exactitude approximative l'espace intermédiaire et nous complétons sa forme. Lorsque le champ visuel objectif a une configuration très-complexe, ses diverses parties peuvent donc apparaître doubles à l'œil au repos ; mais, grâce à quelques mouvements du regard, elles se réunissent facilement en une représentation simple, qui reste simple, même quand le regard est au repos. Au contraire, la vision double se montre régulièrement, si on choisit un point de regard, qui est absolument séparé des autres points du champ visuel et est, par conséquent, situé en avant ou en arrière de ces points, sans être relié avec eux par une ligne de fixation. Un objet se trouve-t-il par exemple en a (fig. 152), et les deux lignes visuelles sont-elles adaptées au point b plus éloigné, on voit en a_1 et a_2 les images doubles du point a ; a_1 appartient à l'œil r, a_2 à l'œil l, comme il est facile de s'en convaincre, car si r est fermé, a_1 disparaît, et a_2 disparaît, si l est fermé. Donc, dans ce cas, les images doubles sont *du même côté*. L'œil est-il adapté au point c plus rapproché, de nouveau au lieu de l'objet a, on voit les images doubles a_1 et a_2 : ici a_2 appartient à l'œil r, a_1 à l'œil l, comme on peut le reconnaître, en fermant alternativement chacun des deux yeux. Les images doubles n'occupent donc pas le même côté : elles *se croisent*. Dans toutes ces circonstances, les images doubles ne sont pas, ainsi qu'on l'avait cru parfois, transférées à la distance du point de regard b ou c : elles sont vues presque à la même distance, où se trouve l'objet a. On a donc, évidemment, une représentation approximativement juste de la position de l'objet a. Cette notion peut être obtenue dans divers cas, puisque les mouvements de regard antérieurs nous- renseignent exactement sur la position réelle de l'objet a. Mais, ainsi qu'il résulte des observations suivantes, ceci ne peut être la cause décisive. Mettez dans un espace obscur un petit point lumineux, servant de repère à la fixation, et tenez ensuite, tantôt en avant, tantôt en arrière de ce point, un objet éclairé par des étincelles électriques momentanées ; pendant cet éclairage, l'objet apparaîtra avec des images doubles. Bien que les mouvements oculaires soient exclus, par suite de la courte durée de l'éclairage, nous reconnaissons néanmoins avec précision, si l'objet, aperçu double, se trouve en avant ou en arrière du point de regard (1). L'expérience suivante d'Hering démontre la

1. Donders, *Archiv f. Ophth.* XVII, 2ᵉ fasc. p. 17 ; Van der Meulen, *ibid.* XIX, 1ᵉʳ fasc. p. 105.

chose plus simplement (1). En regardant avec les deux yeux à travers un tube, qui empêche de percevoir les objets situés à côté, on adapte la vision à un point de fixation déterminé, et un aide laisse tomber à travers le champ visuel une boule, tantôt en avant, tantôt en arrière de ce point. Ici, la rapidité de la chute de la boule ne permet pas d'admettre des mouvements de l'œil; néanmoins, on reconnaît nettement, si la boule tombe en avant ou en arrière du point de fixation et on a, même, une représentation approximative, quoique assez inexacte, de la distance absolue de la boule. Ceci est confirmé par cette expérience, déjà mentionnée, que nous possédons une représentation assez juste de l'arrangement des objets dans le champ visuel, sans que nous puissions nous créer cette représentation par les déplacements du regard. D'autre part, ces observations sont uniquement des variations de ce fait, qui nous est très-familier : quand des objets surgissent dans notre domaine visuel, nous savons justement, à chaque

Fig. 152.

instant, dans quelle direction nous devons mouvoir nos yeux, afin de les adapter à ces objets, en les fixant : connaissance, qui peut être déduite de la relation des impressions lumineuses avec les sensations d'innervation de l'œil.

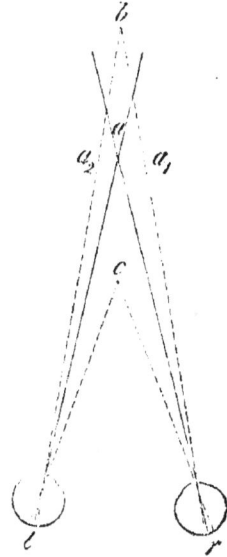

Puisque, dans les expériences antérieurement décrites, on a assigné aux images doubles cette distance appartenant réellement aux objets, qui leur correspondent, on est amené à se demander, pourquoi voyons-nous double ; bien que cependant, d'après la proposition établie plus haut, les objets ne sont vus doubles, que si le champ visuel subjectif ne concorde pas avec le champ visuel objectif, en d'autres termes que si l'impression est *faussement* localisée. Les observations suivantes jetteront un certain jour sur cette question. Adaptez (fig. 153) les deux yeux à un objet de fixation $a\,b$, placé verticalement (à une aiguille par exemple), de façon que $e\,c$ soit la direction des deux lignes visuelles. Posez ensuite, au devant et tout près de $a\,b$, un deuxième objet de fixation analogue $a'\,b'$. Alors, $a\,b$ apparaît simple, et $a'\,b'$ avec des

1. Hering, *Archiv* de Reichert et de du Bois-Reymond, 1865, p. 153 ; Van der Meulen, *loc. cit.*

images doubles. Otez a' b' et donnez à a b une position inclinée, afin que a se trouve à la place de b'. Si désormais le point c est fixé, a devrait, ainsi qu'auparavant b, être vu double. Or, on remarque, si toutefois la distance de profondeur c b' n'est pas trop considérable, que, dans ce cas, il sera exceptionnellement difficile de voir réellement double le point a. Ceci ne réussit momentanément, que si la fixation est persistante et longtemps soutenue ; en revanche, l'objet apparait simple, lors du déplacement du regard, comme lorsque on l'examine un instant ; en même temps, on perçoit toujours avec netteté la position inclinée de l'objet. Dessinez en outre quatre carrés, disposés à l'exemple de ceux de la fig. 154 A, et adaptez les deux yeux à chaque point central des deux petits carrés, de façon que ceux-ci soient, constamment, vus simples. Les carrés moyens se fusionnent alors en *une* seule représentation ; car, l'effet est ici le même, que si on fixait binoculairement un carré unique, qui se trouverait au point de convergence des deux lignes visuelles. Les grands carrés sont vus doubles, et non simples. Reliez maintenant, comme dans la fig. 154 B, les points constituant les sommets des angles de chacun des petits carrés avec les points analogues du grand carré et fixez de nouveau les centres. Soudain, la figure tout entière apparait simple : elle donne l'image corporelle d'une pyramide tronquée ; les petits carrés appartiennent à la pointe tronquée, tournée vers le spectateur, et les grands, à la surface basilaire, qui se détourne du spectateur. Sans doute, il arrive parfois, même dans ce cas, que les grands carrés avec les lignes, qui les unissent aux petits, sont vus doubles ; mais, simultanément l'impression précédente de l'extension corporelle de la figure disparait toujours. Dans les cas de ce genre, cette impression est de nouveau facilement éveillée par les mouvements de regard, qui suivent les lignes de communication ou d'union des carrés. Si on fixe au contraire, en transférant le point de regard imaginaire avant le plan du dessin et en adaptant l'œil droit au point situé à droite, dans la fig. 154 A, le petit carré, vu simple, semble osciller un peu au-dessus du plan du dessin, conformément à la position convergente rapprochée ; mais dans la fig. 154 B, le grand carré donne l'image de la surface, qui est plus voisine de l'œil : on a ainsi l'impression d'une pyramide creuse,

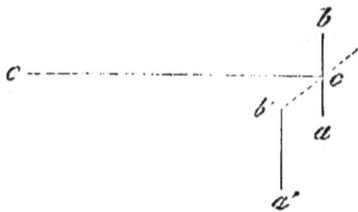

FIG. 153.

dont la surface est tournée vers l'observateur. L'individu, dont les deux yeux ne sont pas exercés à fixer volontairement des points séparés, produira facilement la première forme de la perception corporelle, s'il

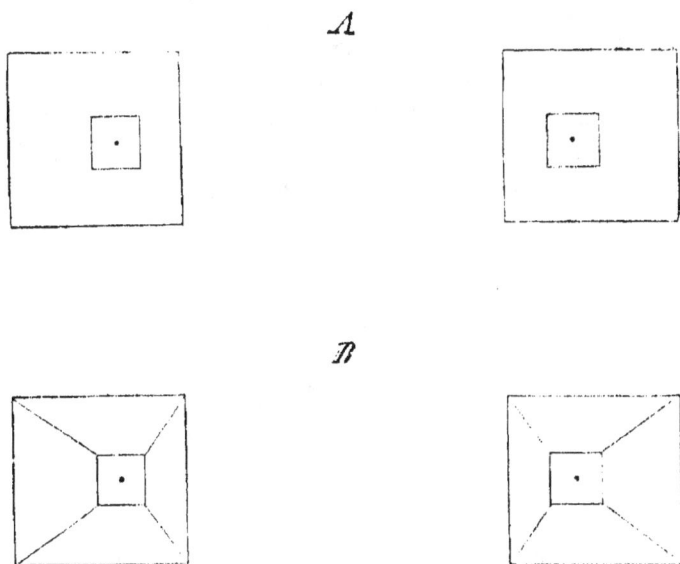

Fig. 154.

met convenablement le dessin dans un stéréoscope ordinaire, à prismes. On obtient la deuxième forme, si, après avoir divisé également la feuille supportant le dessin, on intervertit la position, qu'occupait auparavant chaque carré complet.

D'après ces observations, les lignes de fixation jouent un rôle essentiel dans la configuration du champ visuel. Dès que des points, séparés les uns des autres, se trouvent dans le champ visuel objectif, c'est spécialement à l'aide des contours, qui les unissent ou les relient, que nous nous orientons sur la position réciproque de ces points. Quand ils font défaut, nous avons, à la vérité, un certain sentiment de leur distance grande ou petite, mais la représentation est bien mieux déterminée par les lignes de fixation, sur lesquelles le point de regard peut se mouvoir de diverses manières. Dans ce cas, le champ visuel subjectif coïncide de la façon la plus complète avec le champ visuel objectif, lorsque ces sortes de mouvements sont réellement exécutés. Cependant, la simple existence des lignes agit dans le même sens. Il est facile de se convaincre, que notre représentation, concer-

nant la distance des objets, séparés les uns des autres et répartis dans
le champ visuel, est très-défectueuse. Dans l'expérience de la fig. 153,
on a généralement l'idée, que le bâton a' b' est plus rapproché, que
a b ; mais, constamment, on *évalue trop peu* la distance de ces deux
objets, comme on peut s'en assurer, quand a b a été mis dans la position
inclinée, indiquée par la ligne ponctuée, où soudain cette distance
apparaît sensiblement augmentée. En faisant des expériences sur les
images doubles (fig. 152, p. 143), on remarque le même phénomène,
si l'œil est alternativement adapté au point rapproché et au point éloigné.

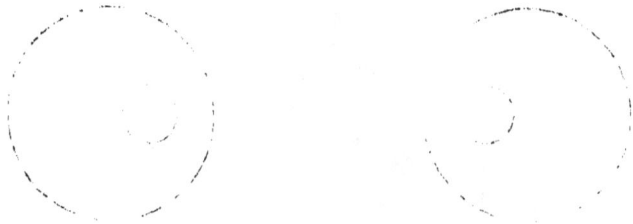

Fig. 155.

Dans ce cas, les images doubles, qui, lors du changement de la convergence, se rapprochent davantage l'une de l'autre, semblent toujours
s'éloigner simultanément du point de fixation, auparavant maintenu.
Le lieu apparent des images doubles se rapproche donc, d'autant plus
du point de regard, que le regard est plus soutenu ; et, quand la fixation
est complètement immuable, l'illusion peut réellement se produire,
comme s'il se trouvait à égale distance. D'ailleurs, dans tous ces cas,
ce fait, que les images rétiniennes correspondent à des représentations
déjà familières, joue un rôle essentiel. Ainsi, il n'est pas difficile, par
la fixation des petits cercles, de combiner la fig. 155 en représentation
d'un cône tronqué, malgré l'absence de lignes de fixation entre les
grands et les petits cercles. Ce qui nous favorise ici, c'est qu'une forme
réelle de cette espèce ne possède effectivement aucune ligne de fixation
marquée ; tandis que dans une pyramide tronquée, comme celle de la
fig. 154, ces sortes de lignes doivent exister entre les angles de la base
et de la pointe. La représentation que, lors de la fixation d'un point
quelconque, nous avons de la situation de tous les autres points dans
le champ visuel, n'est par elle-même déterminée, que si elle est donnée
par la connaissance de la *direction*, dans laquelle le point de regard
doit être mû, pour s'y adapter. En d'autres termes, nous savons
généralement de *quel côté* il nous faut tourner le regard, pour fixer

un objet; mais, *de combien de degrés* nous devons le tourner, nous l'ignorons. Ceci se comprend, si on réfléchit, qu'une détermination exacte de la position du globe oculaire ne se produira probablement pas autrement, que la détermination de position de nos membres opérant le toucher, c'est-à-dire qu'à l'aide de ces sensations, que lors du mouvement réel engendrent les pressions des parties et les autres sensations sensorielles périphériques. Or, les sensations d'innervation sont, selon la direction où agit l'impulsion au mouvement, associées avec les résidus de ces sensations, qui sont laissés par des mouvements antérieurs. C'est pourquoi, seule la direction, dans laquelle le mouvement doit avoir lieu, est connue, mais non son étendue. La connaissance de l'étendue du mouvement n'est possible, que si les points, situés à des distances différentes, sont reliés par une ligne de fixation ; alors, chaque point de cette ligne implique une impulsion spontanée au mouvement ; de sorte que, sa direction étant donnée d'un point à un autre point de l'innervation, par ce moyen son étendue est d'elle-même tracée.

Cependant, et uniquement dans des conditions déterminées, la liaison, qu'opèrent les lignes de fixation entre les objets aperçus, est une garantie, que le champ visuel subjectif concorde avec le champ visuel objectif. La première condition, c'est qu'ici les différences de distances, existant entre les points aperçus, ne soient pas trop considérables. Si, dans l'expérience de la fig. 153, on choisit assez grands le bâton *a b* et la distance des points *c* et *b'*, le bâton, dans la position inclinée, n'est plus vu complètement simple ; son extrémité antérieure apparaît sous forme d'images doubles. Même, quand les lignes de fixation ont une faible étendue, la vision double est capable de se produire, dès qu'on fixe avec persistance un point de l'objet. De cette manière, diverses parties des objets corporels, surtout si leur éloignement est considérable par rapport au point fixé, peuvent apparaître doubles. On obtient le même résultat avec les objets stéréoscopiques ordinaires, surtout avec ceux qui présentent une forme plus simple et dont les contours principaux sont seuls dessinés ; au contraire, la difficulté augmente à mesure que, par exemple, dans les paysages stéréoscopiques ou les images groupées, augmente le nombre des lignes de fixation et des auxiliaires, tels que l'ombre portée, la perspective etc., qui favorisent, d'ailleurs, l'intuition de profondeur. Dès que les parties non fixées de l'objet corporel sont vues doubles, la représentation corporelle est inévitablement détruite. On observe un phénomène analogue, si un bâton, tenu incliné, diverge, à partir du point fixé, en images doubles. Généralement, on voit encore quelles sont les parties de l'image double, qui sont plus rapprochées, que le point de fixation, et celles qui sont plus éloignées, que ce point; mais une représentation déterminée, concernant le degré de profondeur du bâton, fait absolument défaut. Le meilleur moyen de se convaincre de cela consiste à prendre un bâton assez court, pour qu'une réunion des images soit possible, ensuite à produire alternativement, par la fixation persistante, des images doubles et à les réunir, de nouveau, par des mouvements rapides du regard. Ces expériences ne prouvent donc rien contre la valeur générale de cette proposition : les objets sont toujours vus simples, quand le champ visuel subjectif concorde avec le champ visuel objectif. Or, la vision double se produit toujours au moment, où les deux champs visuels ne coïncident plus. Les observations citées démontrent, qu'à la perception concordante de ces deux champs visuels s'opposent des difficultés, qui doivent avoir pour cause des conditions, agissant d'une façon constante.

Les circonstances, qui gênent la perception exacte du champ visuel objectif, peuvent, selon nous, se résumer dans la proposition suivante, d'où se déduisent complètement toutes les expériences communiquées : *L'excitation de ces points rétiniens, qui répondent à des points d'objet concordants dans la pluralité des cas, engendre plus facilement une représentation simple, que l'excitation des points rétiniens, chez lesquels une relation concordante de ce genre se produit plus rarement.* Toutes les fois que des motifs particuliers, de localiser les images projetées sur les deux rétines, font défaut, nous localisons ces images d'après cette règle de *l'association la plus fréquente.* L'existence d'une règle de ce genre provient, de ce qu'en l'absence de raisons spéciales, qui témoignent en faveur d'une configuration particulière du champ visuel, nous donnons cependant à ce dernier une forme déterminée et, à la vérité, généralement concordante. C'est justement cette forme, qui se montre la plus fréquente, par opposition aux configurations variables du champ visuel subjectif. D'abord, nous serons toujours enclins à adopter pour le champ visuel cette forme la plus générale, que soit les lois propres de mouvement de l'œil, soit les rapports ordinaires des impressions extérieures nous rendent familière; et, en seconde ligne, agiront les raisons ou motifs particuliers, qui transforment autrement le champ visuel. Les relations, qui sont plus constantes, doivent donc être séparées des relations variables, que

présentent entre elles les diverses places rétiniennes des deux yeux.
Cette association la plus fréquente des impressions rétiniennes binoculaires est seulement la plus intime parmi une série d'associations, qui
sont douées de degrés différents d'énergie. Or, dans la vision stéréoscopique, il est beaucoup plus facile de percevoir une forme corporelle
familière, qu'une forme qui fait de nouveaux appels à l'activité de
notre faculté représentative. Ce fait, qu'il existe réellement une relation
plus constante, n'est donc pas absolument en contradiction avec cet
autre fait, que l'association des impressions des deux yeux est variable.
Des contradictions peuvent se développer dans la vision, puisque l'association plus constante est passagèrement en conflit avec les conditions, qu'implique la perception isolée. Ces sortes de contradictions
existent réellement. Elles se manifestent dans une lutte entre la vision
double et la vision simple, lutte qui est susceptible d'apparaître partout, quand le champ visuel objectif présente des formes très-extraor-
dinaires, ou quand la fixation persistante a altéré la perception exacte
du rapport de la situation des objets.

Les phénomènes du *strabisme* sont un témoignage confirmatif de
l'opinion ici développée, d'après laquelle une certaine coordination
constante a pour origine des conditions variables, et contredit la supposition habituellement faite, que ces dernières, en qualité de cas ex-
ceptionnels, se seraient adjointes ou ajoutées à cette coordination. Si
on considère ces phénomènes quant à leurs causes, on peut distinguer
deux formes de déviation pathologique, survenant dans les positions
des yeux. L'*une* d'elles, le strabisme *paralytique*, résulte de la paralysie complète ou partielle de l'innervation d'un ou de plusieurs
muscles oculaires ; la *deuxième*, le strabisme *musculaire*, est basé sur
le raccourcissement anormal des muscles oculaires, l'innervation se
maintenant normale. Dans les faits de strabisme paralytique, on
observe des phénomènes binoculaires, provenant des troubles de
localisation, qui accompagnent les paralysies des muscles oculaires (1).
Par exemple, un œil, qui est affecté de parésie du muscle droit externe
et doit fixer un point, ne s'adapte pas réellement à ce point ; mais,
comme il estime exagérée la rotation au dehors, la ligne visuelle est
déviée en dedans du point, auquel est exactement adaptée la ligne
visuelle de l'autre œil normal. D'après son sentiment d'innervation, le
strabique croit avoir donné à l'œil parétique la véritable position. Or,

1 Voir plus haut p. 102.

comme dans ce cas, cet œil a un point de regard, situé beaucoup plus
en dedans, que celui de l'œil normal, il transférera le dernier point,
de la même quantité, mais trop loin en dehors : et alors apparaissent
des images doubles, dont la distance correspond à l'angle d'aberration
de l'œil strabique. Cet angle varie selon les diverses positions des
yeux, puisqu'il augmente, quand la convergence s'accroît; voilà pourquoi, dans les circonstances de ce genre, une nouvelle relation fixe
des impressions rétiniennes binoculaires est incapable de se constituer ;
et tout au plus, par suite de la faiblesse visuelle, qui se produit dans
l'œil strabique, la vision simple s'établit, comme vision monoculaire.
Il n'en est plus de même avec le *strabisme musculaire* (1). Ici, l'angle,
par lequel la ligne visuelle de l'œil strabique s'écarte de la position
exacte, conserve toujours la même grandeur ; car, l'innervation commune de la vision binoculaire n'est pas troublée. Il arrive même dans
ces cas, qu'une demi-image est négligée, par suite de la trop faible
acuité visuelle de l'œil en question. Très-souvent, tantôt un œil, tantôt l'autre sont utilisés pour la fixation. Néanmoins, les objets sont ordinairement vus simples, et non doubles. Des prismes à effet divergent
démontrent facilement, que ceci ne provient pas de la négligence
d'une demi-image, puisque ces prismes font aussitôt apparaître des
images doubles. Par conséquent, ici le centre rétinien d'un œil est coordonné, d'une façon plus constante, avec ce point de la rétine de
l'autre œil, sur lequel se peint le même point d'objet ; et d'après cela,
les autres points rétiniens, coordonnés entre eux, doivent être déplacés. En effet, quand une opération a restitué à l'œil sa position
normale, pendant longtemps se montrent des images doubles, extraordinairement perturbatrices ; et elles disparaissent insensiblement, soit
parce qu'une demi-image est négligée, soit parce qu'il s'est formé une
nouvelle coordination des places rétiniennes binoculaires.

A l'égal de ces cas pathologiques, le mode et la manière, dont sont
constituées dans l'œil normal les places coordonnées avec plus de
constance, témoignent en faveur d'un développement engendré par
des rapports d'association, plus variables. Dans les yeux de la généra-
lité des individus, ces places n'occupent pas, comme on l'avait longtemps supposé, une position parfaitement symétrique, par rapport au
plan médian du corps. Elles présentent des déviations, et celles-ci in-

---

1. Nagel, *Das Sehen mit zwei Augen*, p. 130. — Alfr. Græfe, *Archiv f. Ophthalm.*
XI, 2ᵉ fasc. p. 17 et *Handbuch der ges. Augenheilkunde*, VI, p. 86.

diquent, *que cette forme du champ visuel subjectif, qui doit être con-sidérée comme la plus fréquente, exerce une influence déterminante sur la position des places correspondantes.* D'après nos remarques antérieures, ce champ visuel, que nous construisons en l'absence de tout autre motif extérieur déterminant, est une surface sphérique, qui est située autour du point de rotation de l'œil, ou bien, lors de la vision binoculaire, autour du centre de la ligne d'union des deux points de rotation (p. 139). Le *champ visuel ordinaire* (nous nomme-rons ainsi sa forme la plus fréquente) ne correspond, que par sa moitié supérieure, à cette surface sphérique ; et sa moitié inférieure est déter-minée par la surface du sol, dont la forme normale peut être consi-dérée par nous, comme un plan horizontal. Du moins, pour notre entourage immédiat, cette dernière forme se réalise, dans l'immense majorité des cas. La voûte céleste, qui nous présente la configuration d'une sphère creuse, semble se terminer soudain à l'horizon et passer dans la surface plane du sol. Puisque nous devons élever d'autant plus le regard, que nous fixons des points plus éloignés de la surface du sol, celle-ci nous apparaît en même temps non pas horizontale ou un peu voûtée dans le sens de la courbure de la terre, mais comme un plan, montant continuellement depuis nos pieds, jusqu'à l'horizon ; et, c'est bien ce que démontre d'une manière exagérée la fig. 156, où *o c*

indique la direction du plan de visée, horizontal, *a b* le véritable plan horizontal du sol et *a c* l'in-clinaison apparente de ce dernier. Enfin, la voûte céleste nous appa-raît, non parfaitement voûtée à l'instar d'une sphère, mais plus plate, puisque les nombreux points de fixation, situés entre notre point de vue et l'horizon, nous suggè-

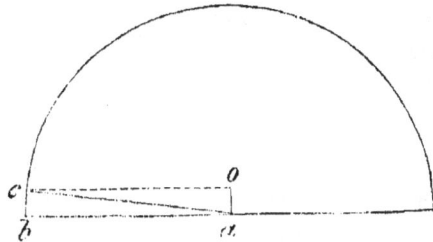

FIG. 156.

rent l'idée, que ce dernier est plus éloigné, que le zénith (1). Si donc, les yeux étant parallèlement posés, nous portons le regard à une distance infinie, seule la partie *supérieure* de notre champ visuel se rapproche d'une surface sphérique, décrite avec un très-grand rayon ; alors, elle peut, pour l'entourage immédiat du point de regard, être envisagée

1. Smith avait remarqué, que les étoiles, qui sont éloignées seulement de 20° de l'horizon, semblent se trouver au milieu entre l'horizon et le zénith. (Smith, *Lehr-begriff der Optik*, trad. de Kaestner, Altenburg 1755, p. 57.)

comme un plan perpendiculaire au plan de visée, horizontal. La partie
inférieure est, au contraire, un plan incliné, qui, dans le voisinage de
la base de nos pieds, ne se distingue plus sensiblement du plan horizontal du sol. Par conséquent, lorsque, nous trouvant debout sur le
sol, nous portons le regard à une distance infinie, seules les parties
supérieures du champ visuel font leur image sur des points identiques
des deux rétines. Si on imagine, au contraire, une ligne droite passant
par le plan médian du corps et allant au sol, les images de cette ligne
ne sont pas situées sur des places identiques; elles ne coupent pas
parallèlement les centres rétiniens, mais convergent en haut. Comme
néanmoins, nous voyons généralement simples les objets, qui sont à
nos pieds, selon les présomptions d'Helmholtz (1) les illusions, déjà
signalées (p. 112) et concernant la direction des lignes verticales,
joueraient ici un certain rôle; puisque l'inclinaison, présentée dans
l'image rétinienne par une ligne verticale en apparence, est, non-seulement d'après le sens, mais souvent d'après la grandeur, presque la
même, que l'inclinaison qui correspond à l'image d'une ligne droite
tirée sur le sol. Au contraire, quand les lignes de regard sont convergentes et légèrement inclinées en bas, il se produit, comme nous l'avons
déjà remarqué (p. 92), des roulements autour de la ligne de regard,
qui ne suivent plus la loi de Listing; et alors régulièrement, la surface,
pour laquelle l'incongruence des rétines disparaît, correspond, selon la
découverte de Donders, approximativement à ce plan, où se trouvent
les objets de nos occupations habituelles, dans la vision rapprochée, en
d'autres termes à ce plan, où nous tenons ordinairement un livre, que
nous lisons (2). Dans ce plan d'incongruence supprimée, les lignes d'une
direction quelconque sont vues simples avec les deux yeux; et, probablement par suite d'habitudes différentes, ce plan est un peu variable,
suivant les individus; il garde constamment une direction, qui n'est pas
parfaitement perpendiculaire au plan de regard incliné en bas, mais qui
se porte légèrement en arrière. Chez la plupart des individus, la position
correspondante du plan de regard s'écarte notablement de la position
primaire (p. 86), qui est spécialement caractérisée par les lois de mouvement, quand les lignes de regard sont parallèles; à la vérité, elle est
située plus bas, que cette dernière position. A cause de ce rapport,
Donders, pour distinguer la première position de celle-ci, lui a donné

---

1. *Physiol. Optik*, p. 715.
2. Donders, *Archiv* de Pflüger, t. XIII, p. 373.

le nom de *position primaire pour la convergence*. Comme, d'après les
habitudes et les occupations des personnes, tantôt les mouvements de
regard, parallèles et tantôt les mouvements de regard, convergents
sont prépondérants, probablement chez certaines gens la vision avec
le plan de regard, horizontal et chez d'autres individus la vision avec
le plan de regard, incliné ont particulièrement déterminé la position
des méridiens rétiniens correspondants. Aussi, ne faut-il accorder aucune valeur décisive à cette circonstance, que dans des cas nombreux
la quotité de congruence de la rétine n'est pas démontrée correspondre (1) à la supposition, d'après laquelle cette congruence est déterminée par le plan du sol ; et avec d'autant plus de raison, que la
variabilité, déjà signalée (p. 110) dans la position des méridiens rétiniens verticaux, comporte difficilement ici une preuve certaine.
Remarquons enfin, que toutes ces expériences, destinées à expliquer
par les rapports de la perception visuelle l'incongruence des deux
rétines, ne se trouvent pas absolument en contradiction avec notre
démonstration, donnée p. 105, de la répartition des forces musculaires à l'œil. Ceci est plutôt une constatation plus éloignée de la
proposition, que l'innervation et la mécanique des muscles oculaires
sont adaptées aux besoins de la vision. Si nous cherchons les motifs
d'une adaptation de cette nature, nous pourrons admettre, que dans
l'évolution de l'espèce les besoins de la vision, tels qu'ils se sont graduellement formés par la réunion des deux yeux exerçant la vision
binoculaire, ont été primitivement déterminants ; tandis que, dans le
développement individuel, de nouveau la mécanique de l'œil doit être
considérée comme l'agent primordial. Ceci répond à cette question :
Comment les associations variables des divers points de recouvrement
ont-elles engendré les points correspondants, ces associations privilégiées? Une ligne droite, tirée sur le sol plan, nous apparaît aisément
et spécialement simple, parce que les deux yeux, à cause de l'influence
déterminante de l'innervation sur la perception extensive, assignent à
cette droite une direction identique. Sans doute, dans l'évolution de
l'espèce, les lois de l'innervation peuvent s'être développées, sous la
conduite des impressions visuelles. Qu'en revanche, l'adaptation individuelle joue un certain rôle, cela est incontestable ; les phénomènes,
auparavant étudiés à propos du strabisme musculaire, en sont un
témoignage direct. Or, ces phénomènes démontrent justement, que

---

1. Donders, *loc cit.* p. 405.

cette sorte d'adaptation a besoin du *temps*, tandis que la grande
vitesse, avec laquelle hommes et animaux apprennent la vision, s'explique uniquement par des dispositions héréditaires.

Quand les yeux ne regardent pas une distance infinie, mais un objet
quelconque rapproché, les points correspondants perdent leur importance immédiate pour la vision. Néanmoins, il est clair, que même ici
leur association, plus fréquente, est capable de leur conférer encore
une certaine influence. Dans tous les cas, où des points de recouvrement du champ visuel sont simultanément des points correspondants,
leur perception simple et, par conséquent, la détermination de leur
situation seront facilitées, d'après la loi générale suivante : les éléments
psychiques se combinent, de nouveau, d'autant plus aisément, qu'ils
ont été, déjà, plus souvent associés (1). Comme la puissance de cette
influence (qui s'est manifestée pour les phénomènes des images
doubles) est si énergique, qu'elle est capable de résister, selon les circonstances, aux impulsions données dans le champ visuel objectif,
nécessairement l'association sera bien plus facilitée, si ces sortes d'impulsions y sont ajoutées. L'ensemble de ces points d'espace, dont
l'image dans les deux yeux tombe sur des places correspondantes,
s'appelle l'*horoptère* ou *horoptre*. L'importance de l'horoptère pour la
vision s'établira d'après ce qui précède, puisque tous les points de
recouvrement, qui tombent dans l'horoptère, ont leur fusionnement
favorisé. Cela signifie, que l'horoptère *ne* doit *pas*, à l'exemple de beaucoup de physiologistes, être considéré comme l'ensemble de ces points,
qui sont réellement vus simples. En outre, la définition précédente a
besoin d'être plus limitée. Seules, ces parties de l'horoptère, qui sont
en connexion directe avec le point de fixation et appartiennent, par
conséquent, à ces sortes de lignes du champ visuel, qui coupent le
point de regard, ont une importance réelle pour la vision ; mais, il
n'en est pas ainsi des parties, qui un peu isolées du point de regard
sont situées dans les domaines du champ visuel, indirectement aperçus. Les objets, vus indirectement, sont par eux-mêmes perçus si
inexactement, que l'on ne remarque pas des déviations, même considérables, des deux demi-images ; donc, ce fait, que les points de
recouvrement sont simultanément des points correspondants, ne peut
avoir aucune importance pour ces sortes d'objets, situés sur les parties
les plus latérales. Il en est autrement, si les points, vus indirectement,

1. Consulter chap. XV et XVII.

constituent ensemble une ligne, qui coupe le point de regard. Dans ce cas, lorsque le point de regard se meut, en longeant une ligne de ce genre, les divers points de cette ligne doivent se déplacer les uns par rapport aux autres. Quand le point de regard est passé d'un point *a* à un point *b* d'une ligne horoptérique de cette nature, désormais *a* et tous les points, situés entre *a* et *b*, se trouveront de nouveau dans l'horoptère, en d'autres termes feront leur image sur des places correspondantes des deux rétines. Toutes les lignes horoptériques, traversant le point de regard, seront donc favorisées, par rapport à la perception binoculaire de leur direction. Lors de leur poursuite, qu'exécute le regard, il arrive pour la perception binoculaire la même chose, qui se produit pour la vision monoculaire, conformément à loi de Listing, quand les mouvements ont lieu à partir de la position primaire. Comme ici, toutes les lignes droites, qui dans le champ plan visuel peuvent être poursuivies par le point de regard, se déplacent mutuellement lors du mouvement, de façon qu'elles dessinent continuellement leurs images sur les mêmes méridiens rétiniens (1), il en sera également ainsi des lignes horoptériques, par rapport aux *deux* rétines. Donc, avec la vision binoculaire, nous pourrons, le plus aisément et le plus exactement, nous orienter sur la direction de ces sortes de lignes.

Il existe trois espèces de positions de l'œil, où l'horoptère, entendu au sens qui lui a été donné, peut prétendre à jouer un rôle dans la vision. Ce sont : 1º la position de l'œil pour l'éloignement, les lignes visuelles étant parallèles et justement dirigées en avant; 2º les positions convergentes dans la situation primaire ; et 3º les positions convergentes symétriques, dans d'autres situations du plan de visée. Lors de la position de l'œil pour l'éloignement, position qui détermine la formation des points correspondants et, par suite, l'horoptère, ce dernier est une surface, qui, selon nos remarques antérieures, correspond régulièrement à la partie inférieure et, parfois, à la moitié supérieure du champ visuel ordinaire. C'est donc un plan, qui coïncide avec le plan du sol ou est perpendiculaire à ce dernier ; dans des cas rares, il semble se diriger absolument d'après le champ visuel ordinaire et, par conséquent, se composer de ces deux plans. Dans toutes les autres positions des yeux, l'horoptère est la sécante de deux surfaces, nommées l'une l'*horoptère vertical* et l'autre, l'*horoptère horizontal*. Pour découvrir chacune de ces surfaces, on imagine, que sur la rétine sont posées deux séries de lignes, les unes parallèles au méridien rétinien en apparence vertical, les autres parallèles à l'horizon rétinien : les premières sont appelées *lignes verticales de séparation*, et les secondes, *lignes*

1. Consulter la fig. 133, p. 97.

horizontales de séparation. On obtient l'horoptère vertical, si on fait passer des
plans à travers les lignes verticales de séparation des deux rétines et à travers
les points de croisement des lignes de visée : la ligne, où se coupent ces plans,
qui répondent à deux lignes de séparation, correspondantes, appartient à la
surface de l'horoptère vertical. On obtient l'horoptère horizontal, en faisant
passer des plans à travers les lignes de séparation, horizontales et les points de
croisement des lignes de visée : la ligne, où se coupent les plans de deux lignes
de séparation, correspondantes, appartient à l'horoptère horizontal. Quand, à
partir de la position primaire, les deux yeux se trouvent en convergence
symétrique, l'horoptère vertical est une surface conique, qui passe par les
points de croisement des lignes de visée. Si la déviation des méridiens, en
apparence verticaux, est nulle, ce cône se convertit en un cylindre perpendiculaire au plan de visée. L'horoptère horizontal se compose de deux plans,
dont l'un, le plan sécant des deux horizons rétiniens, coïncide avec le plan de
visée, et l'autre, qui contient toutes les sécantes des autres lignes de séparation,
horizontales, est le plan médian perpendiculaire au plan de visée. Donc, dans
ce cas, *l'horoptère total* est un cercle passant par les deux points de croisement
des lignes de visée, dans le plan de ces dernières, et une droite, située dans le
plan médian, ligne qui coupe le point de fixation. Cette droite est perpendiculaire au plan de visée, quand les points correspondants coïncident avec
des places identiques, en d'autres termes quand l'écart des lignes de séparation,
en apparence verticales, est nul ; elle est inclinée sur le plan de visée, si le
développement des points correspondants se dirige d'après le plan du sol.
Dans ces positions des yeux, la mensuration binoculaire des lignes *horizontales*,
comme d'une ligne médiane, qui traverse le point de fixation sous un certain
angle, variant selon la position des méridiens, en apparence verticaux, est
donc favorisée. Les oscillations individuelles, qui se produisent sous ce dernier rapport, proviennent probablement de ce que tantôt l'importance de la
position primaire pour la mensuration, dans l'espace, des objets considérés de
près, tantôt la forme du champ visuel ordinaire, telle qu'elle s'établit pour la
vision lointaine, sont alternativement prédominantes. Quand l'importance
de la position primaire est prépondérante, il s'opère un tel rapport de situation
des points correspondants, que la droite, érigée dans le plan de regard et
perpendiculaire au plan de visée, tombe sur les méridiens correspondants.
Toutes les fois, que la vision lointaine est prépondérante, l'influence du plan
du sol sera déterminante. Voilà pourquoi, justement chez les myopes, l'inclinaison des méridiens, en apparence verticaux, est très-faible ou disparaît
entièrement. Si les lignes de regard ont une convergence asymétrique, à partir
de la position primaire, l'horoptère vertical n'en est pas modifié. L'horoptère
horizontal se compose de nouveau de deux plans, dont l'un coïncide avec le
plan de visée. Le second plan ne traverse plus le point de fixation : il est situé
à côté de ce dernier. Par conséquent, l'horoptère total est le cercle passant,
comme auparavant, par la ligne de visée ; de plus, c'est une droite, qui est

perpendiculaire au plan de visée ou est inclinée sur celui-ci ; mais, toujours d'après la position des méridiens, en apparence verticaux, cette ligne est située *à côté* du point de fixation. Donc, cette dernière ligne ne peut plus avoir d'importance, pour opérer la mensuration des directions dans le champ visuel : l'horoptère, qui a de la valeur au point de vue physiologique, se borne ainsi au cercle, qui traverse les points de croisement des lignes de visée et favorise exclusivement la mensuration des lignes, placées dans le plan de visée. Enfin, lors de ces sortes de positions symétriques convergentes, où, à partir de la position primaire, le plan de visée est élevé ou abaissé, l'horoptère vertical est, de nouveau, une surface conique, qui, selon l'inclinaison éprouvée par les méridiens rétiniens verticaux, a sa pointe au-dessous ou au-dessus du plan de visée. L'horoptère horizontal se compose encore de deux plans, dont l'un est de nouveau le plan médian ; l'autre plan traverse les points de croisement des lignes de visée, *ne* coïncide *pas* avec le plan de visée, mais est incliné sur celui-ci. L'horoptère total est donc une droite traversant, dans le plan médian, le point de fixation, et une ligne circulaire, qui, cette fois, coupe non le point de fixation, mais un autre point de cette droite. C'est pourquoi, la partie de l'horoptère, qui doit être prise en considération pour la vision, est uniquement la droite, située dans le plan médian. Comme, lors des positions asymétriques convergentes, à partir de la position primaire, seulement la mensuration des lignes, dans le plan de visée, est favorisée, lors des positions symétriques convergentes, effectuées en dehors de la position primaire, la mensuration des lignes dans le plan médian l'est aussi; seulement, dans les positions symétriques convergentes, à partir de la position primaire, toutes deux sont simultanément privilégiées. Ces rapports signifient, qu'il y a *deux* directions principales de la vision, qui correspondent aux deux directions principales du mouvement du regard. Avec l'*une* d'elles, spécialement les lignes droites sont nettement perçues dans le plan médian : ici, quand l'œil est en mouvement, le regard se promène à l'intérieur du plan médian; par conséquent, lors de la convergence symétrique persistante, la position du plan de visée se modifie. Avec cette dernière varie, en même temps, la direction de cette droite, dont la perception exacte est particulièrement favorisée. Dans les positions *au-dessous* de la position primaire, cette ligne est inclinée sur le plan de visée, de façon que son extrémité supérieure est éloignée de l'observateur; dans les positions *au-dessus* de la position primaire, cette même extrémité est généralement tournée vers l'observateur. Dans la position primaire, la ligne médiane, favorisée, est perpendiculaire au plan de visée, ou bien elle est encore inclinée dans le même sens, comme lors des positions plus basses, de manière que dans une position un peu plus élevée elle prend la position perpendiculaire. Ces changements de direction des lignes favorisées tiennent encore, probablement, à ce que, dans le champ visuel ordinaire, le regard abaissé tombe sur le plan du sol, qui pour l'observateur semble s'étendre, en montant vers l'horizon ; au contraire, le regard élevé se rapproche du zénith, d'où le champ

visuel semble descendre vers l'horizon. A cette forme s'adaptent non seulement
la voûte céleste infiniment éloignée, mais même une surface plus voisine, que
nous considérons, le regard tourné en haut. Le plafond plan d'une grande
salle ou le dôme de verdure, situé dans le sentier plan d'une forêt, paraissent
s'abaisser vers l'horizon ; de même, le plan du sol paraît monter vers l'horizon.
Avec la *deuxième* direction principale de la vision, les objets, situés dans le
cercle de l horoptère, sont favorisés, quant à leur perception nette. Cette
direction principale émane d'une position fixement déterminée du plan de visée,
de la position primaire, où alors, si l'angle de convergence se maintient égal, le
regard peut se tourner à droite et à gauche ; tandis que les images des objets,
posés dans ce cercle, se meuvent continuellement sur les places correspondantes
des horizons rétiniens. Dans ce cas, nous nous trouvons en présence d'un fait
décisif : c'est que les objets rapprochés, que nous mesurons du regard, dans la
–direction horizontale, sont spécialement situés *au-dessous* de l'horizon ; ils sont
donc observés avec le regard abaissé. L'horizon lui-même forme la limite
supérieure de ces sortes de distances horizontales ; mais il nécessite généralement une position parallèle des yeux. Après que les rapports du champ
visuel ordinaire ont ainsi nécessité la situation inclinée de la position primaire,
nous choisissons involontairement celle-ci, dans toutes les occupations, où nous
voulons obtenir une perception particulièrement exacte dans la direction visuelle
horizontale, par exemple pour écrire, lire ou faire un travail mécanique délicat. Mais, à ce sujet, il ne faut point oublier, que même les muscles de nos bras
et de nos mains sont dirigés et exercés d'une manière, qui oblige à donner à l'œil
une attitude de ce genre. Donc, ici même, ce sont de nouveau des conditions
multiples, qui toutes sont mises en œuvre, pour concourir à *un même* but.

A la vérité, dans les positions convergentes asymétriques, *en dehors* de la position
primaire, il y a encore une ligne horoptérique. Celle-ci est, dans ce cas, une courbe,
qui présente une double courbure et est engendrée par la section de deux hyper-
boloïdes. Il n'est nullement vraisemblable, que cette ligne ait une importance quelconque pour la vision. A cet égard, les positions oculaires désignées ne se comportent donc pas autrement, que si le point de regard était l'unique point correspondant. Il ne peut pas y avoir, ici, de directions de la vision favorisées, puisque
la courbe horoptérique n'est plus, dans aucun cas, une ligne traversant le point
de regard. D'après la loi de Listing, *toutes* les directions de la vision sont, selon
nos remarques antérieures, favorisées dans la position primaire, parce que
avec elles l'orientation de l'œil se maintient constante, lors du mouvement du
regard. *Chaque* droite, traversant, dans la position primaire, le point de fixation, se déplace, lors du mouvement, dans l'image rétinienne de l'œil isolé.
Avec la vision *binoculaire*, ces directions privilégiées se réduisent aux *deux*
directions principales. Cependant ici, les divergences de la loi de Listing, qui
se révèlent dans les positions convergentes, jouent, ce semble, le rôle suivant :
elle produisent, spécialement pour la vision de près, une deuxième position
primaire plus basse.

Les influences, qui occasionnent la coordination plus constante des points correspondants, et celles, qui émanent de la perception variable du champ visuel, se manifestent simultanément. Aussi, est-on ordinairement enclin à fusionner, en *une seule* représentation, ces sortes d'images des deux rétines, qui sont très-rapprochées par la forme et la grandeur, et couvrent des places, presque correspondantes, alors même que les autres motifs d'une fusion de ce genre, qui proviennent de la détermination de position dans le champ visuel, font défaut. Si, par exemple, après avoir décrit deux cercles d'un rayon un peu inégal, on les oblige à se réunir, les yeux étant dans la position parallèle ou la convergence symétrique, ces cercles se fusionnent facilement et donnent la représentation d'un cercle *unique*. Sans doute, dans ce cas, les images rétiniennes d'un seul objet peuvent, selon les circontances, montrer la même

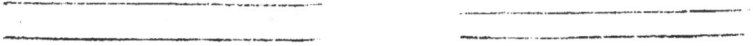

Fig. 157.

variété, si, par exemple, nous considérons un cercle tout-à-fait situé à gauche, où, à cause de la distance inégale des deux yeux, l'image rétinienne gauche est un peu plus grande, que la droite ; cependant, un cercle de ce genre devrait être considéré, quand la convergence est asymétrique. Il en est de même, si on réunit binoculairement deux lignes horizontales, présentant une distance inégale, comme dans la fig. 157. Au contraire, si les dessins sont pareils à ceux de la fig. 158, la relation avec un objet, situé à côté de l'ob-

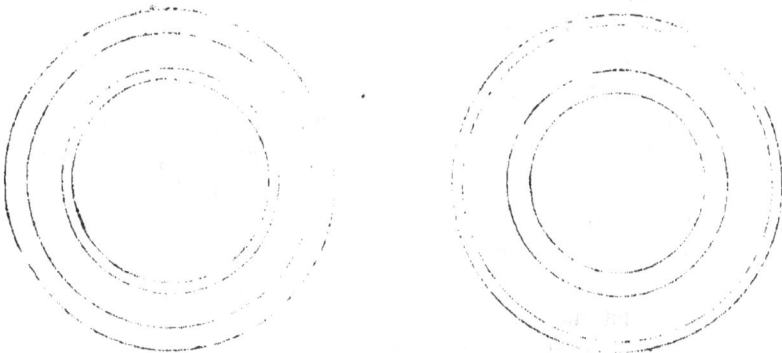

Fig. 158.

servateur, est absolument impossible. Néanmoins, même ici, les quatre cercles se fusionnent ensemble. Il est donc indéniable, que ces sortes d'images rétiniennes, qui en réalité ne peuvent pas provenir d'un objet unique, nous les associons en *une seule* représentation, dès qu'elles se rapprochent beaucoup des images réelles d'un objet. Il résulte clairement de là, que dans toutes les

circonstances nous négligeons plus facilement les différences des places non
correspondantes des deux rétines, que les différences, qui apparaissent dans
le champ visuel d'un œil isolé ; car, nous sommes toujours enclins à rapporter
à des objets simples les impressions binoculaires. Cependant, on réussit souvent, surtout si la fixation est persistante, à séparer et à obliger à se montrer,
sous forme d'images doubles, les impressions, qui se fusionnent dans les
circonstances ordinaires. En outre, dans tous ces cas, qui s'opposent, pour
ainsi dire, aux conditions de la vision normale, les différences devront être
toujours plus faibles, que si une relation avec certains rapports de situation
des objets est possible. Ainsi, malgré une différence de distance considérable,
deux couples de lignes verticales peuvent encore être fusionnées, comme deux
couples de lignes horizontales. Or, lors de la combinaison des deux couples
de lignes ab et cd (fig. 159), la représentation d'une différence de profondeur

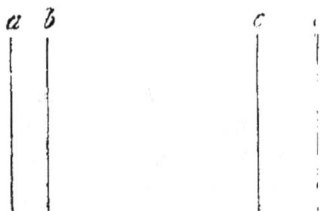

prend naissance. Si, par supposition, deux
lignes sont dans l'espace et si l'une, située à
droite, est plus éloignée de l'observateur,
que la ligne gauche, ces mêmes lignes, considérées de près, projettent en effet dans l'œil
gauche une image ab et, dans l'œil droit,
une image cd. Pour les lignes horizontales,
une pareille différence de distance des images
est encore susceptible de se manifester,

Fig. 159.

seulement quand l'objet est situé à côté de
l'observateur ; et elle est bien loin d'atteindre, ici, un degré aussi élevé,
parce que les objets, situés à côté, disparaissent trop tôt de notre champ
visuel. Les cercles d'un rayon différent offrent une conduite mixte. Leurs
arcs verticaux peuvent être rapportés à la dimension de profondeur, et leurs
arcs horizontaux, être réunis, seulement d'une façon analogue aux lignes
droites horizontales. On remarque donc parfois, que les premiers se fusionnent, tandis que les derniers apparaissent avec des images doubles. Volkmann a fait des expériences, afin de mesurer les différentes distances les plus
extrêmes, où des lignes droites sont encore susceptibles d'être réunies.
D'après ses observations, ces différences sont, pour la direction verticale,
4-6 fois plus considérables, que pour la direction horizontale ; cependant,
les oscillations individuelles sont importantes (1). Si on ajoute au dessin
certaines lignes ou points de repère, qui empêchent la fusion en une représentation unique, cette addition exerce une grande influence sur la séparation
des images doubles, que celles-ci soient gênées ou non par la relation avec
certains rapports de situation des objets. Ainsi, les deux lignes horizontales,
mises dans la fig. 160, empêchent la fusion des deux couples de lignes. Le
même effet se produit, si, à l'exemple de la fig. 161, où il s'agit de combiner

1. Volkmann, *Archiv f. Ophth.* II, 2ᵉ fasc. p. 32.

deux lignes, l'une de ces lignes présente un point placé à sa droite, et l'autre un point placé à sa gauche. Dans tous ces cas, qui sont susceptibles d'être encore si diversement variés (1), au moment de l'apparition des images doubles, la représentation d'une différence de profondeur des lignes disparaît aussitôt.

FIG. 160.   FIG. 161.

Dans les expériences, décrites en dernier lieu, la séparation des images, qui tombent sur des places *non* correspondantes, est favorisée par des signes particuliers. Au contraire, des signes caractéristiques ou points de repère peuvent empêcher la réunion des images, projetées sur des places correspondantes, à condition que simultanément d'autres facteurs occasionnent une séparation ou dissociation des points de recouvrement et des points correspondants. Dessinez, comme dans la fig. 162, deux lignes, qui présentent les directions des méridiens, en apparence verticaux : la ligne de gauche, épaisse ; la ligne de droite, extrêment fine ; mettez encore à droite une ligne également épaisse et ayant une direction un peu différente. Si, grâce à la vision binoculaire, vous obligez ces dessins à se recouvrir, les deux lignes épaisses se réunissent ; à la vérité, elles éveillent l'idée d'un bâton, qui s'étend dans la profondeur, mais la ligne fine est vue isolée. Cette expérience, que Wheatstone a déjà essentiellement décrite (2), a été bien souvent contestée (3). Evidemment, parce qu'on réussit parfois à fusionner des lignes correspondantes, au lieu de lignes disparates,

1. Volkmann, *loc. cit.* p. 19. — Panum, *Das Sehen mit zwei Augen*, p. 64.
2. Wheatstone (*Annalen* de Poggendorff, 1842, volume complémentaire p. 30) avait admis, que deux droites *verticales* forment leur image sur des places rétiniennes correspondantes. Plus haut, nous avons, avec Helmholtz (*Physiol. Optik*, p. 737), substitué à ces deux droites verticales deux droites, dont l'inclinaison correspond à la direction des méridiens, en apparence verticaux. Dans l'ouvrage de Nagel (*Das Sehen mit zwei Augen*, p. 81), on trouve une autre forme de cette expérience.
3. Brücke, *Archiv* de Müller, 1841, p. 459. — Volkmann, *loc. cit.* p. 74. — Il m'a été impossible, dans ce cas, de constater ce roulement, effectué autour des lignes visuelles, lors de la réunion des deux lignes épaisses, et affirmé par Schoen (*Archiv f. Ophth.* XXIV, 1er fasc. p. 61). Les lignes caractéristiques ou de repère, tirées par Schoen dans les deux dessins semblent seulement, tant que la ligne épaisse est vue stéréoscopiquement, se trouver, à la vision indirecte, exactement dans *une* direction, et la déviation de celle-ci apparaît, quand j'essaie de fixer les lignes de repère. D'ailleurs, dans l'arrangement, que présente la fig. 162, la ligne horizontale empêche le roulement supposé par Schoen. Car, ainsi que Donders l'avait remarqué (*Archiv* de Pflüger, XIII, p. 417), les demi-images des lignes

cette circonstance peut ne rien prouver. On ne doit pas admettre, que la tendance à la fusion suscite un roulement des yeux autour des lignes visuelles ;
car, d'autres lignes, qu'on apporte encore dans le champ visuel, par exemple
les rectangles encadrant la fig. 162, ne modifient pas leur direction apparente

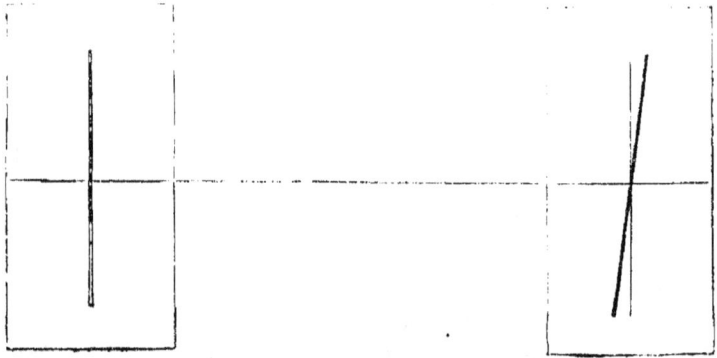

FIG. 162.

et se recouvrent continuellement ; en outre, la représentation nette de la
profondeur est un témoignage contraire. Cette dernière prouve de plus, que
a demi-image de l'une des lignes épaisses n'est pas effacée. D'ailleurs, si on
donne à ces deux lignes des couleurs différentes, l'image collective est brillante, lustrée et se montre avec la couleur du mélange (1). Selon la théorie
exposée plus haut, l'expérience de Wheatstone ne constitue aucune difficulté.
Nous trouvons justement, dans cette expérience, la réalisation des conditions
suivantes, à savoir que la coordination variable des places de recouvrement,
d'après les diversités de position des images, est décidément plus favorisée,
que la coordination constante des points correspondants, telle qu'elle est
engendrée par la composition du champ visuel ordinaire.

7. — Le stéréoscope et les auxiliaires secondaires de la représentation de profondeur.

Le *stéréoscope* imite les conditions naturelles de la vision corporelle,
puisqu'il présente les images, qu'un objet corporel projetterait dans
les deux yeux. En même temps, cet instrument permet de transférer
à des objets éloignés les rapports, qui dans la vision naturelle ne se

horizontales dominent constamment les demi-images des lignes verticales, et elles
empêchent les mouvements de roulement, que ces dernières pourraient faire
naître.
    1. Consulter plus loin ce qui est relatif au lustre stéréoscopique.

manifestent, que pour des objets rapprochés de nous. Dans le stéréoscope, on peut associer les aspects ou points de vue d'un objet éloigné, qui ont été *relevés* dans deux positions dépassant largement la distance respective des deux yeux. De cette manière, les photographies ordinaires, stéréoscopiques, des paysages nous donnent une image corporelle, que la vision naturelle est incapable de nous procurer. Or, examiné au point de vue, où le regard peut l'embrasser, un paysage est trop éloigné, pour que les différences perceptibles des images rétiniennes existent. L'image stéréoscopique ne correspond, donc, pas au paysage réel, mais à un modèle de ce dernier, considéré de près (1).

On se fait une idée de l'importance de la vision binoculaire, si l'on compare les deux yeux à deux observateurs qui, se trouvant placés à des points de vue différents, regardent le monde et se communiquent mutuellement leurs expériences. Assurément, cette métaphore ne rend nullement compte de la vision stéréoscopique ; cette explication réside plutôt dans ces facteurs, dont nous avons déjà parlé et qui occasionnent la naissance du champ visuel variable. La base intime de la relation, qu'affecte une impression lumineuse avec un lieu déterminé dans l'espace, est la sensation de mouvement, qui y est liée. Dans chaque œil, cette sensation se dirige, d'après le rapport de situation de l'impression avec le centre de la rétine. Si, dans les deux yeux, cette impression est en dedans du centre, elle engendre une tendance à diminuer la convergence ; elle est donc rapportée à un objet, qui est situé plus loin, que le point de regard. Est-elle, dans les deux yeux, en dehors du centre, elle suscite une tendance à renforcer la convergence ; elle est, par conséquent, objectivée plus près, que le point de regard. Quand l'impression dans un œil est située aussi loin en dedans, qu'elle l'est au-dehors, dans l'autre œil, il se produit une tendance à dévier uniformément, mais latéralement les deux lignes visuelles ; ce qui correspond à l'éloignement du point de regard. Enfin, si l'impression agit au-dedans dans un œil, et dans l'autre œil, au-dehors et à une distance différente du centre rétinien, le résultat est mixte : simultanément, il se manifeste une tendance à la déviation latérale et une autre tendance du même genre, à augmenter ou diminuer la convergence. Ceci suggère l'idée, que l'objet est situé à côté du point de regard, et est simultanément

---

1. Afin d'obtenir l'effet stéréoscopique, quand nous regardons un paysage réel, Helmholtz a construit le *télestéréoscope*. Grâce à cet instrument, dont les miroirs sont inclinés l'un vers l'autre, les deux yeux reçoivent les images du paysage, qui correspondent à une distance plus considérable des points de relèvement. (Helmholtz, *Physiol. Optik*, p. 681 et planche IV, fig. 3.)

plus rapproché ou plus éloigné. Mais, selon nos remarques précédentes, les sensations d'innervation sont fixement déterminées, seulement relativement à leur direction et non d'après leur grandeur ; par conséquent, l'œil au repos obtient uniquement une représentation indistincte de la forme de l'objet considéré. Ainsi, pour cet œil, la réunion des parties d'images stéréoscopiques, correspondantes est possible, mais non nécessaire. Ces parties d'images se séparent, d'autant plus facilement, en images doubles, que l'on s'applique à une fixation plus soutenue. Lors du mouvement de l'œil, la sensation de l'énergie réellement dépensée et, par suite, une relation, plus ferme, des places de recouvrement correspondantes des rétines, prennent naissance. Or, tous ces points de l'espace, qui lors du mouvement ont été alternativement des points de regard, sont des points de recouvrement. A cette occasion, la représentation, une fois développée, révèle simultanément une influence essentielle. Dès qu'on a perçu par le mouvement la forme d'un objet, il est facile de la maintenir, même pendant le repos. Un résultat à peu près analogue se constate, si l'on examine des images stéréoscopiques, qui sont soumises à un éclairage électrique momentané. Très-souvent, plusieurs éclairages successifs sont nécessaires, pour atteindre l'effet stéréoscopique. Seulement, on est alors en état, en présence d'un éclairage momentané unique, d'exercer la représentation de profondeur, si déjà deux points de recouvrement correspondants des deux images ont été auparavant remarqués, comme points lumineux, et fixés. Néanmoins, dans ce cas, la représentation est toujours plus incertaine, qu'après un éclairage répété.

La vision binoculaire stéréoscopique ne nous procure pas, comme on l'a affirmé, un espace à *trois* dimensions ; mais, ordinairement, nous voyons seulement une *superficie*, par conséquent une formation à *deux* dimensions. Cette superficie possède cependant une courbure multiple, variant tantôt continuellement, tantôt subitement, de façon qu'elle ne peut être construite, qu'à l'aide de la troisième dimension. Voici quelle est la différence proprement dite entre la vision binoculaire et la vision monoculaire : cette dernière, à la faveur de ses lois de mouvement, est capable seulement d'engendrer directement les deux surfaces les plus simples, la surface sphérique et le plan, celui-ci comme petit segment d'une sphère d'un très-grand rayon ; tandis que avec les deux yeux nous pouvons, grâce à la translation variable du point de regard, produire, dans notre représentation, des superficies de toutes les formes. Ce sont des auxiliaires de genre secondaire, qui offrent à la vision monoculaire ces représentations plus complexes ; et ici, ils sont toujours privés de la certitude directe, que procure le regard binoculaire. Cependant, pour percevoir les rapports de situation des objets éloignés, nous sommes exclusivement réduits, même avec la vision binoculaire, à employer ces auxiliaires secondaires, qui, en comparaison des motifs de la perception binoculaire, plus intimement liés à la sensation primitive, supposent toujours une quantité considérable d'expériences individuelles. Citons premièrement le *cours des lignes de contour* des objets, dans le champ visuel. Nous apprécions la distance d'un objet, d'après l'ascension apparente de la surface-plane du sol : ou bien, s'il s'agit d'objets, placés au-dessus de nous et devant être considérés avec le regard tourné en haut, d'après leur descente apparente vers l'horizon (1). Toutes les fois que la base des objets reste cachée, nous sommes très-incertains au sujet de leur distance relative. Ainsi, les séries de montagnes, qui s'amoncellent les unes derrière les autres, nous apparaissent comme posées sur *une* même surface. Quant aux dessins, où rien n'indique à l'observateur, quel peut être le cours des lignes de contour, la représentation éprouve nécessairement une hésitation particulière. La fig. 163, par exemple,

est tantôt un escalier, puisque la surface *a* est transférée *avant* la surface *b*, et tantôt un mur surplombant à forme d'escalier renversé, puisque *a* semble se trouver *derrière b* (2). Cette hésitation provient, de ce que nous pouvons rapporter les lignes de limitation αβ, tantôt à l'ascension apparente

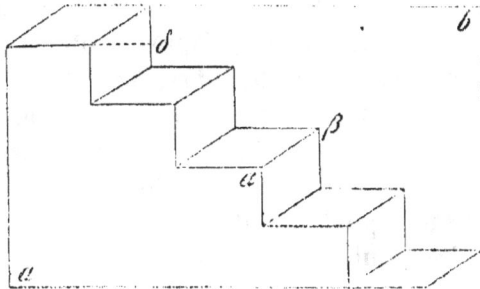

Fig. 163.

du plan du sol, tantôt à la déclivité apparente du plan du toit. C'est pourquoi, si vous introduisez dans ce modèle d'autres éléments, qui excluent l'une ou l'autre de ces interprétations, si vous ébauchez par exemple une forme humaine, qui monte l'escalier ou si, pour favoriser la représentation de mur en surplomb, vous supprimez la partie inférieure de l'escalier et terminez en haut le modèle par la

1. Consulter plus haut p. 157.
2. Schrœder, *Annalen* de Poggendorff, t. CV, p. 298.

ligne ponctuée ?, cette hésitation de la représentation cesse complètement. Le même effet peut être produit par la répartition différente de l'ombre et de la lumière, si, par conséquent, on laisse la
surface *b* projeter son ombre sur les gradins de l'escalier, ou ceux-ci
projeter leur ombre sur la surface *a*. Ainsi, l'*ombre portée* des objets
est un excellent moyen de percevoir leur situation et leur forme. A
l'éclairage du matin et du soir, où les ombres des arbres et des maisons sont plus longues, les distances nous paraissent plus considérables, qu'au soleil de midi. D'après les ombres, que projettent les
bords des objets, nous distinguons, si ces derniers sont saillants ou dé-
primés. Une forme creuse montre les ombres du côté tourné vers la lumière; une forme saillante, en relief, du côté qui est opposé à la
lumière. Si vous examinez par exemple une médaille en relief, de
manière qu'un écran l'empêche de recevoir la lumière de la fenêtre,
pendant qu'elle est éclairée du côté opposé par un miroir, le relief
semble renversé (1). Non seulement l'ombre elle-même, mais les rapports de l'entourage, comme la direction suivie par la lumière, déterminent donc, dans ces cas, notre représentation.

Quand les objets sont connus, la grandeur de l'*angle visuel* est la
mesure, relativement la plus précise, qui permet d'apprécier leur éloignement (2). Si les objets sont inconnus, nous jugeons donc de leurs
rapports de distance, d'après les objets, dont la grandeur nous est familière, tels que les hommes, les arbres, les maisons. Associée au tracé
des lignes de contour, la diminution ou réduction de l'angle visuel
avec l'accroissement des distances constitue les éléments de la *perspective*. Pour les objets les plus éloignés, tels que les montagnes et les
nuages, qui bordent l'horizon, les auxiliaires de la perspective ordinaire n'ont plus de valeur : ces objets apparaissent tous répandus sur
un plan unique. Ici, la *perspective aérienne* offre encore la possibilité
de percevoir, du moins, des différences de distances plus considérables.
Si l'air, et surtout ses couches inférieures, sont chargés de brouillards,
les objets sont toujours plus indistincts, quand l'éloignement augmente; et, en même temps, si l'énergie lumineuse est faible, ces objets
prennent une coloration bleue, et une coloration rouge, si l'énergie
lumineuse est plus forte. A l'horizon, les montagnes semblent donc
bleuâtres ; mais le soleil couchant ou levant et les sommets des mon-

1. Oppel, *Annalen* de Poggendorff, t. IXC, p. 466.
2. Consulter p. 78.

tagnes, éclairés par cet astre, présentent une couleur rouge pourpre. La perspective ordinaire varie, selon le moment du jour, par suite de l'influence des ombres portées; de même, la perspective aérienne varie extraordinairement avec la température de l'atmosphère. Quand l'air est clair et sec, ou rempli de vapeur d'eau, au lieu de brouillards, l'horizon nous semble extrêmement rapproché. Inversement, si le brouillard est épais, les objets rapprochés sont, en apparence, à une distance considérable ; et alors, bien que cependant leur angle visuel soit resté invariable, ils nous apparaissent simultanément grandis. Vus par exemple à travers une couche brumeuse, les arbres, les hommes ont des dimensions gigantesques. Grâce à la perspective et à la perspective aérienne, la peinture réalise toutes les représentations, concernant les rapports d'espace et les distances. Pour les objets rapprochés, à propos desquels la vision binoculaire fournit les renseignements les plus exacts sur la forme réelle des corps, l'effet plastique des chefs-d'œuvre de la peinture est donc rehaussé, si on les regarde simplement avec *un seul* œil. De même, très-souvent, les photographies ordinaires, stéréoscopiques, des paysages ne laissent reconnaître, que très-indistinctement, les véritables rapports des formes, si chaque image est vue binoculairement de la manière habituelle. L'effet est puissamment accru, si on ferme un œil ; assurément, il est bien plus considérable, si on combine les deux images au stéréoscope. Cette expérience montre d'une manière très-frappante la prépondérance, que possède la vision stéréoscopique sur ces auxiliaires de l'intuition d'espace, employés en peinture.

Puisque, généralement, nous percevons, d'après les règles de la perspective et de la perspective aérienne, les rapports des objets dans l'espace, nous subissons évidemment l'influence de certaines *expériences*. Cette influence est manifestement très-accusée, dans un grand nombre de cas. Il est aisé d'observer, que les enfants, arrivés à un degré de développement assez avancé, commencent par juger les grandeurs et les distances, d'après la perspective. Pendant longtemps, ils s'illusionnent encore, au sujet des objets très-éloignés. C'est seulement grâce à l'exercice progressif, que nous parvenons à donner à ces parties du champ visuel, non situées dans le domaine de la perception binoculaire de la profondeur, la même multiplicité de forme, qui primitivement est uniquement engendrée par la perception stéréoscopique. D'ailleurs, ici même se trouve confirmée cette proposition, que le champ visuel est toujours une *superficie*, qui, selon l'effet des influences citées, peut revêtir les formes les plus multiples. Mais, dans un seul cas, à propos des objets *transparents*, qui présentent simultanément au spectateur leurs superficies situées à des degrés de profondeur, variables, il semblerait, que nous recevons directement l'impression du corporel ou de solidité. La *représentation de la transparence* se produit régulièrement, quand nous laissons agir sur notre œil deux sortes d'impressions, dont les unes éveillent la représentation d'un objet rapproché, les autres celle d'un objet éloigné, situé cependant dans une direction égale. A cette occasion, le spectateur croit voir le deuxième objet à travers le premier. Cette apparence ne se manifeste pas simplement, quand le premier objet est réellement transparent, mais aussi, quand le même objet possède une surface réfléchissante, de façon qu'il renvoie l'image d'un autre objet. Le procédé suivant permet donc, aisément, de produire l'apparence de la transparence. Au-dessus d'un fragment de papier *a* (fig. 164) noir ou coloré, placé horizontalement, on pose une plaque de verre *g* incolore, obliquement inclinée, et on laisse se réfléchir dans cette dernière une feuille de papier blanc *c*, verticalement placée, sur laquelle est mis un objet à contours limités, un petit carré de papier coloré *b*. Si la plaque est inclinée de 45°, à l'œil *o* l'objet *b* semble directement situé sur la surface *a*, et il se produit une sensation mixte simple. Si on augmente l'angle entre la surface *c* et la plaque de verre, en mettant *c* dans la position *c'*, l'objet *b* semble se trouver en *b'*, *derrière a;* on a donc l'idée, que *a* est transparent. Dès qu'on ne place sur la surface du papier *c* aucun objet limité, afin que par la réflexion (physique) aucun contour ne soit perçu, par conséquent qu'aucun objet déterminé ne puisse être représenté, la réflexion apparente cesse ; et, malgré toute espèce d'inclinaison de la plaque de verre, il se produit une sensation mixte simple. D'autre part, dans ces expériences, l'objet *a* éveille, d'autant plus complètement, l'impression d'un véritable miroir, qu'il est plus uniforme. Au contraire, cette impression est troublée, si l'on fait intervenir des inégalités de coloration ou un dessin, qui attire fortement l'attention. On peut atteindre le même résultat, si on donne à l'objet *b* des contours effacés, afin que

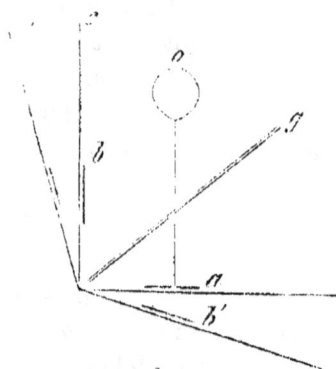

Fig. 164.

l'éloignement apparent de son image, par rapport à a, ne soit pas nettement déterminé, ou bien si on laisse simplement la feuille de papier
blanc c se réfléchir et si on ne l'éclaire pas uniformément, de sorte que
l'image réfléchie ait, en divers points, une clarté inégale. Dans tous
ces cas, se manifeste cette modification particulière de la réflexion, que
nous nommons le *lustre*. En effet, les phénomènes du lustre relèvent
constamment de la même cause. Une surface est réfléchissante ou
transparente, quand elle projette des images réfléchies, parfaitement
nettes, bien que cependant certains indices ou caractères, par exemple
des points vivement éclairés et, par conséquent, brillants nous rappellent sa présence. Au contraire, une surface est brillante, si l'image
réfléchie projetée est, par elle-même, très-indistincte, ou si les inégalités de la surface réfléchissante altèrent la perception nette de l'image
réfléchie. Naturellement, ces deux conditions se rencontrent la plupart
du temps; car, généralement les inégalités de la surface réfléchissante,
qui attirent l'attention, nuisent simultanément à la netteté de l'image
réfléchie.

Les phénomènes de la réflexion et du lustre se produisent, même
stéréoscopiquement; c'est ainsi qu'ils ont été observés, pour la première fois, par Dove (1). Si vous combinez stéréoscopiquement, sur
fond gris, un carré blanc et un carré noir, l'image collective n'est pas
simplement grise, mais apparaît extrêmement brillante. On obtient le
même résultat, en réunissant des couleurs différentes. Très-souvent,
dans les photographies stéréoscopiques des paysages, le lustre, engendré de cette manière, rehausse extraordinairement l'effet. Principalement, les nappes d'eau réfléchissantes et les glaciers, qui se
montrent ainsi, sont reproduits avec une fidélité saisissante. Voici comment s'explique la naissance de ce lustre stéréoscopique : quand des
surfaces réfléchissantes se trouvent à notre portée, aisément l'image
réfléchie peut être visible à l'un de nos yeux et cachée à l'autre œil. Les
expériences, décrites plus haut, avec la plaque de verre réfléchissante,
sont capables de réaliser ces conditions, si on donne à cette plaque une
inclinaison telle, que l'image réfléchie b' (fig. 164) soit, lors de l'examen binoculaire de la surface a, visible seulement à un œil : dans ce
cas, le phénomène du lustre disparaît momentanément, si on ferme
cet œil (2).

1. Dove, *Berichte der Berliner Akad.* 1850, p. 152 ; 1851, p. 146 ; — *Darstellung
der Farbenlehre.* Berlin 1853, p. 166.
2. Wundt, *Beiträge zur Theorie der Sinneswahrnehmung*, p. 305.

Quand la représentation de la transparence ou de la réflexion prend naissance, en réalité nous ne voyons pas un corps, ni même à la fois deux surfaces placées l'une derrière l'autre; mais, plus la réflexion est parfaite, et plus l'image réfléchie l'emporte sur la surface réfléchissante. Or, à mesure que cette dernière, grâce aux inégalités du dessin ou de l'éclairage, attire continuellement l'attention, de nouveau la netteté de l'image réfléchie disparaît; le lustre fait son apparition, et il est absolument et uniquement considéré, comme une propriété de la surface, aperçue en premier lieu. Ainsi, à l'occasion de ces phénomènes, cette proposition, que notre champ visuel est constamment une surface, ne souffre aucune exception. Précisément, le lustre est une confirmation frappante de cette proposition. Or, le lustre se montre dans ces sortes de conditions, où la perception de la surface réfléchissante et de l'image réfléchie, située derrière elle, est favorisée d'une manière à peu près uniforme. Ici, nous devons donc voir deux surfaces dans la même direction. Mais, nous ne sommes pas en état de combiner ceci en *une seule* représentation; par conséquent, nous concevons la lumière réfléchie uniquement comme une modification de la surface réfléchissante, que cependant nous connaissons approximativement avec sa couleur et sa clarté primitives. C'est justement en cela, que consiste l'essence du lustre, qui, par conséquent, peut être appelé aussi bien un phénomène psychologique, qu'un phénomène physique (1).

Quand on étudie les phénomènes stéréoscopiques, il est indispensable, sous bien des rapports, de s'exercer à *faire de la stéréoscopie sans stéréoscope*. Le meilleur moyen est de prendre deux objets aussi simples, que possible, par exemple deux bâtons verticaux, que l'on oblige, grâce au croisement des lignes visuelles, à se fusionner tantôt en avant, tantôt en arrière d'eux-mêmes. Si l'on a appris de cette manière à choisir, à volonté, un point de regard imaginaire, alors la combinaison de dessins stéréoscopiques simples, comme ceux des fig. 154 ou 155 (p. 145 et 146), réussit facilement. On constate, que ces dessins apparaissent en relief, la pointe tronquée tournée vers l'observateur, si, par la fixation d'un point situé derrière eux, on contraint ces dessins à se réunir; au contraire, le relief se renverse, les dessins semblent creux, concaves, si le point de fixation, choisi, est avant les dessins. Il se produit ici le même effet, que l'on obtient, en opérant l'échange des images destinées à l'œil droit et à l'œil gauche. Pour faire de la stéréoscopie, quand des étincelles électriques se

---

1. Pour la théorie du lustre, consulter mes *Beiträge zur Theorie der Sinneswahrn.* p. 315.

montrent momentanément, on se sert d'une caisse de bois ou de carton, noircie
à l'intérieur et présentant, sur l'un de ses côtés, deux trous, séparés par un
intervalle qui mesure la distance des deux yeux. Justement en face de ces
trous est posé un châssis, sur lequel sont appliqués les dessins stéréoscopiques.
Afin de fixer le point de regard avant la production de l'éclairage, le milieu
de chaque dessin, ainsi que le châssis, sont percés d'un trou, au même niveau ;
les deux points lumineux, qui naissent de cette manière, doivent, grâce à la
convergence, se fusionner devant ou derrière eux. De plus, la paroi postérieure
de la caisse est percée, pour laisser passer les fils électriques. Les étincelles,
qui jaillissent entre les fils, sont cachées à l'œil par un petit morceau de papier,
qui est blanc du côté tourné vers les fils, de façon qu'il réfléchit la lumière
sur les dessins. L'éclairage est produit par les étincelles d'une machine électrique ou de la spirale secondaire d'un appareil d'induction de Rumkorff, qui
communiquent avec les armatures d'une bouteille de Leyde (1). Voulant éco-
nomiser l'éclairage électrique, Volkmann construisit un appareil pour étudier
la chute des corps ; dans cet appareil, la caisse reste ouverte, très-peu de temps,
à la lumière du jour ; il a appelé son instrument le *tachistoscope* (2).

Pour la plupart des expériences stéréoscopiques, le stéréoscope ordinaire,
celui de Brewster (fig. 165), est suffisant. La réunion des images y est facilitée

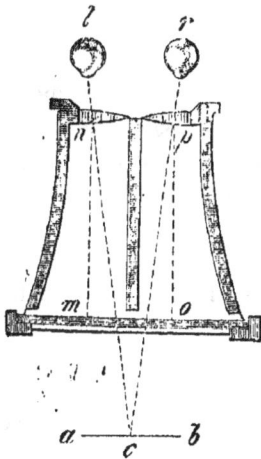

FIG. 165.

par des prismes à surfaces convexes, qui opèrent
donc en même temps le grossissement des objets.
Les rayons m n et o p, provenant des dessins, sont
réfractés par les prismes, de façon qu'ils prennent
les directions nl et pr, qui se coupent en c : quand
l'observateur adapte à ce point ses lignes visuelles,
il croit voir en a b l'image corporelle. Veut-on
transformer le relief saillant en une image creuse,
il faut, après avoir détaché les deux dessins l'un de
l'autre, donner à chacun la place, que l'autre occupait. D'ailleurs, si l'on se livre à des expériences
scientifiques, le *stéréoscope à miroirs*, construit primitivement par Wheatstone, est bien préférable à
celui de Brewster. Il se compose de deux miroirs
a b et c d (fig. 166), dont les faces postérieures forment entre elles un angle de 90°. αβ et γδ sont
deux planchettes, sur lesquelles reposent, en face
des miroirs, les deux dessins. Si l'œil gauche est appliqué contre le miroir a b,
et le droit contre le miroir c d, on voit une image, qui semble appartenir à un
objet situé en m n. Or, puisque les miroirs opèrent l'interversion de droite à
gauche, les dessins doivent conserver la position opposée, comme avec le sté-

1. Dove, *Berichte der Berliner Akad.* 1841, p. 252. — Helmholtz, *Physiol. Optik*,
p. 567.
2. Volkmann, *Berichte der kgl. sächs. Ges. der Wiss. zu Leipzig*, 1850, p. 90.

réoscope à prismes. Dans une position, où ils offrent chez ce dernier un relief
saillant, ils donnent avec le stéréoscope à miroirs un relief creux, et réciproquement. Cet effet doit être recherché dans les expériences physiologiques, quand
on peut faire varier la distance qui sépare les dessins des miroirs. Dans ce but,
l'appareil est muni d'une vis pp' ; et si l'on serre celle-ci, les deux planchettes
$\alpha\beta$ et $\gamma\delta$ se rapprochent des deux miroirs, suivant des grandeurs égales (1). En
outre, l'opérateur a le pouvoir de rendre variable l'angle d'inclinaison des
deux miroirs (2). Si, l'angle d'inclinaison des miroirs restant invariable, on
met les dessins à diverses distances des miroirs, la convergence des lignes

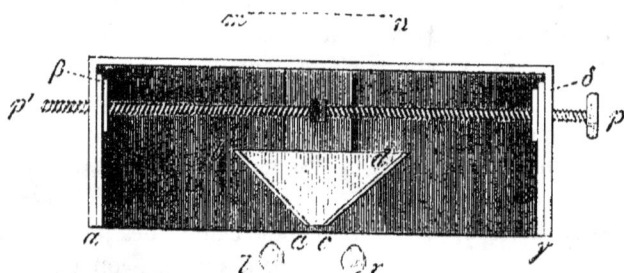

Fig. 166.

visuelles ne change point ; mais la grandeur des images rétiniennes augmente,
quand on rapproche davantage les dessins, et elle décroît, si on éloigne ces
derniers : il semble alors, que l'objet, vu corporellement, garde sa même place,
mais est alternativement plus grand et plus petit. Si, au contraire, sans toucher
aux dessins, on change l'angle d'inclinaison des miroirs, la convergence des
lignes visuelles se modifie, quand la grandeur des images rétiniennes se maintient égale : si l'angle formé par les miroirs est plus obtus, la convergence
diminue ; si l'angle est plus aigu, elle augmente. Dans le premier cas, l'éloignement apparent des images s'accroît ; dans le second, il est diminué. A cette
occasion, on remarque constamment, que la grandeur apparente de l'objet se
modifie dans un sens égal ; ceci s'accorde avec cette expérience, que l'angle visuel
restant égal, un objet apparaît d'autant plus grand, que nous le rapportons à
une plus forte distance.

La théorie, exposée ci-dessus, de la vision binoculaire simple reçoit une
confirmation éclatante des expériences, concernant la projection des images
consécutives, développées binoculairement, qui peuvent être établies d'après le
même principe, que les expériences précédemment mentionnées (p. 89) avec

---

1. Wheatstone, *Annalen* de Poggendorff, 1842, tome supplémentaire, p. 9.
2. Au lieu d'agir ainsi, on obtient le même résultat, si, à l'exemple de H. Meyer,
on fait en sorte, que les cadres des deux dessins puissent tourner dans le plan.
(*Annalen* de Poggendorff, t. LXXXV, p. 198.)

les images consécutives monoculaires. Déjà, Wheatstone (1) et Rogers (2) avaient observé, que les images consécutives qui, dans les deux yeux, occupent des places rétiniennes non correspondantes, sont susceptibles d'être combinées stéréoscopiquement. De plus, j'ai essayé de découvrir l'influence, qu'exerce sur la fusion binoculaire des images consécutives la représentation de la position du champ visuel, dans lequel ces images sont transférées (3). D'après mes résultats, les images consécutives des deux yeux sont projetées sur une sorte de surface connue, quant à sa forme et à sa direction ; et cette projection s'opère suivant les mêmes lois, d'après lesquelles l'œil isolé transfère les images consécutives dans son champ visuel ; par conséquent, les images consécutives binoculaires se fusionnent ensemble, quand elles arrivent sur les *places de recouvrement* du champ visuel. Fixez, par exemple (fig. 167), avec l'œil droit une raie ou bande colorée *a* sur fond complémentaire, et projetez son image consécutive sur un plan qui, pareil au plan de la raie primitive, est perpendiculaire au plan de visée ; alors, l'image consécutive conserve la même position, que son image génératrice. Si vous tournez le plan de projection autour d'un

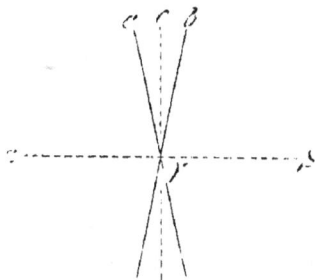
Fig. 167.

axe horizontal αβ, de façon que son extrémité supérieure s'éloigne de l'observateur, l'image consécutive quitte la position *a* et prend la position *c*. D'une manière analogue, une image consécutive *b*, engendrée dans l'œil gauche, sur un plan de projection perpendiculaire au plan de visée, occupe d'abord la position *b*, d'où elle passe également dans la position *c*, si on tourne le plan, suivant le procédé indiqué plus haut. Si, après avoir engendré simultanément dans l'œil droit une image consécutive *a*, dans l'œil gauche une image consécutive *b*, on fixe le point γ, on voit d'abord *deux* images consécutives *a* et *b*, qui se croisent en γ. Si maintenant le plan est, de nouveau, de la façon mentionnée précédemment, détourné du spectateur, les deux images se fusionnent en *une* image consécutive *c*. Volkmann, s'est inscrit contre ce résultat. Selon les affirmations de cet auteur, les deux images consécutives resteraient doubles, lors de la rotation du plan ; et seulement, quand on ferme l'œil gauche, *a* prendrait la direction *c* ; et *b*, la direction *c*, lorsqu'on ferme l'œil droit (4). Peut-être, pour certains observateurs, les images consécutives, vues doubles, s'opposent tellement à leur fusion, qu'elles ne sont pas projetées sur la surface inclinée ; elles se trouveraient toujours encore dans un plan perpendiculaire au

1. *Annalen* de Poggendorff, *loc. cit.* p. 46.
2. *Journal* de Silliman, novembre 1860.
3. *Beiträge zur Theorie der Sinneswahrnehmung*, p. 271.
4. Volkmann, *Physiol. Untersuch. im Gebiet der Optik*, 1, p. 169. — Schœn, *Archiv f. Ophth.* XXIV, p. 57.

plan de visée ; par conséquent, elles seraient aériennes. En ce qui concerne l'influence, auparavant étudiée, que la forme ordinaire du champ visuel exerce sur la coordination plus constante des points correspondants, ce résultat n'aurait justement rien de surprenant. Je dois cependant faire remarquer que, pour moi-même, relativement à l'expérience discutée, les images consécutives se réunissent toujours. Je dois aussi repousser cette hypothèse que, par suite de l'instabilité des images consécutives, l'une de ces images est absolument négligée ; car, en opérant le retour du plan de projection à sa position primaire, j'ai pu séparer de nouveau les images consécutives. La forme inverse de l'expérience est plus difficile : on fixe binoculairement deux raies ou bandes colorées, en apparence verticales, de manière que dans l'image collective elles se fusionnent en *une seule* bande. Si on projette l'image consécutive sur un plan, qui soit fortement incliné sur le plan de visée, on réussit parfois à voir cette même image, sous forme d'une double image, qui se croise au point de fixation : ici, on rapporte donc à divers objets dans l'espace les excitations des places rétiniennes, approximativement correspondantes. Sans doute, on ne parvient pas toujours, dans ce cas, à voir l'image double, et souvent l'image consécutive reste simple ; et j'ai toujours alors la notion exacte, que l'image consécutive ne se trouve pas sur le plan présenté, mais est aérienne.

A côté du lustre stéréoscopique, prennent place un grand nombre de phénomènes. En tant qu'ils nous éclairent sur la relation fonctionnelle réciproque des deux rétines, ils ont une certaine importance, à propos de la théorie des représentations binoculaires, quoique la plupart d'entre eux n'appartiennent plus au domaine de la vision naturelle, et soient seulement engendrés artificiellement par la combinaison stéréoscopique d'objets volontairement choisis. Un grand nombre de ces phénomènes ont de l'analogie avec le constraste, qui se manifeste à l'occasion des sensations lumineuses monoculaires (1) ; nous les appellerons donc *contraste binoculaire* (2). Nous savons déjà, que la représentation de la réflexion ou du lustre se produit généralement, quand les deux yeux reçoivent des impressions de couleur ou de clarté différentes. En même temps, cette représentation nécessite deux autres conditions : 1° les impressions doivent être suffisamment différentes, pour qu'elles puissent être rapportées à des objets différents, à un objet réfléchissant et à un objet réfléchi ; 2° elles doivent s'imposer à la perception avec une intensité approximativement égale. Si la première condition n'est pas remplie, lorsqu'on offre par exemple des couleurs d'une différence très-faible, comme l'orangé et le jaune, ou le bleu et le violet, etc, le mélange apparaît sans le lustre. Si la deuxième condition est absente, l'on perçoit seulement l'objet, qui requiert plus énergiquement la perception. Un pareil résultat peut encore dépendre de causes diverses. Ainsi, un objet ressor-

1. Consulter t. I, p. 496.
2. Wundt, *Beiträge z. Theorie d. Sinneswahr.* p. 321.

tira davantage, parce que sur le fond, où il est placé, il contraste plus énergiquement, que l'autre objet. Combinez, par exemple, un carré rouge foncé et
un carré jaune clair, tous deux sur fond blanc : le rouge est plus fortement
relevé par le constraste ; dans l'image collective, le rouge apparaît donc seul ;
mais, si vous les posez tous deux sur fond noir, le jaune ressort davantage, et
alors l'image collective est de couleur jaune. C'est bien la même cause qu'il
faut invoquer, si, après avoir obligé à se réunir binoculairement une petite
bande colorée avec son fond d'une autre couleur, la bande se montre sans
changement, comme si elle n'avait subi aucun mélange communiqué par la
couleur du fond. La fig. 168 présente une autre forme de la même expérience :

Fig. 168.

ici, dans l'image collective binoculaire, cette partie du cercle noir B, qui se
couvre du cercle blanc médian de A, apparaît non lustrée, mais absolument
éteinte ou effacée. Combinés sur fond gris, les rectangles A et B de la fig. 169
offrent un lustre très-brillant ; le lustre s'évanouit momentanément, si, comme
en A', on trace des lignes noires dans le rectangle blanc : alors, l'image réunie
revêt complètement la forme A'. Ici, évidemment, le contraste relève les petits
rectangles blancs de la fig. A
avec leurs lignes noires de
contours. Si on a donné aux
deux objets une composition
telle, que leurs contours se
trouvent à une distance plus
considérable les uns des autres,
il se produit seulement une
supplantation partielle ; et,
dans le voisinage de chaque

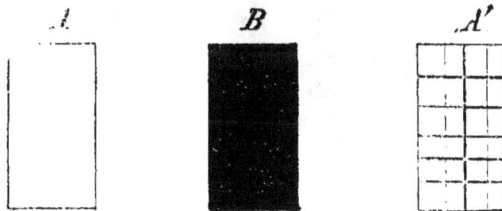

Fig. 169.

ligne limite, cette impression, à laquelle appartient la ligne limite en question, devient prépondérante. Obligez, par exemple, les deux cercles noirs
de la fig. 170 à se recouvrir, de façon que le plus petit cercle arrive à occuper
le milieu du plus grand : l'image de fusion B se manifestera. Dans ce cas,
on a l'impression, que le petit cercle, avec son entourage intime, est vu à
travers le plus grand cercle. Donc, cette supplantation partielle se ramène

toujours à la représentation de la réflexion et du lustre. Le même phénomène peut, de la manière suivante, revêtir la forme inverse. Appliquant
un œil contre un tube ouvert, considérez une surface blanche ; avec l'autre
œil, regardez à travers un tube pareil, mais présentant en avant une petite
ouverture. On distingue alors dans l'image collective une tache claire,
entourée d'un bord obscur qui, vers la périphérie, prend graduellement une
teinte plus claire. D'après une certaine loi, les couleurs et les clartés d'une
faible différence se mélangent, lors de leur réunion effectuée par les deux
yeux ; et celles qui accusent une différence plus considérable, se supplantent
absolument ou partiellement. Cette même loi explique encore les observations
suivantes, sur lesquelles Fechner a attiré l'attention (1). Regardez librement
le ciel avec un œil, l'autre œil étant fermé, et mettez ensuite devant celui-ci
un verre gris ; si vous ouvrez l'œil fermé, soudain le champ visuel commun est
obscurci. Cet obscurcissement diminue, si vous choisissez un verre gris plus
clair ; et dès que la clarté ajoutée à l'œil obscurci a atteint $^2/_{100}$ — $^5/_{100}$ de
l'intensité lumineuse existante, la clarté apparente ne diminue plus dans le
champ visuel commun, mais augmente. La clarté de la vision monoculaire est
seulement un peu inférieure à celle de la vision binoculaire, parce que le champ
visuel entièrement obscurci est complètement supplanté par le champ visuel
éclairé, justement comme le centre obscur de la fig. 168 *B* est supplanté par
le cercle clair situé en *A*. Si nous mettons devant l'œil un verre gris, par suite
de la différence de clarté diminuée, ce n'est plus la supplantation, qui se mani-

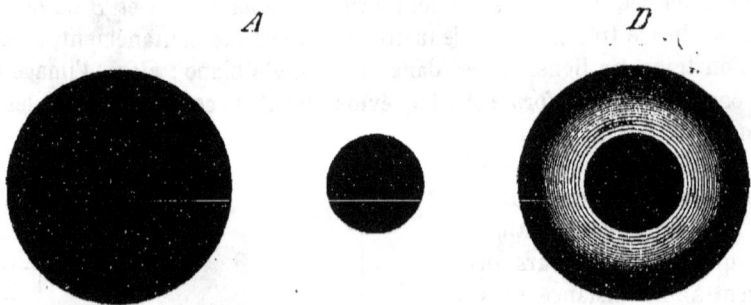

Fig. 170.

feste, mais le mélange ; celui-ci doit d'abord entraîner une diminution de
clarté, jusqu'à ce que l'intensité lumineuse ait suffisamment augmenté dans
l'œil obscurci (2).

Dans les phénomènes, étudiés jusqu'ici, il s'est agi constamment de représentations binoculaires de nature persistante, soit que ces représentations se

1. Fechner, *Abhandlungen der kgl. sächs. Ges. der Wiss.* VII, 1860, p. 416.
2. Wundt, *Beitr. z. The. d. Sinnesw.* p. 355.

composent des impressions des deux yeux, ou se trouvent liées à la supplantation complète de l'une de ces impressions. Il en est tout autrement, si on
établit des conditions, où il est impossible au mélange simple, au lustre et à la

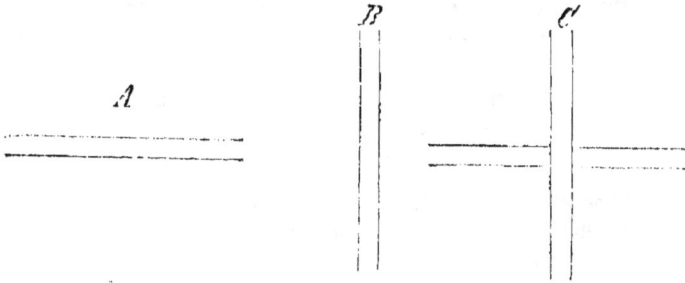

réflexion de se produire, et où, simultanément, aucune des impressions monoculaires n'est favorisée par le constraste, au point que l'une de ces impressions
supplante l'autre. Dans ce cas, apparaît un phénomène, que l'on a appelé *lutte*
ou *antagonisme des champs visuels*. Cette lutte est une inquiétude, une agitation

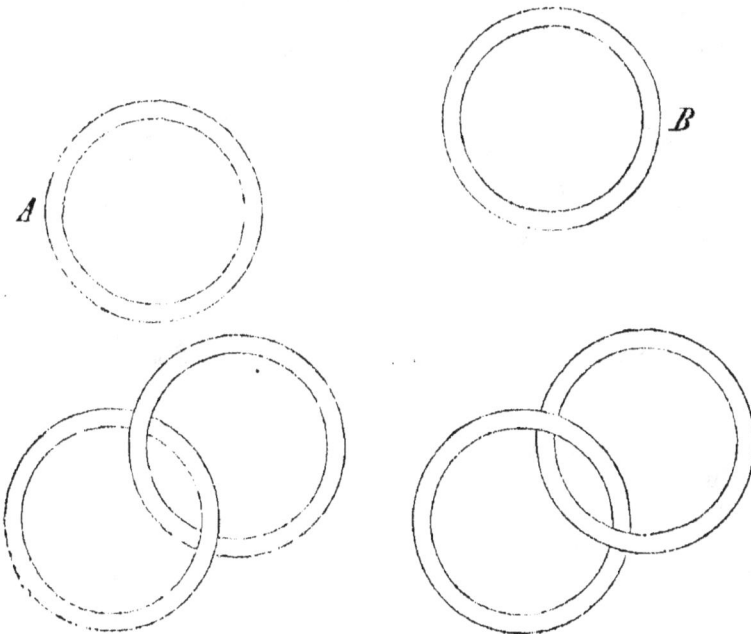

Fig. 172.

particulière de la représentation, où alternativement l'une des images éteint,
efface l'autre ; et alors, au moment de cette transition, se manifeste très-fréquemment l'impression de lustre. On obtient par exemple un antagonisme
remarquable, en combinant stéréoscopiquement diverses lettres capitales, telles

que B et C, A et F; dans ce cas, les contours des deux lettres, qui se croisent, s'éteignent, s'effacent alternativement. La fig. 171 nous offre l'exemple le plus simple de cette supplantation de contours, qui se croisent. Si on réunit stéréoscopiquement A et B, le couple de lignes verticales, comme celui de lignes horizontales, persiste ; seulement, au point de croisement, l'un ou l'autre couple occupe alternativement le premier plan : il se produit donc une image pareille à celle présentée par C, ou à la fig. C, tournée de 90°. Si, d'un côté ou des deux côtés, on tire plusieurs couples de lignes parallèles, plus écartées les unes des autres, à chaque instant le même mode de supplantation se réalise, pour chacun de ces couples ; ainsi, constamment, dans tous les points de croisement, les lignes verticales ou les lignes horizontales apparaissent simultanément au premier plan. On constate le même résultat, en combinant stéréoscopiquement les deux anneaux A et B (fig. 172), qui ont été placés, intentionnellement, à une hauteur inégale. L'image collective présente la forme dessinée en A ou celle qui est tracée en B; avec la première forme, les contours verticaux sont prépondérants ; avec la deuxième, ce sont, au contraire, les contours horizontaux, qui occupent le premier plan. Il est plus facile de maintenir une image collective, où les deux impressions persistent invariablement, si, comme à l'imitation de la fig. 173, on trace dans les deux dessins des lignes de direction opposée, mais qui ne se croisent pas. Cet exemple est, en quelque

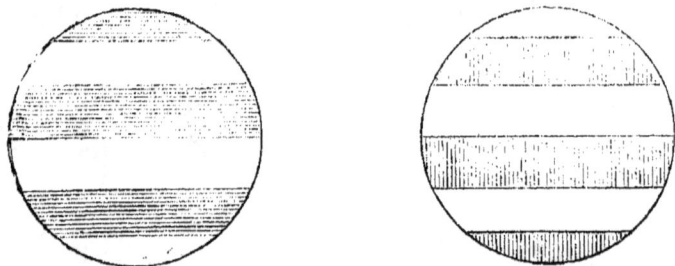

FIG. 173.

sorte, intermédiaire au cas, où les lignes ont une direction égale, et à celui, où des lignes de direction inégale se croisent. Dans le premier cas, les deux images monoculaires constituent, par leur ensemble, une image totale au repos ; dans le second, la supplantation alternative se manifeste toujours. Dans la fig. 173, momentanément, une image collective complexe est susceptible d'apparaître, et, momentanément, l'une ou l'autre image s'impose uniquement à la représentation. Cet effet tient évidemment, comme dans la fig. 172, à ce que tantôt la direction verticale des lignes, tantôt leur direction horizontale sont favorisées. Cela ne concorde pas exactement avec l'opinion qui veut, que la lutte soit provoquée par l'*attention* alternative, portée sur l'une ou l'autre image. Déjà, Fechner avait fait la remarque suivante : si l'attention donne lieu aux phénomènes d'antagonisme, ce n'est qu'en tant, qu'elle occasionne généralement une modification, sans cependant déterminer la direction de celle-ci (1). En revanche, il est constaté, que les *mouvements oculaires* influent essentiellement sur la direction de l'antagonisme. Avec les fig. 171 — 173, on peut, à volonté, laisser apparaître dans l'image collective les contours verticaux ou les contours horizontaux, si l'on imprime au mouvement oculaire la direction correspondante ; alors, dans la fig. 172, les contours, qui se montrent au premier plan, appartiennent à des images monoculaires différentes. *Par conséquent, lors de l'antagonisme, l'image, dont les contours cheminent dans une direction égale avec le mouvement de regard, choisi fortuitement ou intentionnellement, est toujours favorisée* (2). Cette influence atteste, sous une face nouvelle, l'influence importante, que le mouvement de l'œil exerce sur la perception visuelle. Enfin, les mouvements de l'œil peuvent encore faire apparaître l'antagonisme, quand les objets ne sont plus aptes, d'après leur composition, à produire l'antagonisme. Par exemple, prenons des carrés colorés, dont l'un, au moment du recouvrement complet, supplante l'autre par le constraste ; dès que le recouvrement est un peu incomplet, le carré, supplanté en premier lieu, peut, en certains endroits, sous l'influence du contraste, s'imposer exclusivement à la perception. C'est ce qui explique, pourquoi primitivement on a étendu l'antagonisme au-delà des limites du domaine, qui lui appartient spécialement. On croyait que, lorsqu'on combine binoculairement des objets ne s'accordant pas ensemble, seulement deux choses étaient possibles, le mélange ou la lutte ; or, nous avons vu, que le lustre et la supplantation complète sont encore susceptibles de se manifester, et de plus, qu'en somme ils constituent les cas normaux. Le mélange se convertit directement en lustre, dès que la clarté ou le ton de couleur des deux objets ne sont pas très-voisins. Même déjà, à propos du mélange, régulièrement la sensation n'égale nullement, d'une façon complète, la sensation, qui se produit avec le mélange des impressions monoculaires ; mais, selon le rapport des objets avec leur fond, l'une ou l'autre couleur, ou la clarté sont prépondérantes ; ce qui prouve, qu'il ne s'agit pas réellement d'un simple mélange des irritations. Les phénomènes fondamentaux de tous ces cas de mélange binoculaire de couleurs et de clartés sont la réflexion et le lustre. Nous pouvons nous représenter, que lors du *mélange* la lumière, réfléchie d'après diverses directions, possède seulement une très-minime différence de clarté ou de couleur : en effet ici, la combinaison stéréoscopique ne donne d'autre impression, que celle qu'éveillerait un corps, un peu différemment éclairé pour les deux yeux ; par conséquent, au fond il ne se produit qu'un lustre binoculaire du plus faible degré. Quant à la *supplantation*, c'est le même cas, qui se présente en réalité, lorsqu'on considère un objet réfléchi, qui grâce à la couleur et à l'énergie lumineuse attire tellement à lui l'attention, que la surface réfléchissante est totalement inaperçue. Enfin, pour ce qui concerne les phéno-

1. *Loc. cit.* p. 401.
2. Wundt, *Beiträge zur Theorie der Sinneswahrnehmung*, p. 362.

mènes d'antagonismes, qui s'opposent généralement aux événements de la vision naturelle, toujours les phénomènes de réflexion jouent chez eux un certain rôle. Dans les places, où un objet supplante l'autre, nous croyons voir au travers de celui-ci ; néanmoins, dans ce cas, la perception ne peut être calme, puisque chaque objet peut aussi bien être représenté comme transparent, que comme vu au travers de l'autre. Le domaine tout entier des expériences, ici discutées, confirme par là cette conclusion : *les impressions des deux yeux se fusionnent constamment en une représentation unique.* Toutes les fois, que les deux images rétiniennes ne se laissent pas rapporter à un seul objet, il s'agit de phénomènes spéciaux, que nous appelons tantôt réflexion et lustre, tantôt antagonisme des champs visuels, et chez lesquels, toujours, les impressions sont pareillement réunies en *un seul* acte de représentation (1).

Enfin, la relation physiologique intime des deux yeux entre eux, relation qu'attestent les phénomènes de la perception stéréoscopique et du lustre binoculaire, est encore affirmée par ce fait de Fechner : la même corrélation, qui, d'après les lois du contraste (2), existe entre diverses places d'une même rétine, se démontre aussi pour le rapport des deux rétines entre elles. Si vous irritez une rétine avec une couleur, l'autre rétine, irritée simultanément avec la lumière blanche amortie, se montre de la couleur complémentaire. La place irritée de la première rétine est-elle restreinte, la disposition opposée à la couleur se répand, néanmoins, sur l'autre rétine tout entière ; cette corrélation n'existe donc pas simplement entre des places correspondantes. Comme conséquence immédiate de ce fait, on observe, que si les deux rétines sont irritées par des couleurs complémentaires l'une de l'autre, les images consécutives, persistantes et mutuellement complémentaires, ont une durée bien plus considérable, que quand l'irritation a été opérée avec des couleurs égales (3). Sans doute, tous ces phénomènes contredisent énergiquement l'opinion, anciennement répandue, d'un *rapport d'identité* des deux rétines, d'après laquelle des impressions, portées sur des places identiques, devraient engendrer la même sensation mixte, que l'irritation d'une seule place rétinienne. Néanmoins, ils montrent d'autre part, que les deux rétines sont en corrélation intime. Car, 1° tous ces phénomènes, qui proviennent de la transparence des objets ou de leur propriété de projeter des images réfléchies, peuvent être produits de la même manière par le mélange binoculaire, comme par le mélange monoculaire des impressions ; et 2° les couleurs et les clartés sont perçues aussi bien dans le rapport avec les impressions de l'autre rétine, que dans le rapport avec l'excitation des parties environnantes de la même rétine Évidemment, ces deux corrélations se rattachent donc intimement à ce fait, que les images des deux yeux se réunissent constamment en *une* représentation.

1. Quant aux diverses explications du lustre monoculaire et binoculaire, qui diffèrent de la théorie précédente, consulter mes *Beitr. z. Theorie d. Sinneswahr.* p. 301.
2. Voir chap. IX, t. I, p. 515.
3. Fechner, *Abhandlungen der k. sächs. Gesellschaft d. Wiss.* VII, p. 469.

8. — Développement psychologique des représentations visuelles.

La forme, que nous donnons au champ visuel, la direction et la position, que nous assignons dans ce champ aux divers objets, de même que la mensuration de ses dimensions, dépendent des *mouvements de l'œil*. Mais, la *vision binoculaire* est apte à percevoir plus exactement le degré de profondeur, que les parties du champ visuel affectent entre elles et avec l'individu, qui exerce la vision. Elle engendre ainsi, dans la perception immédiate, cette multiplicité de la surface du champ visuel, que la vision monoculaire obtient seulement, grâce aux caractéristiques secondaires de la représentation, et, par conséquent, jamais avec la fraîcheur de ce qui est directement perçu.

L'influence des mouvements persiste, même pour l'œil qui est *au repos*. A la vérité, les perceptions de ce dernier sont plus indistinctes, que celles qui sont acquises par suite des mouvements ; aussi, toutes les fois que nous voulons opérer une perception nette, précise, nous avons recours au mouvement. En somme, l'œil au repos constitue ses représentations d'après des règles, qui sont conformes aux lois des mouvements ; et nous devons donc supposer, qu'elles ont été établies, fixées à l'aide du mouvement. Un seul œil au repos mesure les objets, qu'il n'avait jamais vus, d'après l'effort, qui est nécessaire, pour parcourir leurs dimensions ; et les deux yeux au repos apprécient immédiatement le degré de profondeur des points, vus indirectement, selon le rapport de position, qu'ont les points de recouvrement, qui leur correspondent, avec le point de regard. Il résulte de ce fait, qu'à l'irritation de chaque point rétinien doit être liée une sensation de mouvement, qui est déterminée par rapport à la direction et à l'étendue. Néanmoins, les observations relatives à la mensuration des objets et au fusionnement des images stéréoscopiques, en présence d'un éclairage momentané, nous apprennent, que cette sensation de mouvement est plus accusée quant à la direction, que quant à la grandeur. L'œil au repos perçoit, d'une manière parfaitement sûre, la direction des contours dans la vision monoculaire, et la direction du relief, dans les combinaisons stéréoscopiques. Les représentations, concernant le

degré de grandeur des dimensions et la grandeur du relief, sont beaucoup plus incertaines ; aussi, quand la fixation est soutenue, les places
de recouvrement du champ visuel binoculaire, à condition qu'elles ne
soient pas des points correspondants ou qu'elles se trouvent très-rapprochées d'eux, se séparent facilement en images doubles. Or, voici ce que
nous révèle le résultat des expériences pratiquées sur l'organe tactile:
les sensations d'innervation n'engendrent, très-probablement, que la
représentation de la force du mouvement ; elles exercent une influence
co-déterminante sur la représentation de l'étendue du mouvement ; et
au contraire, nous percevons, seulement à l'aide des sensations tactiles, la position du membre opérant le toucher et, par conséquent,
la direction, dans laquelle il se meut (1). Si nous transférons ces
données à l'œil, il faudra admettre, que toujours la sensation tactile,
liée au mouvement de l'œil et provenant de la pression opérée sur
les parties sensibles de l'orbite, se reproduit simultanément avec la
sensation d'innervation, qu'une impression rétinienne donnée éveille
dans le champ visuel indirect. La sensation d'innervation, qualitativement uniforme, est ici déterminée par la sensation tactile concomitante, relativement à la direction du mouvement voulu. Comparée à
l'impression directe, l'incertitude de la sensation reproduite explique
la faible certitude de la mensuration de grandeur. La faible énergie
de la sensation reproduite motive la tendance, que nous avons, l'œil
étant au repos, à estimer plus petites les dimensions du champ visuel
et la grandeur d'un relief, que si l'œil est en mouvement. Généralement, une déviation de position, plus considérable, du globe oculaire
se lie à la sensation d'innervation, plus énergique. C'est pourquoi, si,
à la suite d'une parésie, l'impulsion motrice, nécessaire pour un mouvement donné, augmente, le changement de position de l'œil et,
même, l'extension dans la direction correspondante sont estimés
exagérés. Or, comme graduellement les sensations tactiles s'adaptent,
de nouveau, à l'échelle déplacée des sensations d'innervation, quand
le mouvement est réellement exécuté, d'autre part on comprend, que
ces sortes de perturbations soient facilement compensées. Il est possible, qu'une coloration locale, qui contribue à favoriser la localisation, adhère à la sensation rétinienne, comme à la sensation tactile.
En effet, on peut ici rappeler cette observation, que sur les parties
latérales de la rétine la composition qualitative de la sensation est

1. Consulter p. 18.

plus indistincte (1). Alors, ces signes locaux de la rétine sont simplement considérés, comme appartenant au système des sensations sensorielles périphériques, système qui, indépendamment des sensations d'innervation centrale, est indispensable, pour effectuer l'ordre dans l'espace. On pourrait imaginer, qu'à l'aide de ces signes locaux rétiniens la distance, existant entre les points vus indirectement et le centre rétinien, est appréciée plus exactement, qu'à l'aide des simples sensations tactiles. Bien que les différences locales de sensation de la rétine soient, en cette qualité, toujours perceptibles à de grandes distances, il se pourrait néanmoins, que déjà leurs graduations imperceptibles fussent employées, comme signes des différences locales des objets aperçus ; car, de même que pour le sens tactile, la relation accoutumée avec les rapports locaux est cause, que nous négligeons la différence qualitative, qui sert de base. Mais il est douteux, que les directions de la vision doivent être distinguées au moyen des sensations rétiniennes. Or, il n'est pas démontré, que ces dernières se modifient dans un sens différent, selon les divers méridiens ; tandis que nous sommes en état, grâce aux sensations tactiles, de percevoir exactement la direction, dans laquelle l'œil se meut. De même, elles nous apprennent, ce semble, si l'œil droit ou l'œil gauche est en mouvement ; il est donc probable que, quand les impressions agissent sur les deux yeux au repos, nous exécutons à l'aide des signes locaux du sens tactile la relation à droite et à gauche. Cette relation s'opère constamment d'une manière exacte, ainsi qu'il résulte du discernement certain du relief plein et du relief creux. Dans la fig. 155 (p. 146), le cône ne nous apparaît jamais autrement, qu'en relief plein, et en relief creux, si, après avoir détaché les deux images, on intervertit leur position. Si les signes locaux des deux yeux ne différaient pas les uns des autres, ces deux cas ne pourraient être séparés dans la représentation. Il en est de même de la direction, que nous assignons aux contours dans le champ visuel, et spécialement de cette règle, que nous voyons *droits* les objets, conformément à leur position réelle dans l'espace, et non renversés, comme nous les présente l'image rétinienne. Lorsque notre regard suit un objet, depuis son extrémité supérieure jusqu'à son extrémité inférieure, nous avons nécessairement l'idée, que l'extrémité supérieure de l'objet correspond, par sa position, à notre tête, et son extrémité inférieure, à nos pieds.

1. Consulter t. I, p. 486.

Ainsi, la représentation visuelle se ramène essentiellement au même processus, qui produit l'ordre des sensations tactiles dans l'espace (1). Les sensations rétiniennes se fusionnent avec les sensations tactiles et de mouvement, et constituent alors des complexus inséparables. Or, ce qui caractérise les représentations visuelles, c'est la relation de ces complexus de sensations avec un point unique, qui est le centre rétinien. Ce rapport avec le point de regard, rapport qui favorise essentiellement la mensuration précise du champ visuel et permet la liaison fonctionnelle des deux yeux pour la vision binoculaire, a ses racines dans les lois du mouvement. Puisque ces dernières ont leur base ou fondement dans un mécanisme central inné, l'individu apporte donc, en venant au monde, une disposition complètement développée à ordonner directement, dans l'espace, ses sensations lumineuses. Quoique le temps, qui s'écoule entre le premier effet des impressions rétiniennes sur l'œil et entre la représentation, soit, selon les circonstances, extrêmement faible, néanmoins il faut admettre un certain processus psychologique, qui réalise la représentation. Ce processus peut, comme pour les représentations tactiles, être appelé une *synthèse*, parce que le produit engendré présente des propriétés, qui n'existaient pas dans le matériel sensoriel, qui a servi à lui donner naissance. Cette synthèse consiste encore en une mensuration des sensations sensorielles périphériques, qualitativement variables, qui est opérée par des sensations d'innervation, intensivement graduées. Chaque œil est susceptible de se tourner vers deux directions principales (élévation et abaissement, abduction et adduction), comprenant toutes les transitions ou intermédiaires possibles ; et à chaque position correspond un certain complexus de sensations périphériques (sensations tactiles et musculaires, et signes locaux de la rétine). C'est pourquoi, ces derniers, que nous pouvons considérer, dans leur ensemble, comme des signes locaux, forment un continuum de *deux* dimensions. Ces dimensions sont hétérogènes, parce que dans chaque direction les signes locaux se modifient d'une autre manière. Puisque les sensations d'innervation, qui donnent lieu à un continuum *d'une* dimension, mesurent, selon toutes les directions, ce continuum hétérogène de signes lo aux, elles le ramènent à un continuum *homogène* de deux dimensions, par conséquent à une *superficie d'espace*. Ainsi prend naissance le *champ visuel monoculaire*. Son point principal

1. Consulter chap. XI, p. 26.

est, par suite de la relation des sensations d'innervation et des signes
locaux avec le centre rétinien, le *point de regard ;* et sa forme la plus
générale est, à cause des déplacements du point de regard, effectués
lors du mouvement, la surface sphérique, qui est située autour du point
de rotation de l'œil ou du centre de la ligne d'union des deux points
de rotation. Dans ce cas, la distance du point de regard de l'individu
exerçant la vision, par conséquent le rayon du champ visuel sphéroïdal, n'est, dans la vision monoculaire, limité, en quelque sorte, que
par l'état respectif d'accommodation. Une détermination plus fixe a
lieu dans la vision binoculaire, en vertu de cette loi : les deux yeux
possèdent constamment un point de regard commun. En même temps,
la forme du champ visuel est plus variable, puisque le point de regard commun peut parcourir des surfaces de la configuration la plus
diverse. La liaison des systèmes de signes locaux des deux yeux avec
les sensations d'innervation de la vision binoculaire est donc variable.
Par exemple, un signe local a de l'œil droit est capable de s'unir à
un signe a' de l'œil gauche, quand tous les deux correspondent à un
point situé 10° à gauche du point de regard. A cette union $a\,a'$ se
joindra alors une sensation d'innervation de la vision binoculaire,
de 10°. Le signe a peut s'unir à un autre signe a', qui appartient à
un point placé, seulement 5°, à gauche : par conséquent, à la liaison $a\,\acute{a}'$ correspondra une autre sensation d'innervation, qui se compose du mouvement de latéralité à gauche et de la convergence. Si
nous appelons *distance longitudinale* la distance de chaque point
rétinien à l'horizon rétinien, et *distance latitudinale,* celle de chaque
point rétinien au méridien rétinien vertical, généralement les signes
locaux des points, qui ont la distance longitudinale égale, seront seuls
coordonnés ensemble ; mais les distances latitudinales de ces points,
dont les signes locaux s'unissent, peuvent varier énormément ; et ceci
entraîne, chaque fois, une modification dans la sensation d'innervation de la vision binoculaire. En général, le cours des lignes de fixation dans le champ visuel commun décide, dans ce cas, quelle est la
liaison qui se produit réellement (1). Par conséquent, les points coordonnés ensemble sont ceux, qui laissent reconnaître des caractéristiques objectivement concordantes ; néanmoins, à ce sujet les conditions normales de la vision imposent certaines limites : et d'ailleurs,
les signes locaux de ces points, qui correspondent à la forme ordinaire

1. Consulter p. 145.

du champ visuel, s'uniront plus facilement entre eux, que d'autres. Il s'agit donc ici d'une synthèse complexe. Pour mieux nous en faire une idée, décomposons-la en *deux* actes. Nous obtenons ainsi le premier acte, par lequel les signes locaux et les sensations d'innervation du premier œil établissent la position d'un point donné *a*, à l'égard du point de regard ; le deuxième acte, qui, grâce à la participation du second œil établit la position du point de regard, comme du point *a*, par rapport à l'individu qui exerce la vision. Si, par la pensée, le champ visuel monoculaire est un plan, l'intervention du second œil peut obliger des parties quelconques du champ visuel à sortir du plan. Ce plan se convertit en une surface, présentant une tout autre configuration et variant selon les conditions spéciales de la vision. Géométriquement parlant, dans la vision monoculaire il n'y a de possible, qu'une seule surface ; parce que les sensations d'innervation, qui s'associent aux signes locaux ordonnés d'après les deux dimensions, s'unissent d'une manière, qui ne comporte qu'*une seule interprétation*. Une surface d'une configuration quelconque serait, par la pensée, le champ visuel binoculaire, puisque avec les éléments, qu'un œil apporte pour la mensuration, ceux de l'autre œil peuvent s'unir d'une manière variable, c'est-à-dire comportant *plusieurs interprétations*. Si, pour représenter ceci par une équation, nous supposons un point fixe et une droite donnée, qui, partant du point est susceptible de suivre une direction quelconque, ces deux éléments permettent de construire une surface simple, à savoir une surface sphérique, ou un plan, si la droite est infiniment grande. Si, au contraire, nous supposons deux points fixes et deux droites, qui, émanant de ces points et ayant une direction continuellement variable, devraient former avec leurs points de section une surface, on obtient à l'aide de ces quatre éléments une surface de configuration quelconque. En effet, cette équation correspond aux rapports, qui sont donnés pour l'œil. Cependant ici, les directions des droites génératrices, des lignes de regard, sont établies au moyen des signes locaux et des sensations d'innervation.

En vertu des lois de mouvement de l'œil, les directions favorisées de la vision sont celles, où les perceptions de l'œil au repos et de l'œil en mouvement concordent complètement. Ces directions sont celles des *lignes directrices*, (p. 97) qui traversent le point de regard ; dans le champ de regard sphéroïdal, elles apparaissent sous la forme des plus grands cercles, et de lignes droites, dans les petites étendues du champ visuel. Comme, lors de la mensuration des distances, toujours ces sortes de petites étendues sont seules utilisées, la *ligne droite* est, pour l'œil, l'élément naturel de mensuration. La composition des lignes directrices a sa base physiologique dans la propriété, qu'ont nos muscles de tourner leurs points d'insertion, autour d'axes fixes ; et de là résulte la composition ou nature plane de l'espace tactile. C'est pourquoi, l'espace visuel est pareillement un espace *plan*, où *trois* dimensions sont nécessaires, pour construire la surface du champ visuel.

A part ces éléments, qui engendrent la synthèse primitive des sensations, nous voyons enfin la représentation visuelle dépendre encore d'une série d'autres influences, qui, grâce à leur apparition tardive dans le cours de la vie et à leur variabilité considérable, se révèlent comme des motifs déterminants d'espèce *secondaire.* .Citons ici les influences de la perspective et de la perspective aérienne, des représentations éveillées accidentellement ou intentionnellement, etc. Dans tous ces cas, il s'agit d'une modification, que des associations, plus relâchées et nécessairement plus variables, impriment à la représentation. Ainsi, nous avons un cas manifeste de ces sortes d'associations, si, dans la fig. 163, p. 165, le dessin, qui comporte deux interprétations, est envisagé par nous comme un escalier, dès que nous avons ajouté une forme humaine montant les degrés. Ici, la synthèse primitive ne contient, encore, aucune représentation corporelle. D'après cette synthèse, nous devrions concevoir le dessin, tel qu'il est, comme un dessin dans un plan. Si nous n'introduisons aucune association *fixe*, ainsi que ceci a lieu par l'addition d'une forme humaine gravissant les degrés, à une image de ce genre se lient involontairement des associations avec diverses représentations, qui se sont produites antérieurement. Ici, dans notre exemple, l'association peut être double ; car, elle est adhérente tantôt à la représentation de l'escalier, tantôt à celle d'un pan de mur surplombant. De même, un paysage éloigné ou un tableau apparaissent, dans la synthèse primitive des sensations, comme un dessin plan, sans aucune espèce de relief. Or, les différences de la dégradation des ombres et la marche des lignes de contour, qui motivent la perspective, se manifestent déjà dans les objets plus rapprochés, chez lesquels la synthèse des sensations de la vision binoculaire nous procure simultanément une représentation de leur forme corporelle : ici même, grâce à l'association avec ces sortes d'images de souvenir, nous nous représentons donc corporellement le

dessin plan. Toutes les fois que, dès le commencement, la vision ne se
développe, que monoculairement, l'association avec les représentations tactiles et avec les intuitions des objets éloignés, intuitions obtenues par le mouvement de l'œil, devra agir, comme auxiliaire. Il
faut donc présumer, que dans les cas de ce genre la représentation de
surface corporelle, représentation engendrée par la perspective et la
dégradation des ombres, n'atteint pas le degré de réalité, qui, lors de
la vision binoculaire, est possible, par suite de l'association effectuée
avec l'intuition directe de profondeur de la vision binoculaire.

Deux théories, l'une *nativiste*, l'autre *génétique*, se trouvent en présence,
quand il s'agit de la formation des représentations visuelles (1). La plupart du
temps, toutes deux n'ont pas été rigoureusement séparées par les philosophes
anciens et les physiologistes. Certaines propriétés de la représentation visuelle,
telles que l'ordre des sensations dans l'espace, la perception de la direction des
objets, sont considérées, comme innées ; d'autres, l'estimation de l'éloignement
et de la grandeur seraient acquises par l'expérience. Cela s'accorde avec l'opinion, exprimée déjà très-explicitement par Descartes (2), que l'espace est un
élément constituant de notre perception, élément qui posséderait seul une
vérité objective ; tandis que la lumière, la couleur, généralement la qualité
de la sensation, seraient une propriété obscure de la représentation, ou bien,
ainsi que Locke (3) l'a déclaré le premier, une propriété purement subjective
de la représentation. Dans la théorie kantienne des formes d'intuition, nous
rencontrons la même opinion, mais plus épurée (consulter p. 33). J. Müller,
qui suivit cette dernière impulsion, établit la proposition suivante : non seulement nous sentons directement, sous forme d'espace, notre propre rétine ;
mais la grandeur de l'image rétinienne est l'unité primitive de mesure, pour
la mensuration des objets visuels (4). Ce physiologiste prétend, que les points
concordants des deux rétines auraient une valeur égale à un point unique de
l'espace ; il attribue cela au chiasma des nerfs optiques, où une fibre du nerf
optique se divise en deux filets, cheminant vers des points identiques (5). Par
conséquent, toujours la vision primitive est seulement une vision en surface ;
la représentation de la distance différente des objets, leur grandeur apparente,
qui dépend de cette dernière, comme la perception de profondeur, ne sont donc

1. Spécialement, en ce qui concerne les perceptions visuelles, C. Ueberhorst a
donné une autre classification des théories de la perception ; il l'a particulièrement basée sur les processus, qui sont admis pour la formation des représentations. (*Die Entstehung der Gesichtswahrnehmung.* Gottingue 1876, p. 127.)
2. *Principes de la Philosophie*, II. Œuvres publiées par Cousin, t. III, p. 120.
3. *Essay on human understanding.* t. II, chap. VIII, § 9.
4 J. Müller, *Zur vergleichenden Physiologie des Gesichtssinns.* p. 56.
5. *Ibid.* p. 71.

pas innées, mais acquises par l'expérience (1). Volkmann fit encore de plus grandes concessions à l'expérience. A la vérité, il admettait la primordialité de l'intuition pure de l'espace, mais il dérivait de l'expérience même la représentation de la direction des objets et la vision droite ; c'est pourquoi, il attribuait aux sensations musculaires une influence importante (2). En ce qui concerne la vision binoculaire, il resta fermement attaché à la théorie de l'identité, malgré la découverte du stéréoscope, que Wheatstone faisait à ce moment (3). Ce point de vue, intermédiaire au nativisme et à l'empirisme, a, jusque dans ces derniers temps, joué un rôle dominant en physiologie. Il a été spécialement développé et défendu par A. Classen (4). Les idées philosophiques de Schopenhauer concordent essentiellement avec cette opinion ; mais, sous deux rapports, elles présentent un caractère particulier : 1° Schopenhauer donnait le nom « d'activités intuitives de l'entendement » aux opérations intellectuelles, qui motivent l'influence de l'expérience sur les représentations visuelles, et les distinguait des actions conscientes de l'entendement (5). 2° Il appliquait le principe causal au processus de la perception, puisque, selon ce philosophe, la relation des impressions avec un objet extérieur est comme le résultat d'un fonctionnement du concept causal, qui est inné en nous (6).

Si les intuitions innées de l'espace sont, en soi et pour soi, absolument subjectives, si des expériences particulières et des actions de l'entendement sont indispensables pour les ramener aux objets extérieurs, cette hypothèse offre une certaine difficulté, puisqu'on ne peut démontrer, que ces deux actes se dissocient même dans l'expérience. Aussi, l'on a été naturellement tenté de considérer la relation avec les choses extérieures, comme une relation innée. Telle est l'origine d'une modification de la théorie nativiste, que nous nommerons l'*hypothèse de la projection* (7). Elle consiste, en ce qu'on attribue à la rétine la faculté innée, de transférer au dehors ses impressions, dans la direction des lignes droites déterminées, ou des rayons de direction, ou des

1. J. Müller, *Handbuch der Physiologie*, II, p. 361.
2. Volkmann, article *Sehen*, in *Handwörterbuch d. Physiol.* de Wagner, III, p. 316, 340.
3. *Ibid.* p. 317. *Archiv f. Ophthalm.* V, 2° fasc. p. 86.
4. Classen, *Ueber das Schlussverfahren des Sehactes.* Rostock 1863 ; *Gesammelte Abhandl. zur physiol. Optik.* Berlin 1868, mémoires I et III. Dans ses derniers travaux (*Physiologie des Gesichtssinns.* Brunswick 1876, *Entwurf einer Physiologie der Licht — und Farbenempfindung.* Iéna 1876), Classen se rallie aux idées philosophiques de A. Krause (*Die Gesetze des Herzens, wissensch. dargestellt als die formale Logik des reinen Gefühls.* Lahr 1876); aussi, a-t-il essayé de rattacher aux catégories de Kant les moments de la perception visuelle.
5. Schopenhauer, *Ueber das Sehen und die Farben*, 2° édit. Leipzig 1854, p. 7.
6. Schopenhauer. *Die vierfache Wurzel des Satzes vom zureichenden Grunde.* 3° édit. Leipzig 1864. p. 51 du texte allemand (traduit en français par M. Cantacuzène, librairie Germer-Baillière).
7. Sans doute, cette expression a été employée dans un sens beaucoup plus large. Mais, il semble convenable de la limiter à ces opinions, qui supposent une relation innée ou du moins une relation fixement donnée des points rétiniens avec les points, qui sont dans l'espace extérieur.

lignes de visée ou des normales, traversant le centre de courbure. De cette manière, par exemple Porterfield (1), Tourtual (2) et Volkmann, dans un mémoire plus récent (3), admirent une projection immédiate au-dehors. Souvent, en qualité de supposition tacite, cette hypothèse sert de base aux recherches physiologiques ; car, généralement les rayons de direction ou les lignes de visée, ainsi désignées dans les travaux modernes, sont considérées comme étant ces lignes, d'après lesquelles s'effectue le transfert des impressions dans l'espace.

L'hypothèse de l'identité subjective et l'hypothèse de la projection rencontrent, dans les phénomènes de la vision binoculaire, des difficultés insurmontables. La première n'explique pas, pourquoi nous voyons réellement simples les objets, qui font leur image sur des points non identiques. Pour écarter cette difficulté, on a imaginé différentes hypothèses auxiliaires. Selon la supposition de Brücke (4), le fusionnement s'accomplit par suite des mouvements oculaires, où le point de fixation se promène sur les divers points d'un objet, et le défaut de netteté des parties, indirectement aperçues, y contribue simultanément. Or, cette hypothèse fut réfutée par les expériences, exécutées en premier lieu par Dove (5), qui montrèrent, qu'un fusionnement d'objets stéréoscopiques s'opère, même à l'éclairage instantané, produit par des étincelles électriques. Volkmann (6) invoqua des activités psychiques plus indéterminées, soit l'inattention pour les images doubles, soit l'expérience concernant la simplicité réelle des objets. En cela, il ne tint pas compte de l'influence de la représentation de profondeur, quoique, néanmoins, dès que cette dernière existe, un fusionnement soit susceptible de se faire, même si l'attention est très-considérable. De plus, l'expérience de l'unité réelle des objets ne nous aide jamais à opérer le fusionnement, quand par ailleurs les conditions pour les images doubles sont données. L'hypothèse de la projection est entachée du vice opposé. Elle est incapable d'expliquer les images doubles binoculaires. Si les images étaient transférées d'après les rayons de direction ou les lignes de visée, qui diffèrent très-peu de ceux-ci, nous devrions, à vrai dire, voir simple toute chose, puisque les rayons de direction, correspondant à un point lumineux, se coupent en ce point. En effet, dans la vision ordinaire, la perception simple est tellement dominante, que l'hypothèse de la projection a encore été récemment défendue par Donders (7). Ce physiologiste en a mieux délimité la forme et déclaré, qu'elle était une expression juste des phénomènes, du moins de la plupart des cas. D'une autre manière, Nagel (8) a essayé d'écarter les difficultés de cette hypothèse. Selon lui, les deux rétines

1. *On the eye.* Edinbourg 1759, II, p. 285.
2. *Die Sinne des Menschen.* Münster 1827.
3. Volkmann, *Beiträge zur Physiologie des Gesichtssinns.* Leipzig 1836.
4. *Archiv* de Müller, 1841, p. 459.
5. *Berichte der Berliner Akademie*, 1841, p. 252.
6. *Archiv f. Ophthalmologie*, V. p. 86.
7. *Archiv f. Ophthalm.* XVII, 2ᵉ fasc. p. 7.
8. *Das Sehen mit zwei Augen*, p. 5, 99.

font une projection indépendante sur deux surfaces sphériques différentes, qui se coupent au point de fixation et se convertissent en un plan unique, quand la vision est dirigée vers un éloignement infini. Mais ici, Nagel abandonne simultanément le point de vue des théories nativistes; car, il permet à la projection, opérée d'après les lignes de visée, de s'exécuter au moyen des sensations musculaires; et il est l'adversaire déclaré de l'hypothèse de l'identité, qui d'ailleurs est incapable de se soutenir, lorsque la théorie de la projection revêt la forme nativiste; quoique, à la vérité, on ne se soit pas toujours clairement expliqué, au sujet de cette incompatibilité des deux hypothèses. La théorie de Nagel rend compte en général de la production des images doubles; cependant, elle est en contradiction avec le fait suivant : le champ visuel binoculaire a, en réalité, une configuration extrêmement variable, et la forme la plus fréquente, qu'il possède, présente aux deux yeux une surface de projection *commune*, qui par sa moitié supérieure appartient à une surface sphérique, et par sa moitié inférieure, au plan du sol, en apparence ascendant (p. 151). Par conséquent, calculée d'après l'hypothèse de Nagel, la position des images doubles ne concorde pas exactement, dans la majorité des cas, avec l'intuition réelle.

L'hypothèse de l'identité subjective nous a généralement renseignés sur les phénomènes de la vision double, mais non sur le fusionnement des images doubles et la perception de profondeur; l'hypothèse de la projection nous a instruits au sujet de la perception de profondeur, et, d'une manière insuffisante, sur les images doubles. C'est pourquoi, on a cherché, tout récemment, à donner à la théorie nativiste une forme, qui lui permettait, autant que possible, de combler ces deux desiderata. Tous ces essais ont leur point de départ dans l'hypothèse de l'identité subjective. Leurs partisans admettent, que primitivement et spécialement seules les impressions des places identiques sont senties simples; et ils tâchent d'imaginer d'autres arrangements ou dispositions auxiliaires, également innés, qui, selon les circonstances, seraient capables de produire le fusionnement des impressions non identiques et la représentation de profondeur. Ici donc, on a simultanément tenté de rendre la théorie nativiste plus conséquente, puisque on dérive d'énergies innées l'arrangement primitif du champ visuel en surface et, même, le degré d'éloignement des points de l'espace à l'observateur. Alors, d'après la supposition de Panum, avec chaque point d'une rétine serait coordonné non seulement un point identique, mais un cercle de sensation, correspondant, de l'autre rétine. Avec les points identiques, on *devrait* voir simple, et, avec les points correspondants, on *pourrait* voir simple; mais, le sentiment de profondeur dépendrait de la parallaxe des points non identiques, qui se fusionnent. A part ce qu'il appelle la *synergie de la parallaxe binoculaire*, Panum adopte une *énergie binoculaire du mélange des couleurs* et une énergie binoculaire de l'*alternance* des sensations; selon ce physiologiste, les lignes de contour sont considérées comme des irritants nerveux, qui sont particulièrement aptes à éveiller facilement les diverses énergies (1). Dans cette théorie, chaque phénomène est simplement attribué à une propriété primitive de la rétine. Celui qui ne redoute donc pas d'admettre, que la rétine est douée de facultés très-multiples et complexes, peut bien regarder cette hypothèse comme une expression des faits. Or, il arrive, que les diverses énergies, supposées par Panum, se contredisent : ainsi, l'énergie du mélange des couleurs est contradictoire avec celle de l'alternance des impressions ; et le fusionnement des points identiques, qui, selon les propres paroles de Panum, *doit* avoir lieu, est contradictoire avec le fusionnement des points non identiques, en vertu de la synergie de la parallaxe binoculaire. D'ailleurs, Panum a le mérite d'avoir parfaitement démontré l'importance des lignes dominantes dans le champ visuel, importance qui, ainsi que nous l'avons vu, leur appartient, puisqu'elles fournissent les lignes de fixation, sur lesquelles le point de regard peut se mouvoir (p. 145). Suivant la direction prise par Panum, Hering a donné de plus amples développements à la théorie nativiste. Il admet, que chaque impression rétinienne implique trois espèces différentes de sentiments d'espace : un sentiment de hauteur, un sentiment de largeur et un sentiment de profondeur. Les deux premiers sentiments constituent ensemble le sentiment de direction pour le lieu, qui est dans le champ visuel commun ; ils sont de grandeur égale, pour deux points identiques. Mais le sentiment de profondeur a, pour deux points identiques, des valeurs égales de grandeur opposée, de façon que la valeur de profondeur zéro leur correspond. Tous les points d'image, qui ont cette valeur de profondeur zéro, apparaissent, grâce à un acte immédiat de la sensation, dans un plan, qui est la *surface centrale de l'espace visuel (Kernfläche des Sehraumes).* En revanche, sur les points rétiniens *symétriquement* situés, les sentiments de profondeur ont des valeurs égales et, de même sens ; et à la vérité, ces valeurs sont *positives* pour les moitiés rétiniennes externes ; en d'autres termes, leurs points d'image se trouvent *derrière* la surface centrale ; elles sont *négatives* pour les moitiés rétiniennes internes, leurs points d'image sont *en avant* de la surface centrale. A ce sujet, Hering émet encore l'hypothèse suivante : primitivement, seules les impressions des points identiques sont senties simples, et elles *doivent* être, continuellement, senties simples ; le fusionnement des points non identiques proviendrait, dit-il, de causes psychologiques, surtout de l'inattention pour la grandeur différente des sentiments de profondeur. Nous devrions alors, toutes les fois qu'un pareil fusionnement des images disparates se produit, localiser celles-ci, d'après leur sentiment *moyen* de profondeur (2). Hering explique de cette façon les phénomènes stéréoscopiques. La surface centrale de l'espace visuel, qui est le point de départ de toutes les autres déterminations locales, doit primitivement être seulement transportée à une distance indéterminée, et ensuite, sous l'inuence de l'expérience, être

1. Panum, *Ueber das Sehen mit zwei Augen.* Kiel 1858, p. 59, 82.
2. Hering, *Beiträge zur Physiologie.* Leipzig 1861-64, p. 159, 289, 323.

mise dans une relation plus marquée avec l'individu qui exerce la vision. Une hypothèse, émise dernièrement par C. Stumpf, s'accorde (en ce qui concerne les sensations primitives d'espace de la rétine) avec les opinions d'Hering (1). Cependant, Stumpf ne suppose nullement une surface centrale simple de l'espace visuel ; mais, à l'exemple de Nagel, il admet pour chaque œil une surface sphérique, comme sphère particulière de projection ; il présume en outre, que les sentiments de profondeur émanent de l'accommodation, de la convergence, des images doubles vues indistinctement, etc., facteurs divers, qui agissent, en qualité de signes locaux de la profondeur (2). Mais, dans ces théories, nous trouvons de nouveau cette contradiction, à savoir que nous *devons* voir simple avec des places identiques, bien que néanmoins il soit accordé, que selon les circonstances on *peut* voir simple avec des points disparates. Ceci, pour qui· voudrait être conséquent, amènerait à conclure, que nous pouvons fusionner simultanément un point d'une rétine avec *deux* points de l'autre. Pour éviter cette conclusion, on a recours à l'inattention, à la fixation imparfaite, etc., sans tenir compte, que si les mouvements de l'œil sont exclus, le fusionnement apparaît, dès que seulement la représentation de profondeur s'accomplit, et qu'au contraire, quand cette dernière n'a pas lieu, les images doubles se manifestent dans toutes les circonstances. Donc évidemment, le mouvement ne seconde le fusionnement, que parce qu'il favorise le développement de la représentation de profondeur. La grande série des preuves expérimentales, qui démontrent l'influence du mouvement sur la mensuration du champ visuel, ne prend nullement en considération cette théorie ou n'apporte en sa faveur que des explications forcées, telles que par exemple la théorie des cordes, exposée par Hering et Kundt (3). L'affirmation d'Hering, que tous les points d'image des places identiques se montrent dans un plan, est contredite par l'observation. Si elle était juste, par exemple une surface cylindrique, qui est située dans l'horoptère vertical (p. 155), apparaîtrait comme un plan: or, il n'en est pas généralement ainsi, et on reconnaît très-nettement sa convexité cylindrique. Les données d'Hering, concernant les sentiments de profondeur, ne sont pas moins contredites par l'observation. Si, par exemple, les images doubles d'un objet, placé latéralement et à une autre distance que le point de fixation, avaient une valeur de profondeur différente, l'une de ces images devrait se montrer avant, et l'autre, derrière le point de fixation. Hering lui-même avoue, que généralement cela ne se passe pas ainsi ; cependant, selon lui, quand la fixation est immuable, parfois une illusion de ce genre se produit. Dans la vision monoculaire, tous les objets sembleraient s'être déplacés. La moitié interne d'un plan parallèle à la surface du visage forme son image sur les parties

1. C. Stumpf, *Ueber den physiologischen Ursprung der Raumvorstellung*. Leipzig 1873.
2. *Loc. cit.* p. 217.
3. Consulter plus haut p. 119.

externes de la rétine, et la moitié externe, sur ses parties internes : le plan tout
entier semblerait donc, avec son côté interne, se détourner de l'observateur.
D'après Hering, dans tous les cas de ce genre, l'expérience doit remettre à
leur véritable place les objets, qui sont faussement localisés par la sensation.
Mais une influence aussi énorme de l'expérience, telle qu'elle est supposée ici,
ne se laisse nullement démontrer. Quand, grâce à la pression opérée sur l'œil,
du côté nasal, nous produisons une image de pression, l'expérience aurait pu
depuis longtemps nous apprendre, qu'à cet irritant ne correspond aucun objet
situé vers la tempe. Également, au sujet de la vraie direction des lignes aperçues indirectement, les expériences, que nous opérons en regardant directement ces sortes de lignes, auraient pu nous instruire facilement. Mais l'observation montre justement, que toute expérience ne contribue pas à nous défaire
de ces sortes d'illusions de position et de direction, qui sont basées sur l'arrangement primordial de l'organe visuel. C'est alors une fatalité inouïe, que justement cette forme de la théorie nativiste, qui serait la plus capable de
ramener « à des énergies innées de la substance visuelle » *tous* les facteurs de
la représentation visuelle, soit finalement obligée de laisser à l'expérience la
latitude la plus extrême, pour mettre en quelque sorte d'accord l'hypothèse
et l'observation.

La théorie *génétique*, qui s'applique aux représentations visuelles, peut de
nouveau être construite sur des bases fondamentales diverses. D'abord, elle
se rattache à l'influence effective des moments d'expérience, qui est pareillement admise par la plupart des nativistes, puisque la formation des représentations visuelles est absolument considérée, comme une relation des
impressions, déterminée par l'expérience. Telle est l'origine de la théorie *empiriste*, qui remonte à Locke, et dont Berkeley est le principal fondateur.
Pour Berkeley, les sensations tactiles sont, surtout, un auxiliaire essentiel
des représentations visuelles (1) ; et ceci est un trait qui, depuis lors, est resté,
presque toujours, inhérent à la théorie empiriste (2). Celle-ci a été exposée sous deux formes différentes : nous appellerons l'une d'elles la *théorie
logique*, et l'autre, la *théorie de l'association*. Toutes deux n'ont pas été, toujours, rigoureusement séparées l'une de l'autre. Berkeley prend une position
intermédiaire entre ces deux théories ; mais, en somme, il se rapproche davantage de la première. La plupart des opinions, qui cherchent un moyen

1. Berkeley, *Theory of vision*, § 46, 129, t. Ier de ses œuvres, p. 259, 301.
2. Celui qui est allé le plus loin à cet égard, c'est Condillac, qui n'accorde à la
vue et autres sens aucun développement spontané, indépendant; car, selon lui,
leur fonctionnement tout entier provient de l'éducation du sens tactile (*Traité des
sensations*, III, 3). Berkeley avait encore admis, que le sens visuel, pris en lui-
même, apprécie uniquement la distance des objets, soit d'après la netteté de
l'image, soit d'après l'effort d'accommodation de l'œil (§ 23, 27, p. 243 etc.) ; Condillac attribue même ces représentations à l'intervention du sens tactile. D'après
ce philosophe français, l'œil considéré en lui-même sent seulement la lumière et
les couleurs ; limité à lui-même, il percevrait une surface multicolore, ni comme
surface, ni dans aucune relation d'espace (I, 11).

terme entre le nativisme et l'empirisme, se servent de l'hypothèse logique, toutes les fois qu'elles ont recours à l'expérience. Cette hypothèse logique — puisque partout l'expérience repose sur les conclusions et jugements concernant la connexion des objets — est évidemment la forme la plus naturelle de la théorie de l'expérience. Voilà pourquoi, Berkeley et le plus grand nombre des représentants de l'empirisme limité ont admis une activité *consciente* de l'entendement. Dernièrement, on substitua à celle-ci un jugement et une conclusion *inconscients*, parce qu'on a démontré avec raison, que nous pouvions, dans ce cas, mettre les processus sous forme logique, mais que cependant ils ne nous sont pas directement donnés, comme jugements et conclusions. Ce mode de considérer les choses fut encouragé, d'un côté, par la distinction, dûe à Leibniz, des représentations obscures et des représentations claires, où le premier acte serait l'œuvre de la sensation et le second, celui de l'entendement ; et, de l'autre côté, par le formalisme logique de Wolff (1). A la vérité, Kant protesta contre ces opinions, qui voulaient faire de la différence entre la sensorialité et l'entendement une pure différence de degré dans la netteté des représentations (2) ; néanmoins, à l'opposé de Locke, il mit simultanément en lumière l'existence des représentations obscures ou inconscientes (3). S'engageant dans une autre direction, Schopenhauer a contribué à donner à l'empirisme cette forme logique, car il mit en relief l'intellectualité de l'intuition (4). Sans connaître ces explications, j'ai moi-même essayé de démontrer la nature psychologique des processus, qui déploient leur activité à l'occasion de la formation des représentations visuelles, puisque je ramenai partout ces processus (5) à un procédé de conclusion, inconscient ; par là j'indiquai, en même temps, la nature créatrice de cette synthèse des sensations et ce qui la distingue essentiellement des conclusions ordinaires de l'expérience (6). D'une manière analogue, Helmholtz (7) avait, avant moi, fait ressortir, que les illusions visuelles et les perceptions stéréoscopiques dénotent des conclusions, qui s'accomplissent à notre insu et en dehors de notre volonté ; et plus tard, il s'est rallié à la théorie des conclusions inconscientes, relativement à la formation primitive des perceptions visuelles, à l'arrangement du champ visuel, etc. (8). Ses explications analytiques générales divergent au sujet d'*un* point, mais d'un point qui est essentiel, puisqu'il attribue à des *conclusions d'analogie* tous les processus de la perception. Ainsi, nous devrions par exemple transférer au côté

1. Consulter t. I, p. 14.
2. *Anthropologie*, t. VII de ses œuvres complètes, p. 28 du texte allemand (traduit en français par M. Tissot, librairie Germer-Baillière).
3. *Ibid*. p, 21.
4. Schopenhauer, *Vierfache Wurzel des Satzes vom Grunde*, p. 53.
5. Dans mes *Beiträge zur Theorie der Sinneswahrnehmung* parus en 1858-62 et dans le 1er volume de mes *Vorlesungen über die Menschen—und Thierseele*. Leipzig 1863.
6. *Beiträge* etc., p. 442.
7. Helmholtz, *Ueber das Sehen des Menschen*. (Conférence populaire) Leipzig 1855.
8. Helmholtz, *Physiol. Optik*, p. 427.

gauche, dans l'espace extérieur, toutes les impressions qui atteignent notre moitié droite de la rétine ; parce que, dans un nombre infini de cas, l'on constate par expérience, que les objets, d'où proviennent les impressions, sont réellement situés dans cette direction. Cette hypothèse est en connexion intime avec le côté faible de la théorie empiriste. Nous devons, d'après l'analogie des expériences antérieures, apprécier chaque sensation isolée ; mais, cela ne nous dit pas, quelle est primitivement l'origine de l'expérience, elle qui déjà nécessite cependant des perceptions ordonnées. Helmholtz se dérobe à cette difficulté, en supposant que, grâce au sens tactile, nous avons créé les représentations d'espace les plus primitives, et, en cela, il est absolument d'accord avec cette opinion, qu'avaient déjà émise Berkeley et Condillac, les auteurs de la théorie empiriste. Quoique nous ne voulions pas contester l'importance de la fonction commune des sens tactile et visuel, surtout en tant que la détermination de la position du globe oculaire provient essentiellement des sensations tactiles, néanmoins une dépendance si absolue des représentations visuelles à l'égard des représentations tactiles, telle qu'elle est admise ici, n'est ni prouvée, ni vraisemblable ; et concéderait-on, cette dépendance, les mêmes difficultés reparaîtraient à propos de l'explication des représentations tactiles. Ici, les conclusions d'analogie, inconscientes, n'étant plus suffisantes, il faudrait supposer une relation innée des sensations tactiles dans l'espace. Si on se résout à accomplir ce pas, on ne voit pas pourquoi la même hypothèse ne serait pas admissible pour les sensations visuelles. De plus, Helmholtz (et en cela il se rencontre avec Schopenhauer) regarde la loi causale, comme un principe inné, qui prouve son efficacité dans chaque perception isolée, en tant que nous rapportons les sensations à un objet extérieur, comme étant leur cause (1). Par ce moyen, ce principe se comporte d'une manière analogue au procédé de conclusion, employé pour nos perceptions. On peut, par réflexion subséquente, appliquer aux processus le principe de la raison suffisante ; néanmoins, dans ces processus, on ne découvre rien du concept de cause. La conscience primitive se garde bien de poser un irritant extérieur, comme cause de sa sensation ; elle ne songe pas davantage à admettre, que ce qui est vu intuitivement, soit la cause de l'intuition. Chose étonnante, ici la théorie empirique finit par être obligée de croire inné un concept, qui évidemment a une origine beaucoup plus dérivée, que la perception sensorielle elle-même.

La théorie logique ramène le processus de perception aux fonctions générales de l'entendement ; également, la *théorie d'association* ramène ce même processus aux lois générales de la liaison des représentations. Cette dernière théorie s'est particulièrement développée, grâce à l'école philosophique écossaise. D'après elle, chaque représentation visuelle, même la représentation visuelle simple au sens ordinaire, par exemple l'intuition d'une surface à une seule couleur, est, en vérité, une représentation complexe. Les représentations

simples, qui la composent, sont intimement associées. De cette manière, selon
Bain, les représentations visuelles sont, à l'imitation absolue des représentations tactiles, engendrées par l'association des sensations sensorielles spécifiques avec les sensations de mouvement (1). La représentation de ligne et
celle de surface se constituent, lorsque, par les mouvements de va-et-vient
de l'œil, nous associons des degrés différents d'intensité de la sensation de
mouvement avec les impressions rétiniennes ; les sensations, liées à l'accommodation et à la convergence, déploient leur effet dans la représentation de profondeur (2). Cette opinion a, sur toutes les autres formes de l'opinion empiriste,
l'avantage d'accorder au sens visuel une évolution spontanée de ses représentations. Mais, on lui reproche principalement de ne pas suffisamment
distinguer les processus synthétiques des perceptions primitives d'avec les
autres formes d'association, qui se manifestent lors de la présence des auxiliaires secondaires de la perception de profondeur. Cependant, voici la différence essentielle qui existe entre les deux formes de liaisons associatives : dans
l'association ordinaire, les représentations associées ne subissent aucune altération de leurs propriétés, tandis que la reconstruction de l'espace nous apparaît
comme un produit absolument nouveau (3). John Stuart Mill, l'un des principaux
représentants de l'hypothèse d'association, fait lui-même cet aveu ; car, il
appelle le processus « une chimie psychique », image qui dépeint très-bien la
synthèse qui se réalise ici (4). La déduction spéciale des représentations visuelles,
présentée par les psychologues anglais, est, d'ailleurs, passible des mêmes objections, qui ont été déjà formulées à l'occasion des représentations tactiles (5).

Les diverses formes de la théorie empiriste sont particulièrement incapables d'ébranler la conviction, qui doit nécessairement s'imposer, lors de
l'analyse psychologique, à savoir que la perception, en qualité de base fondamentale de l'expérience, ne peut même reposer sur l'expérience. Si, néanmoins, on adhère à l'hypothèse, que la sensation n'est pas primitivement
déterminée dans l'espace, il faut admettre un autre processus, qui n'a pas pour
fondement les conclusions de l'expérience ou les associations. Selon Herbart,
ici, pareillement à ce qui a lieu pour le sens tactile, la représentation émane
des sensations lumineuses, qui naissent successivement lors du mouvement de
l'œil, et doivent, par suite du mouvement en avant et en arrière, opéré sur

---

1. Consulter, t. I, p. 559.
2. Bain, *The senses and the intellect*, 2ᵉ édit. p. 243 du texte anglais. (Traduit en
français par M. Cazelles, librairie Germer-Baillière). Comparer ici la manière de
voir essentiellement analogue de Steinbuch, *Beitrag zur Physiologie der Sinne*,
p. 140. Voir plus haut la note de la p. 37.
3. Quant à ces différences, consulter plus loin le chap. XVII, et la classification
des formes d'association, qui est contenue dans ma *Logik* (Stuttgart 1880), t. I,
p. 10.
4. Mill, *System der deductiven und inductiven Logik* (traduction allemande de
Schiel), 3ᵉ édit. p. 460 du texte allemand (traduit en français par M. Seisse, librairie Germer-Baillière).
5. Chap. XI, p. 37.

les mêmes objets, se fusionner avec leurs reproductions, tout en graduant leur intensité (1). Dans la théorie des séries d'Herbart, que nous rejetons d'après les raisons exposées plus haut (p. 35), prend racine la théorie des signes locaux de Lotze. Pour l'œil, Lotze n'admet pas, comme pour l'organe tactile, des sensations associées, mais des sentiments de mouvement, en qualité de signes locaux. Chaque irritation rétinienne suscite un mouvement réflexe, par lequel l'impression est transmise au centre de la rétine. Quand ces sortes de mouvements ont été exécutés une fois, alors l'œil au repos met, sous forme d'espace, les impressions, puisque diverses impulsions de mouvement se compensent; et toutefois, dans ce cas prend naissance le sentiment de mouvement, associé antérieurement à chaque impression (2). Selon ma conviction, cette théorie dépeint justement, dans ses parties essentielles, l'influence des sensations d'innervation. Mais elle ne démontre pas, comment nous arrivons à rapporter leurs différences intensives à l'extension dans l'espace. Au point de vue de Lotze, sans doute ce qui est nécessaire pour cela fait défaut; car, relativement à la question de l'origine de l'intuition d'espace, Lotze se rattache à l'opinion nativiste; et d'après ses explications, son système des signes locaux est uniquement une hypothèse destinée à prouver, comment la représentation d'une multiplicité extensive peut parvenir dans l'âme, qu'il suppose être une essence absolument simple (3). Si on définit au contraire le concept de signe local dans le sens établi précédemment, il est indispensable d'admettre, outre les sensations d'innervation intensivement graduées, les variétés qualitatives de la sensation périphérique, de façon que la synthèse de ces éléments hétérogènes engendre la forme extensive du champ visuel (4). Afin de les distinguer du système des signes locaux simples de Lotze, ces sensations hétérogènes, prises ensemble, recevront alors le nom de *système des signes locaux complexes* (5). Helmholtz a adopté, dans ses parties essentielles, cette filiation ou dérivation du champ visuel. Seulement, voici le point, à propos duquel il s'en éloigne. D'après lui, les sensations de mouvement et les sensations locales de la rétine sont des auxiliaires indépendants les uns des autres, pouvant chacun produire, par lui-même, la perception dans l'espace. De plus, il ne croit pas nécessaire d'admettre, que les signes locaux constituent une multiplicité continue; mais il pense, qu'ils sont susceptibles de se répartir d'une façon quelconque sur la rétine, bien que cependant l'expérience doive assigner à chacun d'eux son rôle (6). Cette hypothèse est, selon ma conviction, incapable

1. Herbart, *Psychologia als Wissenschaft*, 2. t. VI de ses œuvres complètes, p. 120.
2. Lotze, *Medicinische Psychologie*, p. 353. Lire à ce sujet les remarques de Lotze dans l'appendice de l'ouvrage de C. Stumpf, *Ueber den psychologischen Ursprung der Raumvorstellung*, p. 315.
3. Lotze, *Revue philosophique* de Ribot, 1877, p. 346.
4. *Beiträge zur Theorie der Sinneswahrnehmung*, p. 145.
5. Wundt, *Revue philosoph.* de Ribot, 1878, p. 217, et *Logik*, I, p. 458.
6. Helmholtz, *Physiol. Optik*, p. 800.

d'échapper à l'objection suivante : elle incorpore la perception d'espace, sans doute dans la sensation, mais également dans les sensations de mouvement, comme dans les signes locaux, alors que cette même hypothèse affirme, que la perception d'espace n'est pas contenue dans la sensation primitive. La théorie, développée ci-dessus, qui, à la différence des diverses autres formes de l'opinion génétique, peut être appelée théorie *synthétique*, n'est pas exposée à ce reproche. Elle essaie de démontrer, que partout notre représentation d'espace a, pour origine, la liaison d'une multiplicité qualitative de sensations sensorielles périphériques avec les sensations d'innervation, qualitativement uniformes, que leur graduation intensive rend propres à servir de mesure générale de grandeur. Par ce moyen, la multiplicité des signes locaux est susceptible d'être ordonnée en un continuum de dimensions homogènes, c'est-à-dire de présenter la forme extensive. Alors, dans ce cas, la variété qualitative des signes locaux, mis sous forme d'espace, permet simultanément de faire la distinction des diverses directions et positions dans l'espace. Par conséquent, avec chaque représentation visuelle sont données non-seulement la forme générale de l'espace, mais toujours en même temps la relation des impressions avec les directions et positions dans l'espace. Finalement, en présence de cette filiation ou déduction complète, il est une chose qu'il ne faut pas oublier : nous supposons comme conditions, que chaque individu apporte avec lui en naissant, en qualité de possession innée, certains arrangements ou dispositions existant dans les organes sensoriels et les organes centraux : dans les organes sensoriels, spécialement la répartition continue des signes locaux et, dans les organes centraux, les foyers régulateurs de l'innervation motrice. C'est en cela, que réside la justification relative de l'opinion nativiste. L'influence si manifeste, que nous devons accorder à la transmission de certaines conditions d'organisation au développement individuel, a parfois été rapportée à un ordre des représentations visuelles dans l'espace, ordre à la vérité acquis primitivement par les ancêtres de l'espèce, inné au contraire chez les individus. Relativement aux individus en particulier, l'opinion nativiste, acceptée dans sa forme habituelle, aurait alors de la valeur (1). En revanche, nous ferons la remarque suivante : une grande partie des raisons, invoquées contre le nativisme, subsiste, même quand celui-ci revêt cette forme modifiée ; et l'expérience psychologique n'a pu, dans aucun domaine, recueillir des arguments péremptoires en faveur de l'existence des représentations innées (2). Nous pourrons donc avoir l'idée d'accorder ici un rôle à l'hérédité, si toutefois dans l'arrangement des organes centraux, engendré par l'évolution, sont simultanément données des dispositions psychophysiques, qui

---

1. Donders, *Archiv f. Ophth.* XVIII, p. 160. — Du Bois-Reymond, *Leibnizische Gedanken in der neueren Naturwissenschaft. (Monatsber. d. Berliner Akad.* nov. 1870, p. 850.)
2. Voir à ce sujet section IV, chap. XV.

comportent une origine, essentiellement raccourcie, abrégée, des représentations individuelles.

D'après les adeptes de la théorie empirique, les observations, pratiquées sur les *aveugles-nés opérés*, seraient aussi des preuves particulièrement décisives, témoignant que l'expérience engendre les représentations visuelles. Les anciens auteurs ont coutume de discuter, surtout au point de vue purement théorique, comment se produisent les perceptions d'un aveugle de naissance, dont les yeux seraient subitement et largement ouverts à la lumière (1). Cheselden (2), Wardrop (3), Franz (4), et dernièrement Trinchinetti (5), Hirschberg (6), et de Hippel (7) ont relaté des observations de ce genre. A cet égard, remarquons cependant, qu'à l'exception d'un cas communiqué par Wardrop, il s'agit seulement de cataractés, qui, avant l'opération, étaient aptes à discerner la lumière des ténèbres et à juger de la direction de la lumière. Dans un cas de Wardrop, où celui-ci avait sectionné une adhérence de l'iris, il existait seulement une distinction très-imparfaite de l'ombre et de la lumière. De l'aveu de tous les rapporteurs, les opérés ne pouvaient apprécier la distance des objets ; ils percevaient très-imparfaitement la grandeur et la forme des objets, et surtout leur forme, quand celle-ci présentait des éminences et des dépressions. Une peinture ou un tableau leur apparaît, au commencement, comme une surface bariolée ; et graduellement, ils apprennent à comprendre l'importance de la dégradation des ombres et de la perspective. A l'opéré du docteur Franz, les objets semblaient tellement rapprochés, qu'il avait peur de s'y heurter. Ce sujet reconnaissait bien, sans les toucher, les formes simples, par exemple des rectangles et des cercles, mais il devait auparavant réfléchir ; c'est pourquoi, il déclarait, qu'il s'inspirait simultanément d'un certain sentiment localisé à l'extrémité des doigts (sans doute des sensations tactiles reproduites). La dame, opérée par Wardrop et dont la cécité avait été absolue, ne put avec la vue distinguer une clef et un porte-crayon d'argent, qu'elle reconnaissait nettement au toucher. Évidemment, dans tous ces cas, ces éléments constituants de la perception visuelle monoculaire, qui ont pour base des associations relâchées (p. 187) sont incomplètement ou nullement développés. Également, il résulte certainement de ces observations, que tous les opérés, même la dame de Wardrop, percevaient les impressions dans l'ordre extensif et les distinguaient, quant à leur direction. L'embarras ou même l'incapacité de révéler

1. Consulter Locke, *Human understanding*, II, 9, § 8 ; Berkeley, *Theory of vision*, 1709, § 41, p. 255 ; Diderot, *Lettres sur les aveugles*, 1749. Œuvres. Londres 1773, III, p. 115. Le *Traité des sensations* de Condillac est entièrement basé sur des considérations analogues.

2. *Phil. Transact.* 1728, XXXV, p. 447. — Helmholtz, *Physiol. Optik*, p. 587.

3. *History of James Mitchell a boy born blind and deaf*. Londres 1813 ; *Phil. Transact.* 1826, III, p. 529 ; Helmholtz, *loc. cit.* p. 588.

4. *Phil. Mag.* XIX, 1841, p. 156.

5. *Arch. des sciences phys. de Genève*, VI, p. 336.

6. *Archiv f. Ophth.* XXI, 1er fasc. p. 23.

7. *Ibid.* XXI, 2e fasc. p. 101.

la configuration des objets ne doit pas induire en erreur à ce sujet. L'opéré a. jusqu'alors, ordonné ses représentations d'après les impressions du sens tactile. Pour désigner une forme perçue par le sens visuel, il est donc obligé de la comparer, avec la représentation tactile, soit par le toucher direct, soit par la réapparition des représentations tactiles reproduites. Par conséquent, ces observations ne peuvent être citées, comme des documents favorables à la formation primitive de l'intuition visuelle par l'expérience. D'autre part, elles ne fournissent assurément aucune preuve du contraire ; elles ne combattent ni la théorie empirique, ni la théorie génétique en général, puisque grâce aux impressions lumineuses, qui ont eu lieu avant l'opération, toujours une certaine orientation est susceptible de se produire dans le champ visuel. En revanche, ces observations sont des pièces justificatives instructives, qui témoignent, que les perceptions visuelles se sont perfectionnées, d'une façon relativement lente, sous l'influence des impressions extérieures.

CHAPITRE XIV

SENTIMENTS ESTHÉTIQUES ÉLÉMENTAIRES.

Les sentiments, qui sont liés à nos représentations, se meuvent entre les contraires du *plaisir* et du *déplaisir*. A l'exemple des sentiments sensoriels, ils témoignent de la propriété, qu'a la conscience d'être déterminée, par son contenu, sous forme d'états contrastants. La représentation elle-même est basée sur une pluralité de sensations, qui s'enchaînent d'après des lois psychologiques ; de même aussi, le sentiment esthétique n'est pas une somme de sentiments sensoriels isolés, mais il résulte du mode de combinaison des sensations, et le ton de sentiment de ces dernières constitue seulement un fond sensoriel, sur lequel s'élève le sentiment esthétique. Dans bien des cas, le sentiment esthétique se trouve tellement rapproché du point d'indifférence, existant entre ses contraires, que nous n'en avons pas nettement conscience. Pour ce motif, on limite très-souvent le sentiment esthétique au domaine des effets esthétiques, appelés supérieurs, si on les entend au sens restreint. Cependant, toujours chez ces derniers, seuls ces sentiments, qui en soi et pour soi accompagnent toutes les représentations, se sont développés avec une énergie plus considérable ou se sont fusionnés avec d'autres sentiments, d'origine moins simple. Les produits complexes, qui naissent de cette manière, nous les nommerons *sentiments esthétiques supérieurs*, afin de les distinguer des *sentiments esthétiques élémentaires*, qui, en cette qualité, sont liés aux représentations isolées. Ici, nous nous contenterons d'examiner ces derniers, et nous laisserons à l'esthétique psychologique le soin de faire une étude détaillée des sentiments esthétiques supérieurs (1).

Pour toutes les représentations sensorielles, la liaison des sensations s'accomplit dans le cadre général des deux formes d'intuition de
temps et d'espace. Les sentiments esthétiques élémentaires reposent
donc, essentiellement, sur les rapports des représentations dans le
temps et dans l'espace. Par la liaison de ses représentations dans le
temps, l'ouïe, ce sens qui *éveille* le temps, donne aux sentiments l'occasion de se produire ; par la relation de ses représentations dans l'espace, la vision, cet organe le plus important de l'intuition d'espace,
se comporte également ; et les deux sources se réunissent dans le
mouvement.

1. — Harmonie et rythme.

L'ouïe mettant en ordre soit les impressions simultanées, soit les
impressions successives, il en résulte, pour ce sens, deux formes fondamentales de sentiments esthétiques : l'harmonie et le rythme. La
base fondamentale de l'*harmonie* est, ainsi que nous l'avons amplement démontré (2), la coïncidence des tons partiels déterminés, appartenant à divers sons. L'harmonie est d'une perfection accomplie dans
ces intervalles, où la concordance des tons partiels suffit à faire sentir
nettement l'affinité ; et cependant, les divers éléments, qui constituent
les sons, empêchent la confluence à l'unisson. Mais, grâce au mode particulier de liaison des sons, le sentiment de l'harmonie prend une couleur plus accusée. Soutenu par le son fondamental, qui est perçu en
qualité de ton de combinaison, l'accord majeur apparaît directement,
comme une unité de son. L'accord mineur ne présente jamais cette liaison. Au lieu de la cohérence, qui est maintenue par le son fondamental,
l'harmonique coïncident engendre une conclusion, du côté opposé de
la série des tons. Il s'y joint, comme fond sensoriel de l'effet de l'accord, le caractère plein de puissance des tons graves, qui se communique par le son fondamental au triple son majeur et est remplacé,
dans le mineur, par le caractère opposé de l'harmonique concordant.
Voilà pourquoi, seulement avec l'accord majeur, notre esprit se repose
satisfait dans le sentiment positif de l'harmonie ; tandis que, au con-

1. Plus loin, section IV, chap. XVIII, nous donnerons une courte analyse de ces
sentiments.
2. Chap. XII, p. 49,

traire, l'accord mineur semble exprimer plutôt une aspiration vers l'harmonie, que cette harmonie elle-même. Par ce moyen, l'accord mineur acquiert ce caractère soupirant, qui rend les genres de ton mineur, si éminemment propres à dépeindre certaines situations de l'âme. Nous supportons la disharmonie, uniquement comme disposition transitoire : elle doit se fondre dans l'harmonie, dont l'effet satisfaisant ressortit alors avec une plus grande pureté. Cet effet est renforcé par la dissonance, qui ajoute à la perturbation immédiate des sensations de son l'action perturbatrice, qu'exerce sur notre conscience l'inalliabilité des représentations isolées (1).

Le *rythme* excite le plaisir par des impressions, qui sont parentes par l'intensité ou la qualité et qui, dans la succession des diverses représentations auditives, se répètent, le plus souvent, après des intervalles de temps, réguliers. Des impressions égales, se manifestant à pauses égales, produisent un effet fatigant, mais qui n'est jamais rythmique. Pour donner lieu à un plaisir esthétique, au moins deux impressions différentes, l'élévation et l'abaissement du son, comme dans la mesure $^2/_8$, doivent se suivre, en alternant régulièrement. De même, le sentiment rythmique fait défaut, quand la série des impressions hétérogènes est si grande, que la répétition d'un sentiment semblable, identique, ne peut plus être perçu, comme dans la mesure $^9/_4$ ou dans d'autres formes dépassant la limite, que l'esprit est capable d'embrasser aisément (2). Par l'agrégation des mesures aux séries rythmiques, des séries aux périodes, enfin des périodes musicales aux divisions de la mélodie, le sentiment rythmique est encore susceptible de s'étendre à des successions plus considérables. A l'égal de l'harmonie, le rythme repose donc sur la liaison des représentations, que notre esprit est capable de saisir facilement. Quand la succession s'opère régulièrement, l'agencement différent de la mesure, la suite plus rapide ou plus lente des impressions peuvent donner lieu à des formes multiples de plaisir, qui s'élargissent encore à l'infini, puisque dans la mélodie elles se réunissent avec les lois de la liaison harmonique des sons. Dans l'ensemble de l'effet musical, c'est l'harmonie, qui donne à la disposition de l'âme sa direction ; c'est le rythme, qui dépeint l'alternance et l'ondulation des sentiments.

1. Consulter tome I, p. 458, 535.
. 2. Page 58, note 1.

En ce qui concerne les représentations visuelles, on a attribué à la combinaison des diverses sensations colorées, qui se produisent simultanément, un effet particulier, analogue aux liaisons des sons. Néanmoins, sous ce rapport, un observateur impartial est obligé de remarquer (1), que les couleurs contrastantes se relèvent mutuellement dans leur effet sensoriel ; c'est une règle, qui, d'ailleurs, est bien loin de ressembler à la loi de l'harmonie des tons, en d'autres termes d'être déterminante pour la liaison des couleurs, puisque cette liaison doit se diriger, surtout, d'après les rapports donnés dans la nature et d'après l'effet sensoriel de chaque couleur. Mais, même ce relèvement des couleurs contrastantes repose absolument sur les propriétés primitives de la sensation. Pris au sens psychologique, le sentiment esthétique est donc indépendant de la couleur et de l'éclairement ; ce qui ne veut pas dire, que ces deux derniers facteurs jouent un rôle indifférent dans la production de l'effet esthétique complexe. Principalement ici, la couleur constitue un fond sensoriel, plein de signification et qui se comporte d'une manière analogue au ton isolé, dans l'agencement de l'harmonie et de la mélodie. Or, à cet égard, la liaison des diverses couleurs n'est pas dépourvue d'influence. L'effet de relèvement ou de perturbation, que chaque couleur exerce l'une sur l'autre, doit être comparé à l'effet sensoriel de la consonnance et de la dissonance. Or, à cette occasion, voici une chose, qu'il ne faut point oublier : la perturbation, qui se manifeste avec une grande puissance dans le son résultant, est modérée par la simultanéité extensive des impressions ; et d'ailleurs, la contemplation de la nature et l'habitude, qu'elle nous donne, des liaisons multiples de couleurs, non complètement satisfaisantes, ont émoussé davantage notre sensation, que lorsqu'il s'agit du monde des sons, se mouvant dans la liberté spontanée de leur création. Ainsi, pour le sens de la vue, le sentiment esthétique reste lié à la *forme* de la représentation *dans l'espace*. Par sa forme propre, chaque objet agit sur nous, esthétiquement. Toutes les fois que la couleur s'y ajoute, elle est capable de renforcer cet effet, puisqu'elle éveille des sentiments sensoriels correspondants. Mais, l'effet esthétique peut se montrer, même indépendamment de cette addition de la sensation pure ; c'est ce que prouvent les arts simplement formateurs, la plastique, l'architecture et l'art du dessin.

2. — Effet esthétique des formes.

Il y a deux moyens d'établir les conditions subjectives, d'où dépend l'effet esthétique des formes. 1° Les formes simples, qui sont le produit d'une construction libre, peuvent être étudiées, relativement au plaisir ou au déplaisir, qu'elles provoquent ; ce procédé correspond entièrement à la méthode adoptée pour l'examen des liaisons des sons. Ou

1. Tome I, p. 538.

bien, 2° il est possible de pénétrer au cœur de la réalité vivante de la
nature et de l'art, qui l'imite, afin de découvrir, dans leurs œuvres,
ce qui plaît et ce qui déplaît. Nous voilà donc ici dans une nouvelle
voie ; très-souvent on a cru, que c'était la seule pour les représentations visuelles, tandis que personne ne s'aviserait de prêter l'oreille au
chant des oiseaux ou au roulement du tonnerre, dans la pensée d'y
rencontrer les conditions de la beauté musicale. En cela, se révèle justement la puissance inouïe, que manifeste la perception immédiate
dans l'effet des formes ; l'oreille, au contraire, se dirige, en toute
liberté, d'après les lois subjectives de la sensation et de la représentation. Pour ce motif, on devra, lorsqu'on se livrera à l'analyse psychologique de l'effet des formes, prendre d'abord pour point de départ les
cas les plus simples de la beauté *géométrique*. Ces derniers ont, d'ailleurs, l'avantage d'être engendrés à volonté et de laisser entrevoir,
qu'ils se ramènent aux rapports mathématiques. Incontestablement,
l'effet esthétique de ces sortes de formes est très-médiocre. Nier absolument cet effet, serait pécher contre toute expérience de l'art, puisque
partout l'ornemaniste l'utilise. En nous plaçant à ce point de vue,
nous distinguerons généralement deux conditions de l'effet esthétique
élémentaire : l'*agencement des formes* et le *cours des lignes de contour*.

D'après le résultat, que fournit l'observation de l'*agencement des
formes simples*, nous préférons la régularité à l'irrégularité. Le cas le
plus simple de la régularité, la *symétrie*, se montre donc dans toutes
les formes, où l'on a cherché à réaliser un certain effet esthétique et
où une déviation de cette régularité n'est point la copie, l'imitation
des formes asymétriques de la nature. La symétrie est, de préférence,
horizontale : principalement dans les œuvres, que créent librement
l'architecte et l'ornemaniste. Bien plus souvent, d'autres rapports de
grandeur, qui se présentent dans la direction verticale, se substituent
à la direction horizontale. Ce privilège est basé sur l'habitude, que
nous avons des formes naturelles, puisque dans les formes organiques,
dans les plantes et les animaux, et chez l'homme surtout, une symétrie
horizontale ou bilatérale existe pareillement. Mais toutes les figures,
simplement symétriques, n'ont pas, au point de vue esthétique, une
valeur égale. Par exemple, nous préférons décidément à un cercle ou
à un carré une croix symétrique, ou même à un carré, offrant la ligne
de base horizontale, celui dont les angles sont coupés en deux par la
ligne horizontale et la ligne verticale. Le cercle simple a un effet esthétique, beaucoup plus considérable, si un certain nombre de diamètres

le divisent en secteurs égaux ; et cet effet est encore rehaussé, si des cordes sont tirées dans chaque secteur. C'est pourquoi, les formes géométriques de ce genre sont fréquemment utilisées par l'ornemaniste, lui qui fait rarement usage de figures simples. Nous résumerons ainsi ces expériences : les formes symétriques plaisent davantage, lorsqu'un grand nombre de leurs parties sont reliées ensemble. La symétrie nue, sans autre organisation de forme, est trop pauvre, pour exciter notablement notre sentiment.

Pour ces organisations des formes, qui ont trait aux dimensions de hauteur ou au rapport de la largeur et de la profondeur avec la hauteur, généralement d'autres divisions plaisent beaucoup plus, que la symétrie. Toutes les proportions des formes se meuvent ici, entre deux extrêmes, entre la symétrie complète $1 : 1$ et le rapport $1 : \dfrac{1}{x}$, où x désigne un nombre si grand, que $\dfrac{1}{x}$ devient très-petit, relativement à 1. Une proportion, qui dépasse la symétrie, d'une manière à peine sensible, plaît bien moins, qu'une autre de ce genre, qui s'écarte un peu plus du rapport $1 : 1$; car, la première semble n'être qu'une symétrie imparfaite; et, comme telle, elle doit être nécessairement améliorée. D'autre part, la proportion $1 : \dfrac{1}{x}$, où la petite dimension ne peut plus, par la pensée, se mesurer à la grande, déplaît décidément. Entre les deux limites doivent se trouver les rapports, qui nous font plaisir. L'un de ces rapports est la division d'après la *section dorée*, où le tout se comporte avec la plus grosse partie, comme celle-ci à l'égard de la plus petite ($x + 1 : x = x : 1$). Cette proportion, qui, au témoignage de Zeising (1), doit dominer le domaine tout entier des formes de l'art, et même être supérieure à la symétrie, est réellement confirmée, — les démonstrations expérimentales de Fechner le prouvent — quand on examine le rapport des dimensions diverses d'une forme, de la hauteur et de la largeur d'un carré par exemple. Lorsqu'au contraire les formes présentent l'organisation verticale, la section dorée appartient aux rapports qui causent le moins de plaisir ; si une ligne est simplement divisée, ici le rapport $1 : 2$ apparaît comme le plus favorable ; tandis que si les divisions de cette ligne sont plus complexes, d'autres rap-

1. *Neue Lehre von den Proportionen des menschlichen Körpers.* Leipzig 1854. — *Das Normalverhältniss der chemischen und morphologischen Proportionen.* Leipzig 1856.

ports simples sont susceptibles de faire encore plaisir (1). Lors de l'existence de l'organisation verticale et du rapport de hauteur avec la largeur, la symétrie donne lieu, surtout, à des configurations déplaisantes ; c'est probablement, parce que les illusions de l'estimation oculaire, déjà mentionnées (p. 107), obligent le rapport 1 : 1 à se montrer comme une symétrie imparfaite. Par conséquent, pour toutes les proportions possibles, on sera généralement autorisé à établir la règle suivante : l'effet esthétique des proporttions est d'autant plus puissant, qu'elles favorisent davantage une réunion des parties pouvant servir de mensuration. Il est de la dernière évidence, qu'à cet égard la section dorée jouit de la propriété de contenir simultanément le *tout*, en qualité de membre proportionnel ; ce qui peut faciliter la réunion des parties en un tout.

A l'impression, que provoque l'organisation des formes, s'associe un autre facteur, le *cours des lignes de contour*. Ainsi que nous l'avons remarqué, l'œil, à partir de sa position primaire, suit sans peine des lignes droites dans le champ visuel. Si, au contraire, il s'agit de parcourir des distances ponctuées, l'œil, dès la position primaire, et bien plus, à partir d'autres positions, se meut dans des lignes arquées de faible courbure. Nous devons conclure de là, que la ligne arquée de faible courbure est la ligne du mouvement, le moins pénible pour l'œil (2). Donc, quoique les mouvements, suivant la loi de Listing, soient si avantageux pour l'œil, qui considère des objets rapprochés, néanmoins ces mouvements infléchis, qui ont lieu à la faveur de la validité purement approximative de cette loi, sont, au point de vue sensoriel, plus agréables, quand on examine librement des objets naturels éloignés. Par exemple, les ouvrages architectoniques d'une grande étendue nous font éprouver une sensation véritablement désagréable, si l'œil est obligé de parcourir exclusivement des lignes droites ; le passage soudain à des droites de direction différente est surtout pénible à l'œil, et par conséquent, dans ces sortes de cas, nous aimons à rencontrer l'intermédiaire ou transition, qu'effectue la ligne cintrée, doucement infléchie. Il est reconnu depuis longtemps, que cette importance des contours courbes cause une impression très-satisfaisante ; mais la tentative d'Hogarth, par exemple, qui avait pour but de trouver une courbe absolue de beauté, a échoué, car le degré et la forme des courbures, occasionnant une impression agréable, se dirigent

1. Fechner, *Zur experimentalen OEsthetik.* (*Abhandl. der sächs. Ges. d. Wiss.*) XIV, p. 555. — *Vorschule der OEsthetik.* Leipzig 1876, I, p. 192.
2. Wundt, *Beitr. z. The. d. Sinn.* p. 139. — Voir plus haut la note de la p. 89.

d'après les autres propriétés des objets. Or, voici la *seule* chose, qu'il soit permis d'établir, comme ayant une valeur générale : toute courbe, qui offre à l'œil des incurvations, trop fortement accusées ou trop longtemps infléchies dans le même sens, ne plaît point. Dans le dernier cas, pour présenter à l'œil un point de repos intermédiaire, nous préférons une variation ou alternance de courbure (1).

En outre, le cours des lignes de contour implique tous ces facteurs, que nous avons déjà appris à connaître, en qualité de conditions de la *perspective*. Puisque nous sommes habitués, de bonne heure, à rapporter certains arrangements des contours à des proportions déterminées de l'étendue en profondeur, nous sentons désagréablement toute déviation ou écart, qui est en désaccord avec une pareille interprétation. Et simultanément, à cette occasion, notre connaissance des rapports objectifs de la forme n'est pas absolument restée sans influence sur la perception esthétique. Nous savons, que certaines lignes, telles que par exemple les contours horizontaux d'un entablement ou les contours verticaux d'une colonne, sont rectilignes ; nous sommes donc accoutumés à négliger les courbures, que, à la faveur des lois de mouvement de l'œil, des lignes droites tracées sur une longue étendue doivent montrer dans les cas de ce genre ; et, par suite, nous permettons au sculpteur, qui imite ou crée ces sortes de formes, de favoriser, aux frais de l'apparence optique, la conscience de la véritable direction rectiligne. D'après les phénomènes décrits p. 90, fig. 131, le méridien rétinien horizontal est, lors des mouvements obliques en haut, tourné avec son extrémité externe en haut, et en bas, lors des mouvements en bas ; c'est pourquoi, une ligne, en réalité horizontale, est vue infléchie dans le sens opposé : l'horizontale, au-dessus du point de regard, apparaît donc comme une ligne arquée, concave en bas ; et l'horizontale, au-dessous du point de regard, comme une ligne arquée, concave en haut (2). Les lignes horizontales, dont le point de fixation se trouve au milieu, doivent, par suite de la diminution de l'angle visuel, présenter des courbures analogues. C'est principalement à propos des longues façades, considérées de près, que ces déviations se manifestent avec une force presque irrésistible. Effectivement, dans ces sortes de cas, un sens des formes, finement développé, a, jusqu'à un certain degré, contribué à l'apparence optique (3).

1. Consulter sur cette question J. Sully, *Revue philos.* 1880, p. 499. (*Mind*, avril 1880.)
2. Voir p. 99.
3. Dans son ouvrage intitulé : *Die subjective Perspective und die horizontalen*

Déjà, dans la perspective et les phénomènes, qui s'y rattachent l'influence, prépondérante, des conditions de la nature extérieure sur le plaisir, se révèle nettement pour le sens visuel. Cette influence est encore plus accusée dans l'effet des formes spéciales de la nature, où le sentiment esthétique, lié aux rapports généraux des formes, est essentiel lement rehaussé par les relations beaucoup plus intimes, qu'affectent entre elles les parties de la forme. La beauté d'une forme humaine ne résulte pas simplement de la régularité de sa configuration ; personne ne le niera. Une croix régulière ou un hexagone lui seraient, d'ailleurs, supérieurs, comme effet esthétique. Cependant, on ne sera pas plus autorisé à affirmer, que la régularité soit, ici, parfaitement indifférente. La forme humaine est bilatéralement symétrique. Elle est organisée dans sa hauteur, selon des proportions, qui sont soumises à la règle générale suivante : ces proportions se meuvent dans les limites d'une mesure, qu'il est facile à l'œil d'embrasser, et oscillent réellement suivant une certaine largeur, mais sans trop s'écarter néanmoins des valeurs moyennes de ses diamètres. Bien mieux, toutefois que ces proportions abstraites, la répétition des parties *homologues*, qui, dans l'agence- ment vertical, produit une symétrie d'un genre plus complexe, con- tribue à nous faire percevoir esthétiquement la forme humaine et les formes animales et végétales. Le bras et l'avant-bras, la cuisse et la jambe, les bras et les jambes, les pieds et les mains, le cou et la taille, la poitrine et le ventre s'offrent simultanément à nos regards, comme des parties analogues de forme. Les bras et les mains répètent, sous une forme plus délicate et plus parfaite, les jambes et les pieds. La poitrine reproduit d'une façon analogue la configuration du ventre : celui-ci s'élargit en bas vers la hanche, l'autre en haut vers la ceinture de l'épaule, qui sont les deux appareils de soutien de ces deux extré- mités ; et de cette manière, la symétrie des membres homologues est achevée, accomplie. Tandis que toutes les autres parties sont répétées deux fois, dans l'organisation verticale de la configuration humaine, par une forme inférieure, plus massive, et une supérieure, plus légère, il se joint encore à ces deux articles du tronc, la tête : cette partie, la

---

Curvaturen des dorischen Stils. Stuttgart 1879, Guido Hauck a décrit, d'une ma- nière attrayante, ce conflit de la conscience de la direction rectiligne avec les images émanant des lois du mouvement et de la perspective, le principe de la collinéarité avec le principe de la conformité. L'auteur démontre en outre, que le développement des cintres est dans la relation la plus étroite avec le dépla- cement latéral des triglyphes angulaires, qui a pour unique origine les exigences architectoniques. (*Loc. cit.* p. 126.)

plus développée et n'ayant nulle ressemblance avec un autre organe homologue, termine le tout. Chaque forme animale ou végétale, pleine d'expression, est susceptible de donner lieu à des considérations semblables ; par conséquent, l'effet esthétique des formes organiques dépend spécialement d'une symétrie, qui consiste dans la répétition des parties homologues, et elle dépend aussi du perfectionnement, qui se révèle ici simultanément dans la structure des formes. Si, de là, nous passons à l'examen des beautés des paysages ou des œuvres de la sculpture, en général la règle suivante est pareillement applicable à ces cas : les rapports des dimensions et de leurs parties s'écartent également beaucoup de la monotonie de la symétrie complète et de la limite des proportions incommensurables. Il est donc concevable que, puisque quelque liberté existe, en outre, dans le choix des points de division, l'on peut aisément trouver la confirmation d'une règle, qui, comme la section dorée, tienne ce milieu. Cependant, la raison formelle du plaisir réside, évidemment, bien moins dans de semblables lois abstraites de mesure, que dans cette symétrie, qu'implique la libre répétition des formes analogues. Les chefs-d'œuvre de la sculpture offrent donc une analogie avec la beauté des formes organiques de la nature, surtout de la configuration humaine ; car, ils se construisent, en se perfectionnant de bas en haut et visent à une partie qui domine le tout. Réellement, ce genre de beauté de la nature organique et de l'œuvre d'art, qui consiste dans la répétition et l'ennoblissement des formes analogues, est infiniment supérieur à la beauté de la régularité géométrique. La raison de cette différence nous est, en quelque sorte, déjà donnée par les expériences, que nous suggère l'examen de la régularité géométrique. Au cercle simple nous préférons le cercle divisé en secteurs, et généralement à la symétrie simple, ce qui est organisé d'une façon multiple. La musique elle-même offre des points de comparaison, qui se présentent naturellement à l'esprit. Personne ne niera, que la mesure soit un élément de la beauté musicale. L'effet de la mesure augmente, quand elle domine une succession multipliée d'impressions de son ; et l'agencement rythmique de la mélodie, qui, grâce à la plus grande liberté, avec laquelle il se meut, rappelle la symétrie plus libre des formes supérieures de la nature et des œuvres de la sculpture, s'élève bien au-dessus de la mesure, quoiqu'il la suppose. Nous voilà ainsi amenés à étudier la relation des sentiments esthétiques élémentaires avec les effets esthétiques supérieurs.

3. — Relation des effets esthétiques élémentaires avec les effets esthétiques supérieurs.

Si le sentiment esthétique était uniquement déterminé par les rapports des représentations dans le temps et l'espace, on comprendrait très-bien, comment un plaisir de degré différent peut prendre naissance, mais la multiplicité qualitative infinie des sentiments resterait inexpliquée. Les rapports des représentations motivent certaines formes générales du plaisir et du déplaisir. Les représentations, qui, grâce à leur agencement simple dans le temps ou l'espace, se combinent et constituent une unité facile à apercevoir, nous satisfont ; d'autres, qui ne se laissent pas réunir, pour donner lieu à une ordonnance de ce genre, nous déplaisent. Mais, le sentiment esthétique ne reçoit sa couleur spécifique, que du *contenu* particulier des représentations. Ainsi, il est incontestable, que la symétrie des formes, et surtout la signification spéciale, que nous leur donnons par la pensée, quand il s'agit de la beauté de la forme humaine, ont de l'effet. A la vue de la position des membres, nous songeons à la fonction, qui leur incombe, comme porteurs et soutiens du corps. C'est pourquoi, une attitude mécaniquement impossible nous déplaît, bien que les proportions normales soient rigoureusement conservées. Les disproportions des dimensions ne sont pas les moins choquantes ; car, elles semblent en contradiction avec la destination des organes. La tête doit pleinement exprimer la pensée, et un réflexe de cette expression doit rayonner sur l'attitude de toutes les autres parties. Ainsi, dans le simple agencement de la forme, la beauté n'est ébauchée, que par des contours grossiers ; et la vivification des formes, qu'opère le contenu de nos représentations, achève, complète l'effet esthétique. Ceci nous incline à croire, que même ces rapports abstraits, qui nous apparaissent dans les figures géométriques régulières ou dans la cadence de la mélodie, comme normes du plaisir, sont redevables de leur effet esthétique à un contenu de la pensée, qui, à vrai dire, ne se trouve pas dans ces rapports, mais que *nous* y introduisons. Le rythme et la symétrie nous plaisent, parce que les lois de la multiplicité, qu'ils renferment, éveillent, dans notre esprit, des représentations innombrables d'objets esthétiques. Ces rapports abstraits des formes sont donc des objets esthétiques d'un contenu indéterminé, mais ils ne sont pas dépourvus d'un contenu. Aussi, sont-ils aptes à devenir les facteurs d'effets esthétiques complexes ; et, dans ce cas, pour que notre sentiment soit satisfait, la forme doit correspondre au contenu. Par conséquent, dans un effet total de ce genre, ces rapports abstraits de l'harmonie, du rythme et de la symétrie sont, en même temps, les conditions extérieures de forme, qui rendent possible la réunion des diverses parties du contenu esthétique.

La réplétion de ces formes par un contenu permet, que le plaisir et le déplaisir se séparent l'un de l'autre en un grand nombre de déterminations particulières, que les appellations de beau, sublime, laid, comique, etc., distinguent seulement d'après leurs espèces les plus importantes. Dans le beau, nous avons clairement conscience de la liaison de représentations concordantes. Dans le sublime, l'objet représenté atteint ou dépasse par sa grandeur la limite, où il peut être facilement résumé en une représentation, bien que son essence exige, qu'il le soit. Dans le comique et le risible, les représentations isolées, qui constituent une totalité de l'intuition ou de la pensée, sont contradictoires entre elles ou avec le mode de leur réunion, et tantôt elles concordent ensemble. C'est ainsi que prend naissance une succession de sentiments, où cependant le côté positif, le plaisir, est non seulement prédominant, mais s'y manifeste d'une manière spécialement énergique, parce que, comme tous les sentiments, il est rehaussé par le contraste immédiat. Abandonnons à l'esthétique le soin de définir exactement ces formes du plaisir, et, ici, indiquons seulement leurs relations, importantes au point de vue psychologique, avec les sentiments sensoriels et les émotions. Bien des fois nous avons fait remarquer, qu'un fond de sentiments sensoriels accompagne, avec une force plus ou moins grande, chaque effet esthétique. L'émotion ou affection (affectus) ne contribue pas moins à rendre complète la participation de l'âme tout entière. Un bel objet satisfait notre attente par l'harmonie de ses formes ; le déplaisir, que nous cause un objet laid, se combine avec l'émotion de l'aversion. Le sublime a, comme fond sensoriel, d'énergiques sensations d'innervation, puisque nous cherchons à accroître la tension de nos muscles, d'après la puissance de l'impression. Quand le sublime augmente et devient monstrueux, grâce à l'action réflexe les vaisseaux de la peau diminuent leur calibre et produisent ainsi la sensation sensorielle de l'horripilation, avec laquelle se combine simultanément et aisément l'émotion de l'effroi. Ceci indique l'inclination du sublime aux sentiments de déplaisir, qu'il contient déjà comme sentiment esthétique, d'autant que chez lui la limite de la liaison, parfaitement mesurée, des représentations est justement atteinte ou même dépassée. Le laid excite, en même temps, l'horripi-

lation et l'aversion. Avec le comique, deux sentiments alternent, dans
une succession rapide, avec les sentiments de plaisir sensoriel et d'attente satisfaite. Dans le domaine sensoriel, ce qui correspond à cette
alternance, c'est le sentiment particulier du chatouillement, dont la
sensation nous procure le rire, mouvement respiratoire saccadé, qui,
personne ne l'ignore, est occasionné par l'irritant physique du chatouillement. Vraisemblablement, d'après Ewald Hecker, ici l'action
intermittente de l'irritant entraîne avec elle une excitation intermittente des vaso-moteurs, qui réagit sur l'organe central des mouvements respiratoires (1). A l'exemple de tous les sentiments esthétiques énergiques, le comique excite également les vaso-moteurs ; mais
ici, en vertu de la nature rapidement variable, changeante, du sentiment, il se produit, comme lors du chatouillement physique, une irritation intermittente. Nous trouvons donc, partout, la confirmation de
cette proposition : les sentiments sensoriels, qui servent de fond aux
effets esthétiques, sont, par leur nature, parents des sentiments esthétiques isolés ; et il en est de même des émotions, qui s'associent.

Toutes les représentations, qui constituent le contenu des effets
esthétiques, sont toujours, en premier lieu, des représentations isolées.
Elles excitent notre plaisir ou notre déplaisir, puisqu'elles se subordonnent à certaines représentations générales, qui sont à la disposition de notre conscience. Quand l'objet esthétique est complexe, il
suscite une série de représentations, liées entre elles, qui se traduisent
sous forme d'une pensée, dont toutes les parties sont connexes. C'est
ce qu'exprime cette règle familière : l'objet esthétique doit être porteur d'une *idée*. Même, la beauté simple de la mesure ou de la régularité géométrique n'est pas absolument sans idée. Or, ceci suggère la
pensée d'une proportion harmonique, pensée qui, lors des transformations supérieures de la beauté, ne se reproduit, que dans des
formes plus développées. Puisque les pensées, éveillées en nous par
un objet esthétique isolé, dépendent non seulement de lui, mais de la
disposition momentanée, comme de la disposition permanente de
notre conscience, on s'explique d'une part l'indétermination des idées
esthétiques, d'autre part leur dépendance vis-à-vis du sujet en observation. Le même objet est susceptible d'éveiller, chez des personnes
différentes, des pensées qui varient d'une façon multiple ; et l'esprit
de l'individu, cultivé au point de vue esthétique, combinera tantôt

---

1. E. Hecker, *Die Physiologie und Psychologie des Lachens und des Komischen.*
Berlin 1873.

cette idée, tantôt cette autre idée avec un objet donné, car l'intuition assigne à nos pensées seulement leur direction générale, mais laisse parfaitement libre leur transformation particulière. Nous voyons donc, que le sentiment esthétique émane, partout, de l'effet immédiat des représentations isolées sur la conscience. Cet effet se révèle à l'occasion de l'arrangement ou ordonnance, que la représentation isolée présente dans la provision existante des représentations générales. Le motif intime du plaisir consiste toujours dans la facilité, avec laquelle l'objet de notre perception s'adapte aux formes préparées de l'intuition de temps et d'espace ; par conséquent, la cadence uniforme du rythme, les rapports, facilement visibles pour notre esprit, de l'agencement symétrique et proportionnel de ce qui concerne l'espace, renferment les conditions les plus simples du plaisir. On ne verra pas moins un plaisir esthétique, dans la satisfaction, que nous font éprouver la solution d'un problème ou la compréhension simple d'une loi, énoncée devant nous ; de plus, la forme la plus élémentaire de ce plaisir esthétique nous apparaît évidemment, quand nous reconnaissons un objet déjà aperçu, quand nous nous rappelons un mot auparavant entendu, etc. Dans tous ces cas, la cause du sentiment réside dans l'ordonnance des représentations au milieu de la provision des formes, qui sont à la disposition de notre conscience. Lorsqu'il s'agit du beau, pris au sens restreint, nous trouvons les mêmes phénomènes ; seulement, la valeur des pensées, provoquées par l'impression, est tout autre. Or, l'efficacité des représentations esthétiques supérieures repose, toujours, sur l'éveil des idées morales et religieuses. Puisque nous avons conscience de ces dernières, comme de notre meilleure possession, nous attribuons à l'objet contemplé une valeur plus élevée, à mesure que le sentiment, éveillé par lui, fait surgir du fond obscur de l'âme ces idées et que, par ce moyen, il réagit sur nous-mêmes, en nous ennoblissant. Les rapports externes de mensuration, avec lesquels se présente l'objet esthétique, pris au sens élevé, sont seulement le vêtement extérieur. Si ce vêtement est dépouillé de son contenu plein de signification, il ne délaisse guère, après lui, que cette forme psychologique commune du sentiment esthétique, qui est liée à chaque agrégation de représentations et il n'est supérieur à cette dernière, qu'autant que la mesure égale des parties d'une représentation nous suggère des pensées, qui sont susceptibles d'avoir une valeur esthétique. Grâce à ces pensées ou au résumé facilité de l'ensemble, la régularité, l'agencement symétrique se transforment en un vêtement, qui est ainsi doué d'un puissant effet, pour les formes supérieures du beau.

Donc, d'après sa nature psychologique, le sentiment esthétique peut généralement être défini, comme étant la réaction spéciale, que notre conscience exerce sur les représentations, qui pénètrent dans son intérieur. Il est en soi un élément constituant, aussi intégrant de la représentation complexe, que le sentiment sensoriel est un élément constituant de la sensation. La coloration particulière du plaisir et du déplaisir est, par conséquent, absolument dépendante du contenu des pensées, qu'éveille la représentation et, d'après la valeur de ces pensées, nous mesurons la valeur du sentiment. C'est ainsi que, dans le domaine des sentiments esthétiques, nous trouvons, pour la première fois, le fait d'une *estimation de valeur*, qui manquait encore aux sentiments sensoriels. Puisque les sensations sont les éléments formateurs de la représentation, nécessairement partout les sentiments esthétiques se lient à des sentiments sensoriels. D'autre part, la représentation ne reste pas au repos dans la conscience ; elle est absorbée dans ce cours des processus internes, d'où émane l'*émotion* ou *affection*. L'obligation, à laquelle sont soumis les éléments esthétiques, c'est qu'ils concordent entre eux, que surtout les rapports externes de mensuration correspondent à l'importance du contenu ; et cette obligation s'étend même à ces éléments concomitants du sentiment sensoriel et de l'émotion ; entendus dans ce sens, ils deviennent pareillement des éléments de l'effet esthétique.

L'examen psychologique des sentiments esthétiques s'est opéré, la plupart du temps, dans une fâcheuse condition, parce que l'impulsion, donnée à cette étude, avait eu pour point de départ absolu ce sentiment du beau, entendu au sens restreint, dont s'occupent la théorie des beaux-arts et la science, qui en est issue sous le nom d'esthétique. C'est ainsi, que l'on arriva à perdre, presque entièrement, de vue les cas les plus simples du plaisir et du déplaisir, qui sont cependant pour la théorie psychologique une base fondamentale, nécessaire même, quand il s'agit d'expliquer les effets esthétiques complexes. Voici une autre condition aggravante : la première exposition raisonnée de l'esthétique était dominée par le formalisme logique de l'école de Wolff. Au lieu de chercher directement les motifs du sentiment esthétique, on considérait tout simplement la perception esthétique, comme une forme de la connaissance, et on cherchait le concept, dont la réalisation devait engendrer le sentiment esthétique. Kant rejeta cette théorie, mais, néanmoins il en subit l'influence ; car, il attribue tout ce qui est esthétique à la faculté du jugement, qui, dans la série logique des facultés de l'âme, constitue l'anneau

intermédiaire entre l'entendement et la raison ; et il substitue le concept de
finalité au concept de *vérité*, dans l'obscure connaissance duquel les anciens
esthéticiens transféraient le sentiment esthétique. Par ce moyen, Kant entre
dans une voie tout-à-fait nouvelle, puisque, à propos du jugement esthétique
des saveurs, il considère la finalité, comme une finalité entièrement subjective, qui ne peut jamais se rapporter à un but objectif (1), et qu'il assigne au
but une position moyenne spéciale entre les concepts de la nature et le concept de liberté, position correspondant à la place analogue de la faculté du
jugement entre l'entendement et la raison. D'après l'opinion de Kant, la valeur de ce qui est esthétique consiste principalement, en ce qu'il constitue,
pour nous, le pont naturel entre les domaines de la nature et de la moralité (2).
L'esthétique idéaliste, suivie après Kant, se rattache à ces pensées, attendu
qu'elle les développe, en les généralisant davantage. Ce qui est esthétique,
elle le pose partout dans la réalisation de l'*idée*, par conséquent d'un contenu
intellectuel. Puisque cette intuition considère surtout le réel comme un développement vivant de l'intellect, ou bien, ainsi qu'elle s'exprime, de l'idée
absolue, elle doit transférer le domaine étroit de ce qui est esthétique, dans
cette activité artistique, que l'idée essaie de réaliser, sans les obscurcisse-
ments et les empêchements, qu'elle subit dans la nature. Voilà pourquoi, ici,
la contemplation de la nature devient essentiellement une contemplation
esthétique, ainsi que le démontre l'exemple de Schelling ; et d'autre part, la
contemplation du beau, pris au sens restreint, se ramène complètement au
domaine de l'art, ainsi qu'on peut le voir chez Hegel. Si cette direction a
exercé une si heureuse influence sur l'esthétique, en somme la psychologie
n'en a retiré ni profit, ni le moindre avantage. Il est incontestable, que la
psychologie a été, bien plus puissamment, stimulée et encouragée par cette
tentative d'Herbart, qui, par son origine, était en opposition tranchée avec les
systèmes idéalistes et avait pour but de découvrir les conditions *objectives* du
jugement esthétique. Cependant, Herbart se borne à remarquer, que le jugement esthétique repose sur les rapports des représentations. La différence
entre ce qui est sensoriellement agréable et désagréable consisterait uniquement, en ce que, à propos de l'objet esthétique, ces rapports nous sont immédiatement donnés dans la représentation, qu'ils peuvent, par conséquent, être
simultanément présentés sous la forme d'un jugement (3). Herbart a développé plus amplement cette théorie, seulement en ce qui concerne les intervalles musicaux, où ses considérations sont néanmoins en contradiction avec
les faits physiques et physiologiques ; de même que, généralement, les opinions esthétiques de ce philosophe sont empreintes d'une certaine étroitesse,
parce qu'il avait pris, presque exclusivement, pour point de départ, la mu-

1. *Kritik der Urtheilskraft,* p. 16, 29.
2. *Loc. cit.* p. 39, 229.
3. *Psychologie als Wissenschaft,* II. Tome VI de ses œuvres, p. 93 et t. V,
p. 394.

sique (1). L'esthétique de nos jours a, en somme, une tendance marquée, à chercher un intermédiaire entre les directions idéalistes antérieures et les directions réalistes (2). S'appuyant sur des arguments ingénieux, Fechner réclame, avec une insistance particulière, une démonstration inductive pour l'esthétique. Au point de vue psychologique, il a très-heureusement désigné les deux conditions, sur le privilège souvent exclusif desquelles est fondée, en partie, l'opposition de ces anciennes directions : il appelle l'une de ces conditions le facteur *direct* et l'autre, le facteur *associatif* de l'effet esthétique ; et tous deux doivent, en un certain sens, être reconnus, comme également autorisés (3). Par facteur direct, il entend les moments, immédiatement contenus dans la représentation ; par facteur associatif, les moments, qui résultent des relations, où notre conscience met l'impression immédiate avec d'autres représentations. Donc, le facteur direct coïncide essentiellement avec les bases fondamentales du sentiment esthétique élémentaire ; tandis qu'au facteur associatif correspondent ces liaisons de pensées, qui engendrent la connexion du sentiment esthétique avec d'autres sentiments plus élevés.

Depuis les commencements de l'esthétique, on voit toujours se renouveler ces tentatives, qui veulent ramener tous les effets esthétiques à un principe fondamental *unique*. A cet égard, le principe de « *l'unité dans la multiplicité* » est celui, qui a le plus de partisans. Or, les effets directs, soit les effets associatifs, comme enfin les relations de ces deux effets, peuvent réellement être soumis, sans difficulté, à un principe de ce genre, dont l'expression est, assurément, assez indéterminée ; c'est ce qui ressort clairement de la discussion, à laquelle nous venons de nous livrer. En revanche, on est autorisé à se demander, si à l'aide de cette formule, qui cependant réunit de nouveau des choses très-hétérogènes, on a obtenu de nombreux résultats. Par conséquent, l'analyse intime des phénomènes inclinera, toujours encore, à spécialiser cette formule ou à poser à côté d'elle d'autres principes auxiliaires ; c'est la tâche, que Fechner a essayé de remplir, et il y a déployé un grand talent (4). L'établissement de ces sortes de principes n'aura une valeur absolue pour l'analyse psychologique, que si certains faits psychologiques, plus généraux, peuvent y trouver leur expression. Néanmoins, il faut avouer que, sous ce rapport, seul le principe, désigné en premier lieu, a offert, par ses nombreuses applications, un certain point d'appui à l'examen psychologico-esthétique.

1. *Psychologische Bemerkungen zur Tonlehre*, t. VII, p. 7.
2. Consulter surtout les données de F. Th. Vischer, *Kritische Gänge*, 5ᵉ cahier, p. 140, et de Lotze, *Geschichte der OEsthetik in Deutschland*. Munich 1868, p. 232, 323. — Zimmermann, *OEsthetik*. Vienne 1865, et Kostlin, *OEsthetik*. Tubingue 1863-69. — Se plaçant au point de vue d'Herbart, Lazarus, *Leben der Seele*, 2ᵉ édit. I, p. 231, et H. Siebeck, der *Das Wesen æsthetischen Anschauung*, Berlin 1875, principalement p. 57, 125, traitent, d'une manière plus libre, les questions psycho-logico-esthétiques.
3. Fechner, *Vorschule der OEsthetik*, I, p. 86, 157.
4. *Loc. cit.* I, p. 42; II, p. 230.

QUATRIÈME SECTION

DE LA CONSCIENCE ET DU COURS DES REPRÉSENTATIONS

CHAPITRE XV

LA CONSCIENCE

1. — Conditions et limites de la conscience.

La conscience elle-même étant la condition de toute expérience interne, celle-ci ne peut nous faire connaître directement l'essence de la conscience. Tous les essais de ce genre conduisent à des périphrases tautologiques ou à des désignations des activités perçues *dans* la conscience, qui, justement pour cela, ne sont pas la conscience, mais la supposent. La conscience consiste, en ce que nous trouvons généralement en nous des états et des processus ; et, elle n'est nullement un état, qui se sépare de ces processus internes. Les processus inconscients, nous ne pouvons jamais autrement nous les représenter, que d'après les propriétés, qu'ils contractent dans la conscience. S'il est donc impossible de trouver des caractères, qui distinguent la conscience d'avec certains états inconscients, on ne réussira pas davantage à donner une définition proprement dite de la conscience. La seule chose qui est plutôt réalisable, c'est que nous nous rendions compte des conditions, au milieu desquelles se présente la conscience. Assurément, nous devons voir dans ces conditions, non pas les causes génératrices de la conscience, mais uniquement les circonstances concomitantes, avec lesquelles elle nous apparaît dans l'expérience. Quant à ces sortes de conditions, on en distingue *deux* séries : les unes appartiennent à l'expérience interne ; les autres, à l'expérience externe.

Parmi les processus *psychiques*, que — si loin que s'étend l'expérience interne — nous voyons liés à la conscience, d'une part la formation des représentations à l'aide des impressions sensorielles, et d'autre part le va-et-vient des représentations occupent un rang éminent. C'est en qualité d'association d'une pluralité de sensations, que chaque représentation s'offre à notre esprit. Nous nous représentons chaque son, comme ayant une durée dans le temps ; nous unissons la sensation momentanée à celle, qui l'a précédée ; nous donnons à chaque couleur une place dans l'espace ; nous ordonnons cette couleur, dans un certain nombre de sensations lumineuses coexistantes. La sensation *pure* est une abstraction, qui ne se présente jamais dans notre conscience. Néanmoins, le nombre infini de faits psychologiques, qui ont été examinés dans la troisième section, nous oblige d'admettre, que partout, grâce à une synthèse psychologique, les sensations engendrent les représentations. Aussi, serons-nous autorisés à regarder, comme un signe caractéristique de la conscience, cette liaison de sensations élémentaires qui se manifeste dans chaque acte de représentation. Le va-et-vient des représentations n'est pas moins réellement une liaison, qui est basée sur les relations internes ou externes des représentations ; et alors, l'action, par laquelle une représentation, qui s'est produite antérieurement, est de nouveau renouvelée, résulte d'une représentation, qui a déjà existé dans la conscience. Mais, la reproduction des représentations et leur association sont un phénomène concomitant de la conscience, et aussi nécessaire, que la formation des représentations isolées. Or, à l'aide de ces processus, la conscience peut s'apercevoir elle-même, comme une conscience qui reste égale, malgré toute cette succession de représentations ; puisque cette succession lui apparaît justement, comme une activité *unissante*, que la conscience exerce entre les représentations présentes et antérieures. Au point de vue psychique, il se produit aussi *une connexion de représentations, qui est ordonnée d'après des lois* et est la condition, d'après laquelle la conscience se manifeste dans l'expérience.

Nous constatons partout, que la synthèse des sensations, de même que l'association des représentations, sont liées à des rapports déterminés de *l'organisation physique.* Donc, toutes les fois que, grâce à cette organisation, la possibilité d'une liaison d'impressions sensorielles sera donnée, nous ne pourrons pas contester la possibilité d'un certain degré de conscience. En effet, voici ce que nous apprend l'observation du monde animal inférieur : des associations, relativement très simples, des parties nerveuses élémentaires suffisent pour permettre les manifestations d'une conscience, qui, parfois assurément, est tout au plus capable de former un petit nombre de représentations très-simples, qui soient en connexion avec les besoins physiques de la vie. Si donc, l'on voit une caractéristique de la conscience dans ce fait, qu'un être réagit contre les impressions, d'une façon en apparence analogue à la conduite de l'homme (pourvu que chez ce dernier ces sortes d'impressions deviennent des représentations conscientes), il faudra reculer les limites du domaine de la conscience, aussi loin qu'on trouvera un système nerveux, servant de point central aux appareils des sens et du mouvement. Nous devons cependant repousser une opinion erronée, qui se rattache facilement à cette manière de voir. Chez les invertébrés, quelques nœuds ganglionnaires suffisent, en qualité d'organes centraux du système nerveux tout entier, à établir les connexions nécessaires des diverses sensations. Alors, on semble naturellement autorisé à conclure, que chez un vertébré supérieur ou chez l'homme, à part la conscience centrale, plusieurs degrés de conscience d'ordre inférieur pourraient bien exister dans des organes subordonnés, tels que les tubercules cérébraux, la moëlle épinière, les ganglions du sympathique. Mais ici, il convient de rappeler, que toutes les parties du système nerveux constituent une connexion, dont les éléments sont parfaitement reliés entre eux. La conscience individuelle dépend de cette connexion tout entière ; les impressions, agissant sur les nerfs sensoriels les plus divers, les innervations motrices, et même les effets produits à l'intérieur du système du sympathique, déterminent simultanément son état. C'est toujours la même conscience, à quelque domaine qu'appartiennent les représentations, qui, à un moment donné, existent chez elle. La base fondamentale physiologique de cette unité de la conscience, c'est la connexion du système nerveux tout entier. Il est donc inadmissible de supposer un *organe* de la conscience, distinct, particulier, au sens ordinaire où on l'entend. A la vérité, l'examen du système nerveux des animaux supérieurs montre, qu'il y a ici *un* domaine, l'écorce du cerveau, qui est en relation plus intime avec la conscience, que les autres parties ; car, les diverses provinces sensorielles et motrices de la périphérie du corps, et même ces liaisons d'ordre inférieur, qui ont lieu dans les ganglions cérébraux, le cervelet, etc., sont représentées, localisées dans l'écorce cérébrale par des filets nerveux particuliers. Par conséquent, l'écorce du cerveau est spécialement apte à mettre, directement ou indirectement, en connexion tous ces processus, effectués dans le corps et qui sont susceptibles d'exciter des représentations conscientes. Seulement, en lui donnant cette signification plus restreinte, l'écorce cérébrale est, chez l'homme et probablement chez tous les vertébrés, l'organe de la conscience. Mais ne l'oublions pas, la fonction de cet organe suppose celle de certaines parties centrales, qui lui sont subordonnées, par exemple des tubercules quadrijumeaux et des couches optiques, qui jouent un rôle indispensable dans la synthèse des sensations (1).

Tout autre est cette question : les parties centrales inférieures, séparées, par le scalpel, des parties centrales supérieures, sont-elles capables de conserver un certain degré de conscience ? Cette question n'est nullement la même, que celle qui vient d'être discutée. Par exemple, la moëlle épinière, tant qu'elle reste unie au cerveau, peut très-bien fonctionner en qualité d'organe auxiliaire et purement secondaire de la conscience, car la connexion totale des sensations, qui constitue la conscience, trouve son substratum organique dans le cerveau ; et cependant, après l'ablation du cerveau, il pourrait se développer dans la moëlle épinière une conscience inférieure, qui correspondrait à cette connexion plus restreinte des processus, qu'effectue cet organe central. A la vérité, on est d'accord quant à la possibilité d'une conscience de ce genre, mais divers phénomènes, que nous connaissons déjà ou qui seront décrits ultérieurement, témoignent de la réalité de ce fait. Or, dans ce cas il y a deux choses, qu'il faut remarquer : 1° Une conscience de ce genre est, rigoureusement parlant, une conscience qui *se forme, se développe* et est susceptible d'éprouver un perfectionnement graduel, ainsi que ceci est confirmé par l'observation des grenouilles décapitées, des oiseaux et des lapins, chez lesquels les lobes cérébraux ont été sectionnés au-dessus des ganglions cérébraux. 2° Un organe central, qui, en vertu de l'organisation totale d'un être, est, dès le début, destiné à exercer une fonction indépendante, sera naturellement porteur d'une conscience, mais d'une manière bien plus différente, qu'un organe central placé dans une relation et une dépendance multiple, ce dernier lui fût-il analogue sous le rapport morphologique. Il ne faut donc pas, par exemple, mettre sim-

1. Voir à ce sujet, t. I, p. 241.

plement en parallèle la moëlle épinière de l'amphioxus (t. I, p. 59) avec celle de la grenouille ou bien la moëlle épinière de la grenouille avec celle de l'homme; et il serait bien plus déraisonnable de vouloir, d'après la complication de la structure, juger de la faculté, qu'a un organe de développer en soi une conscience. Et justement, dans les organes centraux inférieurs, la complication de la structure est, en majeure partie, occasionnée par leurs associations multiples avec les centres nerveux supérieurs. Aussi, l'on comprend, qu'avec le perfectionnement de l'organisation l'aptitude de ces tissus centraux, à développer en soi une conscience indépendante, décroît toujours davantage, et qu'une conscience de ce genre, engendrée en quelque sorte par le morcellement du système nerveux, est bien loin d'atteindre, du moins chez les vertébrés, le degré de la conscience la plus inférieure, qui se manifeste généralement, quand l'organisation est intacte. Ceci est tout différent chez ces invertébrés, où les diverses parties du système nerveux central ont une valeur égale entre elles, quant à leur structure et à leur fonction, et où la division artificielle équivaut, parfois, à une reproduction naturelle par division.

Les conditions psychiques, comme les conditions physiques de la conscience, nous indiquent, que le domaine de la vie consciente est susceptible d'embrasser des *degrés* multiples. En effet, nous trouvons déjà en nous-mêmes des degrés de conscience, qui varient selon les conditions externes et internes ; et l'observation des autres êtres nous oblige à conclure à des différences permanentes, analogues. Mais, dans tous ces cas, la faculté d'associer les représentations mesure parfaitement le degré de conscience. Dès que nous mettons, seulement d'une manière défectueuse, nos impressions en connexion avec nos représentations, ou que, plus tard, par suite de cette connexion imparfaite, nous avons un souvenir incomplet de ces impressions, nous nous attribuons, durant tout ce temps, un moindre degré de conscience. Chez les animaux les plus inférieurs, où évidemment, seules, les impressions immédiatement antérieures sont conservées et où les impressions primitives ne le sont, tout au plus, que si elles se sont fréquemment répétées, nous admettons également une conscience imparfaite. En se plaçant à ce point de vue, on peut juger la question litigieuse de l'existence ou de la non-existence de la conscience, chez ces animaux dont les organes centraux ont été sectionnés. Ce n'est pas le seul fait des réactions de mouvement contre les irritants extérieurs, qui décide ici, comme on le suppose généralement, du degré de la conscience qui est restée, a survécu, mais la nature des *effets produits* par l'irritation. Ces derniers seuls nous révèlent, si cette association de sensations, qui caractérise la conscience, s'est maintenue à un certain degré. Nous n'avons pas le droit de refuser le nom de conscience à ces sortes d'associations de nos états internes, qui s'étendent uniquement à quelques impressions, simultanées ou successives ; mais, nous voyons surgir des difficultés, presque insurmontables, quand nous voulons déterminer la limite inférieure de la conscience. Très-souvent, le langage usuel se met à l'aise avec cette limite. Toutes les fois que la conduite d'un homme tombe, en quelque sorte, au-dessous de la ligne de l'action consciente ordinaire, on incline à admettre, qu'il a agi *sans* conscience (1). Tantôt, la conscience est confondue avec la conscience de soi-même, tantôt avec l'attention ; et, dans des cas nombreux, on est plus porté à parler d'un manque de *réflexion*, que d'un manque de conscience. Si, au contraire, on voit dans *chaque* association d'états internes un degré quelconque de conscience, on ne peut arriver à déterminer sûrement la limite, où elle expire. A la vérité, nous devrons, dans certains cas, conclure à l'existence de la conscience; mais, une décision sûre, certaine au sujet de la *non-existence* de la conscience ne sera jamais possible ; par conséquent, il faut constamment nous contenter, ici, de démontrer ce qui est sans doute suffisant pour tous les buts empiriques, que tous les caractères ou indices, qui nous obligent à supposer la conscience, font défaut.

Le concept de conscience — au sens, où il est encore employé — a été introduit dans la psychologie moderne par Leibniz; depuis lors, on a essayé, à diverses reprises, d'obtenir une définition psychologique de ce concept. Leibniz lui-même identifiait la conscience avec la conscience de soi-même ; il admettait, que les représentations, existant dans l'état inconscient de l'âme, engendraient une conscience, quand elles étaient aperçues par le moi (2). Les psychologistes modernes ont appelé la conscience un sens interne et vu en elle une activité de l'attention (3) ; et tantôt, ils la réduisent à la fonction de distinction ou de discernement (4). Or, on confond ici avec la conscience certaines activités, qui

1. Consulter J. L. A. Koch, *Vom Bewusstsein in Zuständen sogen. Bewusstlosigkeit.* Stuttgart 1877.
2. *Op. philosoph.* édit. d'Erdmann, p. 715.
3. Fortlage, *System der Psychologie*, I, p. 57. — J. H. Fichte, *Psychologie*, I, p. 83.
4. L. George, *Lehrb. der Psychologie*, p. 229; H. Ulrici, *Leib und Seele*, p. 274 ; Bergmann, *Grundlinien einer Theorie des Bewusstseins*, p. 129. — G. H. Schneider (*Die Unterscheidung*, p. 37) doit être également consulté à ce sujet. Cependant, ce

se présentent dans la conscience, et on ne remarque pas, que la condition logique, indispensable pour une définition de la conscience, est absente, à savoir la possibilité de comparer la conscience à des processus ou états psychiques *non* conscients. La seule définition, qui ne soit pas exposée à ce reproche, celle d'Herbart : « la conscience est la somme de toutes les représentations réelles ou simultanément présentes (1) », n'est donc pas une définition proprement dite, mais purement une périphrase tautologique.

Évidemment, ce fait, que nous soyons tenus d'admettre des états de représentations, inconscients, sans pouvoir néanmoins rien connaître de la nature de ces états, a ouvert largement la porte aux hypothèses métaphysiques. A la faveur du principe de continuité, qu'il utilisait partout, Leibniz supposa, que toute disparition apparente des représentations est fondée sur un abaissement à un degré, très-petit ou même infiniment petit, de l'état de conscience, et que également les états internes des êtres ne se distinguaient, que par degrés (2). Déjà, Chr. Wolff s'éloigna de cette opinion, que les représentations seraient infiniment différentes par leurs degrés et, en soi, impérissables. Car, cédant à l'impression de l'expérience psychologique, il distingua non-seulement des degrés divers de conscience, mais des états *sans* conscience ; et d'ailleurs il remarquait, que l'on ne pouvait raisonner sur ces derniers, que d'après ce que nous découvrons dans notre conscience (3). La métaphysique n'a pas toujours suivi ce conseil ; par conséquent, très-souvent, l'inconscient fut en opposition métaphysique avec la conscience, et, par suite, revêtit nécessairement un caractère mystique, puisqu'il avait pour tâche d'expliquer toutes ces choses réelles ou présumées, dont la conscience est incapable de rendre un compte suffisant. Or, l'hypothèse de l'inconscient trouve son unique justification psychologique dans le va-et-vient des représentations. Donc, il s'agit simplement et absolument de savoir, si ces associations de représentations, que nous percevons dans notre conscience, doivent être supposées exister déjà en dehors de la conscience, ou non. Dans la psychologie contemporaine, cette question est encore plus souvent résolue dans le sens affirmatif, que dans le sens négatif. Parmi les philosophes, qui sont pour l'affirmative, nous rencontrons spécialement l'école d'Herbart, qui croit, d'accord avec Leibniz, à une existence éternelle des représentations, qui ont apparu une fois ; nous rencontrons aussi les partisans de l'hypothèse physiologique, concernant la naissance des perceptions sensorielles, opérée à l'aide des processus logiques inconscients ; et finalement, les adeptes de la théorie de la transmission héréditaire des représentations, qui

---

dernier auteur donne un sens surtout physiologique au concept de distinction ou de discernement, puisqu'il le considère comme un processus, qui doit généralement son origine aux différences d'états des nerfs (*ibid.* p. 7).

1. *OEuvres* d'Herbart, t. V, p. 208.
2. *Op. philos.* p. 706.
3. Chr. Wolff, *Vernünftige Gedanken von Gott, der Welt und der Seele des Menschens*, 6ᵉ édit. § 193.

par son origine se rattache à la doctrine de la descendance. Toutes ces hypothèses ne sont possibles, que grâce à la supposition suivante : la conscience est
un état ou processus, qui, à l'opposé des représentations, se révèle comme un
résultat ou produit psychique, différent en soi des représentations. Mais, la
propriété, de mettre dans une connexion réciproque tous les états internes,
n'a ici nulle valeur pour caractériser la conscience, puisque cette connexion a déjà
été admise dans l'inconscient. Une pareille conception superficielle de la conscience
manque, en totalité, de base expérimentale ; car, l'expérience interne ne nous
offre la conscience jamais autrement, que dans les phénomènes, dont nous
avons conscience. Et d'ailleurs, elle est encore contredite par l'unique expérience, qui se trouve partout confirmée, en qualité de condition psychologique
de la conscience, en d'autres termes par ce fait, qu'une association avec d'autres
processus, déjà antérieurs ou simultanés, se présente toujours, comme étant
nécessaire, pour qu'un phénomène interne déterminé devienne conscient.

Il y a seulement *une* série d'expériences, qui, — si les conclusions, basées
sur elles, étaient péremptoires — exigerait, que les représentations eussent une
existence indépendante de la conscience. Ce sont ces faits, qui sont considérés,
comme prouvant l'existence des *représentations innées*, soit qu'avec l'ancienne
philosophie spéculative on rapporte ces dernières aux idées les plus hautes et
les plus générales, ou soit qu'avec la théorie récente de la transmission héréditaire on les rapporte aux objets, les plus familiers, de la perception sensorielle.
La forme ancienne de la doctrine des idées innées n'a plus besoin, aujourd'hui,
d'être soumise à une réfutation approfondie ; car, la démonstration, déjà présentée par Locke, à savoir qu'il existe des raisons suffisantes pour prouver,
que ces idées tirent leur origine des représentations nées empiriquement, ne
rencontre presque plus de contradicteurs ; c'est pourquoi, le platonisme moderne se borne, depuis Leibniz, à envisager la *disposition* au développement
des idées, comme une possession primordiale de l'esprit (1). Il n'en est pas de
même des représentations soi-disant héréditaires, en faveur desquelles on cite,
comme témoignage, les instincts innés, les aptitudes et les habitudes des animaux et de l'homme (2). Quand le poulet, à peine échappé de sa coquille, se
met à courir et sait trouver les grains répandus devant lui ; quand l'oiseau,
tenu en captivité, construit son nid, sans modèle et sans indication ; quand
enfin, l'enfant nouveau-né suce, sans éducation particulière, le lait du sein de
sa mère, tout cela semble bien démontrer suffisamment, que des sentiments et
des instincts déterminés, des représentations extensives et, même, des repré-

1. Leibniz, *Nouveaux essais*, I, 1, § 11 ; *Ope. philos.* p. 210.
2. E. Hœckel, *Natürliche Schöpfungsgeschichte*, 4° édit. p. 63. Darwin est plus
réservé ; cependant, en somme, il semble incliner vers l'opinion d'Hœckel. Consulter Darwin, *Der Ausdruck der Gemüthsbewegungen* (trad. allem. de J. V. Carus).
Stuttgart 1872, p. 367.

sentations du genre le plus spécial se manifestent chez les animaux et l'homme, et sont une possession innée de l'âme. Toutefois, on peut dire de ces preuves, qu'elles doivent être justement suspectes, parce qu'elles prouvent trop. Si l'animal, venant de naître, possède réellement d'avance une idée de toutes les actions, qu'il entreprend, quelle richesse d'expériences vitales anticipées ne se rencontre-t-il pas alors dans les instincts de l'animal et de l'homme ; et combien semble-t-elle incompréhensible, que non seulement l'homme et même les animaux s'assimilent, toujours, tant de choses par l'expérience et l'exercice. Car, en réalité, l'affirmation, souvent répétée, que le jeune oiseau construit, sans modèle, un nid identique à celui de ses parents, est aussi peu vraie, que cette manière de parler : « l'enfant cherche le sein de sa mère » (1). Et combien serait-il alors merveilleux, que les sensations de son, de lumière, de couleur, ces éléments les plus simples et, par tant, les éléments les plus fréquents de nos représentations, ne soient pas pareillement innées ; bien que cependant, les cas d'aveugles-nés et de sourds-muets, auxquels manquent ces qualités sensorielles, attestent le contraire. Même il est étrange, que l'on invoque toujours seulement les manifestations des instincts, dont l'origine se soustrait complètement à notre perception interne, tandis qu'on oublie le seul cas, où nous pourrions nous former un jugement sur le développement d'un instinct, qui provient véritablement de l'expérience. Ce cas se réalise pour l'instinct sexuel. Si, assurément, cet instinct appartient aux instincts innés, il n'est pas moins certain, que toutes les représentations, qui se manifestent dans le cours de son évolution, ont l'expérience pour origine. Les partisans, même les plus fanatiques et les plus hardis, des idées innées ne seront pas tous disposés à attribuer à l'homme une connaissance innée de la différence sexuelle ; et cependant, cette hypothèse serait aussi nécessaire, que la représentation innée du sein de la mère pour le nourrisson. En quoi consistent donc ces éléments, que dans tous ces instincts nous regardons réellement, comme des éléments innés ? Ils consistent d'abord immédiatement et uniquement dans la disposition, donnée à notre organisation, de faire naître certaines sensations de la sensibilité générale et d'associer certains mouvements à ces sensations de la sensibilité générale. Innées sont chez l'enfant nouveau-né, de même que chez le petit chien venant de naître, l'aptitude à sentir la faim, et l'association de cette sensation générale avec des mouvements déterminés. Le mécanisme de cette dernière doit toujours être considéré, comme une disposition qui, dans le cours des générations, s'est fixée dans la direction déterminée, où elle a déployé son effet chez une espèce donnée : ici, l'hérédité joue assurément un rôle important ; mais, le nourrisson ne possède pas plus une représentation innée du sein de sa mère, que le poulet n'en possède des grains, qu'il mangera. Par conséquent, chez tous les deux, l'exercice de l'instinct de nutrition est le produit commun

1. A. R. Wallace, *Beiträge zur Theorie der natürlichen Zuchtwahl* (trad. allem. de A. B. Meyer Erlangen 1870, p. 228).

des dispositions primitives de l'organisation et des expériences vitales, les plus primordiales (1).

Si donc, nulle part on ne peut démontrer, que dans la conscience les représentations naissent sans excitation sensorielle antérieure, puisque une pareille origine serait en contradiction avec toute expérience, en revanche, d'un autre côté, la faculté de renouveler ces sortes de représentations, qui se sont une fois produites durant la vie de l'individu, n'est enfermée dans aucune limite sûrement déterminée. Il n'est pas douteux, que des représentations, depuis longtemps disparues, peuvent, dans des conditions favorables, et même souvent, sans qu'une influence quelconque soit reconnaissable, être de nouveau accidentellement renouvelées (2). Mais, ces cas extraordinaires ne doivent pas nous faire oublier, que le plus grand nombre des représentations, une fois éveillées en nous, ne se renouvelle jamais ou se renouvelle seulement dans des associations très-modifiées. Or, toujours, la condition décisive de la reproduction des représentations est, évidemment, soit la répétition fréquente des impressions sensorielles qui les préparent, soit leur effet intensif sur la conscience. Même, à propos des exemples les plus remarquables de renouvellement des représentations, depuis longtemps disparues, on retrouve presque toujours les traces d'un travail extraordinaire, que l'esprit a une fois accompli. Toutes les représentations, qui n'ont pas été fréquemment renouvelées par des influences extérieures ou fixées volontairement et reproduites, disparaissent irrévocablement; et seulement, un précipité très-peu abondant, provenant de la foule des représentations, qui vont et viennent incessamment, reste à la disposition de la conscience, pour être plus tard utilisé. Ces traces de l'exercice indiquent nettement, que les représentations ne sont pas des essences ou des êtres, qui jouissent d'une existence immortelle, mais des fonctions, qui, une fois apprises, sont susceptibles d'être exercées et, même, accidentellement désapprises.

La tendance des psychologues, à attribuer aux représentations une existence impérissable dans l'âme inconsciente, tient toutefois (comme nous l'avons fait pressentir au début de ce chapitre) à ce que, quand une représentation a dis-

1. Dans l'étude des représentations visuelles, nous avons remarqué (chap. XIII, p. 199), que le développement de l'intuition d'espace doit être jugé, en nous plaçant au même point de vue. Même, la démonstration tentée par Dönhoff (*Archiv* de du Bois-Reymond, 1878, p. 388), que les insectes et les oiseaux nouveau-nés ont, pour ainsi dire, devant leurs yeux, le type de leur nid, n'est pas concluante. Car, l'alternative, que Dönhoff établit : chaque mouvement, produit lors de la construction du nid, est engendré, grâce à des réflexes, par une impression sensorielle ; ou bien, toute la chaîne des actions est engendrée par une représentation innée ; cette alternative, dis-je, n'épuise pas tous les cas possibles. Le cas ici négligé, qu'un complexus de sensations sensorielles met en jeu une action complexe, sans que les résultats extérieurs de cette action soient par avance représentés dans l'esprit de l'animal, est précisément le cas vraisemblable. Voir plus loin, à ce sujet, la discussion des instincts innés et des mouvements instinctifs (chap. XVIII et XXI).

2. Dans son ouvrage sur l'*Intelligence*, Taine a recueilli de nombreux exemples de ce genre. Consulter tome I, p. 64 (trad. allem. publiée à Bonn 1880).

paru de la conscience, notre pensée ne peut jamais l'imaginer autrement qu'avec les propriétés, que cette représentation possède dans la conscience. Cette manière de concevoir les représentations, qui provient de ce que nous sommes nécessairement limités à la conscience, on la transfère aux représentations disparues. C'est pourquoi, celles-ci sont alors, par hypostase, transformées en essences ou êtres, qui ne disparaîtraient, que par une espèce de miracle. Mais, évidemment, la conclusion exacte est la suivante : nous sommes incapables de rien savoir de positif, quant à la nature psychique des représentations disparues. Néanmoins, il nous est possible de donner une réponse à cette question : comment la pensée conçoit-elle ces représentations? Le parallélisme des processus psychiques et physiques s'est confirmé dans des cercles extrêmement vastes de l'expérience interne ; aussi, devons-nous admettre ici avec la plus grande vraisemblance, que l'état psychologique des représentations dans l'inconscient se trouvera, par rapport à leur existence consciente, dans une relation analogue à celle, que les processus ou états physiologiques concomitants affectent entre eux. Chose étonnante, pendant longtemps on a préféré le mode de conclure, opposé. On supposait, comme certaine, la continuation d'existence des représentations inconscientes, et l'on déduisait de là, que l'impression physiologique correspondante devait exister, encore, dans le cerveau. Il était donc admis, que dans le cerveau se déposaient des images, qui devaient posséder seulement une énergie inférieure à celle des images primitives ; on les appela, par conséquent, des traces matérielles. Puis, cette hypothèse a été, de nouveau, importée dans la psychologie, où elle a engendré la théorie des traces psychiques correspondantes (1).

Nous avons précédemment démontré l'inadmissibilité de cette hypothèse et les contradictions, au milieu desquelles elle se débat ; et nous avons fait la remarque suivante : les représentations ne sont pas des êtres, mais des fonctions, et les traces persistantes doivent être uniquement considérées, comme des dispositions fonctionnelles (2). On a objecté, qu'ici une expression scolastique couvrait le concept absent. Par une disposition fonctionnelle de ce genre, en effet l'esprit conçoit seulement une persistance de la fonction, à un moindre degré. Du côté physique, il s'agit d'une persistance ou d'une transmission des mouvements ; par conséquent, du côté psychique, il faudrait admettre une persistance des représentations (3). Mais, l'aptitude d'un groupe musculaire à un mouvement déterminé consiste-t-il justement dans l'existence prolongée, à un moindre degré, de ce mouvement? De nombreuses expériences, exposées antérieurement d'une manière détaillée, nous obligent à supposer, que les processus analogues d'habitudes se produisent dans tous les points du système nerveux

1. Beneke, *Lehrbuch der Psychologie*, 3ᵉ édit. p. 64.
2. Consulter t. 1, p. 239.
3. P. Schuster, *Gibt es unbewusste und vererbte Vorstellungen ?* Leipzig 1870, p. 27.

et de ses organes annexes. Or, les modifications, qui s'accomplissent ainsi à l'intérieur des organes, nous devons évidemment les envisager, comme des arrangements moléculaires, plus ou moins persistants; et ces arrangements sont aussi différents des processus de mouvements, qui sont facilités par eux, que l'arrangement des atomes de chlore et d'azote, dans le chlorure d'azote, diffère de la dissociation explosive, que les atomes favorisent. Si nous disons dans ce dernier cas, que la combinaison des atomes contient une disposition à la dissociation, ce mot ne doit pas prétendre expliquer le phénomène, mais indiquer seulement, par une courte expression, la connexion, qui relie le groupement des atomes de la combinaison, et la dissociation explosive, qui succède aux moindres secousses extérieures. Or, toutes les fois que, comme à propos des appareils, à structure si complexe, du système nerveux, nous n'avons encore aucune conscience de la composition réelle des modifications moléculaires, dans lesquelles consiste l'exercice, il nous reste seulement cette expression générale de dispositions fonctionnelles, laquelle peut toujours se prendre dans un bon sens: aussi, à l'opposé de la théorie des traces matérielles persistantes, cette expression suppose une action consécutive, qui est d'abord durable et disparaît de nouveau graduellement par la cessation ou le défaut d'exercice, effet consécutif qui ne consiste pas dans la continuation de la durée de la fonction, mais dans la facilité, avec laquelle elle reparaît. Si, du domaine physique, nous transférons ce mode de considération au domaine psychique, seules les représentations conscientes devront être reconnues, comme des représentations réelles; et les représentations, disparues de la conscience, laisseront après elles des *dispositions psychiques*, d'espèce inconnue, à leur renouvellement. L'unique différence, qui sépare le domaine physique d'avec le domaine psychique, est la suivante: du côté physique, il nous est permis d'espérer, que graduellement nous parviendrons à connaître plus intimement la nature de ces modifications permanentes, que nous désignons brièvement par ce terme de disposition; tandis que, du côté psychique, cet espoir nous est à jamais interdit, car les limites de la conscience marquent, en même temps, les bornes de notre expérience interne. L'expression inverse a été donnée accidentellement à ce rapport, puisqu'on a appelé la conscience une barrière à la science extérieure de la nature (1). Entendue dans cette acception, cette même expression veut proclamer, mettre en lumière cette antique théorie, qui assurément est, toujours encore, tant méprisée par les systèmes matérialistes : aucune espèce de processus moléculaire matériel n'est capable d'expliquer la conscience. Mais, cet argument défensif est maladroit, puisqu'il fait de la conscience la barrière d'un domaine, qui est complètement différent de la conscience. Des limites n'existent, toujours et seulement, qu'entre les parties

1. E. du Bois-Reymond, *Ueber die Grenzen des Naturerkennens*. Leipzig 1872, p. 16. — H. Siebeck, *Ueber das Bewusstsein als Schranke des Naturerkennens*. Bâle 1878.

d'un même domaine, ou toutefois entre des domaines voisins. La conscience et les processus cérébraux, qui l'accompagnent, ne se délimitent pas le moins du monde ; mais, considérés au point de vue de la connaissance de la nature, ce sont des fonctions d'espèce incomparable, qui se trouvent dans un rapport de coexistence invariable. Cette coexistence est un fait ultime, absolument irréductible, de même que l'existence de la matière est irréductible, pour le naturaliste, et réfractaire aux investigations de ce dernier.

2. — Attention et volonté.

A part le va-et-vient des représentations, très-souvent nous percevons en nous-mêmes, avec plus ou moins de clarté, une activité interne, que nous nommons l'*attention*. Voici, comment elle se révèle dans la perception immédiate de soi-même : la conscience n'a nullement présente, à chaque instant et d'une manière égale, la connexion des représentations, auxquelles elle se rapporte ; mais elle est tournée, à un plus haut degré, vers certaines représentations, que vers d'autres. On acquiert une idée très-nette de cette propriété, si on établit une comparaison avec le champ de regard de l'œil, puisque dans ce cas on fait usage de cette expression imagée, qui appelle la conscience une vue intérieure. Quand, au sujet de représentations, présentes à un moment donné, nous disons, qu'elles se trouvaient dans le champ de regard de la conscience, il est alors permis d'appeler *point de regard interne* cette partie de la conscience, vers laquelle est dirigée l'attention. Nous appellerons *perception* l'entrée d'une représentation dans le champ de regard interne, et *aperception*, son entrée dans le point de regard (1).

Le point de regard interne est susceptible de se tourner, successivement, vers les diverses parties du champ de regard interne. En

---

1. Leibniz, qui introduisit en philosophie le concept de l'aperception, entend par là l'entrée de la perception dans la conscience de soi-même. (*Opera philoso-phica*, édit. d'Erdmann, p. 715.) Menti tribuitur apperceptio, ainsi que s'exprime Wolff, quatenus perceptionis suæ sibi conscia est (*Psychologia empir.* § 25). Or, indépendamment de la façon, dont nous avons simplement conscience d'une représentation, en d'autres termes à part la perception, le besoin se fait impérieusement sentir, de donner un nom particulier à la *saisie* (Erfassung) de cette représentation par l'attention ; aussi, je demande l'autorisation d'employer l'expression d' « aperception », dans ce sens large. La perception de soi-même est toujours la saisie, opérée par l'attention ; mais, cette dernière n'est pas nécessairement la perception de soi-même. Déjà, Herbart, avait observé, qu'il fallait modifier le concept de l'aperception ; il a fait cependant cette modification d'une manière, que nous ne pouvons ici accepter. Voir à ce sujet chap. XVII.

même temps, il peut — d'une manière très-différente du point de
regard de l'œil extérieur — se rétrécir et se dilater ; c'est pourquoi,
toujours sa clarté augmente et diminue alternativement. Rigoureusement parlant, ce n'est pas un point, mais un champ d'une étendue
quelque peu variable. Pour que la perception soit aussi nette que possible, il doit se limiter à une seule représentation. Plus étroit et plus
clair est le point de regard, dans une plus grande obscurité se trouve
le reste du champ de regard. Ces propriétés se démontrent très-facilement, si on prend pour sujet d'examen le champ de regard externe
de l'œil, où, grâce à l'éclairage électrique instantané, l'observation peut
être bornée aux représentations qui, durant un temps très-court, sont
données à la conscience. Dans ce cas, le point de regard du champ visuel
est, à cause de sa sensation si précise, spécialement choisi pour point
de regard de la conscience ; cependant, on constate aisément le rétrécissement et la dilatation alternatives de ce dernier. Par exemple, en
présence d'une page imprimée, qu'il s'agit seulement de lire, on peut
connaître à la fois plusieurs mots. Veut-on, au contraire, connaître la
forme exacte d'une lettre isolée, les autres lettres de ce même mot
sont alors dans une demi-obscurité. Par la conduite volontaire de l'attention, on réussit d'ailleurs, selon la remarque d'Helmholtz (1), à
transférer le point de regard de l'attention aux parties de l'objet, qui
sont vues indirectement ; dans ce cas, ce qui a été vu directement, est
comme plongé dans l'obscurité. Nous percevons toujours des formes plus
complexes, après plusieurs éclairages momentanés ; car, lors de l'apparition de chacun de ces derniers, les points de regard interne et externe se tournent régulièrement vers une autre partie du champ visuel.
Par la volonté, nous pouvons maintenir fixe le point de regard externe,
et laisser seulement le point de regard interne errer sur l'objet. A
l'occasion de cette expérience, nous voyons ici se produire cette autre
propriété du point de regard : avec la durée croissante ou la répétition
fréquente des impressions, l'extension du point de regard augmente,
sans que, comme lors de la perception variable des irritants momentanés, sa clarté soit diminuée dans une mesure correspondante. Généralement, les mêmes rapports se manifestent avec les impressions
sonores. Les sons résultants harmoniques sont spécialement propres
à révéler cette propriété. Ici même, le point de regard peut aller d'un
son à un autre son, se rétrécir et se dilater ; et, avec la durée croissante

1. *Physiol. Optik*, p. 741,

de l'impression, le nombre des tons, susceptibles d'être simultanément perçus avec netteté, augmente.

La perception des impressions *disparates* est commandée par les lois égales de l'attention. De plus, ici s'applique cette règle, que les représentations isolées, pénétrant simultanément dans le point de regard de la conscience, forment toujours les éléments constituants d'une représentation complexe. Si, par exemple, en observant la marche d'un pendule, oscillant sans bruit devant un cadran, on fait produire simultanément, à intervalles réguliers, un son à un mécanisme très-différent, on réussira parfois à combiner avec la représentation d'une situation déterminée du pendule la représentation du son entendu simultanément. On unit alors directement ce dernier son avec l'image visuelle ; mais, on n'est pas en état de transférer simultanément avec le pendule, dans le point de regard interne, l'image du marteau, qui produit le son, en tombant sur la cloche. Nous réunissons donc en *un* tout complexe les représentations isolées, disparates, qui sont perçues simultanément, bien qu'elles proviennent, en réalité, d'objets extérieurs différents. Nous avons conscience de cette variété ou diversité, puisque nous permettons au point de regard interne d'errer d'un objet à un autre objet.

Les influences, qui gouvernent l'aperception, sont en partie internes, en partie externes. L'énergie des impressions, la fixation des objets visuels, le mouvement des yeux qui suit les lignes de contour, occupent ici le premier rang. D'une somme d'impressions simultanées, il n'entre, au point de regard de la conscience, que spécialement les impressions, qui, séparées peu de temps auparavant, étaient parvenues à la représentation. Ainsi, dans un son résultant, nous entendons avec une netteté parfaite un ton, qui a été auparavant émis seul. De la même manière, nous arrivons à nous convaincre de l'existence des harmoniques et des tons de combinaison. A cause de la faiblesse de ces tons partiels, généralement nous ne pouvons plus entendre nettement à la fois ce son, comme un son unique, conformément à la loi, que le point de regard de la conscience est d'autant plus étroit, que l'attention a augmenté avec une intensité plus considérable. Ici, on constate encore, que le degré de l'aperception ne doit pas être mesuré à l'énergie de l'impression extérieure, mais uniquement à l'activité subjective, qui oblige la conscience à se tourner vers un irritant sensoriel déterminé.

Nous voilà donc directement amenés à nous occuper des conditions *internes* de l'attention. Si nous prenons, pour point de départ de cet examen, l'exemple cité en dernier lieu, l'oreille exercée est évidemment capable de percevoir un ton partiel faible d'un son, même quand ce ton ne lui aurait pas été donné préalablement, comme impression séparée. Une observation intime nous fait constamment découvrir, que l'on se rappelle, dans ce cas, d'abord l'image de souvenir du ton, qui va être entendu, et qu'on discerne ensuite ce ton du son tout entier. Nous remarquons un fait analogue, quand les impressions visuelles sont faibles ou disparaissent très-rapidement. En éclairant un dessin avec des étincelles électriques, qui se succèdent à longs intervalles, on ne reconnaît presque rien du tout, après la première, et, très-souvent, même après la deuxième et la troisième étincelle. Or, on conserve dans la mémoire l'image indistincte du dessin ; chaque éclairage, qui se succède, la complète, et l'on arrive ainsi, graduellement, à obtenir une perception plus claire. Le motif intime de cette activité interne résulte, la plupart du temps, de l'impression extérieure. Nous entendons un son, dans lequel certaines associations nous font présumer un harmonique déterminé ; nous le nous représentons dans l'image de souvenir et nous le discernons aussitôt du son entendu. Ou bien, nous voyons une substance minérale quelconque, qui nous est déjà connue ; l'impression éveille l'image de souvenir, qui se fusionne, de nouveau, plus ou moins complètement avec l'impression immédiate. De cette manière, chaque représentation a besoin d'un certain temps, pour pénétrer au point de regard de la conscience. Durant ce temps, nous sentons constamment, au-dedans de nous, le *sentiment* particulier de l'acte de l'attention. Ce sentiment est d'autant plus vif, que le point de regard de la conscience se concentre davantage ; et ordinairement, ce sentiment persiste, même quand la représentation se présente parfaitement claire, devant la conscience. Ce sentiment est cependant extrêmement net, dans l'état de réflexion ou de tension vers une impression attendue. A cette occasion, on constate en même temps, que certaines sensations sensorielles sont, ici, en jeu. Fechner, qui avait déjà indiqué ce fait, remarque particulièrement que, quand notre attention se porte vers des impressions sensorielles externes, nous sentons une tension dans les organes sensoriels correspondants ; par conséquent, dans l'oreille, lors de l'audition ; dans les yeux, lors de la vision ; l'expression d'attention *tendue* est bien empruntée à cette sensation. Quand nous réfléchissons à des images de souvenir, cette même sensation se rapporte aux parties de la tête, qui entourent le cerveau (1). Sans doute, il s'agit dans les deux cas d'une sensation d'innervation des muscles, qui est accompagnée d'une tension réelle de ces organes, et, par suite, de sensations musculaires et tactiles. Quand des impressions externes d'une composition connue sont attendues, le sentiment sensoriel de l'acte de l'attention dépend en outre nettement de leur énergie.

Ces phénomènes montrent, qu'il se produit une *adaptation* de l'attention à l'impression. La surprise, que nous causent des irritants non attendus, provient essentiellement de ce que, ici, au moment, où l'impression a lieu, l'attention ne lui est pas encore accommodée. L'adaptation elle-même est double : elle se rapporte à la qualité, aussi bien qu'à l'intensité des irritants. Des impressions sensorielles hétérogènes ont besoin d'adaptations différentes. Nous remarquons également, que le degré de la sensation de tension suit, à pas égal, l'énergie des impressions, dont nous opérons l'aperception. De la justesse de cette adaptation dépend l'*acuité* ou *pénétration* de l'aperception. L'aperception est *pénétrante*, quand la tension de l'attention correspond exactement à l'énergie de l'impression ; elle est *émoussée*, dans le cas contraire. La *clarté* ou limpidité d'une représentation est simultanément constituée par son énergie et par l'acuité de son aperception. Une représentation claire doit être assez énergique, pour comporter une perception nette ; et simultanément, il doit se produire une adaptation, complète autant que possible, de l'attention. Donc, tels qu'ils ont été primitivement empruntés à la sensation sensorielle externe, les concepts d'acuité et de clarté seront employés, ici, avec la même signification. Notre vue est pénétrante, quand notre œil est bien adapté à l'impression lumineuse ; notre vue est claire, quand à la bonne disposition de l'œil s'ajoute encore l'énergie suffisante de la lumière. D'ailleurs, l'adaptation de l'attention se produit même, lors de l'aperception des images de souvenir ; c'est ce que nous révèlent les sensations de tension, qui accompagnent la réflexion, dirigée vers ces sortes d'images (2).

En général, les phénomènes physiologiques, qui se manifestent, lorsque l'attention est éveillée, se produiraient de la manière suivante.

---

1. Fechner, *Elemente der Psychophysik*, II, p. 475.
2. L'hypothèse d'une adaptation de l'attention devrait, ici, s'appuyer principalement sur les sensations de tension. Dans le chapitre suivant, nous apprendrons à connaître les autres preuves expérimentales, qui concernent ce processus et sont empruntées au cours des représentations.

La première impulsion succède toujours à une irritation externe ou à une irritation interne. Une irritation de ce genre a d'abord, pour conséquence, une représentation, une image provenant de l'intuition ou de l'imagination et qui, préalablement, se trouve encore en dehors du point de regard interne. L'irritation sensorielle est, en même temps, transmise au domaine central de l'aperception ; de là, elle suit une double voie et peut se diriger : 1° en arrière, vers les domaines sensoriels, ce qui renforce la représentation ; et 2° vers le domaine des muscles soumis à la volonté ; et, dans ce cas, apparaissent nécessairement ces tensions musculaires, qui aident à constituer le sentiment de l'attention et réagissent de leur côté sur l'attention, qu'elles renforcent, conformément à la loi, que les sentiments associés se prêtent un mutuel appui (1).

D'après tous les phénomènes, qui se montrent lorsque l'aperception est en acte, celle-ci coïncide absolument avec cette fonction de la conscience, qui, envisagée sous le rapport des actions extérieures, s'appelle la *volonté*. C'est une remarque déjà ancienne, que la volonté est capable d'agir sur le cours de nos représentations. En outre, l'observation nous apprend, que l'on réussit, par un effort volontaire, à éveiller les images de souvenir et de l'imagination et à les renforcer par une attention soutenue. L'aptitude, dont l'homme est doué à ce sujet, paraît très-différente, selon les individus (2). Chez bien des personnes, elle est si accusée, que l'image, provenant de l'imagination, ressemble finalement et complètement à celle d'un véritable fantôme (3). Mais toujours, un temps assez long est nécessaire, pour que l'innervation puisse atteindre un pareil degré ; et, dans ce cas, on remarque nettement un sentiment croissant de tension. Si on mesure le temps écoulé entre l'application d'un irritant sensoriel et sa perception, voici le résultat, que l'on obtient constamment : ce temps est notablement plus court, si l'impression est attendue avec une forte tension de l'attention, que si cette impression apparaît à l'improviste ; bien plus, dans certaines conditions, ce temps peut disparaître entièrement ou, même, devenir négatif, de façon que l'impression est aperçue,

1. Relativement aux bases fondamentales physiologiques de l'aperception, consulter t I, chap. V, p. 244.
2. Fechner, *Elemente der Psychophysik*, II, p. 471.
3. H. Meyer, *Untersuchungen über die Physiologie der Nervenfaser*, p. 237. — G. E. Müller, *Zur Theorie der sinnlichen Aufmerksamkeit*. (Dissert. inaug.) Leipzig 1873, p. 46.

avant de se produire réellement. D'après ces observations, qui seront étudiées en détail au chapitre suivant, il est hors de doute, que la tension volontaire de l'attention agit sur la perception sensorielle, absolument de la même manière que nous devons généralement supposer, lors de l'aperception.

Néanmoins, on a habituellement admis une efficacité interne de la volonté, seulement dans les cas, où l'effort de la volonté se révèle à un degré exceptionnellement élevé, ou bien, quand un choix a lieu nettement entre diverses représentations disponibles. Par conséquent, l'attention se distinguerait en attention *volontaire* et *involontaire*. En cela, on méconnaît complètement une chose ; c'est que, lors de l'action externe de la volonté, une hésitation entre divers motifs ne doit pas nécessairement exister. La volonté peut être déterminée d'*une manière univoque* : ceci est un cas, dont la possibilité constitue la condition préalable et indispensable au combat des motifs, qui précède la décision dans les actions complexes de la volonté. En effet, chez les animaux inférieurs, et également chez l'homme, le nombre, si largement prépondérant, des actions volontaires, est probablement déterminé d'une manière univoque; et assez souvent, la réflexion ultérieure, qui nous dit, qu'une autre action aurait été possible, substitue les motifs d'un choix à un pareil acte simple de la volonté. De plus, l'aperception doit être considérée comme l'acte *primitif* volontaire, qui est constamment supposé s'effectuer, lors des actions volontaires extérieures. La condition nécessaire à l'exécution d'un mouvement volontaire est l'aperception de la représentation de ce mouvement. En général, surtout lorsque les mouvements sont complexes et n'ont pas été auparavant exécutés, l'action interne de la volonté précède, quant au temps, son action externe. A la faveur de l'exercice, ce temps intermédiaire est susceptible d'être abrégé, et enfin de disparaître totalement, de façon que la volonté se tourne, en apparence au même instant, vers la représentation de mouvement et vers ce mouvement. La base fondamentale physique de cette efficacité simultanée serait l'association, qui se présente sous deux aspects et doit être nécessairement supposée, de l'organe d'aperception avec les centres sensoriels et les centres de mouvement (t. I, p. 245, fig. 65).

Donc, la différence entre l'attention volontaire et l'attention involontaire ne consiste pas, en ce que dans l'attention involontaire il n'existe aucune activité interne de la volonté. Mais, en revanche, ce fait, que la volonté est déterminée ou n'est pas déterminée d'une manière univoque par les représentations pénétrant dans la conscience, occasionne une différence très-remarquable dans le mode d'apparition des processus d'aperception ; et c'est uniquement cette dernière différence, qui a trouvé, dans l'opposition établie entre l'attention involontaire et volontaire, une expression donnant facilement lieu à une fausse interprétation. Dans le premier de ces cas, la direction de l'aperception est immédiatement déterminée par les représentations, qui lui sont offertes : généralement, parmi ces représentations, il y en a *une*, tellement favorisée par son intensité ou par le ton de sentiment, qui lui est inhérent, que l'aperception d'une autre représentation ne peut être nullement en question. Dans le second cas, au contraire, il y a lutte ou antagonisme entre plusieurs représentations ; et nous sentons l'aperception de quelques-unes d'entre elles, comme une action, qui, en dernière instance, n'est pas déterminée par les représentations, mais par l'activité de l'aperception. C'est pourquoi, ici, nous avons nettement conscience de cette activité, comme étant une activité interne ; tandis que, dans le cas contraire, nous nous croyons passivement gouvernés par les impressions extérieures ou par nos reproductions. Nous distinguerons donc ces deux cas, que nous nommerons l'*aperception passive*, et *active*, ou même l'*attention passive*, et *active*. Cependant, ces expressions ne doivent pas nous entraîner à admettre des processus d'espèce différente. Dans ces deux cas, il s'agit d'une activité interne de la volonté, et, dans ces deux circonstances, les représentations agissent en qualité d'irritants internes, qui éveillent cette activité ; ici même, c'est constamment grâce à l'association, que les représentations sont tenues à la disposition de l'aperception. Seulement, le mode de l'activité interne est un mode différent : ce qui s'accorde de nouveau avec les diverses conditions de l'association. Néanmoins, cette hypothèse, que le processus d'aperception est un résultat des associations, serait en contradiction avec toute perception interne. Assurément, la matière, qui est mise à la disposition des représentations, doit constamment être apportée à notre conscience par les processus associatifs ; et finalement, ces processus ne sont pas plus le motif déterminant des actions internes de la volonté, que de ses actions externes ; mais, ce motif doit être uniquement cherché dans le passé et l'aptitude de la conscience, qui se dérobent totalement à notre investigation directe. Naturellement, les motifs de l'aperception, qui ne dérivent pas des représentations immédiatement présentes, se manifestent spécialement, toutes les fois qu'une pluralité de représentations, élevées par l'association, s'impose à la perception, par conséquent lors de l'aperception active. Voilà pourquoi, dans la succession des représentations, les *liaisons associatives* sont principalement observées, quand l'aperception passive est prédominante ; tandis que, dans les circonstances, où l'aperception active élève successivement les représentations au point de regard de la conscience, la succession des représentations obéit à d'autres lois, que nous nommerons, d'après cela, les lois des *liaisons aperceptives*.

Si nous avons conscience, que l'aperception est un processus différent du cours des représentations, c'est grâce aux sensations de tension, décrites antérieurement, dont l'intensité, se dirigeant d'après le degré de l'attention, est par conséquent plus grande dans l'aperception active, que dans l'aperception passive. Un ton de sentiment, qui très-souvent est énergiquement accusé, appartient à ces sensations ; il se combine avec ces sentiments, qui sont liés aux représentations aperçues. On constate alors, que les derniers sentiments dépendent en même temps du rapport, que les représentations affectent à l'égard de l'activité interne de la volonté. Nous sentons désagréablement les impressions, au sujet desquelles la force de tension de la conscience n'a subi aucune augmentation : de là, la crainte, que nous font éprouver les sensations trop énergiques, les représentations inalliables ; et, au contraire, le contentement, que nous procurent ces sortes d'irritants sensoriels, en présence desquels l'attention s'élève à une hauteur égale, ou le contentement suscité par des représentations, qui, telles que la symétrie des formes, l'harmonie et la rythmique des tons, engendrent alternativement la tension et la satisfaction de l'attente. Prise dans cette acception, cette observation, que la conscience et la direction de l'attention sont essentiellement déterminées par des sentiments, est juste (1). Seulement ici, il ne faut pas considérer les sentiments comme des états, qui pourraient précéder ces autres processus, et par conséquent exister, indépendamment d'eux. Mais, les sentiments, qui accompagnent chaque processus de la conscience, sont plutôt des éléments constituants, inséparables du processus lui-même et isolés par notre abstraction psychologique (2). D'ailleurs, à la faveur de l'association des actes successifs de l'aperception, les sentiments particuliers,

1. A. Horwicz, *Psychologische Analysen auf physiologischer Grundlage*, I, p. 232. — B. Carneri, *Gefühl, Bewusstsein und Wille*. Vienne 1876, p. 69.
2. Voir t. I, chap. X, p. 556.

qui leur correspondent, se lient entre eux ; et c'est ainsi que prennent naissance des formes de sentiments plus complexes, les *émotions* ou *passions* (affecte), qui sont liées au cours des représentations.

3. — Étendue de la conscience.

Quel est le nombre de représentations, que notre conscience est capable de loger simultanément ? La réponse à cette question est entre-mêlée de difficultés spéciales ; car, les représentations aperçues sont uniquement accessibles à notre perception interne directe ; tandis que la plupart du temps, grâce à une aperception subséquente, nous nous assurons de l'existence des représentations, situées dans le reste du champ de regard de la conscience. On pourrait soupçonner ici, qu'il s'agit peut-être uniquement d'une reproduction d'impressions senso-rielles, qui n'avaient pas exercé d'action sur la conscience, si, dans le cas d'une telle reproduction (ainsi que nous l'apprennent principale-ment les observations relatées p. 233), nous n'avions pas habituelle-ment au moment de l'aperception la conscience nette d'une perception obscure, antérieure. Ces faits doivent nous faire comprendre, pour-quoi des opinions très-diverses ont été émises au sujet de l'étendue de la conscience : tantôt on croyait, qu'un nombre très-restreint, bien plus qu'une seule et unique représentation pouvait, chaque fois, être présente dans la conscience ; tantôt on déclarait, que ce nombre attei-gnait, selon les circonstances, une grandeur illimitée et on attribuait en même temps, aux représentations, des degrés infiniment diffé-rents de clarté (1).

Évidemment, cette question difficile ne peut être tranchée par des perceptions internes approximatives, mais tout au plus par la voie ex-périmentale. Les observations, concernant les impressions simulta-nées et instantanées, que nous avons utilisées précédemment, afin de mieux connaître la marche générale des représentations, ne peuvent servir notre dessein, à cause de l'incertitude, qui règne sur les limites les plus extrêmes du champ de regard interne. En revanche, les im-

1. Au sujet de ce que Herbart a appelé le « défilé (Enge) de la conscience », consulter Herbart, *Lehrbuch zur Psychologie* (OEuvres complètes, t. V) p. 90 ; Waitz, *Lehrb. der Psychologie*, § 53 ; A. Lange, *Die Grundlegung der mathem. Psy-chologie*. Duisbourg 1865, p. 25.

pressions *successives* sont capables, du moins dans certains cas, de résoudre ce problème. Quand l'on a l'aperception d'une série d'irritations sensorielles successives, à chaque nouvelle aperception les irritations antérieures se retirent, graduellement, dans le pourtour obscur du champ de regard interne et en disparaissent à la fin entièrement. Si l'on réussit à déterminer quelle est, dans la série des représentations déjà effectuées, celle qui arrive justement à la limite de la conscience, quand une nouvelle représentation est aperçue, de cette façon on découvre, pour le cas des représentations simples successives, l'étendue de la conscience. Le problème, ainsi posé, se résout, si on choisit, comme irritants sensoriels, les battements du pendule, et si toujours, après la production d'un nombre fixe et déterminé de ces derniers, d'autres impressions sonores, se succédant régulièrement, par exemple des coups de cloche, se font entendre. Si l'on arrive à savoir, quel est le nombre de battements du pendule, qui peuvent de cette manière être réunis par la conscience et constituer un groupe, en même temps que pour notre conscience l'égalité des groupes se succédant reste encore distincte, par ce moyen on obtient, dans ce cas spécial, une mesure de l'étendue de la conscience. L'exécution des expériences montre cependant, que la valeur-limite, ainsi trouvée, dépend à un haut degré de la vitesse de la succession. Prenons pour point de départ une vitesse, au cours de laquelle l'aperception peut s'adapter encore aux irritations et qui, par conséquent, présente les conditions les plus favorables, pour opérer la perception d'un nombre, aussi grand que possible, de représentations. On voit ce nombre se réduire, que la vitesse augmente ou qu'elle diminue : dans le premier cas, parce qu'une aperception suffisante n'est plus possible ; dans le second, parce que chaque représentation aperçue a le temps de s'obscurcir, de s'éclipser, avant l'entrée d'une nouvelle représentation au point de regard interne ; et même, si le mouvement des impressions est très-lent, il sera difficile de tenir éloignées d'autres représentations, qui surgissent dans l'intervalle des pauses. Il est donc évident, que le nombre qui est découvert, quand cette vitesse est des plus favorables, présente un intérêt tout-à-fait particulier. Dans le cas spécial des impressions successives, ce nombre désignera l'*étendue maximum de la conscience ;* et par conséquent, il faudra s'attendre à ce que ce nombre ait une grandeur constante; tandis que les valeurs obtenues, quand les vitesses ont été modifiées, ne permettent, à vrai dire, que de mesurer les perturbations qui, lors de la prédominance des séries de représentations, sont susceptibles de se présenter, par suite du changement des conditions de l'aperception.

On constate, que cette vitesse la plus favorable est de 0,3 — 0,5 de seconde, pour des impressions séparées par un intervalle. 12 est le plus grand nombre de représentations, qui, dans ce cas, sont encore susceptibles d'être réunies en une série. Nous serons donc autorisés à considérer *douze représentations simples, comme étant l'étendue maximum de la conscience pour les représentations relativement simples et pour les représentations successives.* Ce nombre concorde avec le nombre des parties simples de la mesure, que notre sentiment rythmique est encore capable de résumer (t. II, p. 58). On remarque aussi, que la conscience rassemble en soi plus facilement les impressions, lorsqu'elle les dispose d'une façon rythmique. Nous ne sommes plus en état de réunir un nombre égal d'impressions, dès que nous négligeons intentionnellement cet auxiliaire rythmique, ou que nous laissons les impressions se succéder à intervalles irréguliers. L'étendue maximum donnée n'est donc valable, qu'en supposant, que les représentations simples se lient convenablement et constituent plusieurs groupes.

Pour les expériences, dont je viens de parler, je me suis servi de deux métronomes à sonnerie; dans l'un de ces instruments, un coup de cloche répondait à 2, 4 ou 6 battements du pendule; et dans l'autre, à 4, 8 ou 12 battements. La durée d'oscillation variait entre 0,3 et 2″. Quand elle atteignait 1″, la réunion des 12 battements était déjà incertaine, et, même impossible, dès l'appa-

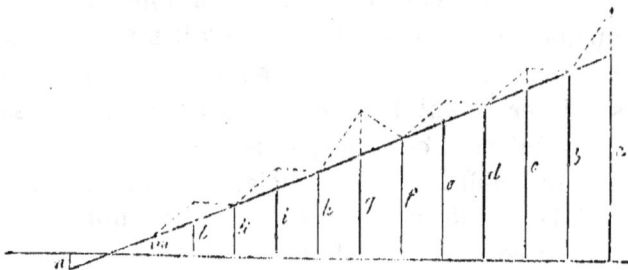

Fig. 174.

rition de la fatigue. Quand elle oscillait de 1,5 à 2″, 8 battements, et non plus 12, pouvaient encore être réunis. La conclusion, que ces expériences comportent au sujet de l'étendue de la conscience, se déduit des réflexions suivantes. Nous figurons le degré de clarté des représentations par la hauteur d'ordonnées positives, tandis que des ordonnées négatives marquent les représentations disparues de la conscience. Or, si, comme dans le cas présent, toujours *une seule* représentation est aperçue, celle-ci devra être indiquée par une ordonnée positive plus grande. Si donc nous supposons, que dans une série régulière la représentation *a* (fig. 174) est aperçue, elle pourra être liée à une série d'autres représentations *b,c, m*, tant que celles-ci sont, lors de l'aperception de *a*, toutes ensemble dans la conscience ; mais, la liaison ne s'étendra plus à une représentation *n*, déjà disparue. Si la série est prolongée, de façon que *a* s'abaisse au-dessous du seuil de la conscience, au même moment une nouvelle représentation, marquée par le coup de cloche, sera aperçue. Évidemment, la condition nécessaire, pour obtenir la réunion en une série, c'est que deux impressions, embrassant la série, soient justement encore, à un moment, simultanément présentes dans la conscience. D'ailleurs, lors de la réunion des grandes séries, l'intensité des représentations isolées est en même temps influencée par l'association, qui s'opère dans les groupes ; car désormais, elle dépend non plus simplement de l'éloignement du point de regard de l'aperception, mais de l'énergie, avec laquelle les représentations isolées sont aperçues. Ainsi, par exemple *a* et *h* peuvent être aperçus très-énergiquement, *c* et *e* plus faiblement, et les autres, plus faiblement encore ; c'est pourquoi, les rapports, indiqués par les lignes ponctuées, ont, pour origine, l'énergie des représentations simultanément présentes.

4. — Développement de la conscience.

Les commencements ou débuts de notre conscience sont entourés de grandes obscurités. Peu de temps après l'accouchement, l'enfant nous révèle, qu'il se rappelle certaines impressions ; par conséquent, cette liaison des représentations, que nous considérons partout comme un symptôme de conscience, existe chez lui. Donc, le premier développement de la conscience de l'homme est, probablement, antérieur à la naissance de ce dernier, quoique toujours cette conscience, la plus primitive, s'étende seulement à des irritants sensoriels, qui se succèdent rapidement ou se répètent souvent. La plupart du temps, dès les premiers jours de la vie, l'attention commence déjà à se manifester. Elle est, sans doute, spécialement éveillée par de vives impressions sensorielles, qui nécessitent d'abord une aperception passive. Après les premières semaines de la vie du nouveau-né, l'éveil de l'attention active se produit par suite de la prédominance fortuite de ces sortes d'impressions visuelles, qui ne se distinguent par aucune espèce de propriété particulière. Mais ici encore, le regard de la conscience

n'embrasse qu'un champ extrêmement limité. Quand les premiers mois
se sont écoulés, l'enfant oublie les personnes de son entourage habituel, s'il a passé quelques semaines, sans les voir. Nos souvenirs des
cinq ou six premières années ont complètement disparu de la mémoire
de chacun de nous ; et même, quant au temps, qui a succédé immédiatement à ces années, il ne nous reste, que quelques impressions particulièrement intensives ou étranges. De cette manière, s'établit lentement la continuité de la conscience. Et plus tard encore, cette
continuité éprouve des interruptions multiples, d'une durée plus ou
moins longue : surtout, dans le sommeil et dans bien des cas de
trouble intellectuel (1).

La formation des liaisons entre les représentations est une condition
essentielle du développement de la continuité de la conscience ; mais,
ces liaisons se distinguent bientôt, en liaisons relâchées et en liaisons
plus fixes. C'est pourquoi, la succession des impressions suscite une
activité séparatrice, qui dissout de nouveau une partie des liaisons primitives. Tout ce qui est simultanément représenté, afflue plus ou
moins à la conscience. L'enfant fusionne, confond en *une seule* image
inséparable la maison avec la place, sur laquelle elle se trouve, le cheval avec le cavalier, le canot avec le fleuve. Grâce, soit aux mouvements
directement perçus et aux changements des objets, soit à la séparation
des liaisons fixes de représentations d'avec les liaisons relâchées, les
représentations isolées, comme celles qui forment les éléments constants des liaisons variables, se dégagent graduellement de ces complexus
primitifs.

Un complexus de représentations, qui joue un rôle dominant dans
la formation ultérieure de la conscience, prend spécialement part à ce
développement. C'est le groupe de ces représentations, dont la source
réside au-dedans de nous-mêmes. Les représentations sensorielles, que
nous recevons de notre propre corps, et les représentations de mouvement de nos membres ont, sur toutes les autres, l'avantage de constituer un *groupe permanent de représentations*. Puisque particulièrement divers muscles sont toujours à l'état de tension ou d'activité, une
représentation tantôt obscure, tantôt plus claire des positions ou des
mouvements de notre corps ne manque jamais dans notre conscience.
Les éléments, appartenant à ce groupe de représentations, qui existent
dans notre conscience, sont, en vertu de l'association fréquente, inti-

1. Voir plus loin le chap. XIX.

mement liés avec les éléments situés en dehors d'elle, de façon qu'ils se trouvent au moins sur le seuil de la conscience ; en d'autres termes, ils peuvent à chaque instant entrer dans la conscience. Ce groupe permanent de représentations jouit encore de la propriété suivante : nous avons conscience de chacune d'elles, comme d'une représentation, que nous sommes capables d'engendrer volontairement, à tout instant. Par l'impulsion de la volonté, qui produit les mouvements, nous engendrons directement les représentations de mouvement ; et, par le mouvement volontaire de nos organes sensoriels, nous engendrons indirectement les représentations visuelles et tactiles de notre propre corps. En envisageant ainsi le groupe permanent de représentations, comme dépendant immédiatement ou médiatement de notre volonté, nous donnerons à ce groupe le nom de *conscience de soi-même* (1).

Par conséquent, aux débuts de son développement, la conscience de soi-même est absolument sensorielle. Elle se compose d'une série de représentations sensorielles, qui se distinguent de toutes les autres par leur permanence et leur dépendance partielle de la volonté ; tandis que simultanément, de vifs sentiments, surtout les sentiments provenant de la sensibilité générale, renforcent leur effet. Déjà, chez les animaux les plus inférieurs, on constate l'existence de toutes les conditions nécessaires au développement d'une semblable et simple conscience de soi-même. Même chez les enfants et les sauvages, la permanence des représentations joue encore le rôle prédominant. Donc, à ce degré, une conscience de soi-même, analogue à la conscience propre, est très-souvent transférée aux objets extérieurs, qui offrent une constance correspondante de leurs caractères : ces objets sont regardés, comme animés et doués d'une âme (2).

---

1. Bien des fois, on a recueilli des observations sur le développement de la conscience, chez l'enfant. Le lecteur, qui voudra compléter la description ci-dessus, je le renvoie aux ouvrages de Kussmaul, *Untersuchungen über das Seelenleben des neugeborenen Menschen*. Leipzig et Heidelberg 1859; Berth. Sigismund, *Kind und Welt*, Brunswick 1856; Ch. Darwin, *Biographical sketch of an infant*, in MIND, juillet 1877. Les auteurs, qui traitent spécialement des perceptions sensorielles de l'enfant, sont : Genzmer, *Die Sinneswahrnehmungen des neugeborenen Menschen*. Thèse. Halle 1873 ; Preyer, in KOSMOS, II, 1878, p. 22. — Pour le développement des mouvements et du langage, voir la 5ᵉ section.

2. L'observation, si souvent relatée, que la plupart des enfants se nomment en premier lieu et tout d'abord, à la troisième personne, avant qu'ils emploient le mot « moi », n'a pas une importance absolument décisive. En cela, comme en toute chose, l'enfant suit l'adulte : le nom, que celui-ci lui donne, il l'utilise également pour soi. D'ailleurs, un très-petit nombre d'enfants apprend de bonne heure à employer justement le mot moi ; sans que, dans le développement de la conscience de soi-même, on remarque une déviation quelconque.

Pour la perception de soi-même, le second facteur déjà énuméré, l'influence de la volonté, n'arrive que graduellement à avoir une valeur prépondérante. Quand l'aperception de toutes les représentations apparaît comme une activité interne de la volonté, la conscience de soi-même commence simultanément à se dilater et à se rétrécir, en un certain sens. La conscience de soi-même se dilate, en tant que chaque acte de représentation est dans une relation avec la volonté ; elle se rétrécit, en tant que la conscience de soi-même se retourne de plus en plus vers l'activité interne de l'aperception, par opposition à laquelle notre corps, avec toutes les représentations, qui se rapportent à ce dernier, apparaît comme un objet extérieur, différent de notre moi proprement dit. Cette conscience de soi-même, rapportée au processus d'aperception, nous l'appelons notre *moi*, et l'aperception des représentations se nommera donc, à l'exemple de Leibniz, leur *élévation dans la conscience de soi-même*. Ainsi, dans le développement naturel de la conscience de soi-même réside, déjà, la préparation aux transformations les plus abstraites, que la philosophie a données à ce concept ; seulement, la philosophie préfère renverser le processus de développement, puisqu'elle pose au commencement le moi abstrait. Or, il ne faut pas oublier, que ce moi abstrait est, à la vérité, préparé dans le développement naturel de la conscience de soi-même, mais qu'il n'existe pas dans cette dernière. Même, le philosophe spéculatif est incapable de séparer sa conscience de soi-même d'avec ses représentations corporelles et ses sentiments de la sensibilité générale, qui constituent désormais le fond sensoriel de la représentation du moi. En cette qualité, cette représentation est une représentation sensorielle, comme chaque représentation ; car, même en ce qui concerne le processus d'aperception, si nous en avons conscience, c'est principalement grâce aux sensations de tension, qui l'accompagnent.

CHAPITRE XVI

1. — Réaction simple contre les impressions sensorielles.

Parmi les représentations, qui se trouvent dans notre conscience, seulement celles, qui sont situées au point de regard de l'attention, deviennent, à chaque instant, directement accessibles à l'observation interne. Si nous concluons à postériori au va-et-vient des représentations, placées dans toute l'étendue de la conscience, c'est uniquement d'après les réactions, qu'elles exercent contre le point de regard interne. Le mouvement de l'attention, qui se porte d'une représentation à une autre représentation, est déterminé, soit par les propriétés internes de la conscience, qui se révèlent dans l'association et la reproductions des représentations, soit par la succession ou alternance extérieure des impressions sensorielles. Deux voies s'ouvrent donc devant l'observateur. L'une de ces voies consiste à embrasser le cours des images fournies par le souvenir ; l'autre, à examiner la succession des représentations, qui dépend des impressions sensorielles extérieures. De ces deux voies, la psychologie n'a, jusqu'à présent, pris en considération, que la première ; car, cette science supposait tacitement, que le cours des perceptions sensorielles répète directement et essentiellement, sans le modifier, le cours des impressions extérieures dans le temps. Cependant, il n'en est pas ainsi ; la manière, dont le fait externe forme son image dans nos représentations, est plutôt déterminée à la fois par les propriétés de la conscience et de l'attention. Le rapport, qu'affecte la succession des représentations vis-à-vis de la succession des irritants occasionnels, ne peut être généralement établi, que pour les perceptions, provenant de l'irritation extérieure ; tandis qu'en ce qui concerne les images de souvenir, tout point d'appui nous fait presque entièrement défaut. D'autre part, ces images de souvenir permettent seules de découvrir les causes émanant du contenu des représentations, qui déterminent la liaison et la succession des représentations dans le temps. Par conséquent, nous devons *premièrement* étudier les lois générales du cours des représentations, en prenant pour base d'une investigation expérimentale le rapport, que la naissance de ces représentations dans le temps et leur succession ont avec les irritants extérieurs occasionnels. *Deuxièmement*, dans le chapitre suivant, nous examinerons les lois de la liaison des représentations; l'observation interne de leur cours, affranchi, autant que possible, de l'action des agents extérieurs, sera ici notre guide.

Évidemment, nous nous trouvons en présence du cas le plus simple, où une représentation sensorielle extérieure est saisie par l'attention, quand celle-ci attend l'impression, qui doit être élevée au rang de représentation et quand l'impression a une composition *simple*, lorsque par exemple cette impression est un simple irritant lumineux, sonore ou tactile, de qualité et d'énergie connues. Le temps, qui s'écoule dans ce cas entre la perception et l'aperception, nous le nommerons la *durée simple de l'aperception*. Nous n'avons aucun moyen de le déterminer directement; seulement, certains temps complexes, dont il est l'élément constituant, nous permettent toujours, dans des conditions appropriées, de conclure à postériori à sa grandeur et à ses modifications. Voici la méthode, qui s'offre d'abord pour le mesurer. A l'aide d'un appareil, servant à la mensuration du temps, on fait exactement marquer par le phénomène extérieur le moment, où l'impression sensorielle a lieu ; et l'on enregistre ensuite sur le même appareil le moment, où l'impression est aperçue. Cet espace ou intervalle de temps tout entier a été appelé le *temps psychologique* par les astronomes observateurs, qui ont été les premiers à s'occuper de lui, à cause de l'influence, qu'il exerce sur les déterminations ou calculs du temps objectif. Comme cette expression est, en partie, employée avec une signification différente, nous lui substituerons celle qui a été proposée par Exner, et nous dirons le *temps de réaction*. En outre, afin de le séparer des processus plus complexes, que nous étudierons ultérieurement, le temps, découvert dans les conditions les plus simples auparavant énumérées, sera spécialement nommé le *temps de la réaction simple*. Le processus, qui correspond à ce temps se compose des divers processus suivants : 1° de

la conduction allant de l'organe sensoriel au cerveau ; 2º de l'entrée
dans le champ de regard de la conscience ou de la perception ; 3º de
l'entrée dans le point de regard de l'attention ou de l'aperception ; 4º de
l'excitation de la volonté, que met en jeu dans l'organe central le mouvement enregistreur ; et 5º de la conduction de l'excitation motrice,
ainsi engendrée, jusqu'aux muscles, et de l'accroissement de l'énergie
dans ces mêmes organes. Le premier et le dernier de ces processus sont
purement physiologiques. Pour chacun d'eux, il s'écoule un temps relativement court, que l'impression emploie à se transmettre aux nerfs périphériques, et un temps, vraisemblablement un peu plus long, que nécessite la conduction dans l'organe central. Mais, les trois processus moyens,
la perception, l'aperception et le développement de l'impulsion volontaire, nous les considérerons comme des processus psycho-physiques, en
tant qu'ils ont simultanément un côté psychologique et un côté physiologique. Parmi eux, la perception est, très-probablement, immédiatement donnée avec l'excitation des surfaces sensorielles centrales. Tout
nous autorise à admettre, qu'une impression, qui agit avec l'énergie suffisante sur les parties centrales, se trouve par ce moyen et déjà d'elle-
même dans le champ de regard général de la conscience. Une activité
particulière, que nous percevons subjectivement, est indispensable, pour
tourner l'attention vers une impression de ce genre. Donc, par le terme
de *durée de la perception*, nous entendons également désigner : 1º le
temps physiologique, qu'emploie l'irritation apportée aux organes centraux sensoriels, afin de produire ici l'excitation ; 2º le temps psychologique, coïncidant avec lui et nécessaire à l'élévation de l'impression
dans le champ de regard de la conscience. Il en est de même de ce processus, que nous nommerons le *temps de la volonté*. Ce serait faire une
supposition extrêmement invraisemblable, que de croire ce temps de
la volonté un acte psychologique spécial, qui devrait s'être déroulé,
quand l'excitation motrice doit *commencer* dans l'organe central. Évidemment, ce qui s'offre à notre observation de soi-même et s'y révèle
en qualité d'accroissement de l'impulsion de la volonté, est plutôt une
irritation motrice centrale. Le temps de la volonté est donc un espace
de temps psycho-physique. Et finalement, il résulte de l'étude du chapitre précédent, que l'*aperception* doit être à son tour un espace de
temps psycho-physique. Naturellement, il serait intéressant, d'isoler
des processus purement physiologiques de la conduction nerveuse
périphérique et centrale les trois espaces de temps psycho-physiques,
le temps de la perception, de l'aperception et de la volonté, et de les

séparer ensuite, autant que possible, les uns des autres. Il semble, que
deux voies permettent de tenter cette expérience. On pourrait : 1° après
avoir déterminé en particulier les espaces de temps donnés, les défalquer
de la durée totale de la réaction ; ou bien, 2° introduire des conditions
modificatrices, qui exerceraient seulement de l'influence sur certaines
parties du processus entier, par exemple simplement sur l'aperception,
et conclure de là aux rapports temporels de ce phénomène partiel. Mais
ces deux routes ne mènent pas au but. La première pourrait être suivie,
afin d'éliminer les espaces de temps purement physiologiques de la conduction nerveuse périphérique et centrale. Cependant, ici, nous nous
trouvons déjà en face d'une difficulté : à la vérité, nous arrivons à
déterminer exactement la vitesse de la conduction motrice et de la
transmission des réflexes ; mais, dans les expériences, destinées à découvrir la propagation des excitations dans les voies conductrices sensibles, il faut toujours prendre de nouveau en considération les espaces
de temps psycho-physiques, dont l'élimination ne s'opère pas d'une
façon sûre (1). En outre, la séparation de chacun des trois processus
psycho-physiques les uns des autres est justement celle, qui offre le
plus grand intérêt. C'est pourquoi, les résultats, obtenus à l'aide de
la seconde voie, en faisant varier les parties psycho-physiques du processus de réaction, sont plus importants ; cependant, il ne s'agit plus
ici, en général, d'aperceptions simples, mais de processus complexes.
Ainsi, la valeur psychologique de la détermination des temps de réaction simple consiste ordinairement en ce que, lors de l'examen de ces
sortes de réactions, qui ont lieu dans des conditions complexes, ces
temps sont utilisés, pour éliminer les processus purement physiologiques.

---

1. Consulter à ce sujet de justes et analogues remarques de L. Hermann (*Handbuch der Physiologie*, II, 1ʳᵉ partie, p. 18), et de A. Bloch (*Archives de physiologie*
t. II, p. 588). Dans les expériences propres de Bloch, où la durée de la conduction
sensible a été calculée d'après le temps intermédiaire, qui n'est plus perceptible
et existe entre deux impressions agissant sur des points cutanés éloignés, toutes
les influences psychologiques n'ont nullement été évitées, ainsi que le croit cet
auteur. Car, lors de la perception d'irritants successifs, leur discernement aperceptif, comme le discernement des parties irritées de l'organe sensoriel, jouent
un rôle essentiel. Donc, les chiffres de Bloch (132 mètres à la seconde pour les
nerfs sensibles, 194 mèt. pour la moëlle épinière), qui sont en contradiction avec
toutes les autres déterminations, doivent, peut-être, leur grandeur surprenante à
la circonstance suivante : dans ces expériences, on s'est efforcé, à cause de la
tension approximativement égale de l'attention, de percevoir les impressions,
autant que possible, simultanément ; or, ceci est une condition, qui (nous le verrons ultérieurement) est susceptible d'engendrer des retards de temps, extrêmement considérables.

Le *temps de la réaction simple*, entendu au sens ci-dessus, en d'autres termes le temps écoulé entre l'effet d'une impression simple, de composition connue, jusqu'à l'accomplissement d'un mouvement volontaire, mesure en moyenne $\frac{1}{8}$—$\frac{1}{6}$ de seconde, si les irritants ont une énergie modérée. Dans la plupart des observations, les impressions, agissant sur les divers sens, nous révèlent de petites différences ; car, le temps est, ordinairement, un peu plus faible pour les irritants cutanés et auditifs, que pour les irritants visuels. Néanmoins, il est probable, que ces différences ne proviennent pas tant de l'organe sensoriel, que de l'espèce et de l'énergie de l'irritation. Ainsi, d'après mes expériences, le temps physiologique des impressions cutanées, occasionnées par l'irritation électrique, est plus faible, que celui des sensations tactiles proprement dites ; c'est ce que montrent les moyennes suivantes (1) :

	Moyenne.	Variation moyenne.
Son.	0,167	0,0221
Lumière.	0,222	0,0219
Irritation de la peau par l'électricité.	0,201	0,0115
Irritant tactile.	0,213	0,0134

Voici les moyennes d'autres observateurs :

	Hirsch (2)	Hankel (3)	Exner (4).
Son	0,149	0,1505	0,1360
Lumière.	0,200	0,2246	0,1606
Irritation de la rétine par l'électricité.	—	—	0,1439
Irritation de la peau par l'électricité.	0,182	0,1546	0,1337

Il résulte des chiffres d'Exner, que la réaction s'opère plus vite, quand l'excitation rétinienne est la conséquence de l'irritation électrique. Déjà, pour ce motif, il serait prématuré, en se basant sur les chiffres moyens obtenus ordinairement, d'admettre, que les impres-

---

1. *M* étant la moyenne des observations a, b, c, d...., dont le nombre est n, la variation moyenne sera

$$v = \frac{(M-a)+(M-b)+(M-c)\ldots}{n},$$

et alors les diverses différences sont totalement admises, comme positives. A cette occasion, on peut se dispenser de calculer la faute moyenne et la faute probable des observations ; puisque, également ici, leurs valeurs ont uniquement pour but, d'obtenir une certaine mesure de l'étendue des oscillations de temps, but qui est suffisamment atteint par la détermination de la variation moyenne.
2. *Untersuchungen* de Moleschott, IX, p. 199.
3. *Annalen* de Poggendorff, t. CXXXII, p. 134.
4. *Archiv* de Pflüger, VII, p. 645, 648, 649.

sions sonores et cutanées ont un temps de réaction plus court, que celui des sensations lumineuses. Or, quoique, dans les trois cas, nous choisissions constamment des irritants d'énergie modérée, cela ne veut pas dire, que leur énergie physiologique, leur faculté d'action sur les nerfs sensoriels, soit parfaitement égale. Nous ne disposons d'aucun moyen, pour comparer des irritants sensoriels hétérogènes, relativement à leur énergie. Il existe seulement un cas, où nous devons supposer, que la faculté d'action des irritants sur la conscience n'est pas différente : c'est quand ces irritants atteignent justement et seulement le *seuil de l'irritation*. On constate ici, que le temps écoulé est notablement plus grand, qu'avec les irritants énergiques, mais qu'il est à peu près égal pour les divers sens. En outre, l'écart moyen des observations isolées augmente. Voici les valeurs, qu'on a ainsi trouvées dans des séries d'expériences composées de 24 observations :

Seuil de l'irritation :	Moyenne.	Variation moyenne.
Son	0,337	0,0601
Lumière	0,331	0,0577
Sensation tactile	0,327	0,0324

Nous admettrons donc, qu'en supposant des conditions égales, autant que possible, pour la durée de la conduction sensorielle et motrice et des conditions permanentes égales de la conscience, le temps de réaction est également grand avec des irritations également perceptibles pour tous les sens. La variation plus considérable des expériences isolées s'explique par la nature oscillatoire des valeurs de seuil, qui rend leur détermination incertaine, lors de la mensuration d'intensité de la sensation. Par conséquent, il est probable, qu'aucun de nos sens n'est privilégié, sous le rapport de la vitesse de l'aperception; et les variétés, observées ordinairement, proviennent uniquement de l'intensité variable, avec laquelle les irritants agissent sur la conscience. Cette intensité ne dépend pas simplement de leur énergie objective, mais de la composition des organes sensoriels périphériques, peut-être même centraux, et de l'effet produit, à peu près simultanément, par d'autres irritants.

Si l'on compare le temps de réaction obtenu lors de la valeur de seuil et des impressions énergiques, il est déjà évident, que ce temps doit décroître avec l'énergie croissante de l'irritant. C'est ce qui est démontré, même pour les irritants d'énergie différente, qui sont situés au-dessus de la valeur de seuil ; les impressions sonores se prêtent admirablement à cette démonstration, à cause de la sûreté avec laquelle leur intensité est susceptible d'être graduée. Dans ce but, j'ai utilisé soit l'appareil de Hipp (fig. 175), pour la chute des corps, où un boule du poids de 15 gr. tombe sur une planche, soit la chute d'un marteau électro-magnétique, que j'avais fait construire à cette intention. Selon la hauteur, d'où la boule ou le marteau tombaient, l'énergie du son variait. Dans les deux appareils, le rapport des énergies de son était tel, qu'une hauteur de chute du marteau, de 16 m. m. égalait presque une hauteur de chute de la boule, de 3 c. m. Je citerai deux séries d'expériences : l'une exécutée avec de faibles énergies de son, l'autre avec des énergies fortes ; elles proviennent d'individus différents.

W. W.

Hauteur de chute du marteau.	Moyenne.	Variation moyenne.	Nombre d'expériences.
1 mm	0,217	0,0220	21
4 —	0,146	0,0270	24
8 —	0,132	0,0114	24
16 —	0,135	0,0275	25

S. W.

Hauteur de la boule.	Moyenne.	Variation moyenne.	Nombre d'expériences.
2 cm	0,161	0,024	31
5 —	0,176	0,024	30
25 —	0,159	0,030	25
55 —	0,094	0,026	16

D'après ces expériences, les irritations d'une intensité, considérablement variable, présentent une diminution notable du temps de réaction, avec l'accroissement de l'irritation. Cette règle n'est plus absolue, si les différences d'intensité sont faibles. Donc, dans des limites étroites, l'influence de l'énergie de l'irritant semble très-insignifiante par rapport à l'effet, qu'entraîne avec lui l'état variable de l'attention, et que traduit la grandeur de la variation moyenne, grandeur relativement importante dans toutes les observations. Enfin, pour les sens extensifs, la grandeur du temps de réaction se modifie, suivant une direction analogue, avec le lieu de l'impression ; c'est ce qui est démontré, surtout pour l'œil, où les temps de réaction, qui correspondent aux irritants appliqués sur les parties latérales de la rétine, sont beaucoup plus considérables, qu'avec les irritants portés sur les parties centrales de cette mem-

brane (1). Ces sortes de diversités se manifestent, même à propos de
l'organe tactile ; et ici, elles nous empêchent absolument de déterminer,
au moyen des différences des temps de réaction, la durée de conduction dans les nerfs sensibles (2).

Sans doute, les processus purement physiologiques de conduction
contribuent, jusqu'à un certain degré, à la diminution du temps de
réaction, si l'irritant est énergique. Ceci est révélé par cette expérience, que la propagation de l'irritation dans le filet nerveux augmente
de vitesse, avec l'énergie croissante de l'irritant (3). Malgré l'importance réelle de ces différences, néanmoins, dans tous les cas, la durée
de la propagation est si petite, par rapport à la grandeur totale du
temps, qu'ici même la partie la plus essentielle des différences trouvées
doit être mise au compte des espaces de temps psycho-physiques (4).
On ne sait pas d'une façon certaine, comment ceux-ci se répartissent
dans le temps, qu'ils embrassent. Cependant, diverses observations
donnent lieu de croire que, si les irritants sont énergiques, le temps
de l'aperception et le temps extérieur de la volonté coïncident.
Parfois, on perçoit subjectivement et nettement, comme deux actes
successifs, l'aperception et le mouvement volontaire ; c'est principalement, lorsque les irritations sont situées près de la valeur de seuil. Très-
souvent, on ne constate nullement une pareille séparation, si des impressions, susceptibles d'être nettement perçues, sont attendues avec
une attention soutenue ; mais, au même moment, où l'on perçoit l'irritation, on croit déjà l'avoir enregistrée. En effet, les conditions, qui

1. G. S. Hall et J. de Kries, *Archiv* de du Bois-Reymond, 1879, p. 1.
2. Bloch, *Archives de physiol.* 2, II, p. 588.
3. Consulter mes *Untersuchungen zur Mechanik der Nerven*, 1re livraison, p. 193.
4. Exner a essayé d'éliminer les espaces de temps purement physiologiques, car
il a admis certaines valeurs moyennes pour la conduction nerveuse périphérique
et centrale : 62 mèt. à la seconde pour la conduction nerveuse périphérique ;
8 mèt. pour la conduction sensible de la moëlle épinière ; 11-12 mèt. pour la conduction motrice. Par ces suppositions, il calcule, que la totalité des espaces de
temps psycho-physiques, qu'il nomme *temps réduit de la réaction*, est de 0,0828 de
seconde pour la réaction de la main à la main (*Archiv* de Pflüger, VII, p. 628).
Les données d'Exner sont très-incertaines ; puisque, selon les meilleures expériences, la vitesse de la conduction nerveuse mesure, dans les nerfs moteurs, non
pas 62 mèt., mais 30-40 mèt. Exner calcule la conduction dans la moëlle épinière
d'après les expériences de réaction, que les grandes oscillations des espaces de
temps psycho-physiques ne permettent guère de faire servir à déterminer la vitesse
de la conduction. Quant à la conduction des excitations sonores et lumineuses,
naturellement on peut encore moins songer à une séparation, même seulement
approximative, du temps purement physiologique d'avec le temps psycho-physique. Donc, voici la seule et unique chose, que nous soyons autorisés à dire au
sujet du temps psycho-physique : ce temps constitue la partie la plus considérable
de la durée de la réaction, et la plupart des grandes oscillations de cette dernière
doivent être portées à son compte.

abaissent le temps de la volonté jusqu'à une durée infiniment petite, sont très-propres à ces expériences. Puisque le mouvement à exécuter est exactement connu d'avance, et que, dans de longues séries d'expériences, il s'opère avec une grande sûreté mécanique, évidemment la réaction de l'aperception contre le mouvement volontaire se trouve énormément facilitée. Il est un phénomène spécial, qui confère une très-haute probabilité à l'hypothèse, que dans beaucoup de cas le temps extérieur de la volonté devient infiniment petit, ou plutôt coïncide avec le temps interne ou temps de l'aperception. Si l'impression est attendue avec une attention soutenue, il arrive, qu'au lieu d'elle on enregistre une tout autre impression ; et à la vérité, il ne s'agit pas, en cela, d'une confusion. Mais plutôt, au moment du mouvement, on sait très-bien, qu'une irritation fausse est enregistrée ; il arrive encore, quoique plus rarement, que cette irritation fausse n'appartient nullement au même domaine sensoriel, et que par exemple, lors des expériences faites sur les impressions sonores, on réagit contre un éclair lumineux engendré accidentellement ou intentionnellement. Voici la seule manière d'expliquer ce phénomène : grâce à la tension de l'attention, qui va au-devant de l'impression attendue, il se développe simultanément une innervation préparatoire des domaines centraux moteurs, qui, à la moindre impulsion, se convertit en excitation réelle. En pareil cas, cette impulsion peut même provenir de toute aperception accidentelle, dont l'enregistrement n'était nullement prévu. Si l'innervation préparatoire s'élève à ce degré, un temps infiniment faible s'écoulera entre l'impulsion, émanant de l'aperception, et l'excitation réelle. Un grand nombre d'autres faits, que nous étudierons tout à l'heure, justifient pleinement cette supposition.

D'après les chiffres, cités ci-dessus et concernant le temps de la réaction simple, les processus psycho-physiques nécessitent en général un temps beaucoup plus long, que les processus purement physiologiques ; quoique, comme nous l'avons vu, certains processus physiologiques, dont les transmissions s'effectuent à travers la substance grise, soient aussi pareillement retardés. Cependant, des données physiologiques suffisantes, qui ne sont établies tout au plus que pour les réflexes de la moëlle épinière, nous font encore malheureusement défaut. Ainsi, nous avons trouvé précédemment, que la durée d'une transmission réflexe, opérée du même côté chez la grenouille, s'élève (déduction faite de tous les processus de conduction périphérique et de transmission) à 0,008 — 0,015 de seconde ; et à 0,012 — 0,020 de seconde, lors de la transmission à l'autre moitié de la moëlle épinière (t. I. p. 289). Il semble, à la vérité, que ces espaces de temps augmentent avec le degré de complexité d'organisation de la moëlle épinière : chez l'homme, ils mesurent 0,03 — 0,04 de seconde pour les réflexes situés du même côté (1). Ils restent toujours bien au-dessous de la durée du temps psycho-physique, compris dans le temps de réaction. Les temps, dépensés dans les centres réflexes complexes de la moëlle allongée et des tubercules cérébraux, et au sujet desquels nous n'avons actuellement aucun renseignement certain, se rapprocheraient davantage de ce temps psycho-physique.

Naturellement, cette proposition, que la plus grande partie du temps de réaction est requise par les espaces de temps psycho-physiques, n'a plus de valeur, quand, grâce à des conditions spéciales des organes des sens, l'action des irritants sur les nerfs sensoriels est plus ou moins notablement retardée. C'est évidemment le cas des *impressions gustatives*, qui ont besoin d'un certain temps de diffusion, pour pénétrer jusqu'aux organes terminaux du sens du goût. En effet, d'après le témoignage de de Vintschgau et Hönigschmied, le temps de réaction des irritants gustatifs est régulièrement plus grand ; et, suivant les sujets, il offre plus d'oscillations, que le temps concernant les irritants lumineux, sonores et tactiles. Par exemple, deux personnes, soumises à des expériences pratiquées sur la pointe de la langue, ont fourni les chiffres suivants :

	I	II
Chlorure de sodium	0,1398	0,597
Sucre	0,1639	0,752
Acide phosphorique	0,1676	—
Quinine	0,2351	0,993

La série, où les substances se succèdent d'après le temps de réaction, est donc restée la même, malgré les grandes différences individuelles (2). Cette série s'est déplacée, quand, au lieu de la pointe de la langue, c'est au contraire la base de cet organe qui a été interrogée : alors, la réaction contre les diverses substances s'est opérée approximativement à temps égal, mais avec un peu plus de rapidité contre la quinine, qu'à l'égard du sucre (3).

---

1 Exner, qui s'est livré à des expériences sur le temps réflexe du clignotement, estime, que chez l'homme la durée de la transmission réflexe simple est, selon l'énergie de l'irritant, 0,0471—0,0555 de seconde. (*Archiv* de Pflüger, VIII, p. 531.) Mais ici, la valeur inexacte, déjà notée plus haut, de 63 mèt. pour la vitesse de propagation dans les nerfs, a été comptée; et d'ailleurs il a été arbitrairement admis, que la durée de l'irritation latente dans les muscles de l'homme est la moitié aussi grande, que chez la grenouille, où elle mesure en moyenne 0,01 de seconde. Par conséquent, les chiffres d'Exner sont trop grands, probablement de $1/100$ de seconde.

2. De Vintschgau et Hönigschmied, *Archiv* de Pflüger, t. X, p. 29, 38.

3. *Archiv* de Pflüger, XIV, p. 540. Exner présume, que pour les autres sens il faut tenir compte d'un *temps de réception*, différent dans l'organe sensoriel péri-

Tandis qu'ici les différences du temps de réaction se ramènent, avec assez de vraisemblance, aux conditions périphériques, en revanche dans beaucoup d'autres cas, on ne sait pas quel est le nombre d'oscillations observées dans les mesures, qu'il faut rapporter aux espaces de temps purement physiologiques, et le nombre d'oscillations, qu'il faut rapporter aux espaces de temps psycho-physiques. En général, on devra établir la règle suivante : les plus grandes oscillations ont spécialement une importance psycho-physique. De là proviennent déjà les variétés individuelles, qui d'ailleurs ont, lors du temps de réaction simple, une grandeur plus faible, dès que différents observateurs sont également exercés et travaillent avec la même méthode. Même l'influence de l'exercice est, fréquemment, très-insignifiante, lors du temps de réaction simple ; et bientôt, la limite, qui est généralement possible pour un observateur, est ordinairement atteinte. A cet égard, comme nous le verrons tout à l'heure, les processus psychiques complexes se comportent bien autrement (1). L'influence de l'exercice se manifeste d'une façon plus marquée, si on ne compare pas les valeurs moyennes provenant de nombreuses expériences, mais les chiffres isolés d'une seule série d'observations : alors, dans chaque série, on constate, presque régulièrement, un accroissement de l'exercice ; et surtout le premier temps de réaction est, habituellement, caractérisé par sa longueur, dont la grandeur devient surprenante (2). La fatigue agit d'une façon opposée à l'exercice ; toutefois, lors de la réaction simple, elle a une influence plus faible, qu'en présence des processus complexes. Les différences individuelles, qui persistent encore, déduction faite de ces influences, ont-elles une relation avec le tempérament ou avec d'autres particularités inhérentes à l'observateur ? Personne n'a réussi à le démontrer (3). L'examen de sujets affectés de maladies nerveuses ou mentales n'a apporté aucun résultat précis. Chez les personnes atteintes de lésions nerveuses, les conductions, opérées dans les nerfs et la moëlle épinière, semblent, en somme, plus souvent altérées, que les espaces de temps psycho-physiques (4). Toutefois, la *méthode ordinaire, habituelle, d'observation* a beaucoup plus d'influence, que la totalité de ces moments ; et très-

phérique, temps d'où proviendraient, en partie, les variétés du temps de réaction simple. (*Archiv* de Pflüger, VII, p. 631.) Il conclut de là, que le temps de réaction simple est plus grand, quand on aperçoit une étincelle électrique, que si le nerf optique est irrité par l'électricité (voir plus haut p. 251). Mais ces différences pourraient très-bien être attribuées à l'énergie différente de l'irritation.

1. Un temps de réaction simple de 0,9952″, pour la réaction de la main à la main, temps qu'Exner obtint chez un vieillard, mais qui, grâce à l'exercice, descendit à 0,1866″ (*Archiv* de Pflüger, VII, p. 626), doit être regardé, comme ce qui a été obtenu de plus extrême, sous le rapport de l'influence de l'exercice. Chez les individus, doués d'une aptitude normale au travail, la réduction du temps de réaction ne va jamais au-delà de quelques centièmes d'une seconde.

2. Déjà, Bloch (*Archives de physiologie*, 2, II, p. 599), de Vintschgau et Dietl (*Archiv* de Pflüger, XVI, p. 340) ont appelé l'attention sur ce phénomène.

3. Exner (*Archiv* de Pflüger, VII, p. 612).

4. Obersteiner, *Archiv* de Virchow, t. LIX. — G. Burckhardt, *Die physikalische Diagnostik der Nervenkrankheiten*. Leipzig 1875, p. 145.

probablement, les différences individuelles, existant entre les valeurs moyennes des observateurs exercés, doivent, pour la plus grande part, y être ramenées. Mais il faut bien remarquer, que des divergences de ce genre peuvent se présenter entre des observateurs, qui exécutent des expériences en commun. Principalement, le degré de tension volontaire de l'attention, degré que suit ordinairement et simultanément, à pas égal, la tension musculaire de la main, servant à effectuer l'enregistrement, est susceptible d'être très-variable. Quand on fait de longues séries d'expériences, l'emploi des degrés extrêmes de tension est généralement interdit ; car, il est impossible de maintenir ces degrés, et par conséquent, les oscillations sont beaucoup plus importantes, qu'avec une tension moyenne normale de l'attention. Dans les expériences pratiquées intentionnellement dans ce but, et où alternativement l'enregistrement avait lieu avec une tension normale et une tension extraordinaire, je trouvai dans ce dernier cas, que chez divers observateurs les temps étaient plus petits de 0,02— 0,11", qu'avec la tension normale. Il en résultait également, comme il fallait s'y attendre, que ces expérimentateurs, qui, agissant d'après leur manière habituelle d'observer, présentaient les temps de réaction plus considérables, pouvaient les diminuer davantage par la tension extraordinaire. Aussi, est-on autorisé à dire : ce qui reste de différences individuelles, après l'élimination de l'exercice et des différences encore persistantes de la méthode, doit essentiellement se ramener au degré, individuellement différent, de la tension habituelle de l'attention. C'est pourquoi, une certaine valeur pratique et psychologique pourrait appartenir aux différences moyennes individuelles des temps de réaction.

Ces différences du temps de réaction, que l'on a signalées dans quelques *intoxications*, semblent relever de la même condition. Ainsi, Exner, comme de Vintschgau et Dietl, ont constaté, que l'usage du vin produit un accroissement considérable du temps de réaction ; seulement, l'ingestion de très-petites quantités de cette liqueur occasionne, maintes fois, une diminution. De Vintschgau et Dietl ont découvert, que le café effectue une diminution surprenante et persistante ; l'injection sous-cutanée de morphine aurait une influence analogue, mais plus faible et de durée plus courte (1). Selon les mêmes observateurs, avec les jours froids de l'hiver, le temps de réaction est, en moyenne, un peu plus faible, qu'avec les jours chauds de l'été (à l'opposé de l'influence de la température sur la conduction des nerfs périphériques (voir t. I, p. 279) ; et les émotions psychiques déprimantes le prolongeraient pendant plusieurs heures ou même plusieurs jours, de quelques centièmes de seconde (2). Les oscillations individuelles du temps de réaction simple, qui se produisent durant de longs espaces de temps, n'ont pas reçu d'explication complète. A la vérité, elles n'ont pas encore été observées directement, mais on doit conclure à leur

1. Exner, *Archiv* de Pflüger, VII, p. 628; de Vintschgau et Dietl, *ibid.* XVI, p. 316.
2. *Loc. cit.* p. 330.

existence d'après certaines perceptions, qui ont été faites à propos des déterminations ou calculs du temps astronomique. Dans les opérations mathématiques de ce genre, on constate entre deux observateurs d'un même phénomène une différence, que Bessel a été, le premier, à ramener aux propriétés
individuelles des observateurs et a, par conséquent, nommée la « différence
personnelle » ou « l'équation personnelle » (1). Primitivement, la différence
personnelle a été notée dans des conditions, qui ne correspondent pas aux
expériences décrites précédemment et que nous étudierons en détail, tout à
l'heure (n° 5). Afin d'éviter principalement les différences, on s'est spécialement servi d'appareils astronomiques enregistreurs, où le moment du début
d'un phénomène est signalé par un mouvement de la main, et inscrit ensuite
sur un appareil mesurant le temps, à l'aide de mécanismes électro-magné-
tiques. Ici donc, les conditions égalent complètement celles qui ont été
données, lors de la détermination du temps de réaction simple ; et ce n'est
plus, comme dans les expériences psychologiques, le moment du phénomène
réel et le moment de l'observation qui sont découverts, mais uniquement ce
dernier. Quand deux observateurs opèrent une même détermination de temps,
la différence, constatée entre eux, a évidemment l'importance d'une *différence des temps de réaction simple*. A cette occasion, les déterminations répétées
de la différence personnelle entre les mêmes observateurs révèlent, que le
temps de réaction présente des modifications, qui s'opèrent, continuellement,
dans de longs espaces de temps ou se manifestent, déjà, durant un temps plus
court, comme des oscillations qui sont généralement faibles (2). Une modification, qui témoigne de la diminution du temps de réaction avec l'é-
nergie de l'impression et que nous avons directement constatée plus haut
p. 253 , a été remarquée, lors des observations concernant le passage des
astres. Elle consiste en un accroissement de l'erreur personnelle, qui se produit
avec la diminution de clarté des astres. Pour une diminution de clarté, correspondant à 2,5 classes de grandeur, la valeur de cette modification a atteint
en moyenne, chez trois observateurs, 0, 043 de seconde (3).

Le domaine tout entier des mensurations du temps psycho-physique tire son
origine des observations astronomiques, faites sur la différence personnelle.
Par conséquent, les *mécanismes auxiliaires*, destinés à opérer cette investigation, sont essentiellement imités des appareils astronomiques enregistreurs.

---

1. *Astronom. Beobacht. der Sternwarte zu Königsberg*, 7° fasc. 1822. — Radau
(*Repetitorium f. physik. Technik*, de Carl, t. I et II) et, après lui, Exner (*Archiv*
de Pflüger, VII, p. 601) ont donné un résumé historique des observations astronomiques, concernant l'équation personnelle. Foerster (*Vierteljahrsschr. d. astron. Gesellschaft*, I, p. 236) a relaté quelques nouvelles expériences de ce
genre.
    2. Peters, *Astronom. Nachrichten*, t. LIX, p. 20. — Hirsch et Plantamour, *Déter-
mination télégraph. de la différence de longitude*, etc. Genève et Bâle 1864. —
Hirsch (*Untersuchungen zur Naturlehre des Menschen* de Moleschott, t. IX, p. 265).
    3. Bakhuyzen, *Vierteljahrsschr. d. astron. Gesellschaft*, XIV, p. 408.

Seulement, avec eux les dispositions doivent être prises, pour que le moment du début de l'impression sensorielle réelle, comme le moment du début de la réaction, exercée contre cette impression, soient exactement déterminés.

Le *chronoscope* de Hipp (fig. 175 *H*), dont Hirsch s'est servi, le premier, pour connaître le temps absolu de réaction, est un instrument très-utilisable dans bien des cas ; il offre surtout l'avantage de permettre une exécution rapide des mensurations de temps. C'est un mécanisme d'horlogerie, mû par un poids. Dans sa roue de rencontre s'engrène un ressort régulateur : à l'état de repos, ce ressort empêche la roue de tourner ; s'il est en mouvement, ses vibrations obligent la vitesse de la roue de rencontre et, par suite, celle du mécanisme d'horlogerie tout entier à devenir uniformes. On met en marche le

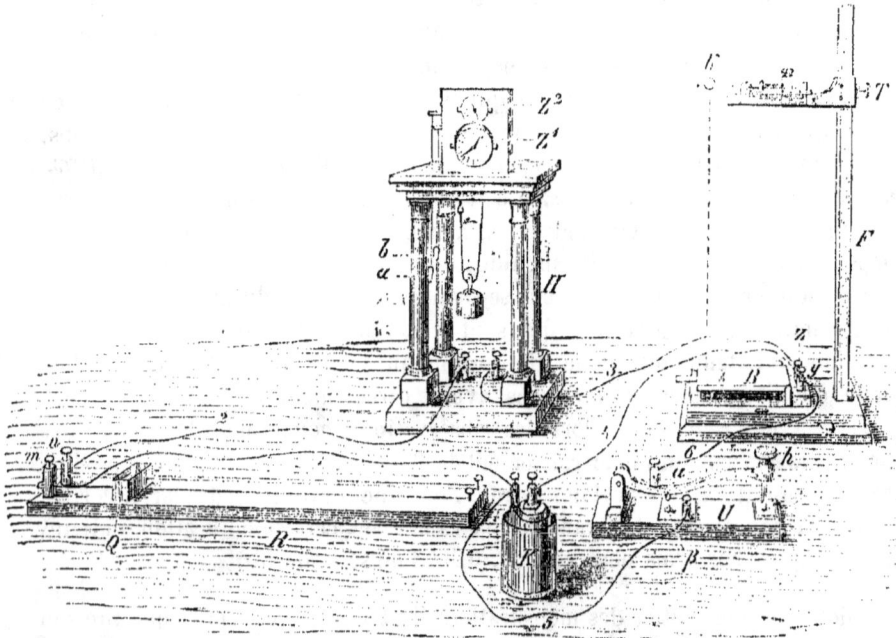

mécanisme d'horlogerie, en tirant le bouton *a*, dont la corde s'attache à un levier d'échappement ; on l'arrête à l'aide d'un second levier, que commande la traction opérée sur le bouton *b*. L'aiguille du cadran supérieur Z^2 fait une révolution entière, juste en $1/10$ de seconde. Comme ce cadran est gradué en 100 petites divisions, chacune de ces divisions partielles correspond donc à $1/1000''$. Tandis que l'aiguille supérieure exécute une révolution totale, l'aiguille du cadran inférieur Z^1 progresse d'*une* division partielle ; par conséquent, cette dernière aiguille accomplit une révolution complète en $10''$. Voici quelle est la disposition essentielle du chronoscope. La roue, qui transmet le mouvement du mécanisme d'horlogerie d'abord à l'aiguille du cadran supérieur, et, par suite, indirectement à celle du cadran inférieur, peut être momentanément arrêtée et, de nouveau, momentanément laissée libre par l'ancre d'un électro-aimant; l'arrêt de la roue a lieu, dès qu'un courant est envoyé à travers l'électro-aimant, et la mise en liberté, lors de l'interruption de ce courant (1). Quand on veut mesurer un espace de temps très-court, il faut d'abord fermer le courant, qui passe à travers le chronoscope; ensuite, on dirige l'expérience de façon, qu'au commencement de l'espace de temps à mesurer la pile soit ouverte et fermée, de nouveau, à la fin de ce même espace de temps. Pour que la mensuration de temps soit aussi exacte que possible, le mouvement de l'ancre devra être très-rapide et soutenu, résultat, que l'on obtient, en graduant l'énergie du courant et en tendant convenablement un ressort relié à l'ancre. La fig. 175 reproduit, comme exemple, la disposition de l'expérience, que j'ai utilisée pour mesurer le temps de réaction, quand les impressions sonores étaient douées d'une intensité variable. A part le chronoscope, il faut encore employer l'appareil de chute des corps F, la pile galvanique K, le rhéostat R et l'interrupteur de courant U. L'appareil, que Hipp avait construit pour la chute des corps, se compose d'un pied, sur lequel se trouve la planche de chute B, d'une colonne verticale, quadrangulaire, de 64 centim. de hauteur, et d'un tuteur T, qui est fixé à la colonne. Le tuteur présente en avant une fourchette de laiton, dont les bras peuvent être réunis l'un à l'autre par une pince, de façon que la boule k repose sur la fourchette. En pressant un ressort, cette pince s'ouvre très-rapidement: alors, la boule n'est plus retenue, atteint la planche de chute B et engendre ainsi le son, qui doit être enregistré. Le bruit, effectué par l'ouverture de la fourchette, peut être utilisé comme signal du son, qui va se produire. Veut-on éviter ce signal, la fourchette est laissée ouverte, et la boule, qui était entre les dents de la fourchette, est maintenue avec les doigts de la main, jusqu'au moment de la chute. Dès qu'elle reçoit le choc de la boule, la planche de chute B appuie sur la planchette, placée au-dessous d'elle et établit, dans ce cas, un contact métallique, de manière que les deux vis de pression z et y, qui auparavant étaient isolées, sont désormais reliées par la conduction. Le rhéostat R est formé de deux fils de platine, qui traversent un godet de mercure Q; à mesure que l'on éloigne Q des deux vis de pression, m et n, une longueur de fil d'autant plus considérable est donc intercalée entre m et n, et le courant de la pile K est ainsi affaibli. Avant de commencer une série d'expériences, l'énergie du courant doit, grâce au déplacement de Q, être réglée de manière, que l'ancre du chronoscope suive, autant que possible, momentanément la fermeture et l'ouverture du courant. L'interrupteur U, sorte de levier métallique, repose sur un support

1. Si l'on veut connaître en détail la construction du chronoscope de Hipp, il faut consulter Hirsch (*Untersuchungen* de Moleschott, t. IX, p. 188) et Kuhn (*Angewandte Elektricitätslehre*, p. 1185).

isolant de gutta-percha ; et son extrémité porte une poignée h, sur laquelle l'observateur, chargé de l'enregistrement, appuie sa main. Si une pression est exercée sur h, les deux boutons de laiton α et β se serrent l'un contre l'autre, et le courant passant à travers l'interrupteur est ainsi fermé. Quand la pression cesse, le ressort, situé au-dessous de h, fait remonter très-rapidement le levier, et le courant se trouve interrompu. Les fils conducteurs dessinés dans la figure unissent entre eux les divers appareils. Voici comment s'exécute l'expérience. L'appareil de chute et le rhéostat étant convenablement installés, le sujet à expérience, pour lequel tous les autres appareils sont cachés, se met devant l'interrupteur I' et abaisse la poignée h : alors α et β sont solidement en contact. Le courant de la pile K parcourt le fil 1, va à m, et de là, par l'intermédiaire du rhéostat, à n, et par le fil 2, dans le chronoscope ; il abandonne celui-ci, suit le fil 3, atteint la vis de pression z, descend par le fil 4 et revient à la pile. L'électro-aimant entre donc en activité et arrête les aiguilles Z^2 et Z^1, quand l'abaissement du levier a met en marche le mécanisme d'horlogerie. Alors, on laisse tomber la boule k, qui était maintenue entre les doigts de la main ou placée entre les dents de la fourchette. Au moment, où la boule, atteignant la planche de chute B, produit le son, elle relie entre elles, grâce à l'établissement du contact métallique, les deux vis z et y. Par ce moyen, une deuxième conduction s'ouvre pour le courant. Cette conduction part de la pile, suit le fil 5, l'interrupteur fermé I', parcourt le fil 6, va à y, z, et, après avoir passé par le fil 4, revient à la pile. Cette deuxième conduction offre une résistance bien moins forte, que la première conduction, où le rhéostat et les spires de l'électro-aimant affaiblissent le courant. Au moment,où cette conduction secondaire est fermée, l'énergie du courant s'abaisse donc dans la conduction principale, qui traverse le chronoscope, et atteint une grandeur infiniment petite. C'est pourquoi, le magnétisme de l'électro-aimant cesse, et les deux aiguilles Z^2 et Z^1 sont momentanément mises en mouvement. Dès que le sujet à expérience entend le son, il abandonne la poignée h, et, par ce moyen, le contact est détruit en α et β. Ainsi, la conduction secondaire est de nouveau ouverte, et désormais le plein courant traverse le chronoscope, dont les deux aiguilles sont de nouveau arrêtées. L'expérience touche maintenant à sa fin, et le mécanisme d'horlogerie s'arrête aussitôt, si l'on tire le bouton b du levier ; de même, le courant est ouvert pour le temps intermédiaire, qui s'écoule jusqu'à l'expérience prochaine : c'est pour éviter, autant que possible, que le fer de l'électro-aimant garde une magnétisation permanente. Les deux aiguilles Z^2 et Z^1 ont justement marché, depuis le moment de production du son jusqu'au moment de son enregistrement. Comme l'aiguille supérieure marque encore $1/1000''$, la détermination de temps peut être exactement de $1/500''$, si les expériences sont conduites avec soin. Le chronoscope de Hipp a, sur les autres appareils enregistreurs, l'avantage d'être d'un emploi très-commode et de fournir directement le temps absolu, par la lecture des chiffres des deux cadrans. La hauteur permanente de ton du ressort régulateur est une preuve de la bonne marche du mécanisme d'horlogerie. Mais, dans cet appareil, le mouvement de l'ancre est l'occasion d'une faute, qui nécessite une grande surveillance. Dès que l'énergie du courant est un peu trop accusée, l'électro-aimant n'abandonne pas l'ancre momentanément, et ceci peut engendrer une erreur importante dans la détermination de temps. A la vérité, Hipp a muni son instrument d'une petite boussole, dont les déviations permettent de mesurer l'énergie exacte du courant. Mais ce moyen est insuffisant ; et, avant de procéder à l'expérience, il est nécessaire de se convaincre directement du mouvement rapide de l'ancre. L'appareil de chute est utilisé pour les expériences de contrôle ; car, on détermine à l'aide du chronoscope le temps de chute de la boule et on établit la comparaison avec le temps de chute calculé. Dans ce but, on dispose les expériences, afin qu'à l'ouverture de la fourchette du tuteur T le courant soit interrompu et fermé de nouveau, lors de la chute de la boule sur la planche B. Pour ces sortes d'expériences de chute, il existe sur le tuteur T deux vis de pression, et chacune de ces vis se relie à un bras de la fourchette. Seulement, la pince, qui ferme la fourchette, unit par la conduction ces deux vis.

Dans une série d'autres appareils, on fait usage de la méthode graphique. Les temps sont inscrits, sous forme de signaux de secondes ou de vibrations d'un diapason, sur un cylindre rotateur ou sur un disque rotateur ; et de même, des signaux graphiques déterminés marquent le début des événements, qu'il faut mesurer. Ces appareils sont préférables au chronoscope de Hipp ; car, ils sont utilisés pour les temps négatifs, en d'autres termes pour les cas, où la réaction a lieu *avant* l'impression extérieure ; ce qui, comme nous le verrons ultérieurement, se produit fréquemment dans certaines conditions. De nombreux appareils ont été construits d'après le même principe ; je décrirai celui qui m'a servi dans bien des cas et que je nommerai le *chronoscope physiologique*. L'appareil offre cette possibilité, très-appréciable dans ces sortes d'expériences, de permettre de faire les observations, sans recourir à un assistant ; mais il est moins commode à manier, que le chronoscope de Hipp. La fig. 176 montre, en manière d'exemple, la disposition d'une expérience, où il s'agissait d'enregistrer un éclair électrique. La détermination de temps s'opère grâce à un petit diapason b, que l'on peut voir dans la projection B, au côté droit de la fig. Ce diapason se trouve entre les bras d'un électro-aimant, en forme de fer à cheval, E^3, et l'une de ses branches porte un pinceau, qui inscrit ses vibrations sur le côté postérieur du disque de verre G, préalablement noirci à la lampe. Dans le dessin A, où l'appareil tout entier est vu par sa face postérieure, on remarque sur le disque G un certain nombre de ces courbes de vibrations. Un pignon t met en mouvement le disque de verre G, et est en communication avec les roues u^1 et u^2 d'un mécanisme d'horlogerie, qui reçoit d'un poids l'impulsion motrice. On ne s'est pas encore occupé de régler ce mécanisme, qui, par conséquent, ne garde pas une vitesse parfaitement constante. Quand il a atteint une certaine vitesse, celle-ci reste, grâce à diverses résistances, constante pendant plusieurs révolutions. D'ailleurs, même si la vitesse n'est pas uniforme, les déterminations de temps, qui ont lieu, sont absolument sûres ; pour les apprécier, il suffit de lire les vibrations dessinées par le diapason *b*. Comme la durée des vibrations du diapason est préalablement connue, ces vibrations permettent de calculer directement le temps. Pour que la superposition de nombreuses séries des vibrations ne rende pas impossible leur numération, on a ajouté à l'appareil un mécanisme ; et à l'aide de ce dernier, le diapason *b* commence à vibrer très-peu de temps avant le commencement de l'espace de temps à mesurer. Dans ce but, on emploie un second diapason *B* (ici non figuré) et parfaitement semblable à celui, dont Helmholtz s'est servi pour ses expériences sur les sons (1). Ce gros diapason est accordé une octave plus bas, que le diapason *b* ; ses branches sont placées entre les bras d'un électro-aimant, qui est relié à une forte pile à

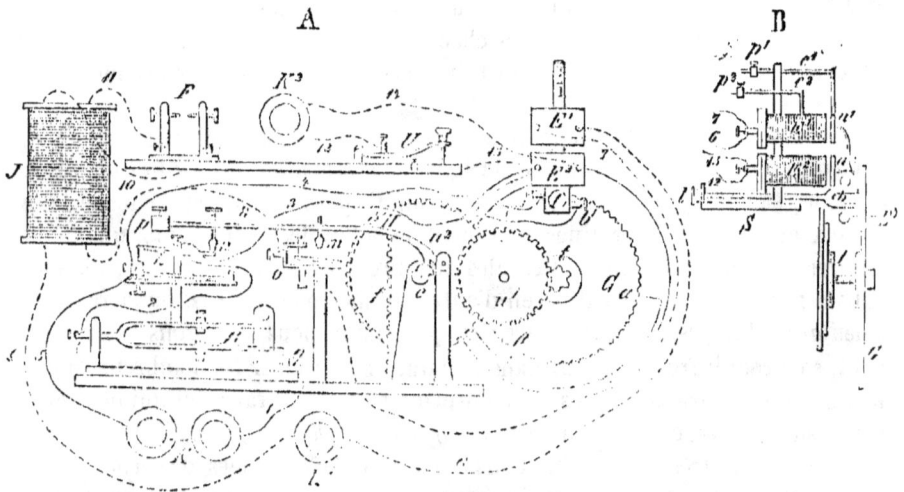

Fig. 176.

courant constant, de façon que le courant y est alternativement fermé et de nouveau interrompu par les vibrations du diapason ; car, un fil, soudé à la branche inférieure du diapason et infléchi à angle droit, ferme et ouvre alternativement le courant, dans le godet de mercure *q*. Il faut toujours déposer une légère couche d'alcool à la surface du mercure ; à l'aide de cette précaution, le mercure n'est pas vaporisé par les étincelles électriques. Or, les dispositions sont prises, pour qu'un mécanisme annexé à l'appareil enregistreur oblige, très-peu de temps avant l'action de l'irritant, le courant, qui traverse le diapason *B*, à se ramifier subitement dans les spires de l'électro-aimant du petit diapason *b*. Ce dernier diapason doit être extrêmement mince, délicat ; ce qui lui permet d'en-

1. Helmholtz, *Lehre von den Tonempfindungen*, 3ᵉ édit. p. 185, fig. 33.

trer facilement en vibration, sous l'influence de l'apparition et de la disparition alternatives du courant dans son électro-aimant. Or, comme à travers le diapason B se produisent, à intervalles réguliers, ces sortes d'interruptions de courant, qui sont en rapport simple 1 : 2 avec les vibrations du diapason b, les dernières vibrations se renforcent d'une manière extraordinairement rapide, et des courbes de vibrations nettement visibles s'inscrivent sur le disque de verre noirci. L'ouverture de la conduction secondaire, allant à l'électro-aimant E^3 du petit diapason, ainsi que la mise en jeu de l'irritant, sont effectuées par le mécanisme d'horlogerie. La plus grande roue u^2, à mouvements très-lents, porte un axe e, qui est coupé deux fois, sous forme d'une spirale d'Archimède. Sur cet axe repose une languette, appuyant sur le levier H et qui, pendant la révolution de la roue u^2, élève d'abord lentement le levier H et l'abaisse ensuite subitement. Le levier H a son mouvement assuré par le ressort f et le poids p, qui y est solidement vissé en avant. A ce levier adhèrent deux têtes de marteau m et n, dont la hauteur peut, par l'intermédiaire des vis, varier dans une étendue assez considérable. En s'abaissant, la tête m occasionne l'ouverture de l'interrupteur o. Celui-ci est fermé, tant que la pointe de platine est en contact avec la plaquette métallique, qui, comme on le voit, la presse à l'aide d'un ressort ; en s'abaissant, la tête m détruit ce contact. Lors de l'abaissement du levier H, la tête n touche l'un des bras d'un petit levier de métal h ; par ce moyen, une pointe, placée à l'autre bras de ce levier, sort d'un godet de mercure situé au-dessous, et interrompt ainsi une conduction, qui existait entre le dernier et le levier h. En dévissant les écrous m et n, comme le godet de mercure en h, on obtient aisément que, par le levier H, le contact en n soit rompu simultanément ou un peu de temps avant le contact, qui s'effectue en m. Enfin, l'enregistrement de l'irritation et de son aperception est l'œuvre des deux électro-aimants E^1 et E^2. L'électro-aimant E^1 se relie à la pile K^1 et à l'interrupteur o ; l'électro-aimant E^2, à la pile K^2 et à l'interrupteur U, qui ressemble à l'interrupteur dessiné dans la fig. 175. Ici même, le contact U est rompu par l'observateur, au moment où celui-ci perçoit l'impression. Les deux électro-aimants sont superposés, et leurs ancres présentent en avant les poinçons a^1 et a^2 (fig. B), qui tracent des lignes sur la suie du disque de verre G, dès que les ancres ne sont pas attirées. Le poinçon a^1 est si fin, qu'il n'oppose aucune résistance sensible au mouvement du disque de verre ; le poinçon a^2 est large, et le frottement, qu'il exerce contre le disque de verre, oblige ce dernier à s'arrêter bientôt. Les deux ancres adhèrent aux leviers c^1 et c^2, qui en haut sont chargés des poids p^1 et p^2, dont la disposition occasionne le mouvement rapide des ancres et des poinçons, au moment de l'interruption du courant. Les électro-aimants et le petit diapason b reposent sur un support, qui, par l'écrou l, peut se mouvoir en avant et en arrière sur le chariot ou glissière S, afin de mettre les poinçons à une distance convenable du disque de verre. On a encore adjoint à l'appareil, dans la direction du rayon du disque de verre, une seconde glissière très-simple ; aussi, notre dessin schématique ne la reproduit-

il pas. Elle a pour but de déplacer le support avec les électro-aimants et le diapason ; de cette manière, une seule et même plaque sert à plusieurs expériences
successives. J est un appareil d'induction de Rumkorff, F un mécanisme, qui,
au moment de l'interruption du courant, fait jaillir des étincelles électriques
entre deux pointes de platine. L'interrupteur U et l'appendice F, qui engendre
les étincelles, reposent sur une table spéciale, de sorte que tout le restant de
l'appareil est invisible pour l'observateur. Voici comment s'exécute l'expérience.
D'abord, les deux têtes m et n sont convenablement disposées : en h et o, les
contacts sont fermés, le levier H est placé sur l'axe e, de manière que le mouvement du mécanisme d'horlogerie s'effectue, jusqu'au moment de la chute du
levier. Les piles K, K^1 et K^2 sont fermées, le diapason B vibre, l'interrupteur
U s'abaisse, et la pression, exercée sur une clef (ici non figurée) communi-
quant avec la roue u^2, met en mouvement le mécanisme d'horlogerie. D'abord,
le courant de la pile K traverse le fil 1, q, B, le fil 2 et aboutit à h ; de là, il
passe dans le godet de mercure, dans le fil 5 et revient à la pile K. Le courant
de la pile K^1 suit le fil 6, va à l'électro-aimant E^1 ; ensuite, le fil 7 le conduit
à l'interrupteur o ; il traverse le fil 8, gagne l'appareil d'induction J, q et retourne à la pile K^1. Par les fils 10 et 11, F se relie aux extrémités de la spirale
secondaire de J. Enfin, le courant de la pile K^2 suit le fil 12, se rend à l'interrupteur U maintenu fermé ; le fil 13 le mène à l'électro-aimant E^2, et le
14 le reconduit à la pile. K^1 et K^2 étant fermés, les ancres des électro-aimants
sont attirées et les deux poinçons a^1 et a^2 ne touchent pas le disque de verre.
De plus, la conduction étant fermée en h, le courant du diapason B n'est pas
dans la sphère d'action de l'électro-aimant E^3 ; par conséquent, le petit diapason
reste au repos et dessine simplement, sur le disque de verre, une ligne circulaire. Au moment, où le levier H tombe, voici ce qui a lieu. D'abord n atteint
le levier h, et le contact de celui-ci est rompu. Donc, actuellement le courant de la pile K suit le fil 1, B, le fil 2, va à h, de là au fil 3, par la fiche b^1 à
l'électro-aimant E^3, d'où il passe dans les fils 4 et 5 et revient à la pile K. Par
conséquent, l'électro-aimant du petit diapason entre en activité, et chaque interruption, exécutée par le gros diapason, imprime au petit diapason une
impulsion, qui lui communique des vibrations toujours plus énergiques. Très-
peu de temps après, que n a touché h, la tête m atteint la plaquette de l'interrupteur o et lui fait abandonner la pointe de platine. Par ce moyen, le courant
de la pile K^1 est interrompu, en F jaillit une étincelle d'induction d'ouverture,
et simultanément a^1 touche le disque de verre G et y dessine une ligne circulaire. Dès que l'observateur voit l'étincelle, il dissout le contact en U. Alors le
courant de la pile K^2 est interrompu, le poinçon a^2 s'arrête, et arrête aussi,
très-peu de temps après, le mouvement. Si, par supposition, en α, sur le disque
G commencent à se dessiner la ligne provenant de a^1, et en β la ligne provenant de a^2, on n'a qu'à compter les vibrations situées entre α et β ; et d'après
l'examen de la durée des vibrations du diapason b, on obtient la durée absolue
du temps de réaction. Le diapason, dont je me suis servi, faisait 348 vibra-

tions en une seconde. Comme $^1/_4$ d'une vibration totale pouvait encore être parfaitement déterminé, la précision était au moins de $^1/_{1000}''$ (1).

Dans les expériences, concernant les sons, nous avons employé deux autres moyens : 1° une petite cloche, et alors la chute de la tête *m* sur la cloche engendrait, en même temps, une fermeture secondaire de très-petite résistance pour l'électro-aimant E^1 ; ou bien, 2° l'interrupteur *o* était mis d'abord en communication avec un marteau de chute, magnéto-électrique spécial, qui, au moment de la chute, occasionnait de nouveau une conduction secondaire pour l'électro-aimant E^1 et produisait ainsi le détachement du poinçon a^1. Dans les expériences, où l'on avait recours à l'irritation électrique, la disposition des appareils était semblable à celle, qu'ils présentent fig. 176. Seulement, à l'appareil d'induction de Rumkorff était substitué l'appareil à chariot de du Bois-Reymond, qui sert aux expériences, que l'on fait sur les irritants physiologiques. Quand il s'agissait d'expérimenter de faibles impressions tactiles, je donnais au levier *II*, à son côté opposé, un second bras, qui, lors de la chute du levier *II*, se mouvait en avant ; et, dans ce cas, une tête de marteau, posée à l'extrémité de ce bras de levier, frappait une plaquette de métal, très-mince, fixée à une table percée, qui est semblable à la petite table T^1 de la fig. 179. L'observateur posait son doigt sur cette plaquette métallique, qui, par son contact avec le levier, produisait alors une conduction secondaire pour l'électro-aimant E^1. Donc de nouveau, l'impression et le mouvement du poinçon a^1 coïncidaient (2).

2. — Conditions facilitant, et conditions gênant l'aperception.

La détermination du temps de réaction, dans les conditions les plus simples établies plus haut (p. 248), constitue le point de départ de l'analyse expérimentale du processus d'aperception. Si nous modifions les observations, de telle sorte que des conditions variables apparaissent pour l'aperception des impressions, tandis que les conditions, concernant les autres éléments du temps de réaction, restent constantes, nous serons autorisés à attribuer uniquement aux processus d'aperception les modifications de temps, qui en résultent. Ici, nous énumérerons d'abord une série de conditions modificatrices, que nous

1. Dans la fig. 176, pour plus de netteté, les vibrations sont représentées fortement grossies, par rapport aux autres dimensions ; il en est de même des distances des lignes dessinées par les poinçons, et de la courbe de vibrations.
2. D'autres mécanismes, relatifs aux expériences d'enregistrement, ont été décrits par Hankel, *Annalen* de Poggendorff, t. CXXXII, p. 134 ; Donders, *Archiv f. Anat. u. Physiol.* 1868, p. 655 ; Exner, *Archiv* de Pflüger, VII, p. 659 ; de Kries et Auerbach, *Archiv* de du Bois-Reymond, 1877, p. 392. Consulter aussi Kuhn, *Angewandte Elektricitätslehre.* (*Encyklopädie der Physik*, de Karsten, XX.) Leipzig 1866, p. 1173.

nommerons, pour abréger, les *conditions facilitant*, et les *conditions gênant l'aperception*.

La perception d'une impression est essentiellement *facilitée*, si cette impression est précédée d'un signal quelconque, qui détermine d'avance le *temps de son entrée*. Ce cas se réalise toujours, quand plusieurs irritants se succèdent à intervalles réguliers, quand par exemple nous percevons avec le sens visuel les mouvements du pendule, ou avec l'oreille les battements du pendule. Chaque battement isolé constitue ici le signal du battement, qui lui succède et au-devant duquel l'attention se porte parfaitement préparée. Il en est de même, lorsque nous laissons un signal unique, séparé par un certain intervalle de temps, précéder l'impression, que l'on doit percevoir. Dans ce cas, on trouve constamment, que le temps de réaction est notablement raccourci. Cependant, les écarts, existant entre les diverses observations, augmentent tellement, que la variation moyenne peut presque égaler la quotité du temps entier de réaction. J'ai exécuté, d'après le plan ci-dessous décrit, des expériences comparatives sur le temps, qui s'écoule avec signal, et sans signal antérieur. La chute d'une boule sur la planche de l'appareil de Hipp (fig. 175) a servi d'irritant sonore. Dans une série d'expériences, cette boule, tenue entre les doigts, tombait de la hauteur de l'anneau *T*, destiné à soutenir la boule, et qui était laissé ouvert. Dans la deuxième série d'expériences, l'anneau, qui était fermé, s'ouvrait, quand on pressait un ressort ; et alors la boule, reposant sur l'anneau, tombait. Dans le premier cas, aucun signal ne précédait la chute de la boule; dans le second, le bruit, que faisait le ressort, quand l'anneau s'ouvre, constituait le signal. Lorsque la hauteur de chute restait constante, l'intervalle de temps, existant entre le signal et l'irritant principal, se maintenait donc constant ; et, si l'on modifiait la hauteur de chute, cet intervalle de temps était susceptible de varier simultanément. Voici les valeurs moyennes provenant de ces deux séries d'expériences.

		Moyenne.	Variation moyenne.	Nombre d'expériences.
Hauteur de chute de 25 cent.	sans signal	0,253	0,051	13
	avec signal	0,076	0,060	17
Hauteur de chute de 5 cent.	sans signal	0,266	0,036	14
	avec signal	0,175	0,035	17

D'après cela, évidemment, le temps de réaction diminue avec l'intervalle, qui croît entre le signal et l'impression principale ; et simultanément, la grandeur relative de la variation moyenne augmente. En

outre, la répétition plus fréquente des observations exerce une puissante
influence sur cette diminution. Dans une longue série d'expériences,
le temps se raccourcit toujours de plus en plus, si l'intervalle entre le
signal et l'impression reste égal ; et dans divers cas, on réussit à abaisser ce temps, à lui faire atteindre une grandeur infiniment petite (de
quelques millièmes de seconde) ou absolument zéro, en d'autres termes
des grandeurs négatives. Pour cela, il est seulement indispensable, que
l'intervalle entre le signal et l'impression ne soit pas trop grand, ni,
d'autre part, trop petit. A cause des dimensions bornées de l'appareil
de chute de Hipp, qui servait à ces expériences, je n'ai pu établir la
limite supérieure. Quant à la limite inférieure, on parvient, si la hauteur
de chute est de 20 cent., à faire disparaître facilement le temps de
réaction ; avec le raccourcissement du temps de chute, ceci devient
toujours plus difficile ; et, si la hauteur de chute est de 5 cent., à la
vérité, le raccourcissement est encore nettement perceptible ; mais, en
aucun cas, le temps ne sera plus égal à zéro. Par conséquent, avec un
intervalle de 0, 04″ entre le signal et l'impression, la limite inférieure
sera atteinte.

L'unique motif, que l'on peut invoquer en faveur de ce phénomène
tout entier, est la *tension préparatoire de l'attention*. Que celle-ci
doive raccourcir le temps de réaction, c'est facile à comprendre ; que,
selon les circonstances, ce temps soit susceptible de descendre à zéro et
de revêtir même des grandeurs négatives, cela paraîtrait surprenant.
Néanmoins, ce dernier fait est aisément expliqué par les observations,
empruntées aux expériences de simple enregistrement. Lorsqu'on
attend une impression, indéterminée au sujet de son temps, la tension
croissante de l'attention se révèle, comme nous l'avons déjà remarqué,
non-seulement par le sentiment subjectif, mais aussi par ce fait merveilleux, que, quand la tension a atteint son degré le plus élevé, le
mouvement préparé n'est plus sous la domination de notre volonté ; car,
en pareil cas, nous enregistrons une irritation, dont nous reconnaissons immédiatement la différence d'avec l'impression attendue (p.254).
Dans les expériences en question, où l'impression est connue d'avance
relativement à son temps, évidemment l'attention s'accommode si exactement à l'entrée de l'irritation, que celle-ci est aperçue au moment où
elle arrive à la perception, et que l'excitation de la volonté coïncide avec
l'aperception. Quand une impression est connue relativement à la
qualité et à l'énergie, et non sûrement déterminée relativement au
temps de son entrée, l'aperception a encore besoin d'un certain temps.

Néanmoins, durant ce temps, l'excitation extérieure de la volonté croît suffisamment, pour effectuer l'impulsion motrice presque au même moment, où l'aperception est achevée. Quand l'impression est fixement déterminée relativement au temps de son entrée, la tension préparatoire de l'attention peut tellement s'adapter à l'impression, que le temps de l'aperception est pareillement nul, et que seuls persistent encore les temps, proportionnellement très-courts, de la conduction physiologique. Mais, chose étonnante, ces temps peuvent évidemment disparaître dans diverses expériences, puisque l'impression est aperçue beaucoup *plus tôt* en apparence, qu'elle ne se produit réellement. Ce phénomène reçoit son explication du fait suivant. En général, nous avons une sensation très-précise de la simultanéité de deux irritations, dont l'énergie n'est pas très-différente. Or, dans une série d'expériences, où le signal précède d'un temps déterminé l'impression principale, on cherche involontairement à faire l'enregistrement non-seulement avec la plus grande rapidité possible, mais de façon que le mouvement propre coïncide avec l'impression : on tâche donc, que le son entendu, la sensation d'innervation et la sensation tactile, existant toutes deux lors de l'enregistrement, soient simultanés ; et l'expérience montre, que dans divers cas ceci se réalise approximativement. Ainsi, il arrive, que dans ces expériences on a nettement conscience d'entendre à un même moment le son, de réagir contre lui et de sentir l'impression, qui a lieu grâce à cette réaction. Ceci constitue une différence essentielle d'avec les expériences d'enregistrement sans signal, où on sent très-souvent, comme actes simultanés, seulement l'aperception et l'impulsion de la volonté ; tandis qu'on a nettement conscience, que le mouvement de réaction, émanant de l'impulsion volontaire, se réalise un peu plus tard. C'est pourquoi, ainsi que divers observateurs le constatent dans ce domaine (1), on déclare avec conviction, que l'on a « bien » enregistré dans un cas et « mal » dans un autre ; quoique, pourtant, on cherche toujours à exécuter, le plus vite possible, le mouvement, et que très-souvent les différences, ainsi senties, soient uniquement des fractions de centième d'une seconde. Dans ce cas, on mesure la précision de l'enregistrement à l'intervalle de temps, existant entre l'impression et la sensation de mouvement. Incidemment, ce phénomène montre combien notre perception peut, dans ces sortes d'expériences, être extraordinairement exacte.

1. Consulter Exner, *Archiv* de Pflüger, VII, p. 613.

Enfin, voici une autre question d'un intérêt particulier. Dans les expériences à signaux, bien que la perception de l'impression et le mouvement de réaction, exercé contre cette dernière nous semblent simultanés, ou plutôt parce qu'il en est ainsi, l'aperception doit précéder, en réalité, l'impression extérieure. Ultérieurement, nous reprendrons l'étude de ce fait au sujet d'autres observations, où il se confirme dans une étendue beaucoup plus considérable, et se manifeste comme un phénomène, qui caractérise au plus haut point la tension préparatoire de l'attention.

Les *conditions gênant* la perception de l'impression ou la réaction de la volonté peuvent d'abord être données, lorsque l'irritation est laissée indéterminée, non-seulement relativement au temps de son entrée, mais même relativement à son *énergie*. Si, par exemple, on exécute les expériences de son, de façon à produire une alternance continuelle et irrégulière entre des irritants forts et des irritants faibles, si donc l'observateur ne peut jamais attendre sûrement une énergie de son déterminée, le temps de réaction est augmenté pour toutes les énergies de son; de même, la variation de son s'accroît. En manière d'exemple, je présente deux séries d'expériences exécutées, dans un temps peu différent, sur le même individu. Dans la série *I*, le son fort et le son faible alternaient régulièrement, de sorte que chaque fois l'intensité était connue d'avance; dans la série *II*, les diverses énergies de son alternaient d'une façon absolument irrégulière.

I. ALTERNANCE RÉGULIÈRE.

	Moyenne.	Variation moyenne.	Nombre d'expériences.
Son fort	0,116	0,010	18
Son faible	0,127	0,012	9

II. ALTERNANCE IRRÉGULIÈRE.

Son fort	0,189	0,038	9
Son faible	0,298	0,076	15

L'accroissement de temps est encore plus marqué, si, dans une série d'expériences, relatives à des impressions énergiques, on intercale subitement et sans avertissement un irritant faible, ou, au contraire, un irritant fort entre des irritants faibles. En procédant ainsi, j'ai vu, dans divers cas, le temps, concernant une impression, s'élever, près du seuil de l'irritation, à 0,4 — 0,5″, et jusqu'à 0,25″ pour un irritant, assez énergique, une boule tombant de 50 centimètres de haut. C'est donc un fait général, qu'une irritation, dont l'entrée est à la vérité attendue et au sujet de l'intensité de laquelle une adaptation de l'attention ne peut avoir lieu, requiert un temps plus considérable de réaction. Or, en pareil cas, des modifications de la perception, pas plus que des modifications de la conduction physiologique ne doivent être invoquées ; mais, la raison de la différence tient uniquement à ce que, quand une tension précédente de l'attention ne se produit pas, les temps de l'aperception et de la volonté sont toujours plus grands. Par conséquent, voici comment s'expliquerait, peut-être, la grandeur surprenante du temps de réaction, lorsque des énergies de l'irritation atteignent tout juste ou dépassent à peine (p. 252) la valeur de seuil : en présence des irritations les plus faibles, l'attention s'adapte constamment au delà de la mesure exacte, de sorte qu'il existe un état semblable à celui que l'on remarque avec les impressions inattendues. A cela correspond complétement la manière, dont le temps diminue en général avec l'accroissement graduel de l'irritation. Près de la valeur de seuil, ce temps s'abaisse très-rapidement, pour décroître beaucoup plus lentement, quand l'irritation est plus énergique. Probablement, il a, de nouveau, une conduite analogue dans le voisinage de la hauteur de l'irritation. On constate, que si un son est assez énergique, pour provoquer l'effroi, toujours le temps de réaction est un peu prolongé, alors même qu'un son fort serait attendu. Lors du renforcement de l'impression, on s'approche visiblement d'une limite, où l'effroi se produit avec chaque irritant isolé, quand ce dernier se répète plusieurs fois avec une intensité égale, qu'il est donc déjà connu d'avance. Ceci se manifeste nettement, surtout dans les expériences électriques, car l'irritant électrique dispose tant la plupart des gens à éprouver un sentiment de frayeur. Evidemment, avec ces impressions, qui se rapprochent de la hauteur de l'irritation, il s'opère de nouveau quelque chose d'analogue à ce qui a lieu pour le seuil de l'irritation. L'attention ne peut plus s'adapter à l'impression ; et à la vérité, sa tension reste maintenant *au dessous* de la grandeur de l'impression, de même que, dans le premier cas, elle était involontairement augmentée au dessus de sa grandeur (1). Dans ces observations, les conditions, concernant l'innervation volontaire, ne sont pas essentiellement

1. Relativement à cet effet de l'effroi ou tressaillement, je me trouve en contradiction avec Exner. Cet auteur remarque, qu'au contraire, lors du tressaillement, il se produit un raccourcissement du temps de réaction (*Archiv* de Pflüger, VII, p. 619). Cette différence pourrait bien tenir à ce que, chez Exner, seulement le raccourcissement de la durée de réaction, qui a eu lieu lors du renforcement de l'irritation, manifestait son effet.

différentes de celles qui se produisent lors de l'enregistrement de ces
sortes d'impressions, dont l'énergie est préalablement connue ; aussi,
faudra-t-il généralement admettre que le prolongement de la durée
de réaction doit être essentiellement mis au compte de l'aperception.
Celle-ci ne peut revêtir la tension adéquate, avant l'entrée de l'irritation ;
donc, pour cela, un certain temps est employé, qui, lors de la réaction
contre des irritants connus, est entièrement ou en majeure partie éco-
nomisé.

Bien plus que pour les irritants, dont l'énergie est connue d'avance,
le temps de réaction est retardé, quand les impressions sont *complètement inattendues*. Cette condition se réalise parfois avec les expériences d'enregistrement, quand l'observateur, au lieu de tourner la
tension de l'attention vers l'impression attendue, est distrait. On peut
provoquer intentionnellement le même résultat, si, dans une longue
série d'expériences avec intervalles réguliers des irritations, on rend subitement, à l'insu du sujet observé, l'intervalle beaucoup plus court.
Dans ce cas, l'effet subjectif est très-analogue à l'effroi ; bien souvent, l'expérimentateur tressaille visiblement. Avec les impressions sonores énergiques, le temps de réaction est facilement retardé jusqu'à $1/_4$ de seconde ;
et, le plus souvent, jusqu'à $1/_2$ seconde, avec les impressions sonores
faibles. Le retard est bien moindre, mais toujours encore très-sensible,
quand l'expérience est disposée de façon que l'observateur ne sait pas
préalablement, si une impression lumineuse, sonore ou tactile doit se
produire, lorsque par conséquent l'attention ne peut se tourner vers
aucun organe sensoriel déterminé. On remarque alors une inquiétude
particulière, parce que le sentiment de tension, qui accompagne l'attention, oscille continuellement entre les divers organes sensoriels.

Des complications d'un autre genre apparaissent, si, comme lors des
expériences fondamentales (p. 248), qui nous ont servi de point de
départ, on enregistre seulement une impression unique, de qualité et
d'énergie préalablement connues, et si, en outre, on laisse agir d'*autres
irritants*, qui gênent la tension de l'attention. Dans cette circonstance,
constamment le temps de réaction est plus ou moins considérablement prolongé. Le cas le plus simple de cette nature se présente, quand
une impression momentanée est enregistrée, tandis qu'un irritant sensoriel permanent, doué d'une énergie importante, exerce son action.
Cet irritant permanent peut appartenir au même domaine sensoriel ou
à tout autre domaine sensoriel. Lors de la perturbation occasionnée
par des impressions homogènes, le prolongement de temps est le

résultat de la déviation de l'attention ; il tient aussi à ce que, par suite de l'irritant concomitant, l'impression provoque encore une différence moindre de sensation, et est donc plus rapprochée du seuil de l'irritation. En effet, ces deux éléments doivent être pris en considération. On constate que, si les impressions ont une faible intensité, le temps de réaction est bien plus prolongé par l'irritant concomitant, que si les irritants sont énergiques. J'ai pratiqué des expériences, où l'impression principale consistait en un coup de cloche, dont l'énergie était graduée par un ressort tendant le marteau et par un poids qui était susceptible de se déplacer sur ce dernier. Dans une série d'expériences, ce son fut enregistré de la manière ordinaire ; dans l'autre série, un bruit permanent se produisait pendant toute la durée de l'examen, puisque une roue dentée, reliée au mécanisme d'horlogerie de l'appareil, qui servait à mesurer le temps, exécutait son mouvement, en touchant un ressort de métal. Dans la série d'expériences A, le coup de cloche, qui était modérément fort, fut beaucoup diminué par le bruit concomitant, mais non complètement abaissé jusqu'au seuil ; dans la série B, le son était si énergique, qu'il pouvait être entièrement perçu, indépendamment du bruit.

		Moyenne	Maximum	Minimum	Nombre d'expériences.
A	sans bruit simultané	0,189	0,244	0,156	21
Son modéré	avec —	0,313	0,499	0,183	16
B	sans bruit simultané	0,158	0,206	0,133	20
Son énergique	avec —	0,203	0,295	0,140	19

Comme dans ces expériences, toujours le son B, accompagné du bruit simultané, est perçu d'une façon bien plus sensible, que le son A, non accompagné de ce bruit, on doit reconnaître dans ce fait une influence directe, que le bruit concomitant exerce sur le processus de réaction. Cette influence apparaît dans toute sa pureté, quand l'irritant permanent et l'impression momentanée appartiennent à des domaines sensoriels disparates. Pour ces sortes d'expériences, j'avais choisi les sens visuel et auditif. L'impression momentanée était une étincelle d'induction, jaillissant sur fond sombre entre deux pointes de platine ; l'irritant permanent, le bruit engendré de la manière indiquée précédemment.

Étincelles électriques	Moyenne	Maximum	Minimum	Nombre d'expériences.
Sans bruit simultané	0,222	0,284	0,158	20
Avec —	0,300	0,390	0,250	18

Si l'on réfléchit que dans les expériences, pratiquées avec des irritants homogènes ou de même nature, toujours l'intensité de l'impression principale est abaissée, ceci rend vraisemblable l'assertion suivante : *quand les irritants sont disparates, l'effet perturbateur, exercé sur l'attention, est plus grand que si les irritants sont homogènes.* C'est ce que confirme l'observation de soi-même, lorsqu'on exécute les expériences. On trouve qu'il n'est pas bien difficile d'enregistrer aussitôt le son, qui s'ajoute au bruit, mais, dans les expériences concernant les impressions lumineuses, on a le sentiment que l'on doit se détourner violemment du bruit et se tourner vers l'impression visuelle. Ce fait est en connexion immédiate avec les propriétés, déjà mentionnées, de l'attention. Comme nous l'avons vu, la tension de l'attention est liée à diverses sensations sensorielles : selon le domaine sensoriel, vers lequel elle se dirige. L'innervation qui existe, lors de la tension de l'attention, est donc vraisemblablement différente pour les impressions disparates, probablement parce qu'elle émane de différents points du centre de l'aperception (1).

En présence de toutes les prolongations du temps de réaction, examinées jusqu'ici, les conditions intimes de l'observation autorisent à croire, qu'il s'agit seulement de prolongations de la *durée de l'aperception ;* tandis qu'il n'existe aucune raison sérieuse, en faveur d'une modification essentielle des autres espaces de temps physiologiques et psycho-physiques. Par exemple, un éclair électrique, d'une énergie donnée, mettra le même temps à se montrer dans le champ général de regard de la conscience, qu'un bruit perturbateur accompagne ou non cet éclair ; et même, aucune occasion d'arrêt ne se manifeste pour l'excitation extérieure de la volonté, dès que l'aperception a eu lieu. Tout au plus dans les cas, où l'irritant perturbateur est homogène et l'impression principale, si faible, qu'elle est abaissée vers le seuil, un retard simultané de la perception n'est pas invraisemblable. Par conséquent, l'augmentation de la durée de réaction, survenant dans des conditions qui gênent l'aperception, nous servira généralement à mesurer approximativement la perturbation qu'éprouve le processus d'aperception ; et le retard de ce dernier devra être directement considéré, comme égal à la différence existant entre la durée de réaction

---

1. Dernièrement, H. Obersteiner s'est livré à des expériences analogues sur la déviation de l'attention. (*Brain*, I, 1879, p. 439.) Cet auteur me paraît n'avoir pas eu connaissance des observations que j'avais déjà publiées dans la première édition de cet ouvrage (1874).

sans perturbation et la durée de réaction avec perturbation, les conditions de l'observation restant égales par ailleurs. Si donc, des groupes d'expériences indiquées ci-dessus, nous prenons les différences des moyennes, nous obtenons ce qui suit :

1. Énergie inattendue de l'impression (son).   Retard de l'aperception.

    (a) Son énergique inattendu   0,073
    (b) Son faible inattendu   0,171

2. Perturbation occasionnée par des irritants sensoriels homogènes (son perturbé par un son).   0,045

3. Perturbation occasionnée par des irritants sensoriels hétérogènes (lumière perturbée par le son).   0,078

Voici un autre mode de perturbation, engendré par des irritants simultanés. Il consiste à faire agir en même temps avec l'impression principale, un second irritant momentané, ou bien à laisser se produire un second irritant momentané, séparé de l'impression principale par un temps intermédiaire très-court, irritant appartenant au même domaine sensoriel ou à un domaine sensoriel disparate ; dans le premier cas, cet irritant doit être suffisamment différent, pour qu'aucune espèce de confusion ne puisse avoir lieu. Les expériences, instituées dans ce but, ont été facilement exécutées avec le chronoscope physiologique, déjà décrit (fig. 176, p. 264). Les vibrations du petit diapason, destinées à mesurer le temps et qui ordinairement sont presque inaccessibles à l'oreille, ont été nettement entendues. L'apparition du ton donnait alors une impression, dont le temps était susceptible de varier à volonté, selon la disposition de l'appareil ; en général, ce temps avait été choisi, de façon à se produire un peu avant le moment de l'irritation, qu'il fallait enregistrer. Dans une série d'expériences, cette irritation était constituée par un coup de cloche, et dans une autre série, par une étincelle provenant d'un appareil d'induction. Constamment, le son perturbateur était sensiblement plus faible que l'impression principale. Cette dernière était par conséquent favorisée ; mais, ceci était en quelque sorte compensé, parce que le son du diapason la précédait. C'est pourquoi, dans une grande série d'expériences, avec une ordonnance égale de temps, toujours trois cas étaient susceptibles d'être distingués : 1° ceux où le son perturbateur était entendu *avant* l'impression principale ; 2° ceux où il était entendu *simultanément* avec l'impression principale, et 3° ceux où il a été entendu *après*. Naturellement, puisque ces trois cas peuvent se présenter les uns à côté des autres, la différence de temps des deux impressions doit rester au-dessous d'une certaine limite. Or ici, on constate un résultat très-remarquable dans ce fait, que, le rapport de temps des irritants objectifs se maintenant égal, leur perception dans le temps est susceptible de se déplacer. Cette observation montre que la succession de nos perceptions sensorielles ne doit pas même concorder, quant à leur direction, avec la succession des irritants sensoriels, mais qu'une impression, se produisant en réalité après, peut être anticipée. Selon l'observation de soi-même, l'origine de ces illusions n'est point douteuse : elles sont basées sur la tension variable de l'attention. Les expériences étant ordonnées de la façon décrite plus haut, alors dès que cette tension est très-faible, régulièrement l'impression, qui apparaît en premier lieu, le son du diapason, est perçue tout d'abord. Mais, si la tension, tournée vers l'impression principale, s'accroît jusqu'à une certaine limite, elle est capable de porter simultanément ou, même plus tôt, au point de regard de la conscience l'irritation, qui se produit en réalité plus tard. Plus grande est l'attention, d'autant plus importante est la différence de temps, que peut surmonter l'attention. Indépendamment de ce phénomène, que nous constaterons encore à l'aide de tout autre procédé d'expérimentation, on découvre le phénomène suivant : la série, où les impressions sont perçues, exerce une grande influence sur la durée du temps de réaction. Quand le son perturbateur est entendu *après* l'impression principale, le temps de la perception de cette dernière n'est pas plus grand que dans des conditions ordinaires, simples : l'impression est perçue, comme si le son simultané perturbateur n'existait pas. De même, on ne remarque aucune déviation ou écart sensible, quand la perception est simultanée. Si, au contraire, le son perturbateur est perçu *avant* l'impression principale, le temps de réaction est toujours augmenté, ainsi que le témoignent les exemples suivants.

	Son perturbateur,	Moyenne	Maximum	Minimum	Nombre d'expériences.
A	entendu simulta-				
Expériences faites	nément ou après ;	0,176	0,237	0,140	8
avec le son.	entendu avant.	0,228	0,359	0,159	12
B	entendu simulta-				
Expériences faites	nément ou après ;	0,218	0,284	0,158	17
avec la lumière.	entendu avant.	0,250	0,291	0,212	23

Quand les impressions étaient disparates, l'irritation lumineuse, qu'il fallait enregistrer, était, plus souvent, perçue simultanément avec le son perturbateur, qu'après lui ; les impressions étant homogènes, la perception synchrone se présentait plus rarement. En outre, une certaine habitude de l'observation se manifestait nettement avec toutes ces expériences. Si, à la première expérience, on a perçu les impressions dans une série déterminée, il est extrêmement probable, que lors de l'expérience suivante ces impressions sont perçues dans la même série. Ainsi que le confirme l'observation de soi-même, la tension de l'attention apparaît donc spécialement et très-facilement dans la direction qui lui a été une fois assignée. Si soudain, par suite d'un changement accidentel ou intentionnel du mode d'observation, il s'opère un renversement, dans la série jusqu'alors remarquée des perceptions, à la première expérience de ce genre, le temps de réaction est habituellement augmenté dans toutes les circonstances, le changement aurait-il lieu de façon que l'impression principale se révélât avant l'irritant perturbateur. Ceci correspond à ce fait déjà mentionné (p. 256), que les premières observations d'une nouvelle série d'expériences nécessitent un temps plus considérable que les suivantes. Grâce à l'exercice, l'attention acquiert l'adaptation la plus favorable possible, pour un mode déterminé de perception.

3. — Discernement et choix.

En parlant jusqu'ici de la perception des impressions sensorielles d'une composition préalablement connue, nous n'avons étudié, que dans ses conditions les plus simples, le processus de l'aperception. Ce processus prend une forme plus complexe, si la perception de l'impression se lie au discernement déterminé de cette impression d'avec d'autres impressions, ou si l'impression possède une composition plus complexe, qui doit être nettement apportée à la conscience. Le cas le plus simple, qui constitue ici la base fondamentale de toutes les activités compliquées de l'aperception, est celui du *discernement simple :* une impression simple est distinguée de toute autre impression simple. Ce discernement à son tour s'opère dans les conditions les plus simples, quand *deux* impressions seulement sont possibles ; tandis que l'aperception se trouve, déjà, dans une position un peu plus difficile, quand une impression isolée doit être distinguée d'un grand nombre d'impressions.

Pour les observations, concernant le *discernement entre deux impressions simples*, j'utilisais des impressions lumineuses, qui chaque fois duraient justement, jusqu'à ce que le discernement fût accompli. Les impressions lumineuses étaient le blanc et le noir (un cercle blanc sur fond noir, et un cercle noir sur fond blanc). Elles étaient apportées, avec une alternance irrégulière, sur la paroi postérieure d'une caisse obscure ; et l'observateur regardait à travers l'ouverture antérieure de cette caisse. A un moment donné, un tube de Geissler, placé dans la caisse, éclairait l'objet et simultanément le chronoscope était mis en mouvement. Dès que l'observateur avait opéré le discernement, il supprimait, par un mouvement d'enregistrement, l'éclairage de l'objet et simultanément la marche du chronoscope. Chaque série d'expériences sur le discernement des impressions était associée à des observations du temps de réaction simple, et elle y était liée de façon, que constamment quelques expériences de réaction simple commençaient et terminaient une série d'observations, afin d'éliminer le plus possible, de cette manière, l'influence de la fatigue. Ces expériences, je les ai exécutées en commun avec MM. Max Friedrich et Ernest Tischer (1). Je

---

1. M. Max Friedrich donnera, dans un mémoire spécial, la description détaillée des résultats des expériences, qui sont mentionnées dans les rubriques trois et quatre de ce chapitre. (Consulter à ce sujet les *Philosophische Studien*, de Wundt, t. I, II, passim.)

vais énumérer les chiffres moyens, provenant d'observations faites pendant cinq jours différents.

Observateurs	Temps de réaction contre		Variation moyenne pour		Temps de réaction simple	Temps de discernement pour		Temps moyen de discernement.
	le noir	le blanc	le noir	le blanc		le noir	le blanc	
M. F.	0,176	0,190	0,024	0,029	0,133	0,043	0,057	0,050
E. T.	0,224	0,235	0,029	0,026	0,182	0,042	0,053	0,047
W. W.	0,286	0,295	0,042	0,045	0,211	0,075	0,084	0,079

Chaque observateur a opéré soixante-trois expériences de discernement. Dans ces séries, où une alternance fréquente se produisait avec d'autres expériences, constamment les temps de discernement avaient des valeurs plus grandes ; ce qui correspond d'ailleurs à cette assertion qui se confirme : une répétition de la même occupation est plus favorable pour la tension de l'attention, qu'une alternance entre diverses occupations.

Les observations, concernant le *discernement entre plusieurs impressions simples*, s'exécutent d'après la même méthode. Dans ce but, nous avions choisi *quatre* impressions lumineuses hétérogènes, entre lesquelles alternaient irrégulièrement le noir, le blanc, le rouge et le vert. Au tableau des moyennes provenant des séries d'expériences, je joins ici les temps de réaction contre les diverses impressions, car ils ne diffèrent que très-peu et non régulièrement.

Observateurs	Temps de réaction avec discernement	Variation moyenne	Temps de réaction simple	Temps de discernement.
M. F.	0,293	0,038	0,136	0,157
E. T.	0,287	0,032	0,214	0,073
W. W.	0,337	0,049	0,205	0,132

Chaque observateur s'était livré à soixante-dix-huit expériences de discernement.

En comparant les temps de discernement, contenus dans les deux tableaux ici communiqués, on reconnaît, que ces temps augmentent avec le nombre croissant des impressions qui sont attendues ; et, dans ce cas, la variation moyenne augmente simultanément. Très-souvent, le même résultat apparaît avec plus de netteté dans ces séries d'expériences, où l'on permet à des réactions simples, à des discernements simples et multiples d'alterner régulièrement entre eux. Comme exemple, je citerai encore les chiffres moyens provenant de quatre séries d'expériences. Chaque série se composait de vingt-quatre expériences isolées, qui, dans le but d'éliminer la fatigue, se présentaient

dans l'ordre suivant : 1° trois réactions simples, 2° trois réactions
avec discernement simple, 3° six avec discernement multiple, 4° trois
avec discernement simple, 5° trois réactions simples. Le tableau
ci-dessous contient uniquement les temps de discernement (en d'autres
termes les temps de réaction complexe, déduction faite des temps de
réaction simple).

	Temps de réaction simple.	Discernement simple.	multiple.
M. F.	0,132	0,078	0,109
	0,168	0,024	0,165
W. W.	0,226	0,050	0,166
	0,210	0,079	0,191

D'une manière analogue, dans les autres séries d'expériences, le
temps de discernement simple mesure, rarement, plus de quelques
centièmes d'une seconde ; tandis que le temps de discernement multiple est, presque toujours, plus grand que $1/_{10}$ de seconde. En exécutant
tous ces actes psychiques, on constate aussi des différences individuelles. Pendant la durée totale de l'expérience, le temps de réaction
simple était, chez moi, notablement plus considérable, que chez les
deux autres observateurs ; une faible différence dans le même sens
existait, lors du temps de discernement simple ; tandis qu'avec le
temps de discernement multiple, cette faible différence ne se révélait
plus.

Dans les observations, étudiées jusqu'ici (si on les compare aux expériences de réaction simple), seules, les conditions, au milieu desquelles se trouve l'aperception des impressions sensorielles, étaient
modifiées ; mais, les conditions, desquelles dépend la réaction extérieure de la volonté, restaient les mêmes. Si, dans les dispositions de
l'expérience, on introduit des modifications, qui ont pour but de sus-
citer une influence de ce genre, les modifications de l'aperception et de
la réaction extérieure de la volonté se présentent les unes à côté des
autres. Si on réussit à isoler les dernières et à les déterminer, quant à
la durée dans le temps, cet espace de temps psycho-physique, que
nous nommerons le *temps de choix*, sera mesuré.

De même que la durée simple de l'aperception, le *temps simple de la
volonté*, en d'autres termes le temps, que l'excitation extérieure de la
volonté emploie dans les conditions d'une réaction simple contre les
impressions extérieures, de composition connue, se soustrait absolument à notre mensuration. Il est compris dans les processus physiolo-

giques et psycho-physiques qui, ne s'isolant pas l'un de l'autre, composent une réaction simple ; d'après les raisons énumérées plus haut, il est vraisemblable que ce temps coïncide très-fréquemment avec le temps de l'aperception. Afin de pouvoir mesurer la durée intrinsèque de l'excitation de la volonté, nous devons par conséquent faire intervenir ici des conditions complexes. C'est ce qui arrive, si, au lieu de l'acte simple de la volonté, on permet l'exécution d'un *acte de choix*. Un pareil acte suppose toujours aussi un acte de discernement : par exemple, on laisse le choix entre le mouvement d'enregistrement de la main droite et de la main gauche, puisqu'on établit, que de deux impressions données, l'une d'elles doit être enregistrée avec la main droite, et l'autre, avec la main gauche. Ces observations diffèrent des expériences de réaction simple, parce que dans ces observations s'ajoutent : 1º le discernement des impressions, et 2º le choix de l'organe destiné au mouvement d'enregistrement de l'impression distinguée. Si on combine les expériences avec celles où l'acte de discernement se joint à la réaction simple, le temps de discernement se laisse éliminer, et le temps de choix, se déterminer par lui-même.

Ces observations se font dans les conditions les plus simples, quand il s'agit d'un simple discernement entre *deux* impressions. Mais, relativement à la réaction de mouvement, deux cas sont encore possibles : on peut établir, que seulement pour *l'une* des impressions, une impulsion de la volonté est mise en jeu et n'a pas lieu, au contraire, pour l'autre impression ; ou bien, on tâche qu'à chacune des deux impressions succède une autre réaction de la volonté, par exemple qu'à l'impression A succède un mouvement de la main du côté droit, et à l'impression B, un pareil mouvement de la main du côté gauche. Le premier de ces deux cas est, naturellement, le plus simple : alors, le mode de réaction de la volonté est déterminé d'une manière univoque, et il reste seulement à décider, si la réaction doit ou non lui succéder. Évidemment, cette décision est un *acte de choix de l'espèce la plus simple*, dont nous pourrons mesurer approximativement la durée dans le temps, si, de la durée d'une réaction, impliquant cet acte avec le temps de discernement, qui le précède, nous retranchons ce temps de réaction, que contient simplement le temps de discernement. Un acte de choix plus complexe se réalise, quand, après l'opération du discernement, on détermine encore plus intimement le mode de mouvement, lorsque, par exemple, il faut faire un choix entre le mouvement de la main droite et de la main gauche.

Le petit tableau, ci-joint, où sont consignées les moyennes de trois
séries d'expériences appartenant à divers observateurs, nous renseigne
sur ce choix le plus simple, qui existe entre un mouvement et la non-
exécution de ce mouvement. Le blanc et le noir servaient d'objets de
discernement. Les expériences furent pratiquées comme les précédentes,
de façon que l'éclairage était interrompu au moment de la réaction.
Dans chaque série, un groupe avec le simple discernement précédait
un groupe d'expériences, où le discernement et le choix se produisaient
entre le mouvement ou le repos ; et un groupe, pareil au premier,
venait après.

| | Temps de réaction | | Variation moyenne des | Temps de choix entre le mou- |
	avec discernement	avec discer- nement et choix	expériences de choix	vement et le repos.
M. F.	0,185	0,368	0,065	0,183
E. T.	0,240	0,424	0,056	0,184
W. W.	0,303	0,455	0,067	0,152

La réaction avait lieu avec la main droite dans les expériences de
discernement, comme dans les expériences de choix ; mais, dans ces
dernières, la réaction s'exerçait seulement contre le blanc. Le temps de
choix complexe entre *deux* mouvements est fourni par le tableau suivant,
où la première colonne renferme les chiffres moyens de toutes les expériences de réaction, avec discernement, des trois observateurs ; la
seconde colonne contient les moyennes des expériences de choix en
question. Les dernières expériences ont été exécutées, de façon que la
réaction contre le blanc était opérée avec la main droite, et, contre le
noir, avec la main gauche.

| | Temps de réaction | | Variation moyenne dans les | Temps de choix entre deux |
	avec discernement	avec discer- nement et choix	expériences de choix	mouvements.
M. F.	0,183	0,514	0,055	0,331
E. T.	0,226	0,510	0,065	0,284
W. W.	0,291	0,479	0,056	0,188

Si on recherche les différences, provenant des chiffres de la dernière
colonne des deux tableaux, il reste pour

M. F. 0,148   E. T. 0,100   W. W. 0,036 de seconde,

comme différences moyennes, concernant le temps d'un choix simple
entre le mouvement et le repos, et le temps d'un choix entre divers
mouvements. Si l'on compare les temps de choix avec les temps de
discernement énumérés (p. 279) des mêmes observateurs, alors, les

premiers temps sont, constamment, beaucoup plus grands, que les temps de discernement simple ; pour M.F. et E.T., ils surpassaient même les temps de discernement multiple, tandis que pour moi, ils les égalaient presque. Il est donc remarquable, que les temps des actes de discernement et de choix ne divergent pas absolument dans le même sens, chez les divers observateurs : tandis que mes temps de discernement sont beaucoup plus considérables, en revanche les temps de choix restaient bien au-dessous de ceux des autres observateurs ; et surtout, la différence de choix entre le mouvement et le repos, et entre deux mouvements, est moindre.

Donders a été le premier, avec ses élèves, à faire des expériences, où la durée de la réaction simple était prolongée par les temps de discernement et de choix, qui s'y ajoutent (1). A part le mode de détermination ordinaire du temps de réaction (mouvement donné contre l'impression connue), que Donders appelle méthode a, il se servait spécialement encore de deux modes d'investigations, dont l'un correspondait essentiellement à nos expériences de choix entre deux mouvements (méthode b), l'autre, à nos expériences de choix entre le repos et le mouvement (méthode c) ; seulement, des impressions non permanentes, mais momentanées étaient régulièrement employées. Cependant, Donders a donné à ces expériences une autre interprétation psychologique : d'après son opinion, seulement dans les expériences b, un temps de discernement et un temps de volition étaient pris en considération, et, dans les expériences c, uniquement un temps de discernement. Il croit, par conséquent, que les différences c — a seraient les temps proprement dits de discernement, et les différences b — c, les temps de volition ; de Kries et Auerbach ont partagé cette opinion. Néanmoins, cette interprétation des expériences me paraît inadmissible. Devons-nous exécuter ou ne pas exécuter un mouvement ? Cette réflexion est aussi bien une action de choix, que la réflexion : en présence de deux mouvements, devons-nous opérer l'un ou l'autre de ces mouvements ? Cette réflexion est seulement d'une espèce un peu plus simple. Lors de l'application des méthodes, très-souvent on observe avec netteté, qu'entre l'aperception de la représentation et l'exécution du mouvement se place encore une réflexion : faut-il oui ou non entreprendre une réaction ? il s'intercale donc une action de choix. Par conséquent, les comparaisons des résultats, obtenus d'après les méthodes a, b et c, ne nous renseignent nullement, ni sur la grandeur absolue des temps de discernement et de choix, dans des conditions déterminées, ni sur leur rapport réciproque. Ainsi, cette assertion de Donders, que le temps de volition a une

1. De Jaager, *De physiologische Tijd bij psychische Processen*, Utrecht 1865. — Donders, *Archiv f. Anat. u. Physiol.* 1868, p. 657.

durée un peu inférieure au temps de discernement, est inexacte ; car, ce temps de volition semble, même dans les conditions les plus simples, être toujours notablement plus grand. Toutefois, les chiffres, communiqués à ce sujet par Donders et de Jaager, sont intéressants, grâce à cette interprétation modifiée. C'est pourquoi, nous allons présenter les chiffres moyens les plus remarquables de ces observateurs, en tant que ces chiffres se rapportent à des impressions simples : les différences $b - a$ sont désignées, comme temps de discernement et temps de choix.

Genre d'impression.	Mouvement choisi.	Temps de discernement et de choix.
Irritant tactile, pied droit et pied gauche	Main droite et main gauche	0,066
Irritant lumineux, lumière rouge et lumière blanche.	—	0,154
Irritant sonore, deux sons de voyelles	Répétition du même son	0,050
Irritant sonore, cinq sons de voyelles	—	0,088

Ces chiffres permettent de reconnaître très-nettement l'influence qu'exerce l'association habituelle de certaines impressions et mouvements. Si, contre l'irritation provenant d'un pied, on doit toujours réagir avec la main placée du même côté, cette liaison est évidemment favorisée par l'exercice commun des organes ; de même, la réaction contre un son de voyelle est favorisée par la répétition du même son de voyelle ; tandis que, entre les diverses impressions lumineuses et les mouvements de réaction en question, il existe seulement une liaison volontairement établie pour ces expériences. Si, néanmoins, à propos des impressions lumineuses, les temps sont en moyenne plus faibles, que dans les observations pratiquées par nous, ceci s'explique par l'application ou emploi des irritants lumineux momentanés, chez Donders ; tandis que dans nos expériences les dispositions étaient prises, pour que l'impression agisse jusqu'au début ou entrée du mouvement de réaction. Lors des impressions lumineuses de très-courte durée, la qualité de la sensation semble modifiée dans une direction qui indique, que l'excitation n'a pas eu le temps suffisant d'atteindre son maximum (1) ; aussi, très-probablement, lors des impressions permanentes, le processus d'aperception commence, quand ce maximum est approximativement atteint, tandis qu'avec les impressions momentanées, il pourra commencer beaucoup plus tôt. Pour deux motifs, j'ai préféré, ici, faire les expériences avec des impressions lumineuses permanentes : 1° c'est uniquement de cette manière que doivent s'opérer les observations, où les temps de discernement et de choix peuvent être séparés l'un de l'autre, et ce procédé est le seul qui permette de nous renseigner sur la durée d'aperception des représentations complexes ; 2° c'est dans ce cas, que les conditions se rapprochent le plus possible

1. Kunkel, *Archiv* de Pflüger t. IX, p. 215. — Voir plus haut tome I, p. 494.

des rapports ordinaires de la perception visuelle. Or, nous avons un plus grand
intérêt à connaître la durée normale moyenne d'un acte psychique déterminé,
que de savoir, jusqu'à quelle grandeur minimum cette durée peut être abaissée
dans des conditions extraordinaires ; ce qui, d'ailleurs, n'enlève nullement à
cette dernière investigation son intérêt relatif.

Les conditions les plus favorables au raccourcissement du temps de réaction se rencontraient mieux encore dans les expériences, que de Kries et
Auerbach ont pratiquées, selon la méthode c de Donders (1). Non seulement,
ces physiologistes utilisaient généralement des impressions momentanées, mais
en outre chaque impression était, dans un temps approximativement constant,
précédée d'un avertissement, qui avait pour but d'occasionner une tension
maximum de l'attention. Or, nous avons déjà vu, qu'un signal, qui régulièrement apparaît tout d'abord, abaisse le temps de réaction à zéro, ou même le
ramène à des grandeurs négatives (p. 268). En effet, ceci a été, parfois, constaté
dans les expériences de ces physiologistes ; mais ces derniers n'ont utilisé que
les expériences qui fournissaient des temps positifs. En agissant de la sorte,
ils ont obtenu les chiffres moyens suivants :

	Différence $c—a$.
Pour la localisation des sensations tactiles	0,021—0,036 de seconde.
— le discernement des forts irritants tactiles. . . .	0,022—0,064 —
— — faibles.	0,053—0,105 —
— — d'un ton élevé	0,019—0,049 —
— — d'un ton grave.	0,034—0,054 —
— — d'un ton et d'un bruit.	0,023—0,046 —
— la localisation du son	0,015—0,032 —
— le discernement des couleurs (du rouge et du bleu).	0,012—0,034 —
— — de la direction de la lumière. . .	0,011—0,017 —
— — de la distance des objets	0,022—0,030 —

D'après les raisons, que nous avons données, ces chiffres ne sont pas comparables à ceux des autres observateurs ; et même, quelques-uns de ces chiffres
sont tellement faibles, que chez eux l'influence du signal, qui se produit en
premier lieu, dans un temps connu et a pour but d'abaisser à zéro tous les
espaces de temps psycho-physiques, est difficile à méconnaître. Grâce aux pré-
cautions et à l'uniformité, avec lesquelles les expériences ont été conduites,
ces chiffres sont toujours comparables entre eux. Par conséquent (abstraction
faite du discernement plus rapide et facile à comprendre, d'après ce que nous
avons déjà dit, des irritations énergiques ou des impressions hétérogènes, telles
que le ton et le bruit comparés à des hauteurs de ton différentes), le résultat
principal est, que la différence $c — a$, constatée lors de la localisation des
impressions, se trouve beaucoup plus faible, que lors de la détermination de
leur intensité ou qualité. Or, les expériences ne permettent nullement de décider,
si ceci doit être mis au compte du temps de discernement ou du temps de choix
(entre le repos et le mouvement), ou de ces deux temps. Ce qu'il y a de plus

1. J. de Kries et F. Auerbach, *Archiv* de du Bois-Reymond, 1877, p. 297.

vraisemblable à supposer, c'est que, dans ce cas, le temps de choix est raccourci. L'on voit vraiment, qu'il est bien plus difficile de pratiquer une association déterminée d'un mouvement avec une impression caractérisée par son intensité ou qualité, que de lier habituellement un mouvement à l'irritation d'un lieu déterminé de la rétine ou de l'organe tactile. Dans le dernier cas, notre attention tout entière est dirigée vers le lieu en question ; nous ignorons chaque impression qui se produit ailleurs ; par conséquent, la liaison est bientôt presque aussi sûrement mécanique, que lorsqu'il est question de la réaction simple contre des impressions connues (1).

Pour obtenir une séparation, quelque peu précise, du temps de discernement d'avec les autres parties du processus de réaction, il est indispensable, comme nous l'avons déjà dit, que l'impression agisse, jusqu'à ce que son discernement se soit réellement opéré. Dans ces expériences, où s'accomplit en outre un acte de choix, l'uniformité des conditions oblige à procéder de la même manière ; alors, le choix doit être encore autorisé entre divers mouvements d'enregistrement, par exemple entre le mouvement et le repos. D'après cela, l'ordonnance de l'expérience, esquissée à grands traits (p. 278), s'exécute conformément à la description suivante, représentée schématiquement dans la fig. 177. Pour chaque expérience, il faut deux observateurs : l'un, que nous nommerons le *réacteur* est celui, dont les temps doivent être déterminés ; l'autre, chargé de mesurer le temps et de réaliser toutes les autres conditions de l'expérience, qui sont d'ailleurs indispensables, sera le *lecteur*. Tous deux ne se remplacent jamais durant une série d'expériences ; ils n'alternent pas. Le réacteur est assis devant une caisse de carton (*K*), noire à l'intérieur et présentant une ouverture ronde, où il applique son œil droit. La partie opposée de la caisse est disposée en

1. De Kries et Auerbach ont déclaré, à l'exemple de Donders, que les temps de discernement étaient seuls mesurés par les résultats de leurs expériences. Ces observateurs sont d'avis, que les réflexions, consignées dans la première édition de cet ouvrage, contre une pareille interprétation, sont basées sur un malentendu (*loc. cit.* p. 300). De mon côté, je crains, que leur remarque ne repose sur un malentendu. Ici, comme lors de ma première édition, j'appelle temps de choix, non pas le temps de discernement entre deux impressions, ainsi que ces auteurs semblent l'admettre, mais bien le temps, qui est nécessité pour le choix entre deux mouvements ou entre le mouvement et le repos. Donders (comme de Kries et Auerbach) suppose, que la différence *c—a* fournit un acte psychique unique, l'acte du discernement des impressions sensorielles; j'affirme, que généralement cette différence contient encore *deux* actes, le discernement et le choix entre le mouvement et le repos. Ceci n'exclut pas, que dans des conditions physiologiques favorables, par exemple lors des différences de localisation, l'exercice ne puisse occasionner une élimination complète du second acte, et, peut-être même, du premier acte. En effet, les expériences de de Kries et Auerbach sur la localisation s'approchent évidemment d'une limite, où *c—a* devient nul. Si l'on a pratiqué, d'une façon suffisamment solide et fixe, la liaison entre une partie irritée et le mouvement, qui lui appartient, une différence n'existera guère plus entre ces expériences et les expériences de réaction simple. C'est pourquoi, les expériences de localisation, d'après la méthode *c*, seraient difficilement propres à donner des renseignements certains sur les espaces de temps psycho-physiques.

châssis, de façon que deux ressorts de laiton retiennent une feuille de papier
de grandeur convenable. Pour les expériences, concernant la réaction simple,
le papier était blanc ; pour les expériences de discernement, les impressions,
qu'il s'agissait de distinguer, occupaient le centre du papier. Afin que l'œil fût
bien accommodé, avant la production de l'éclairage, et mît sa ligne de regard
dans la direction appropriée, il y avait tout-à-fait au-dessus de l'objet une
mince ouverture, qui apparaissait comme un point brillant. Au dessous de
la ligne visuelle était posé, à l'intérieur de la caisse, un tube de Geissler (*L*),
qui, devenu lumineux, au moyen d'un petit appareil d'induction *J* de Rumkorf,
rendait l'objet parfaitement visible, puisqu'aucune lumière ne pouvait arriver
directement à l'œil. Pendant toute la durée de l'expérience, le ressort de l'ap-

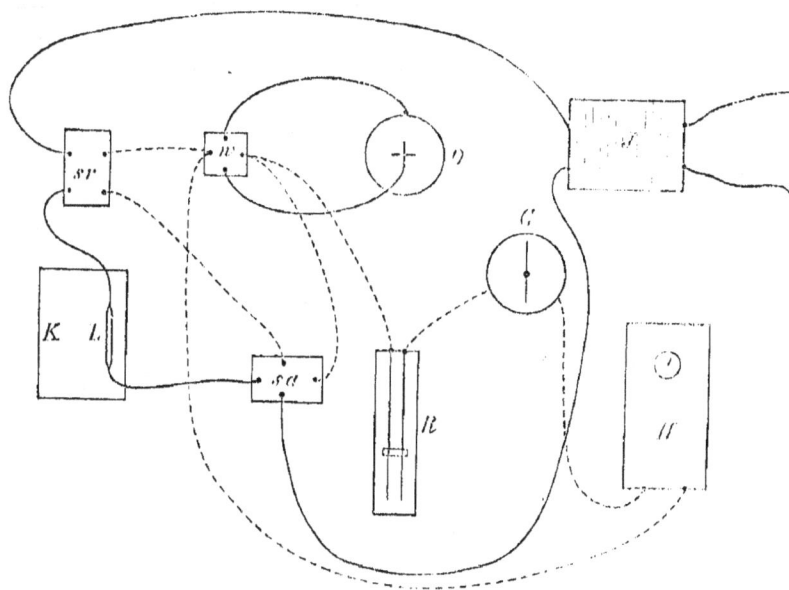

Fig. 177.

pareil d'induction était maintenu en vibration par une pile thermo-électrique,
qui équivalait à environ quatre éléments de Bunsen. La mensuration de temps
était effectuée par un chronoscope de Hipp (déjà décrit p. 260), dont l'électro-
aimant était intercalé dans une pile *D*, composée de deux éléments de Daniell ;
en outre, un rhéochorde *R*, un petit galvanomètre *G* et le commutateur *w*, qui
renverse le circuit dans le chronoscope, servent à graduer l'énergie du courant
et à en mettre les résultats sous les yeux du lecteur. A partir de *w* (fig. 177), la
conduction dans le chronoscope (*D H*) est représentée par des lignes ponctuées ;
et la conduction entre l'appareil d'induction et le tube de Geissler (*J L*), par
des lignes pleines. *sr* et *sa* sont deux mécanismes, qui opèrent la fermeture du
courant ; isolés l'un de l'autre, ils reçoivent la conduction *J L* et une branche

de la conduction $D H$; l'autre branche de cette conduction se dirige vers R, G et H. Les mécanismes *sr* et *su*, produisant la fermeture du courant, sont disposés de telle sorte, que les deux conductions, qui les traversent, sont fermées d'une façon parfaitement simultanée. Voici comment s'exécute l'expérience. Quand le lecteur ferme en *w* le courant $D H$, les aiguilles du chronoscope s'arrêtent ; le réacteur, fixant en K le point lumineux, presse en même temps le bouton du mécanisme *sr*, qui est disposé à l'instar d'une double clef de télégraphe. Alors, le lecteur imprime le mouvement au chronoscope H, et opère en *sa* la fermeture, après un temps court, mais indéterminé : par ce moyen, la caisse est simultanément éclairée, et le mécanisme d'aiguille de H est mis en mouvement, grâce à l'entrée d'une fermeture secondaire, de moindre résistance, dans le courant $D H$. Au moment où le réacteur aperçoit l'éclairage, ou a accompli (lors des expériences de discernement) l'acte de discernement, il abandonne de nouveau le bouton de *sr* : par suite, l'éclairage est simultanément interrompu, et le mouvement des aiguilles, arrêté. L'examen de la situation des aiguilles avant et après l'expérience fournit immédiatement le temps, qu'il fallait mesurer.

4. — Aperception des représentations complexes.

A l'opposé du discernement simple, l'aperception des représentations complexes est un processus plus compliqué, chez lequel non-seulement une pluralité d'actes de discernement, mais même une réunion des objets discernés sont nécessaires, pour constituer une représentation unique. Les méthodes, servant à déterminer les temps de discernement, sont immédiatement applicables à la mensuration d'une pareille durée de l'aperception : on laisse l'impression complexe agir, jusqu'à ce qu'elle soit complètement aperçue ; la différence de la durée de réaction, ainsi obtenue, et de la durée de réaction déterminée lors d'une impression simple, de composition connue, toutes conditions égales par ailleurs, fournit donc le temps d'aperception des représentations complexes ; car, les processus physiologiques et les autres processus psychophysiques peuvent, dans les deux cas, être considérés comme concordants. Les expériences de ce genre ont été spécialement pratiquées dans le domaine des représentations visuelles complexes ; et seulement, dans une étendue plus restreinte, en ce qui concerne les représentations auditives.

Pour découvrir, de quelle manière augmente avec la composition d'une représentation le temps de son aperception, il est indispensable de choisir ces sortes d'impressions, où l'on peut arriver à produire une augmentation, approximativement régulière, de la composition. Pour les représentations visuelles, les symboles de chiffres seraient ceux qui remplissent le mieux cette condition. Nous avons donc choisi des chiffres imprimés et recherché la durée d'aperception des nombres composés de 1 à 6 chiffres, qui avaient été disposés en quantité tellement considérable, qu'une alternance continuelle pouvait se produire et que l'influence du souvenir de certaines combinaisons restait exclue. De plus, quoique parfaitement nets, les chiffres étaient suffisamment petits, afin que l'influence de la vision indirecte et des mouvements de l'œil fût supprimée. Le nombre de 6 chiffres avait une longueur de 23 m.m. : or, le point de fixation se trouvant au milieu, le point rétinien le plus extrême, employé à la vision, était, lors de l'amplitude visuelle utilisée, à environ 2° 33', sur les parties latérales de la rétine. En faisant les expériences avec l'éclairage momentané, on est aisément convaincu, qu'un pareil nombre est susceptible d'être encore nettement aperçu, sans mouvements de l'œil. D'ailleurs, les expériences ont été pratiquées absolument de la même manière, que pour la détermination des temps de discernement. Je cite d'abord les chiffres moyens provenant de deux mois, où les expériences ont été exécutées plusieurs fois par semaine, durant quelques heures. La série horizontale supérieure donne les chiffres moyens de janvier; la série inférieure, ceux de février 1880. Les observateurs étaient les mêmes, qui avaient opéré les expériences de discernement. Les chiffres sont les différences des moyennes résultant des temps de réaction complexe, directement mesurés et des temps de réaction simple des mêmes observateurs. Ces derniers temps furent pour

M. F. 0,143,   E. T. 0,220,   W. W. 0,196.

	Nombres de 1	de 2	de 3	de 4	de 5	de 6 ch.	Variation moyenne pour les nombres	
							de 1	de 6 ch.
M. F.	0,324 0,308	0,339 0,358	0,314 0,386	0,474 0,491	0,687 0,627	1,082 1,079	0,069	0,132
E. T.	0,348 0,194	0,441 0,276	0,601 0,330	0,848 0,480	1,089 0,704	1,387 0,887	0,055	0,161
W. W.	0,378 0,270	0,386 0,308	0,375 0,305	0,473 0,418	0,650 0,445	0,960 0,482	0,046	0,123

Le nombre total de ces sortes d'expériences a été, pour chaque observateur, 78 en janvier, et 42 en février; chaque nombre indicateur a été, autant de fois, expérimenté.

D'après ces résultats, la durée de l'aperception ne s'accroit nullement

d'une manière proportionnelle à la composition des représentations, et
elle ne diffère, que très-légèrement, quand une représentation est
relativement simple ou est formée de très-peu d'éléments constituants;
c'est pourquoi, toujours cette durée augmente davantage, en raison
de la composition croissante des représentations. Chez la plupart des
observateurs, les temps sont légèrement différents, pour les nombres
de 1, de 2 et de 3 chiffres ; mais, ils augmentent notablement pour les
nombres de 4 à 6 chiffres. On constate ainsi subjectivement, que le
nombre de 3 chiffres est encore perçu, comme *une* image, momentanée
en apparence ; tandis que ceux de 4 à 6 chiffres se divisent d'abord en
deux moitiés, que l'on combine ensuite.

Les différences individuelles sont très-importantes, quand il s'agit de
l'aperception de représentations complexes. Ici, elles dépendraient, en
majeure partie, de ce que l'on s'est plus particulièrement occupé de
travailler dans un domaine déterminé de représentations ; elles auraient
donc pour cause l'exercice. Dans nos expériences, cette influence de
l'exercice se révèle très-nettement par la décroissance des moyennes
des mois ; concordant avec la règle trouvée pour les temps de discernement, elle est plus considérable avec les nombres complexes, qu'avec
les nombres simples.

Chez moi, les temps de discernement simple ont été beaucoup plus grands,
que chez les autres observateurs; néanmoins, les temps d'aperception des représentations complexes ne sont pas plus grands, mais en moyenne plus petits.
Cette différence devint manifeste, surtout après un exercice de deux mois, et
elle se révélait encore sensiblement dans le raccourcissement surprenant de la
durée d'aperception des nombres, composés de plusieurs chiffres ; raccourcissement, qui parfois était tel, qu'au dernier jour d'expérience les nombres de
5 et 6 chiffres furent aperçus approximativement dans le même temps, que les
nombres de 3 et 4 chiffres. D'ailleurs, dans les expériences de ce genre, la
répétition de l'exercice a certainement une importance extrêmement considérable ; car, chez un quatrième observateur, M. G. Stanley Hall, qui inter-
rompait très-souvent ses expériences, pour se livrer à d'autres travaux, de façon
que le nombre de ses mensurations fut seulement la moitié de celui pratiqué
par ses collègues, on reconnaissait à peine une influence de l'exercice ; et, cet
observateur présentait continuellement des temps d'aperception d'une grandeur
surprenante, pour les nombres de 4 à 6 chiffres, ainsi que cela résulte des
moyennes de mois :

Nombres de 1	de 2	de 3	de 4	de 5	de 6 ch.	Variation moyenne pour les nombres	
						de 1	de 6 ch.
S. H. { 0,396	0,462	0,700	0,881	1,167	1,541 }		
{ 0,341	0,317	0,542	0,950	1,032	1,722 }	0,088	0,339

Le temps de réaction simple mesura 0,205 de seconde. Chez la plupart des observateurs, il a été constaté, durant les premiers jours, un fait d'une constance surprenante : les nombres de 2 et, même, de 3 chiffres étaient aperçus plus rapidement, que ceux d'un seul chiffre. Ce phénomène disparaissait graduellement, par suite de l'exercice : aussi, pourrait-on l'attribuer à ce que nous, Allemands, à cause de la coutume d'imprimer les nombres d'un seul chiffre, non pas comme des chiffres, mais comme des mots, étions moins habitués à leur vue. Donc, si l'on invoque des raisons analogues, parmi les nombres de plusieurs chiffres, ceux qui commencent par 1, et parmi ceux-ci, de nouveau les nombres, dont les deux premiers rangs sont 18, seront évidemment favorisés, quant à la brièveté de la durée de l'aperception.

Parfois, d'autres objets, des figures géométriques simples, ont servi à déterminer la durée d'aperception des représentations visuelles. De la même manière, que les chiffres dans les expériences précédentes, des triangles, des carrés, des pentagones et des hexagones, réguliers et irréguliers, de 5 à 8 m.m. de diamètre, exécutés en noir sur fond blanc, étaient éclairés, pendant le temps nécessaire à leur aperception. Cette présomption, qui au début s'imposait, que selon le nombre des côtés, la composition régulière ou irrégulière des figures, il existerait des diversités constantes de la durée de l'aperception, ne s'est pas confirmée ; au contraire, après un exercice très-court, toutes les figures ont été aperçues avec une vitesse, qui était, en moyenne, égale. Les résultats obtenus sont donc intéressants ; car, ils montrent, que les différences individuelles, trouvées pour l'aperception des chiffres, reviennent, chez les mêmes observateurs, de la même manière, à propos de ces représentations, ainsi que le révèlent les moyennes totales, provenant des temps de discernement (1).

M. F.	E. T.	W. W.
0,630	0,609	0,499.

Par conséquent, les temps d'aperception observés correspondent, presque, à ceux d'un nombre de 3 à 5 chiffres.

Au sujet de l'aperception des représentations auditives complexes, des expériences ont été pratiquées, seulement en les combinant avec les observations, décrites plus loin, sur la durée d'association. La méthode était uniquement propre à mesurer le temps d'aperception, pour l'aperception des mots *monosyl-*

---

1. Dans ce qui précède, comme dans ce qui suit, le temps de discernement désigne, ici, le temps de réaction, observé lors du discernement, déduction faite du temps de réaction simple.

labiques, d'une signification connue. M. R. Besser, M. Trautscholdt et G. Stanley Hall ont pris part aux expériences. Les moyennes totales des temps de réaction contre un son simple, et des temps de discernement des mots, étaient les suivantes :

	R. B.	M. T.	S. H.	W. W.
Réaction contre le son	0,108	0,116	0,143	0,196 (1)
Discernement des mots	0,177	0,057	0,137	0,107.

Le temps de discernement pour les mots monosyllabiques est donc beaucoup plus court, que pour les représentations visuelles complexes, et il concorde presque avec le temps de discernement, qui concerne plusieurs impressions lumineuses simples (p. 279). La cause de cette différence réside, en partie, dans la durée plus courte des impressions de mots, puisque, même lors des sensations lumineuses, les impressions momentanées sont plus rapidement distinguées, que les impressions permanentes ; elle consiste aussi dans le grand exercice, à l'aide duquel les mots sont favorisés, de préférence à d'autres représentations complexes. D'ailleurs, l'influence de l'exercice se révèle encore en ce que, dans le cours des expériences, les temps de discernement décroissent graduellement. D'une manière analogue, comme pour les expériences concernant l'aperception des chiffres, ceci se manifestait dans une mesure différente chez les divers observateurs, de façon qu'au commencement les différences individuelles étaient moindres, que lorsqu'elles se présentaient finalement dans les moyennes totales.

Pour déterminer la durée d'aperception des représentations visuelles complexes, Baxt a employé une méthode différente des procédés d'investigation, qui ont été utilisés précédemment (2). Cette méthode est basée sur ce fait, qu'un objet visuel doit, pour être aperçu, agir sur l'œil d'autant plus longtemps, qu'il est plus complexe. Sans doute, nous pouvons, même lors de l'apparition momentanée de l'étincelle électrique, ressentir une impression complexe; mais, dans ce cas, il faut prendre essentiellement en considération l'effet consécutif de l'irritant, effet qui dure très-longtemps pour l'œil. Baxt a cherché à éliminer, en quelque sorte, cet effet consécutif; car, il faisait suivre l'impression à percevoir, d'une autre impression, qui, en éteignant la première, coupait en même temps son effet consécutif physiologique. Comme, dans cette circonstance, le temps, compris entre l'impression principale et le second irritant extincteur, était varié de bien des manières, on parvenait par des tâtonnements à déterminer ce temps intermédiaire des deux irritants, où une perception est encore

---

1. Cette moyenne concorde, d'une façon surprenante et précise, avec la durée de réaction simple, remarquée dans une série antérieure d'expériences, contre les impressions lumineuses (p. 289). La concordance jusqu'à la troisième décimale est, naturellement, accidentelle.

2. Baxt, *Archiv* de Pflüger, IV, p. 325.

susceptible de se produire. Même, si la complication de l'impression reste égale, le temps, ainsi mesuré, est notablement différent, puisqu'il s'accroît de $1/_{40}$ à $1/_{18}''$ avec l'intensité de l'irritant extincteur. On conclut de là, que l'irritant, venu en second lieu, ne supprime pas complètement le développement de la représentation, mais que celle-ci triomphe d'autant plus aisément de l'irritant, que ce dernier est plus faible. Pour ce motif, les espaces de temps, observés par Baxt, ne nous renseignent nullement sur le temps réel de l'aperception. En effet, nous avons vu (p. 291), que ce temps est, pour les nombres de 1 et de 2 chiffres, notablement plus grand, que $1/_{18}''$. D'ailleurs, les temps, remarqués par Baxt, croissent considérablement avec la complication de l'impression. Quand, par exemple, des courbes simples et des courbes complexes étaient utilisées, en qualité d'objets, les temps employés se comportaient comme $1:5$. Également, l'extension de l'impression exerçait son influence : par exemple, de gros caractères (de lettres) étaient lus dans une durée de temps, où de petits caractères ne furent pas même reconnus, comme lettres ; probablement, ceci dépend de l'accommodation de l'œil, puisque de petits objets exigent, pour être reconnus, une accommodation plus précise, que de grands objets. Enfin, le contraste avec les autres impressions, situées dans le champ de regard, exerce une certaine action ; car, le temps est d'autant plus court, que plus grande est la différence d'éclairage, existant entre l'objet à percevoir et son entourage.

5. — Aperception de séries de représentations.

Les conditions de l'aperception se compliquent et présentent une forme nouvelle, quand une série, constituée par des impressions qui se succèdent, et nécessitant une série correspondante d'aperceptions successives, est donnée. D'abord, dans ce cas, pour qu'une perception séparée des diverses impressions soit possible, des conditions déterminées, concernant la durée et le cours de l'irritation sensorielle et dépendant, en majeure partie, des organes sensoriels, doivent être remplies. Ces conditions consistent en ce que : 1° à chaque impression soit accordé un certain temps, durant lequel elle agira, et 2° que les impressions soient séparées par des intervalles, suffisamment grands.

La durée de l'impression, durée qui est indispensable pour la perception, n'a été calculée avec quelque précision, que pour les irritants sonores et les irritante lumineux. Lors du bruit crépitant de l'étincelle électrique, cette durée est infiniment petite ; elle est notablement plus longue avec les sons réguliers, où environ 10 vibrations semblent nécessaires, pour qu'une sensation de ton prenne naissance, et où 8 à 10 autres vibrations permettent d'opérer une détermination de la hauteur de ton. Il résulte de là, qu'avec la hauteur croissante de ton, cette durée minimum de l'impression diminue (1). A propos des impressions lumineuses, l'intensité et la propagation de l'irritation influent sur le temps de sa perception. Ce temps parait décroître en proportion arithmétique, quand les énergies lumineuses croissent en proportion géométrique ; et la même relation semble exister entre l'étendue de la surface rétinienne irritée et la durée de l'irritation nécessaire à la perception (2). Nous devons faire abstraction, que chaque impression isolée a la durée nécessaire ; mais, pour opérer l'aperception d'une série d'impressions, la séparation de chaque impression par des intervalles de temps suffisamment grands est indispensable. Avec le sens visuel, ce temps intermédiaire a la plus grande longueur ; et la plus courte, avec le sens auditif. Ainsi, d'après Mach (3), l'intervalle de temps d'impressions justement discernables est

pour l'œil.................. 0,0470 de seconde.
— la peau (du doigt)...... 0,0277 —
— l'oreille.............. 0,0160 —

Au sujet de l'ouïe, le temps concorde assez exactement avec la vitesse d'environ $^1/_{60}$ de sec., qui est celle, où les battements de deux tons sont susceptibles d'être encore perçus (4). Quant aux bruits crépitants aigus, qui sont occasionnés par des étincelles électriques, jaillissant rapidement et successivement, Exner a trouvé cependant, pour l'oreille, une valeur notablement plus faible, 0,002″. De même, pour l'œil, l'intervalle justement discernable est plus petit ; il descend à 0,017″, lorsque deux points rétiniens, un peu distants l'un de l'autre, sont rapidement et successivement irrités par une étincelle électrique, et qu'avec la sensation se lie la représentation d'un mouvement de l'étincelle. Par opposition, l'intervalle entre deux impressions devra être plus grand, si ces impressions appartiennent à des domaines sensoriels différents ; souvent, cela

1. Exner, *Archiv* de Pflüger, XIII, p. 228. — De Kries et Auerbach, *Archiv* de du Bois-Reymond, 1877, p. 329. — F. Auerbach, *Annalen* de Wiedemann, VI, 1879, p. 591. — On obtient de tout autres résultats, si un certain nombre de vibrations, se succédant avec une vitesse déterminée, sont associées en groupes, qui se répètent dans certaines pauses. Il est ici constaté, que deux vibrations peuvent suffire, dans chaque groupe, à nous révéler la hauteur du ton. (Pfaundler, *Sitzungsber. der Wiener Akad.* 2ᵉ fasc. 1877, t. LXXV ; W. Kohlrausch, *Annalen* de Wiedemann, X, 1880, p. 1.)
2. Exner, *Sitzungsb. d. Wiener Ak. Math.* — *naturw. Cl.* 2ᵉ livraison, t. LVIII, p. 596.
3. *Sitzungsb. d. Wien. Ak. Math.* — *nat. Cl.* t. LI, p. 142.
4. Consulter t. I, p. 457.

dépend encore de celui des deux irritants, qui est mis le premier en jeu. Voici, suivant Exner (1), le plus petit temps discernable :

Entre l'impression visuelle et l'impression tactile . . 0,071"
— l'impression tactile et l'impression visuelle . . 0,050"
— l'impression visuelle et l'impression auditive . 0,016"
— l'impression auditive et l'impression visuelle . 0,060"
— les sensations de bruit des deux oreilles . . . 0,004"

La différence d'intervalle, selon la série des impressions, s'explique évidemment par la durée différente de l'ascension et de l'effet consécutif des irritations, ainsi que ceci est prouvé, surtout par le prolongement important de temps qui se révèle, quand l'impression visuelle est exercée la première. C'est pourquoi, lorsqu'un irritant lumineux agit sur nous, simultanément avec un irritant sonore ou tactile, nous sommes enclins à apercevoir celui-ci en premier lieu. Cependant, ceci n'est nullement une règle sans exception ; car, ici même, l'impression lumineuse peut arriver beaucoup plus tôt à l'aperception, quoique cette impression soit, en réalité, la seconde à se produire. Ainsi que nous l'avons déjà vu, ces sortes de déplacements de la succession sont possibles entre des impressions sensorielles disparates, comme entre des impressions sensorielles homogènes (p. 277). La condition constante, qui préside à l'apparition du phénomène, c'est que l'attention soit spécialement tournée vers l'une des deux représentations ; et, en outre, à cette occasion, l'énergie de l'irritant favorise la préférence, qu'a manifestée l'attention. D'autre part, l'attention étant fortement tendue, deux impressions peuvent pénétrer simultanément au point de regard de la conscience, quand l'attention est, autant que possible, *uniformément* dirigée vers les deux impressions. Un cas de ce genre apparaît dans ces expériences, où l'on essaie d'enregistrer, autant que possible simultanément, une impression qui a été signalée, et où ceci se mesure à la simultanéité de la sensation d'innervation et de la sensation tactile (p. 269). Nous avons vu, qu'ici non-seulement la perception des différents sens se présente très-souvent, dans l'observation de soi-même, comme une perception simultanée, mais que, parfois, l'enregistrement est, en réalité, approximativement simultané. La difficulté de ces observations et la rareté relative, avec laquelle on oblige le temps de réaction à disparaître totalement, montrent, qu'il n'est pas très-facile, malgré une tension extrême de l'attention, de maintenir l'une à côté

1. *Archiv* de Pflüger, XI, p. 403.

de l'autre *deux* représentations différentes. A cette occasion, nous rappellerons, qu'on met toujours ici les diverses représentations dans une certaine association, que par conséquent on les transforme en éléments d'une représentation complexe et unique. Avec les expériences d'enregistrement déjà mentionnées, ceci m'est, par exemple, assez souvent arrivé, comme si j'engendrais, par mon mouvement d'enregistrement, le son que produit la boule en tombant sur la planche de chute.

Mais, il est important pour l'essence de l'intuition de temps, que, lors de la détermination de position de deux représentations dans le temps, qui appartiennent à des impressions simultanées ou séparées par un très-court intervalle, seulement le premier et le dernier des trois cas possibles, de la simultanéité, de la transition continue et de la transition discontinue, se présentent, mais *non le second cas*. Dès que nous ne percevons pas simultanément les impressions, et qu'à cette occasion nous les réunissons, pour en former une complexion, nous remarquons toujours un temps intermédiaire plus court ou plus long, qui semble correspondre à l'abaissement d'une représentation et à l'ascension de l'autre représentation. En cela, la nature psychologique de notre intuition de temps se révèle, en qualité de nature *discrète*. Notre attention est susceptible de s'adapter, uniformément ou dans une mesure égale, à deux impressions : dans ce cas, celles-ci se réunissent, pour constituer *une seule* représentation. Ou bien, l'attention peut être suffisamment adaptée à *une seule* impression, afin de l'apercevoir très-rapidement, après l'effet de celle-ci : alors, la deuxième impression a nécessairement un certain temps de latence, durant lequel l'effort concentré de l'attention augmente pour cette deuxième impression, et diminue pour la première impression. Maintenant, les impressions sont perçues comme *deux* représentations, qui sont entre elles en rapport de succession, c'est-à-dire séparées par un intervalle de temps, où l'attention n'est suffisamment adaptée à aucune impression, afin de l'apporter à l'aperception. Ceci rappelle les observations, qu'au sujet de la formation de la représentation nous avons, déjà, constatées dans les phénomènes du lustre et de la lutte des champs visuels (1). Voici ce qu'indiquent ces observations : toutes les impressions, saisies simultanément par l'attention, nous les réunissons en *une* représentation, plus ou moins complexe ; mais, toutes les fois que cette réunion est empêchée par des conditions quelconques, nous décomposons, dans une succession de

---

1. Voir plus haut, p. 167.

l'acte de la représentation, les impressions données simultanément. Enfin, tous ces faits sont d'une grande importance pour le mouvement de l'attention. Nous avons, par la pensée, considéré ce mouvement, comme étant la migration, qu'opère sur le champ de regard, un point de regard, doué d'une étendue variable et d'une clarté variable, qui se trouve en rapport inverse avec l'étendue. Nous pouvons nous faire l'idée suivante de l'adaptation successive à des impressions différentes : quand le point de regard interne va d'une représentation à une autre représentation, il s'étend toujours, en premier lieu, sur une partie con- sidérable du champ de regard tout entier, et, par suite, il se rétrécit, de nouveau, en un autre endroit de ce champ. Le champ de regard interne se comporte donc d'une manière, essentiellement différente du champ de regard externe de l'œil. Nous pouvons quitter une première impression lumineuse, pour aller à une deuxième, qui est éloignée de la première, puisque le point de regard frôle, en passant (streift), les impressions qui sont intermédiaires. Mais, quand l'aperception se hâte d'aller d'une représentation à une autre représentation, tout ce qui est intermédiaire disparaît dans la demi-obscurité de la conscience générale.

L'aperception de représentations successives rencontre des conditions plus complexes, si une série d'impressions, séparées par des intervalles bien discernables, est donnée, et si, dans cette série, une autre im- pression quelconque a été intercalée. On se pose alors les questions suivantes : A quel anneau de la série de représentations, la représen- tation ajoutée est-elle liée par l'aperception ? Tombe-t-elle réguliè- rement sur cet anneau, avec lequel l'impression extérieure est simultanée, ou bien des déviations, des divergences de cette position sont-elles susceptibles de se produire ? — Ici même, l'impression ajoutée ou additionnelle est un irritant homogène, ou un irritant dis- parate. Si cette impression est homogène, si par exemple un irritant visuel entre dans une série de représentations visuelles, ou un irritant sonore, dans une série de représentations auditives, à la vérité l'aper- ception est également capable de déplacer la série des représentations. Mais, pareille chose a lieu absolument dans les limites étroites, où ceci peut se réaliser lors de l'action de deux représentations isolées ; de sorte que l'on ne trouve aucune différence ou des différences à peine sensibles entre la liaison des représentations et la liaison réelle des impressions. Si, au contraire, l'impression ajoutée est un irritant disparate, des retards de temps, très-importants, en sont la conséquence.

La meilleure manière d'exécuter ces expériences consiste à choisir:
1° comme série de représentations, un certain nombre de représentations visuelles, qu'il est facile d'engendrer à l'aide d'un objet mis en
mouvement, et 2° comme impression disparate, ajoutée, un irritant
sonore. Par exemple, devant un cadran circulaire, une aiguille se meut
avec une vitesse uniforme et suffisamment lente ; par ce moyen, chaque
image de cette aiguille ne se confond pas avec les images suivantes,
et la position de cet indicateur est, à chaque moment, susceptible
d'être nettement perçue. On dispose le mécanisme d'horlogerie, qui fait
tourner l'aiguille, de façon qu'à chaque révolution retentisse un seul
coup de cloche, dont le temps d'apparition sera varié à volonté, afin
que l'observateur ne sache pas d'avance, quand le coup de cloche doit
se faire entendre réellement. Avec ces observations, trois choses sont
possibles : 1° Le coup de cloche peut être aperçu juste au même
moment, où par sa révolution l'aiguille se trouve coïncider avec le
temps du son : dans ce cas, aucun retard de temps ne se produit.
2° Le son peut se combiner avec une position retardée de l'aiguille :
alors, si la différence de temps est tellement importante, qu'elle ne
doive pas simplement être rapportée aux processus de propagation,
nous admettrons un retard de temps des représentations et nous le
nommerons le retard *positif*, puisque le son est aperçu plus tard, qu'il
n'a lieu réellement. 3° Enfin, le coup de cloche peut se combiner avec
une position de l'aiguille, qui devance le son réel : ici, nous donnerons
au retard de temps le nom de *négatif*. Ce qui est, en apparence, le plus
naturel et le plus conforme aux prévisions, c'est le retard de temps positif;
car, toujours un certain temps est nécessaire pour l'aperception. On
pourrait penser, que ces expériences sont aptes à fournir la méthode
la plus irréprochable, qui déterminerait la durée réelle de l'aperception,
lors de la succession ou alternance des représentations disparates,
puisque dans ces circonstances le temps de l'excitation de la volonté
n'est nullement en jeu. Mais le résultat montre, que c'est précisément
le contraire, qui est la vérité. Voici le cas qui se présente le plus fréquemment : le retard de temps devient *négatif;* par conséquent, le
son est, en apparence, entendu plus tôt, qu'il n'à lieu réellement. Bien
plus rarement, ce retard de temps est nul ou positif. Notons d'ailleurs que, dans toutes ces expériences la combinaison assurée du son
avec une position déterminée de l'aiguille nécessite un certain temps,
et que, pour cela, une seule révolution totale de l'aiguille n'est jamais
suffisante. Donc, le mouvement doit s'exécuter durant un temps plus

long ; alors, les impressions sonores forment une série régulière, de
sorte qu'il se produit toujours un déroulement simultané de *deux* séries
de représentations disparates, dont chacune est capable, grâce à sa
vitesse, d'influencer le phénomène. Remarquons à ce sujet, que premièrement le son est en général transféré dans une certaine région du
cadran, et que ce son se fixe graduellement, lors d'une position déterminée de l'aiguille. D'ailleurs, un résultat, qui se manifeste de cette
manière, quand on a observé plusieurs révolutions totales de l'aiguille, n'offre encore aucune certitude suffisante. Car, des combinaisons
accidentelles de l'attention jouent ici un grand rôle. Si l'on essaie de
lier le coup de cloche à une position quelconque, volontairement choisie,
de l'aiguille, ceci n'est pas difficile, pourvu que cette position choisie
ne se trouve pas trop éloignée du lieu réel du son. De plus, couvrez
tout le cadran, à l'exception d'une seule de ses divisions partielles, au
devant de laquelle on voit se mouvoir l'aiguille : on sera alors très-
enclin à combiner le coup de cloche avec cette position réellement
aperçue ; et à la vérité, dans ce cas, un intervalle de temps de plus de
$^1/_4$ de seconde peut être facilement ignoré. Par conséquent, des
résultats utilisables ne sont donc fournis, que par des expériences
très-nombreuses, longtemps continuées, dans lesquelles ces sortes
d'oscillations irrégulières de l'attention se compensent toujours, de
plus en plus, d'après la loi des grands nombres, de façon que les véritables lois de son mouvement peuvent apparaître avec netteté.
Quoique mes expériences, assurément souvent interrompues par
d'autres travaux, s'étendent à une série d'années, néanmoins elles ne
sont pas encore assez nombreuses, pour épuiser tous les cas possibles ;
mais, elles permettent toujours de connaître les lois principales, que
l'aperception suit dans des conditions données. J'ai exécuté ces expériences, soit avec un disque, au devant duquel se mouvait une aiguille,
douée d'une vitesse constante, susceptible d'ailleurs de varier entre
certaines limites ; soit avec un pendule, dont la durée de vibration
pouvait se modifier de 1 seconde à 1,75 de seconde, grâce à un poids
qui se déplaçait sur la verge de cet instrument (voir plus loin fig. 179).
Les expériences, pratiquées à l'aide du premier appareil, ne sont pas
assez nombreuses ; cependant, elles sont suffisantes, pour démontrer la
dépendance, qu'affecte le retard de temps vis-à-vis de la vitesse de la
série de représentations. Un plus grand nombre d'expériences ont été
faites au moyen du second appareil ; à part la dépendance de la vitesse
simple, elles nous révèlent l'influence du changement de vitesse ; car,

à chaque demi-vibration du pendule, la vitesse augmente d'abord jusqu'à un certain maximum, dans la succession des positions de l'aiguille, et diminue de nouveau.

Au sujet de ces observations, nous devons distinguer : 1° les modifications, que le retard de temps éprouve, quant à *sa direction*, par conséquent les rapports de ses valeurs positives, négatives et nulles, et 2° les oscillations, que le retard de temps présente *relativement à sa grandeur*. Quant au premier point, la *vitesse de la série de représentations, qui se déroule*, exerce l'influence la plus essentielle. Dès que cette vitesse dépasse une certaine limite, le retard de temps acquiert des valeurs *positives ;* au-dessous de cette limite, il a presque toujours des valeurs *négatives*. Lors de la première limite de temps, le retard est tantôt positif, tantôt négatif et, parfois, absolument nul. Ici donc, les conditions les plus favorables sont données, pour percevoir, dans un grand nombre d'observations, le temps réel de l'impression ; mais, simultanément, la variation moyenne est très-importante. J'ai pris un disque de 16 cent. de rayon, à la périphérie duquel dix degrés d'angle sont, chaque fois, marqués par une division partielle, et j'ai trouvé, que la valeur limite énumérée était atteinte, lorsque la vitesse de la révolution totale était justement d'une seconde, lorsque par conséquent l'intervalle de temps, séparant deux coups de cloche, mesurait pareillement $1''$; et l'intervalle, séparant deux signes visuels, $1/_{36}''$. La vitesse devenait-elle plus considérable, très-fréquemment l'impression sonore se combinait avec une division partielle, qui se montrait plus tard ; et l'impression sonore se combinait, presque régulièrement, avec une division partielle qui se montrait en premier lieu, quand la vitesse était plus petite. Si la vitesse des séries de représentations est variable, en outre le *changement de vitesse*, existant au moment de l'impression additionnelle, exerce de l'influence. Dans ces instants, où la vitesse augmente, on est enclin à laisser se produire un retard de temps *négatif*, et au contraire un retard de temps *positif*, si la vitesse décroît ; on est donc toujours porté à lier l'impression, qui est ajoutée, aux anneaux de la série, qui se déroulent *plus lentement*. C'est ce que montrent les expériences, faites avec le pendule, et dont je donne un résumé dans le petit tableau suivant. A ce sujet, il faut remarquer, que la vitesse des vibrations pendulaires peut seulement se rapprocher de la limite, où apparaît le retard de temps positif, de façon qu'en général le retard de temps négatif est favorisé. Les expériences sont disposées d'après les valeurs de la vitesse *c*, indiquées dans la première colonne horizontale, et d'après les valeurs de la modification de vitesse c', consignées à gauche dans la première colonne verticale ; c' est pris positif, quand la vitesse augmente, et négatif, quand elle diminue. Les divers cas des retards de temps positifs et négatifs sont ordonnés d'après ces groupes, qui ont été trouvés entre certaines limites de c et de c'. Donc, les deux chiffres $+1-8$, dans la deuxième série verticale, indiquent par exemple que, lorsqu'il existait une vitesse angulaire entre 5 et 7, et une modification de vitesse allant de 0 à 10, *un* retard de temps positif a été observé pour 8 retards de temps négatifs (1).

c'	5 à 7		7 à 9		9 à 11		11 à 13		13 à 15	
0 à 10	+1	—8	+9	—45	+10	—39	+5	—24	+1	—6
10 — 20		—3	+3	—5	+6	—16	+1	—13	+4	—4
20 — 30			+1	—1	+1	—2		—11		—2
30 — 40								—1		—1
40 — 50								—1		
0 à 10	+4	—16	+19	—35	+28	—31	+5	—24	+1	—2
10 — 20	+14	—4	+13	—6	+10	—16	+4	—15		—4
20 — 30	+4	—1	+6	—3	+4	—6	+3	—6	+2	—1
30 — 40	+1	—1	+3	—3	+3	—1	+1	—5		
40 — 50	+1		+2	—2	+1	—4	+1		+1	

Si un seul observateur (comme cela a eu lieu ici) exécute sur lui-même ces expériences, il est nécessaire de varier le lieu du son, en disposant le coup de cloche, autant que possible, sans éveiller l'attention. Ceci explique, que les expériences sont, quant à leur nombre, très-inégalement réparties entre les diverses valeurs de c et c' ; lorsqu'on pratique au hasard ces sortes d'arrangements, on favorise aisément,

1. Si nous appelons t la durée de vibration du pendule, α son amplitude, β le lieu du coup de cloche réel et β' celui du coup de cloche apparent, tous deux calculés en angle, à partir de la position moyenne, on trouve, d'après la formule d'approximation suivante, le temps x, qui se trouve entre le passage en β et β' :

$$x = \frac{t}{2\pi} \sqrt{arc .cos. \frac{\beta'}{\alpha} - arc. cos. \frac{\beta}{\alpha}}.$$

Plus haut, nous avons désigné par c la vitesse momentanée du pendule, lors du passage de l'aiguille à travers le point β, et par c' la modification de vitesse, qui a lieu en ce point. Par conséquent,

$$c = \frac{d\beta}{dt} = \frac{4\pi}{t} \sqrt{(cos. \beta - cos. \alpha)},$$

$$c' = \frac{d^2\beta}{dt^2} = \frac{4\pi^2}{t^2} sin. \beta$$

Consulter Duhamel, *Mécanique analytique* (trad. allem. de Schlömilch), t. I, p. 369.

grâce au mécanisme de l'appareil, ces positions du marteau, où la modification de la vitesse est faible. Néanmoins, on reconnaît avec netteté l'influence de la vitesse, comme l'influence provenant de la modification de la vitesse.

Les deux influences doivent être prises en considération, quand il s'agit de la *grandeur du retard de temps*. Cette grandeur est, généralement, extrêmement importante, quand la vitesse est moindre et quand la modification de la vitesse l'est également ; avec les valeurs croissantes de ces deux dernières, elle diminue. Si l'on veut donc obtenir un retard de temps le plus petit possible, c et c' devront être aussi grands, que possible. En manière d'exemple, je cite les chiffres moyens d'une série d'expériences, qui ont duré un mois (du 5 juillet au 4 août 1865). Les chiffres du tableau suivant indiquent les valeurs absolues du retard de temps. Dans ces sortes de rubriques, concernant c et c' et où se trouvent les déterminations soit positives, soit négatives, seules les déterminations, qui appartiennent au retard le plus fréquent, sont utilisées. Grâce à l'indice des valeurs de temps, le tableau fait donc connaître simultanément l'influence, qu'exerce la modification de la vitesse sur la direction du retard de temps. On voit que, si les vitesses sont extrêmement lentes, le retard de temps se rapproche de la grandeur du temps de réaction, telle qu'elle est révélée par les expériences d'enregistrement ; avec la différence, qu'ici le temps est *négatif*, puisque l'impression est aperçue, avant qu'elle n'ait lieu réellement. Ces valeurs les plus grandes du retard de temps mesurent au delà de $1/_{10}$ ″. A partir de ce point, le retard de temps décroît toujours, de plus en plus ; il s'abaisse même à $1/_{25}$ ″, si la vitesse et la modification de la vitesse, qui peut être atteinte, ont un degré extrême. Les écarts ou déviations des observations isolées sont très-importants dans ces expériences, surtout si on considère la transition ou passage brusque du retard de temps, qui se produit fréquemment avec les valeurs élevées de $\check{c}$ et c', transition du côté négatif au côté positif et inversement. La variation moyenne est des plus petites ; elle est à peine plus grande, que lors des expériences ordinaires d'enregistrement (0,012—0,025), quand la vitesse est faible et uniforme. Avec la grandeur de c et c', elle augmente beaucoup, et finalement elle peut atteindre, presque, la quotité totale du retard de temps absolu.

c	$+ c'$				$- c'$			
	0 à 10	10 à 20	20 à 40	40 à 50	0 à 10	10 à 20	20 à 40	40 à 50
5 à 7	−0,124	−0,070			−0,120	+0,076	+0,069	
7 — 9	−0,095	−0,073		.			+0,079	.
9 — 11	−0,082	−0,069	−0,055		+0,083	+0,077	+0,069	+0,040
11 — 13								

Des différences individuelles d'une grandeur importante se manifestent même dans ces expériences ; elles sont vraisemblables, grâce aux oscillations d'appréciation, que chaque observateur découvre en lui-même, dans différents temps. Leur existence se révèle encore plus directement dans certaines observations astronomiques, dont les conditions concordent essentiellement avec les nôtres. Par l'ancienne méthode, qui détermine le temps du passage d'un astre à travers le méridien du lieu d'observation, l'astronome emploie un télescope ou instrument de passage, qui est mobile autour d'un axe horizontal, dans le cercle vertical du méridien. Pour s'orienter dans le champ visuel, on a recours à un réseau de fils, tendu dans le plan focal commun des lentilles objective et oculaire ; ce réseau se compose de deux fils horizontaux, et de cinq, sept ou d'un plus grand nombre de fils verticaux. Le télescope est disposé de façon, que le fil vertical médian coïncide exactement avec le méridien. Quelque temps, avant que l'astre atteigne ce fil, on consulte la montre ; et, tandis que l'on regarde à travers le télescope, on compte les secondes d'après les coups ou battements de la montre. L'astre, surtout s'il possède une grande vitesse (1), arrivera rarement au coup de la seconde, dans le méridien ; c'est pourquoi, afin de déterminer encore les fractions d'une seconde, l'observateur doit remarquer, au dernier coup de la seconde, le lieu de l'astre *avant* le passage, et au premier coup de la seconde, *après* le passage à travers le fil médian du télescope ; ensuite, il divisera le temps d'après l'espace parcouru. Par exemple, a-t-on compté 20 secondes ; l'astre se trouve-t-il à la 21me seconde, à la distance $a c$; à la 22me, à la distance $b c$ du fil médian c (fig. 178) ; et $a c : b c$ se comportent-ils comme 1 : 2 ; alors, puisque la distance totale $a b$ a été parcourue en une seconde, l'astre a traversé le fil médian c en 21 secondes $\frac{1}{3}$, du temps de la montre. Évidemment, les conditions, inhérentes à

---

1. Ceci est le cas qui se présente toujours ; aussi, la méthode, décrite plus haut, n'est ordinairement employée, que pour les astres qui ne sont pas trop éloignés de l'équateur céleste. Pour l'étoile polaire, la méthode d'observation est tout autre ; nous ne l'exposerons pas en détail, car elle est sans intérêt, pour la question qui nous occupe. Consulter à ce sujet Peters, *Astronomische Nachrichten*, t. LIX, p. 16.

ces observations, sont analogues à celles qui se réalisent avec nos expériences. Le mouvement de l'astre, au devant des fils verticaux du télescope, ressemble au mouvement de l'aiguille, sur le cadran du disque ou du pendule. Donc, il faudra s'attendre à un retard de temps, qui se réalisera plus facilement dans le sens positif, si les vitesses sont considérables, et plus facilement dans le sens négatif, si elles sont faibles. Les observations des astronomes ne fournissent aucune occasion de déterminer la grandeur absolue de ce retard de temps. Voici comment se révèle l'existence de cette dernière : après avoir soigneusement éliminé toutes les fautes de l'observation, il reste constamment, entre les calculs de temps de deux expérimentateurs, une différence personnelle, qui, ici, peut être beaucoup plus importante, que lors des calculs de temps, opérés selon la méthode d'enregistrement (p. 259). Dans un grand nombre de cas, elle s'élève seulement à des fractions de dixième ou de centième d'une seconde ; dans d'autres circ-

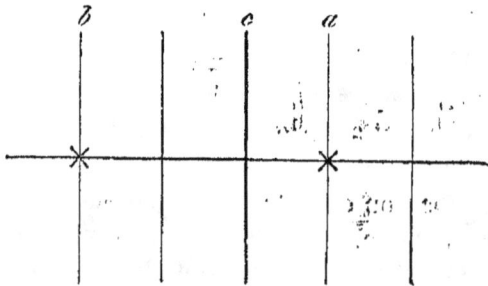

Fig. 178.

constances, elle mesure une seconde complète, et même davantage. Il est à peu près certain que, si les équations personnelles sont minimes, les retards de temps de deux observateurs ont lieu dans le même sens et ont seulement une grandeur différente ; au contraire, avec des équations personnelles considérables, inévitablement des différences se manifesteront dans la direction du retard de temps. Mais, il ne faut pas oublier, qu'à chaque fixation calculée d'un passage il se produit une double détermination de la position de l'astre ; par conséquent, les différences individuelles du retard de temps devront s'additionner (1).

1. Selon une autre remarque d'Argelander, quand on observe l'astre, *après* le passage à travers le fil médian, l'attention n'est pas épuisée, puisqu'ici, lors du coup de la seconde, on croit, parfois, voir l'astre en *deux* endroits, dont la distance de temps pourrait mesurer 0,1 — 0,15″. (*Tageblatt der Naturforscherversammlung zu Speyer*, 1861, p. 25.)

Ceci explique, que l'équation personnelle est, très-souvent, plus grande, qu'on ne l'aurait présumé d'après les valeurs de temps absolues du tableau précédent, qui ont été obtenues dans des conditions plus simples. La comparaison des différences de quelques observateurs a été, dans plusieurs cas, continuée durant un grand nombre d'années ; elle montre en outre, que ces différences ne sont nullement constantes. Évidemment, les conditions individuelles de l'attention ne restent donc pas immuables ; elles sont soumises à des oscillations irrégulières, soit à des modifications continuelles, qui persistent très-longtemps.

Si nous jetons un coup d'œil rétrospectif sur le cercle tout entier des phénomènes, découverts au sujet de l'entrée et du cours des représentations, les deux faits suivants se dégageront, surtout, de cet examen : 1° L'attention a, constamment, besoin d'un certain temps d'adaptation, pour élever les impressions au point de regard de la conscience. 2° Cette sorte d'adaptation, qui se manifeste, quand les irritants sensoriels sont préalablement connus sous le rapport de quelques-uns de leurs éléments, peut être *préparatoire*. C'est pourquoi, le temps entre la perception et l'aperception est plus ou moins raccourci, ou bien il peut être négatif, pourvu que les impressions soient déterminées, sous le rapport de leur entrée dans le temps. Si les conditions sont telles, qu'il se produise simultanément avec l'aperception de l'impression une excitation de la volonté, il faudra de nouveau distinguer deux cas : 1° Le mode de mouvement volontaire peut être auparavant donné et devenu habituel, ou bien 2° il peut être laissé indéterminé, puisqu'on le fait dépendre de la composition variable de l'irritant à percevoir. Dans le premier cas, un temps particulier de la volonté n'existe pas généralement : le développement de l'impulsion de la volonté coïncide, ici, complètement avec l'aperception. Dès que l'aperception est achevée, l'impression est enregistrée simultanément ou, du moins, après un temps intermédiaire, infiniment court. Ce fait n'est expliqué, que par l'hypothèse suivante : la tension préparatoire de l'attention consiste en un processus d'innervation, qui est simultané avec l'énergie croissante de la volonté. Ceci concorde absolument avec l'assertion, que cette tension préparatoire est un acte volontaire. Nous supposerons donc, que la base physiologique fondamentale du processus de l'aperception est l'accroissement d'une innervation volontaire, qui est parfaitement et simultanément prête à se répandre sur un domaine

sensoriel central déterminé et à régir une conduction motrice déterminée. Par conséquent, lorsqu'on se livre à ces observations, le sentiment
subjectif de l'attention varie dans deux conditions : il se modifie avec la
qualité et l'énergie de l'impression attendue, et avec la forme du mouvement projeté ou voulu. Or, l'une ou l'autre de ces deux conditions
peuvent être laissées plus ou moins indéterminées. Si le genre de l'impression extérieure est complètement inconnu, la tension motrice acquiert la mesure suffisante de l'énergie préparatoire, mais l'écoulement
de l'innervation motrice se partage entre divers domaines sensoriels. Il
se produit ainsi un sentiment d'inquiétude, très-différent de cette tension
sûre, certaine, qui précède l'observation d'une impression attendue.
Ici, la durée d'aperception est augmentée, mais toujours le temps de la
volonté coïncide avec elle. L'aperception est moins gênée, si toutefois
la qualité de l'irritation est connue. Maintenant, l'innervation préparatoire a sa voie propre toute tracée ; seulement, l'énergie, qu'elle doit
atteindre dans sa ramification sensorielle, est laissée indéterminée.
Une division analogue de l'attention apparaît, comme lorsque le choix
est libre entre divers sens, si, avant l'observation, le mouvement à
exécuter reste indéterminé. Ici, la tension préparatoire varie entre les
domaines moteurs, parmi lesquels le choix doit avoir lieu ; il se manifeste, comme précédemment, un sentiment analogue d'inquiétude ;
mais, ce sentiment présente à son tour, par sa composition subjective,
une différence caractéristique. Or, après que la partie sensorielle de
l'aperception est achevée, la partie motrice doit acquérir son énergie
suffisante.

Ces considérations nous amènent donc à la conclusion suivante :
*l'aperception et la réaction de la volonté contre l'aperception repré-
sentent essentiellement un processus connexe, cohérent.* Si le mouvement volontaire est en relation fixe avec l'impression sensorielle
attendue, le processus est, d'après son parcours dans le temps, un
processus unique. S'il n'en est plus ainsi, si, après l'accomplissement
de la perception, encore un certain choix doit se produire, le processus tout entier se décompose en *deux* actes ; et, au fond, ces deux
actes ne sont que des formes différentes de l'aperception. Or, ce choix
entre divers mouvements consiste seulement, en ce que le mode de
mouvement, correspondant à l'impression sensorielle, est *aperçu.*
Auparavant unique, le processus de l'aperception se sépare en deux
autres processus. Chacun de ces derniers émane d'une excitation centrale de la volonté : mais, pour le premier processus, cette excitation

de la volonté est dirigée vers les domaines sensoriels centraux, et pour le second, vers les conductions motrices centrifuges.

Tout autres sont les conditions de l'aperception, lorsque celle-ci n'est pas liée à une réaction de la volonté, mais est, comme dans les expériences dernièrement mentionnées, examinée au sujet du rapport, qu'affectent entre elles les aperceptions des impressions hétérogènes. Dans les phénomènes de retard de temps, qui se manifestent à cette occasion, la répétition régulière de l'irritant introduit joue un rôle essentiel. Par ce moyen, généralement l'aperception est non-seulement préparée, mais même l'impression est immédiatement reproduite, dès que l'intervalle régulier s'est écoulé. Cette circonstance nous fait géné-ralement comprendre la réalité du retard de temps négatif. Dès qu'un intervalle, pas trop long, existe entre l'instant, où l'image de souvenir est d'une vérité frappante, et celui où l'impression se produit réelle-ment, tous deux se confondent ; et alors, le moment, où l'image de souvenir est devenue saisissante, est pris pour le moment de l'impres-sion. Il est facile de se convaincre de la justesse de cette explication, si on se livre aux expériences, décrites plus haut (p. 268) et concernant les sons, avec un signal antérieur. Nous avons vu, qu'ici l'aperception et l'impulsion de la volonté doivent, parfois, précéder l'impression, puisque celle-ci peut être enregistrée presque simultanément. Si, dans une série d'expériences, où l'on fait le plus rapidement possible l'enre-gistrement, on intercale une seule expérience, où l'impression réelle ne succède pas au signal, il arrive très-fréquemment, que la réaction s'opère cependant contre l'impression, quoique l'observateur sache au moment du mouvement, que l'impression n'a pas eu lieu. L'on est donc, ici, directement surpris de réagir à la vérité non contre l'impression réelle, mais contre l'image de souvenir, dont le temps nous est connu par des expériences antérieures. La même chose se produit absolument dans nos observations, concernant l'interpolation d'impressions sonores, successives, dans une série de représentations visuelles. Ces observa-tions se distinguent sous *un* rapport : c'est que, dans certains cas, surtout si le mouvement des séries de représentations est lent, le retard de temps négatif est susceptible d'atteindre des grandeurs beaucoup plus importantes. Ceci est expliqué par les conditions de l'expérience, qui sont toujours essentiellement différentes. De nombreux témoignages attestent, que les liaisons exercées de certains mouvements volontaires avec des perceptions sensorielles deviennent extraordinai-rement fixes ; de sorte que, comme nous l'avons vu, l'aperception et l'excitation extérieure de la volonté sont, en pareil cas, un seul et unique processus. Il en est tout autrement, quand une impression sensorielle est intercalée dans une série de représentations disparates. Ici, l'impression peut, dans certaines limites, être combinée avec chacune de ces représentations, de sorte que la liaison dépend encore uniquement de l'accroissement de tension de l'attention. Or, d'après les renseignements fournis par les expériences, cet accroissement de tension est déterminé par la vitesse, avec laquelle les impressions se succèdent. Lorsque les impressions ont une certaine vitesse, l'adaptation de l'attention peut justement s'achever, en se portant d'un son vers un autre son : ici, par conséquent, le retard de temps est, en moyenne, nul, ou bien, il oscille entre des valeurs positives et négatives d'une grandeur approximativement égale. Quand la vitesse est plus considérable, l'adaptation n'est pas encore achevée ; mais celle-ci l'est, en moyenne, beaucoup plus tôt, si la vitesse est plus petite. Évidemment alors, la vitesse d'adaptation n'est pas toujours la même ; elle est plus grande, si les impressions se succèdent plus rapidement, et plus petite, si elles se succèdent plus lentement. C'est pourquoi, la valeur absolue du retard du temps est d'autant plus grande, que les représentations se déroulent avec une vitesse moindre. Si, grâce à la rapidité de la succession, une grande vitesse de l'adaptation de l'attention est activée, elle devient en même temps plus incertaine ; par conséquent, avec la diminution ou décroissance du retard moyen de temps, augmentent les écarts qui se produisent entre les diverses observations. Enfin, les mêmes conditions expliquent l'influence de la *modification de vitesse,* influence qui se manifeste dans nos expériences. Il sera d'autant plus difficile à l'attention, de combiner le son additionnel avec une position déterminée de l'aiguille, que celle-ci se meut avec une vitesse plus considérable. Toutes les fois que la vitesse des représentations visuelles est uniforme, nous sommes donc enclins à combiner le son avec une des représentations lentes. Il arrive ainsi, que le retard de temps est plus facilement négatif, quand la vitesse augmente, et positif, quand elle diminue.

Les observations des astronomes, concernant la différence personnelle, remarquée avec l'instrument de passage (ou à l'aide des « méthodes de l'œil et de l'oreille »), contiennent de nombreuses comparaisons, faites entre divers observateurs. Comprenant, en partie, plusieurs années, ces comparaisons permettent ainsi de mesurer l'étendue et la continuité des oscillations individuelles, qui se révèlent dans ces phénomènes de conscience. Par exemple, de l'année 1840

à 1853, l'équation personnelle, constatée entre les astronomes Main et Robert
son, a éprouvé les modifications suivantes :

M—R		M—R	
1840	— 0,15″	1848	+ 0,37″
41	+ 0,08	49	+ 0,39
43	+ 0,20	50	+ 0,45
44	+ 0,18	51	+ 0,47
45	+ 0,20	52	+ 0,63
46	+ 0,26	53	+ 0,70
47	+ 0,35		

Evidemment, ici, abstraction faite d'une très-petite oscillation (entre 1843
et 1845), l'équation personnelle s'est trouvée en voie d'accroissement continu,
entendu au sens positif, de sorte que la modification tout entière atteint 0,85″,
dans l'espace de treize années. En un seul jour, Wolfers et Nehus ont remarqué
des différences, qui s'élèvent à 0,22″ (1). Ici même, comme lors des observations d'enregistrement (p. 248), des expériences ont été déjà pratiquées dans
un intérêt astronomique, afin de déterminer la grandeur *absolue* de la faute
commise par les divers astronomes. On laissait passer une étoile artificielle à
travers les fils verticaux médians du télescope, et l'on comparait, avec le temps
réel du passage, le temps évalué d'après les coups de la seconde (2). N. C.
Wolff a constaté chez lui, durant plusieurs mois, que la perception du temps
de passage avait, en moyenne, avancée de 0,10″. La grandeur et la direction de
cette faute n'étaient pas modifiées, quand non pas des impressions sonores,
mais des signaux lumineux, se succédant à intervalles égaux, fournissaient les
moments de temps. Le retard de temps resta donc essentiellement le même,
que les impressions aperçues séparées eussent, pour origine, deux sens différents, ou bien un seul sens. Quand la vitesse du mouvement augmentait, la
perception était légèrement en retard ; ce qui concorde avec les résultats précédemment énumérés. De même, l'influence, découverte plus haut, de la vitesse
explique ce phénomène remarqué par Bessel, que la différence personnelle
diminue notablement, si, au lieu de la montre qui frappe les secondes complètes, on emploie celle qui donne la demi-seconde. Enfin, voici comment l'on
se rend compte, en partie, de cette perception faite généralement par les astronomes que, lors de l'observation de phénomènes subits, toutes les différences
personnelles sont plus petites (3) : dans ce cas, seulement un retard de temps
positif est encore susceptible de se produire, tandis que les plus grandes valeurs
de la différence doivent apparaître, quand, chez un observateur, il existe un

1. Peters, *Astron. Nachrichten*, t. IXL, p. 20.
2. J. Hartmann, *Archiv f. Mathem. u. Physik*, de Grunert, t. XXXI, 1858, p. 1.—
N. C. Wolf, *Recherches sur l'équation personnelle* (*Ann. de l'observatoire de Paris*,
t. VIII, Paris 1865). Mémoire résumé in *Vierteljahrsschr. der astronom. Gesellsch.* I,
p. 236.
3. Peters, *loc. cit.* p. 21.

retard de temps positif, et, chez l'autre observateur, un retard de temps négatif.

Pour les observations psychologiques, où il s'agit de découvrir la dépendance des retards de temps vis-à-vis des diverses conditions extérieures, on doit préférer aux méthodes astronomiques ces procédés d'expérimentation, qui permettent de varier aisément la vitesse des impressions et d'établir éventuellement des vitesses croissantes et décroissantes. Comme on l'a déjà vu, j'ai utilisé dans ce but un disque, qui tournait avec une vitesse uniforme, soit un *appareil pendulaire.* Je me bornerai à décrire ce dernier, puisque les dispositions, destinées à mettre en jeu l'impression sonore, étaient analogues dans les deux mécanismes; en outre, ce second instrument a été construit avec beaucoup plus de soin et a servi à de nombreuses séries d'expériences. Cet appareil consiste essentiellement en une horloge, dont le pendule a une longueur variable. Sur un marche-pied, qui est nivelé par trois vis de pression et à l'aide du fil à plomb g, se dresse une colonne de bois M, de $1^m,20$ c. de hauteur. La partie supérieure de la colonne est représentée, dans la fig. 179, avec toutes les pièces principales, qui s'y rattachent. A l'extrémité supérieure de la colonne M est horizontalement fixée une plaque de laiton m, sur laquelle sont solidement vissés, en arrière le tuteur n du cadran, et, en avant, le rouage de l'aiguille Z. Le tuteur a deux bras divergents o o' ; l'extrémité supérieure de ces derniers est maintenue par deux colonnettes, qui sont perpendiculaires à la surface des bras et soutiennent le cadran S. Le rayon de courbure extérieure du cadran mesure 11 centimètres. Ce cadran présente, de 2 en 2 degrés d'angle, des divisions partielles, et des chiffres espacés de 10 en 10 degrés. Sur le bras droit o' du tuteur se trouve, en outre, une petite douille de laiton h, où la cloche G est fixée à l'aide de sa tige b. On peut obliger celle-ci, ainsi que la cloche à remonter dans la gaîne de la douille, et les y maintenir, en serrant la vis s. C'est ce que l'on fait, si, comme par exemple dans les expériences tactiles, on veut éviter les battements de la cloche, lors des mouvements du mécanisme d'horlogerie et du levier. L'axe de rotation de l'aiguille Z est muni d'une petite roue dentée y. L'aiguille peut se fixer à cet axe, dans une position quelconque. Indépendamment de ces parties déjà décrites, du côté droit la plaque de laiton m sert de support à l'axe commun du marteau sonore q et du levier H ; ces deux derniers sont étroitement reliés l'un à l'autre, sur le même axe de rotation. A l'extrémité supérieure de q est vissé un bouton, qui, lors d'une position déterminée de l'axe du levier, frappe la cloche G. Le levier H se compose d'un bras gauche, plus long et d'un bras droit, plus court. A l'extrémité du bras droit est placé un pas de vis, sur lequel un bouton l peut se visser et se dévisser, afin de répartir convenablement le poids ou charge aux deux côtés. A l'extrémité du bras gauche se trouve le marteau tactile e, qui est muni d'un bouton d'ivoire. A cette partie de l'appareil, destinée aux expériences tactiles, appartient encore la tablette T, fixée à la colonne et sup-

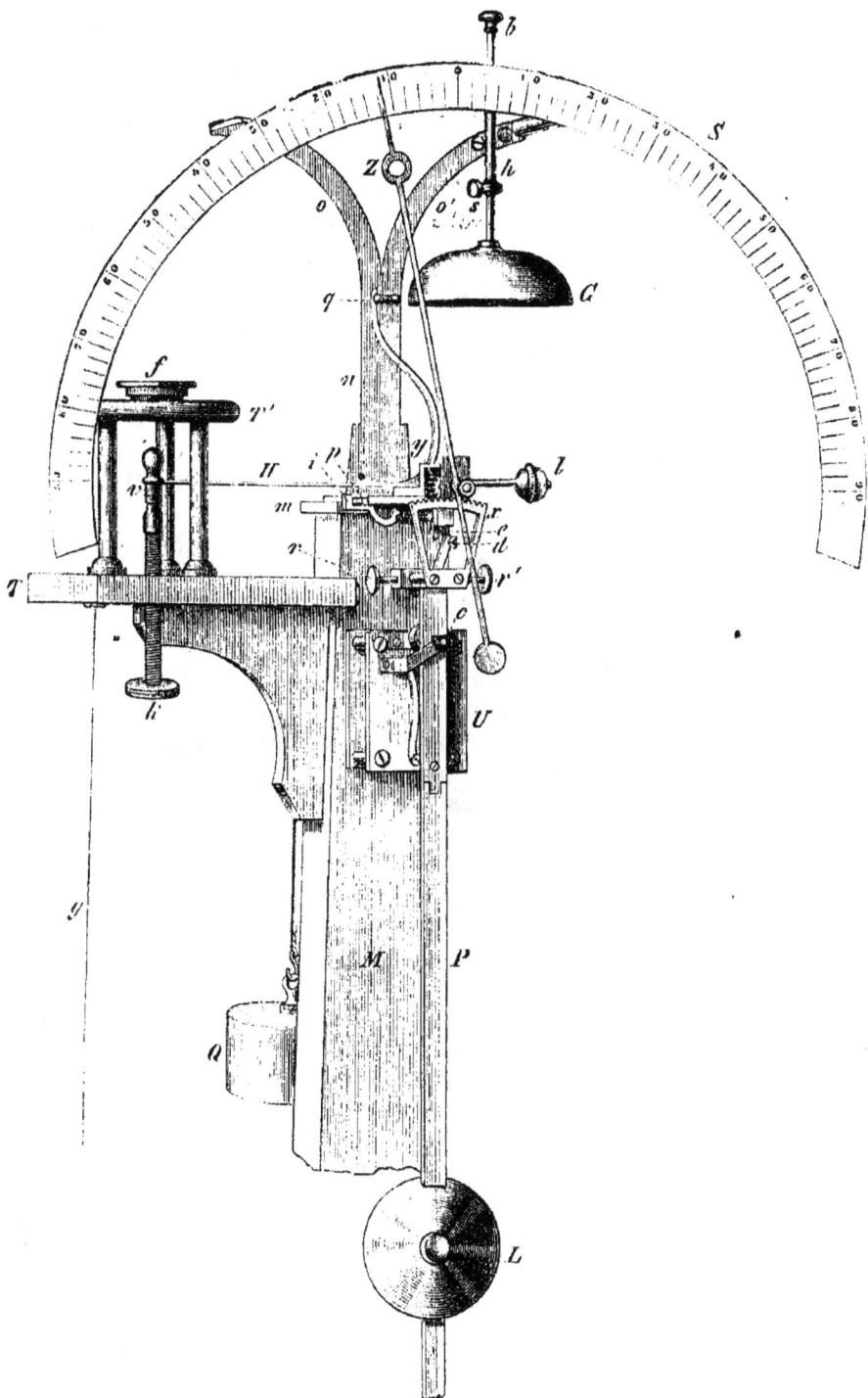

Fig. 179.

portant une petite table ronde *T'*, qui repose sur trois pieds de cuivre. Cette
dernière table offre en son milieu, à l'opposé du marteau tactile *c*, une ouverture ronde, où la plaquette d'ivoire *f* peut se visser. La surface inférieure de
cette plaquette est recouverte de cuir, afin d'affaiblir le choc provenant de *c*. La
tablette *T* est, à l'opposé de l'ouverture *T'*, perforée par la vis *k*, et sur la
partie supérieure de celle-ci repose *c*, quand le mécanisme d'horlogerie est
arrêté. En abaissant ou élevant la vis *k* et la plaquette *f*, l'amplitude d'oscillation de *c*, et, par suite, du levier *H*, est susceptible de se modifier. La boîte de
montre *U* est placée au côté antérieur de la colonne *M*, un peu au–dessous de
la plaque de laiton *m*. Elle contient un simple mécanisme d'horlogerie à pendule, qui offre une particularité, sous le rapport de la disposition de la roue de
champ. L'axe de cette roue pénètre, en bas, dans une plaque d'acier, qu'une vis
rapproche ou éloigne d'une plaque fixe de laiton, située au-dessus. De cette
manière, l'action du mécanisme d'horlogerie sur le pendule, et, par suite, l'amplitude des oscillations peuvent varier dans des limites assez larges. De plus, grâce
à cette disposition, l'usure, qui atteint inévitablement les dents de la roue de champ,
durant de longues périodes d'expériences, est compensée. La liaison de cette
roue avec l'axe du pendule est identique à celle, que l'on voit habituellement
dans les grandes horloges à pendule. L'axe de la roue de rencontre perfore la
colonne *M* et porte à son côté postérieur la roue à poids, à laquelle le poids *()*
est attaché au moyen d'une corde plusieurs fois enroulée ; si l'on fait tourner la
roue à poids, le mécanisme d'horlogerie est monté. La partie supérieure de la
verge *P* du pendule est en métal, et sa partie inférieure, plus considérable, est
de bois. La lentille *L*, assez lourde, peut, grâce à un écrou, se déplacer sur la
partie de la verge, qui est de bois ; de cette manière, la durée des vibrations
est modifiée. La verge du pendule est donc graduée empiriquement. Pour transmettre les mouvements du pendule au mécanisme de l'aiguille, l'extrémité *x*
du pendule présente le secteur d'une roue dentée, dont les cames s'engrènent
parfaitement avec la petite roue dentée *y*, qui se trouve sur l'axe de l'aiguille.
Comme le rayon de la petite roue dentée mesure exactement $1/_{10}$ de celui du
secteur, l'aiguille doit se mouvoir avec une vitesse angulaire, décuple de celle
du pendule. Enfin, à la partie supérieure de ce dernier est solidement fixé un
ajustage de laiton, perforé par l'axe du pendule et pouvant tourner autour de
cet axe. Cet ajustage fait saillie dans l'espace embrassé par le secteur denté, et
se termine ici par la languette *d*. Les segments du secteur, qui se relient à la
verge du pendule, sont perforés par les vis *r r'*, qui, si on les rapproche le plus
possible, pressent entre elles le segment d'ajustage, supportant la languette *d*.
Donc, le changement de position des vis fait varier, dans des limites assez étendues,
la situation de la languette. Un mécanisme intermédiaire transmet au levier *H* le
mouvement du pendule. C'est un axe entouré d'un ressort ; en avant, il porte
l'appendice *e*, qui s'appuie sur la languette du pendule ; et sur cet axe se
trouve, en arrière, presque au devant du levier *H*, le récepteur *i*. Celui-ci
embrasse, à la manière d'un doigt, dont deux phalanges sont fléchies, un poin-

çon *p*, situé sur le levier. Quand, pour l'observateur, le pendule et l'aiguille se meuvent de gauche à droite, la languette *d* heurte l'appendice *e* : alors, l'axe, relié à ce dernier, se meut également de gauche à droite ; le récepteur *i*, et, par celui-ci, le poinçon *p* et le levier *H* sont élevés, jusqu'à ce que le marteau, adhérent au levier, tombe, dans une position déterminée, sur la cloche. L'appareil doit être disposé, afin qu'au moment où ceci se produit, l'appendice *e* se détache de nouveau de la languette *d*; ce glissement est favorisé par l'action du ressort à spirale, qui entoure l'axe, où *e* est fixé. Au même instant, le levier et le marteau retombent de nouveau. En plaçant convenablement le levier et la tête du marteau, le contact entre le marteau et la cloche peut donc être justement limité à un moment, de sorte que le coup de cloche n'occasionne aucune secousse, susceptible de perturber les mouvements du pendule et de l'aiguille. Si alors le pendule a un mouvement rétrograde de droite à gauche, la languette *d* passe, sans éprouver de résistance sensible, sur l'appendice *e*; car, quand l'axe de l'appendice se tourne dans cette direction, le ressort n'est pas tendu, et le récepteur *i* se détache facilement du poinçon *p*, qui repose sur lui. Donc, quand le pendule et l'aiguille marchent de gauche à droite, il se produit toujours un mouvement de levier et un coup de cloche. Mais le temps, où s'opère le coup de cloche, peut varier, si, à l'aide des vis *r r'*, on change la disposition de la languette *d*. Comme les mouvements du levier et du petit marteau pourraient troubler les expériences et détourner l'attention, toutes les parties de l'appareil, situées derrière le cadran, sont cachées par un écran noir (non représenté ici), qui est fixé en haut aux colonnettes de laiton, servant à soutenir le cadran.

Les observations se pratiquent de la manière suivante. Après avoir réglé le mouvement du levier, on met la lentille du pendule à la hauteur, qui est nécessaire pour la durée des vibrations, que l'on se propose d'obtenir ; ensuite, grâce au déplacement, déjà décrit, de la roue de champ, on engendre l'amplitude d'oscillation désirée. Pour cela, on touche les vis *r r'*, et la languette *d* est alors placée dans une certaine situation, que doit ignorer l'observateur. Si on fait sur soi-même les expériences et si on n'a pas d'assistant, qui serre ou desserre les vis, il convient, après chaque observation, de tout disposer pour l'expérience prochaine ; et, à ce sujet, il faut procéder, autant que possible, sans préoccupation aucune de l'attention. Quand tous les préparatifs sont achevés, les secousses du pendule communiquent le mouvement au mécanisme d'horlogerie. A chaque mouvement de l'aiguille de gauche à droite, on tâche de déterminer cette division partielle du cadran, devant laquelle l'aiguille passe, au moment du coup de cloche ou de l'impression tactile. Afin que cette perception s'opère avec la précision nécessaire, le mécanisme d'horlogerie doit marcher, depuis un certain temps. En général, le jugement hésite d'autant plus longtemps, que le mouvement est plus rapide. Après que l'expérimentateur a fixé, avec une exactitude suffisante, la division partielle du cadran, où l'impression a été perçue, il en prend note, ainsi que de l'amplitude et de la durée de vibra-

tions qui se produisent simultanément. Ensuite, il constate, quel est le moment
du mouvement de l'aiguille, qui a réellement coïncidé avec l'impression. Pour
cela, il conduit lentement le pendule de gauche à droite, jusqu'à ce que le
marteau *q* touche la cloche ou que le bouton *v* touche le doigt.

6. — Cours des représentations reproduites.

Les images de souvenir des intuitions antérieures s'entremêlent continuellement avec les représentations, qui sont éveillées par les impressions
sensorielles extérieures : tantôt en complétant la perception immédiate et se fusionnant inséparablement avec elle ; tantôt en s'opposant
constamment à cette dernière, et alors les images sont nettement
séparées par un intervalle de temps. Quand notre attention se détourne
de la perception sensorielle, les images de souvenir commencent à
alterner entre elles. Le chapitre suivant sera consacré à l'examen des
lois de cette alternance ou succession, relativement au contenu qualitatif des représentations ; ici, nous nous occuperons tout d'abord des
rapports, que cette succession présente dans le temps. A cet égard,
deux problèmes s'imposent à l'observation expérimentale : 1° la détermination de la durée des reproductions ; et 2° la découverte de la
vitesse des images de souvenir, qui se succèdent et, dans lesquelles, se
renouvelle une succession d'impressions sensorielles immédiates, de
vitesse connue.

La première de ces questions reçoit une réponse précise, seulement
dans un certain cas, c'est-à-dire lorsqu'une impression sensorielle extérieure, déjà donnée, éveille, grâce à l'association, une image de souvenir. Si le temps de l'impression est exactement connu et si des
expériences de contrôle ont déterminé le temps de l'aperception de
cette impression, le temps nécessaire à la reproduction se découvre, en
retranchant de tout cet espace de temps, écoulé depuis l'application de
l'irritant extérieur jusqu'à l'entrée de l'image de souvenir, cette partie
qui correspond au temps d'aperception de l'irritant sensoriel direct.
Mais il n'y a aucun motif d'admettre, que le temps, qu'une représentation, éveillée par une autre image de souvenir, emploie pour sa reproduction, est essentiellement différent de celui qui a été observé ici ;
nous pourrons donc supposer, que la méthode indiquée nous fournira
des renseignements sur la grandeur du temps de reproduction et sur
ses oscillations.

Évidemment, dans ce cas, nous devons choisir, comme irritants sensoriels externes, ceux qui sont susceptibles d'agir facilement sur la reproduction, en l'excitant. Les mots d'appel nous paraissent le mieux convenir à cette destination ; il faut en outre choisir des mots exclusivement *monosyllabiques*, puisqu'il est essentiel, pour la précision des déterminations de temps, que la durée de l'impression soit aussi courte, que possible. Les expériences ont été disposées, de façon que chaque série d'expériences embrassait *trois* groupes d'observations : 1º les groupes de *réaction simple R* ou du temps écoulé, depuis l'entrée d'une impression sonore simple jusqu'à la réaction motrice, exercée contre cette impression ; 2º les groupes de *réaction verbale W* ou du temps écoulé, depuis l'entrée d'une impression de mots jusqu'au mouvement consécutif à l'aperception du mot ; et 3º les groupes de *réaction de l'association A* ou du temps écoulé, depuis l'impression verbale jusqu'à l'entrée d'un mouvement réagissant, qui est exécuté au moment, où la représentation, reproduite par l'association, apparaît dans la conscience. Conformément à la méthode employée auparavant, la différence $W-R$ fournit le temps du discernement verbal ; mais, la différence $A-W$ correspond au *temps d'association* : terme abréviatif, que nous donnerons à la durée du processus de reproduction, effectuée par l'association. Le tableau suivant contient les moyennes totales, provenant des observations, auxquelles ont participé Messieurs R. Besser, M. Trautscholdt et G. Stanley Hall. Dans un but de comparaison, les trois temps de réaction sont indiqués, à part les temps $W-R$ et $A-W$ obtenus de leurs différences ; $m\ v$ désigne les variations moyennes appartenant aux valeurs moyennes précédentes ; n, le nombre d'expériences, avec lesquelles on a calculé les moyennes (1).

Observateurs	R	$m\ v$	n	W	$m\ v$	n	A	$m\ v$	n	$W-R$	$A-W$
R. B.	0,108	0,012	104	0,285	0,036	256	1,037	0,099	127	0,177	0,752
M. T.	0,116	0,010	88	0,173	0,023	336	0,896	0,168	125	0,057	0,723
S. H.	0.143	0 017	32	0,280	0,029	120	1,154	0,175	58	0,137	0,874
W. W.	0,196	0,009	40	0,303	0,026	80	1,009	0,128	40	0,107	0,706

1. Un mémoire spécial décrira en détail les expériences suivantes, qui ont été pratiquées dans mon laboratoire psycho-physique. — M. Wundt a tenu sa promesse. Sous le titre de « *Philosophische Studien,* » Leipzig 1881, il publie un compte-rendu de ses travaux personnels et de ceux de ses élèves, au sujet de ces questions. Ce recueil, très-important, paraît à intervalles irréguliers, et comprend déjà deux forts volumes in-8º. Voir une analyse des diverses livraisons des *Philosophische Studien* in *Revue philosophique* de Ribot, 1882 (note du traducteur).

D'après ces résultats, le temps d'association est, dans les conditions ici réalisées, constamment beaucoup plus long, que le temps de discernement pour les mots et les représentations analogues, relativement simples; car, par sa grandeur, il se rapproche presque de la durée d'aperception d'une représentation très-complexe, par exemple d'un nombre de 5 à 6 chiffres (consulter p. 289). En outre, il est évident, que des trois processus comparés, le premier et le dernier, la réaction simple et la reproduction, offrent les différences individuelles les plus minimes; tandis que celles-ci sont beaucoup plus importantes, lors de l'aperception des mots. Quant à ces deux processus, on constate (et l'on devait s'y attendre), que le temps d'association accuse des différences individuelles, bien plus faibles, que le temps de réaction simple; car, une valeur moyenne de 0,72″ est susceptible d'être considérée comme étant cette grandeur, dont s'écartent très-peu les temps moyens d'association de divers individus. Seulement, chez l'*un* des quatre observateurs (S. H.), le temps d'association a été sensiblement plus long; mais ici, la moindre habitude de la langue allemande explique aisément l'association, plus lente, avec les mots d'appel allemands. En revanche, chez tous les observateurs, la variation moyenne des réactions d'association est très-notable, puisque la quantité et la facilité des relations associatives sont extraordinairement différentes, pour chaque représentation. Naturellement, un mot habituel ou qui se trouve dans de fréquentes relations d'association provoque plus rapidement une reproduction, que ne le fait un mot, employé plus rarement ou relativement isolé. C'est ce que révèle nettement le tableau suivant des temps minima et maxima observés, auxquels je joins les associations de représentations correspondantes :

Observateurs	Temps d'association le plus court	Temps d'association le plus long
R. B.	0,445 (Pflicht—Recht)	1,132 (Lahm—Krücke)
M. T.	0,441 (Zeit-Zeitmessapparat)	1,132 (Leim—Vogelfalle)
W. W.	0,341 (Sturm—Wind)	1,190 (Staub—Sand) (1)

Si on met les associations dans certaines classes, on constate les différences de leur durée moyenne, qui présentent des écarts individuels caractéristiques. En tenant compte, que dans les expériences

1. Nous avons préféré laisser ici les mots allemands, dont voici d'ailleurs la traduction : Pflicht, devoir, Recht, droit; Zeit, temps, Zeitmessapparat, appareil servant à mesurer le temps : Sturm, tempête, Wind, vent; Lahm, paralytique, Krücke, béquille ; Leim, glu, Vogelfalle, perchée; Staub, poussière, Sand, sable. (Note du trad.)

servant ici de base, constamment l'association émanait d'une représentation de mots, l'on distinguera *trois* classes principales d'associations :
1º Les associations de mots, où uniquement un mot déterminé reproduit
un autre mot, en vertu de son association fréquente avec lui, comme
par exemple quand on complète Sturm (tempête) par Wind (vent) :
Sturmwind (vent impétueux, ouragan). 2º Les associations externes de
représentations, où la représentation, correspondant au mot, reproduit
une autre représentation, avec laquelle elle se lie d'ordinaire, comme par
exemple maison et fenêtre. 3º Les associations internes de représentations, où la représentation, éveillée par le mot, en reproduit une
autre, qui a avec elle un rapport abstrait, idéal quelconque de subordination, de sur-ordination (Ueberordnung), d'ordination accessoire,
de dépendance, etc., comme par exemple chien et carnivore. Quant à
leur durée dans le temps et à leur nombre (*n*), ces trois classes d'associations ont offert, chez les quatre observateurs désignés, les relations
suivantes :

Observateurs	Associations de mots	n	Associations externes de représentations	n	Associations internes	n
R. B.	0,737	52	0,810	29	0,730	46
M. T.	0,762	30	0,701	42	0,691	33
S. H.	0,977	10	0,710	9	0,861	39
W. W.	0,623	12	0,864	8	0,687	23

Tout d'abord, il est facile de voir ici, que chez l'observateur (S. H.),
moins exercé à parler l'allemand, les associations de mots nécessitent
la durée la plus longue. Les autres déviations individuelles doivent
être attribuées à des rapports analogues. Ainsi, par exemple pour moi-
même, évidemment l'habitude d'exposer, de décrire les pensées par
le langage, favorise une plus grande vitesse des associations de mots
et des associations internes. De cette manière, les exercices de ce genre
fourniraient une certaine mesure du développement individuel de la
conscience, relativement à la liaison associative des représentations.
Le processus de l'ascension et de l'aperception d'une représentation
exige un temps, notablement plus long, si, au lieu d'accomplir des
associations quelconques, on se propose de constituer un processus
logique de l'espèce la plus simple, un jugement simple. Quand, par
exemple, le mot entendu est considéré, comme le sujet du jugement,
dont on doit former un prédicat convenable présentant le rapport du
concept sur-ordonné, la réalisation d'un pareil jugement simple de
subsomption dure, en moyenne, environ $\frac{1}{10}$ de sec. de plus, qu'une

association quelconque, qui s'offre accidentellement. En outre, les oscillations sont si considérables, que très-souvent la variation moyenne mesure plus de $\frac{1}{10}$ de sec. Pour les représentations isolées, qui nous sont familières, comme sujets de jugement, le temps, nécessaire à la formation du jugement, peut complètement égaler le temps d'association : effectivement, on n'a affaire, ici, qu'à des associations, qui sont engendrées par des jugements habituels. Dans d'autres cas, au contraire, on a conscience de l'ascension d'une pluralité d'associations, parmi lesquelles est choisie l'association familière au prédicat du jugement. Il se réalise donc ici, dans la conscience, un processus, qui traduit nettement le rapport, que les associations affectent avec les liaisons logiques ou aperceptives des représentations : l'association crée les matériaux, dont l'aperception s'empare ensuite par une action de choix (1). Plus difficile est ce choix, et plus longue est la durée, que nécessite le processus de la pensée. Dans les expériences élémentaires, que nous venons d'exposer, les mots, mettant en jeu le processus du jugement, constituaient facilement, à cet égard, trois classes. Une première classe éveillait, dans la conscience, des images immédiatement déterminées, telles que par exemple les mots chien, tour, village, etc : ici, la formation du jugement s'exécute de la façon la plus rapide, puisque pour le concept isolé d'objet on trouve toujours aisément une espèce. Une deuxième classe de mots comprenait les désignations d'états ou d'actions, qui sont transportées à une représentation quelconque d'objet, comme par exemple angoisse, paralytique, etc., qui laissaient apparaître les représentations plus indistinctes d'un individu, tourmenté par l'angoisse, ou d'un paralytique : ici, le temps employé a été, en moyenne, un peu plus long, chez la plupart des observateurs. Enfin, une troisième classe embrassait les mots concernant les concepts plus abstraits, tels que force, salaire, garantie, etc., où très-souvent le mot est uniquement le suppléant, le représentant du concept : ici, le temps le plus long a été constamment nécessaire; ce qui s'explique très-bien, par la difficulté de mettre les concepts abstraits dans des espèces, encore plus générales.

Le mécanisme, qui est décrit schématiquement dans la fig. 180, où toutes les parties non essentielles sont supprimées, a servi à étudier la durée de la reproduction, dans les diverses conditions, précédemment énumérées. Le courant d'une

1. Consulter à ce sujet chap. XVII, nos 2 et 3.

pile constante D se divise, aux points a et b, en deux branches, de façon que
la conduction allant de a à b, en passant par $s\,a$ et $s\,r$, constitue une fermeture
secondaire de très-faible résistance, par opposition à la conduction principale

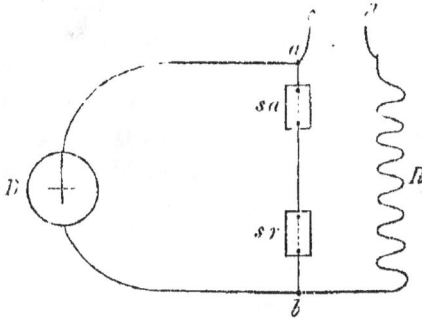

Fig. 180.

qui, traversant un rhéostat R, va à c et d, pour se rendre au chronoscope. $s\,a$
et $s\,r$ sont deux pièces, semblables à celles que l'on voit dans la fig. 177 (p. 287);
elles produisent la fermeture du courant. Le chronoscope de Hipp est, de
nouveau, employé à mesurer le temps. Dans ce cas, le *lecteur* imprime le mouvement au mécanisme d'horlogerie; ensuite, il prononce à haute voix le mot
monosyllabique, qui doit mettre en jeu la reproduction, et opère simultanément
la fermeture en $s\,a$; de sorte qu'au moment, où le mot retentit, le poinçon est
appliqué sur la plaque métallique, sous-jacente. Le *réacteur* maintient $s\,r$
fermé, jusqu'à ce que la reproduction, dont il est chargé de mesurer la durée,
se soit accomplie chez lui ; alors, il abandonne rapidement la poignée du mani-
pulateur, et aussitôt le poinçon à ressort s'éloigne de la plaque. Par conséquent,
les dispositions sont prises, pour que la conduction secondaire $a\,b$ soit fermée,
au moment de l'impression ressentie du mot, et de nouveau ouverte, au moment
de la reproduction : au premier moment, le courant disparaît donc dans le
chronoscope, et les aiguilles se mettent en marche; au second moment, le courant entre de nouveau dans le chronoscope, et les aiguilles s'arrêtent. Quand les
expériences sur la durée de l'aperception des mots étaient exécutées, en alternant
avec les expériences sur l'association, on procédait absolument de la même façon ;
seulement, le réacteur maintenait $s\,r$ ouvert, au moment où il avait perçu le
mot. Enfin, dans les expériences concernant la réaction simple, le son simple,
que faisait entendre, en s'abaissant, le poinçon de $s\,a$, servait d'impression, et
contre cette dernière on réagissait d'une manière égale. Naturellement, ce procédé d'expérimentation est vicieux, en ce que la chute du poinçon pourrait bien
ne pas coïncider exactement avec la prononciation du mot, et il est d'autant
plus défectueux, que cette prononciation nécessite toujours une certaine durée,
et que, par conséquent, il s'agit seulement, à vrai dire, de laisser coïncider la
fermeture du courant avec la fin du mot. Cependant, la faute, qui prend ainsi

naissance, peut n'être pas grande, en comparaison de la durée totale des espaces de temps à mesurer. C'est ce que montre, lors des réactions de mots, la durée relativement faible de la variation moyenne, qui chez aucun observateur ne dépassait 0,04" et atteignait, chez l'un deux, seulement 0,01".

Le temps, mesurant en moyenne 0,72" et obtenu précédemment pour la durée d'association, est notablement plus petit, qu'une estimation, faite par Fr. Galton, du même temps ; puisque, selon cet auteur, environ 50 représentations peuvent alterner, en une minute, dans la conscience, ce qui assignerait un temps de 1,2" à chaque représentation. Or, le procédé de Galton est propre à donner seulement des valeurs très-approximatives, qui toutefois sont plutôt trop grandes, que trop petites. Ainsi, à l'instant, où cet expérimentateur regardait un mot quelconque, inscrit sur une bande de papier, il communiquait l'impulsion au chronoscope, et il arrêtait ce dernier, dès que plusieurs associations, dont il déterminait le nombre après coup, s'étaient mises en mouvement à travers la conscience (1).

Le second problème, qui a été précédemment (p. 314) imposé à l'observateur des rapports de la reproduction dans le temps, consiste à découvrir la *vitesse des images de souvenir successives*, dans lesquelles se renouvelle un cours d'irritations sensorielles externes, de vitesse connue. Le cas le plus simple de cette investigation sera ici réalisé, si deux impressions se succèdent dans un intervalle t de temps donné et si, ensuite, la reproduction a lieu après un temps intermédiaire ϑ, qui est pareillement $= t$. La reproduction est excitée par des impressions objectives de composition égale, auxquelles on donne un intervalle θ, qui semble égal à l'intervalle primitif t. Naturellement, il résulte de là, que l'intervalle θ est susceptible de varier dans certaines limites, sans cesser de sembler égal au temps t ; et, ainsi que nous le révèle la perception des battements du pendule, qui se succèdent régulièrement, d'ordinaire l'égalité apparente existera principalement, si θ est réellement égal à t. Afin de découvrir, si la reproduction amène une modification dans la vitesse de succession des représentations, on peut procéder, de façon à calculer dans une série d'observations, pour un temps déterminé t, la limite inférieure et la limite supérieure, où une différence entre t et θ devient justement perceptible : la valeur de temps, qui est exactement située au milieu, entre ces limites, sera alors celle, où, dans des observations répétées, θ semble, presque toujours, être égal à t ; et sa différence de t, nous pourrons donc la considérer, comme étant la *valeur*

1. F. Galton, in BRAIN, *a journal of neurology*, 1879, p. 149.

moyenne de la modification de vitesse suscitée par la reproduction.
Lorsque dans un certain cas on trouve $\theta = t$, cette valeur est égale à
zéro, l'intervalle est invariablement reproduit ; si au contraire $\theta > t$,
la prolongation est occasionnée par la reproduction ; si $\theta < t$, le raccourcissement est occasionné par la reproduction. Les conditions.
réalisées dans ce cas le plus simple, se modifient par conséquent, quand
on fait varier le temps intermédiaire ζ, situé entre t et θ, ou quand
on laisse agir, au lieu de l'intervalle simple, un intervalle complexe t,
divisé d'une manière cadencée par des impressions intermédiaires régulières ; en outre, la répétition multiple de t, avant sa reproduction,
soit la division cadencée du temps d'estimation θ, peuvent encore, de
bien d'autres manières, altérer les conditions. Bornons-nous d'abord
à examiner : 1° le cas plus simple de la reproduction immédiate,
2° l'influence de la modification du temps intermédiaire ζ, et 3° l'influence de la division du temps t en un nombre variable de parties de
temps.

Dans le premier et le plus simple des trois cas désignés, l'observation montre, qu'il y a une certaine grandeur de l'intervalle t, où θ devient $= t$, où par conséquent l'intervalle, reproduit après très peu de
temps, est, en moyenne, égal à l'intervalle des impressions réelles. Si
des deux côtés on s'éloigne de ce point d'indifférence, naturellement
des modifications reproductives de sens opposé se présentent : de
grands espaces de temps sont reproduits plus petits, et de petits
espaces de temps sont reproduits plus grands, qu'ils ne le sont réellement, ainsi que déjà l'observation immédiate de soi-même permet
facilement de le reconnaître, en ce qui concerne des espaces de temps
très-grands, et très-petits. Au sujet de la situation de ce point d'indifférence, où le temps reproduit est approximativement égal au temps
réel, les données des observateurs, connues jusqu'à ce jour, sont moins
concordantes (1). Néanmoins, ces contradictions proviendraient, en
majeure partie, des méthodes différentes, dont on s'est servi et qui
ont occasionné des écarts notables, même entre les résultats d'un seul
observateur. Quand on emploie exclusivement la forme d'expérience
la plus simple, mentionnée précédemment, on constate que, si la
perception s'opère avec prudence et précaution, le point d'indifférence
a une position très-constante, qui semble varier très-peu, même chez

---

1. Vierordt, *Der Zeitsinn*, Tubingue 1868. — E. Mach, *Sitzungsberichte der Wiener
Akad.* 1865, t. LI.

divers individus ; ceci est démontré par les chiffres suivants, empruntés à quatre observateurs :

k.	s.	f.	b. (1)
0,72.	0,710	0,739	0,707

En calculant la moyenne de ces quatre chiffres, on obtient une valeur d'environ 0,72 de seconde, celle où l'intervalle de temps reproduit est, en moyenne, égal à l'intervalle de temps réel. Il est remarquable, que cette valeur concorde exactement avec cet espace de
temps, que nous avons rencontré plus haut (p. 316) et qui est la valeur
moyenne de la durée de la reproduction, valeur également très peu variable selon les individus. Nous devons conclure de là, qu'une vitesse
d'environ 3/4 de seconde est celle, où les processus d'association
s'accomplissent le plus facilement ; et, par conséquent, dans la reproduction, nous essayons involontairement de rendre égaux à cette
vitesse même des espaces de temps objectifs, quand nous raccourcis-
sons des temps longs, et prolongeons des temps courts. Chose étonnante, ce temps concorde, presque, avec celui qu'emploie la jambe
pour son oscillation, quand les mouvements de la marche sont rapides (2). Il ne semble point invraisemblable, que cette constante
psychique de la durée moyenne de reproduction et de l'estimation la
plus sûre de l'intervalle se soit développée, sous l'influence des mouvements corporels, qui sont le plus exercés et qui ont déterminé la tendance, que nous avons à organiser, agencer d'une façon rythmique de
grands espaces de temps.

Voici ce qui se manifeste, quand, sans changer les autres conditions
de l'observation, on laisse devenir plus grand le temps intermédiaire
ϑ, qui s'écoule entre la perception du temps t et sa reproduction :
cette valeur de t, où ϑ est en moyenne estimé égal à t, augmente d'a-
bord jusqu'à une grandeur de temps de 10 — 15", et décroît de nouveau rapidement ; de sorte que déjà, vers 30" environ, la position du
point d'indifférence est à peu près devenue égale à celle qui existe à
l'occasion de la reproduction immédiate. Mais, en outre, avec l'agrandissement du temps intermédiaire, les estimations sont toujours plus

---

1. Chez trois autres personnes, qui servaient de sujets d'expérience, on a noté
que le point d'indifférence était, dans tous les cas, au-dessous de 0,76", et vrai
semblablement au-dessus de 0,70".
2. W. et Ed. Weber, *Mechanik der menschlichen Gehwerkzeuge*. Gottingue 1836.
p. 77. 254.

incertaines ; par conséquent, le rapprochement de la position primitive
d'indifférence doit être évidemment regardé, comme traduisant l'incertitude la plus considérable ; or, en présence de cette dernière, la
conscience ressaisit la durée de la reproduction, qui lui est le plus
familière, puisqu'une reproduction approximativement fidèle n'est
plus possible. Et, de nouveau, on ne constate, ici, entre les estimations
moyennes des divers observateurs, que de très-minimes différences
individuelles. Les valeurs suivantes de la position d'indifférence $\theta = t$
ont été plus exactement découvertes, chez trois observateurs ; et avec
elles, semblent concorder les valeurs de temps de quelques autres
observateurs, qui se sont livrés à des expériences isolées.

$\overset{?}{}$	$\theta = t$
5″	0,73″
10″	1,16″
20″	0,93″
30″	0,75″
50″	0,76″

Enfin, si les battements réguliers de la mesure organisent en parties
le temps t, celui-ci est estimé d'autant plus grand, que ces sortes de
divisions s'accumulent, s'entassent davantage ; donc, ici même s'accroît cette valeur de t, où θ lui est, en moyenne, égal. Néanmoins,
quand on opère cette comparaison d'un temps, non divisé, avec un
temps divisé, l'estimation est pareillement incertaine ; par conséquent,
les chiffres suivants ne peuvent être que très-approximatifs.

t divisé	$\theta - t$
en 2 mesures	0,8
— 3 —	1,2
— 4 —	1,6

Évidemment, tous ces résultats sont les cas élémentaires de ces
sortes d'expériences, qui depuis longtemps nous sont familières,
grâce à l'observation de soi-même. Quand nous voulons penser à des
fractions d'une seconde, nous faisons involontairement une représentation de temps trop grande, et l'inverse a lieu, lors de la représentation de plusieurs minutes ou de plusieurs heures. A l'instar des
objets visuels, les espaces de temps, que nous avons parcourus dans
le cours de notre vie, semblent d'autant plus petits, qu'ils sont plus
éloignés de nous : ainsi, l'heure, que nous venons de passer à l'instant, nous paraît plus longue, qu'une heure du jour d'hier. Cependant, il n'est pas vraisemblable, que ce raccourcissement doive être

considéré comme égal au raccourcissement, qui se montre dans nos expériences, quand le temps intermédiaire è est prolongé ; car, ce dernier raccourcissement ne se remarque avec netteté, que si les temps intermédiaires sont relativement petits. En effet, la possibilité d'une estimation directe du temps cesse complètement, dès que nous nous écartons sensiblement de la mesure de temps, qui nous est familière et concerne les mouvements cadencés, que nous connaissons. Deux heures sont plus longues, qu'une ; si nous le savons, ce n'est pas en vertu d'une comparaison directe des intervalles, mais grâce à l'action d'un nombre grand ou faible de représentations intermédiaires. Toutes les fois que cette caractéristique est trompeuse, nous avons donc coutume de nous illusionner, même lorsque les différences de temps sont aussi considérables. Des espaces de temps plus éloignés se réduisent, se raccourcissent pareillement pour notre conscience, parce qu'un grand nombre de représentations, qui les remplissent, n'est plus familier à notre reproduction. De cette manière, le moment de la réplétion grande ou faible du temps est l'unique moment décisif pour tous les temps, non directement mesurables aux processus les plus simples du mouvement externe et interne, qui nous sont familiers. C'est pourquoi, le sens du temps pour ces sortes d'espaces de temps, plus considérables, ne souffre guère plus une comparaison avec la mesure de temps naturelle, qui concerne les processus psychiques simples. Nous ne pouvons pas nous représenter immédiatement la longueur d'une heure ou même d'une minute : toute tentative ou essai de former une semblable représentation se ramène donc à une mesure de temps, qui d'une manière quelconque se rapproche, en moyenne, de 0,72″, du temps de la reproduction la plus faible.

Enfin, l'estimation directe de longues périodes de notre vie se comporte d'une façon essentiellement différente de la reproduction d'un temps passé. C'est un fait reconnu, que le temps s'écoule extrêmement vite, quand une occupation quelconque ne nous amène pas à penser au temps, et très-lentement, quand nous y pensons continuellement, ou si l'ennui s'est emparé de nous. Or, dans ces cas, il ne s'agit pas d'une estimation des espaces de temps écoulés, mais de celle des espaces de temps prochains. Un temps, consommé dans l'ennui, peut apparaître court, quand on se le rappelle dans le souvenir. Ici, le sentiment du déroulement lent du temps provient uniquement de la tension de l'attention vers des impressions futures. C'est pourquoi, le temps nous semble exceptionnellement lent, si nous attendons quel-

qu'un. Lorsque la personne, impatiemment désirée, arrive, cette tension est subitement oubliée, et le temps de l'attente peut paraître court
dans le souvenir. Si le temps s'écoule rapidement pour l'individu,
occupé à un travail, c'est parce que, à chaque instant, son attention
est enchaînée par les impressions présentes. Le sentiment, concernant
le temps passé, a une conduite bien différente. Généralement, un
temps dépensé à un travail attentif nous apparaît court dans le souvenir, mais, c'est seulement parce que les représentations, qui ont
déployé leur effet à cette occasion, se trouvent dans une connexion si
bien liée, qu'elles s'éveillent facilement les unes les autres par la reproduction. De cette manière, après son déroulement, l'étendue tout
entière de temps nous est présente, sans difficulté, dans une image
totale. Par conséquent, la règle du raccourcissement du temps, qui est
postérieur à nous, ne constitue pas ici une règle sans exceptions. L'individu, qui a employé à mille petits travaux, n'ayant entre eux aucune
connexion, un certain temps, qui, pour lui, s'est écoulé rapidement, a
cependant, à la fin de cette occupation, le sentiment, que le temps a
été long. De même, au milieu d'un rêve animé, nous n'éprouvons aucun ennui ; néanmoins, au réveil, nous croyons avoir rêvé durant un
temps, infiniment long, et d'autant plus long, que les diverses images
du rêve ont été plus multiples et plus incohérentes. Nous distinguerons donc un sentiment de temps *prospectif*, et *rétrospectif*. Le premier sentiment consiste simplement dans la tension de l'attention,
vers des impressions attendues ; le dernier est basé sur la reproduction des représentations, qui ont été présentes dans une certaine étendue de temps.

Vierordt et Mach ont été les premiers à faire, d'après des méthodes différentes, des expériences sur la précision de l'estimation de temps, opérée à
l'aide de la reproduction. Pour occasionner l'apparition de la représentation
primitive de temps, Vierordt se servit des battements du pendule d'un métronome. Dans une série d'expériences, le temps estimé fut calculé de la manière
suivante : par les mouvements de ses doigts, qui étaient dessinés sur un cylindre rotatif, ce physiologiste essayait d'imiter exactement la même mesure
du métronome ; ensuite, la grandeur de la faute moyenne, commise à cette
occasion, était déterminée. Dans une autre série d'expériences, deux coups
successifs d'un métronome étaient comparés entre eux ; et, d'après un procédé
analogue à la méthode des cas vrais et des cas faux, la sensibilité différentielle,
concernant les grandeurs différentes de temps, était découverte : naturellement, dans ce cas, le maximum de la sensibilité différentielle correspond au

point d'indifférence, où θ est estimé en moyenne = t. Mach, au contraire, prit pour base de ses expériences la méthode des modifications minima. Quand il s'agissait de grands espaces de temps, un signal était donné par un petit marteau, après chaque 10, 11, 12... battements d'une montre de poche, et Mach examinait quelle grandeur pouvait avoir la différence de deux intervalles, situés avant et après un coup de marteau moyen, afin de devenir justement perceptible. Pour de petits espaces de temps, Mach laissait se succéder immédiatement deux impressions sonores, dont la durée pouvait être variée. Mais, les résultats, obtenus avec ces différentes méthodes, concordent très-peu entre eux. Ainsi, au moyen de sa première méthode, Vierordt a trouvé le point d'indifférence, lors de la reproduction immédiate par le sens auditif, quand un intervalle de 3 — 3, 5″ existait; avec les oscillations individuelles, il descendait à 1, 5″; et lors de la reproduction par le sens tactile, quand l'intervalle était 2, 2 — 2, 5″. Les expériences, exécutées par Vierordt et Hoering, selon la deuxième méthode, permettent de conclure à des valeurs beaucoup plus petites (1). Il en résulte, pour les valeurs ascendantes de t, les valeurs, énumérées sous la rubrique III (p. 327), de la sensibilité différentielle relative $\frac{\Delta t}{t}$, d'après lesquelles le point d'indifférence semble se trouver, dans tous les cas, au-dessous de 0,3″ (2). Toutefois, ces différences énormes tiennent à la différence de la méthode. Or, les chiffres, obtenus par Vierordt avec sa première méthode, doivent être assurément regardés comme fautifs. Quand on perçoit des intervalles réguliers, il est très-facile de se convaincre, que vers 3 la limite, où une estimation de temps approximativement exacte est possible, a été franchie depuis longtemps. Exécutées par Mach d'après diverses méthodes, les expériences I et II, où ce physiologiste admet, vers 0,37″, le point de l'estimation égale, concordent mieux entre elles. Néanmoins, il faut ici remarquer, que les expériences de Mach ne doivent pas être directement comparées avec les nôtres, parce que ce dernier compare non pas la durée de deux intervalles, mais la durée de deux impressions sonores, qui se suivent immédiatement.

1. Hoering, *Versuche über das Unterscheidungsvermögen des Hörsinns für Zeit grössen*. Thèse, Tubingue 1864. — Vierordt, *Der Zeitsinn*, p. 62.

2. Vierordt (*loc. cit.* p. 153) a calculé approximativement, d'après les chiffres obtenus directement, les chiffres du tableau III cité à la page 327 de notre livre et les a transformés en valeurs de la sensibilité différentielle. Consulter le tableau principal donné par Vierordt (*loc. cit.* p. 70).

I Mach (série 1)		II Mach série 2)		III Vierordt et Hoorens	
t	$\dfrac{\Delta t}{t}$	t	$\dfrac{\Delta t}{t}$	t	$\dfrac{\Delta t}{t}$
0,016	0,750*	0,300	0,050	0,300	0,035
0,110	0,391	0,594	0,064	0,594	0,033
0,375	0,052	0,804	0,080	0,804	0,045
0,535	0,054	1,136	0,135	1,136	0,073
1,153	0,069				
1,520	0,095	Les valeurs, marquées d'un astérique, sont incertaines.			
8,000	0,095*				

Je joins à ces séries un court extrait des résultats des expériences, d'où sont déduites les valeurs, précédemment mentionnées (p. 322), pour $\theta = t$. MM Kollert, Lamprecht et Schmerler ont exécuté les expériences ; intentionnellement, ils ont fait de plus nombreuses déterminations, dans le voisinage du point d'indifférence. Les chiffres de la deuxième à la quatrième colonne indiquent les valeurs de $\dfrac{\Delta t}{t}$, appartenant aux diverses valeurs de t.

	K.	L.	S.
$t = 0,50$	0,090	0,082	0,054
$t = 0,70$	0,028	—	0,014
$t = 0,73$	0,004	—	0,019
$t = 0,76$	0,010	0,030	0,025
$t = 1,00$	0,034	0,085	0,040
$t = 1,50$	0,138	0,124	0,132

Deux métronomes, préalablement gradués avec soin, ont servi aux expériences. Avant chaque expérience, ils avaient été également disposés, et leur marche égale fut vérifiée, afin de s'assurer, si leurs battements coïncidaient exactement, durant environ 20″. A l'extrémité supérieure de la verge du pendule de chaque métronome, était placée une ancre très-petite, qui, dans la position de l'excursion la plus extrême, était arrêtée par un électro-aimant, tant que le courant de ce dernier était maintenu fermé. En fermant et ouvrant successivement un courant électro-magnétique, l'observateur enregistreur laissait d'abord le premier métronome ou métronome normal, dont la durée de vibration restait, pendant toute la série de l'expérience, constamment $= t$, faire un mouvement de va-et-vient, et il s'en suivait deux battements du pendule ; au moment, où ce métronome atteignait de nouveau son électro-aimant, le second courant était pareillement ouvert et de nouveau fermé, de sorte que, aussitôt après un temps intermédiaire $\delta = t$, le premier battement du second métronome ou métronome de comparaison résonnait. Comme la position d'égalité avait été prise pour point de départ, la durée de vibration du métronome de comparaison fut d'abord prolongée, de façon à dépasser sensiblement la limite perceptible, et ensuite elle fut de nouveau raccourcie jusqu'à l'égalité.

qui se présentait en apparence ; de même, de l'autre côté, la vibration fut raccourcie jusqu'à la limite supérieure au point perceptible, et ensuite prolongée de nouveau, jusqu'à l'égalité apparente. Lorsque t'_1 et t'_1 sont les intervalles prolongés, ainsi observés, t'_2 et t'_2 les intervalles raccourcis, $\dfrac{t'_1 + t'_1}{2}$ doivent être posés, comme seuil différentiel du prolongement de temps; et $\dfrac{t_2 + t'_2}{2}$, comme seuil différentiel du raccourcissement de temps. Si la différence des deux valeurs de seuil est ajoutée algébriquement à t, on obtient la valeur de θ ; si cette différence est $= 0$, alors θ devient $= t$. Afin d'établir plus exactement les résultats numériques, acquis de cette manière par la méthode des modifications minima, il sera convenable de faire intervenir la méthode des cas justes et des cas faux; cependant, avec elle on n'a, jusqu'à présent, exécuté aucune observation suffisante. Le temps intermédiaire δ varierait d'après la montre à secondes. Et, à cette occasion, il a été démontré, qu'il était indispensable de remplir ce temps intermédiaire par des impressions continuelles (les battements très-rapides d'un troisième métronome avaient été choisis pour cela); puisque d'ailleurs, durant le temps intermédiaire vide, les reproductions du temps t manifestaient leur influence d'une manière très-variable.

CHAPITRE XVII

LIAISONS DES REPRÉSENTATIONS.

1. — Associations simultanées.

Toutes ces liaisons de sensations ou de représentations complexes qui s'accomplissent dans la conscience, sans participation de l'aperception active, nous les appellerons des *liaisons associatives ;* et nous distinguerons de celles-ci les *liaisons aperceptives* (1), où l'aperception active déploie son effet, dans le sens qui a été établi plus haut (p. 239). C'est seulement au moyen de l'aperception, que les associations parviennent, arrivent à notre perception interne ; mais, à ce sujet, l'aperception a une conduite passive, elle est déterminée d'une manière univoque par les représentations, qui entrent simultanément ou successivement dans la conscience. Pour observer les phénomènes de l'association, surtout de l'association successive, il est indispensable d'interrompre, autant que possible, le fonctionnement de la volonté et de s'abandonner passivement au jeu des représentations ascendantes. L'association simultanée se soustrait donc à notre observation psychologique, immédiate ; le plus souvent, nous ne pouvons conclure à postériori à cette association, que d'après les effets accomplis : la preuve, qu'elle est indépendante de l'aperception active, c'est que ses liaisons sont apportées, en apparence toutes prêtes, à la conscience. Les cas les plus remarquables de ces sortes d'associations simultanées ont, déjà, été étudiés dans la section précédente ; par conséquent, il nous reste à les examiner spécialement, sous le rapport des propriétés de la conscience, qui se manifestent chez elles.

1. A l'égard de cette classification, consulter le premier volume de la *Logik* de Wundt, p. 10.

La forme, la plus fondamentale, des associations simultanées est la *fusion associative* ou la *synthèse des sensations*. Des sensations simples ne se présentant jamais dans notre conscience, chaque représentation réelle est un produit de fusion des sensations. Nous distinguerons deux formes secondaires de cette fusion : la *synthèse intensive*, dans laquelle se lient les sensations, qui sont purement homogènes ; et la *synthèse extensive*, qui provient constamment de la réunion de sensations hétérogènes. La première déploie son effet, particulièrement dans les représentations auditives ; l'autre, dans les représentations visuelles et tactiles. Toutes ces fusions ont *une* propriété commune : dans le complexus des sensations, qui se réunissent entre elles, une seule sensation, et généralement la plus énergique, a la souveraineté sur toutes les autres ; de sorte que celles-ci jouent uniquement le rôle d'éléments modificateurs, dont les propriétés indépendantes, spontanées, se perdent complètement dans le produit de fusion. Ainsi, nous sentons les harmoniques d'un son, non pas comme tons de hauteur déterminée ; et, de ces harmoniques résulte uniquement cette propriété, qui accompagne le ton fondamental plus énergique, et que nous appelons la couleur du son (le timbre). En outre, les signes locaux de la rétine et les sensations de mouvement de l'œil ne se présentent pas, comme tels à la conscience ; ils confèrent seulement à la sensation lumineuse, à l'élément constituant de la sensation rétinienne, qui varie avec l'irritant objectif, cette propriété, qui nous permet de rapporter la sensation à un lieu déterminé dans l'espace. Cette perte de l'indépendance, qui atteint tous les éléments d'un produit de fusion, à l'exception de l'élément dominant, ne peut être exclusivement occasionnée par la faible énergie de ces éléments. Le même ton partiel, qui disparaît dans la coloration du son, subit encore, quand il est uniquement perçu *per se*, un affaiblissement notable ; mais, sans nous échapper. Ainsi que nous l'avons vu, les éléments constituants affaiblis d'une représentation extensive se laissent, la plupart du temps, démontrer d'une manière analogue dans la sensation, quand on institue spécialement des expériences dans cette intention (1).

On a essayé d'expliquer, par des raisons de finalité, cet affaiblissement de certains éléments de sensation, dans la représentation complexe. Nous serions habitués, dit-on, à faire attention seulement à

1. Consulter chap. XI-XIII.

ces sensations, qui contribuent en quelque sorte à notre connaissance objective des choses ; et les éléments, qui servent à cela, nous ne les apporterions de nouveau à notre conscience, qu'en considération de ce but (1). Par conséquent, nous percevrions les harmoniques d'un son, seulement en tant qu'ils nous indiquent le timbre d'un instrument déterminé, ou les signes locaux et les sensations de mouvement de l'œil, en tant qu'ils aident à nous orienter dans l'espace. G. E. Müller a déjà remarqué, que cette opinion conduit à des contradictions insolubles (2). D'après elle, un individu, ne connaissant nullement les instruments de musique, percevrait, au lieu de la coloration distincte de son, réellement la somme des harmoniques ; de même, les signes locaux et les sensations de mouvement devraient être beaucoup plus nets, avant le parfait développement de la perception sensorielle, que plus tard. Mais, nos perceptions se perfectionnent, puisque nous percevons avec plus de finesse tous leurs éléments. Par exemple, l'individu, habitué à distinguer les harmoniques, reconnaît beaucoup plus facilement un instrument à son timbre, que ne le fera une personne, non exercée. La véritable raison de l'affaiblissement de certains éléments d'un produit de fusion ne réside donc pas dans ces sortes de motifs téléologiques, mais uniquement dans les propriétés primitives de la conscience. Effectivement, nous trouvons une raison suffisante de ce fait dans la propriété, qu'a l'aperception de se borner à un contenu étroitement limité de la conscience, et, très-souvent même, à une seule représentation. Toutes les fois qu'ici vient s'ajouter, de la part des impressions extérieures, une condition, c'est-à-dire que l'une d'entre elles est donnée avec une énergie constamment prépondérante, cette impression s'imposera donc avec une puissance irrésistible, comme l'élément constituant et dominant du produit de fusion. Or, la fusion sera d'autant plus indissoluble, que les impressions sont liées plus régulièrement : c'est pourquoi, un son peut être plus facilement décomposé en ses éléments, qu'une représentation visuelle extensive ; car, tandis que, dans le premier cas, l'alternance ou succession de la coloration du son permet toujours une modification des éléments faibles, qui, dans certaines circonstances équivaut presque à leur disparition complète, il est impossible, que jamais une sensation lumineuse existe, sans signes locaux et sans

1. Helmholtz, *Lehre von den Tonempfindungen*, 2° édit. p. 102.
2. G. E. Müller, *Zur Theorie der sinnlichen Aufmerksamkeit*, p. 24.

impulsions motrices de l'œil ou sensations de mouvement, reproduites.

Nous distinguerons une deuxième forme d'association simultanée : *l'assimilation des représentations*. Elle se manifeste, quand une représentation, pénétrant nouvellement dans la conscience, reproduit aussitôt une représentation antérieure ou ancienne ; de sorte que toutes deux s'associent, pour constituer une représentation unique, simultanée. L'assimilation consiste donc en une liaison de représentations sensorielles, plus ou moins complexes, dont l'une émane régulièrement d'une impression sensorielle immédiate, et l'autre est engendrée par l'association. Ce processus a de l'affinité avec la fusion associative, d'autant que chez lui les représentations, qui opèrent leur liaison, ne sont pas distinguées, comme séparées. Voici quelle est la caractéristique spéciale de l'assimilation : ici, l'image de souvenir est, en quelque sorte, incorporée dans l'objet extérieur, de façon que, surtout si l'objet et la représentation reproduite sont notablement différents l'un de l'autre, la perception sensorielle exécutée apparaît, comme une *illusion*, qui nous abuse sur la composition réelle des choses. Ainsi, aperçus de loin et à la lumière du lustre, les coups de pinceaux grossiers d'un décor de théâtre, où est esquissée à grands traits l'image d'un paysage, nous font absolument l'effet d'un paysage véritable. Quand nous lisons un livre, nous n'en apercevons pas toutes les fautes d'impression ; et que de fautes n'échappent-elles pas au correcteur vigilant ! Celui qui assiste à une conférence, complète les mots, qui arrivent imparfaitement à son oreille, et remarque ordinairement cet auxiliaire, que lui garantit la reproduction, s'il se trouve en présence d'un malentendu. De cette manière, toutes nos représentations de l'intuition sont étroitement entrelacées avec les reproductions. Presque toujours, l'impression immédiate nous fournit uniquement un schéma approximatif des objets, que nous remplissons alors de nos reproductions. Parmi les processus, qui composent notre perception sensorielle, la presque totalité de ceux, qui n'ont pas pour base la fusion associative, appartiennent au domaine de l'assimilation : par exemple, les représentations, concernant la distance et la grandeur réelle des objets, les influences de la perspective et de la perspective aérienne doivent être ramenées à l'assimilation (1). Quand nous regardons un dessin com-

1. Consulter chap. XIII, p. 166 et suiv.

portant une double interprétation, l'alternance, mentionnée p. 165, de la représentation montre, comment, selon les circonstances, les représentations assimilatrices peuvent alterner et produire, de cette manière, même une alternance dans la perception des objets (1).

La dernière forme, et la plus relâchée, de l'association simultanée consiste dans les *complications des représentations*. Avec Herbart, nous donnerons cette désignation aux liaisons des représentations *disparates* (2). L'existence d'une complication se révèle ordinairement par la reproduction. Si, dans un cas donné, l'une des impressions sensorielles, qui constituent la représentation complexe, est supprimée, néanmoins cette même impression est ajoutée, figurée par la pensée, d'une manière analogue à ce qui a lieu, lors de l'assimilation, pour les éléments de la représentation isolée, qui sont absents. La plupart de nos représentations sont ainsi, en réalité, des complications, puisque généralement chaque chose possède plusieurs caractéristiques disparates. Sans doute, à cette occasion, ces éléments, qui n'émanent pas directement des impressions sensorielles, sont souvent très-faibles et indistincts : par exemple, quand à l'image visuelle d'un corps se lie une représentation indéterminée de sa dureté et de sa pesanteur, ou qu'à la vue d'un instrument de musique se lie une image faible, légère d'un son de cet instrument, etc. Ces éléments constituants de l'imagination sont plus énergiques, si déjà la perception sensorielle directe contient une indication, qui se rapporte à la composition des autres sensations. Des liens plus solides s'établissent de cette manière entre certaines perceptions visuelles et les sensations tactiles. Ainsi, l'aspect d'une pointe aiguë, d'une surface rugueuse, d'une substance molle éveille, avec une netteté, qu'il est impossible de méconnaître, les sensations tactiles correspondantes. Les impressions auditives se lient pareillement aux sensations tactiles et à celles de la sensibilité générale ; puisque, par exemple, les bruits de scie sont, grâce aux sensations, qui les accompagnent, insupportables à la plupart des personnes. Dans cette liaison des impressions sensorielles supérieures avec les sensations d'imagination du sens tactile, réside la cause des sentiments, en partie très-violents, qui se rattachent à certaines perceptions et représentations, en soi absolument objectives. L'étroite relation des sensations tactiles avec les sentiments sensoriels explique

1. Quant aux phénomènes d'assimilation, qui appartiennent au domaine du langage, consulter ma *Logik*, t. I, p. 10.
2. Herbart, *Psychologie als Wissenschaft*, t. V des œuvres complètes, p. 361.

ce phénomène. Le spectateur d'une blessure douloureuse sent réellement lui-même la douleur, qu'il voit se produire chez une autre personne, quoiqu'il perçoive cette douleur, seulement en une image
affaiblie de l'imagination. Bien plus, l'arme à feu levée d'une façon
menaçante, le poignard aiguisé — lors même qu'ils ne seraient pas
dirigés contre nous, ou bien que, comme au théâtre, nous saurions
que le fusil n'est pas chargé — éveillent toujours dans l'imagination
une image affaiblie, que des blessures vont être faites à notre propre
corps. Dans ces phénomènes réside une source, purement sensorielle,
de notre sentiment de compassion, pour les douleurs et les dangers
d'autrui.

Les *liaisons des impressions sensorielles avec nos propres mouvements* sont une deuxième cause, importante, de représentations complexes. Des mouvements participent aux représentations isolées des
sens tactile et visuel ; de même, ces mouvements déploient leur effet,
lors de la combinaison des représentations sensorielles hétérogènes ;
et, souvent, les deux sortes de mouvements se manifestent ensemble.
Les mêmes mouvements tactiles des mains, qui aident à produire la
localisation des impressions de la sensibilité, complètent en même
temps l'image tactile d'un objet et la convertissent en représentation
complexe. Or, toutes les fois qu'une impression objective n'est pas
donnée, le mouvement peut figurer, dépeindre, pour ainsi dire, l'objet existant seulement dans l'imagination, puisque l'œil et la main se
tournent vers cet objet ou en circonscrivent les contours. De cette
manière, l'image, engendrée par l'imagination, présente du moins une
partie de cette vivacité sensorielle, qui n'appartient d'ailleurs, qu'à la
perception immédiate.

C'est en cela, que consiste la grande importance des mouvements
pantomimiques et *mimiques*. Plus loin (chap. XXII), nous examinerons l'origine de ces mouvements d'expression ; ici, nous les faisons intervenir, parce qu'ils sont un auxiliaire remarquable de la
liaison des représentations. La pantomime et l'expression mimique
du visage sont des manifestations immédiates d'un sentiment ou
d'une émotion, soit des imitations de certaines représentations tactiles et visuelles. Ainsi, l'aversion, inspirée par un objet hideux,
se traduit par des mouvements, qui nous détournent de lui ; la colère,
qu'il nous fait éprouver, se manifeste par nos mouvements de poursuite, dirigés contre ce même objet. En outre, de vives représentations
sont susceptibles de se lier involontairement à ces sortes de panto-

mimes, qui répètent les contours approximatifs de l'objet représenté. Tous ces mouvements, qui ne s'observent, d'ailleurs, avec leur vivacité primitive, que chez l'homme non civilisé, peuvent émaner des représentations de l'intuition, comme de celles de l'imagination. A l'aide des sensations de mouvement, qui y sont liées, l'image du mouvement propre se combine, dans les deux cas, avec la représentation extérieure. Des liens fixes s'établissent ainsi entre certaines représentations et les expressions de mouvements, qu'elles éveillent. La représentation objective provoque le mouvement subjectif, qui lui appartient ; et, à son tour, celui-ci suscite la première. C'est pourquoi, dans le commerce des hommes, le geste est justement le moyen d'expression des représentations ; et, dès qu'il a obtenu cette importance, la liaison fixe de certains signes de gestes avec les représentations se trouve favorisée. Le *langage* est seulement une forme de geste. A l'instar de la pantomime, il se développe en partie, comme mouvement émotionnel, en partie comme mouvement imitatif. Le sourd-muet, lui qui est incapable d'entendre ses propres cris, accompagne donc des gestes du langage ses dispositions de l'âme et, même, quelques représentations (1). Si nous faisons abstraction de ce langage inarticulé des sourds-muets, que ceux-ci perçoivent uniquement comme mouvement, tout son articulé comporte avec lui une double complication. La représentation se combine aussi bien avec la sensation de mouvement des organes du langage, qu'avec l'impression sonore. Tous deux, la sensation de mouvement et le son articulé doivent, aux commencements de la formation du langage, avoir nécessairement une certaine affinité avec la représentation. Celle-ci, le mouvement d'expression, qui lui appartient, et le son articulé forment ensemble une *complication de représentations parentes*. Or, les représentations, qui sont exprimées par la pantomime ou par le son articulé, sont déjà, en général, des représentations complexes, qui correspondent à des objets présentant des caractéristiques disparates. Le geste et le langage se rattachent nécessairement à une pareille caractéristique, pour laquelle une impression parente peut être trouvée dans le domaine des sensations de mouvement et de son. Au sujet du langage, cette liaison est très-intime, quand la caractéristique principale de l'objet appartient

1. On rapporte, que Laure Bridgman, dont il a été question p. 14, note 3, émettait certains sons articulés, non-seulement pour ses émotions, mais même pour quelques représentations, telles que celles du boire, du manger, et pour désigner les personnes de son entourage habituel.

au sens auditif : ainsi que ceci peut être démontré dans toutes les
langues, l'impression de son est désignée par un son articulé, qui lui
est analogue (1). Dans ce cas, le son articulé et la représentation, qui
lui correspond, ne constituent plus une liaison de représentations disparates, mais de *représentations homogènes et concordant autant
que possible*. Une semblable liaison se présente à la limite, qui sépare
la complication et la fusion. Or, la représentation de son et le son
articulé, qui l'imite, sont tellement analogues l'un à l'autre, que le
dernier apparaît presque, comme une répétition de la représentation
primitive. Mais, des représentations identiques ne peuvent se fusionner, qu'en une représentation unique. Néanmoins, dans ce cas, la
liaison a toujours le caractère de la complication, d'autant que le son
articulé renferme en même temps le mouvement propre, comme un
élément constituant spécial. La parenté du son articulé et de la représentation est plus éloignée, quand celle-ci provient d'autres impressions sensorielles. Ici, les *analogies de la sensation* (étudiées chap. X)
jouent, sans doute, un rôle important (2). Elles permettent aux impressions sensorielles les plus hétérogènes de se traduire, sous forme
de sensations auditives. L'origine de ces analogies, provenant du sentiment sensoriel, explique d'une part le caractère indéterminé de la
parenté existant entre le son articulé et la représentation, d'autre part
la connexion intime de la formation du langage avec le sentiment et
l'émotion. Dans les langues complètement développées, cette relation
a pâli, s'accuse de moins en moins ; quoique, toujours, les mots
« dur, mou, doux, clément, etc » paraissent en avoir conservé une
trace (3). Mais, principalement la signification primitive des racines
du langage s'est perdue, par suite de leur métamorphose en symboles
conventionnels de représentations. Puisque, lors de la transformation
du langage, la commodité physiologique de l'individu, qui parle, se
manifeste spécialement, et que, lors de la transmission des symboles
du langage à de nouvelles représentations, les associations, qui ont

---

1 Que le lecteur se rappelle les mots suivants : schnurren (bourdonner) ; zi-
chen (siffler) ; brausen (mugir) ; rasseln (ébranler avec fracas) : etc.
2. Consulter t. I, p. 548.
3. Quand L. Geiger dit que le langage est non pas l'imitation *du* son, mais l'imitation
par le son, et qu'il indique ainsi le rôle dominant, que jouent les représentations
visuelles dans l'expression du langage (*Ursprung und Entwicklung der menschlichen Sprache und Vernunft* Stuttgart 1868, t I, p. 22) ; et quand Lazarus (*Leben
der Seele*, t. II, p. 101) parle d'un emploi *métaphorique* des formes de sons articulés, évidemment, ces auteurs décrivent là le même processus, que nous ramenons
ici, psychologiquement, aux analogies de la sensation.

pour base les souvenirs historiques particuliers des peuples, jouent un
rôle, toujours la signification sensorielle des sons articulés doit s'être
de plus en plus effacée. Ce processus, qui contraignit le langage à se
dépouiller, presque en totalité, de sa vivacité d'autrefois, a acquis une
grande importance, grâce à son aptitude, qui lui permet d'être un
moyen d'expression des concepts abstraits. Or, pour cela, il est justement indispensable, que le son articulé perde sa signification primitive, qui est encore absolument enchaînée à la représentation
sensorielle. Un processus analogue s'est effectué, lors du développement de l'écriture. L'auxiliaire le plus naturel, qui sert à désigner
l'objet par un symbole, dépourvu de son articulé, c'est l'imitation de
sa forme : la pantomime descriptive copie, en les dessinant dans l'air,
les contours de l'objet ; de même, l'écriture fixe l'objet dans l'image.
Le point de départ naturel et général de l'écriture est donc l'écriture
hiéroglyphique (1). Dès que le langage a atteint le degré de la pensée
abstraite, il contraint l'écriture à le suivre. L'image écrite devient le
signe conventionnel du son articulé. Celui-ci, signifiant encore au
commencement le mot isolé, se retranche en dernier lieu dans les
éléments alphabétiques des sons articulés, afin de pouvoir suivre la
richesse d'expression du langage. Quoique, personne ne l'ignore,
chacun de nos signes de l'écriture porte actuellement — comme ceci
est démontré par l'histoire — les traces de son origine, empruntée à
l'écriture hiéroglyphique. Cependant, ici, bien plus encore, que pour
le son articulé, cette signification sensorielle s'est perdue ; car, évidemment, la métamorphose de l'écriture en un système de signes a été, en
majeure partie, le produit d'une intention et convention, réellement
pleines de finalité. Par leur développement, en somme analogue, le
son articulé et le signe écrit sont devenus des symboles de représentations, qui, seulement grâce à la liaison habituelle avec l'objet, qu'ils
signifient, se sont fusionnés en *une* représentation complexe. Cependant, cette liaison se maintient exceptionnellement intime, étroite. A
la vérité, nous ne pensons pas toujours en sons articulés ; les phénomènes, dont nous avons été réellement les auteurs ou ceux que nous
avons rêvés, nous pouvons nous les représenter facilement, sous la forme
de simple image visuelle ; mais, notre pensée atteint, saisit régulièrement
le mot, dès qu'elle se tourne vers les concepts abstraits ; bien plus, dans

1. Le lecteur, désireux de connaître les preuves démonstratives de cette origine,
consultera l'ouvrage de E. B. Tylor : *Forschungen zur Urgeschichte der Menschheit*
(traduction allemande de Müller), chap. V, p. 105 et suiv.

ce dernier cas, très-souvent le signe écrit s'associe involontairement au mot. Quand nous avons pleinement conscience de la complication des trois éléments, de la représentation, du son articulé et du signe écrit, ceci dépend en outre de celui de ces éléments, qui agit directement et sensoriellement sur nous. Selon les circonstances, la représentation peut rester isolée ; le son articulé évoque régulièrement l'image de la représentation, le signe écrit éveille le son articulé avec l'image de la représentation. Par conséquent, ici se reproduit la série de développement, dans laquelle les éléments constituants de la représentation complexe étaient agencés ensemble. Cependant, le concept abstrait fait exception. A ce dernier ne correspond généralement dans la représentation, que le mot parlé ou écrit, qui, dans le concept, devient l'équivalent complet de la représentation sensorielle. Aux concepts, qui ne se construisent pas sensoriellement, il substitue des signes représentables ; ces signes se lient de la façon la plus intime, de sorte que le mot est représenté non-seulement avec le signe écrit, mais régulièrement le signe écrit est inversement représenté avec le mot. Chez les hommes, qui sont habitués à la pensée abstraite et à exprimer celle-ci par le langage et l'écriture, cette-substitution du symbole au concept se transmet, à un certain degré, même au domaine sensoriel. Dans le cours de leurs pensées, très-souvent les représentations isolées viennent prendre place derrière les signes du langage et de l'écriture. L'*apprentissage* du langage montre, quel est, dans tous ces cas, le degré d'action opéré par la liaison habituelle de certaines représentations, qui primitivement peuvent exister l'une à côté de l'autre, sans avoir aucune espèce de relation. Plus souvent l'objet et son signe ont été représentés ensemble, plus solidement ils se lient. Cette croyance du sauvage, qui croit blesser un individu dans l'image qui le dépeint, ou communiquer par le nom à un autre individu les propriétés ou facultés de la personne, qui le portait, cette croyance, dis-je, nous a été transmise en partie, puisque, pour la conscience naïve, les sons articulés de la *langue maternelle* semblent avoir un rapport plus étroit, que ceux des langues étrangères, aux choses, qu'ils signifient (1).

1. Lazarus, *Das Leben der Seele*, II, p. 77.

2. — Associations successives.

Lorsque des représentations sensorielles anciennes se renouvellent, en apparence spontanément, dans notre conscience, elles suivent en cela les règles déterminées de la liaison réciproque. La reproduction et l'association successives sont donc en relation immédiate. La reproduction est l'apparition d'une représentation dans la conscience; l'association, sa connexion avec une image de souvenir ou impression sensorielle, déjà anciennes. Toutefois, dans la pluralité des cas, l'association se révèle de cette manière, comme la base directe de la reproduction. A la vérité, il est incontestable, que l'irritation automatique de certains domaines centraux peut engendrer directement une reproduction (1). Mais, ordinairement, dans les circonstances de ce genre, les associations, déjà préparées, déterminent, du moins, la forme spéciale de l'image de souvenir.

Les règles, d'après lesquelles se lient les représentations successives, sont habituellement appelées *lois d'association*, qui sont au nombre de *quatre :* la liaison par analogie, contraste, coexistence dans l'espace et succession dans le temps (2). On a toujours observé, que les deux premières liaisons marchent de pair. Nous n'associons les représentations contrastantes, que si elles sont parentes d'une façon quelconque. De même, la troisième et la quatrième forme se trouvent rapprochées l'une de l'autre, puisque, chez toutes deux, on constate non pas une relation intime des représentations, mais une liaison habituelle extérieure de ces dernières, qui est susceptible de s'effectuer sous l'une des deux formes d'ordonnance extensive, dans l'espace ou dans le temps. Il semble donc plus naturel de distinguer d'abord *deux* formes principales d'association successive, que nous nommerons l'association *externe*, et *interne* (3). L'association externe repose constamment sur l'habitude, qui est engendrée par l'exercice répété. Dès que quelques

1. Voir t. I, p. 201.
2. Au sujet de l'histoire de ces règles, consulter Volkmann, *Lehrbuch der Psychologie*, 2ᵉ édit., t. I, p. 430.
3. Avec cette distinction coïncide celle d'Herbart, en reproduction médiate et immédiate. Néanmoins, ces dernières expressions ont donné lieu à des conceptions hypothétiques exclusives, qui concernent le cours des représentations, et auxquelles nous ne pouvons souscrire ici. Lire plus loin nos remarques critiques sur la *mécanique* des représentations d'Herbart.

représentations, seraient-elles encore disparates intérieurement, sont plusieurs fois offertes à notre conscience, liées extérieurement, nous sommes enclins à les renouveler dans la même liaison. Le principe, servant de base à cette forme d'association nous l'appellerons donc, le principe de l'*exercice associatif*; or, ce nom indique déjà, qu'il s'agit ici seulement d'une application spéciale de la loi de l'exercice, qui est si importante pour tous les processus psycho-physiques (1). Selon les circonstances, l'association interne est capable d'opérer une réunion de représentations, qui auparavant n'avaient jamais été liées; mais, une condition est constamment indispensable pour une pareille réunion : il faut, que les représentations aient de commun entre elles quelques éléments. Par conséquent, le principe, qui sert de fondement à l'association interne, peut être appelé le principe de la *parenté associative*.

Pour nous procurer une idée d'ensemble des phénomènes multiples du cours de nos représentations, les deux formes principales de l'association doivent cependant être soumises à des divisions, qui correspondent à un but marqué. Ici, la théorie traditionnelle de l'association a rangé, sous la loi de la parenté, une foule de relations qui se distinguent très-bien, et a assigné à l'une de ces relations une importance démesurée, puisque dans le contraste elle l'a considérée, comme forme d'association spontanée, indépendante. De même, la division de l'association externe en association dans le temps et dans l'espace n'épuise pas tous les cas possibles, ni ne va au cœur de la question. Des représentations, qui primitivement nous étaient simultanément données, sont capables, lors de la reproduction, d'entrer successivement dans notre conscience ; mais, la liaison simultanée n'a pas nécessairement besoin d'être une liaison dans l'espace : nous pouvons, par exemple, associer successivement les tons d'un accord ou les éléments constituants d'une complication de sensations olfactives et gustatives. Puisque les parties d'une association, primitivement simultanée, se renouvellent de cette manière l'une après l'autre, dans la conscience, évidemment elles ressortissent au domaine de l'association successive. L'association de ces sortes de représentations, qui nous seraient offertes dans un rapport quelconque de succession dans le temps, ne comporte pas moins des distinctions très-remarquables, selon les domaines sensoriels, auxquels les représentations appartiennent, et

1. Consulter t. I, p. 252.

selon que l'association successive (ce qui sans doute arrive habituellement) s'accomplit dans la même série, que les évènements primitifs, ou
bien (ce qui peut se présenter pareillement) dans une série différente.
Pour obtenir une ordonnance convenable des formes d'association, on
doit observer systématiquement les associations et les rassembler.
L'essai suivant d'une classification a eu pour point de départ une semblable collection, qui s'étend à environ 400 cas isolés :

PREMIÈRE FORME PRINCIPALE : ASSOCIATION EXTERNE.

Première forme secondaire : associations de représentations simultanées.

I. Association des parties d'une représentation
simultanée unique.
1. Assoc. du tout en une partie.
2. Assoc. de la partie en un tout.

II. Association de représentations coexistant
indépendamment.

Deuxième forme secondaire : associations de représentations successives.

I. Association de représentations sonores successives (spécialement d'associations de
mots).
1. Assoc. dans l'ordre primitif.
2. Assoc. dans l'ordre modifié.

II. Association de représentations visuelles
successives et d'autres représentations sensorielles.
1. Assoc. dans l'ordre primitif.
2. Assoc dans l'ordre modifié.

DEUXIÈME FORME PRINCIPALE : ASSOCIATION INTERNE.

I. Association d'après la sur-ordination (1) et la subordination.
1. Assoc. d'une représentation
sur-ordonnée.
2. Assoc. d'une représentation
subordonnée.

II. Association d'après les relations de la coordination.
1. Assoc. d'une représentation analogue.
2. Assoc. d'une représentation contrastante.

III. Association d'après les
relations de dépendance.
1. Assoc. d'après la re-
lation causale.
2. Assoc. d'après la relation finale ou de but.

Plusieurs formes, énumérées dans ce schéma, sont aisément susceptibles de subir une autre division ; mais, nous les passerons ici sous
silence, parce qu'elles se présentent facilement, quand on compare
attentivement un grand nombre d'associations (2). Parmi les associations
de représentations successives, les associations de mots ont une importance éminente pour la conscience humaine. Ce sont elles, qui mettent
spécialement à la disposition de la mémoire les acquisitions intellectuelles
de la conscience. Par conséquent, la signification, que l'association pos-

1. La langue française n'ayant pas de termes équivalents à *l'eber-ordnung*, nous
traduisons ce dernier par sur-ordination (note du trad.).
2. Ainsi, pour la première forme secondaire de l'association externe, on peut procéder de la même manière, que pour la deuxième, c'est-à-dire séparer les associations des divers domaines sensoriels. Nous négligerons de le faire, parce que ces
différences ne sont importantes, que pour les représentations successives, à cause
de la relation, particulièrement intime, des représentations auditives successives
avec l'intuition de temps.

sède généralement pour les processus de la pensée, est particulièrement
frappante, soit dans les associations des mots, soit dans les associations
internes. Cette signification consiste d'abord, en ce que l'association offre
au choix, à l'aperception active, les représentations indispensables ; c'est
pourquoi, une espèce de triage, de sélection préparatoire est déjà opérée
par l'association elle-même. A cet égard, surtout les associations
internes ont une grande importance. D'après un regard jeté sur notre
tableau, les diverses formes d'association interne correspondent absolument aux rapports les plus marquants des concepts, que la classification logique peut distinguer (1). Sans doute, la fréquence, avec
laquelle ces associations se présentent à la conscience adulte, est en
partie occasionnée par le développement intellectuel ; et de nombreuses
associations d'espèce et de genre, de cause et d'effet, etc., sont certainement et uniquement redevables de leur fixité à la liaison répétée des concepts, dont il s'agit. Mais, à part cette origine secondaire des associations logiques, nous sommes obligés d'admettre une origine primaire, qui
consiste en ce que les représentations se lient, en vertu de leurs relations
internes immédiates. Quand la vue d'un arbre éveille une représentation
antérieure du même objet, accompagnée de la conscience, que d'autres
représentations nombreuses sont analogues à cette représentation *unique*,
une association de ce genre n'est pas encore une subsomption logique,
mais la préparation à une pareille subsomption ; et l'association interne
s'est pleinement convertie en jugement de subsomption logique, dès
que la représentation associée a obtenu la valeur d'une représentation
abstraite, idéale (begrifflichen). Or, de nouveau l'association apporte
les matériaux nécessaires à la formation de ces sortes de représentations abstraites (2). Seulement, tant que la liaison associative des
représentations s'effectue réellement de cette manière, qui prépare le
processus logique, il s'agit, à la rigueur, d'une association interne. Si,
au contraire, la représentation associée apparaît simplement à la
faveur de l'exercice engendré par les processus de jugement accoutumés, il se manifeste une association externe de représentations successives. En général, on pourra en même temps démontrer, qu'elle est
une *association de mots*. De même que les associations internes préparent le processus de la pensée, également à leur tour les associations
de mots font, que les liaisons logiques des représentations deviennent

1. Voir ma *Logik*, t. I, p. 110.
2. A ce sujet lire plus loin, rubrique n° 3, la discussion concernant les liaisons
aperceptives des représentations.

des processus mécaniquement exercés, s'accomplissant sans effort actif de la pensée ; processus, qui restent continuellement disponibles pour l'usage logique.

L'examen des associations confirme cette conception, déjà émise (p. 229), que les représentations, disparues de la conscience, ne continuent pas à exister, comme telles, en dehors de la conscience, mais qu'elles doivent être regardées, comme des dispositions fonctionnelles. Or, si la cause, qui fait surgir une nouvelle représentation, consiste régulièrement dans la liaison associative avec une représentation quelconque existant déjà dans la conscience, ceci indique, que chaque fonction de représentation, qui a été exercée une fois, sera de nouveau mise en jeu par une cause extérieure, à condition qu'elle doive se renouveler. Le processus de cette mise en jeu comporte une double interprétation, psychologique et physiologique, puisque la reproduction et l'association des représentations sont, de même que la sensation et la perception, des processus psycho-physiques.

Envisagée *psychologiquement*, l'association est la base fondamentale la plus essentielle du phénomène de l'*unification*, phénomène qui reparaît dans tous les domaines de la vie de l'esprit. Toutes les activités de notre conscience nous apparaissent, faisant un effort continuel, pour se lier aux activités antérieures et simultanées. L'association montre cet effort accompagné d'un tel succès, qu'une activité présente est en état de réveiller une activité antérieure ou ancienne. Habituellement, on croit expliquer ce réveil, en considérant, comme sa cause, l'unité de l'âme, et en démontrant, que la connexion de certaines actions est intelligible d'elle-même, dès que ces actions émanent d'un seul être. Cependant, il est facile de voir, qu'ici l'on essaie d'expliquer la liaison de nos représentations par un phénomène consécutif de cette liaison. Nous regardons un être quelconque comme un seul être, *quand* ses représentations sont associées, et nous affirmons après coup, que l'être doit être unique, *puisque* ses représentations sont associées. La liaison des représentations est justement pour nous la seule caractéristique, qui nous permette d'admettre l'unité de l'être, au sens psychologique ; et, nous n'avons donc aucun droit de supposer, que cette unité est quelque chose de différent de la liaison fonctionnelle des représentations. Néanmoins, cette assertion de Hume, que notre âme serait un faisceau de représentations (1), n'est point admissible. Car, elle est

1. Hume, *Treatise on human nature*, B. I, P. IV, chap. VI.

enfantée par cette opinion, que les représentations s'ordonneraient
d'elles-mêmes ou par un hasard inexplicable, afin de constituer des
relations externes et internes. A cette occasion, on néglige de voir,
qu'il y a *une* condition, sans laquelle, ni une association de représentations, ni la conception de cette association, en qualité de processus
interne, ne seraient percevables pour nous : cette condition est l'*aperception*, que nous sentons immédiatement comme une activité interne,
et par laquelle nous transmettons alors le caractère de l'activité interne
au contenu de ce qui est aperçu. Les représentations elles-mêmes
nous apparaissent comme des activités internes, quoique nous ayons
conscience, que ce caractère appartient seulement à leur aperception.
En cela, l'aperception est en même temps la fonction *constante*, qui
au milieu de l'alternance ou changement du contenu des représentations est sentie par nous, comme concordante. Sans cette fonction
constante, nos représentations seraient non pas un faisceau, mais des
membres épars, dépourvus de lien, qui les unisse, et, par ce moyen,
incapables de nouer entre eux des associations quelconques. Donc,
l'association est seulement le réflexe de cette unité centrale de notre
conscience, que nous percevons directement en nous dans l'activité
interne et externe de la volonté. Assurément, au sujet de cette activité
de la volonté, nous sommes ordinairement en présence de ce renversement des concepts, qui dérive de l'unité de notre être les associations :
nous trouvons compréhensible la connexion continue des fonctions de
la volonté, parce que celles-ci émanent d'un être unique. Mais ici, il
est indéniable, que cette explication considère la conséquence comme
étant le principe. La caractéristique ultime, irréductible et finalement
la seule, de l'unité psychologique de notre être est l'activité de l'aperception : c'est pourquoi, justement cette unité de notre être n'*est* rien
autre, que l'activité de l'aperception ; et, toute métaphysique, qui
voudrait lier cette dernière à un substratum, en soi inconnaissable,
paie son tribut à la psythologie. Voici donc enfin la seule réponse à
faire à la question du principe ou base psychologique de l'association :
les représentations se lient, parce que les divers actes de la fonction
représentante, de l'aperception, sont dans une connexion, dont toutes
les parties se pénètrent. Les modes de l'association interne et externe
sont les manifestations, les plus élémentaires, de cette activité unissante.

Grâce à cette relation des lois d'association avec l'aperception, un
point, jusqu'ici resté obscur, est mis en lumière. Les associations sont
partout les degrés préalables des liaisons aperceptives ; les concepts se

préparant dans les associations simultanées, de même aussi les processus des jugements logiques se préparent dans les associations successives. Les relations de l'association interne nous présentent déjà les mêmes rapports des représentations, qui servent de base aux diverses formes des jugements; et, au moyen de l'enchaînement des représentations régulièrement coexistantes ou successives, l'association externe prépare en partie l'association interne, et fixe en partie ses produits. Par conséquent, l'association externe doit être considérée, comme un degré préalable de l'association interne, de même que celle-ci prépare, de son côté, les liaisons aperceptives.

Au sujet de ces rapports, on se pose naturellement la question suivante : comment est-il encore possible de tracer une limite entre les liaisons associatives et les liaisons aperceptives des représentations? Nous répondons: entre les deux, il existe la même limite, qu'entre l'aperception passive et active; entre l'action de la volonté, résultant d'une manière univoque d'un motif unique et l'action volontaire émanant du choix entre plusieurs motifs. En général, l'aperception ne met les représentations dans nulle autre liaison, que dans celles, où les représentations sont déjà formées d'avance dans les associations. Mais, au milieu d'une pluralité de liaisons associatives, qui sont toutes prêtes, elle choisit celles qui lui conviennent, et elle engendre de cette manière l'enchaînement plus rigoureux du processus de la pensée logique. De plus, les représentations, qui entrent dans ce processus, appartiennent en partie aux degrés les plus élevés de la fusion et de la condensation, et se sont ainsi développées, pour donner lieu à ces formations psychiques, que nous nommons des *concepts*. C'est pourquoi, lors de la liaison des représentations successives, l'aperception active apparaît, comme une activité *décomposante*, analytique, tandis que l'association agence extérieurement et constitue en séries les représentations. Ceci motive en outre des différences, très-importantes, dans le cours extérieur des liaisons associatives et aperceptives, que nous examinerons bientôt en détail.

L'explication *physiologique* des associations se contente généralement d'admettre, que toutes les impressions laissent dans l'organe central des traces, qui sont persistantes et leur ressemblent en quelque sorte. Si, par le mot « traces, » on voulait entendre simplement des effets consécutifs d'espèce quelconque, il n'y aurait rien à objecter contre cette expression, quoiqu'elle ne nous explique pas encore la part prise par les associations à la représentation. Or, la « trace » est distinguée de la pure « disposition, » comme une espèce d'effet consécutif, qui facilite non-seulement la naissance de certains processus, mais présente même un état permanent, analogue encore en cela au processus, qui doit se renouveler. Des analogies, empruntées au domaine physique, dévoileront avec plus de netteté cette différence. Si un œil a fonctionné au milieu d'une lumière aveuglante, un effet postérieur de l'impression y persiste dans l'image consécutive ; mais, un œil, qui compare souvent, en les mesurant, les distances dans l'espace, finit par acquérir une acuité, toujours plus précise, dans ce genre d'évaluation. L'image consécutive est une trace persistante ; l'estimation oculaire, une disposition fonctionnelle. La rétine et les muscles de l'œil exercé peuvent, sans doute, être absolument conformés, comme ceux de l'œil non exercé ; et cependant, l'un a une disposition, qui est beaucoup plus accusée, que celle de l'autre. Assurément, il est permis de dire ici : l'exercice physiologique des organes repose moins sur leurs modifications propres, que sur les traces, qui sont restées dans leurs centres nerveux. Or, tout ce que l'étude physiologique du système nerveux nous a appris au sujet des processus de l'exercice, de l'adaptation à des conditions données, etc., indique que, même ici, les traces consistent essentiellement en des dispositions fonctionnelles. Dans une voie conductrice, qui est souvent mise à réquisition, la conduction s'opère toujours avec d'autant plus de facilité. Sans doute, une pareille disposition fonctionnelle ne se conçoit pas sans des modifications permanentes, qui sont restées, comme effets consécutifs de l'exercice. Mais, les effets consécutifs permanents de ce genre sont absolument différents de la fonction, qu'ils contribuent à faciliter. Lors du mouvement des membres, les muscles, grâce à l'effet qu'ils exercent, polissent et fléchissent graduellement les os ; et, par ce moyen, ils facilitent certains mouvements. Or, la configuration du squelette et des muscles, qui est ainsi graduellement engendrée par l'exercice, est différente des mouvements, auxquels les forme la disposition fonctionnelle. Évidemment, c'est justement ainsi que, lors de l'exercice de certains mouvements et activités sensorielles, s'accomplissent dans les nerfs et dans les organes centraux des modifications permanentes, qui cependant ne doivent pas, le moins du monde, être directement comparées à la fonction, qui est prédisposée de cette manière (1).

1. Consulter plus haut p. 228.

Il est d'autant plus naturel de transférer ces points de vue à la reproduction des représentations, que chez cette dernière il s'agit évidemment de quelque chose, qui concorde absolument avec l'exercice physiologique. Si l'on concède donc, qu'aucune représentation n'a lieu sans excitations sensorielles centrales concomitantes, il faudra admettre, que les influences de l'exercice physiologique, qui jouent un rôle important dans les processus de conduction, de l'excitation réflexe, etc., doivent, ici, être prises en considération. Conformément aux propriétés, précédemment étudiées, de la substance nerveuse, chaque excitation d'une·surface sensorielle centrale laisse après elle une disposition au renouvellement de cette excitation. La règle de la parenté confirme et généralise cette proposition dans le fait expérimental suivant : une excitation sensorielle centrale d'espèce *analogue* est propre, en vertu d'une disposition persistante, à répéter ou rappeler une excitation antérieure ; la règle de l'exercice associatif ajoute cet autre témoignage : les excitations sensorielles centrales, qui souvent ont été liées ensemble, se comportent entièrement à cet égard, comme des excitations parentes. Mais, les processus physiques, qui accompagnent l'association, sont aussi indispensables pour le développement de la conscience, que les excitations sensorielles extérieures. Sans l'existence d'organes sensoriels externes, aucune représentation ne prendrait naissance ; sans cette composition favorable des organes centraux, qui rend possible le réveil des excitations sensorielles antérieures, aucune espèce de liaisons ne pourrait se former entre nos sensations et nos représentations.

Déjà, F. Galton a montré, avec raison, la nécessité de dresser un tableau statistique des observations, qui concernent l'association. Dans ce but, il a choisi lui-même le procédé suivant (1). A la vue d'un objet, qui le heurtait accidentellement, il laissait errer ses pensées ; peu de temps après, il les fixait soudain par l'attention et les consignait par écrit. Dans une autre série d'expériences, il utilisait des mots, qui, quelque temps auparavant, avaient été inscrits et de nouveau oubliés. Il a remarqué, que les associations, ainsi excitées, se rattachent totalement à la première impression sensorielle et se lient plus rarement entre elles ; cependant, ce phénomène pourrait bien être motivé par les conditions spéciales de l'expérience et, par conséquent, ne pas avoir une valeur générale. Quant au mode des associations, Galton observa, que des représentations, relativement nombreuses, apparaissent répétées et remontent, par leur

1. BRAIN, *a Journal of neurology*, juillet 1879, p. 149.

origine, à un temps plus ancien. Les associations, opérées une seule fois, appartiennent spécialement au passé le plus récent. Ainsi, sur 505 associations, il en a été constaté 100, où 23 ont eu lieu quatre fois, 21 trois fois, 23 deux fois, 31 une fois.

Dans 124 cas, Galton a réussi à démontrer la première origine de la représentation. De nouveau, sur 100,

10 assoc.	9 assoc.	7 assoc.	13 assoc.	en tout			
8	7	5	26	39	ont		à l'enfance et à la première jeunesse.
—	3	1	11	46	appartenu		à l'âge mûr,
opér. 4 fois	3 fois	2 fois	1 fois	15			au passé le plus récent.

D'après la composition des représentations, Galton ordonne les associations en trois groupes : 1° les représentations de mots, qui peuvent être associées à d'autres mots, soit à d'autres représentations ; 2° d'autres représentations sensorielles, parmi lesquelles de nouveau les représentations visuelles sont les plus fréquentes ; 3° les « représentations théâtrales, » en d'autres termes celles, où l'observateur se voit, le plus souvent lui-même, dans une certaine position ou action. Quand les mots étaient employés pour éveiller les associations, il arrivait, que l'apparition de ces trois classes d'associations dépendait de l'importance des mots. Les exemples, donnés par Galton, autorisent à faire la supposition suivante : les mots, qui désignent les divers objets, éveillaient soit des images sensorielles, soit d'autres mots et, très-rarement, des représentations théâtrales ; tandis que ces dernières se présentaient spécialement dans ces sortes de mots, qui dénotent une action ou une position ; les mots d'une signification abstraite se comportaient d'une façon variable et plus indéterminée.

Mes expériences, décrites précédemment (p. 315) sur le temps d'association et exécutées en commun avec MM. Besser, Trautscholdt et G. Stanley Hall, furent incidemment utilisées pour une statistique des associations. Au sujet de la fréquence des formes principales, distinguées plus haut (p. 341), nous avons obtenu les chiffres suivants :

	B.	T.	W.	H.
Le nombre total des associations observées était de 100. . . .	127	130	44	57
Il se décomposait ainsi : Associations externes :	64	75	48	31
1. Ass. d'impressions simultanées . .	23	32	21	15
2. Ass. d'impressions successives (associations de mots ; d'autres n'ont pas été observées)	41	43	27	16
Associations internes :	36	25	52	69
1. Ass. d'après la sur- et la subordination. . .	10	15	14	26
2. Ass. d'après la coordination	24	8	38	37
3. Ass. d'après la dépendance	2	2	0	6

Les chiffres de la dernière colonne verticale révèlent nettement l'influence, qu'exerce la moindre habitude de la langue (allemande) sur le nombre relativement petit des associations de mots. En même temps, une forme spéciale de ces dernières associations, l'association des mots, ayant une désinence analogue (comme par exemple « Demuth et Muth » ou les mots rimés), a été constatée seulement chez M. Stanley Hall, non chez les autres observateurs : ceci était sans doute une conséquence directe de l'emploi d'une langue étrangère, conséquence qui nécessitait une plus grande attention pour le son extérieur. Entre les autres observateurs, nous avons remarqué également des différences, qui sont individuellement caractéristiques : ainsi, chez moi, le nombre des associations de mots était relativement plus petit, et celui des associations internes, plus grand. En ce qui concerne les rapports de coordination, chez nous tous l'analogie l'emporta sur le contraste, la plupart du temps dans la proportion de 2 : 1. Quant aux relations de dépendance, seules les relations causales furent observées.

3. — Liaisons aperceptives.

Les liaisons aperceptives des représentations supposent les diverses formes d'association. La fusion associative des sensations engendre particulièrement les représentations complexes ; et les fonctions de la conscience, qui servent de base à l'assimilation et à l'association successive, doivent continuellement tenir prêtes à l'aperception les représentations appropriées à certaines combinaisons. Voici ce qui caractérise uniquement la différence essentielle des liaisons aperceptives : ici, l'aperception est *active*, en d'autres termes elle n'est pas gouvernée d'une manière univoque par les représentations élevées associativement ; mais, à l'aide d'une activité causale, déterminée par l'histoire tout entière du développement de la conscience, elle choisit dans plusieurs associations les représentations appropriées. Les lois, qui se révèlent à cette occasion, seront donc considérées comme les *lois proprement dites de l'aperception* ; tandis que seulement ces lois fondamentales psycho-physiques, qui constituent la condition préalable des fonctions de l'aperception, trouvent plutôt leur expression dans les formes de l'association.

Puisque l'aperception s'empare des matériaux, que les associations tiennent à sa disposition, son activité est en partie *unissante*, en partie *décomposante* ; et les deux genres de fonctionnement se mêlent très-souvent ou restent isolés.

L'aperception lie des représentations séparées, pour former avec elles de nouvelles représentations distinctes. Partout, l'association offre la première occasion de ces sortes de liaisons. Ainsi, nous lions par association les représentations d'un clocher et d'une église. Quoique la coexistence de ces représentations nous soit si familière, cependant la simple association n'aide pas encore à la représentation d'un clocher d'église. Or, cette dernière représentation contient les deux représentations constituantes, non plus dans une coexistence purement extérieure; mais, chez elle, la représentation d'église est devenue une désignation, qui est inhérente à la représentation de clocher et la caractérise plus intimement. De cette manière, l'*agglutination des représentations* est le premier degré de la liaison aperceptive : nous donnons ce nom à cet enchaînement ou combinaison de représentations, qui primitivement ont été liées associativement, enchaînement dans lequel nous avons, à la vérité, encore nettement conscience des éléments constituants ; mais, où nous avons formé avec ces derniers une représentation résultante.

Néanmoins, dans un grand nombre de cas, la liaison ne reste pas à ce degré ; les éléments primitifs disparaissent graduellement de la conscience, et nous avons encore conscience de la représentation résultante : de l'agglutination provient ainsi une *fusion aperceptive des représentations*. C'est ce processus, qui a trouvé son expression, surtout dans ce développement des formes du langage, et qui ordinairement est, ici, accompagné des phénomènes extérieurs de la contraction et de la corruption des sons articulés. Ce processus de fusion a pour conséquence deux processus psychologiques importants, la *condensation* et le *déplacement des représentations*, qui se réfléchissent dans les phénomènes du changement de signification des mots du langage. Un moment, extrêmement important au point de vue psychologique, de ce développement tout entier consiste dans l'affaiblissement et l'inconscience graduelle, qu'affectent certains éléments constituants d'une représentation générale : on ne pourra s'empêcher de rapporter ce moment à une propriété de l'aperception, qui avait déjà manifesté son influence, lors des liaisons associatives, à la propriété de limiter son activité spécialement à *une* représentation (p. 231). Par conséquent, plus la représentation résultante d'une liaison s'impose à la perception, avec d'autant plus de facilité les composantes de cette représentation parviendront graduellement à s'échapper totalement de la conscience.

A mesure que se perdent ou disparaissent les éléments primitifs d'une représentation, engendrée par la fusion aperceptive, en même temps des relations de cette représentation s'établissent ordinairement avec d'autres représentations, qui ont pris naissance d'une manière analogue. Ceci est principalement l'œuvre du processus d'agencement de la pensée, que nous décrirons plus loin et qui met les représentations en relation réciproque, puisque ce processus sépare les représentations comme parties des représentations générales, dans lesquelles elles présentent des rapports réciproques déterminés. Ces sortes de représentations, qui ont contracté avec la pensée des relations plus ou moins multiples, nous les appelons des *concepts*. Puisque nous attribuons des relations de cette nature à la représentation élevée au rang de concept, nous avons conscience, que la représentation elle-même n'embrasse pas l'essence entière du concept. Donc, plus riches sont ces relations, et d'autant plus la représentation se transforme et se convertit en une *suppléante* (Stellvertreterin) *du concept*, dont l'essence proprement dite réside, pour nous, justement dans ces relations de la pensée, qui ne peuvent pas être épuisées dans une représentation unique, mais tout au plus exposées dans une série des divers actes de la pensée. Enfin, grâce à ce développement, notre aperception est capable de fixer dans des concepts les relations de la pensée, comme telles, sans recevoir un appui des diverses représentations. Ainsi prennent naissance les concepts *abstraits*, qui dans notre conscience ne sont plus figurés par des représentations représentatives avec leur signification primitive, mais seulement encore par des signes *représentables*. Ces sortes de signes sont les mots et leurs caractères écrits, qui, par la voie de la fusion aperceptive, décrite plus haut, et de la condensation et du déplacement des représentations qui s'y rattachent, ont constamment perdu leur signification primitive, concernant une représentation déterminée et ont ainsi acquis la composition de symboles arbitraires. D'après son côté associatif, ce processus est en même temps caractérisé par l'alternance ou changement, déjà décrit (p. 338), des éléments dominants de ces représentations complexes, qui dans notre conscience représentent ou figurent les concepts.

A l'efficacité unissante de l'aperception se joint directement son efficacité décomposante. Elle consiste en ce que les représentations, d'abord empruntées à la provision d'association et développées ensuite par l'aperception active, sont de nouveau agencées, pour constituer des parties ; d'ailleurs, ici, ces parties n'ont nullement besoin d'être identiques à celles, dont les représentations se composaient primitivement. Parfois, les représentations, soumises à la décomposition ou dissociation, sont des concepts. Alors, *avant* que la dissociation s'opère, la représentation générale est déjà nettement aperçue, et, par

suite, dans les cas de ce genre, nous avons clairement conscience
du passage ou transition de la représentation à ses parties : c'est
pourquoi, la logique appelle jugements *analytiques* les actes de la
pensée, qui prennent ainsi naissance. La plupart du temps, la décomposition ne consiste pas cependant dans un agencement des concepts;
mais, tout d'abord, la représentation générale primitive se trouve
devant notre conscience, seulement comme un complexus indistinct de
représentations isolées, dont l'enchaînement de toutes ses parties est
aussitôt aperçu ; or, les diverses parties de ce complexus et le mode
de leur union apparaissent plus déterminés, pendant l'activité décomposante de l'aperception. Il semble donc, que la pensée rassemble les
parties, qu'elle dispose, arrange dans l'agencement successif de la représentation générale ; pour ce motif, la logique nomme jugements
synthétiques de pareils actes de la pensée. Néanmoins, d'après la structure, étudiée plus loin, des liaisons aperceptives, il résulte ici, que le
tout, quoique sous forme indistincte, doit être aperçu plus tôt, que ses
parties. Ainsi s'explique, d'ailleurs, ce fait connu, que nous pouvons
conduire aisément, sans perturbation, jusqu'au bout, une proposition,
dont la construction est complexe. Ceci serait impossible, si déjà, au
commencement de cette proposition, le tout n'était pas représenté à
l'esprit. Examiné au fond, l'accomplissement de la fonction du jugement consiste uniquement, en ce que nous rendons successivement
plus nets les contours effacés de l'image totale, de façon qu'à la fin de
l'acte complexe de la pensée le tout se trouve plus distinct, devant
notre conscience. Ici se manifeste cette propriété de l'aperception, dont
nous avons déjà parlé (p. 233) : tantôt elle est capable d'embrasser un
grand domaine, tantôt de se concentrer plus étroitement ; et, par conséquent, la clarté des représentations aperçues varie.

Enfin, cette propriété de l'aperception, d'après laquelle celle-ci a
coutume, à un moment donné, d'exécuter seulement une action,
trouve son expression dans la *loi de la dichotomie* (Gesetz der
Zweitheilung), qui préside constamment à l'agencement aperceptif des
représentations. Cette loi s'est nettement accusée dans les catégories de
la syntaxe grammaticale, le sujet et le prédicat, le nom et l'attribut,
le verbe et l'objet, etc ; et, elle n'a d'exceptions apparentes, qu'en tant
que des liaisons associatives se joignent aux liaisons aperceptives.
Finalement, la loi de la dichotomie, qui commande les processus de la
pensée logique, provient ainsi de la même source, que le développe-

ment des éléments dominants dans les fusions et complications associatives (1).

Puisque l'aperception passive précède l'aperception active, il faudra admettre, que les liaisons associatives des représentations occasionnent un développement de liaisons aperceptives. Effectivement, en examinant les liaisons associatives, nous avons vu, que les rudiments des lois de la pensée logique sont déposés en germe, surtout dans les lois de l'association interne ; d'autant que les relations associatives des représentations portent absolument en soi un caractère logique. Ce caractère ne peut leur être imprimé par l'aperception, puisque l'association met les représentations seulement dans ces liaisons, où elles s'ordonnent en vertu de leur composition propre, sans recevoir l'influence de cette activité interne de la volonté. C'est pourquoi, les diverses formes de l'association interne peuvent seulement présenter des formes de relation, qui par leur caractère objectif appartiennent aux représentations. Or, à l'égard des dernières, les représentations sont les *images d'un être et d'un évènement objectifs ;* images, qui peuvent être éloignées, à un degré quelconque, de la réalité qu'elles expriment, mais dans lesquelles nous devons déjà supposer une correspondance avec cette réalité ; parce que, sans cette hypothèse, le concept de réalité serait absolument imaginaire. Où les associations prennent-elles ce caractère logique, par lequel elles préparent et rendent finalement possible la pensée proprement dite ? Voici la réponse à cette question : *dans les choses elles-mêmes représentées,* qui, puisqu'elles apportent à la pensée les matériaux destinés à son activité, doivent même dans leurs propres relations correspondre, déjà, à ces relations de la pensée, que l'aperception institue, établit. Or, cette correspondance n'est pas un pur parallélisme extérieur, superficiel de deux formes d'existence, qui se séparent d'ailleurs. La réalité ne nous est finalement donnée, que dans nos représentations. A la faveur de leur composition propre, celles-ci contractent ces liaisons, qui trouvent leur expression dans les lois de l'association interne ; et, dans ces liaisons, elles sont aperçues. Mais, puisque, dès l'apparition d'une représentation, des relations multiples se développent avec d'autres représentations, un combat ou lutte de motifs prend naissance, et l'action interne de choix se substitue à l'action de la volonté, primitivement déterminée d'une

1. Voir plus haut p. 330. — Quant à la description détaillée des liaisons aperceptives, je renvoie le lecteur à l'exposition, qui en est faite dans ma *Logik* (t. 1, p. 26-70), où, même, les diverses formes de liaison successive et simultanée sont illustrées par des exemples.

manière univoque. Or, il ne s'agit plus simplement, que les représentations liées possèdent généralement des relations internes, mais qu'elles se trouvent dans des relations *logiquement justes*, en d'autres termes dans celles, que nécessite la connexion totale du processus de la pensée. Voilà pourquoi, le développement du cours des représentations aperceptives est très-intimement uni à la formation de ces représentations générales complexes, qui, puisqu'elles anticipent le contenu total d'un processus de la pensée, assignent à celui-ci la direction, dans laquelle doit s'opérer l'agencement en diverses représentations séparées.

La question, concernant le rapport des fonctions intellectuelles avec les liaisons associatives des représentations, est un des problèmes les plus difficiles de la psychologie. L'ancienne théorie des facultés, qui avait scindé la faculté de la connaissance en sensibilité et entendement, se contentait généralement de séparer les deux domaines, sans se rendre suffisamment compte de leurs relations. Même la tentative de Kant (1), d'assigner à la faculté ou force de l'imagination productive une fonction intermédiaire aux activités sensorielles et intellectuelles, tentative qui rappelle le rôle de la fantaisie dans la psychologie d'Aristote (2), est restée infructueuse pour deux motifs : 1° par son origine, elle se rattache essentiellement aux conceptions de la doctrine des facultés ; 2° elle était, d'ailleurs, basée non sur des considérations psychologiques, mais exclusivement sur des points de vue, empruntés à la théorie de la connaissance. Ces deux circonstances furent cause, qu'ici un schématisme logique, artificiel et bien des fois forcé, se substitua à la connexion interne des phénomènes, qui se développent continuellement, en provenant les uns des autres. La psychologie anglaise de l'association, qui prit naissance, en s'inspirant principalement de David Hume, a l'honneur d'avoir démontré d'une façon approfondie l'importance des processus associatifs pour les fonctions intellectuelles. Mais, comme Hume, lors de son examen des concepts de substance et de causalité, négligea justement cette face des deux concepts, qui ne peut être ramenée à l'association (3), la psychologie de l'association se proposa, absolument et uniquement pour but, de résoudre complètement en processus associatifs les phénomènes intellectuels. Les recherches des psychologues, qui ont suivi ce programme (4), ont donc le mérite principal d'avoir

1. Kritik der reinen Vernunft : *Deduction der reinen Verstandesbegriffe*, 2° et 3° sections.
2. Aristote, *De anima*, III, 3.
3. Consulter ma *Logik*, I, 481, 529.
4. James Mill, *Analysis of the human mind*, nouvelle édition, 1869, vol. I. — A. Bain, The senses and the intellect: *Intellect* chap. II-IV. — Au sujet de cette question, Herbert Spencer lui-même (*Principles of psychology*, vol. II, chap. XIX) se rattache essentiellement à la psychologie de l'association.

expliqué les stades préparatoires des phénomènes intellectuels ; mais, elles n'ont pas suffisamment mis en lumière les propriétés caractéristiques de ces phénomènes.

En Allemagne, ces directions de la psychologie moderne, qui avaient rejeté la théorie des facultés de l'école de Wolff, furent suggérées, d'une manière plus accusée qu'en Angleterre, par des suppositions spéculatives ; mais, elles ont un trait commun avec la psychologie anglaise de l'association : la tendance à l'unification des phénomènes. En s'engageant dans cette voie, on s'efforce d'établir, que le cours des représentations dérive de processus, qui persistent longuement ; processus, qui ne sont pas directement observés, mais hypothétiquement admis. Or, ici le résultat est ordinairement analogue à celui, que l'on obtient avec les théories de l'association, d'autant que les différences fondamentales, qui se présentent dans la perception interne et dans les produits objectifs des processus, ne sont pas prises en considération. Parmi ces hypothèses, celles d'Herbart et de Beneke, qui sont parentes l'une de l'autre, sous bien des rapports, ont exercé la plus grande influence.

Nous allons mentionner brièvement les suppositions métaphysiques, sur lesquelles Herbart a fondé sa mécanique des représentations (1). Selon ce philosophe, la représentation est le maintien, la conservation de soi-même (Selbsterhaltung) de l'âme contre l'action perturbatrice d'autres êtres simples. Une fois qu'elle a pris naissance, la représentation doit, en qualité de fonctionnement de l'acte de représenter, persister sans subir de diminution ; mais, l'effet de ce fonctionnement, l'image représentée, doit être affaiblie ou même entièrement supprimée, puisque la représentation réelle se transforme, se convertit en une *tendance à exercer l'acte de représenter*. Pareille chose arrive, quant des représentations opposées doivent être simultanément représentées. La conscience est la somme des actes de représentations (Vorstellens) réelles, simultanées. Les représentations disparaissent de la conscience, puisque des représentations opposées exercent les unes sur les autres un *arrêt*, et elles rentrent de nouveau dans la conscience, dès la cessation de cet arrêt. Jusqu'ici, ces propositions sont des hypothèses, à la vérité contestables, mais toujours possibles, à l'aide desquelles on pourrait tenter d'expliquer le spectacle du cours des représentations. Herbart établit encore une autre hypothèse : les représentations disparates ne *s'arrêtent* pas, mais forment une complication de représentations simples ; et, quant aux représentations de même sens, les éléments constituants homogènes ne s'arrêtent pas, mais se fusionnent entre eux. De ces hypothèses résulte naturellement la supposition suivante : les oppositions des diverses représentations étant égales, les arrêts, que celles-ci éprouvent, sont inversement proportionnels à leurs intensités ; et, si les

---

1. Herbart , *Psychologie als Wissenschaft*, § 36, § 41 (tome V de ses œuvres complètes). Consulter à cet égard son *Lehrbuch der Psychologie*, chap. II (*ibid.*) et *Hauptpunkte der Metaphysik*, § 13 (tome III, p. 41).

intensités sont égales, l'arrêt de chaque représentation isolée est directement proportionnel à la somme des oppositions, dans lesquelles il se trouve à l'égard des autres représentations. Si donc (et ceci serait le cas ordinaire) les intensités, comme les oppositions, sont inégales, la dépendance sera complexe. Trois représentations de l'énergie a, b, c seront, par exemple, arrêtées dans les rapports $\frac{m+p}{a}$, $\frac{m+n}{b}$, $\frac{n+p}{c}$, si l'opposition de a et b est $= m$, celle de a et $c = p$, et celle de b et $c = n$. Or, cet établissement du rapport de l'arrêt ne nous fournit encore aucun renseignement sur la conduite des représentations dans la conscience ; dans ce but, il faudrait évidemment connaître non-seulement le rapport de l'arrêt, mais l'intensité absolue de l'acte de représentation, intensité qui persiste, après que l'arrêt s'est effectué. Nous ne connaissons pas cette intensité absolue. Aussi, Herbart a ici recours à une hypothèse. Selon lui, la somme absolue des arrêts est la plus petite possible ; c'est ce qui a lieu, puisque toutes les représentations ne se dirigent pas contre toutes, mais toutes contre *une seule*, et, à la vérité, contre celle qui présente la plus petite somme d'oppositions. Cette hypothèse est non-seulement arbitraire, mais aussi invraisemblable que possible. Lorsque, à deux représentations a et b, qui sont en forte opposition, une troisième c, de moindre résistance, vient s'ajouter, soudain a et b se séparent l'une de l'autre, pour fondre toutes deux sur la représentation c, qui est la plus rapprochée d'elles, de même que deux adversaires exaspérés tombent sur un tiers innocent, qui veut s'interposer entre eux. L'unique raison en faveur de cette assertion est la pensée téléologique, qui reparaît par divers détours : puisque toutes les représentations auraient une tendance à l'arrêt réciproque, elles devraient se contenter, d'une manière convenable, de la plus petite somme d'arrêt ; mais alors, on se demande naturellement, pourquoi elles ne préfèrent pas renoncer absolument à cette activité sans but. S'il est de l'essence des représentations en conflit de s'arrêter, la somme d'arrêt entre a et b peut, par l'adjonction d'une troisième représentation c, être altérée, seulement en tant que cette troisième représentation arrête de nouveau a et b et est arrêtée par elles, de la même manière que la force d'attraction de deux corps est compliquée dans son effet par un troisième corps, mais n'est jamais supprimée. Les autres suppositions d'Herbart, par exemple sa loi dynamique, d'après laquelle les arrêts, qu'éprouvent à chaque instant les représentations, seraient proportionnels à la somme de ce qu'il s'agit encore d'arrêter ; et cette supposition, que grâce aux restes, qui ont fait fusionner entre elles les représentations, celles-ci reçoivent un auxiliaire mutuel, qui est directement proportionnel au produit des restes de fusion, mais inversement proportionnel à l'intensité de chaque représentation, toutes ces suppositions, dis-je, pourraient bien être regardées comme des hypothèses plus ou moins plausibles, si le sol n'était pas soustrait à l'édifice tout entier, dès que cet axiome de la plus petite somme d'arrêt devient caduc.

Quoique l'on rejette la tentative d'une déduction mathématique, cependant la pensée principale, qui a présidé à cette déduction, pourrait avoir au fond une certaine vérité ; car, tous les faits de l'observation interne reposent sur une corrélation des représentations, qui est uniquement constituée par l'opposition ou la parenté de ces dernières. Mais, les explications, qu Herbart donne des faits fondamentaux de la conscience, portent absolument le caractère d'analogies, accidentellement découvertes, analogies avec les expériences internes, que ce philosophe trouve dans les résultats mathématiques, qui se sont offerts à son esprit. Les tensions, que les représentations éprouvent à l'occasion de leur corrélation dans la conscience, il les appelle des sentiments, parce que certains sentiments, assez nombreux d'ailleurs, nous oppressent réellement ou nous rendent plus légers, plus agiles. Pour Herbart, la tendance d'une représentation à s'élever se convertit en désir, puisque dans cet état de l'âme nous aspirons à quelque chose ; enfin, l'essence de l'aperception doit consister dans la fusion d'une masse de représentations avec une autre, ou bien, comme dans ce cas, pour préparer le résultat le plus désiré, dit-il, elle doit consister dans l'*assimilation* d'une masse par une autre, puisque, personne ne l'ignore, nous nous assimilons les représentations. Ainsi, pour Herbart, tout évènement interne se résout dans les rapports, que les représentations ont entre elles. D'ailleurs, ce que nous croyons faire et souffrir, les représentations le font et le souffrent, chez Herbart. L'erreur fondamentale de cette psychologie réside dans son concept de l'aperception. Après avoir accordé, que la fusion de masses de représentations est capable d'engendrer une conscience de soi-même, on ne peut rien objecter de plus fort, que ceci : nous sentons, comme sensibilité et désir, la tension et la tendance des représentations à s'élever. L'importance décisive, qui, lors de l'aperception, appartient à l'activité spontanée de l'individu exerçant la représentation, est, ici, entièrement passée sous silence. Ainsi, tout ce qui est son effet, est transféré par Herbart dans ces corrélations des représentations, qui cependant en vérité ont uniquement la même signification, que les impressions sensorielles externes, puisqu'elles sont une base fondamentale psycho-physique du fait intellectuel, mais ne sont pas celui-ci. L'on a vanté la sagacité, avec laquelle Herbart dépeint l'ascension et l'abaissement des représentations au dedans de nous ; et cette pénétration ou vue ingénieuse consiste purement, en ce que ce philosophe dépeint justement un mouvement. Ce mouvement concorde-t-il avec l'ascension et l'abaissement réels de nos représentations ? or, partout nous constatons l'absence de preuves. Au contraire, toutes les fois que l'on réussit à soumettre ces fictions à la mesure de l'observation exacte, elles se contredisent. Ainsi, cette théorie reconnaît seulement un arrêt entre les représentations homogènes. Mais, l'investigation démontre sûrement, que même les représentations disparates peuvent s'arrêter (1). Ce fait indique précisément, que le prétendu arrêt des représentations n'est pas basé sur les repré-

1. Voir plus haut p. 274.

sentations elles-mêmes, mais sur l'activité de l'aperception. C'est avec raison,
qu'Herbart dit de sa psychologie, qu'elle construit l'esprit avec des séries de
représentations, de même que la physiologie construit le corps avec des
fibres (1). Effectivement, s'il est à tout jamais impossible d'arriver à expliquer les fonctions physiologiques par l'irritabilité des filets nerveux, il est
aussi infructueux d'essayer de dériver de la compression et du choc des
représentations l'expérience interne. Les fibres nerveuses et musculaires, les
cellules grandulaires ont besoin, que la cohésion des grandes formations centrales, qui les régissent, soit maintenue. Or, les représentations sont sous la
domination de l'aperception.

Un philosophe, que les résultats immédiats de l'observation de soi-même
ont déterminé dans la direction totale de sa pensée, Beneke, s'est livré à une
autre tentative très-remarquable, afin de faire de la reproduction et de l'association le point de départ d'une théorie psychologique, dont toutes les parties
soient reliées entre elles (2). Pour lui, tout acte de représentation se compose
de la manifestation des forces primitives de l'âme, des facultés primordiales,
comme il les appelle, et de l'effet des irritants. La faculté primordiale est une
tendance ou aspiration, qui, par sa rencontre avec l'irritation, devient la représentation réelle. Chaque représentation isolée, supposant une irritation nouvelle, émane donc d'une faculté primordiale nouvelle. Les représentations ne
disparaissent, qu'en apparence, de la conscience. Elles persistent, en conservant leur composition de faculté et d'irritation. Mais, divers éléments de l'irritation sont moins solidement liés à la faculté; aussi, sont-ils facilement cédés,
transférés à d'autres éléments étrangers. Ainsi prennent naissance les représentations inconscientes ou *traces* (Spuren). Chaque trace aspire à être de
nouveau comblée, par conséquent à redevenir consciente. Mais, l'écoulement
(Abfliessen) des éléments mobiles de l'irritation laisse des traces à sa suite.
c'est ainsi qu'apparaît une tendance à la reproduction de certains groupes de
représentations, l'*association*. Enfin, ces éléments de l'irritation, qui s'écoulent,
se lient toujours à des formations parentes : l'association a donc lieu entre
des représentations *parentes*. Pour la reproduction, il est indispensable, que
les éléments de l'irritation, que les représentations ont perdus, en devenant
inconscientes, leur affluent de nouveau. Ce résultat peut être obtenu de deux
manières : 1° les éléments mobiles de l'irritation d'espèce analogue sont trans-
mis, comme lors de la reproduction, par des représentations associées ; ou
2° il s'est constitué de nouvelles facultés primordiales, qui s'attirent, grâce
aux éléments mobiles de l'irritation, toujours présents dans l'âme : ainsi, lors
de la reproduction spontanée. Enfin, selon Beneke, les sentiments prennent
naissance par suite du rapport, que les facultés primordiales ont avec l'énergie
des irritations, qui les remplissent, comme par suite du mode d'écoulement de

1. OEuvres d'Herbart, t. V, p. 192.
2. Beneke, *Psychologische Skizzen*, t. II, Göttingue 1827; *Lehrbuch der Psychologie*,
chap. I.

éléments des irritations, qui se portent d'une formation à une autre formation.

La théorie de Beneke part de l'expérience, que les irritations externes et certaines propriétés subjectives, qui leur sont opposées, ou « facultés primordiales » déploient leur effet, à propos du premier développement de nos représentations. Or, cette pensée est maintenue. La représentation conserve sa composition d'irritation et de réceptivité subjective à l'irritation. Ainsi elle est scindée d'une façon complètement arbitraire en deux éléments constituants, qui sont uniquement empruntés à la première cause occasionnelle de son origine, et dont on ne remarque absolument rien dans la représentation elle-même. Quand Beneke vante l'expérience interne comme la seule positive, sûre, d'après laquelle l'expérience externe doit plutôt être jugée, au lieu que c'est l'inverse, il pèche ici même contre cette règle, car le concept de l'irritation est emprunté uniquement à l'expérience externe. La séparation des conditions physiques et psychiques, pour le développement de la perception sensorielle, est transportée dans la corrélation interne des représentations, puisque l'irritation est « estampillée » comme formation psychique. Le concept de l'irritation, ainsi transformé, est conçu, d'une manière qui manque totalement de clarté, comme composé d'éléments ; et Beneke introduit cette hypothèse, que les éléments homogènes s'attirent. hypothèse qui doit expliquer l'association des représentations, à laquelle elle est visiblement empruntée. Or, non-seulement les éléments de l'irritation s'attirent, mais ils sont attirés par les facultés primordiales ; propriété, qui se manifeste aussi bien lors de la formation de nouvelles perceptions, que lors de la reproduction spontanée. Enfin, après que, au début, la trace a été définie la faculté primordiale, qui n'est plus complètement remplie par les irritations, Beneke assigne au processus d'écoulement des éléments de l'irritation la propriété de laisser à sa suite une trace. Ainsi, aucun des concepts n'est conservé, maintenu dans sa signification primitivement établie. Et, il n'est même nullement rendu compte des causes du mouvement des représentations. Pourquoi la faculté primordiale ne garde-t-elle pas ses éléments de l'irritation ? Ou pourquoi, si ceci est empêché par l'avènement postérieur de nouvelles facultés primordiales, tous les éléments de l'irritation ne s'écoulent-ils pas accidentellement ? Ici, nous constatons partout l'absence de cette précision ou rigueur mathématique, qui caractérise l'exposition d'Herbart et qui, chez ce dernier, contribue à rendre au moins plus conséquentes ses hypothèses arbitraires. Chez Beneke, la conception de la conscience est aussi insuffisante, que chez Herbart. Pour Beneke, la représentation consciente est différente, seulement par degré, de la représentation inconsciente ; toutes les représentations, une foisengendrées, persistent réellement, et elles se modifient, uniquement sous le rapport de leur énergie Avec cette manière de voir de Beneke, il n'existe pas de processus spécial de l'aperception.

4. — Dispositions intellectuelles.

Par les noms de *mémoire*, d'*imagination* et d'*intelligence*, le langage désigne des directions déterminées de l'activité de l'esprit, qui sont en relation intime avec les lois de la liaison des représentations. L'on a tort de rapporter ces concepts à des facultés psychiques ou à des forces de nature spécifique ; néanmoins, ces concepts conservent encore une certaine importance, car, ils nous permettent de résumer par une courte expression les produits complexes des associations et de l'aperception active. Ils facilitent surtout le regard d'ensemble, que nous jetons sur les différences individuelles multiples de la disposition ou aptitude intellectuelle, dont la classification est une des tâches les plus importantes, qui incombent à la psychologie descriptive.

Parmi ces trois propriétés, la *mémoire*, l'aptitude générale au renouvellement des représentations, est la condition préalable de toutes les autres. Chaque reproduction supposant d'une part une excitation sensorielle centrale, d'autre part la conscience, la mémoire a aussi un côté physique et un côté psychique. Sous le rapport physique, le fondement ou base de la mémoire doit être cherché dans ces modifications de l'irritabilité, qui facilitent le retour ou réapparition de processus d'excitation ayant déjà existé, et provoquent de cette manière les phénomènes de l'*exercice* (1). En se plaçant à ce point de vue, on a été nécessairement amené à appeler la mémoire une fonction du cerveau ou, même, une propriété générale de la matière (2). Bien que nous n'attribuions pas tout fonctionnement de ce genre au concept de mémoire. pris au sens psychologique, mais que nous établissions cette dernière signification, seulement par rapport à la réapparition des fonctions conscientes, il ne faut pas oublier, que justement, grâce à la participation ou intervention de la conscience, la mémoire se distingue des autres formes d'exercice. Puisque nous avons reconnu, que la liaison des sensations et des représentations était une condition de la conscience, cette activité unissante de la conscience se manifeste, même à l'égard des sensations reproduites. Toute reproduction émane

1. Consulter t. I, p. 145, 175, 252, 303.
2. Hering, *Ueber das Gedächtniss als eine allgemeine Function der organischen Materie*, 2ᵉ édit. Vienne 1876. — Hensen, *Ueber das Gedächtniss*. Discours rectoral. Kiel 1877.

des représentations, qui se trouvent à chaque moment dans la conscience ; et la présence de dispositions inconscientes ne laisse les représentations redevenir vivantes, que si les conditions indispensables, pour renouer les associations, existent dans la conscience elle-même. Selon diverses circonstances, les associations peuvent échapper à notre perception : elles constituent les motifs décisifs de la reproduction des représentations, et ceci est d'autant moins douteux que, même dans ces cas, où l'enchaînement est en apparence non effectué, assez souvent une investigation plus exacte finit par découvrir le lien associatif. Si donc, nous ne voulons pas admettre, que l'évènement interne soit accidentellement dépourvu de causalité, nous ne pourrons pas éviter de regarder, comme la base proprement dite de la reproduction, l'effet associatif émanant des représentations actuelles. Les dispositions, existant inconsciemment, et le degré de leur exercice déterminent seulement à ce sujet, quelles sont les représentations, qui peuvent pénétrer dans la conscience ; mais, l'entrée réelle d'une représentation donnée est constamment occasionnée par l'état de la conscience elle-même. Il résulte de là, qu'il est inexact de ramener toutes les liaisons des représentations aux dispositions inconscientes de l'âme et du cerveau, et de laisser entrer dans la conscience les liaisons, qui sont prêtes (1). Ici même, au fond, la conscience est conçue de nouveau, comme une chose pour soi, qui serait différente de ses représentations ; et l'inconscient acquiert le caractère d'un laboratoire mystérieux et miraculeux, qui ne laisse rien faire à la conscience, que ceci : transformer en conscients les représentations et les actes de la pensée. Or, la liaison des sensations élémentaires et des représentations, qui en sont le produit, est justement la fonction de la conscience, ou plutôt : la conscience n'existe que là, où cette fonction se manifeste, apparaît dans notre perception interne. C'est pourquoi, le développement de la mémoire se rattache étroitement et absolument à cette continuité de la conscience, qui trouve finalement sa conclusion, son achèvement dans la conscience de soi-même, devenue adulte (2). Notre mémoire ne remonte plus aux premiers jours de l'enfance ; généralement, elle commence par quelque impression vive, agréable ou désagréable, qui a exercé une forte empreinte sur notre sentiment de soi-même. Ces représentations permanentes, qui

1. Hering, loc. cit. p. 10.
2. Consulter à ce sujet Ribot, Revue philosophique, mai 1880, p. 516.

se rapportent à notre moi, constituent pour la mémoire développée
le milieu persistant, autour duquel se groupent toutes les représentations de souvenir. Dans les premiers temps de la vie et chez les animaux inférieurs, ordinairement la mémoire n'est pas absente, mais
elle est de courte durée, fragmentaire, et non continue, comme
lorsque la conscience de soi-même s'est développée. Donc, seulement
dans cette dernière, l'acte de se *rappeler* acquiert son importance
psychologique spéciale : cet acte n'est nullement une simple reproduction de représentations ; mais, toujours, il implique aussi une relation avec le contenu constant des représentations de la conscience.

Habituellement, l'*imagination* (Phantasie) est ainsi distinguée de
la mémoire : c'est cette propriété, en vertu de laquelle nous sommes
capables de reproduire dans un ordre modifié les représentations. Or,
cette définition est absolument insuffisante. Certainement, l'imagination doit emprunter au trésor de la mémoire les éléments, dont elle
forme ses liaisons ; mais, dans les fonctions, que nous attribuons
encore absolument à la mémoire, les modifications, concernant l'ordre
des représentations, ne manquent jamais de se réaliser ; bien plus,
peut-être, pas une seule reproduction ne nous apporte les évènements
passés de notre vie, sans cette modification. La caractéristique distinc-
tive de l'activité ou fonctionnement de l'imagination réside plutôt
dans le *mode de liaison des représentations*. La mémoire offre les
représentations à la conscience, uniquement d'après la mesure des
liaisons associatives, où elles se trouvent. La succession des images de
souvenir — tant que celles-ci sont considérées comme des produits de
la pure mémoire — correspond donc entièrement au cours, relâché
et sans limites déterminées, des séries d'associations. En revanche,
dans l'activité ou fonctionnement de l'imagination, quoique chez elle
l'efficacité régulatrice de la volonté soit encore si réduite, on peut
toujours démontrer, qu'une liaison des représentations s'opère d'après
un plan déterminé. Cette liaison revêt absolument le caractère des
liaisons *aperceptives*. Tout fonctionnement de l'imagination commence par une représentation générale quelconque, qui, d'abord, se
trouve devant la conscience, seulement avec des contours peu accu-
sés ; ensuite, les diverses parties apparaissent successivement avec
plus de netteté, et c'est ainsi que se développe le produit de l'imagination, puisque la représentation primitive s'organise et agence ses
éléments constituants. Ce qui distingue ce fonctionnement d'avec le

processus de la pensée logique, ce sont : 1° la vivacité sensorielle et la
clarté intuitive des représentations ; 2° l'absence d'éléments abstraits
(begrifflichen) et de leurs symboles du langage : ils sont remplacés
par les représentations sensorielles isolées, qui prennent part au processus. Donc, pour le dire en un mot, ce fonctionnement de l'imagination est une *pensée en images*. Dans l'évolution générale, comme dans
l'évolution individuelle de l'esprit, ce fonctionnement est, sans doute,
la forme primitive de la pensée, qui, par suite de ces processus psychologiques, liés au développement du langage et déjà mentionnés
brièvement par nous (1), se convertit graduellement en forme de
pensée logique. Toutefois, indépendamment de cette dernière, l'action
intuitive de l'imagination persiste ; et, dans des cas assez fréquents,
elle prépare le fonctionnement de la pensée logique, puisqu'elle anti-
cipe sous une configuration concrète les enchaînements plus généraux
de la pensée logique. C'est pourquoi, on peut dire avec raison, que
l'imagination a sa part même dans les créations scientifiques. Or, la
signification élevée de l'activité artistique consiste, en ce que chez elle
les fonctions intellectuelles s'accomplissent absolument, sous la forme
du fonctionnement de l'imagination.

Nous pouvons distinguer un double fonctionnement de l'imagination, l'un *passif* et l'autre *actif*. Cette division, tranchée et réelle,
correspond essentiellement à l'aperception passive et active. Notre
imagination est passive, quand nous nous abandonnons au jeu des
représentations, qui sont excitées, dans notre intérieur, par une représentation générale quelconque ; elle est active, si notre volonté
fait un choix entre les représentations, qui s'offrent à l'occasion d'une
pareille dissociation, et rassemble de cette manière, conformément à
un plan, le particulier, pour le convertir en un tout. Cependant, ces
deux directions de l'imagination ne constituent nullement des oppositions ou des contraires ; mais plutôt, l'imagination passive présente,
apporte à l'imagination active les matériaux, dont celle-ci forme ses
productions.

Presque continuellement, l'imagination passive déploie son effet
au dedans de nous. Principalement une action prochaine, projetée ou
l'avenir sont un objet très-fréquent du fonctionnement de l'imagination. D'abord, l'action future se trouve devant nous avec ses contours
généraux ; ensuite, elle se dissocie, se décompose en ses divers actes.

1. Consulter p. 334. Voir aussi le chap. XXII.

Également, nous pouvons par l'imagination nous transporter au temps passé, aux évènements, dont nous avons été les témoins ou qui nous sont racontés, ou même au milieu d'un évènement absolument imaginaire. Enfin, le fonctionnement de l'imagination apparaît encore bien plus passif, que dans toutes ces circonstances, si une représentation quelconque, que l'on a accidentellement ramassée (angegriffene), est maintenue au milieu de notre conscience, afin de laisser cette représentation se dérouler, comme dans un kaléidoscope et présenter toute sorte de configurations fantastiques : procédé, que Gœthe décrit d'une façon très-ingénieuse, d'après les observations, qu'il avait faites sur lui-même (1). Dans toutes ces formes, l'imagination passive exerce son effet, d'autant plus vif et irrésistible, que la pensée logique est plus reléguée au second plan : ceci s'observe particulièrement chez l'homme sauvage et chez l'enfant. Alors, elle se lie facilement aux actions extérieures correspondantes, aux manifestations du langage et aux mouvements pantomimiques ; et souvent, des objets extérieurs quelconques sont utilisés, afin de les rattacher au cours des autres représentations de l'imagination, dès que ces objets ont été transformés fantastiquement par l'assimilation. Ainsi, l'enfant utilise sa poupée, les images de son livre illustré et d'autres joujoux, très-fréquemment même les premiers objets, qui tombent sous sa main, les tables et les chaises, les bâtons et les pierres. L'instituteur est tenu de remarquer, que tout fonctionnement de l'imagination active est nécessairement le produit de développement de ce fonctionnement passif, et que, par conséquent, le jeu surtout, ce moyen capital de l'éducation de l'imagination, ne doit pas occuper oiseusement, mais provoquer et exercer les forces vives de l'enfant. Également, il faut veiller avec sollicitude aux dangers, qu'une prédominance exagérée du fonctionnement passif de l'imagination peut faire courir à l'enfant et, souvent même, à l'adulte.

Le fonctionnement actif de l'imagination est la base de toute création artistique ; et, à un certain degré, il contribue à toutes les autres productions créatrices de l'esprit humain, aux inventions de la technique, aussi bien qu'aux découvertes de la science. Or, dans aucune de ces créations, le tout ou l'ensemble ne se compose de ses parties, à la façon d'une mosaïque ; mais, le tout se trouve tout d'abord dans

1. Gœthe, œuvres complètes, édition définitive, t. L, p. 38. Lire aussi, t. XVII, p. 302, la conclusion du neuvième chapitre des *Affinités de choix* (*Wahlverwandtschaften*).

la conscience : il forme l'idée du chef-d'œuvre ou de l'œuvre d'art, la
conception d'une création intellectuelle, conception qui surgit souvent comme un éclair ; ensuite, ce tout s'organise avec ses divers éléments constituants, où assurément bien des choses, qui primitivement
n'étaient pas comprises dans le plan, sont introduites, absorbées, ou
bien l'idée elle-même subit des transformations essentielles. Rien n'est
plus déraisonnable, que cette opinion : l'idée primitive du chef-
d'œuvre doit se trouver dans l'âme de l'artiste, sous la forme d'un
acte de la pensée logique. L'analyse esthétique peut, parfois, entreprendre d'opérer, après coup, une pareille transmutation de l'idée et
de lui faire revêtir la forme de la pensée logique. Mais, toutes les fois
que le chef-d'œuvre a cette origine, il se met en contradiction avec
les lois les plus intimes du fonctionnement de l'imagination. Le véritable artiste ne peut jamais nous apprendre, quel but il avait devant
ses yeux, quand il s'est livré à une création déterminée : l'exécution
de son idée expose, exprime la pensée, seulement en images intuitives ;
de même, l'idée résidait au dedans de lui ; seulement sous la forme de
l'intuition. C'est pourquoi, l'art symbolique et la poésie descriptive
conservent toujours leur valeur ; pas plus que les productions de l'industrie de l'artiste, ce ne sont des créations pures de l'art, mais des
productions intellectuelles, sous forme artistique.

Enfin, nous nommons *aptitude de l'intelligence* la disposition de la
conscience à l'égard des processus de la pensée logique ou de ces
liaisons aperceptives, dans lesquelles les représentations possèdent la
signification de concepts. Nous avons dit, que le fonctionnement de
l'imagination était une pensée en images ; donc, on pourrait légitimement appeler le fonctionnement de l'intelligence un exercice de l'imagination, qui s'opère sur des concepts. Voici quelle est la différence
essentielle des deux fonctions : l'une forme une chaîne des représentations particulières, comme telles, de façon que la vivacité sensorielle
du monde réel se réfléchit dans celles-ci ; chez l'autre, la représentation particulière est seulement une représentante d'un concept ; par
conséquent, la représentation perd de sa clarté intuitive, à mesure
qu'elle entre en relations multiples avec d'autres concepts, jusqu'à ce
que finalement, à propos des objets abstraits de la pensée, la représentation, existant dans la conscience, possède la valeur de signe arbitraire de ces relations. Naturellement, cette différence extérieure,
superficielle, n'est que le reflet ou la traduction des différences plus pro-

fondes, qu'accusent les deux formes de la pensée. Les buts, que nous
supposons, à l'occasion de leurs résultats, plus parfaits, du travail artistique et du travail scientifique, témoignent nettement de ces différences.
Nous demandons au chef-d'œuvre ou à l'œuvre d'art, que dans les
diverses configurations et manifestations ou réminiscences, qui égalent
les phénomènes plus parfaits de la réalité, il nous présente des images
complètes, définies de cette réalité, qui nous laissent vivre, établir un
commerce direct avec le contenu de l'objet, que nous contemplons.
Nous exigeons, que l'œuvre scientifique fixe d'une manière immuable
certaines relations du réel, douées d'une valeur générale et qui se
confirment dans le phénomène isolé. D'après cela, pour la pensée ordinaire, voici quelle est la limite, qu'il faut tracer entre le fonctionnement de l'imagination et celui de l'intelligence : cette dernière commence, dès que les représentations acquièrent la signification abstraite.
Ce que nous avons coutume d'appeler la pensée, c'est tantôt le fonctionnement de l'imagination, tantôt celui de l'intelligence ; et, dans le
cours normal de nos représentations, ces deux fonctions s'engrènent,
se pénètrent si intimement, que rarement une série de pensées se
déroulera, seulement dans l'une ou seulement dans l'autre forme.

Relativement aux directions et degrés, où elles se sont développées, la mémoire,
l'imagination et l'intelligence ont encore été gratifiées de divers attributs. Ainsi,
la mémoire a été appelée *vaste*, quand elle tient prêtes des représentations nombreuses et hétérogènes ; *fidèle*, quand elle reproduit exactement les représentations anciennes et quand les dispositions sont longtemps maintenues; *facile*,
quand elle a besoin seulement d'une très-courte action des impressions, pour
les réveiller ultérieurement. En outre, on distingue habituellement la mémoire
mécanique et la mémoire *logique* ; par la première, on entend désigner la fixation des associations ; et, par l'autre, la fixation des liaisons aperceptives des
représentations. Il résulte de là, que la mémoire logique incombe partiellement
à la fonction de la mémoire proprement dite, et que, pour une autre part, elle
ressortit même au domaine du fonctionnement de l'imagination et de l'intelligence. Puisque généralement nous reproduisons, dans un ordre ou agencement
modifié, une liaison de pensées, qui est maintenue fixe au moyen de leurs relations logiques, ce fait indique déjà une participation de ce genre. A ce sujet,
il n'y a d'abord d'établi dans la mémoire, qu'une représentation générale ; le
mode de sa dissociation est abandonné au fonctionnement de notre imagination
et à celui de notre intelligence; mais, en outre, dans le cours d'une pareille
dissociation, les diverses représentations aperçues forment des auxiliaires
d'association pour d'autres représentations, qui auparavant avaient été liées
entre elles. A cause de ce dénoûment (Ausgehens) des représentations géné-

rales, la mémoire logique est beaucoup plus vaste, que la mémoire mécanique, qui grâce à l'association progresse toujours, en allant d'une représentation à une autre représentation, mais qui se trouble aisément, dès que la série d'associations se trouve interrompue en *un seul* point. Personne ne l'ignore, la mémoire mécanique est extrêmement puissante chez l'enfant ; il n'en est pas de même de la mémoire logique, qui au contraire atteint sa plus grande capacité d'action, quand l'individu est arrivé à l'âge mûr. De plus, à propos des diverses aptitudes de la mémoire, surtout de la mémoire mécanique, les formes d'association jouent un rôle, qui n'est pas sans importance. Il y a principalement des hommes, dont la mémoire est spécialement développée, pour tout ce qui concerne le temps (mémoire des dates, des évènements), et d'autres, pour tout ce qui concerne l'espace (mémoire topique, locale). Les premiers se rappellent les représentations dans la série de temps, où elles s'étaient manifestées ; les autres, sous la forme d'une coexistence extensive d'objets ou de mots. Par exemple, un prédicateur, doué de la mémoire d'espace, garde dans sa mémoire peut-être chaque page et chaque ligne de son discours appris par cœur, et il les lit, par la pensée, devant ses auditeurs ; il ne peut rien se rappeler, que dans cette forme extensive qui, au contraire, est absolument impossible à celui, dont la mémoire possède la disposition prépondérante pour la succession dans le temps.

Sous le rapport de l'intensité et de la netteté des images de souvenir, les différences de la mémoire ne sont pas moins grandes. Chez la plupart des hommes, les représentations visuelles se reproduisent de la façon la plus parfaite ; en seconde ligne, viennent les représentations sonores ; tandis que, pour le sens de la sensibilité générale, les sens gustatif et olfactif, généralement un renouvellement de sensations qualitativement déterminées, du chaud, de l'acide, de l'amer est, ce semble, absolument impossible. Parfois ici, une sensation de mouvement, qui ordinairement se complique de la sensation sensorielle correspondante, prend la place de cette dernière, surtout quand il s'agit de sensations gustatives, liées aux réflexes mimiques. A bien des personnes raisonnables, les images de souvenir du sens visuel apparaissent comme des dessins entièrement incolores et présentent des contours indécis ; pour d'autres individus, les contours sont nets, mais les couleurs ne sont pas reproduites ; pour d'autres encore, les images de souvenir sont à la vérité colorées, mais bien plus pâles, que les représentations sensorielles immédiates. Quand les images, enfantées par l'imagination, se rapprochent de celles-ci par l'intensité de la couleur et la netteté du dessin, c'est un cas extrêmement rare, du moins chez l'homme adulte ; cependant, précisément chez les individus, dont les images de souvenir sont d'ailleurs très-pâles, les dernières présentent très-souvent une vivacité de coloris très-remarquable, quand les impressions sensorielles, auxquelles elles se rapportent, les ont immédiatement précédées (1). Les images de souve-

_____

1. Fechner, *Psychophysik*, II, p. 468. Les reproductions des impressions senso-

nir sont beaucoup plus vives dans la jeunesse ; la couleur ne semble presque jamais leur faire défaut. Dans l'âge mûr, elles paraissent conserver d'autant plus leur fraîcheur primitive, que le commerce avec les objets de la nature extérieure est plus familier à la conscience ; tandis que pour les savants, qui s'occupent presque exclusivement d'objets abstraits, ces images sont parfois si pâles et indistinctes, que les individus eux-mêmes peuvent douter de l'existence réelle des sensations (1). En outre, par leur intensité et leur netteté, les images de souvenir se distinguent, sous quelques autres rapports, des impressions sensorielles immédiates. Ainsi, des objets visuels éloignés sont presque toujours représentés à l'esprit rapetissés, ce qui pourrait bien tenir à ce que nous les concevons par la pensée beaucoup plus rapprochés, que nous n'avons coutume de les voir en réalité. De plus, Fechner a remarqué, qu'on s'imagine plus difficilement les images de souvenir dans la partie invisible de l'espace visuel extérieur, par conséquent derrière le dos, que devant l'œil ; le premier cas semble même, à bien des observateurs, absolument impossible à réaliser (2).

Il faut enfin considérer, comme des particularités individuelles, qui appartiennent déjà au domaine pathologique ou y rentrent du moins, les *perturbations* ou *troubles* multiples de *la mémoire*, qui peuvent se présenter à tout âge de la vie, et, d'une manière assez régulière, dans la vieillesse. Ces troubles se manifestent spécialement dans le domaine des représentations du langage, et quand ils atteignent des degrés importants, ils sont constamment liés à des altérations des centres nerveux, qui sont susceptibles d'être démontrées. A cause de cette relation avec les centres physiologiques du langage, les phénomènes les plus remarquables de ce genre ont été, déjà, étudiés dans la première section de cet ouvrage (3).

A propos des dons de l'imagination et de l'aptitude de l'intelligence, on distingue pareillement deux directions principales. Tantôt l'imagination individuelle est douée, à un haut degré, de la propriété d'accorder, de conférer aux représentations, qu'elle amène à la conscience, une netteté d'intuition qui est saisissante ; tantôt elle est plus disposée à opérer des combinaisons multiples de représentations : nous nommerons la première l'imagination *intuitive* ; et l'autre, l'imagination *combinatrice*. Un développement extrêmement accusé dans les deux directions, est rare ; car, plus grande est l'énergie sensorielle des diverses représentations de l'imagination, plus de difficultés a l'aperception,

rielles, qui viennent de s'effectuer, sont appelées, par Fechner, des *images consécutives de souvenir*. D'ailleurs, pour bien des personnes, il n'existe aucune différence entre elles et les autres images de souvenir.
1. Fr. Galton, in *Mind*, juillet 1880, p. 301.
2. Fechner, *loc. cit.* p. 479.
3. Chap. IV et V, t. I, p. 166, 250. — S'appuyant sur de nombreuses observations, empruntées en majeure partie à la littérature médicale, Ribot (*Revue philos.* août 1880, p. 181) a fait un résumé approfondi des troubles généraux de la mémoire.

pour alterner rapidement entre elles. En revanche, l'aptitude individuelle de l'intelligence se distingue principalement d'après la direction prépondérante, que gardent les liaisons aperceptives des représentations. L'intelligence *inductive* est portée à lier et convertir en formes abstraites les divers faits, qui constituent les objets de nos représentations; au contraire, l'intelligence *déductive* a une tendance plus marquée à subordonner le particulier aux formes abstraites, engendrées par la pensée : donc, la première aime à recueillir, colliger des expériences et à en extraire des généralisations abstraites; l'autre prend les concepts généraux et les règles, essaie d'en tirer des conséquences, ou bien, elle cherche à dissocier un principe général dans ses divers cas et applications.

Les différences les plus importantes de la direction de l'esprit proviennent de la liaison de certaines propriétés de l'imagination avec certaines aptitudes de l'intelligence. La disposition intellectuelle, qui résulte de là, se nomme le *talent*. Puisque chacune des deux directions de l'imagination, auparavant énumérées, peut se combiner avec chacune des deux directions de l'intelligence, il convient de distinguer *quatre formes principales de talent*. Unie à l'imagination intuitive, l'aptitude inductive constitue le talent *d'observation* du naturaliste expérimentateur, du psychologue et du pédagogue pratiques, et généralement de l'homme, qui a l'expérience de la vie pratique ; elle conduit le poète, le sculpteur, le peintre à donner à leurs œuvres le cachet de la vie véritable. Unie à l'imagination combinatrice, l'aptitude inductive constitue le talent *d'invention*. Celui-ci est propre à l'individu, qui fait des inventions et des découvertes dans l'industrie, la technique et la science; il donne au poète et à l'artiste la faculté de composer, de lier, d'agencer convenablement les parties de l'œuvre d'art. Unie à l'imagination intuitive, l'aptitude déductive constitue le talent *d'analyse* du naturaliste systématique et du géomètre ; le côté intuitif de ce talent est prépondérant chez le systématiste morphologique, chez un Linné et un Cuvier; et le côté analytique chez le géomètre, chez un Gauss et un Steiner. De l'aptitude déductive, unie à l'imagination combinatrice, résulte enfin le talent *spéculatif* du philosophe et du mathématicien; l'imagination combinatrice prédomine chez le premier, et l'intelligence déductive, chez l'autre. Naturellement, jusqu'à un certain degré, toutes ces formes de talent se trouvent constamment réunies. Personne ne l'ignore, très-souvent les talents éminents sont exclusifs, développés sous une seule face ; rarement unis entre eux sont ces sortes de talents, qui supposent une direction opposée, aussi bien de l'imagination, que de l'intelligence, par conséquent le talent d'observation et le talent spéculatif, le talent d'invention et le talent d'analyse.

CHAPITRE XVIII .

DES MOUVEMENTS DE L'AME.

1. — Émotions et instincts.

La signification primitive, et traduite d'abord par le nom même du concept de « mouvement de l'âme » (Gemüthsbewegung), fait penser à des modifications ou altérations, que de vifs sentiments occasionnent dans le cours de nos représentations. Puisque toujours notre intérieur est réellement l'objet d'une modification continuelle, ce qui se manifeste ici de particulier dans le mouvement ne peut être, que son énergie plus remarquable. Mais, les perturbations de ce genre, que les sentiments engendrent dans le cours de nos représentations, ont régulièrement pour conséquence le résultat suivant : elles renforcent notablement l'intensité du sentiment, de sorte que celui-ci peut apparaître simultanément dans notre conscience, comme la cause et l'effet du mouvement produit. En réalité, cette circonstance a donné naissance à deux opinions opposées, sur la nature des mouvements de l'âme. D'après l'une de ces opinions, les mouvements de l'âme seraient des sentiments énergiques, dont les modifications du cours des représentations ne sont que les phénomènes consécutifs ; au contraire, d'après l'autre opinion, ce sont les sentiments de cette espèce, qui dérivent du cours même des représentations (1). Chacune de ces deux conceptions ne saisit, ne met en évidence, qu'une partie du phénomène réel : la première affirme avec raison, qu'un sentiment est la cause primaire

1. La première de ces opinions est l'opinion dominante ; généralement, des éléments intellectuels et éthiques y ont été introduits et mélangés d'une façon, qui est inadmissible : il est encore facile de s'en assurer, en lisant l'exposition, d'ailleurs excellente, qu'en donne Kant (*Anthropologie*, § 73, édit. de Schubert, t. VII, p. 171). La deuxième opinion a été proposée par Herbart ; cependant, plusieurs psychologues de son école, surtout Drobisch (*Emp. Psychologie*, p. 205), ne l'ont pas suivi en tous points, au sujet de cette question.

du mouvement de l'âme tout entier ; de même, la deuxième a autant de droit, en prenant position du côté du sentiment, de considérer, comme une condition essentielle du mouvement de l'âme, les modifications ou altérations, qui surviennent dans la liaison des représentations. En outre, c'est à ces modifications, à leur conduite différente, que peut être rattachée la distinction des deux classes principales du mouvement de l'âme : des émotions et des instincts. Dans les émotions, la modification reste *interne*, limitée aux représentations ; dans les instincts, le mouvement des représentations suscite des mouvements *extérieurs*, lorsque les représentations, avec les sentiments qui les accompagnent, apparaissent comme les motifs des mouvements.

Les *émotions* sont donc en partie des effets immédiats, que les sentiments exercent sur le cours des représentations, en partie, des réactions de ce cours contre le sentiment. Chaque sentiment violent suscite aisément l'émotion, ensuite, il s'unit avec elle, pour constituer un tout inséparable ; c'est pourquoi, on appelle tout simplement « émotions » les sentiments violents. La manifestation la plus fréquente de l'émotion consiste dans l'arrêt subit du déroulement des représentations. Chaque sentiment énergique, qui s'engendre rapidement au dedans de nous, une douleur sensorielle violente, comme la surprise provenant d'une représentation inattendue, ont ordinairement cet effet. Par conséquent, l'émotion n'a pas généralement une coloration qualitative, qui lui soit propre ; celle-ci appartient absolument au sentiment, d'où émane l'émotion. Dans le premier stade des émotions fortes, cette coloration est encore peu accusée. L'effroi, l'étonnement, la joie ardente, la colère s'accordent tout d'abord en ceci, que toutes les autres représentations se retirent devant *une seule* représentation, qui, en qualité de support, de facteur du sentiment, remplit entièrement l'âme. Ce n'est que dans leur cours ultérieur, que les divers états se séparent plus nettement. Ou bien, ce premier arrêt peut céder la place à une invasion subite d'un grand nombre de représentations, qui assujettissent, accablent l'aperception et sont liées à l'impression génératrice de l'émotion. Ou bien, l'attention peut rester enchaînée dans ces représentations, qui avaient primitivement engendré l'émotion. Ces émotions débordantes se présentent spécialement dans les excitations joyeuses de la conscience. L'espoir rempli ou le bonheur inattendu nous plongent au milieu des images fantaisistes les plus multiples de l'avenir, qui, si l'émotion augmente, se pressent autour de nous et nous environnent

de tous côtés. Au dégré le plus élevé des émotions joyeuses, par conséquent surtout à leur début, cet afflux devient parfois tellement puissant, qu'il est cause, que l'effet de l'arrêt primitif persiste beaucoup
plus longtemps. Le cours ordinaire d'une joie ardente consiste donc
en un étourdissement subit, voisin de l'effroi et qui graduellement
s'efface devant la succession rapide d'images gaies, enfantées par
l'imagination. Dans l'émotion pénible subite, le premier effet de l'arrêt se résout d'une autre manière. Ici, les premières représentations,
qui ont engendré l'émotion, maintiennent entièrement leur puissance
sur la conscience, qui commence à se recueillir graduellement. Il en
résulte ainsi un stade, où l'aperception est complètement dominée par
une représentation déterminée et par le sentiment, qui est lié à celle-
ci. Donc, tandis que l'émotion de la joie se résout graduellement dans
les vagues rapides des représentations et des sentiments, la douleur,
la fureur, la colère trouvent leur équilibre dans la conservation énergique de soi-même, par laquelle la conscience se défend contre la
puissance des impressions. Aux deux processus se lie une diminution
d'énergie des émotions ; c'est pourquoi, celles-ci font insensiblement
place à des dispositions de l'âme, qui persistent encore plus ou moins
longtemps, comme leurs effets consécutifs. Principalement certaines
émotions pénibles ont une grande tendance à se convertir en dispositions permanentes, et il s'y joint ordinairement cette autre circonstance : c'est que l'impression extérieure, qui engendre l'émotion,
exerce des effets consécutifs, qui se traduisent continuellement par des
sentiments. Ainsi, la douleur violente, occasionnée par la perte d'une
personne chère se résout en une tristesse, qui dure d'autant plus
longtemps, que le vide, laissé par cette personne dans notre vie, est
plus sensible. Si la cause de la perturbation d'équilibre de notre âme
n'est pas marquée, désignée par un évènement soudain, une disposition de l'âme, non précédée d'émotion, peut se développer graduellement. Cependant ici, se révèle généralement un état de perturbation
pathologique, qui tend à persister, à s'accroître ; par conséquent, il
arrive même, qu'à l'opposé du cours ordinaire des choses, la disposition de l'âme augmente, et se convertit finalement en émotion.

Toutes les émotions entraînent à leur suite des réactions corporelles
notables. Nous décrirons celles-ci, quand nous étudierons les mouvements d'expression (chap. XXII), dont l'émotion est la source la plus
importante. Or, à cet égard, on distingue généralement deux états opposés : des tensions musculaires augmentées et des tensions muscu-

laires diminuées. Les premières se découvrent dans les moments, où la tension de l'aperception s'est adaptée aux impressions génératrices de l'émotion. En revanche, un relâchement de l'innervation volontaire se fait sentir, toutes les fois que cette adaptation n'a pas eu lieu ou a déjà cessé. Ce mode d'apparition a déterminé Kant à distinguer des émotions *sthéniques* et *asthéniques* (1). Mais, à ce sujet il faut se rappeler, que presque jamais une émotion n'appartient, durant son cours entier, à la première de ces formes. Ainsi, un emportement furieux commence par un relâchement subit. La colère est plus forte que l'homme; celui-ci *est vaincu* par elle; quand la tension augmente, l'émotion acquiert son caractère sthénique, et finalement elle laisse à sa suite un épuisement profond, dès que la tempête s'est apaisée. Seules, les émotions asthéniques, telles que l'effroi, l'angoisse, le chagrin, conservent, pendant toute leur durée, leur nature relâchante. Les émotions très-violentes ont toujours un effet de paralysie. Impuissant à surmonter l'impression, l'homme s'affaisse sous lui.

A l'effet exercé sur les muscles volontaires s'associe un pareil effet, qui se produit sur les organes centraux du cœur et des vaisseaux, de la respiration, des organes sécrétoires. Généralement, à l'augmentation de l'innervation volontaire semble se lier une paralysie des nerfs régulateurs du cœur et des vaso-moteurs; et à la paralysie des muscles, une excitation plus ou moins énergique de ces organes (2). Par conséquent, dans l'émotion sthénique, la fréquence des battements cardiaques s'accroît, les vaisseaux périphériques se dilatent et se remplissent de sang, de sorte que le pouls bat dans les plus petites ramifications artérielles. De plus, on constate une notable augmentation de fréquence de la respiration, qui très-souvent amène une véritable dyspnée. Lorsqu'au contraire une émotion subite paralyse l'homme, le cœur s'arrête momentanément. Si l'émotion asthénique est peu accusée, les battements du cœur et la respiration deviennent simplement plus faibles et plus lents; et la pâleur de la peau révèle la contraction permanente des petites artères. Personne ne l'ignore, les émotions très-énergiques peuvent parfois occasionner la mort; probablement, ce résultat est toujours amené par une grave altération des nerfs cardiaques et vaso-moteurs. L'émotion sthénique tue par apoplexie; l'asthénique, par paralysie cardiaque ou plutôt par cette interruption

1. Kant, *Anthropologie* (édit. de Schubert), t. VII des OEuvres complètes, 2e partie, p. 175.
2. Au sujet de l'innervation du cœur et des vaisseaux, voir t. I, chap. V, p. 198.

de la fonction cardiaque, que provoque l'excitation énergique et
persistante des nerfs d'arrêt du cœur. Si elles sont habituelles, les
émotions modérées menacent la vie. L'inclination aux dispositions su-
rexcitées de l'âme favorise les maladies de cœur et les tendances apo-
plectiques ; le souci et les chagrins entravent la nutrition, en gênant
continuellement l'apport des matériaux sanguins et les échanges
gazeux. Les réactions des émotions contre les organes sécrétoires sont
moins constantes et, en partie, moins accessibles à l'observation.
Cependant, l'expérience nous apprend généralement, que certains
organes sécrétoires sont spécialement affectés par sympathie, à l'occasion de diverses émotions. Ainsi, la douleur et l'affliction agissent sur
les glandes lacrymales, la colère sur le foie, la peur sur l'intestin,
l'anxiété de l'attente sur les reins et la vessie. Pour ces effets, qui ont
également leur origine immédiate dans l'innervation de la moëlle
allongée, les dispositions individuelles ont, d'ailleurs, une plus grande
influence, que lorsqu'il s'agit des réflexes cardiaques et respiratoires (1).

Les suites ou conséquences corporelles des émotions réagissent, à
leur tour, sur le mouvement de l'âme. D'abord, ce résultat s'opère
d'après cette règle générale : les sentiments, qui sont parents, se renforcent. Les violents sentiments musculaires, qui accompagnent les
mouvements de l'homme en colère, élèvent, en qualité d'excitations
énergiques de la conscience, le caractère sthénique de l'émotion ; les
battements de cœur et la gêne de la respiration de l'individu peureux
occasionnent, déjà, en soi et pour soi un sentiment d'angoisse. D'autre
part, ces états, qui appartiennent aux suites ou conséquences corporelles, ont un effet *résolutif*. La colère doit s'apaiser, tomber ; la douleur est adoucie par les larmes. Ceci tient, en partie, à ce que les sentiments corporels — justement parce qu'ils renforcent d'abord l'émotion — sont capables de transporter plus rapidement celle-ci au-dessus
de son point de hauteur. Ils déterminent surtout une dérivation de la
tension interne, qui s'était accrue d'une façon exagérée ; car, moins
cette tension se traduit par des gestes ou des larmes, plus violemment
elle atteint d'ordinaire les organes centraux de la circulation et de la

---

1. Selon les affirmations de J. Müller, la réaction corporelle de toutes les émotions serait la même ; les différences tiendraient seulement à la disposition individuelle. (*Handbuch der Physiologie*, I, 4° édit., p. 711.) Quoique l'on puisse accorder
que, chez la plupart des hommes, surtout certains organes sécréteurs, tels que les
glandes lacrymales, aient une tendance extraordinairement grande à être affectés
sympathiquement à l'occasion des diverses émotions, cependant une assertion,
aussi généralisée, est contredite par l'expérience.

respiration, et peut, par ce moyen, mettre immédiatement la vie en danger.

L'émotion se manifeste avec les degrés d'énergie, les plus divers. A la vérité, nous avons coutume de donner ce nom seulement aux violents mouvements de l'âme. Mais, jamais notre intérieur n'est dans un repos absolu. Les sentiments, qui sont associés aux sensations et représentations, engendrent toujours des émotions légères, peu accusées, qui participent à la composition totale de notre état interne. Les émotions se comportent donc, à cet égard, comme les sentiments. Également, on découvre toujours, à un certain degré, leurs effets corporels. Les émotions vont et viennent avec les sentiments, s'élèvent et s'abaissent; de même, les mouvements extérieurs sont un réflexe continuel de cette succession ou alternance des états de la conscience. Par conséquent, notre intérieur se traduit par des mouvements d'expression, qui par leurs graduations et nuances multiples sont une image fidèle de ce flux, qui ne s'arrête jamais et ne connaît ni trêve, ni repos.

Puisque la composition intime de l'émotion, comme sa réaction corporelle, dépendent d'abord de la force, avec laquelle est supportée l'impression excitatrice de l'émotion, ceci nous démontre déjà, que le processus de l'aperception est la source psychologique des mouvements de l'âme. Effectivement, on peut regarder, comme la forme la plus simple d'une émotion, l'état qui se manifeste au dedans de nous, lors de la perception d'une impression inattendue. Un premier signe de cette action paralysante, qu'une émotion forte et subite produit, nous est déjà fourni par la lenteur avec laquelle s'opère la réaction, que l'on observe, quand l'irritation est inattendue (1). Donc, une émotion de l'espèce la plus simple prend naissance, quand se présente au point de regard de la conscience une impression, pour laquelle l'attention n'est point adaptée. Nous ressentons un effet analogue, même lorsque une adaptation à l'impression peut se réaliser; mais, si cette impression est forte, en très-peu de temps un épuisement de l'aperception doit s'effectuer. En cela, nous voyons déjà se dessiner les différences principales de l'émotion sthénique, et asthénique. De plus, c'est toujours l'adaptation momentanée à l'impression, qui détermine le stade de l'émotion. Celle-ci est débordante et se fait jour par des mouvements énergiques d'expression dans les moments, où l'aperception domine

1. Consulter p. 273.

l'impression ; l'émotion a un effet paralysant, quand l'impression opprime soudain la conscience, ou quand la conscience est épuisée par une longue lutte contre cette même impression.

Ainsi que nous l'avons découvert, chaque aperception se ramène à une excitation de la volonté (1) ; donc, sa base fondamentale physiologique est cette innervation, qui émane des centres de la volonté et peut se répandre en excès dans les domaines sensoriels centraux, comme dans les voies de conduction motrices. Quand l'impression est si violente, que l'aperception ne peut avoir lieu sans un grand effort, involontairement il se produit des excitations motrices associées et, même, d'autres réactions contre les centres des organes de la nutrition. Il arrive ainsi, que l'émotion entraîne avec une force irrésistible des mouvements d'expression, et altère les battements du cœur, la respiration et les sécrétions ; ceci explique en même temps l'effet résolutif de ces états consécutifs, qui détournent de l'organe central la tension violente. Si la puissance de l'impression est trop énergique, l'effet de cette irritation exagérée, la paralysie, se manifeste dans les organes du mouvement.

Si l'on compare les suites intellectuelles et corporelles d'une émotion orageuse au cas très-simple, où une impression inattendue est après coup saisie par notre aperception, assurément une large distance semble séparer ces états l'un de l'autre. Cependant, cette distance est remplie par les nuances les plus graduées du mouvement de l'âme. En cela, nous ne devons pas oublier, que des relations extraordinairement multiples de représentations se sont formées dans notre vie de l'âme développée ; ces relations confèrent aux impressions extérieures et aux images de souvenir, qui en soi et pour soi avaient peu d'importance, une puissance inouïe, grâce à la réaction, qu'elles exercent sur la richesse ou abondance des représentations et des sentiments, situés dans notre intérieur. L'émotion la plus simple, celle de la « surprise, » se comporte, à l'égard de ces sortes de mouvements de l'âme complexes, à peu près comme le sentiment esthétique, qu'éveille une forme géométrique simple, se conduit vis-à-vis de l'effet d'une œuvre d'art. Quand nous sommes saisis de frayeur, en entendant un coup de pistolet tiré dans notre direction, lors de cette émotion, qui est encore relativement simple, l'effet surprenant de l'émotion subite est déjà puissamment renforcé par la représentation momentanément suscitée,

1. Cons. p. 237.

que notre propre vie court un danger. Des paroles injurieuses, qui
nous sont adressées, excitent complètement de nombreuses représentations, qui ont trait à l'estimation de notre valeur personnelle. Dans
toutes les émotions pénibles de ce genre, l'impression occasionne donc
une perturbation dans les cercles de représentations, sur lesquels
repose notre sentiment de soi-même (Selbstgefühl). De son côté, un
bonheur surprenant excite trop violemment ces représentations. Par
conséquent, dans les deux cas, l'impression et d'autres représentations nombreuses, accompagnées de sentiments énergiques, s'imposent à l'aperception. Or, comme celle-ci domine le cours des représentations et, même, la succession des mouvements corporels, à ces
processus internes se liera une excitation musculaire violente, amenant
bientôt l'épuisement et, dans les cas les plus extrêmes, une paralysie
soudaine. Puisque l'individu en proie à une vive émotion n'est plus
maître de ses mouvements, il perd même la souveraineté sur ses sentiments et ses représentations. De cette manière, peut se réaliser un
état caractérisé par une fuite complète d'idées, car l'aperception
épuisée est absolument soumise à la domination de l'association. Ainsi
s'expliquent d'une part l'analogie trompeuse des émotions, dépourvues
de mesure, avec les emportements furieux de l'aliéné, d'autre part ce
fait, que si l'on s'abandonne à des passions sans frein, il en résulte un
trouble de l'âme; de même que ce trouble dispose aux émotions,
tant que persiste cet état d'irritabilité croissante. Naturellement, la
base fondamentale corporelle n'est pas absente de cette corrélation.
A chaque émotion est liée une irritation du cerveau, dont la répétition
fréquente laisse toujours après elle un accroissement permanent de
l'irritabilité.

L'*instinct* (Trieb) ou impulsion se distingue de l'émotion. C'est un
mouvement de l'âme, qui tend à se convertir en mouvements corporels
extérieurs, d'une composition telle, que la réalisation du mouvement
augmente un sentiment de plaisir existant ou écarte un sentiment pénible existant. Puisque l'émotion exerce des réactions contre le mouvement corporel, de là résulte déjà la parenté des deux mouvements
de l'âme. Effectivement, chaque instinct est en même temps une
émotion ; ce qui le distingue de cette dernière, c'est seulement que le
mouvement extérieur, occasionné par lui, se relie immédiatement
au renforcement ou à l'équilibre de l'état de sensibilité existant. Par
ce moyen, l'instinct acquiert constamment dans le phénomène extérieur

le caractère d'un mouvement de l'âme dirigé vers l'avenir, même si
une conscience du résultat du mouvement ne peut être généralement
supposée, comme par exemple lors de la première manifestation des
instincts innés. L'intensité du sentiment excitateur motive l'*énergie* et
la nature de ce sentiment, la *direction* de l'instinct. D'après les deux
oppositions ou contraires du sentiment, l'instinct se divise donc, pour
suivre les directions du *désir* ou celles de l'*antipathie*. Comme le sentiment et l'émotion, l'instinct a aussi une position d'indifférence entre
deux contraires. Près de cette position d'équilibre neutre, nous nous
trouvons par exemple dans l'état de simple attente, toutes les fois que
seulement une impression est désirée, et que la nature de celle-ci est
indifférente.

Le désir et la répugnance sont la base fondamentale de toutes les
actions volontaires. A cet égard, le développement intellectuel de
l'homme ne fait aucune différence. Il ne supprime pas les instincts ou
n'apprend pas à les réprimer ; mais, il éveille seulement des formes
nouvelles et plus élevées du désir, qui obtiennent toujours une plus
grande souveraineté sur les instincts, qui déploient leur effet chez l'a-
nimal et l'homme sauvage. L'acquisition de la civilisation ne consiste
donc pas dans la liberté des instincts ou leur assujettissement, mais
dans une transformation multiple et diversifiée (Vielseitigkeit) des instincts, dont l'animal, qui a toutes ses actions gouvernées par le désir
sensoriel, n'a aucun pressentiment. Cette transformation multiple et
croissante du désir motive sans doute cette différence essentielle,
qu'avec elle le conflit des diverses impulsions s'accroît dans la
conscience, tandis que très-souvent l'animal et, jusqu'à un certain
degré, l'homme sauvage sont déterminés immédiatement et d'une manière univoque par les sentiments sensoriels, que les impressions
extérieures excitent en nous. Cependant, nous observons parfois,
chez les animaux intelligents, un conflit entre diverses impulsions. Par exemple, le chien hésite entre le désir de happer un morceau de viande et la répugnance, que lui inspire la punition, qu'il sait
très-bien par expérience devoir suivre l'usage du fruit défendu. Une faible
occasion extérieure, la main du maître levée d'une façon menaçante, ou,
au contraire, un mouvement flatteur peuvent, ici, aider l'un ou l'autre
instinct à remporter la victoire.

Nous avons pu établir deux classes principales de sentiments: 1° les
sentiments liés à la sensation pure, et 2° les sentiments provenant des
représentations. En agissant de même à l'égard des instincts ou im-

pulsions, nous remarquons : 1° des impulsions, simplement sensorielles, qui consistent à désirer les sentiments sensoriels de plaisir et à
manifester de la répugnance pour les sentiments sensoriels pénibles ou
désagréables ; 2° des impulsions plus élevées, qui ont leurs racines dans
les formes multiples des sentiments esthétiques et intellectuels. Ici
même, la base fondamentale sensorielle ne fait pas défaut à la forme
plus développée, n'en est pas absente. L'œuvre d'art, dans laquelle
le sentiment sensoriel est porté et dominé par une idée morale, est
en même temps une image symbolique de la conduite de la vie humaine.

En venant au monde, tout être apporte, comme une possession
innée, certaines impulsions ou tendances sensorielles. Par leurs premières manifestations, les impulsions, qui poussent l'animal à rechercher la nourriture et les rapports sexuels, se montrent absolument
indépendantes des expériences antérieures de la conscience individuelle.
Ce n'est pas simplement dans leur aptitude générale, mais le plus
souvent dans leurs formes particulières, que ces tendances apparaissent comme des formes innées du désir. La théorie psychologique
de ces impulsions animales innées, que l'on appelle aussi des *instincts*,
oscille entre deux extrêmes. Selon une opinion, l'animal apporte déjà
en naissant les représentations, auxquelles se rapporte son impulsion.
L'oiseau voit, pour ainsi dire, se balancer devant ses yeux le nid, qu'il
bâtira ; et l'abeille, sa cellule de cire, comme une image toute prête.
L'opinion opposée considère les actions instinctives, absolument
comme des productions d'une expérience individuelle ; dans ce cas,
chaque être est déterminé par l'exemple des autres êtres et par sa
propre réflexion. Ces deux théories manquent le but, car elles font de
l'instinct une *connaissance* innée ou acquise ; elles transfèrent donc
l'essence de l'instinct dans le processus de la connaissance. Suivant
Darwin, les instincts sont des habitudes, qui, engendrées par la sélection naturelle ou artificielle, se transmettent aux descendants, puisqu'elles sont renforcées par l'action persistante des conditions constantes de la nature (1). C'est avec raison qu'on a soutenu, que la
loi de l'hérédité était ici un élément essentiel d'explication. Mais, l'habitude, à laquelle déjà Condillac et F. Cuvier comparaient les instincts (2), est un concept indéterminé, qui ne répand aucune lumière

1. Darwin, *Ueber die Entstehung der Arten* (trad. allem. de Bronn), p. 217.
2. Flourens, *De l'instinct et de l'intelligence*, p. 107. — Th. Ribot, *L'hérédité
psychologique*, librairie Germer-Baillière (édit. allem., Brunswick 1876, p. 13 et suiv.).

sur le processus psychologique. Or, on se demande, *comment* sont
nées ces habitudes, qui par leur transmission héréditaire et leur accumulation ont engendré les instincts si extraordinairement différents
des animaux. L'indication des influences de la sélection ne fait
ressortir, que certaines conditions *extérieures* biologiques; mais, la
question psychologique se dirige surtout vers les motifs *internes*, qui
se sont manifestés à la première apparition des actions instinctives et
qui, pour occasionner le retour de ces mêmes actions, se manifestent
toujours encore dans chaque individu d'une espèce. Il est impossible,
que ce penchant à exécuter des actions instinctives réside dans des représentations transmises héréditairement et voltigeant, comme des
images toutes prêtes, devant la conscience. Car, 1° l'existence de pareilles représentations n'expliquerait nullement en soi et pour soi l'apparition de l'action, et, pour cette action, il faudrait supposer encore
un penchant particulier ; 2°, dans les cas, où nous pouvons suivre
réellement une impulsion et démêler sa nature primitive interne,
nous ne remarquons absolument rien qui démontre l'existence de
ces sortes de représentations (1). Assurément, ce n'est pas dans les
instincts des animaux, mais seulement dans quelques impulsions
propres à l'homme, que nous observons ce développement interne des
impulsions. Or ici, nous voyons, par exemple à propos du penchant ou impulsion aux rapprochements sexuels, que lors de ses premières excitations obscures le désir n'a nullement conscience d'un but
déterminé ; il n'est pas commandé par des représentations, mais
l'impulsion existante s'empare de certaines représentations, qui lui
sont offertes, pendant le développement de la conscience individuelle.
En même temps, dans ce caractère indéterminé des impulsions primitives réside le germe des égarements multiples, auxquels elles sont
sujettes. Dans sa première manifestation, l'instinct est donc une tendance, qui ne prend graduellement conscience de son but, que parce
qu'en luttant pour la réalisation de ce dernier, elle met en œuvre des
impressions extérieures. Néanmoins, les irritants sensoriels sont certainement indispensables, pour faire surgir les instincts ; or, ces
irritants sensoriels n'ont aucune relation marquée avec les représentations, dont l'instinct s'empare pour accomplir son but, car ces
irritants n'effectuent, ne produisent nulle espèce de représentations,
mais uniquement des sensations sensorielles et des sentiments. L'im-

1. Voir à ce sujet chap. XV, p. 226.

pulsion, qui porte le nouveau-né à se nourrir, n'est occasionnée ni par la vue du sein de la mère, ni par l'idée ou représentation de la nutrition, mais par un sentiment de la faim, obscur et provoquant tous ces mouvements, qui finalement produisent l'assouvissement du désir. Quand l'impulsion de l'enfant a été très-souvent satisfaite de cette manière, sans doute la représentation obscure des objets extérieurs, qui s'offrent à lui à cette occasion, et celle de ses propres mouvements s'associeront graduellement ; et c'est ainsi, qu'au sentiment de la faim se joindra en même temps et invinciblement l'image reproduite de toutes ces impressions, afin de réaliser le désir. Ceci explique facilement, que ces actions instinctives les plus simples, si innées soient-elles primitivement, sont pourtant visiblement perfectionnées par l'exercice.

Nous ne devons pas concevoir autrement l'origine individuelle des instincts chez l'animal. Dans le jeune chien couchant, qui va à la chasse pour la première fois et qui, à l'odeur ou aux senteurs de la forêt, est pris d'une impulsion irrésistible à se mettre à l'arrêt, il n'existait jusqu'à ce moment aucune représentation de la forêt. Probablement, ce sont certains irritants visuels et olfactifs, qui soudain ont fait éclater chez lui cette impulsion. Or ici, l'instinct peut s'égarer dès ses premières manifestations, puisque, selon le témoignage de Darwin (1), parfois de jeunes chiens couchants se mettent à l'arrêt devant d'autres chiens, chose que ne fait plus l'animal expérimenté. De même, des irritations corporelles, qui émanent des organes de là reproduction, poussent l'oiseau, à une époque déterminée de sa vie, à préparer tout ce qui est nécessaire à la confection de son nid. L'animal, qui construit ou bâtit pour la première fois, ne sait rien du nid et des œufs, qu'il doit y déposer : la représentation prend naissance, lorsque l'impulsion parvient à se réaliser ; or, l'impulsion émane à son tour de sentiments corporels, qui ne contiennent point la moindre idée d'une telle représentation. Dans d'autres cas, les irritants, qui éveillent les instincts, déploient aussitôt leur effet avec le commencement de la vie indépendante et persistent continuellement. Déjà, Reimarus avait remarqué, que le mouvement corporel et d'autres phénomènes biologiques peuvent être considérés, comme de simples manifestations impulsives ou instinctives (2). L'homme apporte, en naissant, la tendance

1. Loc. cit. p. 223.
2. Reimarus, *Allgemeine Betrachtungen über die Triebe der Thiere, hauptsächlich über ihre Kunsttriebe*. Hambourg 1760, p. 2 et suiv.

au mouvement ou plutôt la propriété de développer cette tendance, grâce aux irritants sensoriels extérieurs ; et, sans cette disposition, il n'apprendrait jamais les mouvements. Même, pour les mouvements de locomotion, qui se développent le plus lentement, l'apprentissage résulte en partie de la manifestation impulsive propre, en partie des impressions et expériences, qui agissent à cette occasion. Chez de nombreux animaux, la dextérité à exécuter le mouvement est déjà complètement formée, au moment où ils entrent dans la vie. Le jeune chien, à peine sorti du sein de sa mère, et le veau nouveau-né se tiennent sur leurs jambes et marchent, sans autre exercice et éducation. Cependant, on ne peut pas dire ici, que l'animal apporte avec lui, en naissant, l'impulsion actuelle. Dans l'œuf et dans la matrice, cette impulsion n'a pas encore reçu d'excitation. Les irritants externes, qui commencent à exercer leur action au moment de l'accouchement, occasionnent donc l'éveil de cette impulsion. Dans ses premières manifestations, cette impulsion est déjà si sûre, que l'exercice individuel ne peut y ajouter que très-peu de chose. Par conséquent, nous sommes obligés d'admettre, que dans la formation du système nerveux, innée et transmise héréditairement par les générations antérieures, se trouve la disposition toute prête à ces mouvements, qui, pour fonctionner efficacement et pleinement, a besoin seulement d'être excitée par l'impulsion, qu'éveillent les irritants sensoriels extérieurs. Donc, pour les actions instinctives, le développement individuel n'est, en somme, ni plus, ni moins favorisé, que pour la perception sensorielle. En naissant, l'être isolé apporte complètement développée la disposition ; mais, l'action des irritants sensoriels est indispensable pour la fonction réelle. Effectivement, les deux cas ont une affinité intime. La fonction des organes sensoriels est liée à des mouvements, qui proviennent d'une impulsion ou tendance naturelle interne. De même, la mesure du développement individuel, qui doit s'ajouter à la disposition innée, est égale pour les perceptions sensorielles et les actions instinctives. Moins l'instinct a besoin d'être perfectionné par l'expérience propre de la vie, moins préparée est, dès le commencement, la perception sensorielle. Sous les deux rapports, l'homme, qui vient au monde, n'est pas relativement prêt ou préparé ; même, les mouvements les plus simples et les perceptions, que la plupart des animaux exercent aussitôt avec tant d'habileté, l'homme doit les apprendre graduellement. Or, ce fait se subordonne à une règle, qui s'observe, ce semble, généralement dans le règne animal.

Plus simple est l'organisation du système nerveux central, d'autant plus sûrement sont formées d'avance ces dispositions transmises héréditairement, sur lesquelles reposent les premières manifestations des perceptions sensorielles et des impulsions. En revanche, plus complexe est la structure du cerveau, plus vaste est la latitude, qui est laissée au développement intellectuel ; et d'autant plus grandes sont les différences individuelles, qui se manifestent dans toutes les fonctions psychiques, à partir des mouvements les plus simples. En général, cette corrélation est facile à comprendre. Quand un être est doué d'une disposition à faces multiples et diversifiées (vielseitigen), une plus grande latitude est en même temps offerte au développement individuel ; et simultanément, la détermination par l'hérédité doit nécessairement être moindre.

Conformément à la loi de l'hérédité et du principe de l'accumulation de certaines particularités, sous l'influence de conditions, qui continuent à agir uniformément, nous devons considérer toutes sortes d'instincts complexes, comme les produits d'un développement, dont nous constatons encore aujourd'hui les points de départ dans les manifestations impulsives les plus simples des animaux inférieurs. Plus simples sont ces manifestations impulsives, plus elles se rapprochent du *mouvement réflexe* ou de ce mouvement, qui apparaît, comme le résultat mécanique de l'application immédiate des irritants extérieurs sur le système nerveux, et qui a sa base physiologique dans la liaison centrale de certains filets sensitifs et moteurs. Ceci se confirme réellement, puisque toujours chaque impulsion innée a besoin de certains irritants sensoriels, pour effectuer sa première manifestation. Seulement, voici ce qui la distingue essentiellement du réflexe proprement dit : ce dernier s'accomplit sans conscience; tandis que, pour l'action impulsive ou instinctive, une sensation associée à un sentiment d'une couleur déterminée se trouve en même temps dans la conscience (1).

Le développement ultérieur des instincts consiste, en ce que les formes particulières de leur développement sont, surtout dans la dépendance des représentations et des processus intellectuels, liés à l'aperception des représentations. Pour reconnaître cette influence, il est besoin seulement d'indiquer les manifestations multiples des divers instincts animaux. Quand la plupart des observateurs se refusent à admettre, que les instincts soient des actes de l'intelligence, ce n'est pas parce que

1. Consulter cinquième section, chap. XXI.

dans ces instincts, tels que l'instinct constructeur du castor et de l'abeille,
dans les réunions de fourmis et de termites, etc., on ne trouverait aucune intelligence, mais, au contraire, parce qu'on en a *beaucoup trop*
trouvé ; de sorte que, si l'on voulait considérer cette intelligence comme
une acquisition individuelle, nécessairement ce serait, parfois, quelque
chose de même valeur ou de même nature, que les opérations intellectuelles les plus élevées de l'homme (1). Évidemment, voilà pourquoi, l'on
se décida plus volontiers à voir, dans la conduite instinctive des animaux,
la manifestation d'une intelligence qui leur est *étrangère*. Or, abstraction faite de son invraisemblance psychologique, cette interprétation est
en contradiction flagrante avec le fait suivant, qui est indéniable : dans
ses actions instinctives, l'animal est toujours déterminé par les expériences individuelles ; c'est pourquoi, l'animal révèle assez souvent un
certain degré de réflexion et de prévoyance, puisque celles-ci peuvent être
reliées à des associations de représentations, relativement simples (2).
On devrait donc imposer à cette intelligence étrangère la prétention inouïe d'assigner à l'animal, non-seulement d'une manière générale sa conduite instinctive, mais de le gouverner, même dans chaque
cas particulier et de lui faire toujours, autant que possible, prendre le
véritable moyen, pour atteindre le but. Mais, comment ceci concorde-
rait-il avec ce fait, que les animaux se trompent très-souvent dans ces
sortes de manifestations de l'intelligence et peuvent s'abuser de la façon la plus grossière ? Précisément, cette intelligence, qui se révèle, est
extraordinairement limitée : elle a seulement sous les yeux les résultats les plus immédiats ; et, uniquement à cause de l'horizon étroit, où
sont enchaînées les représentations, elle est capable, dans ses manifestations, d'arriver à une certaine perfection. L'énigme de cette intelligence disparaît dans l'instinct, puisque nous considérons cette intelligence comme une acquisition de générations innombrables, à laquelle
chaque génération a contribué, seulement pour une part infiniment
petite. Effectivement, nous voyons, que les degrés de développement de
l'instinct, qui doivent être ici supposés, persistent encore aujourd'hui
les uns à côté des autres, et, en partie, dans les diverses espèces d'une

1. Autenrieth, *Ansichten über Natur — und Seelenleben*, p. 171.
2. Voir mes *Vorlesungen über die Menschen — und Thierseele*, I, p. 443, et en
outre les traités spéciaux, concernant la psychologie animale : Scheitlin, *Versuch
einer Thierseelekunde*, Stuttgart et Tubingue 1840, 2 vol., ouvrage riche en observations, mais dépourvu de critique ; Perty, *Seelenleben der Thiere*, Leipzig et Heidelberg 1865 ; A. Espinas, *Les sociétés animales* (trad. allem.), Brunswick 1879 ;
G. H. Schneider, *Der thierische Wille*, Leipzig 1880.

même famille ou ordre du règne animal. Ainsi, les constructions, dépourvues d'art, des guêpes et des bourdons, sont évidemment un degré préparatoire aux agencements plus complexes de la ruche (1).

Pareillement, les impulsions intellectuelles et morales plus élevées, qui se développent uniquement dans l'esprit humain, peuvent, dans une certaine mesure, être soumises à la loi de l'hérédité : ceci est incontestable (2). D'ordinaire, d'après le jugement général, les penchants moraux ont une plus grande tendance à se transmettre héréditairement, que les aptitudes intellectuelles. Assurément, en cela l'incertitude de toutes ces observations et l'influence de l'éducation, qui déploie régulièrement son effet dans une direction égale, ne doivent pas être perdues de vue. Dès l'abord, il est vraisemblable, que les impulsions, dont l'existence suppose un développement intellectuel et moral supérieur, seront moins fixement déterminées dans l'organisation primitive, que les désirs sensoriels, qui font déjà leur apparition, dès les premiers jours de la vie et ont besoin seulement de certains irritants extérieurs, pour prendre naissance. D'un autre côté, le point de vue génétique donne un puissant appui à la conception optimiste, qui prétend, que l'humanité aspire en somme à la perfection ; car, indépendamment de l'acquisition faite par les générations antérieures et déposée dans les mœurs et les transmissions héréditaires, il admet la possibilité d'un ennoblissement de l'aptitude primitive ; ce qui assurément n'exclut pas des oscillations multiples dans une direction ascendante ou descendante. Donc, pour un temps, aussi bien que pour un individu, le privilége consiste tout au plus, en ce que ce temps *peut* et *doit* être meilleur, que ceux qui l'ont précédé, mais sans prétendre le moins du monde à *être* réellement meilleur.

Puisqu'il comprend des sentiments et des émotions, chaque contenu intellectuel peut exciter des désirs. En même temps, ceux-ci sont continuellement accompagnés de sentiments et d'émotions. Le désir et la répugnance anticipent leur objet dans la représentation, de sorte que les sentiments et les émotions, que cet objet suscite, se lient déjà avec l'impulsion. Cette circonstance explique ce fait, que notre langage n'a ordinairement pour ces trois états, qu'une seule expression. Comme impulsion antipathique, l'*aversion* est simultanément sentiment et émotion. Nous parlons du *plaisir*, comme étant un sentiment ; mais,

1. *Vorlesungen über die Menschen — und Thierseele*, II, p. 194.
2. Ribot, *loc. cit.* p. 93.

quand « nous avons plaisir à quelque chose, » nous entendons par là,
qu'il s'agit d'un désir. Le langage considère d'une façon analogue les
trois états ; car, il a créé de nombreuses expressions pour les sentiments,
les émotions et les inclinations pénibles, tandis que les dispositions
joyeuses de l'âme sont au contraire dénommées tout court. Ce phénomène tient moins, à ce que l'homme observe spécialement et soigneusement ses déterminations pénibles ou désagréables (1), mais plutôt à
ce que les sentiments de plaisir possèdent réellement une plus grande
uniformité. Ceci est évident, particulièrement pour les sentiments sensoriels. La douleur a non-seulement de nombreux degrés d'énergie,
mais même, d'après son siége, toutes sortes de nuances ; le sentiment
élevé de la sensibilité générale est moins variable.

Par son mode d'origine psychologique, l'instinct est l'opposé, ou
même, si l'on veut, le complément de l'émotion. Celle-ci commence
avec l'effet immédiat, que les sentiments présents exercent sur le cours
des représentations. L'instinct, au contraire, est une modification de ce
cours ; cette modification, engendrée par les sentiments, est dirigée
vers un mouvement extérieur et, au moyen de celui-ci, elle a pour but
de provoquer dans l'avenir ou d'éviter certains sentiments. Ces rapports s'expriment nettement dans les formes les plus simples de l'émotion et du désir, dans les états de surprise et d'attente (2). Chaque
tension de l'aperception, tension par laquelle celle-ci se tourne vers
une représentation, qu'elle veut saisir, est une manifestation élémentaire de l'impulsion, qui se transforme en désir ou répugnance, quand
le contenu de la représentation suscite des sentiments de plaisir ou de
déplaisir. Si on l'entend dans ce sens plus large, le mouvement tout
entier de l'attention, qui détermine le cours des représentations à travers le point de regard de la conscience, pourrait donc être appelé
une manifestation de l'instinct. Effectivement, on constate une série
continue d'états de transition, à partir de cette tendance d'une impression vers une autre impression (tendance qui est la base du cours
ordinaire de nos représentations), jusqu'aux manifestations les plus
violentes du désir. Rigoureusement parlant, à chaque instant, il y a,
en nous, un désir, aussi bien qu'un sentiment et une émotion ; mais,
d'entre tous les états de l'âme, qui accusent légèrement leur présence,
nous faisons généralement ressortir les états plus énergiques ; ceux-ci

1. L. George, *Lehrbuch der Physiologie*, p. 116.
2. Voir plus haut, p. 375.

nous aident à déterminer la disposition de notre sensibilité tout
entière, puisque nous reconnaissons ainsi, que c'est tantôt le sentiment, tantôt l'émotion, tantôt l'impulsion qui prédomine en nous.
Enfin, d'après l'essence totale de ces états, nous devons considérer,
comme la base fondamentale physiologique du désir et de la répugnance, cette innervation, à laquelle se ramène la tension de l'aperception (1). Pour les instincts innés, cette innervation se manifeste par
voie réflexe, puisque à cette occasion certaines liaisons agissent efficacement à l'intérieur des organes nerveux centraux, où il existe une
disposition graduellement acquise par les générations antérieures.
D'autres liaisons se développeront sous l'influence des souvenirs individuels. Pour les impulsions plus élevées, certains complexus de représentations reproduites constitueront l'irritant interne, qui occasionne
l'excitation. Dans des cas nombreux, où les inclinations sont employées,
mises en œuvre seulement à l'intérieur, cette excitation elle-même reste
limitée à l'organe proprement dit de l'aperception. Au contraire, pour les
formes les plus primitives de l'instinct, toujours cette excitation se répand en même temps dans les voies motrices : ainsi prennent naissance
les mouvements d'expression ou les actions complexes. C'est ce qui se
réalise surtout pour les instincts des animaux, et, en partie, même
pour les impulsions sensorielles de l'homme sauvage, toutes les fois
que le mouvement extérieur vient prêter immédiatement main-forte,
pour éveiller l'instinct.

Cette relation avec le mouvement extérieur nous amène généralement à classer les instincts, non pas simplement d'après les sentiments,
dont ils émanent, mais simultanément d'après les *buts*, vers lesquels
ils sont dirigés ; assurément ici, ces buts sont uniquement des points
de vue de *notre* appréciation, et, seulement pour les formes plus développées des instincts, ces buts sont en même temps les motifs, qui
existent dans la conscience des êtres accomplissant des actions. Grâce
à ces considérations téléologiques, on distingue *deux* formes principales, qui de nouveau se séparent en formes secondaires nombreuses
avec les nuances du désir et de la répugnance, nuances variables selon
la nature du sentiment, qui leur sert de base : *l'instinct de la conservation de soi-même* et *l'instinct d'espèce*. Le premier comprend toutes
ces impulsions ou tendances, qui sont dirigées vers la conservation de
l'être proprement dit et qui, par leurs manifestations les plus remar-

1 Pages 235 et 236.

quables, sont susceptibles de se décomposer de nouveau en instincts
nutritifs et instincts de protection (1). Les instincts protecteurs, dont
la forme la plus primitive semble se révéler dans le mouvement de retraite, qu'opère, à l'instar d'un réflexe, le corps ou une portion du corps
mis en présence d'un irritant extérieur (2), se ramènent en partie au
domaine des instincts d'espèce ; car, très-souvent les habitudes, qu'ont
les animaux, de construire des cavités ou des nids, servent simultanément aux besoins, que nécessitent la protection et les soins de leurs
petits. Les instincts d'espèce peuvent donc se séparer en trois classes
secondaires : les instincts sexuels, les instincts maternels et les instincts
sociaux. Puisque le simple mouvement de retraite a déterminé les instincts protecteurs, de même probablement pour les instincts d'espèce
l'instinct, qui pousse les individus de la même espèce, par exemple
les protozoaires les plus inférieurs, à se réunir, à vivre ensemble, constitue le point de départ d'un développement ; et, pour les autres degrés,
la pénétration réciproque, mutuelle des instincts protecteurs et des
instincts d'espèce a été bien des fois l'agent déterminant. Non-seulement, ainsi que nous l'avons montré plus haut, les instincts maternels semblent avoir pris naissance de cette manière, mais particulièrement les instincts sociaux, qui poussent les êtres de la même espèce
à se réunir dans le but commun de se protéger individuellement et de
donner des soins à leurs petits, paraissent évidemment se rattacher à
une liaison de ce genre. D'ailleurs, les instincts sociaux sont ceux qui se
développent le plus tard, puisque de ces derniers émanent spécialement les instincts, qui présentent des sentiments doués d'un contenu
moral. Le règne animal permet de reconnaître seulement les commencements imparfaits des instincts sociaux dans les réunions transitoires,
que certains animaux opèrent en vue d'émigrer, comme dans les liaisons permanentes, que contractent les abeilles, les fourmis, les termites, etc., en vue de se protéger et de soigner leurs petits. Selon la
juste remarque de A. Espinas, donner à ces réunions le nom d'*états*
d'animaux, c'est établir une désignation impropre et erronée ; car, dans
ces réunions, les soins communs à donner aux petits sont le but dominant, de sorte que ces réunions doivent, au point de vue psycholo-

1. Consulter à ce sujet la classification détaillée, que G. H. Schneider (*Der thierische Wille*, p. 397) a donnée, en prenant pour base l'observation des actions instinctives.
2. G. H. Schneider, in *Vierteljahrss. f. wiss. Philosophie*, t. III, p. 176 et 294.

gique, être subordonnées au concept de famille, non à celui d'état (1). Enfin, il existe un instinct, très-important sous certains rapports du développement psychique et que nous rangerons également dans les instincts sociaux : l'*instinct d'imitation*. Chez tous les animaux vivant en troupes et en bandes, nous constatons, que certains mouvements exécutés, cris d'appel et d'avertissement, se propagent, se répandent. Les jeunes imitent les actions de leurs vieux parents. Lors de ses premiers exercices, le jeune chien de chasse suit l'exemple de ses compagnons plus âgés. Plus loin, nous examinerons à nouveau le rôle spécial, que joue cet instinct d'imitation dans le développement intellectuel de l'homme (2).

L'ancienne psychologie avait rangé les émotions dans la faculté de l'appétition, car, elle les envisageait comme un violent désir ou une répugnance violente (3). A la vérité, l'appétition avait la valeur d'une faculté particulière de l'âme ; cependant, en la faisant provenir de la connaissance du bien et du mal, on la subordonna à la faculté de la connaissance (4). Dans son *Anthropologie*, Kant a maintenu cette division empruntée à la psychologie de Wolff ; néanmoins, par sa définition de l'émotion, il a séparé celle-ci du désir. Selon lui, l'émotion est le sentiment d'un plaisir ou d'un déplaisir dans l'état *présent*, sentiment qui ne laisse pas la *réflexion* se produire dans le sujet (5). Donc, pour Kant, l'émotion n'est plus, comme chez Wolf, un désir énergique, mais plutôt un sentiment énergique, qui occasionne spécialement des mouvements corporels, dans lesquels se révèle principalement la suppression ou absence de la réflexion. Herbart reconnut, que l'émotion et le désir se manifestent dans le cours des représentations. D'après ce philosophe, le sentiment réside dans une tension tranquille, calme des représentations ; celles-ci doivent, lors de la production de l'émotion, être considérablement éloignées de l'état d'équilibre, et alors, ou bien un *quantum* trop grand des actes réels de la représentation pénétrerait dans la conscience (avec les émotions sthéniques), ou un *quantum* plus grand, qu'il ne devrait être à cause de la composition des représentations existantes, serait repoussé de la conscience (6). Herbart déclare même, que ce ne sont pas les émotions, qui dans ce cas gouvernent, régissent les représentations, mais que ce sont plutôt les représentations, qui engendrent les émotions. Or, si nous jetons un regard d'ensemble

1. A. Espinas, *Les sociétés animales*, librairie Germer-Baillière (trad. allem. de W. Schlosser, Brunswick 1879, p. 331). Voir, au sujet de cet ouvrage, les remarques critiques, que j'ai publiées in *Vierteljahrss. f. wiss. Philosophie*, II, p. 137.
2. Consulter cinquième section, chap. XXI et XXII.
3. Wolff, *Psychol. empir.* § 603.
4. Wolff, *Psychol. empir.* § 509. — Consulter aussi t. I, p. 14.
5. Kant, *Anthropologie, loc. cit.* p. 170.
6. Herbart, *Psychologie als Wissenschaft*, § 106, t. VI. p. 97 des œuvres complètes.

sur les propriétés des représentations, qui peuvent occasionner les émotions, nous constatons, que nous y découvrons toujours les sentiments. L'ancienne psychologie avait donc eu raison de mettre dans une relation intime le sentiment et l'émotion; cependant, elle s'était trompée, parce qu'elle ne reconnaissait entre les deux, qu'une différence d'intensité, tandis que pour l'émotion, c'est plutôt la réaction du sentiment contre le cours des représentations, qui est la chose essentielle. En revanche, Herbart voit exclusivement dans ce dernier l'émotion tout entière; par conséquent, il la met, de même que le sentiment, dans une relation formelle avec les représentations, bien que cependant le rapport à la conscience aperceptrice explique la multiplicité qualitative tout entière des sentiments et des émotions. Quant aux émotions, il faut enfin ne pas oublier, que le sentiment et sa réaction contre le cours des représentations se révèlent toujours à nous comme un processus, dont toutes les parties sont connexes; par conséquent, ces émotions, que distingue la psychologie pratique, doivent leur désignation particulièrement aux sentiments, qui leur servent de base.

D'après Herbart, le désir consiste dans la tendance, qu'a une représentation à s'élever contre les oppositions, qui sont en conflit avec elle, ou dans la répugnance, que manifeste cette représentation pour ces oppositions (1). Ici, l'insuffisance de la théorie de l'aperception d'Herbart apparaît, ce me semble, avec une netteté, qu'il est impossible de méconnaître. Il peut arriver, qu'une représentation, provenant d'une cause quelconque, si par exemple elle a fait une profonde impression sur nous, s'impose toujours de plus en plus et occupe le premier plan dans la conscience. Mais, de longtemps encore, nous n'appelons désir un pareil état. Pour le désir, il est plutôt indispensable, que notre aperception tende d'elle-même, sous l'influence de quelque irritation externe ou interne, à engendrer la représentation ou un mouvement destiné à la réaliser. A ces considérations s'adaptent même ces instincts innés, dont l'enchaînement logique avec les désirs est frappant, et que cependant il est impossible de ramener à des représentations, qui font effort pour lutter, puisque précisément ces sortes de représentations n'existent pas encore, lors de la première manifestation de l'instinct.

2. — Les tempéraments.

La description des diverses émotions et instincts est en dehors des limites de cette exposition; néanmoins, nous indiquerons les dispositions, individuelles et particulières de l'âme, à la naissance des émotions ou passions. Ces dispositions sont les *tempéraments*. Ce qu'est

1. Herbart, *loc. cit.* § 104, p. 73.

l'excitabilité par rapport à la sensation sensorielle, le tempérament l'est par rapport à l'émotion et à l'instinct. Nous pouvons discerner une excitabilité permanente et, en revanche, des oscillations conti- nuelles de cette excitabilité ; de même, le tempérament apparaît, se manifeste, soit comme permanent, soit sous formes d'accès (Anwand- lungen) variables de tempérament, qui peuvent dépendre de causes externes et internes. L'antique distinction des *quatre* tempéraments, que la psychologie avait empruntée aux théories médicales de Galien, était basée sur une délicate observation des variétés ou différences indi- viduelles de l'homme (1). A l'heure actuelle, elle n'a rien perdu de son utilité, quoique les idées, qui avaient donné naissance à ces désignations de tempérament sanguin, mélancolique, colérique et flegmatique, soient depuis longtemps rejetées. D'ailleurs, ces expressions, qui rappellent les anciennes théories de Galien, sont bien moins caractéristiques, que les termes allemands, employés par Kant à ce sujet : sang léger et sang lourd, sang chaud et sang froid (2). La répartition des tempé- raments en quatre classes se justifie encore, puisque dans la conduite individuelle des émotions et des désirs nous pouvons distinguer deux sortes d'oppositions ou de contraires : une première opposition, qui a trait à l'*énergie* ; et une seconde, à la *rapidité de la succession* des mouvements de l'âme. Le colérique et le mélancolique sont enclins aux émotions fortes; le sanguin et le flegmatique, aux émotions faibles. Le sanguin et le colérique sont disposés à la variation ou succession rapide ; le mélancolique et le flegmatique, à la variation lente (3). L'essence des tempéraments semble, selon moi, résider bien plus dans ces rapports, que dans la relation avec le sentiment ou l'action, comme le croyait Kant. Les autres particularités des tempéraments se laissent aisément mettre en connexion avec ces deux oppositions principales, que nous avons établies. Personne ne l'ignore, les tempéraments forts, énergiques, le colérique et le mélancolique, s'abandonnent de préférence aux dispositions pénibles de l'âme ; tandis que les tempéraments faibles sont réputés être heureusement

1. Au sujet de l'histoire de la théorie des tempéraments, consulter Henle, *An- thropologische Vorträge*, 1er cahier, Brunswick 1876, p. 118.
2. *Anthropologie*, t. VII des œuvres complètes, 2e partie, p. 216.
3. Puisque nous distinguons des tempéraments forts et faibles, lents et promnts, le tableau suivant nous donnera une idée très-nette de cette division complète :

	Tempéraments *forts,*	*faibles.*
Prompts.	colérique,	sanguin,
Lents.	mélancolique,	flegmatique.

doués, pour jouir des biens de la vie. Ceci est basé sur cette expérience, à laquelle la conception pessimiste du monde attache une
si grande valeur, savoir que la somme des petites souffrances, dont
notre existence est entourée, doit au fond exercer sur l'individu, que
de faibles impressions émotionnent fortement, un plus grand effet,
que les côtés joyeux de la vie. Par conséquent, le pessimisme est
basé en général sur une particularité individuelle du tempérament,
qui aime à apprécier la valeur éthique de la vie d'après sa mesure
empruntée à l'émotion. En outre, les deux tempéraments prompts,
le sanguin et le colérique, se livrent de préférence aux impressions
du présent ; or, leur mobilité rapide est cause, que chaque nouvelle représentation est susceptible de les déterminer. Par opposition,
les deux tempéraments lents sont plus dirigés vers l'avenir. Non dé-
tournés par chaque irritant accidentel, ils emploient tout leur temps
à s'abandonner à leurs propres pensées. Le mélancolique s'enfonce
dans les sentiments, qu'un avenir attendu et dépourvu de joie excite
en lui ; le flegmatique persiste avec une ténacité opiniâtre dans les
projets, qu'il a une fois conçus. Enfin, la distinction, pratiquée par
Kant, s'adapte à ce cadre. Le tempérament prompt a besoin d'énergie ;
le tempérament faible, de lenteur, pour que tous les deux ne s'ab-
sorbent pas dans une attitude purement résignée, en face des impressions
variables. Ainsi, tous les deux, en qualité de tempéraments d'activité,
s'opposent aux tempéraments de sentiment, au sanguin et au mélancolique.

On a remarqué avec raison, que la caractéristique individuelle du
tempérament s'étend encore à des groupes considérables d'êtres de la
même espèce ou d'espèce homogène. Ainsi, les races d'hommes, les
divers peuples et, de nouveau parmi ceux-ci, les ramifications pro-
vinciales montrent des différences de tempérament, caractéristiques.
Dans les ordres développés sous le rapport intellectuel, dans les familles
et les espèces du règne animal, ces différences se présentent en partie
et d'une manière très-nettement accusée, qui exclut, à un degré plus
élevé, que chez l'homme, les nuances individuelles (1). Chaque tempérament ayant ses avantages et ses désavantages, le véritable art de la
vie consiste pour l'homme à dominer ses émotions et ses instincts, de
façon que celui-ci possède non pas *un* tempérament, mais les réunisse
tous en lui-même. L'homme doit être sanguin en présence des petites

1. L. George, *Lehrbuch der Psychologie*, p. 136.

soulfrances et joies de l'existence quotidienne ; mélancolique aux heures
sérieuses des évènements importants de la vie ; colérique contre les
impressions, qui enchainent ses graves intérêts ; flegmatique, pour
exécuter les résolutions, qu'il a prises.

3. — Sentiments intellectuels.

Ici, nous appellerons *sentiments intellectuels* tous ces mouvements de
l'âme, qui accompagnent les liaisons aperceptives des représentations.
A l'égard de ces dernières, ils se comportent de la même manière, que
les émotions vis-à-vis des associations, surtout en tant qu'ils apparaissent comme les produits de certains processus d'aperception et
que, d'autre part, ils interviennent dans leur cours, en les déterminant. Toutes les fois que cette réaction se manifeste avec énergie, ces
sortes de sentiments acquièrent un caractère émotionnel. Une discussion détaillée des sentiments intellectuels est en dehors du cadre de
cette étude : car, elle appartient en partie à la psychologie descriptive et
se rattache aussi directement aux autres branches de la psychologie
appliquée, à l'éthique, à la philosophie de la religion et à l'esthétique.
C'est pourquoi, nous nous bornerons, ici, à mettre en lumière leurs
conditions d'origine, générales.

La forme relativement la plus simple apparaît dans les sentiments,
qui accompagnent le processus de la pensée et celui de la connaissance,
et que nous nommerons pour cela les *sentiments logiques*. Chaque
liaison de deux représentations logiquement inséparables est accompagnée d'un sentiment de *concordance* ; le sentiment de *contradiction*
s'élève contre la tentative de relier des concepts, qui se contredisent.
S'agit-il non d'un acte isolé de la pensée, mais d'un processus complexe
de la connaissance, le sentiment de concordance et celui de contradiction donnent naissance aux sentiments de *vérité* et de *non-vérité*,
entre lesquels le *doute* se présente, comme une position indécise de
l'âme. Ils sont les produits de fusion de nombreux sentiments élémentaires de concordance et de contradiction, mais très-souvent un seul
d'entre eux est aperçu avec plus de clarté. En outre, tous ces sentiments
engendrent des émotions d'une coloration particulière, dans lesquelles
s'accusent nettement la *réussite* et l'*insuccès* des liaisons de la pensée,
la *facilité* ou l'*effort pénible* du cours de la pensée. Dans un stade de

la pensée, où nous ne sommes pas encore en état de montrer avec certitude les preuves logiques d'un résultat intellectuel, généralement ce
dernier est déjà anticipé par le sentiment. Entendu dans ce sens, le
sentiment est le *pionnier* de la connaissance. Il sert de base à cette
mesure logique de l'intelligence pratique de l'homme, comme à la
pensée scientifique, qui semble si analogue à l'instinct.

Le sentiment logique a trait aux *objets* de notre pensée et à leur
rapport réciproque. De la conscience *subjective* de nos actes de la
pensée et de nos actions résulte une seconde forme de sentiments
intellectuels : les sentiments *éthiques*. Grâce à une action — en tant
qu'elle ne paraît pas indifférente — notre moi se sent stimulé, favorisé
ou blessé (verletzt) : de cette manière, prennent naissance, en qualité
de formes primitives des sentiments esthétiques, celles du *sentiment de soi-même qui s'est élevé* et du *sentiment de soi-même qui a
subi un arrêt* (gehobenen und gehemmten Selbstgefühls). Puisque nous
transmettons notre propre sentiment de soi-même à d'autres sujets,
qui nous sont semblables, le sentiment de soi-même engendre le *sentiment de sympathie* ou de compassion (Mitgefühl). De plus, les
actions objectives, qui excitent notre sentiment de soi-même et celui
de sympathie, agissent sur nous agréablement ou désagréablement :
elles excitent les émotions de l'approbation et de la désapprobation.
Dans les commencements du développement intellectuel, le sentiment
de soi-même est prépondérant. Il subit son épuration dans le combat
prolongé, qu'il livre au sentiment de sympathie, et d'où ce dernier sort
finalement vainqueur. Toute cette évolution du sentiment moral est
liée au développement de la conscience de soi-même, dont le sentiment
de soi-même est un élément constituant essentiel (1). Quand la conscience de soi-même, primitive et sensorielle, a été troublée par la
douleur sensorielle, propre ou étrangère, alors, de même que le corps
lui-même apparaît comme un fragment du monde extérieur, de même
graduellement la sensation sensorielle devient un fragment relativement
extérieur. Après que la conscience de soi-même s'est retranchée dans
l'activité de la volonté, au milieu du domaine des représentations et
des actions, la volonté, ce centre proprement dit de la conscience de
soi-même, est le point de départ des sentiments moraux. Or, la volonté
ne peut être l'objet de notre raisonnement, que si nous posons des

1. Voir plus haut p. 245.

buts à son activité, et si nous laissons notre approbation ou désapprobation se déterminer par l'accomplissement de ces buts. C'est ainsi
que le sentiment moral amène à fixer les règles de la conduite. Celles-
ci se réalisent, puisque la réflexion se représente les conditions, dans
lesquelles le sentiment d'approbation ou de désapprobation correspond
en nous à une activité de la volonté. Avec le développement de la conscience, ces conditions se modifient. Par conséquent, les normes morales ne sont pas absolument invariables, mais susceptibles de se développer.

Les sentiments intellectuels acquièrent une troisième forme de développement dans le *sentiment religieux*. Ceci résulte du besoin d'établir une concordance entre les phénomènes, donnés dans l'expérience
externe, et les instincts moraux ou les mouvements de l'âme, dont ils
émanent, entre le sentiment de soi-même et le sentiment de sympathie. A ses degrés primitifs, ce besoin implique surtout la tendance
irrésistible à compléter la connexion des choses et des phénomènes
par des formations de représentations, dans lesquelles les désirs
éthiques et les prétentions de la conscience trouvent leur expression.
Donc, par sa composition spéciale, le sentiment religieux met à réquisition le fonctionnement le plus extrême de l'imagination, de la fantaisie ;
et, de son côté, celle-ci élève, augmente à un tel point le sentiment religieux, que les manifestations de ce dernier nous sont révélées presque
uniquement dans cette forme complexe de phénomènes, où déjà elles
sont essentiellement codéterminées par les représentations religieuses.
Or, le processus de ce développement ne doit nullement être considéré,
comme si le processus intellectuel, avec le sentiment qui y est inhérent,
avait existé le premier, et si la formation des représentations fût venue
ensuite. Au contraire, cette dernière est si étroitement entremêlée à
l'apparition du sentiment, qu'elle absorbe pleinement en soi le processus intellectuel ; par conséquent, celui-ci a aussitôt acquis dans les
représentations religieuses une configuration concrète, d'où un degré
de développement ultérieur de la conscience religieuse le ramène à sa
base fondamentale éthique. Cette modification graduelle du sentiment
religieux est en même temps liée aux modifications, qui apparaissent
dans les manifestations de ce même sentiment. Primitivement tourné
vers le monde extérieur, enclin à soumettre les phénomènes si multiples de la nature à la puissance salutaire ou malfaisante d'êtres divins,
il arrive graduellement, en suivant le développement de la conscience
de soi-même, à se retirer spécialement dans le propre intérieur de

l'homme. Puisque nos actions volontaires dépendent réellement des commandements moraux de la conscience, qui, au dedans de nous, se sont condensés en maximes morales et, en dehors de nous, en coutumes et lois, la direction éthique prend de l'extension ; et ce côté extérieur, primitivement exubérant, du sentiment religieux, qui avait assujetti la connexion de l'ordre physique du monde aux désirs subjectifs de l'individu, est toujours relégué de plus en plus à l'arrière-plan.

La tendance, à compléter le monde de l'expérience d'une manière qui suffise aux désirs éthiques, relativement au but de l'existence humaine, donne même — en parvenant aux degrés ultérieurs de développement — l'impulsion à des formations multiples de représentations, qui semblent se rapporter difficilement d'une façon directe au sujet, mais uniquement à l'être et au devenir du monde extérieur. Donc, toute mythologie est en même temps cosmologie et cosmogonie : fait, d'où est issue évidemment la conception si répandue, que l'idée de l'Infini, de la cause du monde ou de l'Inconnaissable est la racine du sentiment religieux. Or, dans ces représentations cosmologiques, on ne peut jamais méconnaître la tendance subjective, qui leur assigne leur direction. Dans le monde des phénomènes, la moindre occasion ne pourrait être donnée, en soi et pour soi, à la pensée humaine de supposer un Inconnaissable, absolument différent de ce monde, si l'instinct éthique n'exigeait, ne réclamait impérieusement cet Inconnaissable comme un complément du monde sensoriel, que ne satisfait jamais sa tendance (1).

Enfin, les *sentiments esthétiques supérieurs* apparaissent généralement en qualité de résultantes complexes de toutes les formes étudiées jusqu'ici, par conséquent comme la forme la plus développée de sentiments intellectuels, la plus compliquée. Ils sont les produits de la liaison des sentiments esthétiques élémentaires avec des formes de sentiments intellectuels, sentiments logiques, éthiques et religieux ; tandis que, en outre, des éléments importants, c'est-à-dire des sentiments sensoriels et des émotions, font partie de leur constitution. Puisque, de cette manière, le sentiment esthétique implique en soi tous les autres

1. Voir, à ce sujet, les remarques, que j'ai consignées dans ma *Logik*, I, p. 372. La discussion, très-importante au point de vue psychologique, des diverses formes de représentations religieuses et la démonstration de leurs motifs psychologiques doit être abandonnée aux recherches de la Psychologie ethnique (*Völkerpsychologie*)

sentiments, il atteint, saisit notre vie de l'âme tout entière. Une œuvre d'art achevée met à l'état de tension notre sentiment logique, excite les sentiments éthiques et religieux, engendre des émotions et des sentiments sensoriels ; et, en qualité d'éléments constituants essentiels, il s'y ajoute encore ces sentiments esthétiques élémentaires, qui proviennent de la liaison des représentations successives ou des parties d'une représentation simultanée. Or, tous ces éléments excitent un sentiment esthétique supérieur, seulement à condition qu'ils s'unissent pour donner lieu à un effet total concordant et, en même temps, plein de mesure. Ce sont surtout les sentiments esthétiques élémentaires, liés, en cette qualité, à la représentation complexe, qui favorisent cette union et deviennent, par ce moyen, les facteurs ou supports de l'effet esthétique total (1). Donc, l'analyse psychologique des sentiments esthétiques supérieurs a principalement une double tâche à remplir : 1° elle doit rendre compte de la manière, dont se lient les formes particulières de sentiments, pour produire un effet esthétique total ; et 2° rechercher le motif intime, à l'aide duquel les sentiments esthétiques élémentaires sont spécialement propres à devenir les facteurs ou supports de l'effet esthétique total.

Évidemment, sous le premier rapport, les diverses espèces de production esthétique diffèrent les unes des autres de la façon la plus variée. Chaque forme de l'art se tourne d'abord vers une forme déterminée de sentiment, qui met ensuite les autres en mouvement. Ainsi, la musique engendre des émotions, puisqu'elle les décrit et que, pour cela, elle utilise aussi bien la coloration sensorielle des sons et des sons résultants, que leur succession. Or, cette description ou peinture sensorielle des émotions ne motive pas encore l'effet esthétique de la musique ; mais, celui-ci résulte du déroulement satisfaisant et de la résolution finale des émotions, pour lesquels il a besoin des sentiments esthétiques élémentaires, qui naissent des liaisons rythmiques et harmoniques des sons. Cependant, dans notre âme, une résolution satisfaisante des émotions ne peut s'accomplir, que grâce à la victoire de l'intelligence et de la volonté : par conséquent, des sentiments logiques, éthiques et religieux apparaissent, en qualité d'éléments constituants secondaires de l'effet musical.

Parmi les arts plastiques, le plus libre et le plus parent, à cet égard, de la musique, c'est l'architecture. Celle-ci nous révèle donc de la fa-

1. Consulter chap. XIV, p. 210.

çon la plus nette, que dans ces arts plastiques, les sentiments des formes esthétiques simples, la symétrie, l'agencement proportionnel, etc., s'y manifestent et sont les effets les plus intimes. Ces sentiments sont engendrés, soit par des rapports de grandeur, soit par la grandeur absolue des formes. Or, la conception des rapports de grandeur, convenables, satisfait en même temps le sentiment logique et excite le sentiment religieux dans certaines conditions, surtout si les formes se rapprochent des limites de notre faculté de perception. Tous les autres arts plastiques sont, à un plus haut degré, que l'architecture, liés aux formes, que la nature extérieure offre à nos sens ou que provoquent le goût variable de l'époque, des considérations et des habitudes pratiques. C'est pourquoi, dans ces arts, les liaisons associatives des représentations occupent le premier plan. Ainsi, dans une œuvre d'art plastique, dans une peinture historique, etc., ce sont les relations intellectuelles, éthiques et religieuses, qui excitent immédiatement les sentiments correspondants. Mais, à part ces mouvements de l'âme provoqués associativement, constamment le sentiment de la forme esthétique élémentaire conserve son importance, puisqu'il doit déjà contenir une indication générale, concernant la direction de ces sentiments intellectuels.

Dans ses diverses formes, l'art poétique s'adresse de la façon la plus immédiate aux sentiments intellectuels. A cet égard, il est le plus éloigné de la musique, où l'effet exercé sur les sentiments élevés se réalise, grâce aux intermédiaires les plus reculés. Dans la poésie, les sentiments intellectuels constituent le contenu le plus spécial de l'œuvre d'art; tandis que c'est par le mouvement et la résolution des émotions, que la musique doit engendrer ces sentiments. Pour ce motif, ces arts visent surtout à se lier, à s'unir en se complétant, tendance qui se manifeste déjà en ce que la poésie choisit, pour éveiller les sentiments esthétiques élémentaires, qui s'adaptent à son contenu, des formes musicales, le rythme et l'harmonie des sons.

Cette corrélation, où doivent se trouver les diverses formes de sentiment, afin d'engendrer un sentiment esthétique total, distinct, est cause en même temps, que seul le sentiment esthétique élémentaire est apte à devenir le facteur d'un effet esthétique supérieur. Les diverses formes de sentiment esthétique élémentaire jouissent d'une propriété qui les distingue des autres formes de sentiment : elles sont parentes des émotions, comme des divers sentiments intellectuels, sans que cependant soient renfermées chez elles les relations spéciales avec certaines représentations et certains actes de la pensée, qui ne sont jamais absentes des autres mouvements de l'âme. C'est pourquoi, elles sont justement propres à donner une *forme* convenable à chaque contenu de sentiment supérieur. D'abord, elles sont redevables de ce rôle intermédiaire à cette circonstance, qu'elles sont liées, comme telles, aux représentations complexes ; mais, les émotions et les sentiments élevés se rapportent également aux représentations et aux séries de représentations de composition complexe ; toutefois, chez elles, non-seulement la forme de ces représentations, mais encore leur contenu sont pris essentiellement en considération. Ainsi, le mouvement du rythme correspond au cours des émotions ; le sentiment de l'harmonie, à leur résolution. Le rythme, l'harmonie et le sentiment de la forme optique ne présentent pas moins une affinité formelle avec le sentiment intellectuel de la concordance ; et à cette forme fondamentale de l'effet intellectuel se rattachent, sans effort, les relations éthiques et religieuses. Puisque, de cette manière, les sentiments esthétiques élémentaires sont le point central de tout effet esthétique, en même temps ils contribuent à un certain degré à étayer cette prétention ou exigence, que l'effet esthétique se maintienne un effet plein de mesure, pour pouvoir s'accomplir. Si cette prétention ne se réalise pas, *un* sentiment repousse les autres : or, l'émotion, l'excitation sensorielle, la jouissance intellectuelle peuvent encore se produire, mais le sentiment esthétique total, qui a pour essence, que, chez lui, les diverses formes du mouvement de l'âme se réunissent, pour donner lieu à un effet concordant, est perdu.

CHAPITRE XIX

PERTURBATIONS DE LA CONSCIENCE

1. — Hallucination et illusion.

Si nous considérons, comme troubles de la conscience, toutes ces modifications, où les représentations et leur cours offrent une composition différente de la conduite normale, nous pourrons y distinguer d'abord les modifications survenant dans la composition des diverses représentations, et celles qui se produisent dans la connexion et le cours des représentations. On nomme *hallucinations* et *illusions* les déviations plus importantes de la conduite normale, qui sont accusées par les diverses représentations. Les perturbations, concernant la liaison des représentations, s'observent dans le *sommeil*, certains *états hypnotiques* et lors de la manifestation des *troubles de l'intelligence*. Dans tous ces cas, les sentiments et les mouvements de l'âme se comportent d'une façon anormale ; et, très-souvent aussi, les diverses représentations ont, du moins en partie, le caractère des hallucinations et des illusions. Ces dernières, étant les formes les plus élémentaires de la perturbation, doivent donc être étudiées en premier lieu.

Les *hallucinations* sont des représentations reproduites ; elles ne se distinguent des images normales de souvenir, que par leur intensité. Voici leurs causes physiologiques les plus fréquentes : l'hypérémie des méninges et de l'écorce cérébrale, l'action de substances toxiques, telles que morphine, hachisch, alcool, éther, chloroforme, etc., enfin l'anémie cérébrale, consécutive aux troubles profonds de nutrition ou à l'abstinence absolue des aliments. Comme il est permis de l'admettre, d'après l'analogie existant avec d'autres cas d'irritation automatique, l'effet homogène d'états physiologiques, en apparence si différents, consiste en ce que les produits de désassimilation des tissus s'accumulent dans l'écorce cérébrale, si riche en sang, augmentent d'abord l'irritabilité de cette substance et peuvent, par suite, provoquer une irritation (1). Les hallucinations sont susceptibles de se manifester dans des domaines sensoriels différents. Les hallucinations du sens visuel ou les *visions* (2) sont les plus fréquentes ; en seconde ligne, viennent les fantômes de l'ouïe, beaucoup plus rarement les fantômes du sens tactile, de l'olfaction et de la gustation. Généralement, ces derniers ne se montrent en compagnie des fantômes des sens supérieurs, que si l'écorce cérébrale est le siège de lésions diffuses, étendues. En revanche, les hallucinations de la vue et de l'ouïe s'observent assez souvent, à l'état isolé. La plupart du temps, on ne peut découvrir les causes extérieures, qui affectent spécialement un domaine sensoriel déterminé. Néanmoins, chose remarquable, l'isolement persistant dispose aux hallucinations de l'ouïe ; et le séjour dans l'obscurité, aux visions ; c'est évidemment, parce que l'absence des irritants sensoriels correspondants accroît l'irritabilité des surfaces sensorielles centrales, ainsi que ceci peut être justement démontré pour le sens visuel, relativement à l'organe sensoriel périphérique (t. I, p. 381). D'autre part, l'irritation excessive, accumulée, des sens semble avoir le même résultat ; en effet, les fantômes de la vue s'observent principalement chez les peintres, et ceux de l'ouïe, chez les musiciens. L'application prolongée à un seul et même objet est capable de donner à une image de souvenir spéciale le degré de vivacité de celle du fantôme (3). Cette circonstance expliquerait ce fait, qu'en moyenne les fantômes de la vue se présentent le plus fréquemment, puisque, par suite de cet excès d'irritation, l'œil est le plus exposé à cette augmentation d'irritabilité. A l'instar des images de souvenir, les visions plus faibles ont plus de netteté, quand les yeux sont fermés ; les yeux étant ouverts, et à la lumière du jour, elles peuvent disparaître entièrement. Nous citerons principalement les phénomènes, que

---

1. Consulter t. I, p. 202.
2. Lazarus (*Zeitschr. f. Völkerpsych.* V, p. 128) propose de réserver l'expression de « *vision* », pour ces fantômes, qui ont leur point de départ dans le mécanisme psychique et non dans l'irritation physiologique. L'expression de vision, je la maintiens ici dans son acception primitive, d'autant plus qu'il est très-douteux, qu'une irritation physique et une irritation psychique puissent être opposées l'une à l'autre de cette manière. D'une part, les conditions psychologiques de la reproduction ne sont pas ordinairement absentes de l'hallucination ; d'autre part, celle-ci est, sans doute, constamment accompagnée d'une irritation physique.
3. Ainsi Henle et H. Meyer avaient remarqué, que des objets microscopiques, examinés pendant le jour, surgissaient dans leur champ visuel obscur et s'y présentaient avec une netteté parfaite. H. Meyer, *Untersuchungen über die Physiologie der Nervenfaser.* Tubingue 1843, p. 56.—Fechner (*Psychophysik*, II, p. 499) rapporte des observations analogues.

les gens bien portants perçoivent, avant de s'endormir, ou généralement quand le champ visuel est obscur. Ce sont tantôt des images de souvenir d'une énergie extraordinaire, tantôt des figures sans signification accentuée, qui changent continuellement de forme et de couleur ; mais ici, ce jeu fantastique est entièrement indépendant de l'influence de la volonté (1). Parfois, il s'y joint, selon mon expérience, de faibles irritants auditifs, ou même ceux-ci se montrent absolument seuls : divers tons ou paroles, très-souvent dépourvus de toute coordination, résonnent à l'oreille du dormeur ; maintes fois, ces sons articulés se succèdent plus rapidement ou bien ils sont plus indistincts, comme s'ils se produisaient à une distance exceptionnellement grande, ce qui ordinairement indique alors le passage ou transition au sommeil réel, profond. Je présume, que l'état d'irritation, bien que faible, dans lequel se trouvent continuellement nos organes sensoriels, l'œil surtout, contribue essentiellement à la production de ces fantômes, encore normaux. Très-souvent, cette poussière lumineuse du champ visuel obscur, que nous percevons, quand les yeux sont fermés, semble se convertir immédiatement en images fantastiques. Dans ce cas, le phénomène appartiendrait déjà au domaine de l'illusion.

Si l'irritation centrale atteint des degrés plus élevés, les hallucinations prennent naissance, non-seulement dans l'obscurité, ou quand les yeux sont fermés, et dans le silence de la nuit, mais avec la lumière et le bruit du jour. Pour l'halluciné, les représentations fantastiques se mêlent avec les impressions sensorielles réelles ; et bientôt, il devient même incapable de les distinguer de ces dernières. Si l'état d'irritation de l'écorce cérébrale s'est rapidement modéré, graduellement les fantômes pâlissent, avant de disparaître complètement, ainsi que Nicolai l'avait observé sur lui-même (2). Dans une autre occasion, Nicolai était tourmenté de faibles visions ; il les apercevait seulement, quand il fermait les yeux, et elles disparaissaient, dès qu'il ouvrait les yeux (3). Déjà, les fantômes visuels, qui apparaissent avant de nous livrer au sommeil, sont parfois si vivaces que, selon les témoignages de J. Müller, H. Meyer, etc., des images consécutives peuvent leur succéder (4). Dans ces sortes de cas, l'irritation semble donc s'être propagée de la surface sensorielle centrale à la rétine. Il

1. J. Müller, *Ueber die phantastischen Gesichtserscheinungen*. Coblentz 1826, p. 23.
2. J. Müller, *loc. cit.* p. 77.
3. J. Müller, *ibid.* p. 80.
4. H. Meyer, *Untersuchungen uber die Physiologie der Nervenfaser*, p. 241.

faut faire les mêmes suppositions à l'égard de ces fantômes visuels, qui, à la lumière du jour, se mélangent avec les représentations de l'intuition. Les yeux étant en mouvement, des visions énergiques changent fréquemment de lieu dans l'espace, ainsi que ceci peut être nettement admis d'après les déclarations des hallucinés. Ces individus voient çà et là, partout où ils jettent les regards, du feu ou des hommes, des animaux, qui les poursuivent, etc. Dans d'autres circonstances, les fantômes sont, à la vérité, rapportés à un lieu fixe ; mais il est bien possible, qu'alors des transformations fantastiques des impressions sensorielles extérieures, par conséquent des illusions proprement dites, sont toujours en jeu (1). Seulement, les fantômes les plus faibles du champ visuel obscur, qui, peu supérieurs en intensité aux représentations ordinaires de l'imagination, persistent vraisemblablement sans excitation associée des nerfs périphériques, peuvent, à l'égal des images de souvenir, rester invariables, quand les yeux sont en mouvement (2).

La forme générale de l'hallucination — qu'elle apparaisse par exemple comme représentation visuelle ou auditive — dépend sans doute du lieu de l'irritation centrale. En outre, l'énergie de cette irritation influe sur la composition particulière des fantômes. Si les états d'irritation sont très-intenses, on constate des images visuelles extrêmement brillantes, des bruits assourdissants. Nous citerons surtout les cas fréquents, où les malades hallucinés voient partout des gerbes de feu et de lumière (3). D'ailleurs, la composition des fantômes est, aussi

1. Sans doute, on a relaté des cas d'hallucinations, pures en apparence. Je citerai le suivant, d'après Brierre de Boismont (*Des hallucinations*, 3° édit. p. 573) : « Un monsieur H. est assis dans sa chambre et fait une lecture ; en levant les yeux, il aperçoit un crâne, qui se trouve placé sur une chaise, près de la fenêtre. Il veut le saisir, mais le crâne a disparu. Quatorze jours après, dans l'une des salles de cours de l'université d'Edimbourg, il voit de nouveau le crâne posé sur la chaire du professeur. » Or, si on réfléchit, combien l'halluciné attache, accole aisément ses fantômes aux impressions les plus fugitives, à une ombre, à la lueur de la lumière, etc., il sera permis de présumer, qu'il s'agit ici d'un cas d'illusion.
2. Gruithuisen avait déjà remarqué, que même les images vives du rêve, qui après le réveil de l'individu sont susceptibles d'être maintenues fixes un temps très-court, se meuvent avec l'œil ; d'ailleurs, cet auteur constata des images consécutives négatives de ces sortes de sensations du rêve (J. Müller, *Phantastische Gesichtserscheinungen*, p. 36). A la vérité, J. Müller s'est inscrit contre le mouvement de ces images ; mais les observations, auxquelles il se réfère, peuvent bien appartenir seulement aux hallucinations faibles, qui diffèrent peu des images de souvenir, hallucinations où une coexcitation centrifuge des surfaces sensorielles périphériques n'existe pas.
3. Griesinger, *Pathologie und Therapie der psychischen Krankheiten*, 2° édit. p. 99.

bien que celle des images de souvenir, déterminée par les associations
de la conscience individuelle. Ainsi, les hallucinations des aliénés sont
constamment formées de ces sortes de représentations, qui se rattachent
nettement au contenu du souvenir de la vie, menée jusqu'à ce moment
et à la direction de la sensibilité du malade. Le visionnaire religieux a
des entretiens fréquents avec le Christ, les anges, les saints ; le mélancolique, affligé de la manie des persécutions, entend des voix, qui le
calomnient ou l'insultent, etc. Ceci nous démontre l'étroite relation
des hallucinations avec les images des fantômes. Évidemment, dans
des cas nombreux, il faut admettre, comme la cause intime de l'hallucination, une reproduction ; alors, d'après les lois d'association, une
représentation quelconque, provenant de la provision des représentations mises à la disposition de la conscience, est éveillée, ou même
divers éléments constituants aident à combiner une nouvelle représentation ; et, ceci se réalise d'une manière absolument analogue à ce
qui a lieu, pour les images fantaisistes de la conscience normale. Mais,
chez l'halluciné, ce processus se trouve en présence d'une augmentation d'irritabilité des surfaces sensorielles centrales. C'est pourquoi,
l'excitation physiologique s'élève à une hauteur anormale, de sorte
que le fantôme atteint l'énergie sensorielle d'une image de l'intuition
ou se rapproche de celle-ci. Cette origine est d'une netteté frappante
pour ces fantômes, qui ne sont réellement rien autre chose, que des
images de souvenir extrêmement vivaces, et qui semblent apparaître si
souvent au début des maladies mentales. Même dans ces sortes de
circonstances, où se sont développées certaines idées délirantes, qui
dominent la connexion des fantômes, ceux-ci proviennent presque
toujours de la reproduction, quand des impressions sensorielles extérieures ne jouent pas le rôle d'excitateurs, cas qui rentre alors dans le
domaine de l'illusion. Donc, la plupart du temps (et ceci semble résulter de la description des hallucinations des gens sains d'esprit et
des malades), le point de départ de l'hallucination est non pas une
irritation réelle, mais seulement une *augmentation d'irritabilité* des
surfaces sensorielles centrales. Alors, l'extension de la modification
prédispose en vérité à la production de fantômes d'espèce déterminée ;
mais, la forme particulière d'apparition de ces fantômes est toujours
provoquée, soit par l'adjonction ou addition d'une représentation reproduite ou par l'effet d'autres impressions sensorielles, qui, grâce à
la modification centrale, se sont transformées d'une manière extraordinaire, soit, même le plus souvent, par le concours de ces deux élé-

ments. A la faveur de la direction individuelle des idées, une association quelconque se trouve prête ; et, la plus légère impulsion, émanant
de l'organe sensoriel externe, suffit, en vertu de l'augmentation d'irritabilité des centres sensoriels, à conférer à la représentation l'énergie
sensorielle de l'image intuitive. Justement, à cause de cette coopération de divers facteurs, l'hallucination a une relation aussi étroite
d'une part avec l'image fantaisiste, d'autre part avec l'illusion. Il est
surtout très-difficile de la distinguer de cette dernière ; car, la disposition, qui fait naître l'illusion, réside dans cette augmentation d'irritabilité des parties centrales, qui motive l'hallucination. Dès qu'elle a
existé une seule fois, les impressions sensorielles externes, comme la
reproduction, doivent se transformer en fantômes. Or, toutes deux se
mélangent intimement, puisque, à propos de l'illusion, tout ce qui est
ajouté par la pensée à l'impression sensorielle externe, afin de la compléter, émane de la reproduction. Elles se distinguent, tout au plus, en
ce que, avec le mouvement, des hallucinations énergiques changent
de place et n'adhèrent pas fixement à certaines impressions sensorielles
extérieures. Les visions apparaissent, *indépendamment* des objets extérieurs, qui sont invariablement perçus ; ou bien, très-souvent, les
objets sont vus à travers les fantômes (1). Voilà pourquoi, la plupart
du temps, les visions pures sont décrites d'une façon beaucoup plus
obscure et plus éphémère, que les illusions, auxquelles l'impression
sensorielle extérieure donne une consistance plus fixe (2). Puisque
déjà, dans le nerf périphérique, l'augmentation d'irritabilité — dès
qu'elle atteint une certaine grandeur — se convertit immédiatement
en irritation, sans doute on devra faire la même supposition à l'égard
des surfaces sensorielles centrales. En effet, pour ces fantômes si ac-
cusés, où le malade se voit entouré de flammes ou de figures très-mo-

1. Dans un cas, dont j'ai été témoin, un inspecteur des forêts, atteint d'une maladie cérébrale, voyait, en tous lieux, des piles de bois ; cependant, disait-il, j'a-
perçois, avec une netteté parfaite les autres objets, les meubles, le tapis de la
chambre, etc. Ceci est un bel exemple en faveur de l'influence de la reproduction,
qui se révèle dans la manifestation des représentations appartenant à la profession
habituelle de l'individu.
2. Ne pas confondre avec l'hallucination proprement dite les cas assez fréquents,
ce semble, où l'aliéné croit, que ses images fantaisistes ou ses rêves sont des souvenirs d'évènements réels. Naturellement ici, on peut aisément soupçonner, que
les récits du malade sont basés sur les hallucinations, qu'il a eues. En vérité, il
s'agit uniquement de fausses interprétations des images de souvenir, occasionnées par certaines idées de folie. Par conséquent, Kahlbaum ne me paraît pas
avoir absolument raison, quand il prétend dans ce cas, que les images de souvenir
se convertiraient même en hallucinations (*Zeitschr. f. Psychiatrie*, t. XXIII, p. 41)
L'image de souvenir est reconnue comme telle, mais elle est rapportée à des évènements passés, au lieu d'être attribuée à des images fantaisistes.

biles, sans relations d'associations fixes, ou bien,.toutes les fois qu'il
entend continuellement autour de lui des bruits confus, on peut invoquer une pareille irritation primaire. Alors, l'association, qui intervient ici, joue un rôle complémentaire. Même, dans ces fantômes provenant d'irritants les plus étranges et les plus violents, on reconnaît
toujours encore les traces d'une liaison avec les représentations de la
vie passée.

On appelle *illusions* ces sortes de représentations hallucinatoires,
qui émanent d'une impression sensorielle extérieure. Par conséquent,
du domaine de l'illusion, entendu au sens que nous établissons ici,
nous excluons toutes ces erreurs, qui proviennent des sens et ont pour
fondement la structure normale et la fonction des organes sensoriels ;
à ce sujet, nous citerons les illusions normales déjà étudiées (chap. XIII)
de l'estimation oculaire, les altérations des couleurs produites par le
contraste, etc. (1). Tandis que, par son côté psychologique, l'hallucination repose sur l'association successive, avec l'illusion il s'agit d'une
assimilation : l'illusion est une assimilation d'un caractère hallucinatoire. Dès que l'augmentation d'irritabilité des surfaces sensorielles
centrales engendre la disposition aux fantômes, les irritants sensoriels
extérieurs, normaux sont les excitateurs des illusions. A cette occasion,
l'intensité des irritants sensoriels apparaît renforcée, ou bien les perceptions sont modifiées, quant à leur qualité et à leur forme, et se
convertissent en fantômes d'une configuration extrêmement multiple.
Pour l'halluciné, un léger heurt produit à la porte de sa chambre est
le grondement du tonnerre ; le mugissement du vent, une musique
céleste ; les nuages, les rochers et les arbres revêtent l'aspect de créa-
tures fantastiques ; dans son ombre, il voit des spectres ou des animaux,
qui le poursuivent. Il croit, que les hommes, qu'il rencontre sur son
passage, le regardent d'un air méchant ou lui font des grimaces, et

1. C'est à Esquirol (*Des maladies mentales*, Paris 1838, t. I, p. 150, 202), qu'est
due la distinction de l'illusion et de l'hallucination, prise dans cette acception. Il
est vrai, qu'on a attaqué bien des fois cette division (consulter Leubuscher,
Ueber die Entstehung der Sinnestaüschung, Berlin 1852, p. 46). Quoique, dans un
cas particulier, fréquemment les deux formes de fantômes se séparent difficilement l'une de l'autre, et qu'assurément elles se présentent souvent ensemble,
néanmoins il est incontestable, qu'il existe des circonstances, où la représentation
fantastique *n*'émane *pas* d'impressions sensorielles extérieures, et d'autres, où ceci
a lieu. D'ailleurs, Esquirol lui-même n'a pas suffisamment distingué l'illusion d'une
part de ces erreurs sensorielles, qui ne sont pas d'origine centrale et, d'autre part,
des idées folles, par lesquelles l'individu apprécie faussement tout ce qui est justement perçu en soi.

que leur entretien est un tissu d'injures à son adresse, etc. Naturellement, l'imagination peut disposer en toute liberté des impressions sensorielles, quand celles-ci sont très-indéterminées ; par conséquent, l'imagination sans frein de l'individu en bonne santé voit, par la pensée, les figures les plus diverses dans les contours flottants des nuages, dans l'entassement irrégulier des montagnes éloignées et les masses de rochers (1). Pour la même raison, la nuit est spécialement propice aux représentations fantastiques. Durant la nuit, l'individu, qui croit aux fantômes, s'imagine voir la figure d'un spectre dans un rocher ou un tronc d'arbre ; et, dans le bruissement des feuilles, il entend des voix étranges. A cette occasion, ainsi que nous l'avons déjà constaté à propos de l'hallucination, on ne peut méconnaître l'effet favorable de l'émotion. Tous ces fantômes de la nuit n'existent, que pour le peureux ; ils ne résistent pas à l'œil et à l'oreille de l'individu réfléchi. De même, on remarque souvent avec netteté l'influence des associations familières. Ainsi, dans tous les pays, c'est principalement au milieu des images, projetées par les ombres de la nuit, qu'une personne, morte depuis très-peu de temps, est vue par l'individu qui croit aux spectres (2).

2. — Sommeil et rêve.

Les causes physiologiques du sommeil sont encore enveloppées d'obscurités. La seule chose, qu'on puisse affirmer avec quelque certi-

1. Dans le dialogue entre Polonius et Hamlet, Shakespeare décrit les images fantastiques provoquées par l'aspect des nuages (*Hamlet*, 3ᵉ acte, fin de la scène II). Dans le chant alternatif, si connu, de la scène du Brocken, Gœthe dépeint ainsi les figures fantastiques des objets naturels: « Vois les arbres derrière les arbres, comme ils passent rapidement les uns devant les autres, et les écueils qui s'inclinent, et les longs nez des rochers, comme ils ronflent, comme ils soufflent ! » J. Müller raconte, que pendant son enfance il employait de longues heures à examiner le revêtement de plâtre en partie noirci et crevassé d'une maison, qui était située en face la fenêtre de son habitation ; il y voyait les contours des visages les plus divers, qu'assurément d'autres individus ne voulaient pas reconnaître. (*Phantastische Gesichtserscheinungen*, p. 45.)

2. Un exemple caractéristique, qui prouve simultanément l'influence de l'émotion et de la reproduction, est le suivant, communiqué par Lazarus (*loc. cit.* p. 126) et emprunté au docteur Moore. L'équipage d'un navire est effrayé par le spectre du cuisinier, qui était mort quelques jours auparavant. Tout le monde le voyait nettement, distinguait, qu'il marchait sur l'eau avec cette claudication particulière, qui lui était naturelle ; car, durant sa vie, l'une de ses jambes était plus courte, que l'autre. Finalement, on constata, que le spectre n'était autre chose, qu'un fragment de vieux débris.

tude au sujet du sommeil, c'est qu'il appartient aux processus biologiques périodiques ; par conséquent, sa source ou origine la plus
intime, comme celle des fonctions périodiques les plus connues, des
mouvements respiratoires et cardiaques, doit être cherchée dans le
système nerveux central. En outre, les conditions générales du début
du sommeil rendent très-plausible l'hypothèse suivante : l'épuisement
des forces mises à la disposition du système nerveux — dès qu'il atteint
une certaine valeur-limite — produit dans le sommeil un état, où
l'accumulation nécessaire de nouvelles forces de tension s'opère, grâce
au repos musculaire qui se manifeste et à la diminution de la formation du calorique. Cependant, ces considérations générales ne sont
nullement des explications suffisantes. Ceci résulte surtout, de ce que
un haut degré de fatigue n'occasionne pas invariablement le début du
sommeil, et que, d'autre part, celui-ci peut se produire sans fatigue
notable. Mais, une seconde condition de nature psychophysique, qui,
tantôt agissant dans un sens contraire à la fatigue et tantôt dans le
même sens, exerce une grande influence, c'est, personne ne l'ignore,
l'occupation de l'attention, qu'engendrent parfois des irritants sensoriels extérieurs ou des représentations reproduites. Les animaux, qu'on
soustrait aux excitations sensorielles habituelles, succombent presque
infailliblement au sommeil (1) ; et l'on observe le même phénomène
chez les hommes, qui sont peu accoutumés à se livrer aux travaux
intellectuels (2). Or, des irritants sensoriels, qui se répètent uniformément, peuvent agir d'une manière analogue à l'absence des impressions extérieures ; bien plus, très-souvent, leur effet est encore plus
certain, parce qu'ils détournent l'attention des occupations intellectuelles. D'après tous ces faits, probablement l'épuisement des centres
nerveux est uniquement la condition générale du sommeil, et de cet
épuisement dépendent surtout la durée et la profondeur du sommeil ;
mais, la cause intime, qui donne naissance à ce dernier, repose constamment sur une modification centrale directe, qui ordinairement
apparait d'une façon normale, quand l'attention est supprimée ou
diminuée. D'ailleurs, cette modification directe nous explique très-
facilement certains états de sommeil pathologique (3), ainsi que les
effets des substances somnifères ; et, au sujet de ces dernières, il est
permis de supposer, qu'elles altèrent spécialement ce domaine central,

1. E. Heubel, *Archiv* de Pflüger, t. XIV, p. 186.
2. Un cas intéressant de ce genre est relaté par A. Strümpell, *ibid.* t. XV, p. 573.
3. Voir à cet égard Fr. Siemens, *Archiv f. Psychiatrie*, IX, p. 72.

à la modification fonctionnelle duquel est tout d'abord relié le début du sommeil. Jusqu'à présent, on est incertain quant au siége de ce centre hypothétique du sommeil ; néanmoins, d'après les conditions d'origine normales du sommeil, on est évidemment conduit à admettre, que ce centre n'est autre, que l'organe même de l'aperception. Les phénomènes, qui apparaissent par suite du sommeil, prouvent, que de ce centre émanent des effets atteignant le système nerveux central tout entier et présentant le véritable caractère des effets d'arrêt. Ils se traduisent par l'abaissement des mouvements cardiaques et respiratoires, de toutes les sécrétions et la diminution de l'excitabilité réflexe ; et le côté psychophysique de ces arrêts centraux consiste, en ce que les irritants extérieurs d'énergie modérée ne peuvent plus être perçus, surtout saisis par l'aperception, et que, probablement à leur tour, les reproductions disparaissent aussi graduellement.

En déterminant cette énergie de l'irritant, qui est nécessaire pour occasionner le *réveil*, on peut, dans une certaine mesure, juger de la *profondeur du sommeil*. L'expérience ainsi exécutée confirme le fait général suivant : bientôt après que l'individu s'endort, le sommeil atteint sa plus grande profondeur, qui a le plus souvent une durée très-courte, pour se convertir ensuite en un assoupissement léger, persistant durant plusieurs heures et précédant habituellement le réveil (1). D'abord, le sommeil est, probablement dans bien des cas, un état d'absence complète de conscience, tel qu'il existe dans la syncope, qui paraît être seulement un sommeil réalisé dans des circonstances anormales. Or, l'arrêt général des fonctions centrales, qui provoque le début du sommeil, détermine en outre une série d'altérations secondaires, qui peuvent donc être considérées aussi bien comme des effets, que comme des phénomènes partiels du sommeil. Vraisemblablement, ces altérations ont absolument pour origine intime l'arrêt de l'innervation des vaso-moteurs et de l'innervation de la respiration ; il est certain, que tous ces phénomènes consécutifs sont notablement renforcés, surtout par les troubles de la respiration. L'arrêt des deux centres nerveux engendre, probablement, une perturbation dans la

1. Kohlschütter, *Zeitschr. f. rat. Med.* 3ᵉ série, t. XVII, p. 209. Selon la découverte de Kohlschütter, un assoupissement, plus rapidement passager, suit ordinairement le réveil et la reprise du sommeil. D'ailleurs, la modification ne doit pas être considérée comme un exhaussement du seuil de l'irritation, puisque l'irritation, qui occasionne le réveil, ne répond pas exactement au concept de seuil de l'irritation. Une irritation, qui ne produit pas le réveil, peut néanmoins être aperçue, ainsi que le prouve la transformation illusoire en représentations du rêve.

circulation et également une perturbation semblable dans l'échange
alternatif des matériaux du cerveau. A ce sujet, on s'est demandé,
quelle était la nature de cette perturbation. D'après les observations
déjà citées (I, p. 202) de Mosso, il faudrait admettre, que le sang
revient alors en moindre quantité de la cavité crânienne ; il y aurait
donc une stase sanguine. Effectivement, les arrêts respiratoires
amènent ordinairement ce résultat. Cependant, l'excitation graduelle
du centre vaso-moteur, dans bien des cas, surtout quand des substances narcotiques ont été ingérées, semble avoir pour conséquence
un rétrécissement des vaisseaux (1). D'ailleurs, quelle que soit la cause
— stase sanguine ou obstacles apportés à l'afflux sanguin — qui puisse
altérer la circulation dans le cerveau, les deux conditions réunies
favorisent, avec la diminution d'absorption d'oxygène et d'excrétion
d'acide carbonique, l'accumulation des produits de désassimilation,
qui sont capables d'exercer directement une action excitatrice sur les
éléments, avec lesquels ils sont en contact.

Cette explication réclame sans doute de nouvelles recherches plus
approfondies. Néanmoins, c'est de cette manière, que nous devons
concevoir le développement des états d'irritation, qui pendant le sommeil triomphent partout des arrêts existants et suppriment ainsi l'état
d'absence complète de conscience, afin de produire à sa place une

1. A l'aide du procédé suivant, employé pour la première fois par Donders, on
a essayé de démontrer directement les modifications, que la circulation cérébrale
subit durant le sommeil: une couronne de trépan est appliquée sur le crâne, ensuite une plaque de verre, hermétiquement cimentée sur ses bords, obture l'ouverture artificielle et permet de voir la surface cérébrale mise à nu. (Donders,
Nederl. Lancet, 1850 ; article résumé in *Jahrbücher der Medicin*, de Schmidt,
t. LXIX, 1851, p. 16.) Lorsque le sommeil a été provoqué par de fortes doses de
morphine, il existerait un rétrécissement des capillaires artériels. (Durham, *Guy's
Hospital Reports*, VI, 1860, p. 149 ; *Jahrb.* de Schmidt, t. CX, p. 13.) Cependant,
d'après les recherches de C. Binz, une pareille coarctation des vaisseaux ne se
montre, que quand la morphine est sur le point de cesser son effet ; au début du
narcotisme, cet auteur n'a aperçu nul changement. (*Archiv f. experim. Pathologie*,
VI, p. 310.) Abstraction faite des observations de Mosso, la rougeur du visage,
constatée chez bien des personnes, au commencement du sommeil, témoignerait,
qu'il est plus vraisemblable, que l'effet immédiat est un arrêt de la circulation en
retour. En outre, chose remarquable, la pupille est constamment rétrécie dans le
sommeil (Raehlmann et Wittkowski, in *Archiv* de du Bois-Reymond, 1878, p. 109) ;
tandis que, selon Kussmaul et Tenner, l'interception de la circulation, entre le
cerveau et les autres organes, amène une dilatation énergique de la pupille. (*Untersuchungen über Ursprung und Wesen der fallsuchtartigen Zuckungen bei der Ver-
blutung*, Francfort-sur-Mein 1857, p. 19.) Quant aux formes présentées par la pupille dans l'état de sommeil et de veille, consulter aussi W. Sander, *Archiv f.
Psychiatrie*, IX, p. 129. Enfin, il est à noter, que la naissance des rêves très-ani-
més est spécialement favorisée par ces sortes de conditions, telles que gêne de la
respiration, plénitude de l'estomac, etc., qui empêchent le sang de la cavité crânienne de revenir au cœur.

conscience modifiée par les conditions particulières, au milieu desquelles elle se manifeste. Cette conscience modifiée est l'état de *rêve*. Puisque, dans le rêve, les représentations sont reproduites et que les impressions sensorielles sont perçues et aperçues, les fonctions de la conscience apparaissent rétablies dans le rêve. Sous deux rapports, cette conscience est modifiée : 1° les représentations reproduites ont un caractère hallucinatoire ; c'est pourquoi l'assimilation des impressions sensorielles externes occasionne en général non pas des perceptions sensorielles normales, mais des illusions ; 2° l'aperception est modifiée, de sorte que l'appréciation des souvenirs de la conscience se montre essentiellement altérée.

On a coutume de regarder, comme des hallucinations pures, la plupart des fantômes du rêve. Cette hypothèse se justifie difficilement. Probablement, la plupart des représentations du rêve sont en réalité des illusions, puisqu'elles émanent d'impressions sensorielles peu accusées, qui ne s'éteignent jamais durant le sommeil. Une position incommode, prise par le dormeur, s'enchaîne avec la représentation d'un travail pénible, de course de bague vivement disputée, d'une ascension périlleuse des montagnes, etc. Une légère douleur intercostale est la pointe du poignard d'un ennemi, qui nous serre de près, ou la morsure d'un chien enragé. Une gêne croissante de la respiration est l'angoisse redoutable, causée par l'oppression du cauchemar ; et alors, le cauchemar apparaît tantôt comme un poids, qui roule sur la poitrine, tantôt comme un monstre terrible, qui menace d'étouffer le dormeur. Grâce à la représentation fantastique, des mouvements insignifiants du corps sont exagérés d'une façon extraordinaire. Ainsi, une extension involontaire du pied est la chute du sommet d'une tour, ayant une élévation vertigineuse. Le rêveur perçoit comme un mouvement de vol le rythme de ses propres mouvements respiratoires (1). En outre, lors des illusions du rêve, ces sensations visuelles et auditives subjectives, qui, à l'état de veille, se traduisent habituellement par le chaos lumineux du champ visuel obscur, par des tintements,

1. Scherner, *Das Leben des Traumes*, Berlin 1861, p. 165. A part de nombreuses interprétations, très-douteuses, cet ouvrage contient d'excellentes observations. Malheureusement, l'auteur, qui s'efforce partout d'attribuer au rêve une propriété symbolique, a manqué le but. Ainsi, selon lui, l'action de prendre son vol dans le rêve ne provient pas simplement de la sensation des mouvements respiratoires; et voici son explication à ce sujet: puisque le poumon a deux ailes, il doit se dépeindre avec deux organes de vol ; le poumon choisira nécessairement le mouvement de vol, parce que lui-même se meut dans l'air, etc., etc.

des bourdonnements d'oreilles, etc., et surtout les excitations rétiniennes subjectives jouent, selon moi, un rôle essentiel. Ainsi s'explique la tendance merveilleuse du rêve à faire passer, *presque toujours* sous nos yeux, des objets analogues ou absolument concordants. Nous voyons exposés devant nous des oiseaux innombrables, des papillons, des poissons, des perles multicolores, des fleurs, etc. Ici, la poussière lumineuse du champ visuel obscur a revêtu une configuration fantastique ; et les nombreux points lumineux, composant cette poussière, sont par le rêve incorporés en autant d'images isolées, qui, grâce à la mobilité du chaos lumineux, nous font l'effet d'objets *en mouvement*. C'est en cela, que réside la grande tendance du rêve à évoquer les figures les plus multiples des animaux, dont la richesse de forme s'adapte aisément à la forme particulière des images lumineuses subjectives. De plus, à cette occasion, les autres éléments, qui constituent l'état du rêveur, surtout les sensations cutanées et la sensibilité générale, exercent une influence susceptible d'être démontrée. Le même irritant lumineux subjectif, qui lors de l'exaltation de la sensibilité générale se convertit en images d'oiseaux voltigeant en tout sens ou de perles multicolores, se transforme ordinairement — dès qu'une sensation cutanée désagréable vient s'y ajouter — en chenilles ou scarabées s'apprêtant à ramper sur la peau du dormeur. Ou bien, ainsi que je l'ai observé moi-même une fois, le dormeur est inquiété par des crabes, qui avec leurs pinces embrassent les articulations de ses doigts ; en s'éveillant, il trouve ses doigts fléchis et contracturés ; ici donc, la sensation de pression dans les articulations s'est évidemment formée, d'après les représentations visuelles (1).

Dans ces cas, des excitations sensorielles en partie objectives, en partie subjectives sont immédiatement mises en œuvre, pour enfanter des illusions. Mais, il s'y joint d'autres cas, où l'impression sensorielle suscite d'abord une représentation obscure de l'état du corps, qui s'y rattache : il se produit alors des fantômes, qui se rapportent directement à cet état du corps ou sont liés avec lui par simple association. Ainsi, d'après les remarques de Scherner, la cause principale de ces rêves nombreux, dans lesquels l'eau joue un rôle, est le besoin pressant d'uriner du dormeur. Tantôt celui-ci voit un puits ouvert devant lui ; tantôt, placé sur un pont, il plonge ses regards dans le fleuve, où peut-

___

1. Au sujet des particularités caractéristiques des rêves, qui accompagnent les intoxications narcotiques (opium, alcool, hachisch, etc.), consulter C. Binz, *Ueber den Traum*. Conférence faite à Bonn, 1878, p. 13,

être, en vertu d'une autre association toute naturelle, flottent en tout
sens d'innombrables vessies de porc (1). Ici, la poussière lumineuse
subjective de l'œil a probablement revêtu cette forme spéciale de la
représentation; d'autres fois, directement excitée par l'image du fleuve,
elle se transforme en poissons brillants d'un nombre incalculable.
C'est pourquoi, presque toujours, les poissons sont, chez la plupart des
hommes, un élément constituant très-ordinaire des rêves. Les représentations du rêve ne se lient pas moins souvent à de réelles sensations
de faim et de soif, ou bien elles sont occasionnées par des malaises,
qu'amène un repas du soir, beaucoup trop copieux. Le rêveur altéré
se trouve au milieu d'une société de buveurs; le rêveur affamé mange
ou voit les autres manger; il en est de même de celui qui est saturé;
ou bien, des quantités de comestibles sont exposées devant ses yeux.
Quand le vertige et la nausée viennent s'y joindre, le rêveur se croit
soudain transporté sur une tour élevée, et il se sent soulagé, allégé de
ce malaise, en tombant dans un précipice profond. Enfin, nous citerons
encore ces rêves fréquents, caractérisés par une confusion, une per-
plexité extrême, où le rêveur, en toilette des plus défectueuses, apparaît
dans la rue ou en société; rêves, dont la cause innocente est généralement une couverture, qui a glissé hors de son lit. Le rêveur se voit
dans de fâcheuses situations, quand, par suite de la position inclinée
du lit, il court le danger de tomber. Il grimpe alors à un mur élevé,
ou bien son corps est tout à fait au bord d'un abîme profond, etc. Les
rêves innombrables, où l'on cherche un objet, sans pouvoir le trouver,
où l'on a oublié quelque chose en partant pour un voyage, proviennent
de perturbations plus indistinctes de la sensibilité générale. Une position
incommode, une faible gêne de la respiration, des battements de cœur
sont susceptibles de provoquer ces sortes de représentations. Leur relation
avec l'impression sensorielle est, ici, uniquement effectuée par le
sentiment sensoriel, qui, en vertu de sa signification multiple, comporte des associations très-hétérogènes, où toujours le ton de sentiment
reste le même. C'est pourquoi, dans ce cas, seulement la direction
générale des représentations est déterminée par la sensation; tandis que
leur contenu particulier provient d'autres sources, soit de la reproduction, soit d'impressions sensorielles d'autre nature. Enfin, à l'occasion de toutes les représentations du rêve, qui émanent de sentiments
tactiles et des sentiments de la sensibilité générale, un processus déploie

1. Scherner, loc. cit. p. 187.

son activité. Il est spécialement propre au rêve et ne semble se présenter
d'une façon analogue, que dans les cas de bouleversement ou de dérangement extrêmes de l'intelligence : il consiste, en ce que les sentiments
tactiles et les sentiments de la sensibilité générale sont *objectivés*, puisque
le rêveur transfère à d'autres personnes ou ordinairement aux objets
extérieurs sa manière d'être, convertie en forme fantastique. Dans ces
circonstances, ces représentations extérieures peuvent être engendrées
par la libre reproduction des impressions de l'état de veille ou provenir même d'impressions sensorielles immédiates. Les cas de cette
sorte d'objectivation, nous avons appris à les connaître dans les rêves,
où il est question d'eau, de boisson, de comestibles ; et, souvent, ces
derniers sont entièrement rapportés, ou ont trait à une société étrangère. Même, pour l'interprétation des respirations, comme mouvements
de vol, le rêveur transporte souvent la représentation en dehors de
lui : il voit un ange descendre de la voûte céleste, ou il prend le chaos
lumineux pour des oiseaux, qui voltigent. Une faible nausée est objectivée et convertie en représentation d'un monstre ou d'un animal
horrible, qui ouvre sa gueule pour engloutir le dormeur. Celui-ci
grince-t-il des dents, il voit devant lui un animal, qui montre de longues
dents implantées dans de puissantes mâchoires, etc.

A ces représentations du rêve, qui se laissent ramener aux irritants
sensoriels, généralement il s'en mêle d'autres, qui ont exclusivement
leur source dans la reproduction. Les souvenirs des jours écoulés,
surtout ceux qui ont produit sur nous une profonde impression ou
ont été liés à une émotion, sont les éléments constituants les plus
habituels de nos rêves. Des parents ou des amis, enlevés à la fleur de
l'âge, apparaissent ordinairement en rêve, par suite de l'impression
profonde, que leur mort ou leur enterrement ont faite sur nous ; de là,
la croyance si répandue, que les morts continuent, durant la nuit,
leur commerce avec les vivants. Assez souvent, d'autres accidents de
la vie journalière se répètent avec un retard plus ou moins important
des circonstances, ou bien nous anticipons les évènements, que nous
attendons impatiemment. Voici les motifs, qui expliquent la liberté
extraordinaire, avec laquelle le rêve s'éloigne toujours, à cette occasion,
de la réalité : 1º les associations, susceptibles de se lier à chaque
représentation isolée et ne se traduisant par aucun effet sensible, lors
de l'état de veille, prennent immédiatement une forme dans le rêve ;
2º les excitations sensorielles, mises continuellement en œuvre de la
manière décrite précédemment, se convertissent en représentations

fantastiques ; et, de même qu'elles assignent à la reproduction sa direction, elles croisent continuellement les impressions et occasionnent de nouvelles reproductions. En outre, de nouvelles impressions, qui se répètent dans nos rêves, peuvent, grâce à l'association, rappeler des souvenirs antérieurs. Par exemple, l'individu, qui a dernièrement assisté à un examen scolaire, se voit transporté sur les bancs de l'école, pour subir les angoisses, le supplice d'un examen imparfaitement préparé : ici, la cause immédiate de cette direction particulière de l'émotion est ordinairement la position incommode du rêveur, l'oppression respiratoire, etc. Probablement, toutes les fois que des évènements déjà anciens, des scènes de l'enfance, etc., se présentent en rêve, ceci est occasionné par des associations de ce genre, dont les fils échappent rarement à une observation attentive (1).

À l'instar des fantômes de l'état de veille, les représentations du rêve peuvent engendrer une coexcitation des parties centrales motrices. Avec ces représentations se combinent le plus souvent des paroles

1. Qu'il me soit permis d'illustrer par un seul exemple cet enchevêtrement de diverses causes, qui peuvent agir ensemble de cette manière. Voici mon rêve. Devant la maison est un convoi funèbre, auquel je dois prendre part : c'est l'enterrement d'un ami mort depuis longtemps. La femme du défunt m'invite, ainsi qu'une autre personne connue, à nous placer de l'autre côté de la rue, afin de suivre le convoi. Dès qu'elle s'est retirée, la personne connue fait cette remarque : « Elle nous a dit cela, uniquement parce que le choléra sévit avec intensité là-bas, à cet endroit ; voudrait-elle se réserver pour elle seule ce côté-ci de la rue ! » Or, le rêve me transporte en pleine campagne. Pour éviter l'endroit dangereux, où le choléra doit sévir, je fais un détour long et étrange. Quand, après une course précipitée, j'arrive à la maison, le convoi est déjà parti. De nombreux bouquets de roses se trouvent encore dans la rue, et une foule de retardataires, qui, dans le rêve, me semblent être des croque-morts, sont comme moi très-pressés et courent pour rejoindre le convoi. Tous ces croque-morts ont des costumes singulièrement bariolés ; leur habillement est principalement rouge. Tandis que je me hâte, il me vient une idée : j'ai oublié une couronne, que je voulais déposer sur le cercueil. Alors, je m'éveille avec des battements de cœur. — La connexion occasionnelle de ce rêve est la suivante. La veille, j'avais rencontré le convoi funèbre d'un homme de ma connaissance. En outre, j'avais lu dans le journal, que le choléra avait éclaté dans une ville, où résidait un parent ; enfin, la personne connue, dont il s'agit plus haut, m'avait raconté certains faits, qui me dépeignaient l'égoïsme de la femme apparue en rêve. Tels sont les éléments de la reproduction. Évidemment, le convoi funèbre, que j'avais vu, éveillait le souvenir de l'ami mort depuis quelque temps, à cela se rattache la femme du défunt ; le récit de la personne connue au sujet de cette femme s'entremêle avec la nouvelle de l'explosion du choléra. Les autres éléments constituants du rêve émanent donc de la sensibilité générale et des excitations sensorielles. Les battements de cœur et le sentiment d'angoisse me font d'abord tourner autour de l'endroit dangereux, ensuite courir après le convoi parti ; et lorsque j'ai presque rattrapé le convoi, la fantaisie découvre la couronne oubliée, dont la représentation est suggérée par les bouquets de roses, placés dans la rue, pour ne pas laisser échapper le motif concernant le sentiment d'angoisse existant. Enfin, les nombreux bouquets de roses et l'essaim de croque-morts à costumes bariolés auront leur origine dans le chaos lumineux du champ visuel obscur.

articulées, parfois même des mouvements pantomimiques des bras et
des mains. Rarement, le rêve comporte avec lui des actions complexes.
Généralement, celles-ci révèlent alors la nature illusoire des représentations du rêve. Le noctambule monte sur la fenêtre, qu'il prend pour
une tour ; il renverse le poêle, où il croit, qu'est renfermé un individu
hostile, etc. Parfois, les occupations ordinaires de la journée, qui se
continuent dans les représentations, se continuent aussi d'une manière
assez normale, en se traduisant par des actes ; il se peut donc, que le
domestique noctambule nettoie, cire ses bottes, ou que l'écolier som-
nambule achève d'écrire le devoir, déjà commencé la veille. Évidemment, les rapports, concernant les aventures de ce genre, qui, par
amour du charme mystique, entourent le rêve aux yeux de bien des
gens, ont été exagérés à plaisir ; aussi, ne doivent-ils être accueillis,
qu'avec la plus grande réserve. Toutefois, c'est plutôt dans la nature du
rêve de conduire à l'exécution d'actes déraisonnables. Ceci est motivé
non-seulement par la composition des divers fantômes, mais même par
leur connexion totale, qui s'éloigne beaucoup du cours régulier des représentations, dans l'état de veille. Plus haut, nous avons déjà indiqué,
en quelques mots, la raison de cette différence. Elle consiste dans la
propriété, qu'a le rêve de convertir, aussitôt en représentations, toutes
prêtes, les impressions et associations incidentes. C'est de cette manière, que prend naissance cette incohérence des images du rêve, qui
probablement soustrait, pour toujours, à notre mémoire la plupart des
rêves. Dans les rêves, dont toutes les parties sont reliées entre elles et
que nous pouvons nous rappeler, cette incohérence engendre une succession fantastique continuelle de scènes et d'images. Ceci concorde
exactement avec la faible mesure de réflexion et de jugement, qui
nous est propre dans le rêve. Nous parlons avec une grande facilité
toutes les langues possibles, dont nous n'avons pas en réalité la moindre
connaissance. Si, au réveil, la dernière phrase résonne encore à notre
oreille, nous constatons avec étonnement, qu'elle est absolument dépourvue de sens, et que la plupart des mots ne signifient rien. Ou bien, nous
prononçons un discours sur une découverte scientifique, dont nous ne
savons assez vanter la portée, et, en nous réveillant, nous nous apercevons, que c'est une absurdité des plus complètes. Une autre fois,
nous nous éveillons, en souriant au sujet d'un trait d'esprit prétendu
délicat, ingénieux, ou nous croyons avoir exposé une idée philosophique importante. Très-souvent, ce manque de jugement se continue
en quelque sorte dans l'état de veille ; et, à l'apparition de la clarté du

jour, la remarque, en apparence pleine d'esprit, est démontrée n'être, qu'une pensée extrêmement triviale. Or, à cette absence de réflexion se lie le phénomène suivant : nous objectivons nos propres sentiments et sensations tactiles ; nous confondons des personnes, entre lesquelles se trouve une association quelconque pour notre représentation, ou bien notre propre personnalité nous apparaît tout autre, que celle qui est en face de nous (1).

Par conséquent, les liaisons des représentations dans le rêve ont également ce caractère des illusions, qui appartient à la plupart de chacune des représentations du rêve : tant que nous rêvons, nous sommes les victimes d'une illusion complète ; nous ne doutons jamais, que nos images du rêve puissent être tant en contradiction avec les souvenirs de la conscience à l'état de veille. Parfois, on a attribué ce fait remarquable à une absence de la conscience de soi-même, quand le fonctionnement de la sensibilité est prépondérant (2), ou, même, à une interruption des fonctions de la pensée logique (3). La première opinion semble trouver un certain appui dans l'objectivation assez fréquente des sensations subjectives, dans le redoublement de la personnalité, etc. Néanmoins, on peut bien dire à propos du nombre prépondérant des rêves, que nous y avons nettement conscience de notre propre personnalité, et que, jusqu'à un certain degré, nous pensons et agissons toujours, conformément au caractère de notre personnalité. Également, le lien logique des pensées n'est nullement absent du rêve. Nous exposons des réflexions, nous jugeons les discours et les actions des autres ; même, des degrés élevés d'effort intellectuel volontaire peuvent se manifester, indépendamment du sentiment net, que nous en avons. Assurément, les prémisses de nos conclusions restent la plupart du temps fausses, ou celles-ci sont déraisonnables ; cependant, ceci n'autorise pas à affirmer, que la pensée logique ou le fonctionnement actif de la volonté cesse généralement. Evidemment, la source proprement dite des illusions, dans le rêve, consiste plutôt, en ce que nous nous abandonnons absolument aux représentations qui surgissent immédiatement dans la conscience, sans les mettre autrement (comme ceci se produit, grâce aux reproductions continuellement efficaces)

1. Consulter à cet égard Delbœuf, *Revue philosophique* de Ribot, t. VIII, p. 342 et 616.

2. H. Spitta, *Die Schlaf und Traumzustände der menschlichen Seele.* Tubingue, 1878, p. 112.

3. Paul Radestock, *Schlaf und Traum, eine physiologisch-psychologische Untersuchung.* Leipzig, 1879, p. 145.

en relation avec des expériences antérieures. Notre conscience de soi-même n'est une conscience modifiée, qu'en tant que cette relation avec le contenu des souvenirs, qui s'y trouvent jusqu'alors, est défectueuse : c'est pourquoi, dans une même série de représentations du rêve, notre moi est susceptible d'avoir son caractère modifié. Tous ces faits in liquent sans doute un arrêt de l'organe d'aperception, en vertu duquel les associations, qui s'imposent à l'aperception passive, deviennent dominantes, et les liaisons de la pensée logique restent spécialement disponibles, en tant qu'elles se sont converties en liaisons associatives fixes. Néanmoins, jusqu'à un certain degré, l'aperception active est toujours encore efficace ; seulement, elle est affaiblie et il lui manque par conséquent la domination suffisante sur les résidus des représentations latentes de notre âme ; elle n'a que le choix entre un petit nombre de représentations, qui, justement à cause de l'état de conscience existant, tendent particulièrement à la reproduction. Enfin, jusqu'à un certain point, l'illusion est favorisée par le caractère hallucinatoire des représentations du rêve. Mais, jamais ce caractère n'est par lui-même suffisant à cet égard ; car, 1° dans bien des cas, les fantômes du rêve ne se distinguent, que très-faiblement, des images commémoratives ordinaires, et 2° la conscience restant par ailleurs normale, l'enchaînement absurde des représentations du rêve serait justement une garantie suffisante contre une illusion, d'une si courte durée.

Si donc, nous essayons de résumer les conditions occasionnelles du rêve, nous voyons, qu'elles peuvent évidemment être distinguées en conditions primaires et secondaires. Comme condition primaire, nous constatons l'arrêt de l'organe d'aperception, arrêt qui provoque le sommeil et est d'abord lié à une suppression de la conscience. Ensuite, viennent les conditions secondaires, c'est-à-dire les altérations engendrées par suite de cet arrêt et produites dans les centres de la circulation et de la respiration, qui réagissent contre les parties centrales supérieures, les surfaces sensorielles centrales, l'organe même d'aperception et enfin, de là, contre les centres moteurs. Grâce à ces réactions, l'absence de conscience, qui se réalise dans le sommeil, est de nouveau supprimée ; mais, la conscience, qui apparaît ainsi de nouveau, est une conscience troublée ; car, elle est toujours encore sous l'influence de l'arrêt de l'organe de l'aperception ; et d'ailleurs, en vertu des conditions modifiées de l'irritabilité centrale, les irritants sensoriels assimilés et les représentations reproduites possèdent, en majeure partie, le caractère des illusions et des hallucinations.

L'ancienne physiologie considérait le sommeil comme un phénomène de fatigue et un phénomène de réparation ou rétablissement, ou bien, elle se contentait de lui trouver une concordance complète avec les phénomènes biologiques périodiques (1). Les expériences, tentées dans ces derniers temps, afin de découvrir les causes et phénomènes intimes du sommeil, ont pour point de départ nos connaissances générales, concernant les processus de désassimilation, chez l'animal. Comme l'accumulation des produits de désassimilation dans le sang est susceptible d'amener des perturbations de la conscience ou l'absence de conscience, on présume, que l'accumulation de ces principes, qui a lieu dans l'état de veille, serait la cause de l'apparition du sommeil. Déjà, Purkinje a démontré une analogie semblable du sommeil normal avec l'action des substances narcotiques (2). D'abord, on est naturellement amené à invoquer ici l'action de l'acide carbonique, ce produit ultime de la respiration (3). Effectivement, Pflüger a essayé de mettre cette présomption en relation plus intime avec certaines notions générales, que nous avons des fonctions du système nerveux. S'appuyant sur la connexion morphologique du système nerveux tout entier, ce physiologiste admet une liaison analogue des molécules chimiques, qui constituent ce dernier. En outre, l'épuisement d'oxygène entraînant un abaissement de l'excitabilité des éléments nerveux, et la combustion de l'acide carbonique, une extinction complète de cette excitabilité, Pflüger se croit autorisé à considérer, comme la cause de l'état de veille, les oscillations de calorique produites par l'oxygène intra-moléculaire, lors de sa combinaison ; et le sommeil serait le résultat d'une consommation partielle d'oxygène et de la diminution, engendrée de cette manière, des oscillations, qui s'entretiendraient continuellement sous forme d'explosion. Durant le sommeil, il y aurait de nouveau une absorption graduelle de l'oxygène disponible, comme des matériaux comburants carbonés, qui représentent l'énergie potentielle du corps de l'animal. Le froid pourrait d'ailleurs provoquer une diminution de ces oscillations intra-moléculaires ; de même, une très-haute température amènerait une consommation rapide de l'énergie potentielle : Pflüger explique de cette manière le sommeil hibernal, ainsi que le sommeil estival de certains amphibies (4). Néanmoins, cette hy-

---

1. J. Müller, *Handb. d. Physiol.*, II, p. 579 ; Purkinje, *Wachen, Schlaf, Traum und verwandte Zustände* in *Handwört. d. Physiol.*, III, p. 412.
2. *Loc. cit.* p. 426.
3. Selon Preyer (*Ueber die Ursache des Schlafes*, Stuttgart, 1877), l'acide lactique aurait une importance analogue ; mais des expériences répétées ont prouvé, qu'il ne jouissait pas d'une action hypnotique. Consulter Lothar Meyer, *Archiv* de Virchow, t. LXVI, p. 120 et Fischer, *Zeitschr. f. Psychiat.*, t. XXXII, p. 720.
4. *Archiv* de Pflüger, X, p. 468 ; et *ibid.* p. 251.

pothèse ne prend pas tant en considération les causes immédiates, que les causes plus éloignées du sommeil, et ne rend pas, ce semble, suffisamment compte de la participation successive des parties centrales. Selon Pflüger, le sommeil est, dès le commencement, un état du système nerveux tout entier ; bien plus, de tout l'organisme. On peut accorder, que non-seulement tous les organes participent aux conditions du sommeil, mais que même l'état de sommeil réagit bientôt contre eux tous. Or, à ce sujet, on ne peut pas négliger de voir que, par sa connexion avec ses conditions immédiates d'origine, le sommeil émane d'un domaine central déterminé, et que, de cette façon, les phénomènes primaires et secondaires doivent être, déjà, séparés dans le système nerveux central.

Nous avons rangé le *rêve* et les altérations centrales, qui l'accompagnent, dans les phénomènes secondaires. Jusqu'à présent, nous nous sommes bornés à considérer, sous toutes ses faces, le côté psychique des phénomènes du rêve ; néanmoins, il n'est pas permis de douter, que les altérations de la conscience ne trouvent leur base fondamentale corporelle dans les arrêts des fonctions centrales, que provoque le sommeil. A plusieurs reprises, l'ancienne psychologie spiritualiste manifesta une tendance à admettre une opinion tout à fait opposée, et voici comment elle déclarait concevoir le rêve : l'âme s'affranchissait temporairement des liens, des limites de la vie du corps ; son essence intime s'épanouissait, etc., etc. Ces sortes d'idées furent adoptées, surtout par Schelling, ses élèves et les penseurs, qui se rattachaient à cette école philosophique ; et même dans ces derniers temps, elles n'ont pas absolument disparu (1). Il faut cependant reconnaître, qu'une analyse psychologique, plus rigoureuse, des phénomènes réels du rêve a sapé de plus en plus les fondements, sur lesquels reposait ce culte fantastique du rêve (2).

Très-souvent, on a agité la question suivante : l'homme rêve-t-il toujours durant le sommeil ou ne rêve-t-il pas ? Quelques observateurs assurent avoir eu conscience — chaque fois qu'ils se sont réveillés — d'avoir fait des rêves (3). Vraisemblablement, il serait facile de mettre en regard de cette allégation un grand nombre d'affirmations contraires. A cause de l'extrême rapidité, avec laquelle les rêves disparaissent de la mémoire, naturellement la question ne peut être définitivement résolue par l'observation. L'examen

1. J. H. Fichte, *Psychologie*, I, p. 528. — J. Volkelt, *Die Traumphantasie*, Stuttgart, 1875.
2. Consulter surtout L. Strümpell, *Die Natur und Entstehung der Traüme*, Leipzig, 1874. — H. Siebeck, *Das Traumleben der Seele*, Berlin, 1877. (*Sammlung wissensch. Vorträge* de Virchow et Holtzendorff.) — H. Spitta, *Die Schlaf und Traumzustände der menschlichen Seele*, Tubingue, 1878. — P. Radestock, *Schlaf und Traum*, Leipzig. — J. Delbœuf, *Revue philos.* 1879 et 1880.
3. Kant, *Anthropologie* (t. VII de ses œuvres complètes), p. 93. — Chr. H. Weisse, *Psychologie und Unsterblichkeitslehre* (publié par R. Seydel). Leipzig, 1869, p. 198. — Exner, in *Physiologie* d'Hermann, t. II, 2ᵉ fasc. p. 294.

objectif du dormeur dépose toutefois contre l'assertion, que l'homme rêverait toujours ; car, les mouvements mimiques, par lesquels se révèle le rêve, font ordinairement défaut dans le sommeil profond. La plupart du temps, on a invoqué des arguments spéculatifs, parlé du rêve permanent, et alors on s'appuyait sur cette idée, que l'âme doit toujours continuer son activité (1). Évidemment, tout ce que nous savons, au sujet des conditions physiologiques d'origine du rêve, rend plus vraisemblable l'opinion opposée.

3. — États hypnotiques.

Sous le nom d' « hypnotisme, » nous résumons une série d'états ressemblant au sommeil, mais se distinguant généralement de ce dernier, en ce que seulement une partie des fonctions, qui sont au repos durant le sommeil, paraît arrêtée. Si donc, le somnambulisme ou noctambulisme présente déjà un caractère analogue aux états hypnotiques, c'est non simplement à cause des mouvements du corps qui sont conservés, mais de la plus grande excitabilité des sens pour les impressions extérieures ; car, en vertu de celle-ci, les représentations, qui se manifestent, ont plus d'analogie avec les perceptions sensorielles normales, que dans le sommeil ordinaire.

De même que le somnambulisme est une forme de rêve, limitée à quelques individus, la tendance à faire apparaître les états hypnotiques offre de grandes différences individuelles. Ces états ne semblent presque jamais se montrer, sans l'emploi préalable, intentionnel d'agents extérieurs déterminés ; et même l'application de ces derniers n'est suivie de résultat, que chez certaines personnes. Puisque la répétition fréquente des agents extérieurs augmente la tendance à réaliser l'hypnotisme, il est possible que, grâce à des efforts persévérants, prolongés, les exceptions disparaîtraient complètement. Pour engendrer la forme ordinaire de l'hypnotisme, on se sert d'irritants sensoriels uniformes ou uniformément répétés. Principalement de légères impressions tactiles, par exemple des mouvements répétés des mains, promenées sur le visage de la personne soumise à l'expérience, la fixation prolongée d'un objet brillant, des irritations sonores uniformes, comme le tic-tac de la montre, favorisent l'apparition de l'hypnotisme ou l'occasionnent directement (2). Incidemment, des facteurs

1. Weisse, *loc. cit.* p. 499. Voir à ce sujet Spitta, *loc. cit.* p. 104.
2. Weinhold, *Hypnotische Versuche* (2º tirage). Chemnitz, 1879, p. 16. — Heidenhain, *Der sogenannte thierische Magnetismus*, 4º édit. Leipzig, 1880, p. 63.

psychiques sont susceptibles d'exercer une influence, très-souvent
importante. Ainsi, dans les expériences de « magnétisme animal, »
appartenant au domaine de l'hypnotisme, l'idée, que quelque chose
d'extraordinaire va avoir lieu, surtout la croyance ferme à l'apparition de cet état, ont une action favorable sur ce dernier; bien plus,
chez certains sujets très-impressionnables, cet état est susceptible
d'être tout simplement réalisé de cette manière, sans autre adjuvant
quelconque. D'ailleurs, selon les circonstances, des excitations sou-
daines et énergiques de la peau et des organes du mouvement semblent
pouvoir engendrer un effet, analogue à celui qu'occasionnent des irritants sensoriels faibles et souvent répétés. On voit ainsi apparaître
chez bon nombre d'animaux, — si auparavant on les garrotte soudain
avec force ou si on met leur corps dans une position inaccoutumée, —
un état hypnotique, qui persiste plus ou moins longtemps et se convertit très-souvent en sommeil réel (1). D'ailleurs, l'hypnotisme, proprement dit, se distingue toujours du sommeil véritable, en ce que,
chez lui, le retour à l'état de veille s'opère avec plus de facilité :
l'état, que de faibles irritants sensoriels provoquent chez l'homme,
est aussitôt écarté par tout irritant sensoriel, plus énergique.

Les phénomènes hypnotiques consistent surtout en une disparition
apparente de la conscience, où ni la sensibilité pour les impressions
sensorielles extérieures, ni l'exécution des mouvements, qui leur sont
conformes, ne sont cependant supprimées. A la vérité, il s'établit un état
d'analgésie (2), semblable à celui de la narcose chloroformique, de sorte
que par exemple des piqûres d'aiguilles ne sont nullement senties; mais,
des irritants sensoriels modérés excitent simultanément des réflexes
d'une énergie et d'une durée telles, que des groupes musculaires tout
entiers peuvent être saisis d'une convulsion réflexe persistante, qui
amène une rigidité musculaire des membres simulant absolument
la catalepsie. En outre, les impressions sensorielles se convertissent en
représentations, qui très-souvent ont un caractère nettement hallucinatoire, à l'égal des représentations du rêve : la personne soumise à l'expérience imite les mouvements, qu'on fait devant elle, ou exécute, automatiquement en apparence, les ordres, qui lui sont donnés, quand le degré
d'hypnotisme est léger. La présence des représentations du rêve se
réfléchit clairement dans l'expression mimique du visage. Par suite de

1. Czermak, *Archiv* de Pflüger, VII, p. 107.
2. Consulter t. I, p. 123.

la production persistante des perceptions sensorielles, on réussit beaucoup plus facilement, que dans le sommeil ordinaire, en parlant à haute voix au sujet hypnotisé, à gouverner volontairement les représentations du rêve. Ordinairement, ces rêves sont oubliés ; néanmoins, on parvient aisément à les rappeler à la mémoire du sujet, en éveillant de nouveau une représentation, qui s'y était alors manifestée (1). Les rêves ont donc ainsi le caractère hallucinatoire, parce que les impressions objectives sont fortement modifiées par l'assimilation : sur l'ordre qu'on lui donne, un sujet hypnotisé mange un oignon cru ou boit de l'encre, sans que sa physionomie trahisse une sensation gustative répugnante (2).

Les états hypnotiques, engendrés par des impressions énergiques, n'ont, jusqu'à présent, été observés et constatés, que chez les animaux ; c'est pourquoi, les phénomènes *objectifs*, qu'ils présentent, sont un peu mieux connus. On les provoque très-facilement chez les oiseaux et les amphibies, et ils se traduisent par une absence de conscience, qui persiste souvent quelques minutes, d'autres fois plusieurs heures. Si la durée est plus longue, le sommeil réel en est toujours la conséquence (3).

Les causes internes des états hypnotiques ne sont guère mieux connues, que celles du sommeil. Le charme mystique, qui en vertu de leur étrangeté a entouré ces phénomènes aux yeux de bien des gens, comme l'abus trompeur, qui en a été fait, ont été, durant longtemps, un obstacle sérieux à l'investigation scientifique de ces états. Pareillement, l'étroite parenté, que les modifications survenant dans la conscience, présentent avec celles qui ont lieu dans le sommeil, contraint à admettre ici des rapports étiologiques analogues. Il est réellement surprenant, que la majeure partie des phénomènes se laisse concevoir comme un effet d'arrêt, qui se traduit du côté physique par un arrêt de l'organe d'aperception, du côté psychique par un arrêt de la volonté. Que les arrêts de cette nature puissent être produits par des irritants sensoriels extérieurs, c'est d'ailleurs un fait reconnu. Les cas les plus simples de ces sortes d'arrêt, provoqués par l'irritation des nerfs sensibles, sont les arrêts réflexes étudiés plus haut, t. I, p. 292. A propos de l'hypnotisme, il ne faut pas songer à

1. Heidenhain, *loc. cit.* p. 53.
2. Weinhold, *loc. cit.* p. 22. — Heidenhain, p. 51.
3. Czermak, *loc. cit.* — E. Heubel, *Archiv* de Pflüger, XIV, p. 158.

un arrêt des organes réflexes centraux ; car, au contraire, l'excitabilité réflexe est accrue par la suppression des influences normales
d'arrêt, qui émanent des organes centraux supérieurs. Également, la
persistance des réflexes de mouvement de l'œil, comme des mouvements corporels complexes, convenablement coordonnés, permet de
conclure *a posteriori*, que la fonction des tubercules quadrijumeaux, des
couches optiques et des corps striés n'est pas empêchée. Le lieu, où se
produisent les effets d'arrêt, doit donc être cherché uniquement dans
l'écorce cérébrale. Toutefois, ici même, les phénomènes témoignent
d'une persistance de certaines fonctions. La conscience n'est pas évidemment supprimée : les représentations sont exécutées, et elles se sont
converties en représentations du rêve ou transformées en mouvements
correspondants. Ni les mouvements d'imitation, ni les réactions contre
les ordres donnés de vive voix ne se laissent considérer, comme des
mouvements réflexes proprement dits : ce sont des actions émanant
des représentations, mais le fonctionnement d'arrêt et régulateur de la
volonté en est exclu. Les centres sensoriels et moteurs exercent donc
une activité, qui est relativement non empêchée ; et même la fonction
de l'organe d'aperception apparaît non complètement supprimée ;
elle est entièrement bornée à cette aperception *passive*, qui s'abandonne, sans rencontrer de résistances, aux représentations nées dans
les centres sensoriels et met en jeu des excitations motrices, qui
sont conformes aux représentations sensorielles développées. Par conséquent, les mouvements exécutés ont complètement le caractère des
mouvements instinctifs ; et, au sujet de leur production, l'instinct
d'imitation joue un rôle éminent (1). D'ailleurs, le degré d'arrêt de
l'organe d'aperception présente évidemment des nuances multiples :
lors de l'exécution automatique des ordres donnés, cet arrêt est bien
moindre, que lors du simple mouvement d'imitation ; et, pour celui-ci
il est probablement moindre, qu'à propos de l'hypnose profonde, où
simplement l'inspiration des représentations du rêve révèle la persistance de la conscience.

Si nous comparons les états hypnotiques au sommeil proprement
dit, la différence essentielle de ces deux sortes de phénomènes semble
résider dans la *limitation centrale de l'arrêt fonctionnel*. En vertu de
l'épuisement effectif de la provision de travail, tous les organes
centraux participent à un certain degré au sommeil normal : par con-

1. Consulter chap. XXI.

séquent, les réactions de l'œil contre les irritants lumineux, l'excitabilité réflexe, de même que la respiration, les battements du cœur et
les sécrétions sont abaissés ; et même les arrêts centraux sont beaucoup plus complets, surtout au début du sommeil. Dans l'état
hypnotique, la pupille, au lieu d'être contractée comme dans le
sommeil, est dilatée ; ce qui semble indiquer une excitation des filets
nerveux du sympathique (1). Vers la fin du sommeil, quand sa profondeur a déjà diminué, quelques phénomènes, qui ressemblent à
l'hypnotisme, comme par exemple les suggestions extérieures du rêve,
se produisent. Bien des différences s'expliquent, parce que dans l'état
hypnotique les conditions physiologiques et éloignées du sommeil sont
absentes, et que seulement les causes occasionnelles immédiates, les
effets d'arrêt, exercés par l'organe d'aperception, déploient leur action.
C'est principalement la limitation des arrêts des fonctions centrales,
qui confère aux états hypnotiques leur caractère particulier, souvent
étrange : l'hypnotique agit, jusqu'à un certain degré, comme un
individu éveillé ; et, cependant, il lui manque absolument cette direction réfléchie de la volonté, que nous sommes habitués à trouver
dans la conscience de l'individu éveillé.

Braid, qui découvrit les effets produits par la fixation des objets visuels,
introduisit le premier, en 1841, l'expression d' « hypnotisme, » et l'appliqua à
tous les états, que nous venons de décrire (2). Les effets des passes magnétiques
(Bestreichens) se montrent principalement dans les « cures de magnétisme
animal, » pratiquées par Antoine Mesmer et ses adeptes ; mais, ils sont entre-
mêlés de toutes sortes d'illusions intentionnelles et non intentionnelles (3).
Dans ces derniers temps, les investigations de quelques savants français se
rattachent aux recherches de Braid (4). En Allemagne, les séances publiques du
magnétiseur Hansen, qui fit apparaître d'une manière très-remarquable les mouvements d'imitation et l'automatie des mouvements commandés, ont donné lieu
aux expériences de Weinhold et Rühlmann à Chemnitz, de R. Heidenhain à

1. Heidenhain, *loc. cit.* p. 25. En revanche, chez les animaux hypnotisés, où les
phénomènes, provoqués d'une autre manière, ressemblaient davantage au sommeil, on a constaté, du moins dans certains cas, une contraction de la pupille.
Consulter Heubel, *loc. cit.* p. 165.
2. Pour les expériences de Braid, voir Carpenter, *Mental physiology*, 4° édit.
Londres, 1876, p. 601.
3. Une description détaillée des procédés de Mesmer est consignée dans le livre
d'Eugène Sierke : *Schwärmer und Schwindler zu Ende des* 18. *Jahrhunderts,* Leipzig,
1874, p. 70-221.
4. Demarquay et Giraud-Teulon, *Recherches sur l'hypnotisme,* Paris, 1860. —
Ch. Richet, *Journal de l'anat. et de la physiol.,* de Robin, 1875, p. 348.

Breslau, dans lesquelles les phénomènes, relatés ci-dessus, ont été bien des fois constatés et vérifiés. Relativement à la naissance physiologique de l'hypnotisme, la démonstration établie par Heidenhain, à savoir qu'on réussit à limiter à une moitié du corps certains effets, offre encore un intérêt particulier. Ainsi, quand on frotte la peau de la région pariétale *gauche*, il peut se produire un état cataleptique des extrémités et des muscles de la face du côté *droit;* l'aphasie se montre simultanément. En frottant le côté droit, l'état cataleptique apparaît à gauche, mais l'aphasie cesse. De même, celle-ci n'existe pas, quand les frottements sont exercés des deux côtés; alors, l'état cataleptique est bilatéral. L'aphasie semble provoquée par un état de contraction des muscles du langage. En outre, si l'hypnotisation est unilatérale, la crampe de l'accommodation et la cécité pour les couleurs affectent l'œil du côté cataleptique : toutes les couleurs semblent grises; cependant, si une pression est opérée sur l'œil, des sensations colorées subjectives se manifestent encore (1). Ces phénomènes confirment l'émoussement de la sensibilité, qui s'observe, lorsque des agents extérieurs sont appliqués sur l'organe gustatif.

Les adeptes du « magnétisme animal » ont ordinairement attribué les phénomènes hypnotiques à une force mystique de la nature, dont quelques individus, nommés médiums, disposeraient exclusivement ou d'une façon prépondérante. Habituellement, on admettait, que la simple volonté d'un médium magnétiseur suffit pour produire, sur un autre homme, certaines modifications. Ces hypothèses n'ont reçu nulle espèce de confirmation : tout homme est capable d'agir comme médium ; mais, les mouvements d'imitation et les actions automatiques n'ont lieu, que si les mouvements ont été préalablement faits avec netteté, devant l'individu et si les ordres ont été donnés de vive voix. Deux points de vue s'offrent d'eux-mêmes à l'explication scientifique: d'une part, les phénomènes analogues du rêve et du sommeil ; et, d'autre part, les observations concernant les effets de l'arrêt central. Heidenhain a déjà indiqué ces derniers. Il soupçonne un arrêt fonctionnel de l'écorce cérébrale, tandis que l'activité des parties centrales inférieures, des tubercules quadrijumeaux, des couches optiques, etc., continuerait à se manifester. Il attribue spécialement à cette activité les représentations du rêve, les mouvements d'imitation et les actions automatiques opérées sur un commandement (2). Précisément, ces derniers phénomènes prouveraient, que les divers organes de l'écorce cérébrale se trouvent, comme il a été dit plus haut, à un degré très-différent, dans l'état d'arrêt, et que cet état peut absolument faire défaut, pour quelques-uns de ces organes. Seulement, un arrêt, plus ou moins intense, de l'organe d'aperception semble exister régulièrement ; nous croyons donc pouvoir affirmer, que dans cet arrêt réside la cause proprement dite de l'état hypnotique. Quant au mode des agents extérieurs occasionnant l'hypnotisme, il est naturel

1. Heidenhain, *loc. cit.* p. 67.
2. *Loc. cit.* p. 33.

d'envisager, comme un processus réflexe, la naissance de cet arrêt. Néanmoins, n'oublions pas, que ce processus se distingue des autres réflexes par la sensation concomitante, qui apparaît, en qualité de motif direct du mouvement. Rien ne témoigne, que l'arrêt se produise, quand les irritants appliqués n'occasionnent aucune sensation consciente. On est donc encore plus autorisé à concevoir l'état d'hypnotisme, comme une modification de l'organe d'aperception, qu'opéreraient directement les organes centraux de la sensation. Voilà pourquoi, il est en quelque sorte possible de faire, pour les influences psychiques, qui sont favorables à la naissance de l'hypnotisme, le même raisonnement, que pour les influences des irritants extérieurs. Déjà, au siècle précédent, l'importance de ces sortes d'influences psychiques, révélées dans les expériences de Mesmer et ses adeptes, a été mise en lumière par une commission de savants français, chargée de cet examen (1). Weinhold et Heidenhain l'ont confirmée. Par exemple, on avait annoncé à l'un des sujets très-sensibles d'Heidenhain, que le lendemain, à quatre heures de l'après-midi, il tomberait dans le sommeil hypnotique ; à l'heure indiquée, il devint réellement hypnotisé (2). On peut donc dire d'une manière générale, que des irritations sensorielles centrales, uniformes ou empêchant, par suite d'autres causes, la succession de l'aperception, engendrent un arrêt de l'organe d'aperception ; d'ailleurs, dans cette circonstance, comme le démontrent les illusions, la cécité pour les couleurs, etc., en général les surfaces sensorielles centrales même sont, jusqu'à un certain degré, simultanément arrêtées dans leur fonctionnement. Effectivement, il s'agit ici d'une corrélation passablement complexe entre divers domaines centraux, et non d'un processus réflexe, relativement simple ; c'est ce dont témoignent les résultats de l'hypnotisation hémilatérale. Dans la supposition d'un simple arrêt réflexe, occasionné par l'irritation des nerfs sensitifs, il faudrait s'attendre, à ce que l'état cataleptique apparaisse du même côté du corps, et l'aphasie, lors du frottement exercé sur le côté droit, puisque les nerfs sensitifs se terminent dans la moitié opposée du cerveau. A la vérité, on pourrait penser, que probablement il se produit tout d'abord un réflexe sur les nerfs vaso-moteurs, et que la distribution, modifiée, du sang dans le cerveau engendre l'altération de l'innervation. Or, cette hypothèse est réfutée par l'observation suivante : généralement, on ne constate nulle anémie de la tête ; et, comme Heidenhain l'a découvert, l'administration du nitrite d'amyle, qui amène des congestions, n'empêche pas l'hypnose de se produire (3). En même temps, il faut considérer, que, si l'hypnose est unilatérale, il ne s'agit pas d'une paralysie hémilatérale, mais d'un état de rigidité cataleptique ; il y a plutôt, ici, une augmentation

---

1. La commission était composée de Franklin, Le Roy, Bailly, de Bory et Lavoisier. Sierke (*loc. cit.* p. 176) a donné un compte-rendu détaillé du rapport, que ces savants ont publié en 1784.

2. *Loc. cit.* p. 66.

3. Heidenhain, *loc. cit.* p. 37.

d'excitabilité réflexe, suscitée probablement, parce que l'irritation sensible, apparaissant avec l'hypnotisation, met hors de fonction, dans la moitié cérébrale opposée, les parties, qui arrêtent d'une manière normale les réflexes situés du même côté. Que, par suite d'un frottement pratiqué sur le côté gauche, les muscles du langage participent à la convulsion, ceci n'a en soi rien de surprenant, puisque ces muscles sont innervés par les nerfs provenant des deux côtés du cerveau. En revanche, ce qu'il y a d'étrange, c'est la cessation ou même la suppression du trouble du langage, quand le frottement a été opéré du côté droit ; et cette conduite semblerait indiquer une autre asymétrie fonctionnelle des deux moitiés cérébrales, d'après laquelle les centres réflexes du langage éprouveraient des effets d'arrêt, provenant de ces sortes de domaines centraux, qui résident dans la moitié cérébrale opposée aux centres du langage.

Les états, observés chez les animaux à la suite de l'application de certains irritants sensoriels, se distinguent de l'hypnotisme de l'homme, principalement par l'absence presque absolue de mouvement des animaux. Ainsi, des oiseaux, garrottés d'abord et ensuite débarrassés rapidement de leurs liens, ou même maintenus simplement couchés sur le sol, restent, plusieurs minutes, sans manifester aucune excitation ; résultat, qu'Athanase Kircher a constaté le premier, et Czermak confirmé dans ces derniers temps (1). Des oiseaux, des grenouilles, des lapins, etc., se comportent également, si on les place sur le dos ou si on leur donne une position inaccoutumée. Nous citerons ici l'engourdissement de bien des insectes, la « mort apparente » des scarabées ; phénomènes, qui se produisent, dès que l'on touche ces animaux. Czermak donnait à ces états le nom d'hypnotiques ; il entendait donc par là, que l'on trouvait en présence d'états absolument analogues à ceux du sommeil. Suivant E. Heubel, il s'agirait d'un sommeil réel, généralement provoqué par l'interruption subite des excitations sensorielles normales (surtout, quand les animaux ont été placés sur le dos) (2). Preyer est d'avis, que l'absence de conscience serait occasionnée par la frayeur ; aussi, a-t-il appelé cet état une « cataplexie (3). » Effectivement, ces sortes de cas, tels qu'ils ont été observés par Heubel et où les animaux restent de longues heures, les yeux fermés, sans manifester aucun signe de conscience, se distingueraient difficilement du sommeil réel. On peut accorder, que des émotions subites, causant la frayeur, soient capables d'engendrer un état, qui, à bien des égards, est analogue aux états hypnotiques. Néanmoins, ceci ne montre pas suffisamment, ni la condition physiologique, ni la condition psychologique des phénomènes. Sous ces deux rapports, l'état apparaît évidemment, comme un arrêt soudain de certaines

---

1. Czermak, *Sitzungsberichte der Wiener Akad.* 3ᵉ fascicule, t. LXVI, p. 361 ; *Archiv* de Pflüger, VII, p. 107.

2. Heubel, *Archiv* de Pflüger, XIV, p. 186.

3. Preyer, *Die Kataplexie*, p. 77.

fonctions : physiologiquement, c'est une suppression des mouvements corporels ; psychologiquement, un arrêt de la volonté. Que la frayeur produise des arrêts analogues et que, d'autre part, l'état d'absence de conscience dispose au sommeil réel et puisse, par cela même, s'y convertir, ceci n'est point douteux. Toutefois, dans la plupart des cas, l'état des animaux semble être absolument analogue aux états hypnotiques de l'homme ; seulement, il diffère de ces derniers par l'absence de certains phénomènes concomitants, tels que mouvements d'imitation, absence qui se comprend, quand les conditions de l'expérience ont été modifiées. Ce qui milite en faveur de cette relation est le fait suivant, découvert par Kircher et confirmé par Czermak : dans les expériences faites avec les oiseaux, l'emploi d'impressions visuelles uniformes, par exemple la fixation d'une raie blanche tracée à la craie et placée devant la tête de l'animal ou bien des objets, que celui-ci est contraint de regarder, favorisent l'apparition de l'hypnotisme (1).

4. — Trouble intellectuel.

Les altérations ou modifications multiples de la conscience, qui s'établissent dans le cours des maladies mentales, ne peuvent ici être décrites en détail ; aussi, nous contenterons-nous de faire ressortir la physionomie générale des phénomènes, à l'aide desquels le trouble intellectuel diffère en partie des autres perturbations de la conscience et leur est, en partie, analogue. Principalement trois groupes de signes distinctifs caractérisent la maladie mentale ; tantôt l'un de ces signes, tantôt l'autre est susceptible de se manifester d'une façon prépondérante, bien que rarement un seul fasse complètement défaut. Ce sont : 1º la présence des hallucinations et des illusions, 2º la conscience de soi-même modifiée et la perception, modifiée conséquemment, de la personnalité propre, et 3º les altérations survenant dans le cours des représentations.

Les *hallucinations* et les *illusions* sont les compagnons, presque jamais absents, des divers stades du trouble intellectuel. Elles traduisent l'augmentation d'irritabilité des surfaces sensorielles centrales ; elles constituent un symptôme, qui, selon les circonstances, peut exister passagèrement chez l'individu sain d'esprit, et qui, si d'autres conditions perturbatrices viennent s'y ajouter, est capable de favoriser et de renforcer à un haut degré l'altération pathologique. Ici même, les

1. Czermak, *Archiv* de Pflüger, VII, p. 118.

hallucinations et les illusions se mêlent tellement entre elles, qu'il est souvent très-difficile de les différencier l'une de l'autre : dans les illusions, ce sont spécialement des sensations, provenant de la sensibilité générale, qui jouent un rôle éminent ; par conséquent, elles se rattachent intimement à la perturbation de la conscience de soi-même. Des sentiments, émanés de la sensibilité générale pathologiquement altérée, soit l'hyperesthésie ou l'anesthésie de la peau, sont la base des idées fixes de l'individu, qui s'imagine, que son estomac ou ses intestins renferment un animal, que son corps est de verre, etc. Souvent, ces sortes d'illusions se combinent alors avec les fantômes des autres sens. Le malade, que tourmentent en même temps les hallucinations de l'ouïe et de la vision, croit entendre dans son ventre gazouiller des oiseaux ou coasser des grenouilles, voir des serpents ramper sur son corps, etc. En outre, la plupart du temps, la direction intervertie, renversée, des pensées joue un rôle important dans ces illusions et dans d'autres illusions fantastiques des aliénés. Ce manque de direction confère aux hallucinations leur forme déterminée, et, à son tour, elle est de nouveau renforcée par les fantômes. Souvent, en pareille circonstance, il sera difficile de décider, quelle part des fausses représentations de l'aliéné doit être mise sur le compte de l'illusion ou des jugements erronés, qui se rattachent aux perceptions exactes (1).

L'*altération de la conscience de soi-même* est l'une des caractéristiques les plus saillantes du trouble intellectuel. Fréquemment, sa base sensorielle immédiate est constituée par les sensations provenant de la sensibilité générale pathologique et par les illusions, qui émanent de celles-ci ; dans d'autres cas, ce sont des mouvements de l'âme, exagérés par la maladie, qui occasionnent l'altération. Ordinairement, des émotions violentes et longtemps persistantes sont donc considérées, comme une cause fréquente de la perturbation de l'âme ; néanmoins ici, il est presque impossible de déterminer, jusqu'à quel point l'augmentation d'intensité des mouvements de l'âme est la cause ou, même, la conséquence de la perturbation. Il est certain, qu'à l'instar de l'hal-

1. Tout jugement faux ne doit donc pas être appelé une illusion. Par exemple, quand un aliéné collectionne des cailloux multicolores, qui sont pour lui de l'or et de l'argent, ou des hardes sordides, qu'il croit des antiquités précieuses, ce sont seulement des perversions du jugement, occasionnées par suite de certaines idées folles. (Kahlbaum, *Zeitschr. f. Psychiatrie*, t. XXIII, p. 57.) La faute consiste ici (pourrait-on dire), non pas dans la représentation immédiate, mais dans le concept qui, grâce aux liaisons renversées de la pensée, tire son origine de la représentation.

lucination, cette augmentation est capable de renforcer la perturbation, de même que, généralement, les phénomènes consécutifs de l'aliénation mentale jouissent de la fatale propriété d'être, à leur tour, des facteurs occasionnels de l'altération pathologique. Les perturbations de la conscience de soi-même peuvent, dans l'aliénation mentale, parcourir tous les stades possibles, depuis ce léger désaccord des stades initiaux de l'hypocondriaque, qui voit un mal incurable dans la plus minime indisposition, depuis la défiance et la manie des persécutions du mélancolique, jusqu'à l'altération complète de la personnalité propre, qui se développe, sous la domination persistante des représentations illusoires et des idées fixes.

Enfin, les *altérations survenant dans le cours des représentations* sont, au point de vue psychologique, l'un des symptômes les plus importants du trouble intellectuel. Au début, se révélant uniquement par la concentration progressive du cercle des idées dans les représentations, qui se rattachent à la direction de la sensibilité pathologique de l'individu, cette altération recule davantage ses limites et aboutit, en dernier lieu, à une suppression complète du fonctionnement de la pensée. Le trait caractéristique de ces altérations, qui sert à expliquer tous les autres phénomènes, consiste dans la prépondérance, que les associations successives obtiennent, au fur et à mesure, sur les liaisons aperceptives des représentations. Si la perturbation est faible, ce fait ne se traduit visiblement, que par les sauts (Sprüngen) surprenants de la pensée, que le malade exécute, sollicité par des associations librement ascendantes ou résultant d'impressions extérieures. Cette instabilité de la pensée dégénère de plus en plus en une fuite désordonnée d'idées, qui alors a la propriété de se ramener sans cesse à certaines représentations, que l'association fréquente a rendues familières. Finalement, ces sortes de malades ne sont plus en état d'exprimer ou de mettre par écrit des pensées logiquement ordonnées ; mais la contrainte, exercée par les associations, qui s'imposent, brise même avec violence la forme grammaticale extérieure. Parmi les associations, bien des fois les plus superficielles, les simples associations de mots, jouent un rôle dominant ; fréquemment, un mot assez souvent dénué de sens et accidentellement engendré de cette façon est saisi, ramassé et se fixe toujours de plus en plus, grâce à la reproduction répétée (1). De cette façon, c'est

1. Quant au langage des aliénés, consulter Snell, *Allg. Zeitschr. f. Psychiat.*, IX, p. 11. — Brosius, *ibid.*, XIV, p. 63.

l'absence croissante du fonctionnement interne de la volonté, de l'aperception active, qui paraît être la source de ces perturbations du cours de la pensée, et qui, de son côté, suscite inévitablement des troubles correspondants dans le domaine des actes extérieurs de l'individu. Ici même, la volonté perd de plus en plus sa souveraineté sur les actions instinctives, que les émotions enfantent à chaque instant.

L'incohérence des idées, les illusions de jugement et les confusions, qu'elle entraîne à sa suite, complètent la parenté, souvent marquée, du rêve avec le trouble intellectuel, qui a son point de comparaison le plus intime dans les représentations fantastiques (1). Effectivement, dans le rêve, nous pouvons passer en revue et exécuter presque tous les phénomènes, que nous rencontrons dans les asiles d'aliénés. Seulement, le rêve, qui vit des reproductions du passé le plus récent, produit de sa nature des images plus variables ; tandis que l'aliéné reste, le plus souvent, enchaîné dans des cercles de représentations, plus fixes. Cette analogie entre le rêve et la folie repose, sans doute, sur des causes concordantes. L'accroissement d'irritabilité des surfaces sensorielles centrales, qui favorise la naissance des représentations fantastiques, fait en même temps de chaque impression et de chaque reproduction un point de liaison efficace de nouvelles liaisons d'idées. C'est pourquoi, des perturbations, survenant dans le cours des représentations, s'ajoutent presque inévitablement à l'hallucination et à l'illusion ; et parfois, dans les maladies mentales, ces perturbations peuvent, ce semble, apparaître, comme les seuls signes, qui indiquent l'altération de l'irritabilité centrale. Généralement ici, la volonté est capable, pendant longtemps encore, d'interrompre les actions anormales, auxquelles poussent les représentations, jusqu'à ce que certaines idées, suscitées par un hasard quelconque et se reproduisant toujours de nouveau, acquièrent finalement une puissance telle, que l'impulsion à commettre un acte déraisonnable devient irrésistible. Nous citerons les cas, où un individu est pris de l'impulsion subite de tenir des discours inconvenants dans une assemblée publique ou dans une église, d'assassiner ou de se suicider, de se précipiter du haut d'une tour, de brûler un édifice, etc. Les représentations de cette espèce peuvent bien surgir dans le cerveau d'un homme sain d'esprit, mais il les comprime rapidement, sans leur donner d'autre suite. L'état devient pathologique, si la représentation, une fois formée de cette façon, se reproduit sans cesse et croise, traverse enfin d'une manière insupportable le cours de toutes les autres pensées. Probablement ici, les perturbations de la sensibilité générale sont, souvent, la cause primitive de l'augmentation de l'irritabilité centrale (2). Néanmoins, ces cas, affranchis des fan-

1. Radestock, *Schlaf und Traum*, p. 217.
2. Marc, *Maladies mentales* (trad. allem. d'Ideler), I, p. 171, II, p. 342, et Knop, *Die Paradoxie des Willens*, Leipzig, 1863, relatent des observations de ces sortes de cas. — De Krafft-Ebing, *Vierteljahrsschr. f. gerichtliche Medicin*, XII, p. 127,

tômes proprement dits, concordent encore constamment, comme on le voit,
avec les formes violentes de trouble intellectuel, parce qu'ils tendent à développer des *idées fixes*, qui acquièrent une puissance plus irrésistible sur toutes
les autres représentations et sur la conduite de l'individu. Ce trait caractéristique et commun de toutes les maladies psychiques trouve son explication, en
ce que chaque trouble intellectuel débute par un état d'irritation ou une augmentation d'irritabilité des surfaces sensorielles centrales, qui est susceptible
d'atteindre, avec plus ou moins d'intensité, les domaines centraux moteurs. Un
pareil accroissement de l'irritabilité implique la disposition à laisser *résonner*
de la façon la plus énergique toutes les représentations possibles et à faciliter
leur reproduction fréquente. Or, la conscience ne tenant habituellement en
réserve constante, qu'un nombre limité de représentations, cet excès d'irritabilité est cause nécessairement, que les représentations, aisément disponibles, se
contractent, se resserrent dans un cercle, qui devient toujours plus étroit. Dans
chaque conscience, certaines représentations sont plus dominantes, que d'autres.
Dans la conscience de l'aliéné, ces sortes de représentations dominantes — puisque
la tendance à leur reproduction s'accroît incessamment — ne permettent
finalement à nulle autre représentation de s'établir à côté d'elles. Leur composition intime peut être déterminée par les impressions sensorielles, fantastiquement transformées, soit par les sentiments provenant de la sensibilité générale,
soit, comme sans doute c'est démontré dans les cas nombreux de perturbations
purement formelles du cours des représentations, par des souvenirs accidentels,
qui fixent toujours davantage une représentation, quand seulement une reproduction effectuée plusieurs fois de cette dernière se manifeste. Si, après un laps
de temps assez long, l'état d'irritation centrale cesse : alors, grâce au dépeuple-
ment (Verödung) persistant des surfaces sensorielles centrales, la conscience
est généralement devenue plus étroite. Donc, seulement ces représentations
adhérentes, qui sont suffisamment fixées par la reproduction continuelle,
trouvent encore place dans la conscience. C'est pourquoi, plus l'état d'irritation
cède, recule devant la paralysie, l'idée fixe pousse des racines toujours plus
profondes ; et enfin, avant l'extinction complète des fonctions intellectuelles,
elle est la seule lumière, qui éclaire la nuit intellectuelle du paralytique.

discute la question de responsabilité.—Marc et Knop considèrent ces phénomènes
comme des lésions primitives de la volonté, conception qui, au point de vue psychologique, me paraît insoutenable.

CINQUIÈME SECTION

DE LA VOLONTÉ ET DES ACTES EXTÉRIEURS DE LA VOLONTÉ

CHAPITRE XX

LA VOLONTÉ.

1. — Développement de la volonté.

Nous distinguons une double direction de notre activité de la volonté, une direction *interne* et *externe*. Déjà, dans la section précédente, nous nous sommes occupés des actions internes de la volonté, puisqu'elles constituent un élément essentiel des phénomènes de la conscience ; il nous reste donc à examiner ces effets externes de la volonté, qui se traduisent par des mouvements corporels, et auxquels on a coutume d'appliquer spécialement le concept d'actes de la volonté. Avant de nous livrer à une analyse de ces actes extérieurs de la volonté, il est cependant indispensable de prendre pour guide les faits de conscience, auparavant étudiés, afin d'essayer de nous rendre compte de la nature de la volonté.

La volonté ne se définit pas plus, que la conscience. Si nous l'appelons une activité percevable *dans* la conscience, activité intervenant soit d'une façon décisive dans le cours de nos états internes, soit provoquant des mouvements extérieurs, qui correspondent à ces états, cette périphrase sera d'autant moins une véritable définition, que l'idée d'*activité* en général nous est uniquement fournie par nos actions volontaires propres, et est transmise par elles à des objets extérieurs

en mouvement. L'investigation psychologique de la volonté se voit
donc exclusivement réduite à poursuivre le développement des activités de la volonté et à rechercher la connexion, qu'elles présentent à
cette occasion, avec les autres phénomènes psychiques.

Parmi ces phénomènes, ce sont les sentiments et les mouvements
de l'âme, qui ont la relation la plus intime avec la volonté. Si en
général une conscience, dans laquelle les représentations seraient en
mouvement, sans ces compagnons subjectifs permanents, était possible,
assurément une manifestation de la volonté dans une pareille conscience serait inconcevable; car, cette conscience manquerait de toute
impulsion, pour se tourner vers des représentations déterminées ou
pour exécuter, à l'occasion des processus internes, certaines actions
externes. Cette relation avec la volonté apparaît clairement, surtout
dans les instincts. Or, les instincts, émanant constamment des sentiments, et tout sentiment jouissant de la propriété de se convertir en
instinct, on ne peut douter de la relation immédiate de tous ces états
subjectifs de la conscience avec la volonté.

La plupart du temps, on s'est imaginé, que cette relation était un
développement, où les sentiments, les instincts et les excitations de la
volonté formeraient les trois stades successifs. Le sentiment, existant
en premier lieu, se convertissant selon les circonstances en émotion,
engendrerait tout d'abord un désir ou une répugnance; ensuite, ces
derniers mettraient en mouvement la volonté (1). Mais, cette manière
de voir est encore clairement dominée par l'analyse traditionnelle du
concept de la théorie des facultés. Si le sentiment, l'instinct et la
volonté apparaissent comme des états complètement séparés, quoique
la volonté suppose toujours les deux premiers, les sentiments et les
instincts doivent être possibles, sans l'existence d'une volonté. C'est
pourquoi, très-souvent on admet encore des conditions extérieures de
développement, qui s'ajouteraient aux impulsions internes du sentiment, afin que la volonté puisse prendre naissance : la représentation
des mouvements externes de notre propre corps et la perception, qui
s'y rattache, savoir que des mouvements déterminés renforcent les
sentiments de plaisirs existants ou écartent les sentiments de déplaisir,
devraient rendre possible cette conversion du sentiment en une activité
de la volonté. Ainsi, cette activité, avec l'instinct, dont elle émane,

1. Consulter par exemple Th. Waitz, *Lehrb. d. Psychol.*, § 41, p. 422; L. George,
Lehrb. d. Psychol. p. 552.

apparaîtrait comme un processus, qui, à part le sentiment, suppose encore une certaine collection d'expériences externes (1).

Il est aisé de voir, que dans ce cas on confond avec la naissance (Entstehung) de la volonté la naissance des actions volontaires extérieures et qui, pour cela, sont encore conscientes d'un but. Or, l'action volontaire extérieure est, comme nous l'avons auparavant remarqué, un produit consécutif, engendré par des intermédiaires multiples, de l'activité interne de la volonté, de l'aperception. Pour celle-ci, il n'est pas possible de prononcer le mot de naissance, mais seulement de montrer les développements, auxquels elle donne lieu, à la faveur de l'adjonction d'autres facteurs déterminants. Ainsi, il ne peut être question, que cette activité primitive, interne, de la volonté ait reçu son développement des sentiments et des instincts. Au contraire, à propos des sentiments les plus simples, nous avons appris à connaître le rapport, que les irritations appliquées ont avec l'aperception, et ce rapport est la condition essentielle, d'où dépendent l'énergie et la direction des sentiments (2). C'est pourquoi, à l'opposé de cette conception, qui donne pour origine à la volonté les sentiments et les instincts, nous devons plutôt dire : la volonté est le fait fondamental, qui constitue d'abord les états de sensibilité de la conscience ; grâce à son influence, ces derniers engendrent les instincts, et les instincts se convertissent en formes toujours plus complexes d'actions volontaires extérieures. Les sentiments et les instincts n'apparaissent plus, en qualité de degrés préparatoires du développement de la volonté, mais de processus, qui appartiennent à ce développement, et chez lesquels l'efficacité de l'activité interne de la volonté est indispensable, comme condition constante. Envisagé à ce point de vue, le problème du développement de la volonté se divise et comporte *deux* questions : 1° Quelles sont les relations de l'activité interne primitive de la volonté avec les autres phénomènes de conscience? 2° Comment une activité externe de la volonté est-elle engendrée par l'activité interne ; et par quoi sont constituées les transformations multiples, qu'éprouve cette activité externe ?

Dans la description, que nous avons donnée jusqu'ici de l'aperception, celle-ci s'est révélée comme un fonctionnement, qui se montre à

1. Lotze, *Medicinische] Psychologie*, p. 298.
2. Voir t. I, p. 556.

l'occasion des représentations : tantôt ce fonctionnement est passivement déterminé par un irritant prédominant, tantôt il fait un choix
actif entre diverses impressions ; et, dans les deux cas, il semble être
en état de renforcer l'excitation sensorielle centrale. En nous livrant à
un examen plus approfondi, la limite entre l'aperception passive et
l'aperception active a été reconnue indécise, flottante : il a fallu
avouer, que la prédominance d'un irritant isolé suffisait, pour conférer
à un acte d'aperception le caractère d'un acte d'aperception passive,
et que, d'autre part, un conflit précédant l'aperception réelle, conflit
d'irritants approximativement égaux en énergie, était capable de donner
à l'aperception un caractère actif. La différence, qui a été constatée de
cette manière, est graduelle ; c'est une différence de développement, en
tant que le gouvernement ou direction univoque de l'aperception permet de conclure à un état plus simple de la conscience. En revanche,
nous ne trouvons nulle part une raison d'admettre, même dans les
deux cas, une différence d'essence de l'activité de l'aperception (1).

Cette indépendance apparente de l'activité interne de la volonté vis-
à-vis de ses objets, des représentations contenues dans la conscience,
a donné naissance à toutes les conceptions, qui supposent une opposition entre la volonté et la conscience. Ainsi, chez Kant, la volonté
devient une propriété intelligible du sujet et ne suit pas les lois d'expérience, auxquelles le restant du contenu de la conscience est soumis ;
chez Schopenhauer, la volonté est généralement l'essence métaphysique des choses qui, dans les représentations de la conscience, se
transforme en une apparence décevante. Même, les discussions psychologiques, qui se tiennent aussi loin que possible de la transcendance,
n'ont pas échappé à l'effet séduisant de cette opposition : ici, on
déclare, que la volonté est une faculté en soi inconsciente, qui seulement dans les sentiments et appétitions, aussi bien que dans les
actions de choix, engendrées grâce à l'entendement, projetterait sa réflexion au milieu de la conscience (2). Mais, il faut faire la remarque
suivante à l'encontre de cette opinion : sans doute, le concept abstrait
de volonté n'est point un fait immédiat de la conscience, pas plus que
l'entendement, la mémoire ou la conscience même ; et nous ignorons
complètement, comment nous arriverions à concevoir la volonté, si des
actions internes de la volonté ne nous étaient pas continuellement

1. Voir plus haut, p. 345.
2. C. Göring, *Ueber die menschliche Freiheit und Zurechnungsfähigkeit*, Leipzig,
1876, p. 91.

données *dans* la conscience. Si on considère la volonté comme une faculté, qui se manifeste uniquement dans les actions extérieures de la volonté, certainement il peut paraître énigmatique, que la conscience parvienne en cela à agir sur des organes corporels, dont primitivement elle ne sait rien, bien plus sur des organes dont nous nous formons, ce semble, des représentations nettes, sous l'influence des mouvements volontaires, qui sont entrepris avec eux. Que l'aperception soit une activité consciente, cela ne comporte aucun doute. Ce que nous percevons en nous, lors d'une simple aperception passive, c'est d'une part une représentation, d'autre part un sentiment d'activité interne, avec l'accroissement duquel augmente en même temps l'intensité de la représentation. Il n'existe pas le moindre motif d'admettre, en dehors de ces processus donnés dans la conscience, encore d'autres processus, qui resteraient inconscients. L'aperception active se distingue de ce processus simple, uniquement par la conscience concomitante d'une pluralité de représentations disponibles ; à cette occasion, le sentiment de l'activité interne a sa coloration qualitative modifiée, selon que, par suite de cela, l'une ou l'autre représentation augmente d'intensité. C'est cette particularité qualitative de l'activité de l'aperception et dépendant de la composition des représentations, qui détermine les différences multiples des *sentiments*. Donc, nous reconnaissons, que les sentiments dépendent d'une part des représentations, auxquelles ils sont liés, d'autre part, de l'état respectif de la conscience, par lequel il faut justement entendre, dans le cas présent, la direction totale de l'activité de l'aperception, avec les conditions, d'où elle émane. Dans ces actions internes de la volonté prennent enfin naissance les formes élémentaires des instincts, à la faveur de la conduite opposée, qu'offre l'activité de l'aperception en présence des impressions qui ont lieu, conduite que nous percevons, tantôt comme une tendance à recevoir des impressions, tantôt comme une répulsion pour ces impressions (1).

Par conséquent, la volonté est un fait de conscience et ne nous est connue, qu'en cette qualité : elle doit être conçue aussi peu détachée du restant du contenu de la conscience, que les autres états subjectifs perçus par nous comme des réflexes de l'activité de la volonté, les sentiments et les émotions, qui ne se présentent jamais séparés des représentations, auxquelles nous les rapportons. Et, de même que la volonté

1. Consulter à cet égard t. I, p. 556

ne peut nous être connue, que par la conscience, d'autre part une
conscience, sans l'activité interne de la volonté, est pour nous absolument inconcevable. Toute liaison des représentations dépend de
l'aperception. Les associations elles-mêmes s'accomplissent, uniquement
parce que les représentations excitent, en vertu de leurs relations associatives, l'aperception passive. Or, sans la liaison des représentations,
la conscience se dissocie, s'écroule (1). Bien plus, les formes supérieures
de développement de la conscience sont reliées à l'activité aperceptive.
Ayant ses racines dans le fonctionnement constant de l'aperception, la
conscience de soi-même se replie finalement dans celle-ci ; de sorte
que, après l'évolution complète de la conscience, la *volonté* apparait
définitivement comme le contenu le plus spécial de la conscience de
soi-même ; et, par la liaison avec les sentiments et aspirations, qui
émanent de la volonté, ce contenu est le seul et unique, dont les représentations se séparent, en qualité d'éléments plus extérieurs, qui
indiquent un monde différent de la personnalité proprement dite (2).

Ainsi que nous l'avons vu, ce fait de la conscience de soi-même, de
se retirer dans l'activité interne de la volonté, ne doit pas, assurément,
être envisagé, comme une séparation réelle ; mais, la conscience abstraite de soi repose constamment sur le fond sensoriel complet de
la conscience empirique de soi. Néanmoins, on ne pourra pas contester
à ce processus intellectuel son importance, le rôle qu'il joue, pour
éclairer la relation entre la volonté et la conscience. La régularité, avec
laquelle le processus s'accomplit, le préserve du soupçon d'être une
pure illusion de soi-même. Bien plus, la distinction du moi et du monde
extérieur, qui est la base fondamentale de toute connaissance, prend
finalement racine dans cette séparation. Donc, quoique la volonté et le
contenu des représentations de la conscience se déterminent réciproquement, néanmoins, grâce à ce processus de développement, nous
serons obligés d'assigner à tous deux une importance différente. Dans
la volonté, le sujet perçoit immédiatement ses propres actions internes ;
une réalité différente du sujet se réfléchit dans le contenu des représentations de la conscience ; mais, les relations, qui se produisent entre
eux deux, se manifestent dans les sentiments et les mouvements de
l'âme. Après avoir fixé ce rapport des divers facteurs de la conscience,
la Psychologie est arrivée à la limite, qui est marquée à son analyse

1. Voir chap. XV, p. 220.
2. *Ibid.* — p. 244.

des phénomènes. Toutes les présomptions, qui concernent le rapport interne du sujet pensant à ses objets et qui pourraient s'appuyer sur cette analyse, elle doit les abandonner ; car, elles reviennent de droit à la spéculation métaphysique.

Jusqu'ici, nous nous sommes bornés à étudier les actions internes de la volonté, que nous avons dû concevoir en même temps, comme étant les actions primordiales. Or, on se pose la question suivante : Comment cette activité interne de la volonté peut-elle engendrer une activité externe, qui apparaît de nouveau au milieu de complications multiples ? Ordinairement, c'est ce fonctionnement externe de la volonté, qu'on regarde comme primordial ; car, on suppose, que la volonté soumet d'abord à sa domination certains mouvements corporels, pour obtenir ensuite une influence fortuite sur le cours des représentations. En se plaçant à ce point de vue, on est simultanément contraint de considérer le développement de la volonté, comme un processus, qui suppose déjà l'existence de mouvements corporels, d'un caractère plus ou moins empreint de finalité. En même temps que notre conscience produit des représentations de ces mouvements, une estimation différente de la valeur de ces derniers doit avoir lieu ; et, parmi ces mouvements, l'un est favorisé de préférence, par suite de sa finalité plus achevée. On voit alors ce qui arrive : les mouvements, primitivement accomplis d'une façon involontaire, sont graduellement provoqués par les impulsions de la volonté ; à cette occasion, celle-ci isole d'abord de la somme non ordonnée des mouvements corporels quelques-uns de ces derniers et les assujettit à ses buts, combine ensuite des mouvements isolés, qui auparavant n'étaient pas reliés, et donne lieu, de cette manière, à des mouvements volontaires complexes (1).

Il est évident, que cette description ne peut avoir l'intention d'exposer la *naissance* de la volonté. Si la volonté n'existait pas déjà, elle serait incapable de choisir un mouvement quelconque parmi des mouvements auparavant involontaires. Donc, l'essence de cette conception consiste plutôt, en ce que celle-ci laisse la volonté rester latente, jusqu'à ce qu'il se soit rassemblé dans la conscience un certain nombre de représentations de mouvement, qui soient propres à éveiller son activité.

---

1. Lotze, *Medicinische Psychologie*, p. 289. — A. Bain, *Les émotions et la volonté*, Germer-Baillière, 3° édit. anglaise p. 303.

Or, comment la volonté parvient-elle à découvrir, que certaines représentations de mouvement obéissent à son commandement ? Comment ceci est-il imaginable, si, dès le commencement, elle ne possède pas une influence sur les mouvements du corps proprement dit ? L'observation ne milite nullement en faveur d'une pareille découverte, faite accidentellement, de l'influence de la volonté sur les muscles. L'individu, qui connaît parfaitement les phénomènes de mouvement dans le monde animal inférieur, n'accordera jamais, qu'ici tous les mouvements corporels soient de nature automatique et réflexe, ou que même seulement ces mouvements involontaires aient dû, lors du développement des manifestations biologiques d'un animal quelconque, précéder les mouvements à caractère volontaire. Précisément, chez les êtres les plus infimes, par exemple les protozoaires, les cœlentérés, les vers, les mouvements corporels à caractère automatique et réflexe sont absolument postérieurs, ont un degré de développement inférieur à ces sortes d'actions, qui témoignent d'une sensation ou représentation antérieure et d'un instinct engendré de cette manière, et auxquelles nous devons, par conséquent, attribuer le caractère des actions volontaires simples. En revanche, il faut sans doute reconnaître, que dans les organismes supérieurs, chez l'homme par exemple, également les réactions de la volonté ne font pas défaut dès le début, mais qu'indépendamment de celles-ci il se présente en même temps de nombreux mouvements automatiques et réflexes, et qu'à propos de leur domination graduelle par la volonté, se justifie alors, en partie, la description, que l'on a coutume d'esquisser du développement de la volonté. La faute de cette description consiste donc, en ce qu'elle généralise quelques perceptions et des perceptions, encore en outre incomplètes, touchant le développement des actions volontaires extérieures chez l'homme. C'est pourquoi, on esquisse une image non-seulement imparfaite du développement des mouvements corporels, mais même une image renversée, justement en ce qui regarde leur formation primitive. Les actions volontaires apparaissent, ici, comme le dernier échelon du développement des manifestations de la vie psychique, tandis qu'elles doivent être posées au début de ces manifestations.

Une partie essentielle des difficultés, qui ont conduit à cette hypothèse d'un développement de la volonté issu des représentations, disparaît à l'instant, si on reconnaît, que l'aperception est l'activité primitive de la volonté. En soi et pour soi, il ne peut plus être question d'un temps de latence de la volonté, où devraient se rassembler à l'intérieur de la conscience les représentations, qui ont rendu possible une domination du mouvement extérieur. L'activité interne de la volonté est, dès le commencement, donnée avec la conscience, puisque, pour nous, il n'y a pas de conscience, sans aperception; et l'action externe apparaît comme une mise en œuvre de la volonté, dont les suites sont, à la vérité, différentes de celles de l'action interne de l'aperception (par conséquent, elles sont l'occasion de développements différents), mais, par sa composition psychologique immédiate, elle concorde absolument avec l'activité interne de l'aperception. Considérée simplement en qualité de phénomène de conscience, l'action externe de la volonté consiste d'abord dans l'aperception d'une représentation de mouvement. Le mouvement, qui se produit réellement et l'autre effet, qui en provient et est exercé sur la conscience et l'aperception, sont un résultat secondaire, ne dépendant plus exclusivement de notre volonté : l'aperception de la représentation de mouvement ou la décision de la volonté peuvent se réaliser, sans que le mouvement ait lieu, si la connexion des instruments physiques, qui agissent ensemble lors du mouvement, est troublée d'une façon quelconque.

Contre une pareille réduction à l'aperception de la représentation de mouvement, on pourra objecter, que cette aperception n'exprime qu'une partie de la décision réelle de la volonté : pour que cette décision se manifeste et que dans la conscience ne s'élève pas simplement une espèce d'image fantaisiste du mouvement, il faudrait encore à l'aperception un autre facteur, dans lequel résiderait la véritable essence de la volonté. Mais, cette objection oublie, que toutes les manifestations psychiques, qui dans la conscience adulte peuvent être séparées l'une de l'autre, ne sont pas primitivement susceptibles d'être isolées. Assurément, il est facile de nous représenter une action quelconque de notre corps, sans la mettre réellement à exécution. Même, dans ce cas, une impulsion pressante au mouvement, laquelle croît avec l'intensité de l'aperception, se manifeste à l'observateur attentif; et, bien des fois, un effort énergique de la volonté est indispensable, pour triompher de cette impulsion. Cette perception montre, que lors d'une pareille aperception, simplement interne, d'une action, qui doit être exécutée par nous-mêmes, nous avons affaire à un phénomène complexe, qui déjà suppose une corrélation de diverses impulsions de la volonté, avec arrêt consécutif. Quand nous rencontrons la conscience à un état plus primitif, l'aperception de la représentation de mouvement et l'exécution du mouvement apparaissent d'autant plus inséparables. L'enfant et

l'homme sauvage, que l'action aperçue entraîne facilement à l'imitation, sont encore incapables d'accomplir la représentation vivace d'un
mouvement proprement dit, sans que celui-ci ait réellement eu lieu.
Nous avons donc toute raison d'admettre, qu'ici l'aperception interne
et l'action externe ne sont pas des processus primordialement séparés,
mais qu'au contraire leur séparation repose sur le développement ultérieur de la conscience, qui rend possibles les phénomènes de conflit
entre les impulsions de la volonté et, par suite, les arrêts de la volonté.
Le fait révélé, lors des mensurations psychologiques de temps, savoir
que, grâce à des conditions favorables, l'aperception d'une impression
coïncide, quant au temps, avec le mouvement réagissant, devient parfaitement compréhensible par cette liaison de mouvement réalisé
extérieurement avec son aperception, en tant que représentation (1).
La représentation de l'impression extérieure et la représentation du
mouvement réagissant contre cette impression constituent une association simultanée. Donc, dès que les conditions (constituées par un
signal régulièrement donné en premier lieu) sont établies de façon, que
l'aperception puisse se manifester presque en même temps avec l'impression réelle, alors la représentation de mouvement, compliquée de
l'irritation sensorielle extérieure, se trouve simultanément et parfaitement éveillée. Évidemment, le mouvement réel peut aussi se réaliser
simultanément, puisque l'impulsion extérieure de la volonté et l'aperception de la représentation du mouvement coïncident, quant au temps.

Si, d'une part, dans l'état primitif de la conscience, nous voyons
l'action extérieure de la volonté, inséparablement liée à l'aperception
de sa représentation, si, d'autre part (en tant qu'aucune influence
d'arrêt ne déploie son effet), désormais les deux processus se déroulent,
non comme un événement successif, mais comme un événement simultané, nous sommes nécessairement contraints d'émettre l'hypothèse
suivante : *L'action externe de la volonté n'est, d'après son essence
primordiale, rien autre chose, qu'une forme spéciale de l'aperception,
puisqu'elle est un élément constituant et inséparable de ces aperceptions, qui se rapportent au corps proprement dit de l'être agissant.*

Ceci ne signifie pas absolument, comme on pourrait l'objecter, que
chaque individu du règne animal posséderait une connaissance innée
de son corps et des mouvements de ce dernier. Le rapport (2), déjà établi

1. Voir chap. XVI, p. 270.
2. Voir plus haut, p. 379.

à propos des instincts innés, doit plutôt être appliqué à ce cas, qui exprime véritablement la forme phénoménale primitive de toutes les actions instinctives innées. Seulement, la propriété, basée sur l'organisation, d'exécuter, à l'occasion de certaines impressions extérieures, des mouvements de forme déterminée, est innée ; la représentation de ces mouvements prend naissance, par suite de leur accomplissement réel. Par conséquent, nous devons concevoir la première naissance d'une action volontaire, de façon qu'une impression extérieure et le mouvement, que celle-ci met en jeu, soient simultanément aperçus avec l'impression. Un pareil mouvement — quoique par son côté physique il corresponde absolument aux conditions mécaniques du réflexe — nous l'appelons néanmoins un *mouvement simple instinctif*, parce que dans la conscience l'impression est accompagnée d'une sensation, douée d'une énergie de sentiment plus ou moins forte ; ensuite, le mouvement exécuté correspond à cette sensation, en tant qu'il engendre une tendance vers l'irritant agissant ou bien un mouvement de répulsion contre cet irritant. Puisque un pareil mouvement est aussitôt aperçu lors de son exécution, immédiatement prend naissance ce sentiment d'activité interne, que nous connaissons et qui caractérise tout acte d'aperception. Mais, ce sentiment reçoit, ici, une coloration caractéristique, parce qu'il se fusionne avec la sensation de mouvement, pour constituer un complexus inséparable. Ainsi, la naissance de cette fusion est la base fondamentale, qui distingue les actions volontaires externes des actions volontaires internes ; au second rang, interviennent dans cette distinction les représentations du corps proprement dit et de ses parties, en connexion avec la signification, que la conscience de soi-même, qui se développe, leur assigne.

On fera l'objection suivante : l'action, dont la naissance a été décrite ici, est un mouvement réflexe ; elle pourrait, à cause de la participation supposée des états de conscience, être appelée une action instinctive, mais il lui manquerait pour la volonté la condition nécessaire, requise, c'est-à-dire d'être affranchie de cette contrainte mécanique, qui domine seulement le domaine des mouvements involontaires. Nous répondrons à ces sortes d'objections, en démontrant la différence de la *volonté* (Wille) d'avec le *libre arbitre* (Willkür) ou le *choix*. Il n'est pas affirmé, que le caractère réflexe des manifestations instinctives simples appartient à ces actions développées de la volonté, que nous nommons spécialement mouvements *voulus* (willkürliche) ; mais voici notre opinion : celui qui ne voit pas dans la volonté un *Deus ex machinâ*, qui soudain, sans qu'il soit permis de rendre compte de son origine, est capable, grâce à un instinct énigmatique résidant en lui, de gouverner la machine du corps proprement dit, doit, d'après les actes psychiques simples, être amené à admettre un développement de ce genre des actions plus complexes de la volonté. Que ces actes portent en soi simultanément le caractère des réflexes et des mouvements instinctifs, ceci ne motive nulle contradiction. Assurément, il n'est pas contradictoire de supposer, *que les mouvements voulus, les mouvements instinctifs et les réflexes ont pour origine commune une forme de mouvement, qui, en un certain sens, porte simultanément en soi les caractéristiques de l'action volontaire et du réflexe.* C'est justement cette hypothèse, qui concorde plutôt avec l'observation du développement des mouvements dans le règne animal.

De plus, cette même hypothèse se trouve en accord avec ce développement, que parcourt, ainsi que nous l'avons vu dans la section précédente, l'activité *interne* de la volonté, l'aperception, dont l'activité externe de la volonté est, selon nos remarques antérieures, uniquement une forme spéciale. L'aperception *passive* précède l'aperception *active :* la première est donnée, quand une impression isolée a une énergie prépondérante telle, que l'aperception doit se tourner vers l'impression ; mais, l'aperception active prend naissance, dès que plusieurs impressions sont en conflit entre elles. Les actions primitives de la volonté sont des aperceptions passives : la volonté y est déterminée d'*une manière univoque* par des impressions dominantes. Voilà pourquoi, il est évident, qu'un pareil gouvernement univoque de la volonté doit être antérieur à l'effet, qui comporte une signification multiple et que nous percevons à propos des actions volontaires plus développées.

Également, le développement, auparavant étudié, des instincts, nous a déjà montré la voie, que prend le développement ultérieur des activités volontaires, qui a pour origine les mouvements instinctifs primitifs. Quand, à plusieurs reprises, le mouvement instinctif a succédé, à l'instar des réflexes, à l'application d'un irritant extérieur, la représentation de son résultat extérieur s'unit à la sensation introduisant le mouvement et formé alors une complication inséparable ; et puisqu'elle acquiert bientôt dans cette liaison une importance dominante, elle apparaît à la conscience, comme la cause qui pousse à l'action. Dans ce cas, cette dernière peut encore être déterminée d'une manière univoque, de sorte qu'il n'est plus question d'un choix entre des mouvements différents. Une pareille représentation prend naissance par suite de cette pluralité croissante des penchants volontaires, qui dans la conscience mûrie agissent l'un contre l'autre ; et ces penchants, s'ils sont en équilibre, suppriment toute action extérieure ; ou bien, si *une* impulsion obtient une énergie prépondérante, ils gouvernent finalement dans son sens la volonté. Ici, se lie à l'action externe la représentation, qu'au lieu de l'impulsion décisive, une autre impulsion aurait pu déterminer la volonté : c'est dans cette représentation, que consiste la *conscience de la liberté*.

Les théories psychologiques sur l'origine de la volonté se meuvent entre l'hypothèse, que la volonté a une importance ou signification subsistant par elle-même, pleinement indépendante des actes de la représentation et de la connaissance, et cette autre hypothèse, que la volonté dériverait des rapports des représentations ou d'un processus de la connaissance. La première hypothèse sert de base à la doctrine des facultés de Wolff, avec sa division principale en faculté de la connaissance et faculté de l'appétition (1). Ici même, cette théorie n'a donné qu'un compte-rendu très-insuffisant des relations mutuelles des forces psychiques, distinguées par elle ; et la gradation établie d'un désir supérieur et d'un désir inférieur (où alors les sentiments et les instincts seraient attribués au premier, et au dernier la volonté proprement dite) peut difficilement être regardée, comme tenant lieu d'une histoire réelle du développement de la volonté. D'une façon bien plus marquée, Kant a soustrait la volonté à un mode de considération génétique, puisque ce philosophe sépara complètement de la volonté la faculté de la sensibilité et l'instinct sensoriel ; se plaçant en revanche du côté théorique, il la mit en rapport intime avec la raison, c'est pourquoi il assigna à cette dernière une signification spécialement pratique, parmi toutes les facultés de la connaissance. Entremêlées à des motifs éthiques et religieux, ces conceptions amenèrent Kant à séparer la volonté, comme faculté intelligible, de la totalité des autres phénomènes psychiques, qui sont soumis à une causalité interne et externe (2). Si, déjà, cette théorie de Kant soustrait absolument à l'investigation psychologique la question de l'origine de la volonté, ceci s'applique bien plus aux conceptions mystiques et hylozoistiques de Schopenhauer et d'Ed. de Hartmann, où le concept de volonté a entièrement perdu sa signification psychologique et a revêtu, pour cela, la signification d'un fond transcendantal du monde des phénomènes (3).

1. Voir t. I, p. 13.
2. *Kritik der praktischen Vernunft*, édit. de Rosenkranz, p. 36.
3. Schopenhauer, *Die Welt als Wille und Vorstellung* (2e et 3e livres du t. II des œuvres complètes). — Ed. de Hartmann, *Philosophie des Unbewussten*, 5e édit. p. 456.

Les essais, que l'on a faits, pour déduire la volonté des actes de la représentation et de la connaissance, sont en opposition absolue avec les tentatives, dont nous venons de parler. En qualité de dogme métaphysique, cette théorie a été proclamée par Spinoza, qui ramène tout désir et vouloir à une pensée tantôt claire, tantôt confuse ; par sa conception du rapport de la représentation et de la tendance, Leibniz se rapproche d'une pareille manière de voir. Dans les temps modernes, d'un côté la mécanique des représentations d'Herbart, de l'autre la psychologie de l'association ont essayé de prouver, que la volonté avait pour origine psychologique la corrélation des représentations. Le développement d'Herbart coïncide ici avec sa théorie du désir, que nous avons précédemment discutée (1); d'ailleurs, dans la partie pratique de sa philosophie, Herbart consacre à la volonté une étude absolument indépendante de ce traitement psychologique, car il envisage les déterminations de la volonté, comme des faits élémentaires de l'éthique (2). Se basant sur les conceptions de la psychologie de l'association, Bain (3) a fait l'examen le plus détaillé et le plus approfondi du développement de la volonté. Il part de cette supposition, qu'avant l'apparition des sensations, il existe des mouvements automatiques et réflexes du corps. Alors, sous l'influence des sensations et représentations, qui apparaissent, la volonté doit s'emparer de ces mouvements. Une condition essentielle, concernant la naissance de l'influence de la volonté sur un organe, consisterait ici, en ce que les mouvements de cet organe peuvent être isolés de la somme des nombreux mouvements associés, qui les accompagnent. D'abord, la volonté mettrait ainsi sous sa souveraineté une série de mouvements isolés, ensuite elle les combinerait et engendrerait des mouvements plus complexes. Abstraction faite des objections principales, que nous avons adressées à cette théorie, divers traits de celle-ci sont en désaccord avec l'observation. La plupart des actions volontaires sont, dès le commencement, spécialement complexes ; et la formation, décrite plus haut par Bain, des mouvements combinés, et opérée à l'aide d'un certain nombre d'actes volontaires isolés, n'est donc valable, que pour un nombre limité d'actions apprises. D'ailleurs, au sujet de la description de ces dernières, comme de la naissance des actions habituelles, on trouve, dans bien des pages du livre cité de Bain, d'excellentes observations.

2. — Liberté et détermination de la volonté.

Nous sentons au-dedans de nous, tantôt plus légèrement, tantôt plus vivement, les impulsions de la volonté. Souvent, celles-ci sont si faibles, que nous en avons à peine conscience ; le cours de la pensée et les

1. Herbart, *Psychologie als Wissenschaft*, II. T. VI, p. 73 des œuvres complètes.
2. Herbart, *Allgemeine praktische Philosophie*, t. VIII, p. 3.
3. *The emotions and the will*, p. 303.

mouvements semblent s'accomplir d'eux-mêmes, sans notre intervention particulière. Tout au plus, à certains moments, quand nous hésitons entre diverses représentations, ou quand, parmi plusieurs mouvements, qui se présentent à nous comme possibles, nous choisissons un mouvement déterminé, alors nous concevons plus nettement l'activité de l'aperception, comme étant une activité émanant de nous ; car, nous la distinguons des excitations, que l'effet des impressions sensorielles extérieures et l'association interne des représentations offrent au cours de nos pensées et mouvements. Il arrive ainsi, que nous avons particulièrement une conscience nette de la volonté, quand nous nous représentons en même temps la possibilité d'un *choix*. Cette relation psychologique a engendré cette confusion des deux concepts, sur laquelle repose absolument la conception ordinaire de la volonté. D'après elle, tout acte volontaire est un *acte de choix*, et cet acte de choix doit consister, en ce que nous pouvons, à chaque instant, exécuter une action quelconque, parmi les diverses actions, qui se présentent comme possibles. La volonté doit donc être libre, puisqu'elle se détermine uniquement d'elle-même. Ainsi, la volonté apparaît ici, comme cause et effet, comme le moi, qui est déterminant et est déterminé. Ceci nous conduit à ce concept de la volonté libre, tel qu'Aristote et Kant l'ont conçu : tout acte volontaire devient le commencement absolu d'un évènement, d'un fait qui se produit.

Le motif psychologique, qui amène à cette conception ordinaire de la liberté de la volonté, est uniquement le fait du choix. Dans les cas, où nous avons particulièrement une conscience nette de l'effet de la volonté sur la représentation et la conduite, nous nous figurons la possibilité, qu'au lieu de la représentation ou action réellement aperçue, nous aurions pu en préférer une autre, ou même nous avons conscience d'une certaine hésitation, qui a précédé l'action réelle. Or, ces observations de soi-même ne prouvent pas le moins du monde, que la volonté se détermine d'elle-même ou soit le début absolu d'un évènement, qu'elle n'ait par conséquent nulle autre cause psychologique. L'hésitation, qui précède la décision de la volonté, montre seulement, que dans des cas nombreux la volonté se trouve sous l'action simultanée de plusieurs causes psychologiques, qui s'efforcent de l'attirer vers diverses directions. Si ces sortes de causes n'agissaient pas sur la volonté, généralement une hésitation ne pourrait pas se produire. Et, si la volonté cède finalement à *une* cause, cela prouve, que cette cause a exercé l'effet le plus énergique.

A la vérité, l'indéterminisme ne nie pas, que la volonté suive les *motifs ;* et il concède ainsi, dans une certaine étendue, qu'il existe pour elle des causes psychologiques. Mais, selon son affirmation, le motif se distingue de cette cause irrésistible (telle qu'elle apparait dominante dans le mécanisme de la nature), parce qu'elle *ne* détermine *pas* la volonté. Les motifs doivent attirer plus ou moins la volonté ; ils doivent lui rendre le choix plus ou moins facile ; mais, c'est finalement et uniquement la volonté, qui aide l'un ou l'autre motif à remporter la victoire ; et c'est ainsi, que se met en œuvre la liberté de la volonté dans le choix opéré entre les divers motifs, qui agissent sur elle. Or ici, on commet une faute : on substitue tout simplement le concept du motif au concept de causalité psychologique, échange, qui du moins n'est pas admissible d'après la façon, dont on envisage ordinairement le concept du motif. Habituellement, on entend par motifs toutes les déterminations *extérieures* d'une action, qui, dans un cas donné, se trouvent déjà prêtes au milieu de notre conscience. Par exemple, quand un homme hésite, s'il doit commettre une action quelconque, à la vérité fructueuse, mais pas très-honorable, d'une part les avantages en perspective, les commodités, qu'il doit en retirer, d'autre part les suites désavantageuses, la perte de l'honneur et de la considération agiront en qualité de motifs extérieurs, entre lesquels hésite la décision. Or, il est parfaitement juste, que tous ces motifs, pris ensemble, ne déterminent pas l'action. Car, à cette occasion, il n'a pas été tenu compte du poids tout entier de la personnalité de l'individu, qui veut et qui est exprimée par l'éducation, les vicissitudes de la vie et par les propriétés innées, que nous appelons son *caractère.* Ce qui détermine la volonté humaine avant les motifs extérieurs, c'est le caractère. Plus celui-ci est invariable, et plus nous le connaissons ; d'autant plus sûrement nous pouvons alors prédire, comment un homme placé en présence de certains motifs, qui l'obligent à agir, fera son choix parmi ces derniers. Le caractère porte, cachée au dedans de lui, une somme de causes psychologiques, dont ni nous, ni l'individu agissant ne peuvent se rendre parfaitement compte ; et cependant, nous apprécions toujours leur effet total, puisque, d'après le caractère d'un individu, nous annonçons d'avance quelle sera la conduite probable de cet homme. L'indéterminisme, qui nie la causalité de la volonté, commet la faute de confondre, avec la *réalisation* de la volonté, la *possibilité* existant pour l'observateur objectif, que de diverses actions une action quelconque aura lieu. Or, comme la volonté, en tant qu'elle se met en œuvre, aussi bien dans la succession des représentations aperçues, que dans le mouvement spontané, gouverne et détermine tout ce qui se passe dans notre conscience, généralement par ce moyen le domaine de l'observation interne est établi, comme un évènement accidentel.

Si elle était juste, cette opinion exclurait toute régularité dans les actions voulues d'une société d'hommes. Ce fait, démontré par la statistique morale, que dans un état donné d'une population, chaque année le nombre de mariages, de suicides, de crimes, etc., reste constant, est donc inconciliable avec l'indéterminisme, pris dans sa forme habituelle (1). Assurément, il serait aussi déraisonnable de conclure de ce fait, que tout homme est poussé à commettre ses actions, par un sort, auquel il ne peut se soustraire. Le *fatalisme*, qui favorise cette conception, est en contradiction avec l'existence de la conscience de la liberté, dont on ne peut douter, comme fait immédiat de conscience. Il résulte des expériences de la statistique morale seulement une conséquence toute naturelle : dans une situation déterminée d'une grande société d'hommes, en moyenne les motifs extérieurs, ainsi que les déterminations intérieures du caractère continuent à agir avec une grande constance. C'est pourquoi, l'individu isolé est aussi peu soumis à une fatalité, que dans une population, dont la durée moyenne de la vie mesure 30 ans, tout homme, ayant 30 ans, est obligé de mourir. Dans chaque cas, les déterminations internes d'agir ne sont jamais perçues complètement par le spectateur extérieur, ni par l'individu agissant, car elles se perdent dans la totalité des raisons de l'être et de l'évènement. C'est justement pourquoi, l'homme est *pratiquement* libre; et toutes les conséquences, qui, sous le rapport pratique, peuvent être tirées de la liberté de la volonté, persistent, sont maintenues. Tout homme est responsable de ses actions. L'État est autorisé à se défendre contre les crimes, et son devoir est de rendre meilleur, autant que possible, le criminel. La statistique appuie, par ses résultats, la tendance pratique, qu'a la société de se perfectionner. Car, elle montre, que l'état public du droit a de l'influence sur le nombre des actions immorales (2).

---

1. Wappœus, *Allgemeine Bevölkerungsstatistik*, 2 vol. Leipzig, 1861, p. 215. — Adolphe Wagner, *Die Gesetzmässigkeit der scheinbar willkürlichen menschlichen Handlungen vom Standpunkte der Statistik* Hambourg, 1864. — Drobisch, *Die morale lische Statistik und die menschliche Willensfreiheit.* Leipzig, 1867.

2. Wappœus, *loc. cit.* p. 443.

D'après tout cela, le point décisif, concernant la distinction psychologique des actions voulues d'avec les actions involontaires, ne
consiste pas, en ce que celles-ci proviennent d'une connexion occasionnelle, dont les actions voulues seraient privées. Plutôt le *mode*
ou *espèce* de causalité apparaît, ici et là, comme différent. L'excitation de la volonté coïncide avec le fonctionnement de l'aperception ;
et l'aperception est déterminée par des causes psychologiques, dont nous
ne sommes capables de voir, qu'une petite partie. Soit les impressions extérieures, soit les représentations reproduites, qui, d'après les
lois de l'association, sont suscitées dans la conscience, gouvernent çà
et là notre attention, et occasionnent ainsi le cours des représentations
et la succession des mouvements voulus. Puisque ces derniers ne
sont pas immédiatement éveillés par des irritants extérieurs, mais généralement par l'irritation interne, qu'exercent les représentations reproduites, la propriété caractéristique du mouvement *spontané*, qui
souvent prend naissance sans une cause directe externe, est engendrée
par les motifs, qui sont simplement accessibles à la conception de soi-
même de l'être agissant. Voilà pourquoi, aux yeux de l'observateur
extérieur, le mouvement spontané est de nouveau l'unique caractéristique, qui lui permet de conclure *a posteriori* à l'existence de la volonté, comme de la conscience.

Au sujet de la conception de la volonté, la lutte entre le déterminisme et
l'indéterminisme se retrouve presque à chaque page de l'histoire de la philosophie. Les deux opinions invoquent, d'une part, des raisons spéculatives ; d'autre
part, des raisons empiriques et psychologiques. Pour les anciens, qui accor-
daient au hasard une place dans la nature, généralement la liberté de la volonté
était un fait accrédité par l'observation de soi-même et nullement contradictoire avec les principes métaphysiques (1). Si déjà, chez les atomistes, le déterminisme était dans les conséquences du système, néanmoins l'école philosophique stoïcienne semble s'être aperçue, qu'il existait une contradiction entre
la conscience de la liberté et le fait fondamental de l'ordre général de la nature. L'opposition des systèmes modernes fut précédée d'une dispute analogue
dans le domaine théologique : ici, le concept de la toute-puissance divine favorisa
le déterminisme, et la représentation du péché, c'est-à-dire de l'action émanant de la volonté pour le mal favorisa l'indéterminisme ; mais, dans la doctrine
du péché originel, sans doute seulement pour le monde *après* la chute, les deux

1. Aristote, *De anima*, III, 10 ; *Ethi. Nic.*, III, 5, (7).

représentations ont alors trouvé leur réconciliation résolument déterministe(1).
En philosophie, Descartes défendit l'autonomie absolue de la volonté, tandis
que les conceptions conséquentes du monde, que Spinoza et, dans ces derniers
temps, Fichte et Schelling avaient émises, repoussaient, comme contradictoire, cette autonomie. Également, chez Hegel (2), la volonté libre est seulement la volonté *raisonnable* ou l'esprit au moment de sa détermination de soi-
même. Locke (3) a fondé le déterminisme psychologique. Il est imité par l'école
tout entière des empiristes anglais (4), en Allemagne par la psychologie d'Herbart (5); celle-ci est, à ce sujet, en opposition avec la psychologie plus ancienne
de Wolff, qui, suivant en cette question l'observation immédiate de soi-même,
se sépare du déterminisme spéculatif de Leibniz (6). Kant occupe une position
spéciale intermédiaire, qui caractérise la direction totale de la spéculation allemande. Sa philosophie de la nature incline à reconnaître la validité générale
du principe causal, à laquelle l'action voulue ne peut, évidemment, se
soustraire. En psychologie, il est indéterministe. Il arrive ainsi à exprimer
cette opinion particulière, d'après laquelle, dans la volonté, la nature supra-
sensible de l'homme doit briser le monde des phénomènes et, par ce moyen,
prouver en même temps, comme postulats nécessaires, les concepts de Dieu et
de l'immortalité, qui théoriquement ne peuvent être démontrés (7). Les principes pratiques de la conduite de l'individu n'étant pas nécessairement influencés
par la conception théorique du monde, puisque en effet le vrai déterminisme
accepte les conséquences pratiques de la liberté de la volonté, néanmoins il est
impossible, que tous deux soient, comme chez Kant, en conflit entre eux. Le
concept de Dieu, qui, selon Kant, doit résulter de la liberté de la volonté humaine, provient plutôt de ce que l'esprit de l'homme est obligé de supposer un
ordre du monde moral, qui exclut le hasard et la détermination absolue de soi-
même de la volonté; et c'est justement, ce qu'a nettement senti la conception
religieuse et dogmatique de ces époques, où le sentiment religieux était des
plus vivaces.

Dans la dispute entre l'indéterminisme et le déterminisme, très-souvent des
deux côtés on a accordé une valeur beaucoup trop élevée aux motifs empiriques. L'indéterminisme se targue de l'expérience interne immédiate de la

---

1.Consulter J. H. Scholten, *Der freie Wille* (édit. allem. de C. Manchot). Berlin,
1874, p. 2 et 12
2. *Encyklopädie*, 3ᵉ partie, § 481, tome VII de ses œuvres, p. 373.
3. *Essays on human understanding*, livre II, chap. 21, § 11.
4 John Stuart Mill, *System der Logik* (édit. allem. de Schiel), 2ᵉ édit. livre VI,
chap. 2, p 439. — A. Bain, *The emotions and the will*, 2ᵉ édit. p. 493.
5. Herbart, *Psychologie als Wissenschaft*, § 105, 150, t. VI de ses œuvres, p. 95,
347; voir en outre t. IX, p. 243.
6. Wolff, *Psychologia empirica*, § 926-946. — Leibniz, *Opera philos.* édit. d'Erdmann, p. 517.
7. Kant, *Kritik der prakt. Vernunft*, t. VIII de ses œuvres, p. 156, 225, 261. —
Fortschritte der Metaphysik seit Leibniz und Wolff, t. 1, p. 529.

conscience de la liberté. Ainsi qu'Herbart l'a déjà parfaitement dévoilé (1) , il ne peut se trouver une preuve en faveur de la liberté métaphysique de la volonté. En vérité, cette conscience de la liberté consiste uniquement dans la représentation, qu'au lieu de l'impulsion donnée une autre impulsion aurait pu être décisive pour la volonté, représentation, qu'il serait possible d'utiliser avec autant de droit pour la détermination. D'autre part, bien des fois les déterministes ont justement, pour cela, mis à profit, dans un sens *fataliste*, les faits statistiques (2). Ce que ces faits prouvent en réalité, c'est uniquement, selon la remarque exacte de Drobisch (3), une détermination *psychologique* de la volonté. Mais, il faut en outre concéder, comme Quételet lui-même l'a montré plus tard, que les documents statistiques ne fournissent pas même une preuve concluante en faveur de la détermination *exclusive*. Ils réfutent seulement cet indéterminisme vulgaire, aux yeux duquel liberté et absence de causalité sont des concepts identiques. Or, une hypothèse est toujours encore possible : à part un certain nombre de causes agissant régulièrement, qui au point de vue psychologique nous sont données sous forme de motifs, une volonté, dépourvue de causalité, agirait, en qualité de facteur concomitant. De même que dans un grand nombre d'observations les fautes d'observation se compensent, de même aussi l'on pourrait se représenter, que les impulsions de cette volonté disparaissent dans les chiffres de la statistique, car elles agissent, dans les divers cas, selon des directions opposées. Assurément, ici, persiste la contradiction logique, savoir que l'on sépare, pour ainsi dire, la volonté en deux formes de la volonté fondamentalement différentes, dont l'une est déterminée et l'autre ne l'est pas. Voici ce qu'il faut toujours avouer : une preuve expérimentale, pleinement convaincante en faveur de la détermination de la volonté, n'existe point, et cette détermination est, de même que la validité générale de la loi causale, finalement un postulat métaphysique ; grâce à ce postulat, l'antinomie du sentiment moral et religieux, d'où la dispute est issue primitivement, se décide en ce sens, que le sentiment moral intervenant en faveur de l'indéterminisme est relégué au domaine de cette liberté *pratique*, qui a sa racine dans la conscience de la liberté ; tandis que, pour le sentiment religieux inclinant au déterminisme, la dépendance métaphysique de la volonté reste conservée, et ses limites ne pourraient être franchies, sans que le fatalisme, provenant la plupart du temps de motifs religieux, prît naissance (4). Mais, du

---

1. Herbart, *Zur Lehre von der Freiheit des menschlichen Willens*, t. IX, de ses œuvres, p. 243.
2. Quételet, *Sur la statistique morale*, etc., p. 6. Mém. de l'Acad, roy. de Belgique, t. XXI, 1848. — Buckle, *Geschichte der Civilisation in England* (trad. allem. de A. Ruge). Leipzig et Heidelberg, 1860, p. 25. — A. de OEttingen, *Die Moralstatistik*. Erlangen, 1868, p. 118, a tracé un tableau complet de l'histoire de la dispute, soulevée principalement par Quételet.
3. *Die moralische Statistik und die menschliche Willensfreiheit*, p. 103.
4. Voir à ce sujet les considérations détaillées, que j'ai consignées dans ma *Logik*, t. I, p. 500.

côté psychologique, cette décision de la dispute reçoit, grâce au développement décrit plus haut de la volonté, un appui toujours très-remarquable. D'après ce développement, l'activité primitive de la volonté consiste dans l'aperception. La conscience de la liberté dans la conduite interne et externe provient de l'aperception active. L'aperception active unit les représentations, d'après des lois déterminées (1). Ces lois sont les *lois de la pensée*. Elles se manifestent d'autant plus purement, que nous concevons les processus de l'aperception active plus séparés de ces processus de l'aperception passive, qui ont leur source dans les impressions sensorielles extérieures et dans leurs renouvellements involontaires, occasionnés par les irritants internes. Par conséquent, nous nous sentons *libres*, surtout dans notre propre fonctionnement de la pensée, qui utilise les impressions extérieures, en qualité de matériaux disponibles. Or, notre pensée nous apparaît libre, non pas parce qu'elle ne suit aucune loi, mais parce qu'elle est déterminée par ces sortes de lois, qui résident au dedans de nous-mêmes. Toutefois, ces lois sont précisément les plus obligatoires, qu'il y ait pour nous, et de ces lois est issue cette idée de causalité, d'après laquelle nous considérons, comme pleinement déterminé, le cours de la nature extérieure.

1. Voir chap XVII, p. 319.

CHAPITRE XXI

INFLUENCE DE LA VOLONTÉ SUR LES MOUVEMENTS CORPORELS.

A l'observateur, qui est placé à l'extérieur, l'état interne d'un être vivant ne se révèle uniquement, que par des mouvements. Mais, en outre de ce phénomène consécutif extérieur, l'observation de soi-même est capable de percevoir simultanément ses causes internes. Ceci ne s'applique cependant, qu'à une partie des mouvements proprement dits. Un grand nombre d'entre eux ont lieu sans conscience. La plupart nous sont inconnus, du moins en ce qui concerne leur cours ; en général, nous avons seulement conscience du but, auquel vise le mouvement. Tous les mouvements, émanant de l'innervation centrale des muscles corporels extérieurs, se séparent donc en deux classes : 1° en mouvements, qui ont, pour origine évidente, des conditions exclusivement physiques : nous les nommons *mouvements automatiques*, et *mouvements réflexes*, dans d'autres circonstances ; 2° en mouvements, où, à part les conditions physiques, en même temps certains états de conscience sont perçus par nous, comme causes psychiques du mouvement extérieur, ou bien ces états doivent être supposés par l'observation objective, d'après les circonstances qui les accompagnent ; ces mouvements occasionnés psycho-physiquement se divisent encore en *mouvements instinctifs* et *mouvements voulus*. Déjà, dans la perception subjective, la distinction entre les mouvements, accomplis avec ou sans participation de la conscience, ne peut être toujours faite avec précision, à cause de l'intensité si différente des sensations ; bien plus difficile est la séparation basée sur les observations objectives, où le caractère des

mouvements et, même, la conduite tout entière des êtres, avant et
après l'opération de ces mouvements, doivent être pris en considération,
quand on veut les juger. Ces difficultés, soit cette circonstance, que les
mouvements, accompagnés de processus psychiques, peuvent, d'après
leur côté physique, posséder le caractère des mouvements automatiques ou réflexes, ont introduit une certaine incertitude dans la distinction des concepts ; aussi, à cette occasion, spécialement le concept
de *réflexe* a reçu une signification extraordinairement multiple, qui a
souvent nui à la clarté (1). Voilà pourquoi (et ceci concorde avec la signification primitive des concepts), il faut entendre, par mouvements
automatiques et mouvements réflexes, seulement ceux qui prennent
naissance, exclusivement en qualité de résultats mécaniques, provenant des liaisons des éléments nerveux et de l'application des irritants
physiques sur ces éléments, sans que des sensations concomitantes et
des sentiments soient susceptibles d'être démontrés.

1. — Mouvements automatiques et mouvements réflexes.

Conformément au concept, précédemment (2) établi, d'excitation
automatique, nous nommerons *mouvements automatiques* tous ces
mouvements extérieurs, qui, s'accomplissant sans conscience, émanent
des irritations internes des régions centrales motrices. Nous avons vu,
que l'innervation de ces sortes de mouvements est spécialement produite dans les centres nerveux inférieurs, dans la moëlle épinière et la
moëlle allongée ; les parties motrices des ganglions cérébraux contri-
bueraient peut-être à ces mouvements, tandis qu'aucune expérience
ne témoigne sûrement, que l'écorce du cerveau soit le foyer de pareilles
excitations automato-motrices. Toutefois, la plus grande partie de ces
mouvements, les mouvements respiratoires, cardiaques, l'excitation
vaso-motrice, sont en dehors du cercle de cet examen ; car, étant, durant la vie tout entière, exclusivement consacrés au service des fonctions de nutrition, ils n'ont aucune relation directe avec le développement des actions volontaires. Mais, il est vraisemblable, que le domaine
de l'excitation automatique ne se borne pas là. Chez les animaux nou-

---

1. Voir, à ce sujet, les remarques critiques contenues in *Vierteljahrsschrift für
wiss. Philosophie*, II, p. 354.
2. Consulter t. I, p. 197.

veau-nés et l'homme, nous observons une foule de mouvements corporels, dépourvus de règle ; décidément, ce ne sont ni des réflexes, ni des mouvements volontaires, et, par conséquent, ils ont peut-être la signification des réactions automatiques. Dans le cours ultérieur de la vie, ces sortes de mouvements, dont la finalité est absente et qui prennent naissance sans irritant extérieur visible, ne disparaissent pas entièrement ; et ils semblent énormément exagérés, accrus, surtout dans quelques états pathologiques de l'enfance (1). En général, ils tendent à disparaître de plus en plus, ou du moins ils perdent leur caractère primitif, purement automatique, pour ne plus jouer, dans le déroulement de la chaîne de certains mouvements volontaires, que le rôle d'anneaux intermédiaires. Plusieurs psychologues (2) ont attribué aux mouvements corporels automatiques une haute importance, dans le développement de la conscience et, surtout, des mouvements voulus. Mais, à cette occasion, n'a-t-on pas donné à ces mouvements une trop grande extension? On peut le penser. Déjà, chez l'enfant nouveau-né, où l'on rencontre spécialement des mouvements de ce caractère, leur séparation d'une part des mouvements réflexes, d'autre part des simples actions instinctives, est incertaine. Chez la plupart des animaux supérieurs, les mouvements corporels présentent, dès le commencement, les caractéristiques des véritables actions volontaires ; et ceci se constate, à un degré bien plus marqué, dans le monde animal inférieur. L'hypothèse reliée à l'observation, faite chez le nouveau-né, de ces mouvements automatiques, savoir que ces derniers engendreraient graduellement les mouvements corporels occasionnés psycho-physiquement, n'est donc nullement étayée par l'expérience ; quoiqu'on ne puisse nier la possibilité que, surtout chez les animaux supérieurs et l'homme, la volonté s'empare successivement de ces sortes de mouvements, qui primitivement possédaient un caractère purement automatique. La domination volontaire, accidentellement réalisée, des mouvements respiratoires qui, en général, se produisent soit automatiquement, soit par voie réflexe, est toutefois un exemple frappant de ce genre.

Les mouvements *réflexes* se distinguent des mouvements automa-

---

1. Par exemple, dans les états, que les pathologistes ont désignés du nom de grande et de petite chorée, de paralysie agitante.
2. Nous citerons particulièrement Bain, *The senses and the intellect*, 2ᵉ édit. p. 333.

tiques, seulement en ceci, que chez eux l'excitation motrice centrale est mise en jeu par l'irritation sensorielle périphérique, apportée dans un nerf, qui exerce la conduction centripète. Le mouvement réflexe ne possède pas toujours le caractère de finalité. Ce caractère peut complètement faire défaut dans les réflexes de la moëlle épinière, qui chez les animaux s'observent après l'ablation du cerveau, chez l'homme parfois durant le sommeil. L'application d'un irritant entraîne à sa suite une contraction musculaire ; celle-ci est bornée à la partie du corps irritée ou est beaucoup plus étendue, mais nullement dirigée vers un but déterminé. Les réflexes les plus faibles et les plus énergiques offrent spécialement ce caractère dépourvu de finalité. Ainsi, un animal décapité, que l'on touche, réagit généralement par une contraction musculaire limitée, sans résultat la plupart du temps. Si l'irritabilité de la moëlle épinière est très-augmentée, par exemple dans l'empoisonnement par la strychnine, tout irritant appliqué occasionne à l'animal des convulsions générales. Ce sont évidemment les conditions mécaniques de la propagation de l'irritation, qui se manifestent seules dans les lois de la conduction réflexe (1).

Très-souvent, si les mouvements réflexes ont une énergie moyenne, les phénomènes accusent une autre physionomie. Une grenouille décapitée frotte sa cuisse contre les pinces, avec lesquelles on l'irrite ; ou elle essuie avec sa patte la goutte d'acide, que l'on verse sur sa peau. Elle cherche à sauter, pour échapper à une excitation mécanique ou électrique. Placée dans une position inaccoutumée, par exemple sur le dos, elle revient à sa position antérieure. L'excitation ne produit pas seulement, ici, un mouvement général, qui s'étend d'autant plus loin, que l'excitation est plus énergique et que l'irritabilité de la partie excitée est plus grande ; mais, le mouvement est approprié à l'impression extérieure. Dans le premier cas, c'est un mouvement, pour repousser l'irritant ; dans le second, pour éloigner le corps de l'espace, où se fait sentir l'action redoutée ; dans le troisième, pour replacer le corps dans sa position antérieure. Cette convenance des réflexes ou adaptation conforme à un but est encore plus évidente, dans ces sortes d'expériences, où l'on a modifié les conditions habituelles du mouvement. Une grenouille, par exemple, dont on a coupé la patte du même côté, où l'on irrite sa peau avec un acide, fait d'abord des efforts inutiles avec le tronc amputé ; ensuite, elle a recours presque régulièrement à

1. Consulter t. I, p. 116.

l'autre patte, qui reste habituellement au repos chez l'animal non mutilé (1). Si, après avoir assujetti sur le dos une grenouille décapitée, l'on verse de l'acide sur la face interne de l'une des cuisses, on voit l'animal chercher à se débarrasser de l'acide, en frottant les deux cuisses l'une contre l'autre. Que l'on écarte la cuisse en mouvement loin de l'autre, l'animal, après quelques vains efforts, replie tout à coup la seconde et atteint juste la partie irritée (2). Que l'on brise enfin le fémur à des grenouilles décapitées et qu'on verse un acide sur la région sacrée, pendant qu'elles sont étendues sur le ventre, elles savent, malgré le traitement violent qu'elles ont subi, atteindre la partie attaquée par l'acide avec les pattes de derrière des membres brisés (3).

Ces observations, que l'on pourrait varier à l'infini, montrent, que l'animal, dépouillé totalement de son cerveau, est capable d'adapter ses mouvements aux diverses conditions extérieures, de telle manière que si la conscience et la volonté étaient encore ici en fonction, il faudrait supposer, chez lui, une complète connaissance de la position du corps entier et de ses diverses parties. L'animal, qui opère le mouvement de répulsion, devrait connaître exactement la partie irritée et mesurer l'étendue du mouvement exécuté ; la grenouille, dont on a placé la jambe dans une violente abduction, devrait avoir une notion exacte de la position de ce membre. Deux raisons nous interdisent d'attribuer à l'animal décapité une connaissance aussi étendue de ses mouvements corporels. *Premièrement*, l'homme lui-même, en pleine possession de ses sens, et complètement maître de sa volonté, possède difficilement cette conscience, telle qu'elle est ici supposée. Si, ressentant quelque part une douleur, nous touchons avec intention le point affecté, il n'est nullement nécessaire, que nous ayons préalablement une image exacte de ce point. La volonté *per se* suffit à atteindre, presque avec certitude, le point douloureux ; peut-être, nous ne nous rendons nullement compte du rapport exact de position de ce point, ou bien, ce n'est que consécutivement, puisque nous ne le déterminons avec précision, que si nous le sentons et le voyons. L'usage volontaire de nos organes moteurs et la réaction consciente exercée contre les irritants extérieurs seraient exceptionnellement entravés, si dans chaque cas nous devions avoir une idée nette de la mesure des mou-

1. Pflüger, *Die sensorischen Functionen des Rückenmarks*, p. 125.
2. Auerbach, in *Zeitschr. f. klin. Med.* de Günsburg, t. IV, p. 487.
3. Goltz, *Die Functionen der Nervencentren des Frosches*, p. 116.

vements à exécuter et du lieu de la sensation. Veut-on expliquer psychologiquement le phénomène tout entier, une représentation obscure est insuffisante ; car, elle ne nous renseignerait pas sur l'adaptation exacte du mouvement volontaire à l'impression extérieure. Il reste donc à admettre, que la volonté utilise un mécanisme travaillant sûrement, auquel elle a seulement besoin de donner la première impulsion, pour qu'il exécute avec précision ses ordres, en tenant compte de toutes les circonstances, qui se présentent. La première et la principale raison, que chez les animaux décapités ces réflexes, convenables et adaptés aux conditions extérieures, ne peuvent être des émanations d'une conscience, sera la suivante : au sujet des actions conscientes, justement cette adaptation exacte aux conditions extérieures ne saurait être expliquée, que par des agencements préformés du mécanisme physiologique. De ce côté, il n'y a donc nul motif de supposer, dans ces réflexes, l'existence d'un degré quelconque de conscience ou généralement d'activité psychique, entendue au sens ordinaire. Puisque la volonté est uniquement une irritation interne, qui, après avoir imprimé la première impulsion au mouvement, abandonne le déroulement ultérieur de ce dernier à la régulation spontanée du mécanisme physiologique ; de même, quand ce mécanisme est mis en jeu par une irritation extérieure quelconque, naturellement une adaptation analogue aux circonstances extérieures se produira, sans que, pour cela, une sensation consciente de l'irritation soit indispensable.

Deuxièmement (et nous avons déjà fait cette remarque chap. xv, p. 223), nous ne trouvons pas dans la conduite de l'animal décapité le signe le plus essentiel, qui nous permettrait de conclure à la présence de la conscience : à savoir, un signe quelconque, qui trahirait la continuité d'action d'excitations antérieures. Seulement, sous *un* rapport, les mouvements pourraient être attribués au développement d'un certain degré inférieur de conscience. On voit, que les mouvements se perfectionnent graduellement, après l'application répétée du même irritant. La grenouille amputée, qui, la première fois écarte sa jambe, pour la soustraire au contact d'un caustique, opérera dans une circonstance analogue le même mouvement, avec beaucoup plus de facilité. Évidemment, une certaine habitude de l'exercice peut donc avoir lieu ici ; mais, assurément, il n'est pas nécessaire, qu'elle soit basée sur le souvenir. De plus, c'est grâce aux conditions mécaniques du système nerveux, que les mouvements, qui sont très-souvent exécutés, se produisent toujours, avec une plus grande sûreté, en présence de nouvelles occasions. D'autre part, on ne peut absolument contester, que dans cette circonstance un souvenir obscur ne se manifeste pas incidemment. Nous avons donc laissé entrevoir précédemment (1), qu'un degré inférieur de conscience était susceptible de se développer, dans un pareil tronçon du système nerveux. D'ailleurs, selon l'observation, il est une chose certaine : une conscience de ce genre, si elle existe, n'unit entre elles, que des sensations séparées par de courts intervalles de temps ; et, dans cette conscience, il ne se réalise aucune reproduction spontanée d'impressions antérieures, qui occasionnerait des mouvements capables de s'effectuer, sans recevoir l'excitation directe des irritants extérieurs. Cette absence de conscience quelconque, qui unirait une pluralité de sensations séparées quant au temps, est attestée par la conduite tout entière des animaux décapités. Si, dans les expériences, où des obstacles sont intentionnellement opposés à l'exécution d'un mouvement déterminé, on laisse s'écouler un long intervalle de temps entre l'application des irritants, on voit toujours les mêmes efforts infructueux précéder le mouvement véritable, qui s'accomplit finalement, et, dans bien des cas, ce mouvement ne se réalise même pas. Ici donc, l'influence de l'exercice, qui facilite mécaniquement le mouvement, est de nouveau perdue (2).

Des mouvements plus complexes succèdent à l'application des irritants extérieurs, si, les lobes cérébraux étant enlevés, les ganglions cérébraux, les tubercules quadrijumeaux, les couches optiques et les corps striés, sont entièrement ou partiellement conservés. Dans la première section (3), nous avons étudié l'importance de ces organes,

1. Chap. XV, p. 222.
2. Ce qui est frappant à cet égard, c'est l'expérience suivante de Goltz. Deux grenouilles, l'une décapitée, l'autre aveuglée, sont mises dans un vase, dont le fond contient de l'eau, que l'on chauffe graduellement du dehors à l'aide d'une lampe à alcool. Si la température atteint 25° c. la grenouille aveuglée est inquiète, s'agite, respire plus vite, et essaie par des bonds désespérés de se soustraire au bain chaud ; mais, vers 42°, après avoir manifesté la douleur la plus violente, elle meurt dans des convulsions tétaniques. Durant ce temps, la grenouille décapitée reste assise sans excitation, jusqu'à ce que finalement la rigidité musculaire et la mort arrivent. Si alors, dans l'eau chauffée, on jette une deuxième grenouille, dont le cerveau a été enlevé, elle est aussitôt saisie de crampes et meurt de la même façon, que l'animal non décapité. (Goltz, *Könisberger med. Jahrb.*, II, p. 218; *Functionen der Nervencentren des Frosches*, p. 127.) Cette expérience montre avec netteté que, conformément à la loi générale de l'excitation nerveuse, le mécanisme de la moelle épinière réagit seulement contre ces sortes d'irritations, qui agissent avec une certaine vitesse, tandis qu'une irritation croissant graduellement reste absolument sans effet. Cette loi de l'excitation nerveuse se manifeste chez l'animal, privé de son cerveau. Rien n'indique, que chez celui-ci une conscience soit capable de percevoir l'accroissement graduel de l'irritation, c'est-à-dire la sensation momentanée, dans son rapport avec les sensations antérieures.
3. Chap. V, t. I, p. 206.

tels qu'ils se révèlent d'après la conduite des voies de transmission à leur intérieur, soit d'après les phénomènes, qu'entraîne leur division par le scalpel ou leur destruction. Et, cet examen nous a amenés à constater, que les tubercules quadrijumeaux et les couches optiques sont des centres réflexes complexes, puisque dans les premiers les impressions agissant sur l'œil, et, dans les autres, sur l'organe tactile, mettent en jeu des mouvements compliqués. En revanche, les ganglions du pédoncule cérébral seraient probablement des organes, où les excitations, provenant des autres parties cérébrales, surtout de l'écorce du cerveau, se transforment en mouvements combinés. Mais, il faut ici nous occuper encore d'une question : la fonction physiologique de tous ces organes est-elle accessoirement liée à la sensation et à un certain degré de conscience? et comment y est-elle liée ?

Si l'on voulait simplement juger les mouvements émanant de ces parties centrales par la finalité et l'adaptation à la nature des irritations, qui s'y découvrent, naturellement on devrait reconnaitre, que les fonctions psychiques s'y expriment avec beaucoup plus de netteté, que dans les réflexes de la moëlle épinière. Une grenouille, qui possède encore ses tubercules quadrijumeaux, évite un obstacle situé sur son chemin, dès qu'un irritant la contraint à se livrer à des mouvements de fuite (1). Si l'on imprime un mouvement lent de rotation au support, sur lequel est assis l'animal, ce dernier change continuellement la position de son corps, de façon que l'équilibre reste conservé. Par exemple, placez la grenouille sur la paume de la main, et faites ensuite un mouvement lent de pronation ; pendant l'exécution de celui-ci, elle grimpe sur l'angle de la main et en occupe, la face dorsale, quand le mouvement est achevé (2). Si la même grenouille est mise dans une bouteille pleine d'eau, dont le col ouvert plonge dans un bassin rempli du même liquide, après un certain temps le besoin de respirer oblige l'animal inquiet à ramper aux parois de la bouteille, jusqu'à ce qu'il parvienne à s'échapper (3). Les lapins, dont les lobes cérébraux et les corps striés ont été soigneusement enlevés, s'enfuient, si on les irrite, et ne s'arrètent, que devant un obstacle quelconque, situé sur leur passage (4). Tous ces phénomènes montrent, que les excitations, survenant dans les parties cérébrales en question, ne s'é-

1. Consulter t. I, p. 206.
2. Goltz, *loc. cit.* p. 72.
3. *Ibid*, p. 70.
4. Voir plus haut, p. 226.

teignent pas, comme en général les réflexes de la moëlle épinière, après l'exécution d'un mouvement unique coordonné et adapté plus ou moins à l'impression, sans entraîner d'autre effet consécutif. Généralement, il se produit plutôt une série tout entière de mouvements coordonnés, qui, déjà pour cette raison, doivent être plus complètement adaptés à la composition de l'impression. Mais, tout cela n'implique encore aucun motif de concevoir ces mouvements, comme quelque chose d'essentiellement différent des réflexes de la moëlle épinière. Il ne se manifeste toujours, ici, qu'une différence de degré, et elle est bien compréhensible, si nous réfléchissons, que chacun de ces centres réflexes complexes du cerveau a un rôle déterminé, dans la connexion totale des travaux du mécanisme central. A la vérité, il est une chose certaine : les directions ou régulations spontanées, qui doivent être supposées dans cette circonstance, pour expliquer l'adaptation au mode des impressions, sont infiniment plus compliquées, que celles que présente une machine quelconque, faite de main d'homme. Or, quel est le mécanicien, qui se vanterait de fabriquer une machine, imitant parfaitement les réflexes si multiples et si variés d'une grenouille décapitée ? Justement ici, nous ne pouvons, qu'à l'aide des propriétés générales de la substance nerveuse centrale, comprendre la réunion merveilleuse de sûreté mécanique et d'adaptation variée des mouvements. Nos grossiers instruments artificiels ne seront jamais en état d'imiter, même de loin, le fonctionnement de ces organes, qui sont le produit le plus achevé du développement organique. Ici, le point décisif, c'est toujours la question suivante : des phénomènes quelconques nous autorisent-ils à admettre, que des mouvements déterminés ne sont plus les résultats mécaniques, immédiats des irritants antérieurement appliqués ; et y a-t-il des signes ou indices, qui dénotent une reproduction d'impressions antérieures ? Évidemment, sous ce rapport, ces sortes d'animaux, possédant encore leurs tubercules quadrijumeaux et couches optiques, ne se comportent pas autrement, que des animaux entièrement décapités. A la vérité, ils gardent la station debout, ne se couchent pas ; mais, les tensions musculaires, amenant cette attitude, sont considérées, comme des conséquences réflexes des impressions, qui agissent continuellement sur le tégument cutané. Par contre, on n'aperçoit aucune trace d'un mouvement, qui ne se ramènerait pas immédiatement à une irritation extérieure. Un pigeon, amputé de ses lobes cérébraux, une grenouille privée de ses tubercules bijumeaux, restent immobiles, à la même place, durant des journées entières. C'est seulement, quand une petite partie des lobes cérébraux a été conservée, que tout mouvement spontané n'est pas éteint ; et, en pareil cas, cette spontanéité de mouvements peut se rétablir presque complètement, à la faveur des substitutions fonctionnelles étendues, dont les diverses parties de l'écorce cérébrale sont capables entre elles. Mais, quand le manteau cérébral tout entier et l'écorce cérébrale, qui le recouvre, manquent totalement, on n'a jamais observé une manifestation biologique, susceptible d'être nettement interprétée comme un mouvement voulu, non immédiatement éveillé par des irritants extérieurs (1). Nous en conclurons évidemment, que chez un semblable animal une reproduction des sensations antérieures n'est plus possible ; car, cette reproduction susciterait nécessairement, de temps à autre, des mouvements correspondants. Par ce moyen, une conscience cohérente et rattachant à des sensations antérieures les impressions actuelles est d'elle-même exclue. Sans doute, de même qu'à propos de la moëlle épinière, il demeure toujours possible, qu'il existe un degré très-inférieur de conscience, permettant de conserver, durant un temps très-court, les impressions. Seulement, il faut maintenir, qu'ici pareil degré de conscience ne contribue nullement à l'explication des mouvements. Quand ils sont directement occasionnés par un irritant extérieur, ces mouvements présentent constamment le caractère de véritables réflexes, et ils sont surtout beaucoup trop compliqués, pour qu'ils puissent être expliqués, même d'une façon approximative, par une conscience d'une durée presque momentanée. Par conséquent, quoiqu'on accorde la possibilité, qu'un état concomitant de conscience, de l'espèce la plus simple, ne soit pas absent de ces réflexes compliqués, néanmoins une preuve décisive en faveur de l'existence de cette conscience ne peut être apportée ; d'autre part, il est positif, que la composition du mouvement est uniquement expliquée par le fonctionnement d'un mécanisme développé, grâce à des influences psychiques complexes, mécanisme, où une adaptation conforme du mouvement à l'impression extérieure est réalisée par le perfectionnement extraordinaire des directions spontanées, qui ont lieu.

1. Sans doute, les oiseaux, dont les lobes cérébraux ont été enlevés, impriment, de temps à autre, des mouvements à leur bec ou font la toilette de leurs plumes. Il est à peu près certain, que ces sortes de mouvements sont motivés par ces irritations cutanées, qui provoquent les mêmes mouvements chez l'animal non mutilé.

Bien plus souvent, que les mouvements automatiques, les mouvements réflexes ont été considérés, comme les bases fondamentales de
toutes les actions volontaires. « Se défiant de l'esprit d'invention de
l'àme, » la nature aurait donné au corps ces mouvements, en qualité
de résultats mécaniques certains des irritants, afin que la volonté
s'empare d'eux et acquière par ce moyen sa souveraineté sur le
corps (1). Il faut avouer, que cette description sait apprécier à sa
juste valeur le rôle, que jouent les appareils réflexes des organismes
supérieurs, dans le développement des actions volontaires. Mais, elle
n'explique nullement la naissance des mouvements réflexes compliqués, et elle ne correspond pas à la vérité, en ce qui concerne le
développement primitif des manifestations de la volonté. L'idée, que
des appareils réflexes, tout prêts et d'un agencement complexe, sont
mis à la disposition de l'âme, n'est acceptable, qu'autant qu'elle se
fonde sur une intuition, qui, au sens cartésien, envisage l'union
de l'àme et du corps, comme une union extérieure et mécanique, qui
peut à chaque instant être établie et rompue, sans désavantage ou
dommage notable pour tous deux. En général, c'est uniquement au
degré le plus élevé de l'échelle animale, que nous observons les
mouvements réflexes compliqués, qui servent de base à cette description. L'étude comparée de ces mouvements nous montre, que leur
développement coïncide absolument avec celui des actions volontaires.
Les réflexes, perçus par nous chez l'animal décapité, sont les mêmes
mouvements, que nous rencontrons, seulement mieux ordonnés, dans
les actions voulues des individus de la même espèce. Si, de là, nous
descendons les derniers degrés de l'échelle animale, nous trouvons
encore des mouvements, présentant le caractère des simples actions
volontaires, qui semblent accompagnées de sensations et d'instincts.
Tout cela témoigne donc, que les actions volontaires n'ont pas eu
pour origine les réflexes, *mais que les réflexes sont des actions volontaires devenues mécaniques*, suscitées par les effets, que les mouvements volontaires exercés ont produits sur l'organisation permanente
du système nerveux. Les preuves empiriques, concernant cette conséquence tirée du développement individuel, nous apprendrons à les
connaître, quand nous étudierons tout à l'heure les mouvements voulus.

La physiologie moderne a réussi à distinguer rigoureusement les mouvements
réflexes d'avec les actions instinctives et volontaires. Après que Haller, par sa

---

1. Lotze, *Medicinische Psychologie*, p. 292.

doctrine de l'irritabilité, eut posé, le premier, en principe, que le mouvement et la sensation étaient des fonctions séparées, qui pour cela ne devaient pas nécessairement s'accompagner, la nature purement mécanique des mouvements réflexes fut généralement considérée comme certaine, grâce aux lois fondamentales physiologiques de ces mouvements, qui ont été établies surtout par les recherches de Prochaska et J. Müller (1). Pflüger appela l'attention particulièrement sur l'adaptation merveilleuse des mouvements réflexes au mode d'application des irritants, et conclut de ses expériences, qu'après l'ablation du cerveau un degré inférieur de conscience et de volonté persistait encore dans la moëlle épinière (2). Plusieurs physiologistes ont partagé l'avis de Pflüger ; d'autres pensent, qu'ici il s'agit seulement d'effets mécaniques complexes. Lotze, qui inclinait vers cette dernière opinion, avait essayé, en démontrant les influences de l'exercice et de l'habitude, de ramener certains mouvements aux effets mécaniques consécutifs de l'intelligence (3). Goltz a déjà déclaré et prouvé par différentes expériences, que cette explication ne s'applique pas, du moins à tous les phénomènes (4). Suivant l'exemple antérieurement donné de Schiff (5), il a supposé, que des directions ou régulations spontanées, très-étendues, se produisaient à propos des réactions de la moëlle épinière, et il a tâché d'étayer cette assertion par les variations, que présente la conduite des grenouilles décapitées ou purement aveuglées. En revanche, chez les grenouilles, privées simplement de leurs hémisphères cérébraux, Goltz se croyait autorisé à admettre un certain degré de fonctions psychiques, car il posait ce principe fondamental : quand les mouvements sont d'une nature si complexe, qu'on ne peut plus se représenter une machine, qui les accomplisse, il faut reconnaître l'existence ou la présence des facultés de l'âme (6). Mais, il me semble douteux, qu'un mécanisme, comme celui qui sert de base aux réflexes de la moëlle épinière, ne soit pas déjà très-difficile à concevoir pour notre esprit. Or, nulle part, une limite ou démarcation précise ne peut être tracée, bien qu'elle s'observe nettement, s'il se manifeste des mouvements *spontanés*, c'est-à-dire provenant non des irritants extérieurs, mais des représentations reproduites. Ceci arrive seulement, quand au moins une partie des lobes cérébraux est restée conservée. Selon moi, la présence d'une prétendue faculté d'adaptation, pas plus que la finalité des mouvements, ne sont un argument en faveur de l'existence de la conscience. Car, la moëlle épinière ou une machine artificielle quelconque, munie de mécanismes régulateurs, possèdent la faculté d'adaptation ; et des différences de degré ne peuvent motiver, ici, aucune différence essentielle. La conscience — au sens, que d'après notre observation

1. Müller, *Handbuch der Physiologie*, t. I, 4ᵉ édit., p. 608.
2. Pflüger, *Die sensorischen Functionen des Rückenmarks*, p. 46, 114.
3. Lotze, *Göttinger gelehrte Anzeigen*, 1853, p. 1748.
4. Goltz, *Functionen der Nervencentren des Frosches*, p. 82.
5. *Lehrbuch der Physiologie*, t. I, p. 214.
6. *Loc. cit.* p. 113.

de soi-même nous attachons à ce concept — est susceptible d'être établie là, où les phénomènes révèlent nettement un réveil ou réviviscence spontanée des représentations antérieures.

De la physiologie, le concept de réflexe a été importé en psychologie. Mais, dans les temps modernes, il a éprouvé, ici, une transformation essentielle ; car, bien des fois, on a appelé réflexes ces sortes de mouvements, dont le libre arbitre paraissait exclu, quoique des sentiments concomitants et des instincts fussent démontrés être les conditions psychiques du mouvement extérieur (1). A la vérité, il ne peut être interdit à personne d'employer dans un sens modifié une expression déterminée. Mais, il semble, que l'on doit surtout se demander, si dans le cas présent la modification a été opportune. La signification multiple des concepts entraîne toujours certains dangers. Il est toutefois indispensable, de séparer les mouvements réflexes purement mécaniques d'avec ceux, où des causes psychiques apparaissent efficaces. Dans ce but, il est extrêmement important, que l'expression de réflexe, au sens introduit en physiologie principalement par J. Müller, soit maintenue pour les fins psychologiques ; et d'autant plus, que (nous le verrons ultérieurement) nous avons dans le mot de « mouvements instinctifs » une désignation parfaitement convenable pour les réflexes, qui sont engendrés par des impulsions psychiques. Et, cette désignation n'implique pas avec elle ce malentendu manifesté à propos de cette extension du concept de réflexe, à savoir que la fonction de la volonté est étrangère aux mouvements de cette nature, malentendu qui a sa source dans la confusion, si souvent blâmée par nous, de la volonté avec le libre arbitre.

2. — Mouvements instinctifs, et mouvements voulus.

Pour comprendre le développement des mouvements instinctifs, nous devons remonter à la nature primitive des instincts innés. Ceux-ci sont, comme nous l'avons déjà vu, les modes d'un désir ou d'une répulsion indéterminés, dans lesquels un sentiment de plaisir ou de déplaisir existants engendrent des mouvements corporels, dont l'effet a pour but de renforcer le sentiment de plaisir ou d'écarter le sentiment de déplaisir (2). Puisque, lors de la première manifestation des instincts, nul être ne possède une connaissance de ses propres mouvements et de ses effets, nous devons en même temps considérer le mouvement, comme une conséquence mécanique, basée sur l'organisation transmise héréditairement et due aux irritants sensoriels exté-

1. Voir chap. XXII les remarques concernant le développement du langage.
2. Consulter quatrième section, chap. XVIII, p. 380.

rieurs, qui ont éveillé le sentiment. Par son côté physique, le mouvement ressemble donc complètement à un mouvement réflexe. Mais, sous deux rapports, il se distingue des réflexes proprement dits : 1° il est accompagné des processus de la conscience, et 2° envisagé au point de vue de ces derniers, c'est *une action ayant son origine dans un motif, qui détermine d'une manière univoque la volonté*. La plus simple action instinctive est donc une *action de la volonté* (Willenshandlung). En revanche, nous réserverons l'expression d'*action voulue* (willkürliche) spécialement pour une semblable action de la volonté, où un choix se produit entre divers motifs.

Évidemment, chez tous les animaux, nous constatons, que les mouvements instinctifs primitifs reposent, déjà, sur un processus de développement, fixé dans l'organisation transmise héréditairement. Même les mouvements des protozoaires les plus inférieurs présentent donc, dès le début, un caractère coordonné, adapté à la composition des impressions extérieures et aux besoins biologiques de l'individu. Comment cet état s'est-il développé ? nous ne possédons à ce sujet, que de pures présomptions. Pour aller jusqu'au bout de l'idée de développement, on pourrait admettre, que parmi les mouvements, primitivement dépourvus de règle, ceux qui ont excité les sentiments de plaisir ou écarté les sentiments de déplaisir, ont graduellement contracté une liaison plus fixe avec certains irritants appliqués. De cette manière, on expliquerait peut-être la naissance des mouvements instinctifs, conformes à un but ; néanmoins, dans cette explication, les fonctions psychiques fondamentales, la sensation et la volonté, sont déjà supposées ; et, comme notre pensée est incapable de concevoir l'existence de ces dernières, sans qu'elles se manifestent par des mouvements correspondants, ce mouvement supposé, primitivement désordonné, dont la volonté se serait ensuite emparée, n'est qu'un commencement simplement imaginaire, qui jamais ne s'est rencontré dans la réalité et auquel la réalité ne peut même jamais correspondre. De même que la physique est impuissante à rendre compte de la naissance de la matière, de même la psychologie doit s'abstenir d'expliquer la naissance de la conscience. La psychologie est obligée d'admettre, comme lui étant primitivement données, les fonctions fondamentales de la conscience et aussi de cette manière les formes les plus simples, par lesquelles ces fonctions fondamentales se traduisent dans le mouvement du corps. Or, la tâche du psychologue est de rechercher non pas la naissance, mais le développement des manifestations de la vie psychique.

Si, lors de la première manifestation des instincts innés, il n'existe point de conscience anticipant le résultat du mouvement, toujours une pareille conscience doit s'affirmer plus nettement, à propos des actions instinctives, qui suivront. Avec elle marche de concert le développement de la représentation de mouvement (chap. XI, p. 18). Toute manifestation instinctive est précédée : 1° de la représentation éveillant l'instinct, avec le sentiment de plaisir ou de déplaisir, qui accompagne la représentation ; 2° de la représentation anticipant le résultat du mouvement, avec le sentiment de plaisir concomitant ; et 3° de la représentation de mouvement, généralement accompagnée d'un sentiment sensoriel de plaisir, plus ou moins net. Puisque, selon les divers cas, le mouvement atteint tantôt plus parfaitement, tantôt plus imparfaitement son résultat, déjà une transition aux mouvements conformes à un but sera possible, à un certain degré, même dans les actions instinctives.

La naissance des *mouvements voulus* exerce une influence très-profonde sur le développement que nous étudions ici. Quoique cette naissance suppose l'existence des mouvements instinctifs, elle pourrait bien remonter au premier temps de développement de la conscience. Déjà, chez les espèces animales les plus inférieures, nous constatons des signes évidents, qui indiquent une manière d'agir volontairement. En dehors des simples mouvements instinctifs, apparaissent de temps en temps ces sortes de mouvements, chez lesquels se manifeste un choix entre divers motifs. Il s'agit plus rarement ici d'un combat de divers motifs — tel qu'il se révèle dans les formes supérieurement développées de la conscience — que d'un conflit entre différents irritants, qui éveillent le même instinct. Dès que de cette manière a pris naissance l'idée, qu'au lieu du mouvement donné un autre mouvement aurait pu être exécuté avec un autre résultat, l'action possède subjectivement et objectivement le signe caractéristique d'une action voulue. La conception ordinaire des mouvements voulus se contente généralement de désigner du nom de librement choisie la chaîne tout entière des mouvements, quand un acte isolé, faisant partie d'une série d'actions, liées ensemble, porte en soi les signes du libre arbitre. Ici, l'examen psychologique est nécessairement obligé d'opérer une distinction entre les éléments constituants voulus et ceux qui doivent être considérés, comme de pures actions instinctives ou même des résultats purement mécaniques, provenant des impulsions données par les actes moteurs antérieurs. La règle absolue est, que, pour nos actions voulues, nous avons généralement le but devant les yeux; mais, dans chaque cas particulier, nous confions l'exécution à un mécanisme inné ou exercé. De plus, les mouvements, qui étaient primitivement fondés sur une intention consciente, peuvent, après une répétition fréquente, et même sans celle-ci, être parfaitement opérés d'une façon inconsciente. Nous citerons ici une grande partie des mouvements, qui ont trait à nos occupations journalières. Très-souvent alors, la première impulsion émane sans doute de notre volonté; parfois, nous pouvons accomplir, du commencement à la fin, sans conscience, un acte complet de mouvement ou, même, une série de mouvements complexes, et ensuite percevoir, souvent avec surprise, l'effet produit.

Si on suit le développement d'un mouvement de ce genre, mécanique et habituel, dans les cas où le mouvement s'accomplit durant la vie individuelle, on reconnaît alors clairement, que les divers actes de mouvement, primitivement voulus, deviennent graduellement mécaniques; car, ils se convertissent d'abord en mouvements instinctifs, qui, à la suite d'une sensation consciente déterminée, fréquemment d'une sensation de mouvement antérieure, s'exécutent avec une sûreté mécanique et sont, très-souvent, accompagnés d'un sentiment net d'instinct satisfait; ensuite, ils sont susceptibles de revêtir pleinement le caractère des réflexes, puisque la sensation disparaît de la conscience. De cette manière, ces actions, que l'on nomme ordinairement voulues, sont la plupart du temps des complexus, provenant de mouvements réellement voulus, de mouvements instinctifs, de mouvements réflexes purement mécaniques et de mouvements associés.

Si nous comparons avec les résultats de l'exercice individuel les actions instinctives, plus complexes, des animaux, ces dernières ne sont évidemment expliquées, que si on suppose, qu'un instinct primitif a pris graduellement à son service les actions voulues, qui, réagissant ensuite contre l'organisation, sont devenues des actions instinctives, que l'habitude a rendues mécaniques. Nous devrons voir aussi des résidus de mouvements voulus, devenus habituels, dans tous ces réflexes, souvent hautement conformes à un but et compliqués, que l'on observe chez les animaux, qui sont dépourvus des parties centrales, indispensables aux fonctions de la conscience. Le développement individuel favorise ainsi cette hypothèse, suggérée par le développement général: les réflexes n'engendrent pas les actions volontaires; mais, au contraire, les mouvements réflexes, conformes à un but, sont des actions volontaires, devenues stables et mécaniques. Par conséquent, nous sommes obligés de considérer le développement total des mouvements animaux, comme étant un développement *divergent*. Les mouvements instinctifs constituent le point de départ : 1° du développement des actions volontaires supérieures, des *mouvements voulus*, 2° de la naissance des *mouvements réflexes* et *automatiques*, produits sans participation de la conscience ; ces derniers n'émanent pas simplement des mouvements instinctifs primitifs, mais continuellement des mouvements voulus. En même temps, cette transformation rétrograde (Rückverwandlung) des mouvements voulus s'effectue probablement, grâce au chaînon intermédiaire des mouvements instinctifs : d'abord, l'excitation sensorielle, mettant en jeu un mouvement, est encore accompagnée de sensations et de sentiments instinctifs ; ensuite, ceux-ci disparaissent graduellement, et l'exécution du mouvement apparaît, comme un phénomène purement mécanique.

Il est à peine besoin d'indiquer les suites ou conséquences importantes de cette conversion rétrograde des mouvements voulus en actions instinctives et en réflexes. Seulement, ce fait, que les opérations de la volonté se fixent, pour se convertir graduellement en résultats mécaniques, permet à la volonté d'arriver progressivement à effectuer des opérations toujours nouvelles. La même sûreté, que l'on a vue garantie par les manifestations volontaires (puisque la nature a, dès le commencement, mis à leur disposition un mécanisme convenablement coordonné), est atteinte par ce développement ; et, elle est d'autant plus certainement atteinte, que la volonté elle-même se crée, dans le cours du temps, les agencements mécaniques, qui doivent servir à ses buts.

Le passage graduel, qui a lieu entre les diverses formes de mouvement corporel, implique, que les différents degrés de développement ne peuvent, dans chaque cas particulier, être sûrement distingués par l'observation objective. Ainsi, en ce qui concerne un grand nombre de mouvements du nouveau-né, on ignore absolument, si ce sont des mouvements instinctifs ou des réflexes. Par exemple, les réflexes mimiques, qu'occasionne, immédiatement après l'accouchement, l'application sur la langue de substances douces, acides et amères (1), pourraient bien être de simples mouvements instinctifs, puisqu'ils sont réellement accompagnés de sensations et, qu'à l'égard des irritants extérieurs, ils expriment une tendance ou une répulsion. Également, les mouvements de succion, qui

---

1. Kussmaul, *Untersuchungen über das Seelenleben des neugeborenen Menschen.* Leipzig et Heidelberg, 1859, p. 16.

prennent naissance, quand les deux lèvres sont mises en contact, surtout si des sensations de faim se manifestent simultanément, doivent être considérés, comme des mouvements instinctifs. En revanche, les mouvements irréguliers des bras et des jambes ont, en grande partie, un caractère automatique ; et les premiers mouvements de l'œil, lors des impressions lumineuses ; les mouvements du corps, lors des impressions tactiles ; le tressaillement, suscité par les impressions sonores et généralement observé après les premiers jours de la naissance, à cause de l'agglutination primitive des canaux auditifs, sont probablement de purs réflexes. Au sujet de cette distinction, il faut remarquer, que tout mouvement, consécutif à l'application d'un irritant et où en même temps une sensation consciente accompagne l'irritant, ne doit pas, pour cela, être appelé mouvement instinctif : le critérium de ce mouvement consiste toujours, en ce que celui-ci apparaît, à l'occasion de l'irritant extérieur, comme une réaction de la volonté, qui se révèle par les formes du désir ou de la répugnance. C'est pourquoi, par exemple les réactions corporelles des émotions (décrites chap. XVIII, p. 372) sont, en majeure partie, des réflexes ou, même, des mouvements automatiques, provenant d'une excitation des centres nerveux, qui a longtemps survécu à l'impression. L'affaissement du corps produit par la frayeur, le rire et les pleurs de joie et de tristesse sont des résultats, aussi purement réflexes et partiellement automatiques, de l'excitation, que la rougeur suscitée par la honte, la modification des battements cardiaques avec les passions les plus diverses, l'effusion des larmes et d'autres réactions, exercées contre les muscles soustraits à la volonté ou contre les organes sécréteurs. Par contre, dans les gesticulations de l'homme en colère, les excitations automatiques se mêlent avec les manifestations instinctives, qui se traduisent par l'acte de serrer le poing, de grincer des dents. A propos de la frayeur, un mouvement instinctif s'associe au réflexe du tressaillement, quand la main est étendue pour protéger le corps d'un danger menaçant. A l'occasion de ces réactions involontaires, ordinairement les réflexes et les mouvements instinctifs se mêlent très-intimement de cette manière, et on comprend, que dans un cas particulier la distinction des deux éléments constituants soit difficile ; car, un mouvement, ayant le caractère d'un mouvement instinctif, peut accidentellement apparaître comme réflexe, en vertu de la conversion, précédemment signalée, des actions volontaires en mouvements mécaniques. Puisque cette conversion a déjà eu lieu, à un certain degré, chez tous les êtres, évidemment cette question : existe-t-il de pareils mouvements automatiques et réflexes, qui ne soient pas engendrés par des mouvements instinctifs et des mouvements voulus? ne saurait être résolue par l'expérience. Seulement, dans ces sortes de cas, où le mouvement mécanique offre nettement le caractère de finalité, nous devrons toujours admettre, qu'il tire son origine des actions volontaires ; car, dans l'état actuel de la science, c'est uniquement le développement de la volonté, qui provoque, chez les animaux, des mouvements conformes à un but. L'histoire générale de l'évolution autorise à penser, que même ces sortes de mouvements, tels que les mouvements cardiaques, qui, chez les animaux supérieurs, sont complètement soustraits à l'action de la volonté, ou bien ceux qui, comme les mouvements respiratoires, y sont soustraits en majeure partie, ont pour origine les mouvements instinctifs primitifs. Or, les débuts ou commencements de ces fonctions, que nous rencontrons chez les animaux inférieurs, sont des mouvements, qui ne s'accomplissent pas avec la régularité automatique, mais à des intervalles irréguliers ; et, ils se présentent, ce semble, sous l'influence directe de certains instincts nutritifs.

Si, quand des agencements sont disposés dans l'organisation congénitale, la naissance des mouvements mécaniques, qui est due aux actions volontaires primitives, se dérobe absolument à notre observation immédiate, en revanche les processus, déployés lors de l'apprentissage et de l'exercice des mouvements complexes, sont des témoignages, qui nous renseignent sur cette naissance. Il n'existe aucun mouvement appris et exercé — depuis la marche, la natation, la parole et l'écriture, jusqu'aux mouvements des mains et des doigts sur le piano, ou les occupations techniques les plus diverses — où l'on ne suive pas à pas cette transition, cette conversion. Après que la volonté a d'abord exécuté isolément un mouvement quelconque, elle réunit, rassemble des complexus entiers de mouvements ; car, seulement le mouvement, qui commence la série de mouvements, se produit grâce à l'impulsion directe de la volonté, tandis que les mouvements suivants sont automatiquement enchaînés à cet anneau primitif. Quand on apprend pour la première fois la plupart de ces mouvements, l'instinct d'imitation joue un rôle important. Chez l'enfant, le premier sourire apparaît, comme un sourire sympathique, associé, si on rit devant lui ; de même, la perception des mouvements étrangers excite le plaisir à opérer les mouvements de locomotion. L'instructeur, qui apprend aux sourds-muets à articuler, utilise cette expérience ; car, tout d'abord, le dressage à l'imitation est exercé par des mouvements, et, dans ce cas, on prend en même temps pour point de départ les mouvements les plus simples et les plus nettement visibles des parties extérieures du corps, afin d'engendrer, grâce à l'intermédiaire du sens tactile, les mouvements plus délicats et plus cachés des organes de l'articulation (1). Ici même, tout conspire à fixer mécaniquement, par la volonté des mouvements reliés, certaines combinaisons déterminées, afin que si seulement un anneau d'un groupe des mouvements est excité dans la conscience, l'ensemble se reproduise à l'instant.

1. W. Gude, *Die Gesetze der Physiologie und Psychologie über die Entstehung der Bewegungen und der Articulationsunterricht der Taubstummen.* Thèse. Leipzig, 1879.

CHAPITRE XXII

MOUVEMENTS D'EXPRESSION.

1. — Lois générales des mouvements d'expression.

Puisque les mouvements de la sensibilité ou de l'âme (Gemüths-bewegungen) se réfléchissent continuellement en mouvements extérieurs, ces derniers deviennent un auxiliaire, qui permet à des êtres analogues de se communiquer leurs états internes. Tous les mouvements, qui contribuent à établir un pareil commerce de la conscience avec le monde extérieur, nous les nommons *mouvements d'expression*. Ceux-ci ne constituent pas une forme de mouvement d'origine particulière, mais ce sont toujours des mouvements réflexes ou des actions volontaires. Tel est donc uniquement et absolument le caractère *symptomatique*, qui les distingue. Dès qu'un mouvement est un signe d'états internes, qu'un être semblable peut comprendre et auquel il peut répondre, ce mouvement se convertit en mouvement d'expression. Ce mouvement, qui oblige la conscience d'un être isolé à prendre part au développement intellectuel d'une réunion d'individus, marque le passage ou transition de la psychologie individuelle à la psychologie de la société.

D'après l'état actuel de nos connaissances, les animaux sont, en majeure partie, bornés à la manifestation des mouvements de leur sensibilité (1). Le développement supérieur de la conscience, que

---

1. Ceci n'exclut pas, que divers animaux ne soient capables de manifester certaines représentations. Effectivement, à un certain degré, nous observons pareille chose chez nos animaux domestiques, les plus intelligents. Par exemple, le chien fait connaître par des gestes très-significatifs, qu'il veut aller se promener, qu'on doit lui ouvrir la porte, etc... Quoique ces manifestations émanent d'émotions, cependant elles contiennent simultanément une relation avec des représen-

l'homme atteint, le rend apte à exprimer toute sorte de représentations
et de concepts. L'enfant, dès les premiers jours de la naissance, et
l'idiot, dont l'intelligence a été arrêtée dans son développement, ne
laissent reconnaître, que des émotions et des instincts. Il est donc extrêmement vraisemblable, que partout la manifestation des mouvements de la sensibilité a engendré la manifestation de la pensée.

Au début de la vie, toutes les manifestations des mouvements de
la sensibilité ont lieu involontairement, même chez l'homme; par conséquent, ce sont en partie des actions instinctives, en partie des mouvements réflexes et automatiques. Divers mouvements d'expression sont
graduellement arrêtés par la volonté; d'autres, qui ne sont pas occasionnés par un instinct irrésistible, se produisent, et, de cette manière,
prennent naissance des formes d'expression, volontaires. L'homme
civilisé dirige l'expression de ses émotions vers d'autres individus,
dont il se sait observé; aussi, s'efforce-t-il d'adapter à cet entourage
les gestes et le jeu de sa physionomie. Il essaie de cacher certaines
émotions et d'en exprimer d'autres. Ainsi, le rire de convention en
société et la plupart des gestes de politesse sont des manifestations
contenues, ou exagérées, ou volontairement feintes. Cette influence de
la volonté est généralement impuissante, quand le mouvement de
la sensibilité s'élève à de hauts degrés; très-souvent, elle réussit à
voiler seulement l'intérieur, rarement à le masquer complètement.

Les mouvements d'expression des états de la sensibilité ont été diversement classés. On leur a appliqué le point de vue physiologique, puisqu'on a analysé, décomposé l'expression, dont les différentes parties du
corps, l'œil, la bouche, le nez, les bras, etc., sont capables; ou bien, les
formes de manifestation des diverses émotions ont été disposées, placées l'une à côté de l'autre, d'après leur affinité psychologique. Ces
deux méthodes — si intéressantes qu'elles puissent être pour la connaissance pratique de l'homme — ne jettent, qu'une lumière indirecte
sur l'essence des mouvements d'expression. Nous tàcherons donc de
les séparer en certains groupes, d'après leur origine propre, immédiate.
A cet égard, tous les mouvements, émanant des émotions ou des instincts, se ramènent, selon moi, à *trois* principes, qui d'ailleurs agissent
très-souvent dans le même sens, de sorte qu'un mouvement isolé doit

---

tations. Toutefois, l'assertion, si souvent répétée, que l'animal est absolument
réduit à manifester des sentiments, va donc trop loin. Consulter mes *Vorlesungen
über die Menschen-und Thierseele*, II, p. 388. Plusieurs observations, concernant les
insectes vivant en société, les fourmis, les termites, etc., sembleraient indiquer
une communication de représentations. Voir *ibid.*, t. II, p. 200.

être simultanément expliqué par plusieurs. Pour abréger, nous les
nommerons le principe de la *modification directe de l'innervation*, le
principe de l'*association des sensations analogues*, et le principe de
la *relation du mouvement avec les représentations sensorielles*.

Par le principe de la *modification directe de l'innervation*, nous
entendons ce fait, que d'énergiques mouvements de la sensibilité
exercent une réaction immédiate sur les parties centrales de l'innervation motrice ; c'est pourquoi, avec les émotions très-violentes prend
naissance une paralysie subite de nombreux groupes musculaires, et
avec les faibles ébranlements de la sensibilité une excitation, qui n'est
que plus tard remplacée par l'épuisement. Ce principe ressort avec
d'autant plus de pureté, que le mouvement de la sensibilité est plus
énergique. Avec l'augmentation de ce mouvement, le changement
d'innervation fait sentir son action sur une plus grande étendue, de
sorte qu'il n'est plus possible de percevoir les différences d'expression,
qui traduisaient la qualité de l'émotion (1). Quand le mouvement de la
sensibilité est moins violent, les autres principes d'expression se manifestent en même temps. A part l'ébranlement musculaire général,
la physionomie et les gestes du sujet révèlent nettement la composition
des sentiments ou la direction des représentations sensorielles, qui ont
engendré l'émotion.

Parmi tous les mouvements d'expression, ceux qui obéissent au principe de la modification directe de l'innervation, se dérobent le plus à la
domination de la volonté. Ainsi, les effets des émotions, étudiés p. 373
et produits sur les muscles involontaires du cœur, des vaisseaux sanguins et sur les organes sécréteurs, dépendent particulièrement de ce
principe. Ce sont les contractions et les dilatations des vaisseaux, la
pâleur et la rougeur, et l'effusion des larmes, qui constituent ordinairement un élément important de l'expression des fortes émotions. Ces mouvements d'expression, involontaires, sont en même temps spécifiquement
humains (2) ; et, ils paraissent avoir été acquis relativement tard par
l'homme, puisque les enfants ne pleurent, ni ne rougissent dans les
premiers jours de leur existence. Des modifications analogues, qui
surviennent à la peau et se révèlent par la pâleur, semblent s'établir
même chez les animaux ; car, le hérissement des poils ou cheveux,

1. Consulter p. 371.
2. Parfois, l'éléphant agité par de violentes émotions verserait des larmes. —
Voir Darwin, *Der Ausdruck der Gemüthsbewegungen* (trad. allem. de J. V. Carus).
Stuttgart, 1872, p. 168.

qui accompagne parfois chez l'homme la pâleur mortelle de l'angoisse, a réellement été constaté chez bon nombre d'animaux (1). La rougeur accompagne généralement des émotions modérées, la pudeur, l'embarras, plus rarement et alternant alors régulièrement avec la pâleur, les emportements de la colère. La honte, cet état de la sensibilité qui dispose spécialement à la rougeur, laquelle se transmettrait peut-être de là aux autres émotions, est absolument particulière à l'homme; et ceci explique suffisamment, qu'elle soit bornée à l'espèce humaine, où d'ailleurs elle semble être un mode d'expression tout à fait général (2). La rougeur est la plupart du temps limitée à la peau du visage ; elle pourrait bien provenir de la même cause, qui, à propos de toutes les émotions excitant énergiquement le cœur, nous fait très-fortement sentir, dans les vaisseaux de la tête, la réaction due à l'accélération des battements cardiaques. Grâce à leur position anatomique, les artères crâniennes sont le plus exposées aux flots de l'ondée sanguine. Or, la rougeur est basée sur un relâchement momentané de l'innervation vaso-motrice, qui, en qualité de phénomène compensateur, accompagne simultanément l'excitation cardiaque, déterminée par l'émotion (3). Comme cette modification compensatrice de l'innervation se règle, sans doute, d'après les besoins, évidemment elle atteint particulièrement ces domaines, qui sont le plus exposés à l'effet de l'action cardiaque (4). L'effusion des larmes est une sécrétion, qui, comme réflexe purement mécanique, se manifeste lors des irritations de la conjonctive et, parfois, même de la rétine. Ordinairement, les violentes contractions des muscles orbiculaires de l'œil, qui apparaissent dans les fortes expirations et même avec l'acte de pleurer, arrachent à l'homme quelques larmes ; mais, ceci est d'autant moins la cause de la sécrétion, que de semblables mouvements se retrouvent chez les animaux, qui ne pleurent pas. L'abondance de la sécrétion ne s'explique, que par une action réflexe directe, exercée sur les nerfs sécréteurs des

1. Darwin, *ibid*. p. 96.
2. Darwin, *loc. cit.* p. 322.
3. Consulter chap. V, t. I, p. 191.
4. Même chez les animaux, surtout chez les lapins, quand l'action cardiaque est accrue, on observe la dilatation des vaisseaux de la tête, principalement des artères auriculaires. Donc, les filets sensitifs du cœur sont sans doute intimement reliés aux mécanismes d'arrêt, qui réglementent les vaisseaux de la tête et du cou. Pour ces motifs, l'hypothèse de Darwin, que l'attention portée sur le visage serait la cause de cette limitation de la rougeur (*loc. cit.* p. 334), me paraît au moins superflue. Elle est en contradiction avec le fait suivant: l'acte de rougir appartient justement à ces formes d'expression, qui sont les moins accessibles à l'influence de la volonté, et, par conséquent, à l'attention.

glandes. On doit présumer, que l'importance, dont jouit cette sécrétion chez l'homme, s'accorde avec l'action plus durable, que produisent justement, chez lui, des émotions plus profondes de l'âme. L'innervation persistante des glandes lacrymales écarte les dangers, dont cette action menace le système nerveux ; et, comme toute excitation dirigée vers l'extérieur, elle entraîne à sa suite une dérivation et une résolution de la tension interne, qui a atteint un haut degré. En qualité de sécrétion, elle exerce sur l'émotion *uniquement* cette action résolutive, jamais l'action fortifiante, qui, selon les circonstances, peut appartenir aux mouvements musculaires (1). Comment les glandes lacrymales obtiennent-elles ce rôle d'organes dérivatifs, calmant la douleur ? cette question est plus difficile. Peut-être ceci se rattache-t-il à l'importance, que les représentations visuelles ont pour la conscience humaine. Les larmes sont d'abord une sécrétion, qui est destinée à protéger l'œil contre les insultes mécaniques. Grâce à l'effusion des larmes, qui se produit par voie réflexe, l'œil s'affranchit des corps étrangers, tels que poussières, insectes, etc. Or, notre troisième principe nous apprendra, que des mouvements, primitivement éveillés par certains irritants de sensation, peuvent ensuite être provoqués par des représentations, qui ne doivent pas même être données dans l'intuition, mais seulement produire sur la conscience un effet analogue à ces sensations. L'effusion des larmes serait donc envisagée, comme un effet des représentations visuelles, pleines de tristesse, qui graduellement s'est transformé en manifestation de la douleur. Si cette explication était juste, le pleurer devrait, d'après sa signification primitive, se subordonner au principe de la relation du mouvement avec les représentations sensorielles ; et, grâce à l'action de l'hérédité, il serait devenu une modification directe de l'innervation (2). C'est, d'ailleurs, un processus, qui se répète à propos de presque tous les mouvements d'expression. Plus solidement ceux-ci ont pris racine dans les générations, plus facilement ils s'opèrent avec la sûreté mécanique du réflexe simple, sans que les conditions, provoquant au début le mouvement, aient besoin de se révéler à un degré sensible. L'importance, qui à cette occasion appartient à l'hérédité, est suffisamment mise en lumière par ce fait si

1. Voir p. 375.
2. Selon les présomptions de Darwin (*loc. cit.* p. 177), le pleurer serait occasionné par la pression mécanique, à laquelle l'œil est exposé, lors de la mimique des cris violents. Mais, à mon avis, ceci est en désaccord avec ce fait, que les animaux et, même, de tout jeunes enfants peuvent pousser les cris les plus assourdissants, sans verser une larme.

connu, que certains gestes et expressions de physionomie ont été observés chez les divers membres d'une famille, et, même, dans ces sortes de cas, où l'imitation ne peut nullement être en jeu (1). Néanmoins, ces mouvements d'expression ne sont pas plus expliqués, que les instincts, si on les considère simplement, comme des habitudes héréditaires. Chaque habitude est basée sur une cause psychologique, qui se ramène à l'un des principes ou à plusieurs des principes d'expression, ici étudiés ; et la même cause, qui avait engendré primitivement le mouvement, déploiera à un certain degré son effet, quand elle se reproduira. Ceci explique seulement, que même les gestes de cette nature, limités individuellement, sont toujours liés à des affections déterminées de la sensibilité.

La modification directe de l'innervation est presque constamment accompagnée d'une réaction importante de l'émotion contre l'aperception. La paralysie subite ou l'excitation des muscles dans les fortes émotions, et même ces accès ou bouffées plus faibles, que traduisent uniquement les battements de cœur, la pâleur ou la rougeur des joues, sont ordinairement liés à un désordre ou perturbation du cours de la pensée, qui de son côté peut réagir sur l'émotion elle-même, en renforçant ses conséquences corporelles. Le peureux ou l'individu troublé balbutient, non-seulement parce que la langue leur refuse mécaniquement ses services, mais en même temps parce que, chez eux, les pensées se figent, restent immobiles. En cela, se révèle de nouveau l'étroite connexion de l'innervation motrice avec le processus de l'aperception.

Le *principe de l'association des sensations analogues* s'appuie sur la loi, bien des fois rappelée, que les sensations, douées d'un ton de sentiment semblable, s'unissent facilement et se renforcent mutuellement (2). Ici, nous rencontrons en premier lieu les sentiments, qui proviennent du tégument cutané et des muscles, et sont liés à tous les mouvements d'expression. Ainsi, les mouvements énergiques, qui, accompagnant les émotions fortes, sont d'abord un effet du changement direct d'innervation, peuvent incidemment tenir à ce que le mouvement violent de la sensibilité nécessite, comme base fondamentale sensorielle, de violentes sensations tactiles et musculaires. Par conséquent, la tension des muscles, qui contribuent au mouvement d'ex-

1. Darwin, *loc. cit.* p. 34.
2. Voir chap. X, t. I, p. 548.

pression, s'adapte involontairement au degré de l'émotion. Mais, notre principe ressort avec plus de pureté dans les mouvements mimiques. Selon la juste remarque d'Harless (1), la pression des muscles des joues se règle évidemment d'après les qualités du sentiment, qui se manifeste. Ainsi, nous voyons le mouvement mimique varier de bien des façons, entre le tiraillement douloureux de ces parties, dans les émotions pénibles, entre la pression bienfaisante du sentiment de soi-même satisfait et la tension fixe des dispositions énergiques de l'âme. Mais, le principe des sensations analogues reçoit une application multiple avec les mouvements mimiques de la bouche et du nez. Ces deux mouvements prennent naissance, en qualité d'effets instinctifs ou d'effets réflexes, consécutifs à des irritants gustatifs et olfactifs. En regardant la bouche d'un individu, nous distinguons nettement l'expression de l'acide, de l'amer et du doux ; les deux premiers sont en général des sensations désagréables, qui sont évitées ; le troisième est un irritant agréable, recherché par l'organe gustatif. Or, en différents points de sa surface, notre langue n'a pas la même sensibilité pour ces divers irritants gustatifs ; les parties postérieures de cet organe et le palais sont spécialement sensibles pour l'amer; les bords de la langue pour l'acide, et sa pointe pour le doux. C'est pourquoi, lors de l'ingestion de substances acides, nous élargissons la bouche et, à cette occasion, les lèvres et les joues s'écartent des bords latéraux de la langue. Quand nous avalons des substances amères, le palais est fortement relevé et la langue abaissée, afin que ces deux organes touchent le moins possible ces substances. Si, au contraire, nous dégustons des matières sucrées, les lèvres et la pointe de la langue vont à leur rencontre, en exécutant de faibles mouvements de succion, afin de se mettre en contact intime avec l'irritant agréable (2). Ces mouvements se sont si solidement associés aux sensations gustatives correspondantes, qu'une image reproduite de ces dernières est déjà engendrée par le mouvement lui-même, sans qu'il y ait application effective d'un irritant gustatif. Donc, dès qu'il s'élève en nous des émotions, ayant de l'affinité avec les sentiments sensoriels, qui sont liés à ces sensations, nous voyons se réaliser les mêmes mouvements, qui, à l'intérieur du domaine de l'organe gustatif, constituent un fond sensoriel pour l'émotion, convertie en sensation analogue. Toutes ces

1. Harless, *Plastische Anatomie*, p. 126.
2. *Vorlesungen über die Menschen-und Thierseele*, II, p. 348.

dispositions de la sensibilité, que le langage désigne par ces métaphores
de l'*amer*, de l'*âpre*, du *doux*, se combinent donc avec les mouvements
mimiques correspondants de la bouche (1). La mimique du nez est
plus uniforme. Ici, seulement l'ouverture et l'occlusion des narines
varient, tantôt pour favoriser la réception des impressions olfactives
agréables, tantôt pour repousser les impressions olfactives désagréables ; mouvements, qui, à l'instar des réflexes mimiques de la
bouche, sont transférés à toutes les émotions possibles de plaisir et de
déplaisir (2).

*Le principe de la relation du mouvement avec les impressions
sensorielles* domine tous les jeux de physionomie et gestes, qui ne se
ramènent pas aux deux propositions fondamentales antérieures.
Ainsi, les mouvements d'expression des bras et des mains sont surtout déterminés par ce principe. Quand nous parlons avec émotion de
personnes ou de choses présentes, involontairement nous étendons
la main vers elles. Si l'objet de notre représentation est absent, nous
nous le figurons quelque part dans notre espace visuel, ou bien nous
indiquons la direction, qu'il a suivie, en s'en allant. Également, par
des paroles ou des pensées pleines d'émotion, nous reproduisons les
rapports d'espace et de temps ; puisque nous représentons ce qui est
grand, par l'élévation de la main ; ce qui est petit, par l'abaissement
de la main ; le passé, par un clignement en arrière, et l'avenir, par
un clignement en avant. Dans l'indignation, causée par une offense,
nous serrons le poing, alors même que l'insulteur n'est plus là, ou
quoique nous n'ayons nullement l'intention de nous précipiter sur
lui ; de plus, le narrateur d'évènements très-anciens emploie le même
mouvement, quand une émotion analogue surgit dans son esprit.
D'après les recherches de Darwin, ce geste ne serait familier qu'aux
peuples, qui ont coutume de se battre avec les poings (3). Dans une
violente colère, le même mouvement apparaît, et simultanément l'individu montre ses dents, comme si celles-ci devaient être utilisées
dans le combat. L'extension agressive du cou est propre à la colère et
au courage énergique ; par opposition, se manifeste le haussement
d'épaules, ce geste, qui, primitivement particulier à la dissimulation
anxieuse et à d'autres dispositions douteuses de l'âme, est devenu

1. Piderit, *Wissenschaftliches System der Mimik und Physiognomik*, Detmold,
1867, p. 69.
2. *Ibid.* p. 90.
3. Darwin, *loc. cit.* p. 252.

chez nous l'expression ordinaire de l'indifférence. Ce haussement
d'épaules, nous pouvons le regarder comme un mouvement involontaire de retraite, ou bien comme une alternative entre l'attaque et la
retraite, s'il se répète plusieurs fois, ainsi qu'il arrive souvent dans le
doute proprement dit. Les gestes de l'affirmation et de la négation
ont une importance analogue ; par le premier, nous nous inclinons
vers un objet imaginaire ; par le second, nous nous détournons plusieurs fois de ce même objet. Enfin, la mimique tout entière de l'œil
est justiciable de ce principe. Quand l'attention est soutenue, le regard
reste fixe, immobile ; même si l'objet, qui attire notre réflexion, est
absent. En outre, au moment de la surprise, l'œil s'ouvre largement ;
il se ferme soudain, si l'on est effrayé. L'homme dédaigneux tourne
son regard de côté ; le découragé l'abaisse vers le sol ; l'individu
ravi le dirige vers le haut. En même temps, les mouvements de l'œil
tiennent sous leur dépendance l'expression mimique de son entourage. Ainsi, lorsque l'œil est vivement ouvert, le front se plisse horizontalement ; et verticalement, si le regard a une fixité immuable. Associés
au regard tendu, les sillons verticaux du front sont un trait mimique
très-répandu, qui s'applique à des représentations hétérogènes et qui
peut exprimer la réflexion anxieuse, les soucis, le chagrin, la colère.
Les autres mouvements d'expression sont susceptibles, dans ce cas, de
mettre en lumière la direction particulière de la disposition de l'âme.

Nous l'avons déjà remarqué, les trois principes d'expression, ici
étudiés, peuvent, en se combinant, occasionner un effet commun. En
réalité, très-souvent les manifestations des mouvements de la sensibilité
sont complexes et ont besoin, par conséquent, d'être décomposées en
leurs éléments. Cet examen des diverses formes mimiques est en dehors
de notre programme (1) ; car, celui-ci a seulement pour but de rechercher les lois psychologiques générales, qui se manifestent ici. Nous
indiquerons seulement deux mouvements compliqués de ce genre,
qui présentent les moyens d'expression les plus énergiques des émotions agréables et des émotions pénibles opposées : le *rire* et le *pleurer*. L'expression du visage, que montre un individu en pleurs,
consiste, comme lors de l'ingestion d'un irritant gustatif acide, dans
un élargissement de la fente buccale, qui parfois se combine plus ou

1. Comparez sur cette question les ouvrages de Darwin et Piderit, ainsi que mon
article « *Ueber den Ausdruck der Gemüthsbewegungen* » inséré in *Deutsche Rundschau*, 1877, 7º livraison, p. 125, et un traité de F. V. Birch-Hirschfeld sur le même
sujet, publié in *Deutsche Rundschau*, 1880, 4º livr., p. 41.

moins nettement avec le trait amer. Simultanément, l'orifice des narines se ferme, les angles nasaux sont abaissés, de même que s'il s'a-
gissait de repousser des irritants olfactifs désagréables. L'œil est à
demi clos, comme pour écarter un irritant lumineux sensible, et la
tension des muscles environnant l'œil est augmentée, conformément
à l'énergie de l'émotion ; par suite, le front se plisse verticalement.
Surtout chez les enfants, les muscles vocaux prennent facilement part
à l'excitation motrice propagée. Grâce à la modification directe de
l'innervation, les larmes coulent, les battements cardiaques sont
accélérés et les vaisseaux sanguins se contractent. C'est probablement
la contraction persistante des capillaires, qui occasionne une irritation du centre de l'expiration. L'acte de crier est donc un compagnon
naturel des efforts convulsifs d'expiration, qui, à cause de la dyspnée
qu'ils produisent, sont interrompus par diverses secousses d'inspiration. Ainsi, le sanglot est la conséquence naturelle d'un pleurer
violent. Le rire se distingue du pleurer, spécialement par la mimique
différente du nez et de l'œil. Les deux organes sensoriels sont en général largement ouverts ; c'est pourquoi, le front se plisse horizontalement, et la bouche est ouverte, comme si tous les sens devaient
recevoir l'impression joyeuse. A cette occasion, il se produit, même
pour le rire, une innervation directe des vaisseaux. Ce n'est pas,
comme pour le pleurer, une innervation permanente ; mais, d'après
la nature des irritants du rire, du chatouillement et du comique,
cette innervation est, très-probablement, *intermittente* (1). Il existe
alors une irritation intermittente du centre d'expiration. Donc, dès le
début, le rire se fait jour par diverses secousses d'expiration, entre-
coupées d'inspirations. Personne ne l'ignore, avec le rire violent, l'é-
branlement énergique du diaphragme, qui est ainsi produit, peut devenir très-pénible. A ce moment, l'œil revêt la mimique de l'angoisse:
le regard est fixe, le front se plisse verticalement. De là, l'analogie
merveilleuse, que présentent le rire et le pleurer, parvenus à leur
degré le plus extrême.

Les expériences pratiquées, afin de découvrir certaines lois de relation entre
l'extérieur de l'homme, surtout entre ses traits du visage et son intérieur,
sont à la vérité très-anciennes, car elles se basent sur ce fait général de la
corrélation de l'esprit et du corps ; cependant, telles que nous les exposent les

1. E. Hecker, *Die Physiologie und Psychologie des Lachens und des Komischen*,
p. 7. — Voir plus haut, p. 214.

travaux des anciens « physiognomonistes » elles ont une mince valeur. Toutes
sont entachées d'une faute : elles considèrent, comme des symboles très-importants du caractère intellectuel, les rapports permanents de forme, qui reposent sur la structure osseuse ou sur d'autres propriétés du développement
primitif ; et très-souvent, leurs auteurs ne craignent pas même de se livrer à
une comparaison, absolument arbitraire, des traits du visage humain avec les
formes des animaux, car ils se croient autorisés à conclure de là à une parenté de tempérament ou d'autres particularités (1). A l'instar de la chiro-
mancie, la « physiognomonie » avait pris, au moyen âge, le caractère d'un
art mystérieux. Les travaux de Lavater n'étaient pas propres à lui ravir ce
caractère. Il en est de la physiognomonie, dit Lavater, comme de tous les
objets du goût humain ; on peut sentir son importance, mais non l'exprimer (2). Lichtenberg, qui déversa sa verve satirique sur les épanchements
enthousiastes de Lavater, a en même temps désigné d'une manière parfaitement juste la donnée scientifique, qui était cachée sous ces erreurs physiogno-
moniques, l'examen des mouvements d'expression, liés aux émotions (3).
J.-J. Engel (4), Charles Bell (5), Huschke (6), qui ne perdirent pas de vue ce
but, ne sont pas arrivés à des résultats suffisamment certains, bien que surtout les ouvrages d'Engel et de Bell contiennent bon nombre d'observations
exactes, judicieuses. La plupart des physiologistes et des psychologues eurent
une attitude tout à fait sceptique, en présence de ces sortes d'expériences,
qui souvent étaient mises sur la même ligne, que la crânioscopie (7). Dans
quelques livres modernes, on constate, pour la première fois, une tendance
accusée à ramener les mouvements d'expression à des principes psychologiques déterminés. Ainsi Harless (8) établit cette proposition : les muscles du
visage engendrent constamment ces sortes de sensations de tension, qui correspondent à l'émotion existante ; proposition, qui, nous l'avons vu, est juste
dans certaines limites et rentre dans notre principe de l'association des sensations analogues. Piderit (9) essaie de démontrer, que les mouvements musculaires mimiques, occasionnés par des états de l'esprit, se rapportent en
partie à des objets imaginaires, en partie à des impressions sensorielles imaginaires ; loi, qui coïncide partiellement avec notre troisième principe. Enfin,

1. Aristote, *Physiognomica*, cap. 4, seq. — J.-B. Porta, *De humana physiognomia.*
Hanoviæ 1593. Les idées, concernant les transformations ou métamorphoses animales de l'homme, se rattachent étroitement à ces opinions. Consulter Platon,
Timœos, 44.
2. *Fragmente physiognomische* de Lavater, par Armbruster (trad. allem. abrégée),
3 volumes, Winterthur, 1783-87, t. I, p. 101.
3. *Vermischte Schriften* de Lichtenberg, édit. de 1844, t. IV, p. 18.
4. *Ideen zu einer Mimik*, deux parties, Berlin, 1785-86.
5. *Essays on anatomy of expression*, 1806, 3° édit. 1844.
6. *Mimices et physiognomices fragmenta*, Iéna, 1821.
7. J. Müller, *Handbuch der Physiologie*, II. p. 92.
8. *Lehrbuch der plastischen Anatomie*, p. 131
9. *System der Mimik und Physiognomik*, p. 25.

Darwin (1) soumet tous les mouvements d'expression des animaux et de
l'homme à trois principes généraux, qui sont, cependant, essentiellement
différents des principes énumérés plus haut. Il donne au premier principe le
nom de principe des habitudes associées conformément à un but. Certaines
actions complexes, qui, selon les circonstances, avaient une utilité directe ou
indirecte, doivent, par suite de l'habitude et de l'association, être exécutées,
alors même qu'aucune utilité ne leur soit liée. Le second principe est celui
de l'opposition ou du contraste. Si certains états de l'âme sont liés à des
actions habituelles déterminées, les états opposés doivent s'unir par simple
contraste avec les mouvements opposés. Enfin, selon le troisième principe,
des actions sont, dès le commencement, indépendamment de la volonté et de
l'habitude, occasionnées par la simple constitution du système nerveux. Je
ne puis dissimuler, que ces trois lois ne me paraissent être ni des généralisations exactes des faits, ni contenir d'une façon complètement suffisante ces
derniers. Naturellement, une utilité réelle ou apparente se constate déjà, dans
une certaine étendue, pour les mouvements d'expression, puisqu'ils sont primitivement des réflexes et soumis, en cette qualité, à la loi de la finalité et de
l'adaptation (2). Ils le sont effectivement, du moins chez l'individu, en vertu
de la constitution du système nerveux. Ici donc, le premier et le troisième
principes de Darwin se confondent ensemble. Quelles sont les causes, qui
obligent ces sortes de réflexes coordonnés à se transmettre à d'autres impressions sensorielles, où il ne peut plus être question de leur utilité ? C'est ce
que les principes de Darwin ne nous apprennent nullement. Or ici, s'appliquent soit la loi de la liaison des sensations analogues, soit la loi de relation du mouvement avec des représentations sensorielles, qui toutes deux ne
sont pas contenues dans l'exposition de Darwin. Ainsi, chez Darwin, la loi
du contraste est un expédient manifeste. Pour qu'un mouvement d'expression
apparaisse comme contrastant avec un autre, il faut cependant avoir trouvé
une raison ou motif psychologique. Toujours un pareil motif se ramène de
nouveau aux principes d'expression formulés plus haut par nous et, par là, à des
raisons *positives* concernant le mouvement en question. Par exemple, si un chien,
caressant son maître, présente une attitude, justement opposée à celle, où
l'animal s'approche méchamment d'un autre chien (3), alors, soit les propriétés
des sensations tactiles et musculaires, qui accompagnent le frétillement de la
queue et la contorsion du corps, soit la crainte du maître, que traduit la position accroupie, par conséquent les mouvements, qui de nouveau sont basés
sur les analogies de la sensation, et sur la relation avec les représentations, motivent cette conduite du chien. D'ailleurs, abstraction faite de sa théorie,
insuffisante au point de vue psychologique, Darwin a le mérite d'avoir ras-

1. *Der Ausdruck der Gemüthsbewegungen* (édit. allem.), p. 28.
2. Voir chap. XXI, p. 459.
3. Darwin, *loc. cit.* p. 51.

semblé des matériaux d'observations extrêmement riches et démontré, par de nombreux exemples, l'importance de l'hérédité dans ce domaine.

2. — Langage de geste et langage articulé.

Par le troisième principe des mouvements d'expression, nous nous trouvons déjà en présence de gestes, où non-seulement une émotion interne arrive à produire son effet, mais où le mouvement se rapporte en même temps à des représentations extérieures déterminées. L'objet, qui excite notre sentiment, nous le montrons soit de la main, soit du regard ; ou bien, s'il n'est pas primitivement donné, nous faisons connaître en quelque sorte, par des mouvements, ses relations avec le temps et l'espace. Par ce moyen, la manifestation de l'émotion se convertit directement en *manifestation de la pensée*, dont la forme la plus simple est le *langage de geste*. Tous les gestes, qui peuvent servir à la manifestation et à la communication des représentations, se subordonnent au troisième principe des mouvements d'expression. Sans doute, comme tous les mouvements d'expression, ils émanent primitivement des émotions. Un instinct irrésistible nous pousse à donner un libre essor aux mouvements de la sensibilité ; et, en même temps, comme pour toute manifestation instinctive, le mouvement, qui apparaît, affecte une relation, plus ou moins facile à reconnaître, avec l'impression excitatrice. Ainsi, la représentation est exprimée par des gestes, sans que primitivement une intention particulière de la communiquer ait nécessairement besoin d'être en jeu. Mais, dès le commencement, l'homme se trouve parmi d'autres hommes. Le geste, qui est une pure manifestation de l'émotion, est compris par les êtres, qui sont de la même espèce, et se convertit ainsi en un auxiliaire de communication *intentionnelle*. Le mouvement instinctif au début devient un mouvement voulu, qui est produit dans le but de communiquer des représentations et des sentiments à d'autres individus. A l'origine des gestes, l'instinct d'imitation pousse à reproduire les processus externes, qui excitent le sentiment ; en outre, ce même instinct a pour effet d'obliger le compagnon de l'homme, auquel s'adresse le geste, à opérer une reproduction ou imitation : processus, qui contribue essentiellement à fixer et propager certains mouvements pantomimiques. Plus souvent le même geste a été employé, plus il se convertit en un signe conventionnel de la représentation, signe qui peut être utilisé, sans une impulsion particulière de l'émotion. Quand le cercle d'idées de celui qui parle s'élargit, ce dernier cherche alors des signes, qui lui permettent de séparer l'une de l'autre les représentations analogues. Ainsi, à mesure que les gestes deviennent un auxiliaire de communication pour une communauté pensante, la volonté libre intervient de plus en plus dans leur usage. Assurément, dans le développement du langage naturel des gestes, la volonté libre ne peut jamais engendrer des signes, qui soient, par eux-mêmes, dépourvus de signification. Toujours, la compréhension de la part de l'autre individu, auquel s'adresse la communication, doit aller au devant du symbole engendré individuellement ; seulement, ceci n'est possible, que tant qu'il existe une relation du geste avec la représentation, que le geste signifie réellement. Or, la nature humaine dans tous les pays étant la même, on conçoit, que selon les circonstances les plus diverses, où un pur langage de geste peut se former, chez les sourds-muets de différents pays, entre les tribus sauvages, qui conversent sans un langage commun de sons articulés, toujours des signes analogues seront essentiellement employés pour des représentations analogues. La communication par gestes est donc une véritable langue universelle, qui d'ailleurs présente toujours diverses variétés, pour ainsi dire dialectiques, correspondant aux conditions particulières, au milieu desquelles elle s'est formée (1).

Le moyen le plus simple d'exprimer une représentation, c'est de montrer directement l'objet. En général, cet auxiliaire n'est pas applicable, quand l'objet est absent. Ici donc, le geste a recours à la reproduction de l'objet. Il dessine dans l'air ses contours, ou bien il fait ressortir l'un de ses caractères quelconques, qui les indiquent. Ces sortes de signes reproducteurs sont alors employés, pour exprimer des représentations générales. Ainsi, chez les sourds-muets, le signe ordinaire désignant « un homme » est le mouvement d'ôter son chapeau ; « une femme, » la main fermée, posée sur la poitrine ; « un enfant, » le coude droit se balançant sur la main gauche ; « une maison, » les deux mains dessinant dans l'air les contours du toit et des murs, etc. (2). Par conséquent, nous distinguerons deux espèces de signes de gestes : 1° *démonstratifs*, directement indicateurs, et 2° *figuratifs*.

1. E.-B. Tylor, *Forschungen über die Urgeschichte der Menschheit* (trad. allem.), p. 44.
2. Tylor, *loc. cit.* p. 25.

qui imitent l'objet ou ses caractères les plus saillants. On distingue des formes secondaires de gestes figuratifs : 1° les gestes *directement désignatifs*, 2° *co-désignatifs* et 3° *symboliques*. Les gestes co-désignatifs ne représentent pas l'objet lui-même, mais un fait, qui est généralement lié à celui-ci. Ainsi, les gestes dépeignant « un homme » et « un enfant » appartiennent aux gestes co-désignatifs ; et le geste dépeignant « une maison, » au geste directement désignatif. Les gestes symboliques ne sont employés, que pour les concepts abstraits, auxquels ils substituent une image sensorielle : par exemple, le sourd-muet traduit, pour ainsi dire, par un discours droit et par un discours oblique le concept de vérité et de mensonge ; car, dans un cas, il pose verticalement son index devant la bouche, et, dans l'autre cas, il exécute obliquement un mouvement analogue. Or, tous ces signes peuvent être employés avec toutes les significations grammaticales possibles. Le langage naturel de gestes ne connaît aucune différence de nom et de verbe ; les verbes auxiliaires et, généralement, toutes les parties abstraites du discours lui font défaut. C'est, si l'on veut, une pure langue radicale ; toute son aptitude consiste à former des séries de signes de représentations. Même, la série, où ceci se produit, n'est, dans aucun cas, fixement déterminée. Tout ce que l'on pourrait appeler la syntaxe du langage de geste, se réduit à ce que les signes des représentations s'enchaînent les uns aux autres dans cet ordre, où les met l'intérêt de celui qui parle (1).

A la vérité, les signes capitaux du langage de geste, ces gestes démonstratifs et figuratifs, qui sont susceptibles d'être comparés aux racines du langage articulé, se subordonnent totalement au troisième principe des mouvements d'expression. Mais, les deux autres lois, surtout la seconde, ne sont nullement dépourvues d'importance, en ce qui concerne la manifestation de la pensée. Puisque le jeu de la physionomie traduit constamment les sentiments et les émotions, qui sont liés aux signes exprimés, la signification de ces mêmes signes devient plus compréhensible. De cette manière, la mimique de la bouche constitue spécialement un commentaire continuel, quoique indiquant seulement des sentiments, commentaire de ce que l'œil, la main et les doigts expriment plus directement. Cet accompagnement, formé par des expressions de sentiments, ne fait nullement défaut au langage articulé ; seulement, il est ordinairement bien plus vivace avec le lan-

---

1. Consulter Steinthal, in *Deutsches Museum* de Prutz, 1851, t. I, p. 922.

gage de geste, qui ne peut se passer d'aucun auxiliaire, servant à le rendre beaucoup plus intelligible.

A l'instar du geste, le *son articulé du langage* provient de l'instinct, déposé dans l'homme, qui pousse ce dernier à accompagner ses sentiments et émotions de mouvements, qui ont un rapport direct avec les impressions excitant les sentiments et les renforcent par des sensations analogues, subjectivement engendrées. Sans doute, primitivement tous ces mouvements prennent naissance, sous forme d'une action instinctive. L'objet, qui enchaîne son attention, l'homme sauvage le montre de la main ; le mouvement des autres êtres ou même d'objets inanimés, qui excitent sa sympathie, il les reproduit par un mouvement analogue, et il accompagne ces mouvements de sons articulés, qui, d'après le principe de l'association des sensations analogues, renforcent le geste muet. Ou bien, il ravive une représentation reproduite et lui donne une plus grande vivacité ; car, il reproduit, par des pantomimes figuratives, l'objet de la représentation, et y ajoute un son articulé, également plein de signification. Aujourd'hui même, nous pouvons observer ce processus chez les hommes, doués d'une vive imagination, quand ils accompagnent de gesticulations et de mots leurs pensées solitaires. Seulement, ils trouvent déjà dans le langage le mot, que cet homme sauvage (tel que nous le supposons ici) émit également sous forme d'un geste naturel. Mais, le *geste primitif du son* (Klanggeberde) se distingue essentiellement de la pantomime muette, parce que chez lui le mouvement se lie à la sensation de son. Il offre donc à la représentation extérieure, à laquelle il se rattache, un *double* renforcement subjectif ; et, par ce moyen, il est bien supérieur, pour agir sur la sensibilité, au geste muet. Le sourd-muet peut employer le geste de son en qualité de mouvement concomitant ; car, cet individu a, pour certaines représentations, des sons articulés désignatifs, dont il n'a lui-même conscience, que comme sensations de mouvement (1). Mais, en vertu du développement supérieur du sens auditif, l'élément le plus prépondérant du geste de son est le son, qui, ainsi que le montre l'exemple des effets musicaux, est apte à revêtir des formes d'expression, infiniment multiples. Puisque, en musique, le son est utilisé à dépeindre l'alternance et les nuances des sentiments, de même, dans le son articulé du langage il se convertit en symbole de représentation.

1. Voir plus haut p. 473, et Steinthal in *Deustches Museum* de Prutz, 1851, t. I, p. 917.

En cette qualité, il a dû, à l'égal d'un geste quelconque, apparaître primitivement à l'homme qui parle, comme un signe naturel de représentation. *Deux* voies s'offrent pour cela. D'abord, une parenté existera entre la représentation et le son articulé, aussi bien qu'avec la sensation de mouvement, qui prend naissance, lors de la production de ce son. Cette parenté est des plus évidentes dans les cas, rares sans doute, de l'imitation immédiate du son. Un role, beaucoup plus important, que cette *onomatopée directe*, est joué par un processus, que nous nommerons l'*onomatopée indirecte* et qui repose sur la traduction d'autres impressions sensorielles en sensations de son ; traduction, qui s'accomplit absolument dans le domaine du sentiment, car, ces analogies de la sensation, auxquelles elle se ramène, émanent entièrement de sentiments concordants (1). Justement, la richesse infinie du sens auditif permet à ce processus de s'adapter aux représentations les plus diverses des autres sens. Parmi ceux-ci, le sens visuel joue certainement un rôle important ; néanmoins, rien n'autorise à croire, qu'il est le seul sens, d'où provient le réflexe du langage. Tous les sens de l'homme sont ouverts aux impressions extérieures. Ainsi, tantôt ce sens, tantôt tel autre excitera l'instinct, qui engendre le son. Naturellement, le geste de son peut toujours s'emparer d'un seul caractère de la représentation, caractère qui s'imprime précisément de la façon la plus vive dans la conscience de l'homme sauvage, qui engendre le langage. Quand l'autre individu, auquel s'adresse le discours, se trouve dans les mêmes conditions d'excitation extérieure et d'assimilation ou appropriation interne, le caractère favorisé par le son articulé lui apparaîtra aisément, comme étant le plus convenable, et éveillera ainsi, de lui-même, l'intelligence de son importance. Un second auxiliaire, qui s'offre naturellement et facilite cette compréhension, est, par conséquent, la liaison du son articulé du langage à d'autres gestes. De nos jours, nous pouvons encore observer, comment l'homme sauvage accompagne ses paroles d'une pantomime vivante, qui permet à l'auditeur, ignorant cette langue, de les comprendre. Les coutumes et la civilisation ont graduellement affaibli cette union fraternelle, intime du langage et du geste, et le langage est resté presque uniquement l'auxiliaire le plus puissant de la communication de la pensée.

---

1. Voir chap. X, t. I, p. 551. Consulter aussi Lazarus, *Leben der Seele*, II, p. 92 et Steinthal, *Abriss der Sprachwissenschaft*, Berlin, 1872, I, p 376.

Néanmoins, les gestes de son, qui possèdent le caractère des mouvements instinctifs primitifs, manifestant l'émotion, ne sont nullement un langage ; ils servent seulement de base fondamentale, indispensable au langage articulé qui se développe, de même que les mouvements généraux d'expression constituent une pareille base fondamentale, pour le langage des gestes. Le langage lui-même prend naissance au moment, où le geste de son, accompagné d'autres gestes qui contribuent à sa compréhension, est employé dans l'*intention* de communiquer à d'autres personnes des représentations subjectives et des émotions, au moment par conséquent, où le mouvement instinctif primitif se convertit en action *voulue*. L'intention de l'individu isolé resterait sans résultat, si elle ne rencontrait pas devant elle un développement correspondant des instincts et de la volonté des autres membres de la société, et si, ici même, l'instinct d'imitation, lié à la tendance vers la compréhension, ne contribuait essentiellement à fixer les signes des sons articulés, qui ont une fois pris naissance. Dans le développement du langage, nous distinguerons donc *trois stades :* 1° le stade des *mouvements d'expression instinctifs*, 2° le stade d'*utilisation voulue de ces mouvements*, dans un but de communication, et 3° le stade de la *propagation des mouvements*, par l'imitation d'abord instinctive, ensuite également voulue. Cependant, la pensée ne conçoit pas, que ces stades de développement soient des espaces de temps, rigoureusement séparés. Vraisemblablement, il se produira plutôt une utilisation voulue des mouvements d'expression déjà existants, tandis que de nouveaux mouvements d'expression instinctifs prennent encore naissance ; surtout le deuxième et le troisième degrés seraient, par la pensée, des processus presque simultanés, car l'emploi voulu des gestes et des sons articulés n'aurait aucun résultat et s'éteindrait aussitôt, si l'instinct d'imitation et le développement concordant de la volonté des autres membres de la société n'allaient au devant de cet emploi, en le renforçant.

Nous devons donc, par la pensée, concevoir le langage primordial de l'homme, comme une série de sons articulés monosyllabiques ou polysyllabiques (1), qui, accompagnés de gestes, exprimaient des re-

1. D'après un grand nombre de linguistes, toutes les langues sont construites avec des racines monosyllabiques (W. de Humboldt, *Ueber die Verschiedenheit des menschlichen Sprachbaues*, t. VI de ses œuvres, p. 386, 405 ; Max Müller, *Vorlesungen über die Wissenschaft der Sprache*, t. I, Leipzig, 1863, p. 220). Mais cette règle n'a été abstraite, que de quelques souches de langage, surtout de la souche

présentations concrètes, sans autres relations grammaticales ; il se comportait d'une manière analogue au geste muet, dans la langue naturelle des sourds-muets de nos jours. Personne ne l'ignore, bien des langues vivantes, principalement la langue chinoise, se rapprochent évidemment de ce degré du langage, qui est antérieur à la grammaire. Le geste de son, qui prit ainsi naissance, a acquis la propriété d'une *racine du langage*, dès qu'il est devenu la possession d'une communauté ou société parlante. Or, ces conversions multiples, liaisons avec d'autres racines, ces polissages des flexions et ces déplacements de sons articulés, par lesquels se manifeste activement l'évolution ultérieure du langage, peuvent progresser. A cette occasion, le son articulé perd naturellement de sa vivacité primitive. Mais, dans une mesure égale, sa faculté, de passer graduellement des représentations concrètes aux concepts abstraits, augmente. Ainsi, le langage devient un instrument, toujours plus commode, de la pensée. La métamorphose extérieure a une marche parallèle à cette métamorphose intérieure. Partout, le développement des langues indique, que celles-ci se dépouillent de plus en plus de leur dureté et difficulté mécaniques, chez l'individu qui parle. Les difficultés de la formation des sons articulés ont moins d'importance pour la langue primitive, qui lutte par conséquent, afin d'exprimer chaque représentation par un son articulé convenable. Ces difficultés se révèlent, dès que le son articulé a perdu la signification vivace sensorielle, qui lui appartenait au début.

La marche parallèle primitive des sons articulés du langage et des gestes autorise à présumer, que les racines du langage articulé se séparent dans les mêmes groupes, que les signes du langage des gestes. Puisqu'il y a des mouvements démonstratifs et figuratifs, de même aussi le langage contiendra des sons articulés indicatifs et imitatifs. Effectivement, la classification linguistique en racines *démonstratives* et *prédicatives* (racines interprétatives et nominatives) pourrait coïncider avec cette-division (1). Les racines prédicatives, qui sont en nombre prépondérant, devraient alors être considérées, comme les analogues des gestes reproducteurs. Seulement, chez elles se déploierait cette onomatopée directe ou indirecte, qui saisit un élément

indogermanique. Selon la remarque de W. Bleek, certaines racines ne peuvent déjà plus être monosyllabiques, puisqu'elles imitent des impressions sonores polysyllabiques (Bleek, *Ueber den Ursprung der Sprache*, Weimar, 1868, p 55).
1. M. Müller, *loc. cit.* p. 211. — G. Curtius, *Zur Chronologie der indogermanischen Sprachforschung*, 2° édit., p. 21.

constituant de la représentation, afin de le désigner par un son articulé
caractéristique. Avec la racine démonstrative, cette relation n'existe
pas. Dans le langage primitif, les mots, tels que « moi, toi, ici, là, »
etc., peuvent n'avoir de connexion avec aucune imitation directe ou
indirecte de l'objet, produite par le son articulé, puisque l'objet déterminé est généralement absent de ces symboles abstraits. Probablement, à l'instar du geste concomitant, le son articulé repose, ici,
uniquement sur un mouvement indicatif, qui saisit de la main et de
l'œil l'organe du langage, et il peut se faire, que cette signification
démonstrative soit bien plus inhérente au sentiment de mouvement,
qu'au son articulé, qui ici est seulement un compagnon indispensable
du mouvement.

Ordinairement, on ne range pas parmi les racines du langage les
interjections, qui, personne ne l'ignore, se distinguent par leur uniformité dans les diverses langues. Envisagées psychologiquement, comme
pures explosions de sentiments, sans relation avec des représentations
déterminées, elles diffèrent essentiellement du geste de son proprement
dit. Tandis que ce dernier, à l'égal des signes du langage naturel des
gestes, est complètement subordonné à notre troisième principe des
mouvements d'expression, les interjections ont la signification des
réflexes de voyelles, qui reposent sur une modification directe de
l'innervation; mais, à cette occasion, leur forme est simultanément
déterminée par les mouvements mimiques, qui, conformément aux
analogies de la sensation, sont excités par l'impression, dont il s'agit.
Ainsi, sur l'interjection de l'admiration, une influence est exercée par
l'ouverture subite de la bouche, qui accompagne cette émotion; sur
l'interjection de l'effroi, par le mouvement de dégoût, de nausée des
muscles du visage, etc. Donc, le premier et le deuxième principes des
mouvements d'expression déploient leur efficacité, à propos de ces
pures manifestations du sentiment.

On a coutume d'admettre, que l'aptitude à développer un langage
de sons articulés est entièrement, ou en grande partie, perdue pour la
conscience de l'homme, qui vit de nos jours. Cette présomption
s'appuie principalement sur ce fait, que l'on ne rencontre presque
plus nulle part, dans le langage, cette relation intime entre les sons
articulés du langage et la représentation, que nous devons supposer,
pour expliquer sa naissance. La conversion en un système de signes
extérieurs, on l'explique par un amoindrissement du fonctionnement
de l'imagination, qui se confirme d'ailleurs dans bien d'autres phé-

nomènes, tels que par exemple la décoloration des représentations mythologiques. Mais, ne l'oublions pas, grâce au développement de la pensée abstraite, qui le rend possible, le langage porte vraisemblablement (1) la plus grande peine de cet affaiblissement de la vivacité sensorielle ; et, au contraire, la conversion des symboles du langage en signes extérieurs, à signification volontaire en apparence, a été déterminée par la conversion en un système *familier* de signes, qui devait occasionner un oubli, une ignorance graduelle des relations primitives des sons articulés. Il est donc très-probable, qu'aujourd'hui même le processus du développement primitif du langage se répéterait dans une société d'hommes, si l'influence, qu'exerce sur eux une langue déjà existante, était exclue. Effectivement, l'exemple, déjà cité, des sourds-muets, qui se forment un langage naturel de gestes, peut être regardé, comme une preuve de cette persistance de l'instinct du langage. Également, il semble que, chez l'enfant, l'appropriation du langage est essentiellement favorisée par l'instinct du langage, qui réside au dedans de lui.

Parfois, l'existence du langage de l'enfant a été envisagée, comme démontrant particulièrement l'efficacité de cet instinct ; car, on supposait, que les divers sons articulés de ce langage étaient formés par l'enfant lui-même, dans l'intention de désigner des objets déterminés. Or, l'observation attentive ne semble pas confirmer cette hypothèse. Le langage de l'enfant est un produit commun de l'enfant et de son entourage adulte. L'enfant émet des sons articulés, mais l'adulte assigne à ces sons leur importance ou signification, et leur confère ainsi le caractère des sons articulés du langage. Les mères et les nourrices, qui s'accommodent à l'aptitude de l'enfant pour les sons articulés, et à ses préférences pour les répétitions de sons articulés, sont donc les inventeurs, proprement dits, du langage de l'enfant. Afin de se mettre à la portée de l'enfant, elles choisissent soit des sons articulés onomatopéiques, soit des gestes démonstratifs et imitatifs. L'enfant saisit la signification des gestes, faciles à comprendre, et il peut se communiquer plutôt par des gestes, que par des mots. Ainsi, aujourd'hui même, lors du développement individuel du langage, le langage des gestes devient un auxiliaire du langage des mots.

Que les animaux n'apprennent pas à parler, bien que la plupart aient des organes vocaux, présentant les propriétés physiologiques indis-

1. Voir p. 339.

pensables, c'est probablement un résultat de rapports multiples, assurément connexes entre eux. Sans doute, beaucoup d'animaux intelligents, singes et chiens par exemple, sont capables d'exprimer par des
pantomimes (1) des sentiments et, même, certaines représentations
simples ; mais, les voyelles, qu'ils émettent à cette occasion, sont de
simples expressions de sentiments. Chez ces animaux, le langage de
geste est évidemment un peu plus développé, que le langage des sons
articulés, où ils se voient réduits à quelques interjections. Par conséquent, l'avantage de l'homme sur l'animal consiste : 1° dans l'expression infiniment plus riche des représentations, et 2° dans la possession, spéciale à l'homme, d'un langage de sons articulés. Il ne suffit
certainement pas d'attribuer simplement ces différences au développement intellectuel plus élevé de l'homme ou à une faculté de l'âme
particulière, propre à l'individu. Primitivement, le son articulé du
langage est uniquement signe de représentations. Mais, les animaux
ont des représentations. On se demande donc, pourquoi la plupart du
temps ils ne peuvent pas exprimer leurs représentations par des gestes,
et jamais par des sons articulés. Quoique nous ne soyons pas en état
de voir ce qui se passe à l'intérieur des animaux, néanmoins l'absence
ou défaut de communication de la pensée est justement capable de
nous renseigner, en quelque sorte, sur cet intérieur. Dans leur cerveau, la régulation ou coordination mécanique des mouvements,
effectuée d'après les impressions sensorielles, s'accomplit aussi sûrement, que dans le cerveau de l'homme. Mais, le processus de l'*aperception active* doit s'opérer d'une manière extrêmement défectueuse.
Donc, dans leur conscience, les représentations se sépareront bien
moins nettement les unes des autres ; de sorte que cette perception
attentive du particulier, qui est nécessaire pour occasionner la désignation par des gestes et les sons articulés du langage, fait presque
entièrement défaut. Ici même, dès les premiers jours de la vie, la
conscience de l'enfant, dans laquelle se réunissent (2) en un tout la
plupart des objets surgissant dans son domaine visuel, se rapproche,
à un certain degré, de l'état animal. Chez l'enfant, l'instinct du langage s'agite, quand pour lui les objets commencent à se séparer plus
nettement, de sorte que ce qui est individuel s'impose à son attention.
De plus, en ce qui concerne le développement d'un langage des sons

1. Consulter la note de la page 475.
2. Voir p. 242.

articulés, on ne rencontre jamais chez les animaux les liaisons particulières des filets nerveux vocaux et auditifs, effectuées à l'intérieur de l'organe central de l'aperception ; liaisons, qui, chez l'homme, se traduisent extérieurement par le développement du domaine cortical, occupant le lobe de l'insula et les limites de la scissure de Sylvius (t. I, p. 166). Puisque nous ne pouvons plus voir dans le langage de l'homme un fait miraculeux, mais seulement un produit de développement nécessaire de son esprit, nous devons admettre, qu'avec le perfectionnement graduel de l'organe d'aperception, tel qu'il se révèle par le riche épanouissement du cerveau antérieur, se sont graduellement formés ces mécanismes centraux, qui ont procuré à l'aperception son expression la plus puissante dans le langage articulé.

Si le langage a pris naissance, il n'a plus simplement la signification d'un produit direct de la conscience, qui fournit une mesure immédiate du développement de cette dernière, de son fonctionnement distinctif et combinateur ; mais, il est en même temps l'instrument le plus important du perfectionnement de la pensée. Ceci se constate, surtout, dans la continuation du développement du langage. Cependant, la psychologie est arrivée au terme de sa tâche. Il était de son devoir de rechercher les conditions externes et internes, au milieu desquelles prend naissance le langage, cette forme la plus haute de la manifestation de la vie humaine. Il appartient à la linguistique comparée et à la psychologie ethnique, de décrire les lois du développement ultérieur du langage et leurs réactions sur la pensée de l'individu isolé et de la société.

Le problème de l'origine du langage devait nécessairement rester dans l'obscurité, tant que les mouvements d'expression étaient absolument une énigme psychologique, puisque précisément le langage n'est que la forme la plus achevée du mouvement d'expression. Pour les philosophes anciens, qui se sont occupés de ce problème, le langage est tantôt un don de Dieu, tantôt une invention de l'entendement humain, tantôt une simple imitation des impressions sonores par le son articulé (1). Avec de Humboldt, le problème commence à entrer dans la sphère de l'investigation scientifique (2). Mais, selon

1. Consulter Steinthal, *Der Ursprung der Sprache in Zusammenhang mit den letzten Fragen alles Wissens*, 3° édit., Berlin, 1877.
2. G. de Humboldt, *Ueber die Verschiedenheit des menschlichen Sprachbaus und ihren Einfluss auf die geistige Entwicklung des Menschengeschlechts*, t. VI de ses œuvres.

la juste remarque de Steinthal (1), de Humboldt lui-même est encore incapable d'abandonner, avec sa métaphysique personnelle, le fondement, auquel sa pénétration historique a d'abord soustrait les appuis, qui le soutenaient. C'est pourquoi, chez ce savant on découvre un conflit particulier de pensées, qui n'est pas dénoué. A ses yeux, le langage serait un produit de développement nécessaire de l'esprit humain ; mais, nulle part, de Humboldt n'a démontré clairement, que le langage eût cette origine (2). La plupart du temps, la linguistique comparée a eu une attitude sceptique en présence de ces questions psychologiques fondamentales : elle déclarait, que celles-ci n'étaient point susceptibles, du moins provisoirement, d'être résolues. Aux travaux de Lazarus (3) et Steinthal (4), nous sommes redevables d'une série de points de vue, qui ont amené d'excellents résultats. Ces auteurs ont surtout élargi le concept de l'onomatopée et démontré l'importance de ce processus, que précédemment nous avons nommé onomatopée indirecte. Ils ont même mis en relief le rôle de l'aperception. Néanmoins, lorsqu'il s'est agi de la conception de ce processus, ils se sont ralliés à la psychologie d'Herbart. En outre, ces deux savants se sont trop attachés, il me semble, à ramener le développement du langage à une manifestation involontaire des réflexes des sons articulés. Abstraction faite de ce terme de réflexe, remplaçant les mouvements instinctifs, terme que, selon nos remarques précédentes (p. 468), il est plus convenable d'éviter, une séparation des degrés préparatoires, involontaires, du processus de formation du langage et de la communication proprement dite de la pensée, qui suppose la volonté libre, me paraît indispensable. La faute de la théorie d'invention et des nouvelles conceptions, qui se rapprochent de celle-ci (5), consiste d'autre part, en ce qu'elle néglige ou n'apprécie pas à sa juste valeur le rôle de ce stade préparatoire des mouvements d'expression involontaires. D'ailleurs, la conversion mutuelle et continue de ces deux processus est d'autant plus compréhensible que, selon nos remarques antérieures, les mouvements instinctifs sont des actions volontaires, absolument univoques, de façon qu'ici même le processus coïncide de nouveau avec la conversion de l'aperception passive en aperception active.

L. Geiger (6) a particulièrement dévoilé la signification psychologique des représentations visuelles, pour le développement du langage. Le son articulé primitif du langage serait un cri réflexe, consécutif aux impressions visuelles, qui excitent l'émotion. Mais, cet auteur n'a pas assez remarqué la parenté, qu'il faut nécessairement supposer entre la nature du son articulé et la représenta-

1. *Loc. cit.* p. 78.
2. Humboldt, *loc. cit.* p. 37, 53.
3. *Leben der Seele*, II, p. 3.
4. *Abriss der Sprachwissenschaft*, t. I, Berlin, 1872.
5 Whitney, *Die Sprachwissenschaft* (trad. allem. de J. Jolly), Munich, 1874, p. 71.
6. *Ursprung und Entwicklung der menschlichen Sprache und Vernunft*, Stuttgart, 1868.

tion (1). Et cependant, cette relation entre le son articulé et la représentation
est une condition essentielle de compréhension. Elle est d'autant moins accidentelle, qu'elle est, sans doute, intimement enchaînée aux conditions stricte-
ment limitées de la communauté ou société, dans laquelle un langage primitif
prend naissance. A.Marty (2) et L. Noiré (3) ont spécialement fait ressortir le
rôle de la communauté ou société, dans le développement du langage : le premier attribue de l'importance aux motifs, à l'intention de communiquer la
pensée ; et le second, aux sons articulés produits lors de ce fonctionnement
en commun et à leur propagation par l'imitation.

Bien des fois, on a rassemblé les recherches concernant le développement du
langage de l'enfant, afin d'avoir des documents capables d'éclairer le problème
de l'origine du langage (4). L'enfant émet spontanément ses premiers sons
articulés, sans avoir, pour cela, l'intention de manifester le langage. Ce sont
des sons articulés monosyllabiques de l'espèce la plus simple, « ba, ma, pu ; »
plus tard, ils s'unissent sous formes de réduplication, telles que « baba, mama, »
qui très-souvent se succèdent, en se répétant d'une façon multiple. La provision
de sons articulés, déjà colligée de cette manière dans les premiers mois de la
vie, est utile au développement du langage, qui commence ordinairement à la
fin de la première année ou dans le cours de la deuxième année. Ce développement n'est plus spontané, mais il s'opère, parce que, grâce aux gestes, l'individu adulte assigne aux sons articulés leur importance. A cette occasion, on
constate, que l'enfant déploie une intelligence ou compréhension immédiate,
quand il se trouve en présence de certains gestes simples, surtout démonstratifs. Puisque l'enfant associe le son articulé du langage avec le geste et la
représentation, éveillée par le geste, le son articulé est alors graduellement
compris, même sans cet accompagnement ; et, il est émis, dans un but de désignation. Par conséquent, en ce qui concerne la production des gestes, l'enfant
accuse, tout au plus, une certaine indépendance ou spontanéité. Ainsi, j'ai
remarqué, qu'un enfant, au lieu de secouer la tête en signe de dénégation, utilisait un mouvement analogue de va-et-vient de la main, sans qu'un type ou
modèle quelconque de ce geste spécial pût être démontré. Plusieurs observa-

---

1. *Loc. cit.* p. 22, 134.
2. *Ueber den Ursprung der Sprache,* Wurzbourg, 1876, p. 65. Dans la première
partie de son mémoire, Marty passe rapidement en revue toutes les théories émises
jusqu'à cette époque et les divise en *nativistes* et *empiriques.* Cependant, cette
répartition de Marty est difficilement acceptable ; car la plupart des théories, que
l'auteur classe comme nativistes, ont un caractère véritablement *génétique,* se
trouvent donc en opposition absolue avec le nativisme proprement dit. Ici s'applique la remarque qui a été déjà faite à propos des théories de la perception sensorielle, c'est-à-dire que le nativisme et l'empirisme sont de fausses oppositions.
(Voir p. 25.)
3. *Der Ursprung der Sprache,* Mayence, 1877, p. 323.
4. Consulter surtout Steinthal, *Abriss der Sprachwissenschaft,* I, p. 290, 376. —
H. Taine, *Revue philos.* janvier 1876 ; l'*Intelligence,* I, p. 283.—Darwin, *Mind,* juillet
1877. — Preyer, *Kosmos,* II, 1878, p. 22, et *Deutsche Rundschau,* mai 1880, p. 198.—
Fr. Schultze, *Kosmos,* IV, 1880, p. 23.

teurs ont supposé, que divers sons articulés du langage infantile émanaient des enfants eux-mêmes, d'abord comme gestes de sons, traduisant certaines représentations (1). Mais, les exemples invoqués rappellent néanmoins, d'une façon suspecte, des mots connus à signification analogue : ainsi, par exemple, le son articulé « lou-lou-lou, » cité par Steinthal et qu'un enfant proférait à la vue de tonneaux roulants, rappelle « l'acte de rouler ; » le son articulé « tem, » observé au sens démonstratif par Taine, rappelle le mot « tiens. » J'ai soigneusement noté et inscrit tous les sons articulés, qui ont pris naissance chez deux de mes enfants ; et, dans aucun de ces deux cas, je n'ai réussi à découvrir un son articulé désignatif, qui n'eût pas, d'une façon probante, tiré son origine de l'imitation. Il arrive assurément, que cette imitation est, en partie, réciproque. Puisque l'enfant imite involontairement les sons articulés, qu'il entend, l'adulte les accommode, par la répétition, à l'aptitude de l'enfant pour le langage. C'est de cette manière, que naissent alors les diversités multiples individuelles du langage infantile. L'imitation est principalement imparfaite, parce que l'enfant n'imite pas d'abord les sons articulés, qu'il entend, mais les mouvements de sons articulés, qu'il voit. Ainsi que S. Stricker l'a fait ressortir, ceci s'accorde avec le rôle dominateur, que les sensations de mouvements possèdent désormais, dans la complication, que constitue le son articulé du langage (2). Si, donc, le processus de développement du langage chez l'enfant est essentiellement et justement appelé un *apprentissage* du langage, ceci n'exclut pas, que des dispositions innées ne le favorisent. Effectivement, une appropriation ou assimilation, si précoce, du langage ne pourrait avoir lieu, si dans les centres cérébraux du langage il n'existait des mécanismes, qui facilitent la liaison des représentations des sons articulés et des représentations de mouvements. Cette hypothèse est confirmée et vérifiée par l'expérience suivante : Chez les sourds-muets, où à la place de cette complication ordinaire doit s'être formée l'autre complication entre les représentations visuelles, tactiles et de mouvement, l'apprentissage du langage commence vers la sixième année, par conséquent à une époque, où déjà les enfants, qui écoutent, se sont complètement approprié le langage des sons articulés (3).

1. Steinthal, *Abriss der Sprachwissenschaft*, I, p. 382. — Taine, *loc. cit.*
2. S. Stricker, *Studien über die Sprachvorstellungen*, Vienne, 1880, p. 62.
3. W. Gude, *Die Gesetze der Physiologie über die Entstehung der Bewegungen*, etc. p. 33. — D'ailleurs, d'après le témoignage des instituteurs de sourds-muets, il est remarquable, que l'individu, né sourd-muet, ne parvient jamais, sans une instruction et éducation spéciales, à posséder un véritable langage de sons articulés. Les observations contraires se rapportent constamment à des individus, qui n'étaient pas sourds de naissance. (*Ibid.* p. 30.)

SIXIÈME SECTION

DE L'ORIGINE DU DÉVELOPPEMENT INTELLECTUEL

CHAPITRE XXIII

HYPOTHÈSES MÉTAPHYSIQUES SUR L'ESSENCE DE L'AME.

Toute expérience interne — dès que nous jetons un regard d'ensemble sur sa connexion — se présente à nous, sous la forme d'un développement. Déjà, la comparaison des manifestations de la vie psychique, dans le monde animal, conduit à admettre une série de développements des formes de la conscience individuelle, qui a, pour point de départ, les actions instinctives les plus simples, d'espèce analogue. Dans notre propre conscience, les représentations sont engendrées par les éléments psychiques simples, les sensations; les processus complexes de la pensée et les sentiments proviennent des liaisons des représentations, qui s'effectuent d'après des lois déterminées. Mais, cette fonction psychique, à propos des manifestations de laquelle le principe génétique acquiert sa validité la plus étendue, c'est la volonté. Une série continue de développement s'étale depuis les actions volontaires les plus simples, jusqu'aux plus compliquées; et tous les autres développements psychiques exercent une intervention très-efficace sur les divers anneaux de cette série.

Arrivée au terme de ses recherches empiriques, la psychologie se trouve donc en face de la question suivante : quelles conditions fau-

drait-il admettre comme primitives, afin que ce développement intellectuel devienne compréhensible? A cette question, les hypothèses
métaphysiques sur l'essence de l'âme répondent par des suppositions,
qui tantôt ont eu, pour origine, l'impression de certaines expériences,
à accès facile, tantôt les besoins généraux du cœur de l'homme et surtout les efforts de la pensée, pour réaliser les conceptions cosmologiques
les plus vastes. Déjà, eu égard à cette origine mixte et à leur tendance,
partout manifeste, à devancer l'expérience psychologique, nous ne
devrons pas espérer, que ces hypothèses nous fournissent la moindre
lumière ou renseignement, qui suffise à toutes les exigences. Néanmoins, il ne nous sera pas possible de passer ces hypothèses sous
silence, parce qu'elles contiennent des idées, qui aujourd'hui même
sont très-répandues et continuent à exercer encore, dans une large
mesure, leur effet sur la façon de concevoir l'expérience interne. Il
nous faudra toujours présumer, que des idées, qui se sont si longtemps
maintenues et ont acquis une si grande importance, ne peuvent
exister, sans avoir une certaine justification, quoique peut-être très-
limitée et seulement relative. Cependant, une critique approfondie des
systèmes métaphysiques est en dehors de notre programme. Nous
nous bornerons, ici, à discuter brièvement les *trois* conceptions métaphysiques prépondérantes, qui, donnant une solution du problème
psychologique et communément issues des idées mythologiques primitives, se sont graduellement séparées dans la spéculation philosophique.
Ces trois conceptions sont celles du *matérialisme*, du *spiritualisme* et
de l'*animisme*.

1. — Matérialisme.

Le matérialisme est la plus ancienne conception philosophique du
monde. Dans l'histoire de la philosophie, il a revêtu deux formes :
une forme dualiste, et une forme moniste. Le *matérialisme dualiste*
ou le matérialisme à *deux* matières, nous le trouvons dans ces primitives théories philosophiques sur la nature, qui attribuent ce qui est
intellectuel à une matière plus délicate, liée extérieurement, super-
ficiellement à la substance du corps. Seulement, même dans les temps
modernes, on constate parfois, que des esprits, d'ailleurs enclins au
spiritualisme, reviennent à cette conception plus mythologique, que

philosophique. En opposition avec celle-ci, le *matérialisme moniste*
est un produit de la pensée philosophique, produit relativement tardif
et provenant principalement d'une contestation sceptique des doctrines
spiritualistes exagérées.

Cette deuxième forme du matérialisme, qui actuellement prétend
avoir une importance scientifique, s'appuie : 1° sur la certitude relative de nos représentations des objets du monde extérieur, mise en
opposition avec le caractère incertain et hésitant de l'expérience
interne, et 2° sur le fait, irrécusable pour tout psychologue exempt de
préjugés, de la liaison intime et absolue de la vie psychique avec les
processus corporels. Elle voit donc dans ce qui est psychique ou un
effet ou bien une *propriété* de la matière organisée, dont la nature
serait complètement identique à celle d'autres effets physiologiques,
tels que sécrétions, mouvements musculaires, production de calorique, etc., puisqu'elle se ramènerait finalement aux mouvements des
plus petites particules (1).

Ici, les points de départ, comme les conséquences, révèlent leur insuffisance. La grande constance de nos représentations des objets du monde
extérieur est même un résultat de processus psychologiques, qui, en
aucun cas, ne peut donner aux objets de certitude plus grande, que
l'expérience interne, où doivent d'abord se développer ces représentations. A la vérité, la variabilité des phénomènes témoigne continuellement de la complication des conditions ; néanmoins, elle ne peut
jamais introduire une instance contre la réalité des phénomènes. Enfin,
la liaison intime de la vie psychique avec les processus corporels ne
devrait être interprétée matérialiste, que si, dans cette relation, les
phénomènes psychiques pouvaient régulièrement être envisagés,
comme effets des phénomènes corporels, pris au sens des relations
causales, qui s'appliquent aux phénomènes naturels. Mais, ceci ne
concorderait, que si les processus psychologiques étaient de nature
corporelle. C'est pourquoi, afin de poursuivre sa thèse, le matérialisme
affirme, que ces processus sont des mouvements ; et, pour motiver cette
assertion, il indique les processus physiologiques, déroulés dans le
système nerveux, qui devraient être regardés comme des processus de
mouvements. Cependant, ces processus ne sont pas des phénomènes

---

1. Très-souvent, ces deux manières de concevoir le spirituel, comme propriété
et comme effet ou fonction, se croisent, par exemple, dans « *le Système de la nature*, » le principal ouvrage du matérialisme au dix-huitième siècle, et dans bien
d'autres écrits modernes.

psychiques. Par conséquent, il ne reste, qu'à nier absolument l'existence
de ces derniers, ou bien à considérer un phénomène fondamental psychique quelconque, généralement la sensation, comme la propriété
primitive de la matière ou, du moins, de la matière organisée ; et
alors, tous les autres processus psychiques seraient des phénomènes
partiels, additionnels, de ce phénomène fondamental. Néanmoins, par
cette hypothèse, le matérialisme a déjà supprimé sa propre supposition
métaphysique. Si la sensation est une propriété constante de la matière,
elle a le même droit, que les autres propriétés de cette dernière. Ou il
conviendra d'admettre, à part le support des mouvements matériels,
une substance psychique particulière ; ce qui, selon les circonstances,
se ramène au matérialisme dualiste ou rentre dans le spiritualisme
dualiste ; ou bien, le psychique et le corporel — la pensée et l'extension,
ainsi que Spinoza s'exprimait — seraient les attributs d'*une* substance :
opinion moniste en apparence, qui toutefois doit reconnaître dans le
spiritualisme dualiste ses parents les plus proches, puisque historique-
ment elle a été engendrée par ce spiritualisme. Assurément, le corps
et l'âme n'ont plus, ici, la valeur de substances spontanées, indépendantes. Mais, puisque la substance, uniquement indépendante, dont
eux sont les modes, doués d'attributs divers, reste inconnaissable, les
conséquences empiriques sont celles du dualisme vulgaire, demi-
matérialiste, demi-spiritualiste.

Outre la nécessité, immanente au matérialisme, de changer son
point de vue, le manque de solidité de la théorie de cette doctrine se
révèle dans l'incapacité, l'impuissance absolue, d'une explication de la
connexion de l'expérience interne, qu'il a étalée au grand jour.
Quoique les systèmes psychologiques, qui ont été enfantés par d'autres
conceptions cosmologiques, soient en grande partie très-imparfaits,
cependant, c'est uniquement le matérialisme, qui s'est lui-même barré
le chemin conduisant à un traitement scientifique de l'expérience
interne. Cet insuccès provient de l'erreur incurable de la théorie de la
connaissance, erreur, que le matérialisme commet déjà, dès ses premiers pas, quand il veut construire son édifice. Or, l'expérience
interne a la priorité sur toute expérience externe ; les objets du monde
extérieur sont des représentations, qui se sont développées en nous
suivant des lois psychologiques ; et principalement, le concept de matière est un concept absolument hypothétique, que nous mettons sous
les phénomènes du monde extérieur, afin de nous expliquer leur jeu
alternatif: trois choses, que le matérialisme méconnaît.

2. — Spiritualisme.

Le spiritualisme s'est présenté sous une forme dualiste, et une forme moniste. Le fondateur du spiritualisme dualiste est Platon, qui, puisant dans les anciennes théories matérialistes et animistes, engendra cette conception et lui donna une signification permanente. Cependant, cette conception — ainsi que l'indique surtout le système psychologique, longtemps prépondérant, d'Aristote — a été, jusque dans les temps modernes, liée à des idées animistes, que l'on conserva, principalement en ce qui regarde les fonctions inférieures de l'âme. Descartes est le premier, qui ait dissout complètement cette liaison. Actuellement, les idées de Descartes sont non-seulement répandues en philosophie, mais elles ont donné lieu à des conceptions populaires et familières sur le rapport de l'âme et du corps.

Le spiritualisme dualiste est la métaphysique des *deux substances*. Selon lui, le corps et l'âme sont des êtres fondamentalement différents, qui n'ont pas en commun une propriété unique, mais sont, toutefois, liés extérieurement l'un à l'autre. Le corps est étendu et dépourvu de sensation. L'âme est un être sentant, pensant, n'ayant aucune place dans l'espace. A cause de sa composition, qui n'occupe aucun lieu dans l'espace, on suppose généralement, que l'âme n'est liée au corps, qu'en un point unique, inétendu, du cerveau.

Les difficultés de cette conception résident dans le problème de la corrélation. Pour résoudre ce problème, le dualisme n'a pas engendré moins de *trois* hypothèses. D'après la plus rationnelle, l'âme, se comportant à la façon d'un corps frappé, doit recevoir les impressions provenant des organes corporels, et de même, quand il se produit des mouvements, réagir de nouveau contre ces organes. Ce système de l' « influence physique » est évidemment un retour au matérialisme dualiste. De plus, afin de pouvoir recevoir les secousses du corps et de nouveau lui renvoyer celles-ci, l'âme devrait avoir une nature corporelle. En réfléchissant à ces difficultés, l'école cartésienne imagina, que l'influence mutuelle de l'âme et du corps serait occasionnée, dans chaque cas isolé, par une intervention divine spéciale, une « assistance surnaturelle. » Cependant, Leibniz ne fut pas satisfait d'un système, qui attribuait ainsi à un miracle immédiat chaque fait psychologique.

Selon lui, la liaison intime de l'évènement externe et interne était donc
un fait, primitivement donné avec l'ordre du monde, fait que ce philosophe chercha à rendre compréhensible par son hypothèse d'une série
continue d'êtres, qui s'effectuerait avec des transitions infiniment
petites. Mais, cette « harmonie préétablie » de l'univers remplaça
finalement le miracle répété de l'assistance surnaturelle par une intervention, qui aurait eu lieu une seule fois ; et la différence séparant les
deux conceptions diminua beaucoup plus, lorsque la pensée de l'harmonie universelle subit une transformation rétrograde chez les suc-
cesseurs de Leibniz, qui émirent l'hypothèse plus restreinte d'une
harmonie spéciale entre le corps et l'âme. Épuisant de cette manière
tous les degrés d'explication, qui lui étaient possibles, sans réussir à
trouver une explication suffisante, le spiritualisme dualiste fut néces
sairement amené à engendrer des opinions monistes.

Le *spiritualisme moniste* constitue une opposition absolue au matérialisme, qui admet *une seule* matière : il ne connaît, qu'*une* substance,
la substance *intellectuelle* ; les corps et les processus corporels sont des
phénomènes, qui se passent dans cette substance. Cette conception
s'appuie principalement sur la certitude immédiate de l'expérience
interne et la certitude purement médiate de l'expérience externe. Sa
base fondamentale est donc cet idéalisme, qui barre le chemin au matérialisme. Mais, la naissance du monde des corps peut être conçue de dif-
rentes manières. Ou les représentations des objets sont, comme tout
acte de représentation et de la pensée, les effets d'une substance intellectuelle unique : c'est ainsi que prend naissance un spiritualisme pan-
théiste, pareil à celui que Berkeley, guidé par des motifs empiriques
et sceptiques et des besoins de croire, a admis avec conviction. Ou
bien, on chercha à développer un concept de substance, qui garantisse
simultanément la spontanéité de la conscience individuelle et la
réalité d'un monde intellectuel situé au dehors de la conscience. L'on
voit alors se constituer les *systèmes monadologiques:* ici, l'âme humaine,
être simple, parmi beaucoup d'autres, qui forment le corps et le monde
extérieur, est caractérisée seulement par sa haute valeur ou par la
position favorable, où elle est mise à l'aide de ses liaisons particulières.
Mais déjà, chez Leibniz, le principal fondateur de la théorie des monades, on constate, combien ces sortes de conceptions retombent
facilement dans le dualisme vulgaire, avec toutes ses contradictions,
dès que l'on tente de trouver une explication pour le problème de la
corrélation. Chez Leibniz, l'âme, cette monade dominante, est si infini-

ment supérieure aux autres monades servantes du corps, que Wolff n'eut qu'à faire un petit pas, pour revenir complètement au dualisme. Herbart envisagea plus sérieusement le problème de la corrélation. Selon lui, la philosophie naturelle et la psychologie doivent se déduire des mêmes perturbations et conservations spontanées, mutuelles, des êtres simples. Il s'arrête à l'idée, que l'âme est un être unique, simple, au milieu d'êtres nombreux, qui lui sont subordonnés. La représentation consiste dans la conservation de soi-même contre les perturbations, que l'âme subit de la part des autres monades ; le fait tout entier de l'expérience interne résulte des rapports des représentations. Cette opinion se concilierait très-aisément avec une hypothèse, pareille à celle que Descartes avait déjà émise sur la connexion du système nerveux. L'âme aurait pour siège un certain point du cerveau, par exemple la glande pinéale ; et, en ce même point, convergeraient des filets nerveux, venus de toutes les directions et dont les excitations communiqueraient à l'âme les états des autres parties cérébrales. Or, cette idée est tellement contradictoire avec les expériences physiologiques, que dans les temps modernes personne n'a plus songé à l'utiliser. On profite donc de cela, pour assigner à l'âme un siège mobile dans le cerveau. Elle doit errer çà et là, afin de pouvoir être présente dans les diverses provinces cérébrales, quand des processus s'effectuent. Les résultats de la psychologie physiologique exigeraient non-seulement une migration beaucoup plus étendue de l'âme, que ne le présumaient les auteurs de cette hypothèse ; mais, on ne pourrait éviter d'admettre, qu'une même âme ne se trouve simultanément, en des points différents. Car, à chaque représentation isolée coopèrent d'innombrables sensations élémentaires, auxquelles correspondent les excitations de divers points de l'organe central, en partie très-éloignés les uns des autres. Mais, si on demande, pourquoi la monade de l'âme se transporte à chaque moment justement dans les endroits, où il est nécessaire qu'elle reçoive, subisse les agissements ou actions extérieures du corps, on n'obtient pas de réponse. Ici, le miracle de l'assistance surnaturelle ou de l'harmonie préétablie est tacitement sous-entendu.

Enfin, pour essayer de calmer les scrupules, qui s'étaient élevés contre un siège infiniment mobile de l'âme, on a opposé à la phrase retentissante de Leibniz : « l'âme n'a *point* de fenêtres, » la phrase contraire résonnant comme un paradoxe, mais aussi justement autorisée : « l'âme *a* des fenêtres ; » elle sent intérieurement les états des monades du corps, sans qu'elle ait besoin de coexister avec eux réellement ou extensivement. Cependant, il n'est pas difficile de reconnaître, qu'au fond cette hypothèse concorde pleinement avec celle de l'harmonie préétablie. Que les représentations dérivent d'une liaison immédiate de l'évènement interne avec l'évènement externe, ou d'une harmonie primitive de tous deux, ce n'est qu'une différence d'expression. Ces fenêtres, que Leibniz refuse à la monade, elle les a pourtant, en vertu de l'harmonie préétablie. Pourquoi la faculté intuitive de l'àme reste-t-elle limitée aux monades du corps ? Lors de cette dernière conversion de la pensée monadologique, le miracle d'une intervention primitive est l'unique refuge, pour résoudre cette question.

En présence de pareilles difficultés, il faut cependant se demander, si la base fondamentale, qui a servi au développement de toutes ces idées, est suffisamment et certainement établie. Où puise-t-on la conviction, que l'àme serait un être simple ? Apparemment dans la connexion unique, distincte, des états et des processus de notre conscience. On remplace donc le concept d'unité par celui de simplicité. Mais un être distinct n'est pas pour cela un être simple. L'organisme corporel est une unité, et cependant il se compose d'une pluralité d'organes. Ici, c'est la connexion des parties, qui constitue l'unité. Ainsi, dans la conscience, nous rencontrons, aussi bien successivement, que simultanément, une multiplicité, qui témoigne d'une pluralité de sa base fondamentale.

Dans toutes ses transformations, le spiritualisme moniste ne peut échapper au reproche, de faire un usage illicite des pensées idéalistes, sur lesquelles il s'appuie. Si nous reconnaissons, que seulement l'expérience interne est pour nous immédiatement certaine, ceci implique en même temps, que toutes ces substances, auxquelles le spiritualisme attache, lie l'expérience interne et externe, sont extrêmement incertaines, car elles ne nous sont données dans aucune expérience. Ce sont des fictions volontaires, à l'aide desquelles on essaie de s'expliquer la connexion des expériences ; mais, elles ne remplissent pas cette tàche, ainsi que le prouve déjà leur impuissance absolue, au sujet du problème de la corrélation. Finalement, cette conception arrive au même résultat, que le matérialisme, qui est son antipode. Or, la présomption de Locke, que la matière serait peut-être capable de penser, est à peu près aussi justifiée, que les hypothèses monadologiques ou autres à direction spiritualiste.

3. — Animisme.

Nous entendons, ici, par animisme, cette conception métaphysique, qui, émanant de la conviction, que les phénomènes psychiques ont une connexion intime, absolue, avec la totalité des phénomènes biologiques, considère l'âme comme le *principe de la vie* (1). Par conséquent, l'animisme n'est pas en opposition avec les deux autres hypothèses métaphysiques, et il ne représente pas non plus un milieu neutre entre celles-ci, qui de leur côté offrent, sans doute, un certain contraste. Il est plutôt susceptible d'avoir une coloration tantôt matérialiste, tantôt spiritualiste ; et seulement la signification particulière, qui lui appartient dans le développement historique des problèmes psychologiques, autorise à le séparer des autres formes du matérialisme ou du spiritualisme. Mais, on pourrait toujours voir dans l'animisme une espèce de position moyenne, puisque les phénomènes biologiques généraux semblent constituer un degré intermédiaire entre les processus de la nature inanimée et l'existence intellectuelle, psychique.

L'animisme est aussi ancien, que le matérialisme dualiste, auquel il était primitivement lié. Aux yeux des plus anciens philosophes de la nature, l'âme matérielle est le support non-seulement des phénomènes de conscience, mais en général des phénomènes biologiques. Mais ce fut une chose fatale pour l'évolution ultérieure de l'animisme, qu'avec la sortie de ses rameaux, qui proviennent tous du matérialisme primitif, le développement du spiritualisme se trouva aussitôt accompli. Ce rejeton de l'animisme a donné la mort à son producteur, bien avant qu'il ait atteint sa maturité. D'abord provisoirement toléré, afin d'aider

1. Il est à peine besoin de le faire remarquer, la signification, ici utilisée et d'ailleurs plus ancienne, du concept de « l'animisme, » ne doit pas être confondue avec celle, que dernièrement E. Taylor (*Anfängen der Cultur*) a trouvée appliquée dans le domaine tout entier de la croyance aux esprits, aux spectres et des représentations analogues. Si l'on voulait mettre ces phénomènes ethnico-psychologiques en relation avec l'un des concepts métaphysiques, ici examinés, le spiritualisme devrait être appelé la conception philosophique, qui s'en rapproche tout d'abord. En effet, la forme la plus récente de ce prétendu animisme ethnico-psychologique s'est instinctivement et justement nommée elle-même « spiritualisme » (ou « spiritisme, » sous une forme défigurée). Parmi les formes du spiritualisme philosophique, celle qui par son essence coïncide avec le matérialisme dualiste a la plus grande affinité avec lui.

à relier les activités supérieures de l'âme avec les activités inférieures et celles-ci avec les fonctions corporelles, peu à peu il disparut complètement des systèmes dominants, pour surgir de nouveau accidentellement dans les conceptions fantastiques de penseurs indépendants, spéculatifs, et, de là, acquérir parfois une influence passagère sur le courant de la tradition philosophique. En outre, son efficacité fut entravée par sa liaison avec des fantaisies hylozoïstiques déréglées, auxquelles la pensée animiste conduit si aisément. L'animisme de l'école stoïcienne, de Paracelse et d'autres mystiques atteste ceci suffisamment : que sous l'influence de ces derniers, l'idée animiste ait été infusée dans la théorie des monades de Leibniz, c'est facile à reconnaître. Dans les temps modernes, la philosophie de la nature de Schelling représente un animisme hylozoïstique trouble, dont l'effet consécutif a peu encouragé les efforts ou aspirations d'une direction analogue.

L'animisme est donc cette conception cosmologique, qui a une histoire des moins indépendantes. C'est une idée très-ancienne, jamais complètement éteinte, surgissant toujours çà et là, se croisant la plupart du temps avec d'autres pensées, au fond encore aussi peu développée, qu'à ses commencements ou du moins qu'à l'époque, où Aristote, en définissant l'âme « la première entéléchie du corps vivant, » créa une désignation, qui laissa le champ libre à toutes les conceptions animistes possibles. Ce qui a contribué essentiellement à cela, c'est que les théories animistes et la manière de concevoir mécaniquement les phénomènes de la vie ont été longtemps regardées, comme des oppositions hostiles. Depuis que la dispute des animalculistes et des ovulistes sur l'essence des processus d'évolution, où, pour la dernière fois, l'animisme joua un rôle en physiologie (1), fut principalement, par suite des découvertes brillantes de William Harvey, décidée en faveur d'une conception mécanique de la vie, en biologie tout ce qui répugnait aux idées mécaniques s'inféoda à ce *vitalisme*, qui persistait comme un reste de l'animisme, privé de l'esprit, après que le spiritualisme eut revendiqué les phénomènes de conscience. Cela se comprend, les idées animistes devaient se tenir aussi à l'écart de la physiologie, limitée à son propre domaine, que de la psychologie spiritualiste, qui poursuit sa route, sans se soucier des processus de la vie physique.

1. Pour connaître l'histoire de cette dispute, consulter Kurt Sprengel, *Versuch einer pragmatischen Geschichte der Arzneykunde,* 3e édit., t. IV, Halle, 1827, p. 232.

Toutes ces circonstances interdisent de soumettre à la critique les doctrines anciennes de l'animisme, comme ses autres théories, qui, présentement, pourraient prétendre avoir une signification prépondérante quelconque. Puisque l'animisme s'est simultanément rattaché aux conceptions matérialistes ou spiritualistes, naturellement les objections, élevées contre celles-ci, l'atteignent à son tour. Donc, les tentatives, reliées la plupart du temps à l'animisme, afin de substantialiser d'une manière quelconque le principe de vie, devront être appréciées, en se plaçant aux mêmes points de vue, qui avaient été invoqués, pour ce qui concerne le concept de matière et de substance de l'âme. D'autre part, il ne faudra pas méconnaître que, quand il s'agit de rattacher les phénomènes de conscience aux phénomènes biologiques généraux, l'animisme est plus conforme aux faits d'expérience, que négligent les autres conceptions. Qu'un développement psychique se présente uniquement sur la base fondamentale des phénomènes de la vie physique, c'est aussi certain que la connexion des processus psychiques et physiques, trouvée par la psychologie dans toutes ses recherches. Si, par conséquent, l'animisme ne nous a pas encore donné une théorie soutenable des phénomènes de la vie, ceci ne veut pas dire, qu'il n'y arrivera jamais. Cependant, nous exigerions d'une pareille théorie, non-seulement de concorder avec l'expérience, mais d'éviter les fautes de la théorie de la connaissance, qui sont cause, que le matérialisme, comme le spiritualisme, du moins sous leurs formes actuelles, ne résistent pas à la critique.

CHAPITRE XXIV

POINTS DE VUE GÉNÉRAUX SERVANT A ÉDIFIER LA THÉORIE DE L'EXPÉRIENCE INTERNE.

Si, sans tenir compte des conceptions métaphysiques, dont les sources se trouvent, en majeure partie, hors du domaine de l'expérience psychologique, nous essayons de tirer de celle-ci des points de vue, d'où pourrait sortir une théorie de l'évènement interne, il faudra d'abord recourir aux principes fondamentaux de la *théorie de la connaissance*, qui doivent rester prépondérants, quand il s'agit de juger l'expérience interne dans son rapport avec l'expérience externe. Par conséquent, l'étude théorique de l'évènement interne sera susceptible de prendre un double point de vue : 1° le point de vue exclusivement *psychologique*, qui soumet à son examen les faits de conscience, sans avoir le moindre égard pour les processus physiques, qui les accompagnent ; 2° le point de vue *psychophysique*, puisque à cette occasion on cherche à s'expliquer la connexion des phénomènes de conscience avec les processus physiques, qui les accompagnent et sont donnés dans l'expérience externe.

1. — Éclaircissements apportés au problème psychologique de la théorie de la connaissance.

Sous le rapport de la théorie de la connaissance, il faut surtout faire valoir la remarque, très-souvent négligée par les hypothèses métaphysiques sur l'essence de l'âme, que l'expérience interne possède pour nous la réalité *immédiate*; tandis que les objets de l'expérience externe — justement parce qu'ils doivent se convertir en expérience interne, quand ils deviennent des objets de nos représentations et pensées —

ne nous sont donnés, que *médiatement*. Ce rapport, qui accorde à l'idéalisme la victoire incontestable sur les autres conceptions cosmologiques, ne dispense pas de l'obligation de reconnaître la réalité du monde extérieur ; et, il force la critique à séparer ces éléments de la connaissance objective, qui ont leur source dans les fonctions de la connaissance du sujet, d'avec ceux qui sont supposés, comme objectivement donnés. C'est pourquoi, l'idéalisme critique, seul autorisé, est en même temps le *réalisme idéal*. Il ne doit pas (comme prétendait le faire une direction portant le même nom) dériver spéculativement des principes idéaux la réalité, mais, s'appuyant sur les concepts justifiés de la science, démontrer le rapport des principes idéaux avec la réalité objective. Ce rapport ne pouvant être finalement conçu, que comme un rapport de concordance, pour qu'une connaissance des objets devienne possible, assurément ici on pourra s'attendre à avoir le résultat suivant : les principes idéaux se retrouvent dans la réalité objective, de même que déjà un examen superficiel nous apprend, que les lois fondamentales de la pensée logique sont aussi les lois des objets de la pensée (1). Mais, comme toute conséquence scientifique, ce résultat doit être *trouvé* par l'investigation, et non *engendré*, avant toute investigation, par des artifices dialectiques illusoires. Ce qu'il y a d'établi, de fixe avant toute investigation, c'est seulement la proposition fondamentale, que les objets de notre pensée doivent être conformes à celle-ci ; parce que, sans la validité de cette proposition, on ne comprendrait pas, comment la connaissance peut prendre naissance.

Cette proposition fondamentale implique la supposition suivante : Il existe une réalité objective, qui à la vérité est continuellement en relation avec notre pensée, et sera reconnue par nous, si toutes les propriétés, que nous lui attribuons, sont ramenées à des fonctions déterminées de la connaissance. Cependant, il faut la considérer comme indépendante en soi de notre pensée ; car, malgré de nombreuses contradictions, qui se dévoilent au sujet de nos hypothèses primitives sur la nature des choses objectives, néanmoins, il n'en résulte jamais ces sortes de contradictions qui pourraient supprimer leur *existence* objective ; c'est pourquoi, une hypothèse de ce genre doit être absolument négligée, comme complètement dépourvue de base. Effectivement, presque du même droit, dont l'idéalisme subjectif postule une *production* de la réalité objective par le moi, inversement le

sensualisme empirique peut admettre une production ou génération
des lois de la pensée par la réalité objective, afin de rendre compréhensible la concordance de toutes les deux. Abstraction faite qu'elles
mènent à l'erreur, chacune de ces directions se ferme l'*une* des voies
indispensables de la connaissance. L'idéalisme subjectif passe distrait
devant les éclaircissements importants, que procurent les intuitions
de l'essence objective des choses, en ce qui concerne nos fonctions de
la connaissance ; le sensualisme se trouve sans guide, en présence de
toutes ces propriétés des objets supposées par nous, propriétés qui
ne nous sont pas directement données dans l'expérience externe, mais
qui doivent leur origine à des fonctions déterminées de la connaissance ;
par conséquent, cette direction a coutume de substituer finalement à
la perception sensorielle grossière l'expérience, qui est justifiée par la
critique et affranchie de ses contradictions internes.

La justification critique de l'expérience sensorielle, qui doit d'abord
être commencée par les sciences naturelles empiriques et, ensuite, terminée par la philosophie, a déjà obligé ces sciences naturelles à substituer
au concept de *chose*, où l'expérience commune résume la conviction de
l'existence, indépendamment donnée, des objets réels, le concept de
substance, lequel désigne ce concept d'un objet qui, après l'élimination
des éléments subjectifs de notre perception et des contradictions impli-
quées dans le concept primitif de chose, persiste comme objectivement
donné (1). Puisque un objet, correspondant à ce concept, ne peut être
perçu immédiatement par nous, et que continuellement d'autres justifica-
tions, opérées par des expériences plus parfaites, sont concevables, le
concept de substance est simultanément métaphysique et hypothétique. En outre, il est évident, que ce même concept est uniquement
redevable de son origine à la réalité médiate de l'expérience externe.
Dans le domaine tout entier de l'expérience immédiate ou interne, il
n'existe donc aucune occasion de former ou d'appliquer le concept de
substance. Nos représentations, sentiments et actes volontaires nous
sont immédiatement donnés, et nulle part il ne s'élève entre eux (tant
que nous les considérons uniquement comme processus psychiques)
ces sortes de contradictions, qui pourraient nécessiter de les justifier
ou d'admettre un être interne différent d'eux-mêmes. Par conséquent,
l'application psychologique du concept de substance, telle qu'elle
s'offre à nous dans les hypothèses sur l'essence de l'âme, est néces-

1. Consulter ma *Logik*, t. 1, p. 484.

sairement issue en partie d'une transmission non justifiée de ce concept de l'expérience externe à l'expérience interne, en partie du besoin d'expliquer la connexion de l'événement interne avec les processus corporels concomitants. Pour cette dernière raison, les représentations concernant le siège de l'âme jouent un rôle si éminent dans les hypothèses déjà désignées. Sans doute, il est indéniable, que la question de la base des relations psychophysiques réclame un examen, où l'on ne pourra manquer de prendre en considération le concept de substance matérielle. Mais, cette question est, dès le début, faussement posée, si on l'aborde dans la supposition, qu'à l'égal de l'expérience externe l'expérience interne rend indispensable un concept de substance.

2. — Point de vue psychologique.

Le résultat des réflexions, que suggère la théorie de la connaissance et auquel nous venons d'arriver, exerce une influence très profonde sur la théorie psychologique de l'événement interne. Qu'une pareille théorie soit possible, c'est incontestable. Notre expérience interne forme une connexion causale; et, en somme, cette connexion ne dépend pas à un plus haut degré des faits, qui n'ont pas leur origine dans celle-ci, que les mouvements d'un système du corps ne dépendent des conditions, situées en dehors de ce dernier. Mais, il ne saurait être question d'une intervention de la causalité physique dans la causalité psychique, puisque la causalité physique est en soi pleinement définie, fermée. Si le physicien a le droit de soumettre à son investigation les phénomènes naturels, sans prendre en considération la signification subjective des sensations et perceptions, auxquelles ils donnent lieu, la psychologie aura donc le même droit d'examiner la connexion de l'expérience interne; car, à ce sujet, elle considère les objets extérieurs uniquement comme des représentations, qui sont engendrées par des occasions psychologiques déterminées et d'après certaines lois psychologiques. Je n'hésite pas à l'affirmer, ceci est à la vérité la première et la plus impérieuse tâche de la psychologie; tandis que la discussion des suppositions psychophysiques (quoique sans doute celles-ci touchent de très près à la psychologie physiologique) ont plutôt un intérêt métaphysique, que spécialement psychologique.

Les derniers éléments, dont une théorie psychologique indépendante doit déduire les conséquences complexes de l'expérience interne, ne sont pas quelques suppositions métaphysiques sur l'essence de l'âme, mais *les faits les plus simples, immédiatement donnés, de l'expérience interne.* Puisque l'expérience interne tout entière a le caractère de ce qui est immédiat, les dernières suppositions, d'où on les déduit, doivent aussi être immédiatement données. On reconnaît par là l'avantage de la théorie psychologique sur la théorie physique, c'est-à-dire que des suppositions métaphysiques, à caractère plus ou moins hypothétique, ne sont nullement indispensables dans le domaine psychologique. Donc, la psychologie se rapprochera toujours davantage d'une pure science expérimentale, tandis qu'en un certain sens la physique s'éloigne toujours de plus en plus de cette dernière.

Puisque la psychologie, à cause de la nature complexe de l'expérience interne et des difficultés de son investigation exacte, soit à cause de l'influence induisant en erreur et exercée par des hypothèses métaphysiques d'origine étrangère, qui se sont transplantées chez elle, se trouverait présentement à ses débuts les plus primitifs, l'examen psychologique se voit essentiellement réduit à une activité ou fonctionnement préparatoire. Grâce à l'analyse soigneuse des faits complexes de conscience, elle doit découvrir ces phénomènes *fondamentaux,* qui sont supposés être les éléments absolument irréductibles de l'événement interne, afin d'arriver, par la démonstration des liaisons, qu'ils contractent et des transformations qu'ils subissent, à prouver, que de ces phénomènes peut découler un développement synthétique futur des faits psychologiques. La description précédente a essayé, dans ses parties consacrées à l'analyse psychologique, de prendre cette voie inductive. Finalement, on se pose donc la question suivante : à quels faits nous sommes-nous arrêtés, comme étant les éléments absolument irréductibles de l'événement interne ?

Ici, il semblerait tout d'abord, que plusieurs éléments, différents les uns des autres, ont le droit d'être reconnus, comme étant ces sortes de faits primitifs. La sensation, le sentiment, la volonté ou (puisque l'expérience suggère toujours l'idée de ramener le sentiment à la volonté), du moins, la sensation et la volonté paraissent être ces sortes d'éléments, donnés indépendamment les uns des autres. Or, ne l'oublions pas, la distinction de la sensation et de la volonté repose partout sur une abstraction psychologique ; jamais l'une ne peut être donnée sans l'autre dans l'expérience réellement interne ; et l'élément de la volonté ne se révèle, que dans le sentiment, qui est lié à la sensation. Il faudra donc reconnaitre, que l'élément réel de toutes les fonctions intellectuelles est cette activité, où la sensation et la volonté déploient leur effet, dans la liaison primitive. Ainsi qu'il résulte surtout des recherches de la section précédente, cette activité psychique la plus primitive est l'*instinct*. Que les instincts soient les phénomènes psychiques *fondamentaux*, d'où émane tout développement intellectuel, c'est ce qu'attestent l'histoire générale, comme l'histoire individuelle de l'évolution. Chez les êtres les plus inférieurs, l'existence psychique se traduit uniquement par de simples mouvements instinctifs ; et la conscience humaine débute par de semblables instincts simples, dont les manifestations possèdent assurément, dès le commencement et grâce à l'organisation transmise héréditairement, une composition complexe. L'examen des actions volontaires démontrant, que l'instinct est le point de départ commun du développement des actes de la réprésentation et de la volonté, il n'est donc pas difficile de voir, que même en particulier les formations des représentations et le développement de la conscience, qui émane de celles-ci, contiennent l'instinct, en qualité d'élément le plus primordial. La synthèse psychique des sensations contient constamment un facteur coopérateur, le mouvement, qui, par suite de l'application des irritants sensoriels, est engendré, comme mouvement instinctif primitif, accompagnant la sensation. L'ordonnance des représentations dans le temps et dans l'espace résulte de cette liaison. Primitivement, l'aperception des représentations est inséparablement liée aux mouvements, qui correspondent aux représentations. L'activité interne volontaire se sépare graduellement de l'activité externe volontaire, puisque l'élément constituant externe de l'action instinctive est arrêté selon les circonstances, de sorte que l'aperception persiste, comme processus devenu indépendant, spontané. Ainsi, le développement psychique tient essentiellement, à ce que les parties, primitivement liées, d'une action instinctive se séparent, éprouvent dans cette séparation de nouveaux développements indépendants, et que ceux-ci peuvent, grâce à l'union répétée avec des mouvements, engendrer de nouvelles formes d'instincts, plus complexes. De cette manière, c'est surtout l'indépendance constante (Verselbständigung) du processus de l'aperception, qui donne l'impulsion à tout le développement intellec-

tuel, d'où émanent ensuite tous les sentiments supérieurs, les instincts
et les actions volontaires.

Il est aisé de le voir, une théorie psychologique, dressée d'une pareille façon, est presque aussi éloignée de la pensée d'une mécanique
de l'événement interne (pensée, qu'Herbart avait essayé de mettre en
pratique), que l'histoire du développement physique d'un être organique est éloignée de la mécanique d'un système du corps, qui serait
calculée d'après la théorie de la gravitation. Ce n'est pas, comme si,
ici ou là, une explication scientifique était possible, sans la supposition d'une régularité rigoureuse. Seulement, la démonstration de cette
régularité n'est pas le moins du monde avancée, si on ramène
violemment à un schéma simple les phénomènes les plus compliqués.
En effet, l'unique tâche, qui puisse être assignée, avec quelque perspective de succès, à la théorie psychologique de nos jours, consiste
dans une *histoire de développement psychique*, exposée d'après la méthode synthétique.

Évidemment, un pareil développement psychique a non-seulement
des points de contact avec le développement physique, mais il empiète
fortement sur ce dernier. Jusqu'ici, en conservant le point de vue de
la théorie purement psychologique, nous avons considéré l'expérience
interne, sans avoir égard aux processus corporels, qui accompagnent
celle-ci. En qualité de phénomène psychique fondamental, l'instinct
contient d'abord le mouvement, uniquement *comme sensation de
mouvement*, ensuite *comme représentation de mouvement*, en vertu
du développement de l'instinct, qui s'accomplit dans la formation de
la représentation. Or, la distinction entre le mouvement réel et sa représentation est un acte de discernement de la conscience, acte qui
s'accomplit ultérieurement : la puissance de la volonté sur les mouvements du corps est donc, dès le commencement, un élément constituant, intégrant, de l'expérience interne. Tandis que, déjà, un examen
superficiel des phénomènes de développement parvient aisément à
constater, que les opérations psychiques augmentent avec le perfectionnement de l'organisation physique, cette opinion, aujourd'hui
même très-répandue, qui voit dans l'organisation physique la cause
de l'organisation psychique, prend naissance. Une étude plus approfondie de l'histoire de l'évolution psychique doit nécessairement
arriver à l'opinion opposée : par le mouvement, qu'il engendre, l'instinct réagit sur l'organisation physique, et il laisse dans celle-ci ces
traces persistantes, qui facilitent d'abord le renouvellement du mou-

vement instinctif, et provoquent ensuite la naissance des manifestations instinctives complexes, puisque les réactions des autres actions instinctives s'y associent. En outre, ce développement est favorisé par la conversion graduelle, précédemment décrite, des mouvements instinctifs en réflexes purement mécaniques et mouvements associés, qui permettent une utilisation de plus en plus perfectionnée des moyens des mouvements corporels. Nous sommes ainsi contraints d'admettre, que le développement physique n'est pas la cause, mais plutôt l'*effet du développement psychique*. L'organisation corporelle apporte les dispositions, acquises par le développement psychique des parents antérieurs et, pour une petite partie, par le développement de la conscience individuelle. Cette antique conception animiste, qu'Aristote résuma le premier dans sa célèbre définition scientifique de l'âme, « de la première entéléchie du corps vivant », est évidemment, sous une forme sans doute modifiée, la seule, qui promette d'éclairer simultanément le problème du développement intellectuel et corporel. Seulement, la supposition, que le développement psychique a créé le corps, rend compréhensible le fait de la *finalité* de tous les phénomènes de la vie, fait qu'on ne peut rejeter, malgré toutes les négations antitéléologiques de la biologie actuelle. Voici quel est justement le fondement de cette finalité : une partie des phénomènes de la vie, les actions volontaires conscientes émanent immédiatement de motifs dirigés vers un but ; mais, l'autre partie, plus considérable, se compose des restes, pour ainsi dire pétrifiés, d'actions antérieures, pleines de finalité. Ceci n'exclut pas que, grâce à la coopération des rapports extérieurs, il ne puisse encore se produire des résultats, que, eu égard à ces rapports, nous devons précisément considérer, comme pleins de finalité, de même que déjà dans la nature inorganique nous pouvons appliquer de cette manière le principe du but (1). Effectivement, une grande partie des adaptations, mises en relief par Darwin trouve, ici, une place spéciale. Cependant, dans la nature organique ces sortes de rapports ne jouent toujours, qu'un rôle relativement secondaire, en comparaison des motifs de but, qui émanent du développement psychique des êtres organisés. D'ailleurs, « dans la lutte pour l'existence », admise par Darwin, il se manifeste un effet psychique, toutes les fois que les instincts et les actions volontaires apparaissent, comme les causes de cette lutte.

1. Consulter ma *Logik*, t. I, p. 579.

Seulement, pour ramener le développement physique au développement psychique, il semble, qu'il existe sous *un* rapport une lacune, que l'observation psychologique ne doit jamais espérer combler. Nulle part, l'expérience ne comporte avec une certitude suffisante la conclusion, que les instincts — en tant que nous laissons à ce concept la signification, avec laquelle il est utilisé en psychologie — acquièrent une influence sur le développement des *plantes*. Mais, quoique la psychologie empirique doive ne pas oublier, que les limites de la vie psychique ne sont pas élargies, sans des preuves *directes*, qui sont puisées dans l'observation, cependant ici cette science est obligée de s'arrêter devant cette remarque, faite par nous bien des fois, que l'impossibilité de *démontrer* ce qui est psychique n'exclut pas l'existence de ce dernier. Si, par conséquent, de son côté la philosophie naturelle trouve, dans certains phénomènes, des preuves *indirectes*, qui lui rendent vraisemblable une pareille supposition, il dépendra absolument de l'aptitude de cette supposition à expliquer les phénomènes, de décider, si elle est plausible ou non, comme hypothèse métaphysique. En effet, bien des phénomènes de la vie des plantes semblent indiquer, qu'une base fondamentale psychique ne leur fait pas entièrement défaut. Si on fait abstraction de ces phénomènes biologiques, tels que les fonctions sexuelles, se présentant sous des formes, qui extérieurement sont complètement identiques aux manifestations instinctives correspondantes des animaux, ici se dévoile particulièrement le fait suivant : ces êtres les plus inférieurs, avec lesquels commence le développement des plantes, comme celui des animaux, ont, par leurs manifestations biologiques, plus d'analogie avec les animaux ; et alors, puisque pareil résultat a déjà été mis en relief (1), quant à ce qui concerne les processus d'échange des matériaux, *les plantes apparaissent, comme étant des animaux développés par un seul côté.* Le développement psychique pourrait, chez les plantes, être resté silencieux à une période primitive de leur vie, et avoir entassé les résidus fixement permanents des actions instinctives primitives ; ensuite, le développement ultérieur de l'organisation serait dévolu, incomberait à l'action ou application des conditions extérieures de la vie. Cependant, la poursuite de ces considérations est du ressort, du domaine de la biologie philosophique. En discutant la relation des instincts avec les manifestations de la vie physique,

1. Pflüger, in ses *Archiv*, t. X, p. 305.

nous avons franchi les limites du point de vue purement psychologique. Or, déjà cette relation suggère partout à l'esprit la question suivante : quel rapport à la base fondamentale, substantielle, supposée, du physique, faut-il assigner au psychique ? Avec la discussion de cette question, nous abordons le point de vue *psychophysique*.

3. — Point de vue psychophysique.

L'investigation psychophysique doit s'appuyer sur cette proposition, partout confirmée par l'expérience : rien ne se passe dans notre conscience, qui ne trouve sa base fondamentale sensorielle dans des processus physiques déterminés. La sensation simple, la combinaison des sensations en représentations, enfin les processus de l'aperception et de l'excitation de la volonté sont accompagnés des effets physiologiques des nerfs. D'autres processus corporels, tels que les réflexes simples et compliqués, n'entrent pas, en soi et pour soi, dans la conscience, mais ils sont, pour les phénomènes de conscience, des processus auxiliaires importants.

Or, les processus de la vie physique appartiennent immédiatement et pareillement aux phénomènes de conscience : ce sont des représentations liées légitimement, et appelées des objets par la conscience naïve ; elles obligent l'analyse scientifique à former le concept métaphysique d'une substance, qui ne peut être immédiatement représentée, mais qui fait comprendre la connexion de toutes les représentations objectives. Si nous nous plaçons au point de vue de la considération du monde physique, les manifestations de la vie psychique apparaissent liées à certains complexus de substance, ayant une composition chimique et morphologique compliquée. La considération psychophysique, qui doit unir le point de vue de la considération du monde physique à celui de l'expérience psychologique, s'occupera donc d'*élargir le concept de substance physique, de façon que celui-ci embrasse en même temps les manifestations de la vie psychique de ces complexus de substance, dépourvus de simplicité.* Mais, il est évident, que le concept de substance, ainsi élargi, n'est pas moins hypothétique, que le concept primitif, et qu'il peut d'ailleurs en être fait, pour ainsi dire, un usage purement transitoire. Car, dès que franchissant le point de vue psychophysique, nous nous tournons vers la question de l'être réel des choses, la réflexion suivante s'impose à l'esprit : le concept de substance physique est uniquement une production de notre propre pensée, que nous donnons pour base à nos représentations objectives ; et, par conséquent, ce concept de substance psychophysique élargi n'a aucune autre signification ; seulement, il s'y joint le but spécial d'obtenir une idée abstraite de la connexion intime, absolue des états internes, immédiatement perçus ou déduits par conclusion, avec les représentations objectives. D'ailleurs ici, l'obligation inéluctable de mettre en parallèle le rapport du physique au psychique avec le rapport de l'extérieur et de l'intérieur témoigne, déjà, en faveur d'un pareil caractère transitoire de nos concepts hypothétiques, qui n'est pas prépondérant pour l'être réel des choses. Cependant, l'opposition de l'extérieur et de l'intérieur a sa source dans les représentations mythologiques les plus primitives, où parfois l'homme appelle le cœur son âme, parce que le cœur réside à l'intérieur du corps. Ainsi, lorsqu'on a établi cette opposition, le psychique reste constamment chargé de la représentation corporelle. Dès que nous la remplaçons par l'opposition, qui correspond davantage au rapport réel, opposition de l'expérience médiate et immédiate, la dernière persiste inévitablement, les objets se transforment en représentations, et nous nous trouvons en dehors du cercle de la pensée, qu'exige le point de vue psychophysique.

Par conséquent, ce dernier a son domaine nettement limité : il ne peut vouloir s'aviser de se rapprocher même du problème de l'être ; sa tâche se borne donc à donner plus d'extension aux concepts hypothétiques, que la science naturelle a commencé de former. Il espère de cette manière rendre service, non seulement à la psychologie, puisqu'il met en lumière la corrélation intime, absolue de l'événement intellectuel et corporel, mais aussi enrichir le concept de substance physique, pour les buts spéciaux d'explication de la nature ; car, les produits naturels organiques ne sont jamais expliqués par les propriétés de substance, que suppose la physique, mais doivent attendre une pareille explication du complément exigé par le point de vue psychophysique, puisque le développement physique se ramène au développement psychique, ou bien, pour nous exprimer plus brièvement, parce que tout développement organique est un processus psychophysique.

D'après les discussions précédentes, il ne peut y avoir aucun doute sur le mode de ce complément, qui, au point de vue psychophysique,

doit être entrepris dans le concept de substance physique, afin de
suffire au principe de la corrélation psychophysique. Comme le point
de vue physique nécessite le *mouvement*, en qualité de propriété élémentaire de la substance, selon les circonstances ou la direction particulière des théories le mouvement lui-même ou l'aptitude à produire
le mouvement, alors le point de vue psychophysique exige, *que la
substance en mouvement soit en même temps le facteur, le support
du phénomène élémentaire psychique, de l'instinct.* Dans celui-ci
réside déjà, en soi et pour soi, la relation avec le phénomène élémentaire physique, avec le mouvement. Envisagé au point de vue
psychophysique, chaque mouvement pourra donc être une manifestation de l'instinct, par conséquent un processus correspondant dans
son phénomène extérieur à une sensation, qui accompagne ce processus et qui, par sa composition, est variable avec le mouvement.

Comme nous devons supposer, que les conditions préalables des
manifestations de la vie, que développent les substances complexes
de la nature organique, résident toujours dans les configurations plus
simples de la nature inanimée, on sera contraint d'admettre, que les
formes d'instinct les plus élémentaires sont déjà constituées d'avance
dans l'élément le plus simple de substance, dans l'atome ; et, assurément à cette occasion, il faut se rappeler que, comme le mouvement,
de même aussi la manifestation de l'instinct, dont le mouvement est
seulement un élément constituant, intégrant, se trouve liée à la
coexistence de nombreux atomes. Cependant, si nous réfléchissons à
l'importance psychologique de l'instinct, il serait peut-être plus
convenable, ici, de parler seulement d'une *disposition à l'instinct*,
d'un état interne, qui, grâce à l'adjonction de conditions favorables,
est susceptible de se convertir en instinct, et, chez lequel, uniquement
l'élément constituant extérieur de ce dernier, le mouvement, est
provisoirement saisissable pour nous. Or, ce qui manque à ces états
des éléments de substance, pour pouvoir être des instincts au sens
psychologique, c'est leur *connexion interne*, la continuité et la
liaison des états, qui sont à nos yeux la condition de la *conscience*.
En ce sens, nous pourrions appeler *éléments des instincts, éléments
dépourvus de conscience* ou *de liaison* les états, qui sont supposés
répandus partout dans la substance. Parmi les nombreuses idées heu-
reuses, qui se trouvent çà et là dispersées dans les écrits de Leibniz,
il n'en est pas probablement de plus juste, que celle-ci : les corps sont
des « *esprits momentanés* ». En outre, les états psychiques, qui,

isolés les uns des autres, ne survivent pas au moment de leur existence, sont complètement irreprésentables pour notre conscience. Toutefois, nous devons supposer, que ces sortes d'états sont les conditions préalables, qui engendrent les phénomènes de conscience. Cependant, les divers degrés de conscience nous offrent encore des différences multiples, dans l'étendue des liaisons exécutées.

Si donc nous sommes contraints d'admettre, qu'aux éléments isolés de substance la durée de leurs états internes fait défaut, d'autre part on se trouvera en face de la supposition, que cette durée et l'étendue des liaisons psychiques augmentent avec la composition complexe des liaisons physiques de substance. Effectivement, déjà ce fait simple, que les phénomènes de conscience apparaissent uniquement dans les .iaisons les plus complexes de la nature organique, en est une preuve frappante. Voilà pourquoi, l'explication psychophysique est obligée de mettre en connexion la présence des manifestations de la vie psychique avec la nature de ces liaisons de substance organique, où elles apparaissent. C'est justement ce que l'hypothèse monadologique a négligé. En attribuant à tout élément isolé de substance, à un atome psychique la conscience avec chaque forme de développement possible, cette hypothèse laisse apparaitre, comme un événement fortuit ou un miracle inexpliqué, la liaison intime absolue des manifestations de la vie psychique dans des formes déterminées de la vie organique ; et, elle est également incapable, de faire comprendre le développement psychique, comme le développement physique.

En effet, dans les liaisons complexes de substance de la nature organique, nous rencontrons des propriétés, qui, en un certain sens, apparaissent comme une répétition physique de ces liaisons des états internes, que nous supposons être la condition de la conscience. De leur côté, ces propriétés sont seulement des formes accrues, augmentées de ces sortes de phénomènes, que nous montrent toutes les substances composées. Chaque molécule chimique jouit de la propriété suivante : la suppression d'un seul atome détruit sa structure tout entière, puisqu'une pareille attaque ou agression entraine régulièrement un changement de position de tous les autres atomes. On explique cela, en supposant, qu'un certain état d'équilibre des mouvements oscillatoires existe dans la molécule, et qu'une perturbation, provoquée en *un seul* point de cette molécule, réagit aussitôt contre le tout, jusqu'à ce qu'un nouvel état d'équilibre se soit rétabli. C'est pourquoi, les combinaisons chimiques sont d'autant plus instables, que leur composition est plus complexe. Or, les plus complexes de toutes ces combinaisons sont celles, qui composent le corps vivant.

Déjà, l'examen des phénomènes de la vie physique a suggéré ici la présomption, que la connexion des fonctions pourrait être ramenée à une propagation des troubles d'équilibre, qui ont pour théâtre une molécule unique extrêmement compliquée (1). Ainsi, les manifestations biologiques psychophysiques, les plus simples, envisagées par leur côté physique, nous deviendront très-claires, si par exemple nous supposons, que le corps protoplasmatique d'un protozoaire représente une seule molécule chimique et qu'un agent extérieur quelconque, appliqué sur une partie très-limitée de cette molécule, fait aussitôt participer à cette agression la molécule tout entière. Or, nous sommes partis de cette supposition, que déjà le mouvement d'un élément isolé de substance serait l'élément constituant extérieur d'un phénomène fondamental psychophysique, d'un instinct élémentaire. Comme les états externes de mouvement, de même par conséquent les états internes de tous les éléments de substance de cette molécule complexe seront sympathiquement affectés, lors de chaque perturbation d'équilibre d'une partie isolée. Si, de cette manière, chaque réaction — qu'on l'envisage par son côté physique ou psychique — est, en soi et pour soi, de composition plus complexe, en outre les molécules de substance organique acquièrent la propriété suivante, naturellement possible, quand les combinaisons sont très complexes : savoir, que les effets consécutifs des états antérieurs se combinent avec ceux, qui arrivent nouvellement ; c'est pourquoi, une continuité, aussi bien des états internes, que des mouvements externes, la condition d'une conscience, peut prendre naissance.

Dans les organismes supérieurement développés, la connexion de certains organes principaux, par exemple du système nerveux, doit-elle être conçue d'une façon analogue ? ce n'est pas ici le lieu de résoudre cette question. Sans doute, on pourrait admettre avec vraisemblance, que le tout s'agence en un grand nombre d'unités complexes de substance, qui sont liées l'une à l'autre par un lien purement extérieur. Au point de vue psychologique, ceci paraîtra d'autant plus acceptable, que les états de nombreuses parties, même du système nerveux central, ne prennent pas une part immédiate à la

1. Pflüger, in ses *Archiv*, t. X, p. 330.

conscience. Il semblerait donc toujours, que seulement la cellule isolée, au sens chimique, doit être considérée, comme une unité complexe. Toutefois, nous regarderons, comme une chose indispensable pour le développement de la conscience, que toutes les parties de l'organisme entier aient formé, un jour, lors de leur premier développement, une pareille unité de substance. A cet égard, le développement de l'organisme complexe, développement issu de la forme organique la plus simple, de la cellule, a donc une importance, qui est d'un grand poids. Seulement, ce développement fait comprendre que, ainsi que Leibniz l'avait si bien exprimé, l'organisme est un « *unum per se* » et chaque corps inorganique, un simple « *unum per accidens* ».

Par son côté physique, comme par son côté psychique, le corps vivant est une unité. Cette unité n'est pas fondée sur la simplicité, mais, au contraire, sur la composition très-complexe de sa substance. La conscience, avec ses états multiples et cependant unis étroitement, est, pour notre conception interne, une unité analogue à celle, qu'est l'organisme corporel pour notre conception externe ; et la corrélation absolue entre le physique et le psychique suggère l'hypothèse suivante : *ce que nous appelons l'âme est l'être interne de la même unité, unité que nous envisageons extérieurement, comme étant le corps, qui lui appartient.* Cette manière, de concevoir le problème de la corrélation, pousse inévitablement à supposer, que l'être intellectuel est la réalité des choses, et que la propriété la plus essentielle de l'être est le développement. La conscience humaine est, pour nous, le sommet de ce développement: elle constitue le point nodal dans le cours de la nature, où le monde se rappelle à soi-même. Ce n'est pas comme être simple, mais comme le produit développé d'innombrables éléments, que l'âme humaine est, selon l'expression de Leibniz, *un miroir du monde.*

FIN DU DEUXIÈME VOLUME.

TABLE DES MATIÈRES

DU SECOND VOLUME

TROISIÈME SECTION

DE LA FORMATION DES REPRÉSENTATIONS SENSORIELLES.

QUATRIÈME SECTION

DE LA CONSCIENCE ET DU COURS DES REPRÉSENTATIONS.

CINQUIÈME SECTION

DE LA VOLONTÉ ET DES ACTES EXTÉRIEURS DE LA VOLONTÉ.

SIXIÈME SECTION

DE L'ORIGINE DU DÉVELOPPEMENT INTELLECTUEL.

FIN DE LA TABLE DES MATIÈRES DU SECOND VOLUME.

3239. — ABBEVILLE, TYP. ET STÉR. A. RETAUX.

www.ingramcontent.com/pod-product-compliance
Lightning Source LLC
Chambersburg PA
CBHW070626270326
41926CB00011B/1827